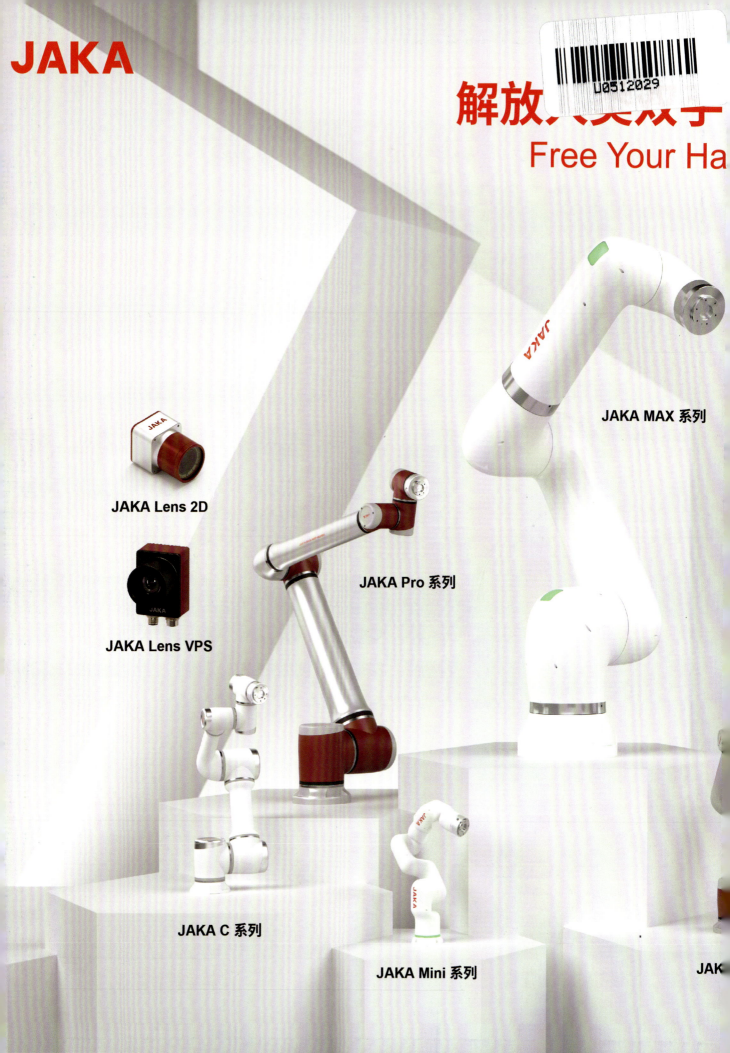

JAKA

解放双手
Free Your Ha

JAKA MAX 系列

JAKA Lens 2D

JAKA Pro 系列

JAKA Lens VPS

JAKA C 系列

JAKA Mini 系列

JAK

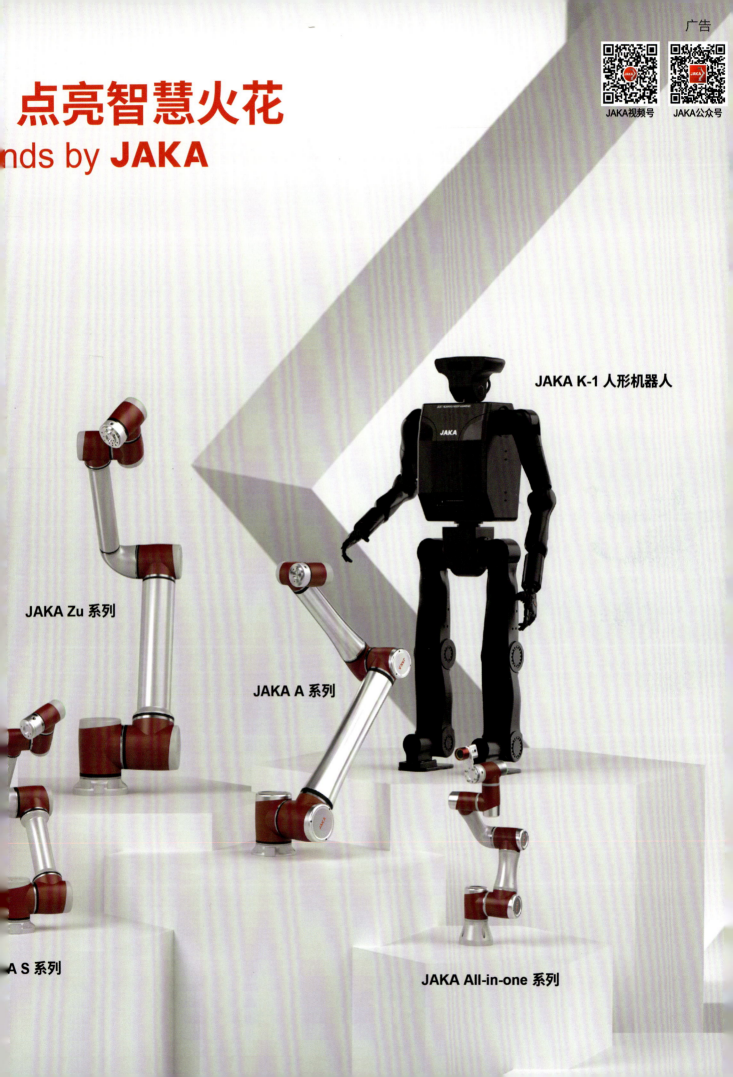

G 375 H
卧式成形磨床

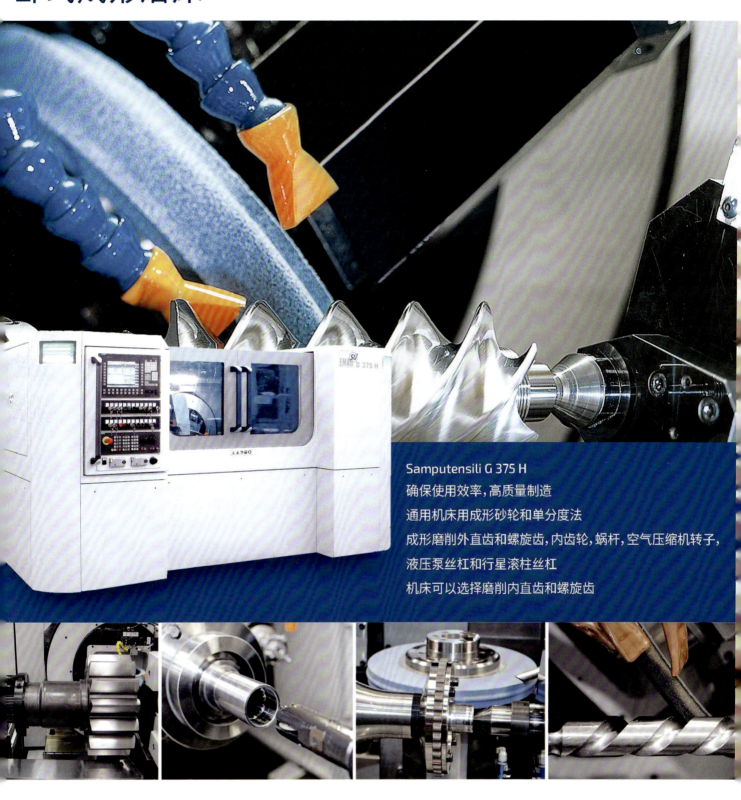

Samputensili G 375 H

确保使用效率, 高质量制造

通用机床用成形砂轮和单分度法

成形磨削外直齿和螺旋齿, 内齿轮, 蜗杆, 空气压缩机转子,
液压泵丝杠和行星滚柱丝杠

机床可以选择磨削内直齿和螺旋齿

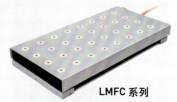

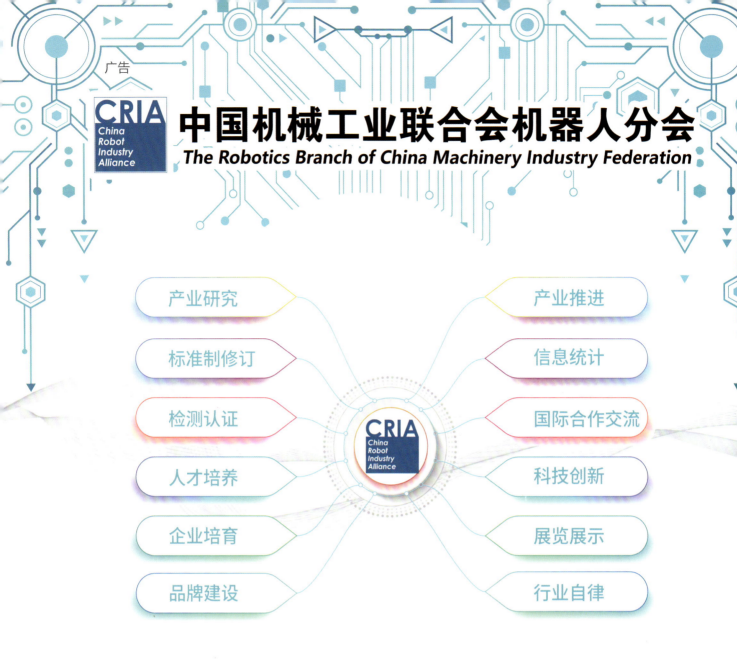

中国机械工业联合会机器人分会
The Robotics Branch of China Machinery Industry Federation

产业研究　　　　产业推进

标准制修订　　　信息统计

检测认证　　　　国际合作交流

人才培养　　　　科技创新

企业培育　　　　展览展示

品牌建设　　　　行业自律

　　中国机械工业联合会机器人分会成立于2021年6月,分会的前身是成立于2013年4月21日的中国机器人产业联盟。分会依托中国机械工业联合会成熟的工作体系,是我国机器人产业全国性产、学、研、用行业协同工作平台,目前已有会员单位520余家。

　　分会以国家产业政策为指导,以市场为导向,以企业为主体,搭建政、产、学、研、用平台,提升机器人企业研究开发、生产制造、集成应用和维修服务水平,提升机器人在各个领域的应用水平,完善我国机器人产业链,不断增强中国机器人产业的竞争力,促进我国机器人产业的健康快速发展。

中国机械工业年鉴系列

中国机器人工业年鉴

2024

中国机械工业联合会机器人分会
中国机械工业年鉴编辑委员会 编

机械工业出版社
CHINA MACHINE PRESS

本书主要内容包括综述篇、大事记、产业篇、地区篇、园区篇、标准检测认证篇、产教融合篇、企业篇、应用篇、政策篇、国际篇、统计资料和附录，集中反映了 2023 年我国机器人行业发展状况，记载了机器人行业企业的发展情况，系统提供了行业统计数据。

本书主要读者对象为政府决策机构、机器人相关企业决策者和从事市场分析、企业规划的中高层管理人员，以及国内外投资机构、贸易公司、银行、证券、咨询服务部门和科研单位的机器人项目管理人员等。

图书在版编目（CIP）数据

中国机器人工业年鉴. 2024 / 中国机械工业联合会机器人分会, 中国机械工业年鉴编辑委员会编 . -- 北京：机械工业出版社, 2025.2. --（中国机械工业年鉴系列）. -- ISBN 978-7-111-77738-0

Ⅰ. F426.67-54

中国国家版本馆 CIP 数据核字第 202582P1L6 号

机械工业出版社（北京市百万庄大街 22 号　邮政编码 100037）
策划编辑：李　菁　　　　　责任编辑：李　菁
责任校对：韩佳欣　陈　越　责任印制：李　昂
河北宝昌佳彩印刷有限公司印刷
2025 年 3 月第 1 版第 1 次印刷
210mm × 285mm · 23.75 印张 · 17 插页 · 921 千字
标准书号：ISBN 978-7-111-77738-0
定价：480.00 元

电话服务　　　　　　　　　网络服务
客服电话：010-88361066　　机 工 官 网：www.cmpbook.com
　　　　　010-88379833　　机 工 官 博：weibo.com/cmp1952
　　　　　010-68326294　　金 书 网：www.golden-book.com
封底无防伪标均为盗版　　机工教育服务网：www.cmpedu.com

中国机械工业年鉴系列

作为『工业发展报告』

记录企业成长的每一阶段

中国机械工业年鉴

编辑委员会

徐　方	沈阳新松半导体设备有限公司技术专家
郑军奇	上海机器人产业技术研究院有限公司总裁
吴海华	中国农业机械化科学研究院集团有限公司科技发展部部长、研究员
李　剑	北京邮电大学自动化学院特聘研究员
陶　永	北京航空航天大学科研院副处长、研究员／博导
周　恢	北京智能机器人产业技术创新联盟副秘书长
赵连玉	天津市机器人产业协会秘书长
卢　昊	江苏省机器人专业委员会秘书长
宋　伟	浙江省机器人产业发展协会秘书长
魏绍炎	湖北省机器人产业技术创新战略联盟秘书长
任玉桐	广东省机器人协会执行会长
刘　学	青岛市机器人产业协会秘书长
梁万前	广州工业机器人制造和应用产业联盟常务副秘书长
瞿卫新	苏州市机器人产业协会秘书长，苏州大学相城机器人与智能装备研究院副院长
岳双荣	济南市机器人与高端装备产业链党委书记
毕亚雷	深圳市机器人协会常务副理事长兼秘书长
高　辉	佛山市机器人产业创新协会秘书长
杨书评	中国机械工业联合会机器人分会标准化专家
王爱国	上海电器科学研究所（集团）有限公司副总裁
李志海	中国科学院沈阳自动化研究所主任
曹懿莎	中汽检测技术有限公司总经理助理，国家机器人检测与评定中心（广州）机器人事业部部长
赵　赢	重庆凯瑞机器人技术有限公司副总经理，国家机器人检测与评定中心（重庆）主任
巩　潇	中国软件评测中心（工业和信息化部软件与集成电路促进中心）机器人与智能装备研究测评事业部总经理
涂志健	国家机器人检测与评定中心（芜湖）高级工程师、实验室主任
李鹏飞	中国机械工业联合会机器人分会教育培训部副主任，上海添唯教育科技有限公司总经理

中国机械工业年鉴系列

作为『工业发展报告』

记录企业成长的每一阶段

中国机器人工业年鉴
执行编辑委员会办公室

中国机器人工业年鉴
编写人员

（按姓氏笔画排列）

中国机器人工业年鉴
特约顾问单位特约顾问

特约顾问单位	特约顾问
埃夫特智能装备股份有限公司	游 玮
遨博（北京）智能科技股份有限公司	魏洪兴
广州瑞松智能科技股份有限公司	孙志强
节卡机器人股份有限公司	李明洋
上银科技股份有限公司	卓文恒
陕西秦川高精传动科技有限公司	贺民安
广州数控设备有限公司	何敏佳
上海机器人产业技术研究院有限公司	吴业华
成都卡诺普机器人技术股份有限公司	李良军
武汉华中数控股份有限公司	杨海滨
浙江环动机器人关节科技股份有限公司	张 靖

中国机器人工业年鉴
特约顾问单位特约编辑

特约顾问单位	特约编辑
埃夫特智能装备股份有限公司	唐 欣
遨博（北京）智能科技股份有限公司	洪 帅
广州瑞松智能科技股份有限公司	张东升
节卡机器人股份有限公司	王 蕾
上银科技股份有限公司	陈秋莲
陕西秦川高精传动科技有限公司	张龙刚
上海机器人产业技术研究院有限公司	廖 霞
成都卡诺普机器人技术股份有限公司	夏永华
佛山华数机器人有限公司	陈超群
浙江环动机器人关节科技股份有限公司	胡俊章

前　言

　　《中国机器人工业年鉴》是我国机器人行业年度编撰出版的资料性工具书，自 2021 年首次发行以来，其内容不断丰富完善，业内外影响力逐步提升，已经成为反映中国机器人行业年度总体发展情况及态势的专业、全面和权威资料。

　　近年来，在党中央、国务院的坚强领导下，我国机器人产业持续蓬勃发展，工业机器人年消费量位居全球第一，制造业机器人密度跃升至全球第三位，自主品牌机器人技术水平和产业能力不断提高，市场占有率稳步提升，已形成较为完整的产业链体系，正处在"从无到有"到"从有到优"加速转变的关键时期。

　　2023 年是全面贯彻落实党的二十大精神的开局之年，在全国新型工业化推进大会上，习近平总书记强调，新时代新征程，以中国式现代化全面推进强国建设和民族复兴伟业，实现新型工业化是关键任务。机器人作为推进新型工业化的重要驱动力，2023 年全行业呈现稳中有进、稳中提质的良好发展态势。国家统计局统计数据显示，2023 年全国规模以上机器人企业实现营业收入 1 652 亿元，同比增长 8.1%，延续 2022 年增长态势。另据中国机械工业联合会机器人分会统计，2023 年中国市场工业机器人消费量为 28.2 万台，占全球比重已连续三年超过50%，自主品牌占有率提高到 48.4%，较上年提高 10.6 个百分点，为增长最快的一年。与此同时，科技创新能力显著提升，机器人相关有效专利超 19 万项，约占全球的 2/3，越来越多的机器人加快走进人们的生产与生活。

　　2024 年是中华人民共和国成立 75 周年，是实现"十四五"规划目标任务的关键一年，也是全面落实全国新型工业化推进大会部署的重要一年。习近平总书记在二〇二四年新年贺词中提到，要坚持稳中求进、以进促稳、先立后破。这为推动中国经济行稳致远指明了方向。中国机器人产业面对错综复杂的国际国内形势，同样要把握稳和进、悟透立与破，保持战略定力、坚定发展信心，在高质量发展之路上行稳致远。

　　《中国机器人工业年鉴 2024》通过对 2023 年机器人产业发展情况综合梳理总结，以翔实的数据、生动的案例以及年度大事记等，全面客观地展示了 2023年度我国机器人产业发展概况，相信会对广大读者具有重要的参考和实用价值。

中国工程院院士　王耀南

综 合 索 引

『鉴』证行业发展 挖掘企业亮点

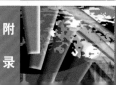

中国机械工业年鉴系列

《中国机械工业年鉴》
《中国电器工业年鉴》
《中国工程机械工业年鉴》
《中国机床工具工业年鉴》
《中国通用机械工业年鉴》
《中国机械通用零部件工业年鉴》
《中国模具工业年鉴》
《中国液压气动密封工业年鉴》
《中国重型机械工业年鉴》
《中国农业机械工业年鉴》
《中国石油石化设备工业年鉴》
《中国塑料机械工业年鉴》
《中国齿轮工业年鉴》
《中国磨料磨具工业年鉴》
《中国机电产品市场年鉴》
《中国热处理行业年鉴》
《中国电池工业年鉴》
《中国工业车辆年鉴》
《中国机器人工业年鉴》
《中国机械工业集团有限公司年鉴》
《中国一汽年鉴》

编辑说明

一、《中国机械工业年鉴》是由中国机械工业联合会主管、机械工业信息研究院主办、机械工业出版社出版的大型资料性、工具性年刊，创刊于1984年。

二、根据行业需要，中国机械工业年鉴编辑委员会于1998年开始出版分行业年鉴，逐步形成了"中国机械工业年鉴系列"。该系列现已出版了《中国电器工业年鉴》《中国工程机械工业年鉴》《中国机床工具工业年鉴》《中国通用机械工业年鉴》《中国机械通用零部件工业年鉴》《中国模具工业年鉴》《中国液压气动密封工业年鉴》《中国重型机械工业年鉴》《中国农业机械工业年鉴》《中国石油石化设备工业年鉴》《中国塑料机械工业年鉴》《中国齿轮工业年鉴》《中国磨料磨具工业年鉴》《中国机电产品市场年鉴》《中国热处理行业年鉴》《中国电池工业年鉴》《中国工业车辆年鉴》《中国机器人工业年鉴》《中国机械工业集团有限公司年鉴》和《中国一汽年鉴》。

三、《中国机器人工业年鉴》主要记述了我国机器人行业发展概况；全面、详细地分析了我国机器人行业的市场情况；收录了与机器人行业发展相关的政策举措；系统地提供了我国机器人行业统计数据。2024年版设置综述篇、大事记、产业篇、地区篇、园区篇、标准检测认证篇、产教融合篇、企业篇、应用篇、政策篇、国际篇、统计资料和附录。

四、统计资料中的数据来源于中华人民共和国国家统计局和中华人民共和国海关总署，数据截至2023年12月31日。因统计口径不同，有些数据难免出现不一致的情况。

五、在年鉴编撰过程中得到了行业联盟、行业协会、相关企业和专家的大力支持和帮助，在此深表感谢。

六、未经中国机械工业年鉴编辑部的书面许可，本书内容不允许以任何形式转载。

七、由于作者水平有限，难免出现错误及疏漏，敬请读者批评指正。

中国机械工业年鉴编辑部
2025年1月

广告索引

优秀企业展示

索 引

「鉴」证行业发展 挖掘企业亮点

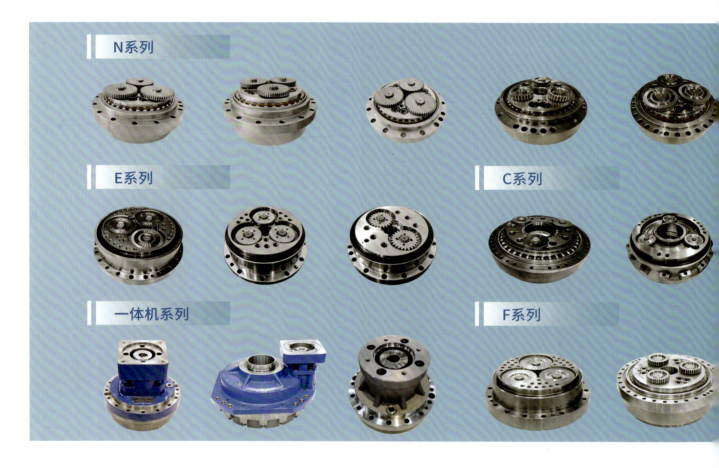

公司简介 ▶ Company Profile

陕西秦川高精传动科技有限公司是秦川机床工具集团股份公司（股票代码：000837）以机器人减速器相关经营资产成立的全资子公司。

秦川依托50余年的精密齿轮磨床和齿轮传动系统研发制造经验积淀，于2014年成功研发出RV减速器，实现了国产替代。围绕机器人精密减速器的产业提升，秦川先后牵头实施了"04专项"、国家重点研发项目、工信部门工艺"一条龙"等多个国家重点项目；"工业机器人精密减速器测试方法与性能提升技术研究"荣获机械工业科学技术奖一等奖；牵头及参与起草了《机器人用精密摆线行星齿轮减速器》（CRIA/T0001—2018）、《机器人用精密行星摆线减速器》（GB/T 37718—2019）等相关标准。

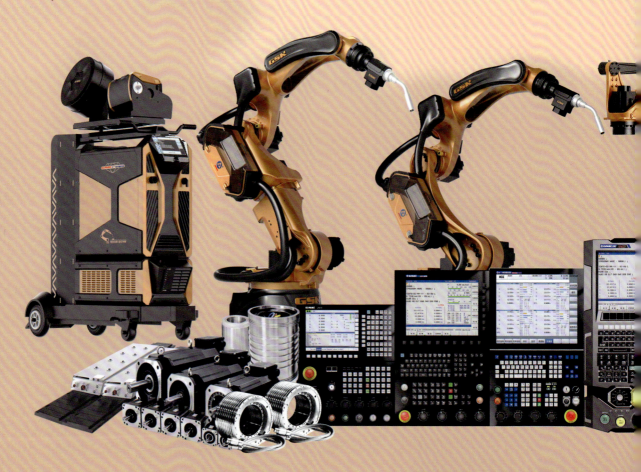

原创 神焊 + 激光增减材

国产数控

400-0512-028
WWW.GSK.COM.CN

020-82221187（机器人 神焊 激光焊接增材）
020-81990819（数控系统）

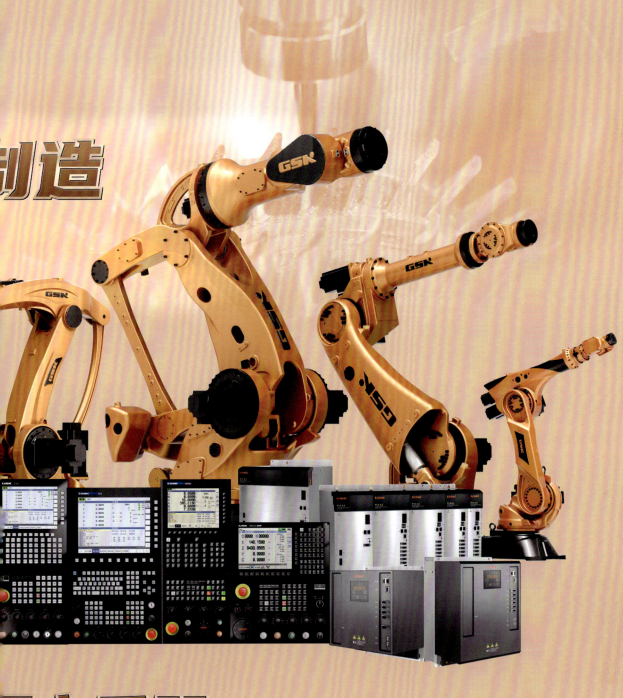

优秀企业展示

制造

国之重器

gzgsk.1688.com   @广州数控设备有限公司   @广州数控GSK   @广州数控   @广州数控GSK

上海机器人产业技术研究院
SHANGHAI ROBOT INDUSTRIAL TECHNOLOGY RESEARCH INSTITUTE

上海电器科学研究所（集团）有限公司

上海电器科学研究所（集团）有限公司

上海电器科学研究所（集团）有限公司（简称"上电科"），创建于1953年，是一家集科技创新服务、产品检测、系统集成解决方案提供和高新技术产品生产为一体的高科技企业集团。业务领域涵盖智能电网用户端与能源互联网、智慧节能、智慧城市与智能交通、智能制造与工业互联网、船用电气、检测评估等。以前沿技术与服务引领电工行业数字化转型发展，赋能社会和经济高效运行，为推动传统产业转型升级和战略性新兴产业的健康有序发展做出了积极贡献。上电科围绕机器人产业进行战略布局，从标准、检测、认证、共性技术研究、培训等方面，助力机器人产业高质量发展，服务国家战略。

国家机器人检测与评定中心（总部）

2015年，国家机器人检测与评定中心（简称"国评中心"）成立，包括1个总部(由上电科作为总部单位承建)、3个分中心（分别由中国科学院沈阳自动化研究所、广州机械科学研究院有限公司、重庆德新机器人检测中心有限公司承建）以及2个公共服务平台（分别由中国软件评测中心、芜湖赛宝机器人产业技术研究院有限公司承建）。国评中心功能设置为集机器人整机/部件标准制修订、检测、认证、共性技术研究、培训、合作交流、信息服务为一体的社会第三方服务机构。国评中心体系的建立，充分发挥各方优势形成功能互补，完成机器人产业全国范围内区域布局。

上海机器人研发与转化功能型平台

作为上海科创中心建设"四梁八柱"之一的研发与转化功能型平台，由上海电器科学研究所（集团）有限公司、上海大学等联合出资组建。该平台通过共性技术研发、成果转化、人才集聚及行业资源融合，汇聚机器人产业及人才资源，培育科技型企业，打造产业创新生态圈，成为国内领先、国际知名的机器人技术研发、服务和成果转化高地。

国家机器人标准化平台

作为国家机器人标准化总体组联合秘书处，主导开展《国家机器人标准体系建设指南》《中国机器人标准化白皮书》等顶层文件的制定，组织编制产业急需的国家、行业/团体标准。作为IEC/CISPR副主席单位，牵头开展机器人电磁兼容国际标准化顶层设计，先后草拟并推动国际组织发布了CISPR/1412/INF、CISPR/1421/INF、CISPR/1438/INF三份国际文件，协调CISPR各分会开展机器人电磁兼容标准的补充。

【联系我们】 上海电器科学研究所（集团）有限公司　上海市普陀区武宁路505号　www.seari.com.cn　021-625749

机器人战略布局

检测认证

CR认证英文全称"China Robot Certification"，是在国家相关部门的指导下进行策划、创意、设计并最终确定的一种认证，主要针对机器人产品的新认证。

2022年，中国机器人（CR）认证升级版发布，CR认证升级版涵盖功能安全、信息安全、可靠性、智能水平四大专业技术方向，通过五个层次（L1~L5）的认证等级，充分评价技术实现难度，提供质量"阶跃式"发展标杆。同时，认证标志增加了技术专业等级标识符，并采用数字标识，象征着机器人认证的技术内涵。

标准化服务

该服务基于机器人创新产品标准的空缺，按高质量产品的发展战略，与该领域的头部企业和相关企业一起制定一套符合高质量、高技术水平指标的标准，并通过标准试验验证、技术攻关将该产品提升为符合该标准的高端产品。

阶段	责任方	业务流程点	输出物
立项阶段	企业研究院 企业 研究院	前期调研 → 专利 → 标准立项	
项目实施阶段	研究院企业 研究院	标准验证 → 标准文本起草 → 标准专家组召开 → 送审稿	
成果发布	研究院	标准发布	

成果转化

针对机器人、人工智能及智能制造等相关领域，与海外高校、企业建立产业化对接的桥梁，利用长三角机器人产业平台创新联盟自有资源，进行成果转化和企业孵化。目前已孵化30余家机器人企业，涵盖巡检、建筑、物流配送、消毒、检测、教育烹饪、焊接、康复等领域。

转化模式    **转化通道**

教育培训

作为国家产教融合平台，致力于战略性新兴产业科技创新人才培养，建立健全人才培养体系，开展针对青少年教育、职业教育、企业和社会化人才培训，通过专业建设、教学资源、实训装备、各类大赛、师资和企业培训、考核认证、人才能力标准开发、科技创新、国际合作、现代产业学院建设等方式，与合作院校、合作伙伴共同合作培养高技能人才。

课程体系建设
- 基础课程
- 应用型课程
- 产业课程
- 企业课程

学院基地建设
- 中国机器人CR产业学院
- 中国机器人产教融合示范基地
- 高技能人才培养基础
- 智能工厂实训基地

上海机器人产业技术研究院   www.sri-robot.com   021-62222910

扫码关注公众号　扫码关注视频号

卡诺普焊接/搬运机器人

CROBOTP
WELDING AND HANDLING
INDUSTRIAL ROBOT

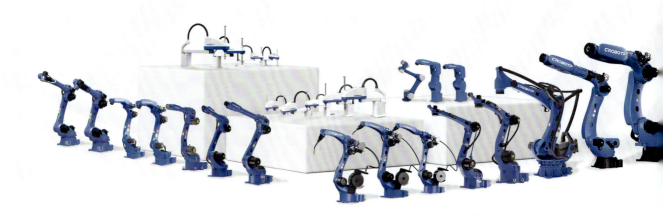

成都卡诺普机器人技术股份有限公司（简称"卡诺普"）专业从事智能工业机器人核心零部件及成套装备研发、制造、销售和服务。是国家专精特新重点"小巨人"企业、四川省制造业智能化改造数字化转型供应商、四川省新经济示范企业等，是五项工业机器人国家标准的主要起草单位之一 。现有60余款工业机器人，广泛应用于焊接、机床上下料、折弯、抛光、搬运、码垛等功能领域，产品远销国内海外市场。

优秀企业展示

📞 **400-668-8633**
www.crprobot.com

成都卡诺普机器人技术股份有限公司
CHENGDU CRP ROBOT TECHNOLOGY CO., LTD.
总部地址：四川省成都市成华区华月路188号

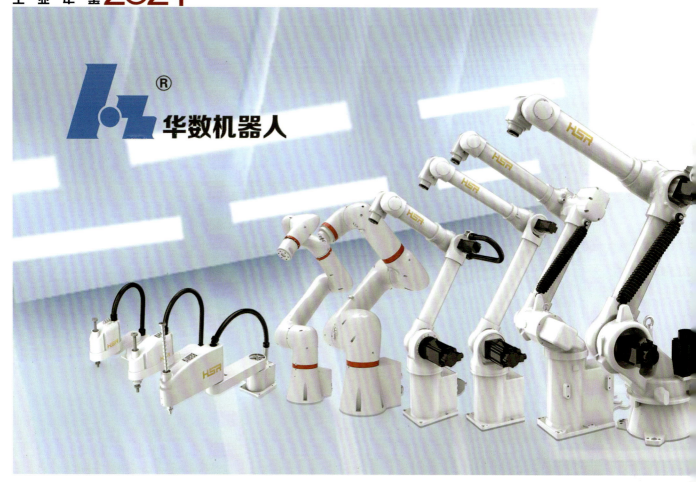

华数机器人

**提供一流的机器人产品和服务，
让制造更简单，让生活更美好。**

华数机器人是武汉华中数控股份有限公司(股票代码:300161)旗下品牌，是集工业机器人、协作机器人、智能工厂研发、制造和服务于一体的国家高新技术企业。先后攻克机器人核心技术300余项，拥有创新机械结构和控制算法方面的发明专利，生产机器人4大核心关键零部件和6大系列50多种机器人整机产品，自主研发的机器人控制系统实现了规模化批量应用，核心自主创新占比超80%；助力完成10余个国家智能制造示范工厂、100余个省部智能制造示范车间建设，成功入选《国家智能制造系统解决方案推荐供应商》《国家工业机器人行业规范》、国家专精特新重点"小巨人"企业，是国产机器人产业快迅发展的领军品牌和中坚力量。

地址:中国广东省佛山市南海区狮山镇桃园东路60号
电话:400-9300-665
邮箱:fszb@hzncc.com

优秀企业展示

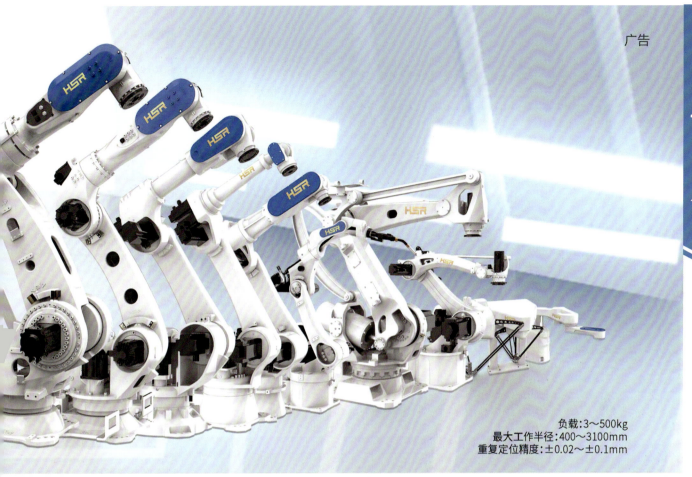

负载:3~500kg
最大工作半径:400~3100mm
重复定位精度:±0.02~±0.1mm

车身天窗底涂涂胶

车载显示面板产线

大尺寸玻璃搬运

车灯检测应用

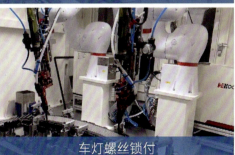

车灯螺丝锁付

工业协作机器人焊接应用

3C行业贴附应用

冲孔上下料

冲压上下料

值得信赖的机器人精密传动创新伙伴

A Trustworthy Innovation Partner For Robot Precision Transmission

公司介绍

　　浙江环动机器人关节科技股份有限公司（简称环动科技）成立于2020年5月。公司专门从事机器人关节高精密减速机、高精密液压零部件的研制及产业化，齿轮及其传动系统制造、测试分析和故障诊断强度寿命等领域研究及提供技术服务。

　　环动科技拥有20000m²的机器人高精密减速机恒温加工车间、数条专业化高精度智能制造产线和装配检测线，高精密加工及检测设备200余台。拥有专业的材料性能分析热处理实验室、强度寿命实验室，以及功能完善的机器人精密减速机整机综合性能和寿命监测实验室。

获国家重点研发计划支持攻克核心技术
Supported by key national R & D technologies, core technologies are conquered
重载机器人减速机实现全系列规模量产
Heavy-load robot reducers achieve full-series large-scale mass production

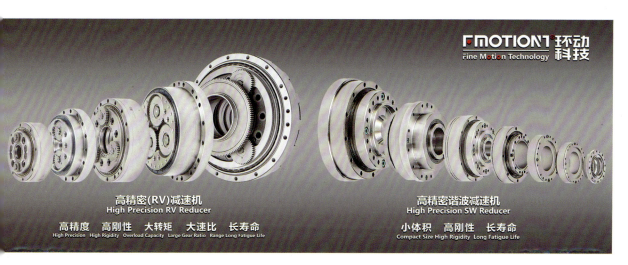
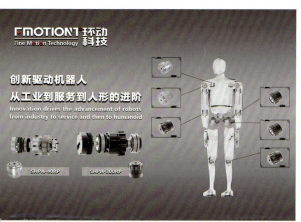

目　　录

产教融合篇

企　业　篇

应　用　篇

政　策　篇

国　际　篇

统　计　资　料

附　　录

中国
机器人
工业
年鉴
2024

综
述
篇

综合论述中国机器人行业 2023 年发展情况

综述篇

大事记

产业篇

地区篇

园区篇

标准检测认证篇

产教融合篇

企业篇

应用篇

政策篇

国际篇

统计资料

附录

中国
机器人
工业
年鉴
2024

综述篇

2023 年中国机器人行业发展概况

2023 年是全面贯彻党的二十大精神的开局之年，是三年新冠疫情防控转段后经济恢复发展的一年。机器人行业面对复杂严峻的内外部形势，坚持以习近平新时代中国特色社会主义思想为指导，认真贯彻落实党中央、国务院的决策部署，攻坚克难、拼搏进取，高质量发展扎实推进，全年行业呈现稳中有进、稳中提质的良好发展态势，产业链韧性增强，高端产品供给增加，产业竞争力提高。

一、发展动态及特点

1. 行业运行总体向好，与工业机器人相比，服务机器人呈快速增长态势

2023 年，机器人行业经济运行虽然经历波动起伏，但运行态势总体向好，国家统计局数据显示，2023 年全国规模以上机器人企业实现营业收入 1 652 亿元，同比增长

8.1%，延续 2022 年增长态势。

从产品产量来看，与工业机器人相比，服务机器人呈快速增长态势。据国家统计局统计，2023 年全国规模以上企业工业机器人产量为 43 万台，同比下降 2.2%（2022 年同比增长 21%），但月度产量依然保持了较高水平，除 7 月、8 月和 10 月外，其他月度产量均超过 3.5 万台。相对而言，服务机器人生产则呈现快速增长态势，全国规模以上企业服务机器人产量达 783.3 万台，同比增长 23.3%（2022 年同比下降 30.3%），8 月、9 月和 10 月表现尤为亮眼，服务机器人单月产量同比增速均超过 50%，且 9 月产量超过 100 万台。2023 年我国工业机器人生产情况如图 1 所示。2023 年我国服务机器人生产情况如图 2 所示。

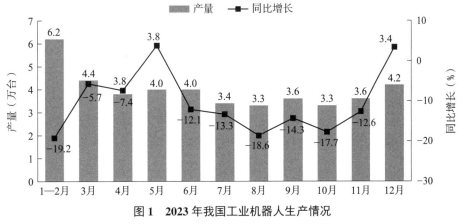

图 1　2023 年我国工业机器人生产情况

注：数据来源于国家统计局。

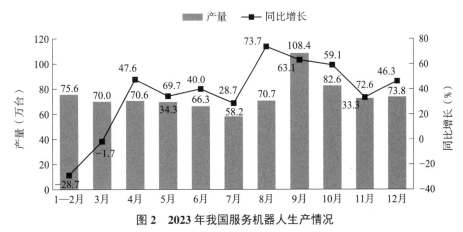

图 2　2023 年我国服务机器人生产情况

注：数据来源于国家统计局。

2.国产工业机器人持续发力，市场向头部企业集中

长期以来，国内约七成的工业机器人市场份额被发那科、安川、ABB和库卡等外资品牌所占据。近年来，国产工业机器人企业加紧"追赶"步伐，产品性能质量不断取得突破，获得越来越多的市场认可。如，自主品牌码垛机器人已在国内市场占据绝对优势地位，市场占有率超过80%；南京埃斯顿自动化股份有限公司（简称"埃斯顿"）、埃夫特智能装备股份有限公司（简称"埃夫特"）、成都卡诺普机器人技术股份有限公司等国内企业的弧焊机器人技术水平显著提升，批量进入高端应用市场；多款国产点焊机器人产品陆续上市，在国内知名汽车企业生产线实现应用。伴随国产机器人的加速崛起，国内市场竞争格局逐步发生改变。2023年，埃斯顿、埃夫特、深圳市汇川技术

股份有限公司（简称"汇川技术"）等多家企业工业机器人年销量超过万台。其中，埃斯顿更是突破2万台，超越库卡，成为我国市场工业机器人出货量第二大企业，仅次于日本发那科；汇川技术超越日本爱普生，成为我国市场SCARA机器人出货量最大的企业。据国际机器人联合会和中国机械工业联合会机器人分会统计，2023年自主品牌工业机器人在国内的市场占有率超过48%，首次逼近一半的市场份额，创历史新高。与此同时，经历大浪淘沙的洗礼，优胜劣汰、适者生存，市场向头部企业集中，统计数据显示，2023年排在前10位的自主品牌销量占自主品牌工业机器人总销量的比重已超过6成。2012—2023年内外资工业机器人国内市场占比情况如图3所示。

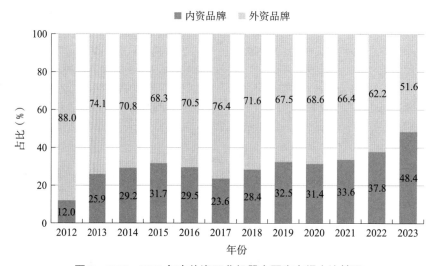

图3　2012—2023年内外资工业机器人国内市场占比情况

注：数据来源于国际机器人联合会和中国机械工业联合会机器人分会。

面对激烈的市场竞争，内资企业加速布局中高端产品，持续提升产品竞争力。如，埃夫特推出智能焊接机器人，支持视觉识别或工件3D数模导入，通过焊接工艺专家系统自动生成焊接轨迹和最优焊接参数，真正解决了智能化焊接的痛点，开拓了智能焊接新局面；佛山华数机器人有限公司推出大负载搬运机器人，可实现大尺寸玻璃基板的快速搬运，节拍达到国际同类产品先进水平；深圳市大族机器人有限公司推出大负载协作机器人，额定负载达30kg，产品速度快、运行稳，能够满足各类复杂的码垛工艺需求。

3.服务及特种机器人创新成果加速涌现，产品矩阵日趋丰富

伴随人工智能、新型传感等技术的加速突破及与机器人技术深度融合，服务机器人智能化水平持续提升，符合新时代消费需求的创新产品不断涌现。如，在智能家居领域，科沃斯机器人股份有限公司（简称"科沃斯"）在2023年全场景新品战略发布会上展出了地宝X2，该产品支持动态避障功能，使机器人即使在复杂家居环境下遇到动态障碍物，也能灵活精准躲避；石头世纪科技有限公

司发布全新一代自清洁扫拖机器人G20，搭载超能双驱模组，将扫拖功能进行架构整合升级，带来双螺旋胶刷、四区双振擦地功能，实现了更进一步的清洁效果。在公共服务领域，穿山甲机器人股份有限公司在新品发布会上推出搭载ChatGPT的迎宾机器人，可以快速准确识别用户语音指令，与用户进行更加流畅的智能互动；上海擎朗智能科技有限公司在日本2023iREX国际机器人展推出超能商用清洁机器人，具备强吸、耐扫、智退等清洁功能，操作简单，清洁范围可达1 500m²。在医疗领域，2023年手术机器人及系统共获得28张国家药品监督管理局医疗器械注册证，约为2022年的两倍，产品类型除骨科手术机器人、腔镜手术机器人外，还包括口腔种植手术机器人、穿刺手术机器人、血管介入手术机器人等。

特种机器人品种不断丰富，不论是陆地、海洋还是天空中，均有新产品身影出现，越来越多的特种机器人走进现实。如，云南农业大学研制的高原山地茶叶采摘机器人，成功实现茶叶鲜叶采摘、鲜叶分级采摘、微光环境识别等功能；杭州宇树科技有限公司（简称"宇树科技"）推出全新Unitree B2四足机器人，在负载、续航、运动能

力和速度等方面实现了全面提升，而且配备了3D激光雷达、深度相机、光学相机等多种传感器，实现了更高水平的感知，能够更好应对各项复杂挑战；西北工业大学持续提升"魅影"系列太阳能无人机性能，2023年7月"魅影·燕"太阳能无人机被用于空中监测拉萨藏羚羊种群迁徙与分布情况，同时结合"云"传输技术，将实时画面同步云端，使异地专家能够在线参与科考任务；2023年中国国际海事会展上展出的"星海1000"号极地无人潜器，于2023年9月完成我国首次北极海冰冰底形态观测试验，获取了大量关键冰下海洋参数信息。

4. "机器人+"稳步推进，应用不断走深向实

为加快推进机器人应用拓展，2023年1月19日，工业和信息化部、教育部、公安部等十七部门联合印发《"机器人+"应用行动实施方案》，提出深化重点领域"机器人+"应用，按照经济发展需求和社会民生改善需求，聚焦制造业、农业、建筑、能源、商贸物流、医疗健康、养老服务、教育、商业社区服务、安全应急和极限环境应用十大重点领域，开展从机器人产品研制、技术创新、场景应用到模式推广的系统推进工作。广东省、河北省、北京市、上海市等积极响应并制定相应政策，加快推进机器人在当地重点行业深化应用和特色实践。与此同时，相关政府部门、行业组织等采取多种举措促进机器人加速落地应用，包括征集机器人典型应用场景，在矿山、五金、教育等领域成立"机器人+"应用协同推进方阵，在苏州、余姚等地建成机器人应用体验中心等。

随着各项政策举措的稳步推进，机器人应用领域加速拓展，逐步走深向实，有力支撑各行业的数字化转型、智能化升级。据中国机械工业联合会机器人分会统计，截至2023年我国工业机器人应用领域已覆盖国民经济71个行业大类、236个行业中类。其中，除汽车制造业、电子制造业、金属加工业等传统应用行业外，锂离子电池、光伏等新能源行业成为工业机器人的又一重要应用"领地"。受益于新能源行业自动化需求的持续释放，工业机器人逐步应用到锂离子电池行业的电芯、模组及Pack工艺段，以及光伏行业的花篮搬运、电池串排版、电池片插片等场景。手术机器人临床应用日益成熟，上海、北京、湖南、广东、江西等省市陆续将手术机器人及相关耗材等项目纳入医保支持范围，手术机器人临床渗透率实现进一步提升。截至2023年年末，北京天智航医疗科技股份有限公司骨科手术机器人累计开展手术数量超过6万例，较2022年年末的3万余例几乎实现翻番；上海微创医疗机器人（集团）股份有限公司图迈腔镜手术机器人累计手术量超1500例，较2023年年初的不足500例增长超2倍。电力巡检机器人普及速度进一步加快，国家电网有限公司等用户企业大力推动巡检机器人在变电站巡检、电网巡线等场景的应用，应用区域已覆盖浙江、江西、山东、广东、山西、北京、天津等10余个省市。

5. 市场竞争日益激烈，企业盈利愈发艰难

自2013年起，我国已连续11年成为全球最大的工业机器人消费国。在国内超大市场规模、丰富应用场景的吸引下，不仅国内企业加紧布局，外资企业也加快了在华的相关部署。如，2023年10月，ABB在上海张江机器人谷启用了其聚焦生命科学和医疗健康行业的机器人赋能中心，该中心是ABB在亚洲设立的首个赋能中心，是ABB继斥资逾10亿元在上海建设机器人超级工厂之后，再度加码中国自动化市场的投资；11月，上海发那科智能工厂（三期）正式建成投产，该工厂是发那科集团在日本本土之外最大的机器人基地，不仅具有先进制造能力，还为下游用户提供智能解决方案，该工厂年产值预计将达100亿元。

伴随企业间竞争的不断加剧，行业出现"内卷"现象，部分企业降价销售以吸引更多客户和订单。2023年12月，中国机械工业联合会机器人分会对部分机器人企业开展专项问卷调查，结果显示，65%的受访企业表示全年产品销量增速可超过20%，而只有46%的受访企业表示全年营业收入增速可超过20%，价格因素是造成两项数据存在差距的重要原因。价格的不断下探，导致企业赚钱越来越难，一些企业出现增收不增利的现象。

6. 企业"走出去"步伐加快，积极拓展海外市场

与国内市场相比，同款产品在国外的售价更高，市场盈利空间相对较大。国内具备实力的机器人企业纷纷瞄准海外市场，加快"走出去"的步伐。一方面，企业积极参加国际展会，全方位展示企业产品，寻觅全球商机。如，苏州绿的谐波传动科技有限公司（简称"绿的谐波"）、梅卡曼德（北京）机器人科技有限公司、北京珞石科技有限公司、苏州艾利特机器人有限公司等亮相2023年德国慕尼黑国际机器人及自动化技术博览会（Automatica），北京智同精密传动科技有限责任公司、杭州新剑机电传动股份有限公司、遨博（北京）智能科技有限公司（简称"遨博"）、优艾智合机器人科技有限公司等参展2023年日本东京国际机器人展览会（iREX），极智嘉科技股份有限公司（简称"极智嘉"）、劢微机器人科技（深圳）有限公司、杭州海康机器人股份有限公司等参加2023年德国斯图加特国际物流展（LogiMAT）。另一方面，企业还通过建立海外研发中心、制造基地、办事处、营销点等方式加紧布局，推进国际合作，提高企业的技术水平及国际影响力。如，2023年2月，广东拓斯达科技股份有限公司在越南北宁成立分公司，进一步强化业务协作、交付、售后等重要环节的能力；4月，绿的谐波与浙江三花智能控制股份有限公司签订战略合作协议，双方将在墨西哥合资建厂，用于谐波减速器的研发、生产与销售；11月，科沃斯在新加坡设立办公室，进一步扩大全球版图，科沃斯机器人产品已远销150个国家和地区。

我国机器人企业凭借高性价比、快速响应能力和优质服务，并通过不断提升技术水平，赢得了海外市场客户的认可。2023年，埃斯顿海外业务实现营业收入15.9亿元，同比增长21.5%，约占企业营业收入的34.3%；极智嘉持续加码海外市场，以稳定可靠的产品方案赢得市场信赖，与

全球超1 000家客户开展深度合作；深兰人工智能科技（上海）股份有限公司先后与来自挪威、西班牙的经销商签订多个智能室内清洁机器人的出口订单；上海擎朗智能科技有限公司通过代理商合作、品牌战略合作等方式推展海外市场，全年海外订单量同比增长超80%。海关总署数据显示，2023年我国机器人设备出口额为7.96亿美元，同比增长29.5%，且与"一带一路"沿线国家的贸易量不断提升，越南已经成为我国机器人出口最大目的地，俄罗斯排在第二位。

二、发展影响因素分析

1.加快发展新质生产力，大力推进新型工业化，成为推动经济高质量发展的重要战略选择

当前，我国经济社会已进入高质量发展新阶段，新质生产力和新型工业化作为当下科技和工业发展的两大核心驱动力，肩负着在新形势下迈上一条质量更优、效率更高、动力更强、更可持续的新型发展道路的重要使命。党的二十大将"基本实现新型工业化"列为2035年我国发展的总体目标之一，并指出要"坚持把发展经济的着力点放在实体经济上，推进新型工业化"。2023年9月，在全国新型工业化推进大会上，习近平总书记就推进新型工业化作出重要指示："新时代新征程，以中国式现代化全面推进强国建设、民族复兴伟业，实现新型工业化是关键任务。"同月，习近平总书记在黑龙江考察调研期间指出，要整合科技创新资源，引领发展战略性新兴产业和未来产业，加快形成新质生产力。12月，习近平总书记在中央经济工作会议上强调，深化供给侧结构性改革，核心是以科技创新推动产业创新，特别是以颠覆性技术和前沿技术催生新产业、新模式、新动能，发展新质生产力。机器人作为科技创新的重要载体，既是新质生产力的典型代表，也是推进新型工业化的重要力量，伴随新质生产力和新型工业化的快速发展，必将大有可为，发展前景一片蓝海。

2.系列政策密集出台，助推产业高质量发展

随着新一轮科技革命和产业变革的加速演进，机器人产业迎来升级换代、跨越发展的关键时期。世界主要工业发达国家均将机器人作为抢占科技产业竞争的前沿和焦点，加速谋划布局。我国同样高度重视机器人产业发展，2023年国家相关部门先后出台《"机器人+"应用行动实施方案》《人形机器人创新发展指导意见》《关于加快应急机器人发展的指导意见》等系列政策，推动机器人技术创新及应用推广。与此同时，作为智能技术与实体经济深度融合的重要领域，机器人受到各领域的高度关注，纷纷将其作为推动产业转型升级的重要抓手。如，2023年6月9日，农业农村部、国家发展和改革委员会、财政部、自然资源部联合制定《全国现代设施农业建设规划（2023—2030年）》，提出要加大高效嫁接机器人、温室巡检机器人、自动植保机器人、采摘机器人等智能装备的推广力度，推动现代设施农业改造升级；9月6日，《中共中央办公厅 国务院办公厅关于进一步加强矿山安全生产工作的意

见》正式出台，明确提出要推进矿山信息化、智能化装备和机器人研发及应用，推进矿山转型升级；9月22日，工业和信息化部、国家发展和改革委员会、科学技术部、财政部、应急管理部等六部委联合印发《安全应急装备重点领域发展行动计划（2023—2025年）》，提出要推动灭火机器人、矿山机器人、应急救援机器人等研制攻关及推广应用，促进安全应急产业高质量发展；11月29日，国家矿山安全监察局综合司、工业和信息化部办公厅联合印发《国家矿山安全监察局综合司 工业和信息化部办公厅关于面向矿山领域征集机器人典型应用场景的通知》，通过典型应用场景征集，推动机器人产业更好地服务矿山安全高质量发展。

3.人工智能等新兴科技加速突破，为机器人智能化发展带来无限可能

人工智能作为21世纪最具颠覆性的技术之一，正在以前所未有的速度发展，不断突破技术瓶颈。如，在自然语言处理方面，随着大语言生成模型ChatGPT的问世，以及Google、Microsoft、百度、阿里等多家自然语言处理模型的推出与应用，自然语言处理技术取得了突破性进展，极大提升了语义理解的精度和效率，促进了人机交互的智能化与便捷化，为智能客服、智能写作、智能问答等领域带来革新；在机器学习方面，得益于计算能力的提升和大数据的积累，深度学习模型在图像识别、语音识别等领域展现出了惊人的能力，特别是在图像识别领域，深度学习算法已经超越人类水平，能够准确识别复杂场景中的目标物体，为自动驾驶、安防监控等领域提供了强有力的技术支持。除人工智能技术外，先进仿生结构、多功能材料、智能传感器等新兴技术的加速突破，为机器人的环境感知、自主性、群智化、人机协同等智能技术的发展带来广阔的想象空间。

4.人形机器人备受关注，开创产业发展新赛道

2022年特斯拉擎天柱的高调亮相，使人形机器人成为主角，在行业内掀起新波澜。人形机器人作为未来产业的代表之一，作为机器人产业的重要组成部分，受到国家的高度关注。2023年8月，工业和信息化部、科技部、国家能源局、国家标准化管理委员会联合印发《新产业标准化领航工程实施方案（2023—2035年）》，指出要加快人形机器人标准制定，助力人形机器人发展。9月，工业和信息化部开展2023年未来产业创新任务揭榜挂帅工作，面向元宇宙、人形机器人、脑机接口、通用人工智能4个重点方向，聚焦核心基础、重点产品、公共支撑、示范应用等方面，系统布局52项具体任务，推动我国未来产业创新发展。10月，工业和信息化部出台《人形机器人创新发展指导意见》，提出人形机器人有望成为继计算机、智能手机、新能源汽车后的颠覆性产品，并按照谋划三年、展望五年的时间安排，对人形机器人创新发展作了战略部署，明确了人形机器人未来发展方向和重点任务，突显了核心技术攻关积极引领产业升级和高水平赋能新型工业化的决心。同时，山东、北京、上海、深圳、湖北等地也积极出

台相应政策，抢抓发展先机，大力支持人形机器人产业快速发展。在政策引导支持下，人形机器人加速发展，正在逐渐从科幻小说走向现实生活，成为产业发展新赛道，蕴藏着巨大的市场空间和发展机遇。

5. "新三样"产业承压运行，影响市场发展动能

近年来，在全球提倡低碳环保的环境下，新能源汽车、锂离子电池、光伏"新三样"产业受到高度关注，产业快速发展，带动对机器人等自动化装备的需求增长。在产能经历快速释放之后，"新三样"产业未来一段时期或将承压前行。如，中国汽车工业协会统计数据显示，2023年新能源汽车销量同比增长37.9%。虽然这个增速不算低，但与2022年的93.4%和2021年的160%相比，就显得并不那么高了。增速的大幅度回落，表明市场需求不再那么旺盛，发展步伐将继续放缓。锂电池作为新能源汽车的重要动力，随着新能源汽车生产规模的快速增长，也经历了市场的迅猛扩张，2023年增速出现明显放缓。工业和信息化部网站信息显示，2023年锂电池产量超940GW·h，同比增长25%，增速比2022年大幅回落105个百分点，同期装机量（含新能源汽车、新型储能）约435GW·h，产能已出现过剩，预计未来几年锂离子电池产销增速将继续承压下行。光伏行业经过多年发展，同样产生了阶段性和结构性产能过剩问题。据中国光伏行业协会统计，2023年，我国光伏新增装机规模达216.88GW，同比增长148.1%，协会预估截至2023年年底，光伏设备各环节产能达到1 000GW，明显超出全球市场400GW的需求。"新三样"产业的承压运行，短期内将对机器人市场扩张造成一定影响。

6. 美西方遏制打压升级，阻碍技术发展步伐

随着全球科技竞争日趋激烈、贸易保护主义持续升温，以美国为代表的西方国家不断采取出口管制、加征关税、长臂管辖等手段限制中国在先进制造和高技术领域的发展。2023年8月9日，美国总统拜登签署"对外投资审查"行政令，对投资于中国的半导体、量子、人工智能等特定领域的资本实施限制，美财部明确将"机器人系统控制"列为人工智能应用；2023年10月17日，美国升级了对AI芯片的出口管制，限制中国购买和制造高端芯片的能力，并将13家中国GPU企业列入实体清单；2023年10月，欧盟发布需要"去风险"的关键技术清单，机器人和自主系统是10个技术领域之一。人工智能和芯片是机器人智能化发展的关键技术，美国从技术到资本的全面管控，对我国人形机器人、可穿戴机器人、生机电融合等新兴技术的发展形成阻碍。

三、发展趋势分析及预测

经过多年发展，我国已形成较为完整的产业体系，基本解决了"从无到有"的问题，当前正处于技术"从有到优"、产业"做大做强"的加速转变时期。虽然产业发展面临的环境仍是战略机遇和风险挑战并存，但总体上机遇大于挑战，未来机器人产业将继续延续良好发展态势，并呈现新的特点。

1. 产业规模继续保持增长

虽然前两年拉动机器人市场快速增长的"新三样"产业增长势头有所放缓，但国内整体市场需求还是巨大的。一方面，国家大力发展新质生产力的战略决策，以及加快推进新型工业化的重大战略部署，都将为机器人产业创新发展及应用提供广阔施展空间。另一方面，人口老龄化不断加剧，国家统计局发布数据显示，截至2023年年末，我国60岁及以上人口已占全国总人口的21.1%，参照国际有关标准，这意味着中国正式迈入中度老龄化社会，迎来"银发经济"时代。人口老龄化不仅带来劳动力短缺倒逼制造业"机器代人"，同时也将对康复训练、生活辅助、护理陪伴、功能代偿、无障碍出行、安全监控等机器人产生巨大需求。预计2024年我国机器人产业规模将继续保持增长态势。

2. 精细化作业能力成为提升机器人渗透率的关键

伴随技术的不断进步，机器人已在多个领域实现应用，能够代替人类完成搬运、上下料、焊接等作业，但其作为智能设备的典型代表，与人们的期望还存在较大差距，人们希望机器人能够更加像人，不仅能够干粗重的体力活，还可以执行精密装配、精细加工等任务。有资料显示，当前机器人在汽车制造业渗透率已达20%，但在通用制造业渗透率却不足1%，这与机器人的能力存在密切关系。未来在美好愿景的引领下，机器人将更加注重精细化作业能力的提升，从而满足更广领域和不同应用场景的需求。

3. 人机协作越来越紧密

随着协作机器人负载能力、安全性及稳定性的持续提升，人机之间的协作变得越来越紧密，协作机器人市场保持快速发展。国际机器人联合会统计数据显示，2023年全球协作机器人销量达5.7万台，占全球工业机器人总销量的比重达10.5%。当前，协作机器人不仅在汽车、3C电子、锂离子电池、食品饮料等制造业实现搬运、码垛、检测、涂胶、装配、拧紧等应用，还从生产线加速走向百姓生活，在按摩理疗、餐饮、新零售、电力等领域快速渗透，协作机器人正在逐步拉近机器与人类之间的距离。

4. 人形机器人技术快速突破

工业和信息化部发布的《人形机器人创新发展指导意见》明确提出，到2025年，我国人形机器人创新体系将初步建立，"大脑、小脑、肢体"等一批关键技术取得突破，整机产品达到国际先进水平。全国多地密集发力，不仅出台相关政策措施，还积极搭建人形机器人创新平台，旨在加速推动人形机器人技术创新和产业发展。2023年5月，由深圳市优必选科技股份有限公司牵头筹建的广东省人形机器人创新中心获批；11月，由北京小米机器人技术有限公司、北京优必选智能机器人有限公司、北京京城机电产业投资有限公司、北京亦庄机器人科技产业发展有限公司等联合组建的北京人形机器人创新中心有限公司在北京经济技术开发区（北京亦庄）正式注册，注册资金3.5亿元；12月，由遨博、北京钢铁侠科技有限公司、上海电气控股集团有限公司、上海张江（集团）有限公司共同出资的人形机器人（上海）有限公司在上海市浦东新区正式注册，注册资金达 10 亿元。预计未来 3～5 年人形机器人

有望实现应用落地。

〔撰稿人：机械工业信息中心贾彦彦〕

2023 年中国工业机器人市场概况

一、中国工业机器人市场情况

据中国机械工业联合会机器人分会与国际机器人联合会联合统计，2023 年我国市场工业机器人销售 28.2 万台，同比下降 4.9%，销量仅次于 2022 年，为历史第二高位。2013 年我国工业机器人市场销量首次超过其他国家达到世

界第一；随着产品的更新迭代，2016 年我国工业机器人存量也达到世界第一；此后，我国工业机器人市场年销量与存量始终保持世界首位。2013—2023 年我国工业机器人市场销售情况如图 1 所示。

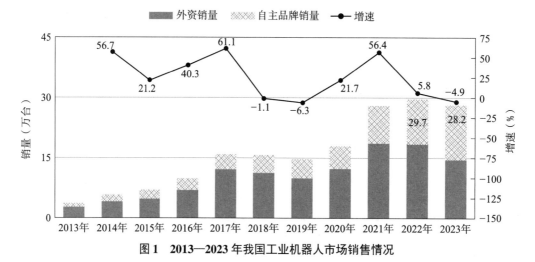

图 1　2013—2023 年我国工业机器人市场销售情况

注：数据来源于中国机械工业联合会机器人分会、国际机器人联合会。

1. 机械结构分布特点

从机械结构分析，多关节机器人是我国市场中销量最多的机型，占比保持高位。2020 年以来销量持续增长，2023 年我国市场多关节机器人销量首次超过 20 万台，同比增长 0.9%；在我国市场中占比保持高位，比重提升至71.1%，较 2022 年继续提高 4.1 个百分点。平面多关节机器人（SCARA）销量位居第二，销售 5.7 万台，同比下降22.5%；在销售市场中的比重较 2022 年下降 4.5 个百分点至 20.0%。坐标机器人销量位居第三，销售 1.5 万台，恢复性增长 5.8%；在市场中销量的占比为 5.2%，较上年微小回升 0.5 个百分点。并联机器人 2023 年销量下降 32.7%，仅为 1 700 余台；在销售市场中的比重下降至不足 1%。2019—2023 年我国市场工业机器人销售情况（按机械结构分类）如图 2 所示。

2. 应用领域分布特点

我国工业机器人市场销量小幅下降，各应用领域之间情况分化。下降主要受装配及拆卸、涂层与胶封两个应用领域的影响。从销量看，搬运和上下料依然是首要应用领域，2023 年销售 16.2 万台，同比增长 4.9%；在我国市场总体的销量占比提升至 57.4%。焊接机器人销售 5.1 万台，同比微增 0.2%；在我国市场总体的销量占比提高 0.9 个百分点至 18%。装配及拆卸机器人销售近 2.9 万台，同比下降 35.3%；在我国市场总体的销量占比为 10.3%。用于涂层与胶封的机器人销量 2022 年成倍增长后销量下降至不足 1 万台，同比下降 48.5%；在总体销量中的占比回落至3.4%。用于洁净室的机器人销量同比增长 108.1%，达到6 000 余台；用于加工的机器人销量同比下降 1.3%。2022—2023 年我国工业机器人市场销售情况（按应用领域分类）如图 3 所示。

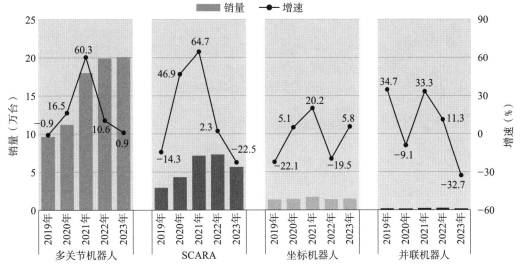

图2　2019—2023年我国市场工业机器人销售情况（按机械结构分类）

注：数据来源于中国机械工业联合会机器人分会、国际机器人联合会。

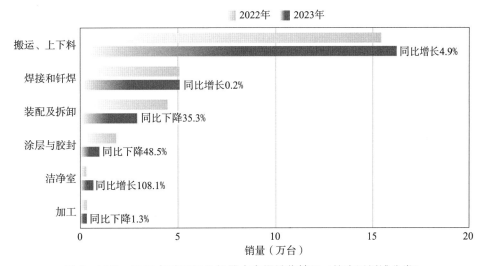

图3　2022—2023年我国工业机器人市场销售情况（按应用领域分类）

注：数据来源于中国机械工业联合会机器人分会、国际机器人联合会。

3. 应用行业分布特点

从应用行业看，自2016年以来，电气电子设备及器材制造一直是我国工业机器人的主要应用行业，2022年销量首次突破10万台，达到历史最高水平。2023年销量同比下降22.2%，不足8.0万台，占我国市场总销量的28.2%，比重较上年下降6.3个百分点。

汽车制造业多年来一直是我国工业机器人销量增长的主要驱动力，虽然近年来比重不及电气电子设备及器材制造，但仍然是十分重要的应用行业。经过连续2年的高速增长，2023年汽车行业工业机器人采购量同比下降12.2%，共计6.8万台；在我国市场总销量的比重下降至24.1%，较上年回落2个百分点。

金属加工及机械制造业是2023年我国工业机器人前五大主要客户行业中唯一采购量增长的行业。全年新购置机器人4.2万台，同比增长34.1%，在我国市场总销量中的

比重为14.8%，比上年提高4.3个百分点。

塑料及化学制品业购买工业机器人7 000余台，同比下降7.6%，占市场销售总量的2.6%，比上年下降0.1个百分点。

此外，食品制造业作为我国机器人市场的第五大应用行业，2023年购买机器人近5 000台，同比下降1.3%，在我国市场总销量的比重提高至1.7%。

其他各制造业门类有增有减，其中应用于纺织业的工业机器人年销量4 000台，近5年年均增长82.7%，部分小型机器人在缝制绣花中的应用有所放量。应用于木材加工及家具制造行业的工业机器人2022年销量成倍增长，2023年虽增速放缓，但也保持了26.7%的增速，2023年销量达到4 000台。应用于采矿业的机器人销量大幅增长，但基数较小对整体带动不大。2022—2023年我国工业机器人市场销售情况（按应用行业分类）如图4所示。

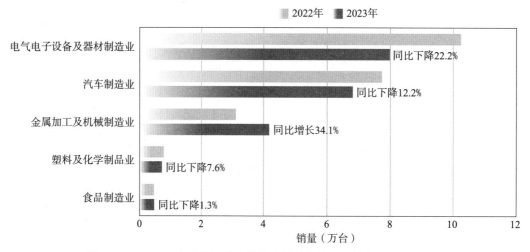

图 4　2022—2023 年我国工业机器人市场销售情况（按应用行业分类）

注：数据来源于中国机械工业联合会机器人分会、国际机器人联合会。

二、自主品牌工业机器人市场情况

据中国机械工业联合会机器人分会统计，2023 年我国自主品牌工业机器人共销售 13.7 万台，同比增长 21.6%，增速较 2022 年加快 2.6 个百分点。其中三轴及三轴以上的工业机器人销售近 13.1 万台，同比增长 23.5%，占自主品牌工业机器人总销量的 95.6%；工厂用物流机器人销售6 000 台，同比下降 9.3%，占总销量的 4.4%。2013—2023年自主品牌工业机器人市场销量变化情况如图 5 所示。

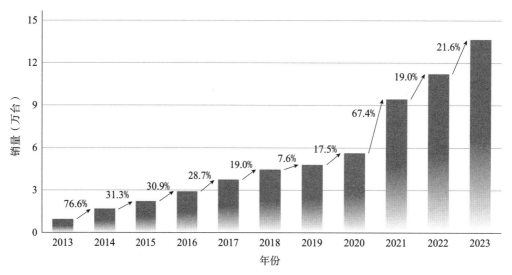

图 5　2013—2023 年自主品牌工业机器人市场销量变化情况

注：数据来源于中国机械工业联合会机器人分会。

1. 机械结构分布特点

自主品牌多关节机器人在自主品牌工业机器人中的销售占比提高，其他各机型占比下降。2023 年，自主品牌多关节机器人销售 8.7 万台，占自主品牌总销量的 63.5%，同比增加 6.6 个百分点，继续保持自主品牌工业机器人中销量第一的机型。平面多关节机器人（SCARA）销量 3.0 万台，位居第二，占自主品牌总销量的 21.8%，同比减少 3.9个百分点。坐标机器人销售 1.2 万台，位居第三，在自主品牌工业机器人中的占比为 8.5%，同比减少 0.3 个百分点。工厂用物流机器人销售 6 000 台，销量位居第四，占比4.4%，同比减少 1.5 个百分点。并联机器人销售 1 200 余

台，占比 0.9%，同比减少 0.6 个百分点。圆柱坐标机器人销售不足 200 台，在自主品牌机型市场中占比为 0.1%，同比减少 0.2 个百分点。

从增速看，自主品牌工业机器人中多关节机器人、SCARA、坐标机器人销售保持增长。多关节机器人自 2013年起年销量持续增长，2023 年保持 35.6% 的增幅；SCARA自 2017 年持续增长，2023 年同比增长 3.3%；坐标机器人增幅由负转正，同比增长 18.0%。工厂用物流机器人、并联机器人和圆柱坐标机器人销量出现不同程度的下降。2022—2023 年自主品牌工业机器人销量及增长情况（按机械结构分类）如图 6 所示。

图 6　2022—2023 年自主品牌工业机器人销量及增长情况（按机械结构分类）

注：数据来源于中国机械工业联合会机器人分会。

2. 应用领域分布特点

从应用领域看，搬运与上下料领域依然是自主品牌工业机器人最大的应用领域，2023 年销售总量 9.6 万台，同比增长 22.1%，增速回落 13.5 个百分点；占自主品牌总销量的比重为 70.6%，同比增加 0.3 个百分点。

焊接与钎焊是自主品牌工业机器人的第二大应用领域，2023 年的销售总量 1.5 万台，同比增长 11.6%，增速同比增加 31.2 个百分点；在自主品牌总销量中的比重为 11.0%，同比减少 1 个百分点。

用于装配领域的自主品牌工业机器人 2023 年销量 0.9 万台，仅次于 2022 年销量，同比下降 14.3%；在自主品牌工业机器人总销量中的比重为 6.5%，同比减少 2.7 个百分点。

用于涂层与胶封的自主品牌工业机器人销售 4 000 台，增速由上年同比下降转为同比增长 42.4%；占自主品牌工业机器人总销量的 3%，同比增加 0.4 个百分点。

用于洁净室的机器人销量 5 000 台，同比增长 135.6%，同比增加 62.5 个百分点；占总销量的 3.4%，同比增加 1.6 个百分点。

用于加工（激光切割、机械切割、去飞边、抛光等）的机器人年销量近年来持续明显波动，2023 年销量 1 000 余台，同比增长 116.1%。2022—2023 年自主品牌工业机器人销量及增长情况（按应用领域分类）如图 7 所示。

图 7　2022—2023 年自主品牌工业机器人销量及增长情况（按应用领域分类）

注：数据来源于中国机械工业联合会机器人分会。

3. 应用行业分布特点

自 2013 年以来，我国自主品牌工业机器人已应用于国民经济 71 个行业大类中的 236 个行业中类，同比增加了 10 个行业中类，在越来越广泛的行业中实现应用，对

推动工业机器人市场发展具有积极意义。2023 年自主品牌工业机器人涉及应用行业除了传统的食品制造业、医药制造业、有色金属冶炼和压延工业、非金属矿物制品业、化学原料和化学制品制造业、专用设备制造业、电气机械和

器材制造业、金属制品业、汽车制造业、橡胶和塑料制品业等行业外，还新增了豆类、油料和薯类种植，水产养殖，畜牧专业及辅助性活动，石油和天然气开采专业及辅助性活动等行业。

从销量看，电气电子设备及器材制造业购置工业机器人的数量最多，占 2023 年自主品牌工业机器人总销量的 31.7%；金属加工及机械制造业和汽车制造业，分别占

2023 年自主品牌工业机器人总销量的 24.4%、12.8%，塑料及化学制品业、纺织业、木材加工及家具制造业和食品制造业分别占 3.9%、3.2%、3.0% 和 2.3%；其他行业机器人使用量共计占总销量的 15.1%，另有 3.6% 的自主品牌机器人应用行业不明。2023 年自主品牌工业机器人销量占比情况（按应用行业分类）如图 8 所示。

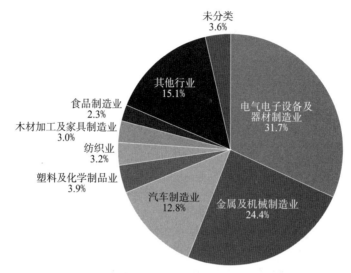

图 8　2023 年自主品牌工业机器人销量占比情况（按应用行业分类）

注：数据来源于中国机械工业联合会机器人分会。

具体看，电气电子设备及器材制造业自主品牌工业机器人采购量 4.3 万台，同比增长 0.6%；金属加工及机械制造业机器人采购量 3.3 万台，同比增长 38.1%；汽车制造业采购量 1.8 万台，同比增长 9.2%；塑料及化学制品业共采购 5 200 余台，同比增长 2.5%；4 300 余台自主品牌工业机器人销往纺织业，近 5 年年均增长 98.5%；木材加工及家具制造行业采购近 4 200 台，同比增长 27.3%，为历年来最高采购量；食品制造业年销量 3 000 余台，同比下降 7.3%。

4. 产品流向分布特点

从产品流向来看，2023 年 44.3% 和 19.7% 的自主品牌

工业机器人分别销往华东和华南地区，华北地区占比为 5.3%，华中、西南、西北和东北地区占比总计 8.3%，另有 22.4% 的自主品牌工业机器人在国内销售但具体流向不明。

从增速看，2023 年各地区自主品牌工业机器人采购量有增有减。其中东北地区采购量同比增长 42.4%，华东地区在较高的基数上实现 13.7% 的增长，华北地区采购量实现 10.6% 的增长；西南地区、华南地区和华中地区 2023 年自主品牌工业机器人采购量同比下降，西北地区工业机器人年采购量不足千台。2023 年自主品牌工业机器人销售按产品流向分类如图 9 所示。

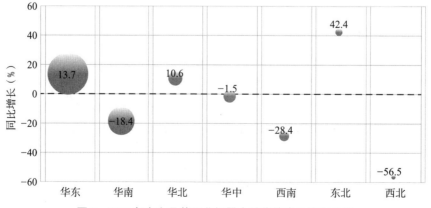

图 9　2023 年自主品牌工业机器人销售按产品流向分类

注：数据来源于中国机械工业联合会机器人分会。

从应用领域来看，各地区均以用于搬运与上下料的机器人为主。其中华东、华南、西北地区采购自主品牌工业机器人用于搬运与上下料的比例约为80%；西南、华中、华北和东北地区采购用于搬运与上下料的自主品牌工业机器人比例也都在60%以上。焊接与钎焊是第二大应用领域，华中和西南地区采购自主品牌工业机器人用于焊接与钎焊的比重超过20%，华北、东北和西北比重超过10%。华南地区采购自主品牌工业机器人用于装配及拆卸的比重超过10%；华北地区采购用于洁净室的自主品牌工业机器人超过10%。各地区采购自主品牌工业机器人用于涂层与胶封和加工领域的比重均在10%以下。

三、自主品牌机器人市场份额继续提高

从市场份额看，2023年在我国工业机器人市场总销量中，外资品牌机器人占有率为51.6%；自主品牌机器人市场占有率为48.4%，同比增加10.5个百分点。

从机械结构上看，在各主要机型中，2023年自主品牌机器人的市场占有率均较2022年有所提高，其中多关节机器人同比增加11.1个百分点，占有率43.2%，为近年来最高水平；其他机型的自主品牌销量占有率均超过50%。SCARA的自主品牌占有率同比增加13.1个百分点，达到52.7%；坐标机器人的自主品牌占有率同比增加8.2个百分点，达到78.9%；并联机器人的自主品牌占有率同比增加3.9个百分点，达到71.4%。2023年我国市场工业机器人机械结构内外资占比情况如图10所示。

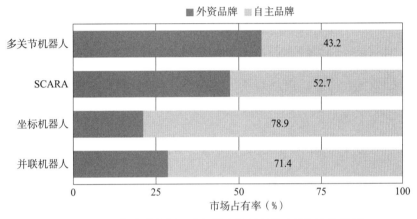

图10　2023年我国市场工业机器人机械结构内外资占比情况

注：数据来源于中国机械工业联合会机器人分会、国际机器人联合会。

从应用领域看，外资品牌在焊接与钎焊、装配及拆卸和加工等领域仍占据绝对优势。自主品牌机器人在各领域的占比均有所提高。

在涂层与胶封领域，自主品牌市场占有率为42.8%，同比增加27.3个百分点；在加工领域，自主品牌市场占有率为37.1%，同比增加20.1个百分点；在洁净室领域，自主品牌市场占有率为71.8%，为近十年来占有率最高水平，

同比增加8.4个百分点；在搬运与上下料领域中，自主品牌市场占有率比2022年继续提高8.4个百分点，为59.5%；在装配及拆卸领域，自主品牌市场占有率为30.6%，同比增加7.5个百分点；在焊接和钎焊领域，自主品牌市场占有率为29.4%，近十年来占有率仅低于2021年，同比增加3个百分点。2023年我国市场工业机器人应用领域内外资占比情况如图11所示。

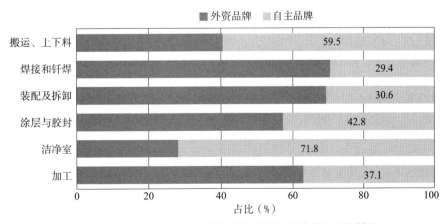

图11　2023年我国市场工业机器人应用领域内外资占比情况

注：数据来源于中国机械工业联合会机器人分会、国际机器人联合会。

从应用行业看，2023 年自主品牌工业机器人在金属加工及机械制造、电气电子设备及器材制造、纺织、塑料及化学制品业等行业占比有所提高，在食品制造，非金属矿物制品，造纸及纸制品，电力、热力生产和供应等行业的占比有所下降。其中，在电气电子设备及器材制造业中的占比较 2022 年继续提高 12.3 个百分点，升至 54.3%；在汽车制造业中的占比较 2022 年回升 5 个百分点，为 25.8%；

在金属加工及机械制造业中的占比较 2022 年继续提高 2.3 个百分点，升至 80%；在食品制造业中的占比减少 4.2 个百分点，为 64.3%；在塑料及化学制品业中的占比回升 7.0 个百分点，为 71.2%；在木材加工及家具制造业中的占比提高 0.5 个百分点，为 97.2%。2023 年我国市场工业机器人应用行业内外资占比情况如图 12 所示。

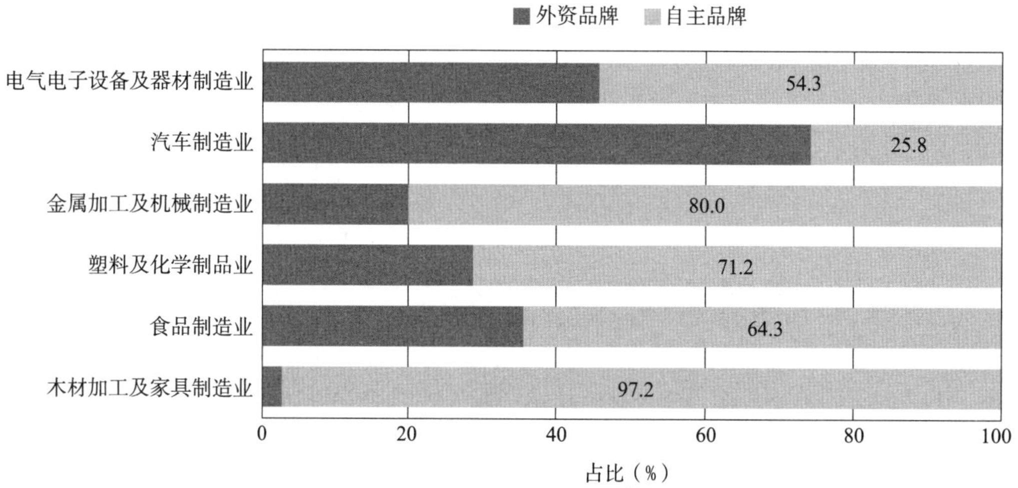

图 12　2023 年我国市场工业机器人应用行业内外资占比情况

注：数据来源于中国机械工业联合会机器人分会、国际机器人联合会。

〔撰稿人：中国机械工业联合会符玲、李晓佳〕

2023 年中国工业机器人进出口贸易情况

一、行业总体运行情况

1.总量

2023 年，海关统计的机器人产品共涉及 9 个税号商品，分别为喷涂机器人、工业机器人（税号：84287000）、协作机器人、其他多功能工业机器人、集成电路工厂专用机器人、电阻焊接机器人、电弧焊接机器人、激光焊接机器人、其他未列名工业机器人，本文中统称为工业机器人。

据海关总署统计数据，2023 年，我国工业机器人累计实现进出口贸易金额 28.39 亿美元，同比增长 8.57%，由 2022 年的下降转为增长，高于同期全国外贸进出口总额增速 13.57 个百分点。其中，进口额为 20.46 亿美元，同比增长 2.25%，较 2022 年提高 11.42 个百分点，高于同

期全国外贸进口增速 7.75 个百分点；出口额为 7.93 亿美元，同比增长 29.15%，较 2022 年提高 26.12 个百分点，高于同期全国外贸出口增速 33.75 个百分点。2023 年累计出现贸易逆差 12.53 亿美元，较 2022 年减少 1.34 亿美元。2015—2023 年我国工业机器人进出口情况如图 1 所示。

2.产品类型

2023 年，工业机器人（税号：84287000）、协作机器人、电弧焊接机器人、激光焊接机器人、电阻焊接机器人和其他未列名工业机器人表现为贸易顺差；其他多功能工业机器人、集成电路工厂专用机器人、喷涂机器人表现为贸易逆差。2023 年我国工业机器人产品进出口贸易情况见表 1。

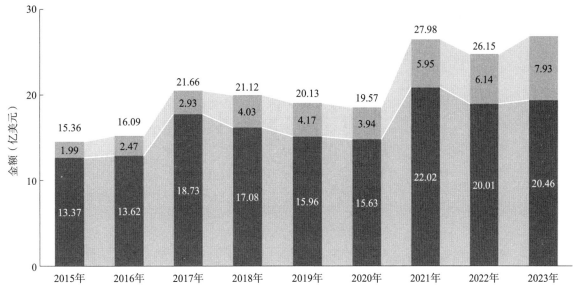

图1　2015—2023年我国工业机器人进出口情况

注：数据来源于海关总署。

表1　2023年我国工业机器人产品进出口贸易情况

序号	产品名称	进口额（亿美元）	出口额（亿美元）	贸易差额（亿美元）
1	其他多功能工业机器人	11.75	2.29	-9.46
2	集成电路工厂专用机器人	4.96	0.15	-4.81
3	喷涂机器人	2.03	0.46	-1.57
4	工业机器人（税号：84287000）	0.83	2.10	1.27
5	协作机器人	0.31	0.55	0.24
6	电弧焊接机器人	0.06	0.51	0.45
7	激光焊接机器人	0.04	0.08	0.04
8	电阻焊接机器人	0.03	0.11	0.08
9	其他未列名工业机器人	0.45	1.68	1.23

注：数据来源于海关总署。

2023年我国工业机器人进口额占比分布情况如图2所示。2023年我国工业机器人出口额占比分布情况如图3所示。

2023年其他多功能工业机器人进出口额14.04亿美元。其中，进口额和出口额分别为11.75亿美元和2.29亿美元，在工业机器人总体进口额和出口额中的占比分别为57.43%和28.88%；实现贸易逆差9.46亿美元。

集成电路工厂专用机器人进出口总额5.11亿美元。其中，进口额持续增长，依然是工业机器人进口中的第二大商品，但数值上仍远不及其他多功能工业机器人。2023年，集成电路工厂专用机器人分别实现进口额4.96亿美元和出口额0.15亿美元，在我国工业机器人进口总额和出口总额中的占比分别为24.24%和1.89%，较2022年分别提高2.15

个百分点和0.10个百分点。全年贸易逆差4.81亿美元，较2022年扩大0.50亿美元。从增速情况看，2023年集成电路工厂专用机器人进口额同比增长12.22%，出口额同比增长36.36%，均高于工业机器人同期平均水平。

喷涂机器人进出口总额2.49亿美元，受2022年低基数影响，进口额、出口额均实现由降转增，且大幅高于工业机器人同期平均水平。2023年，喷涂机器人实现进口额2.03亿美元，同比增长118.28%，在工业机器人进口总额中的占比为9.92%，较2022年提高5.27个百分点；实现出口额0.46亿美元，同比增长91.67%，在工业机器人出口总额中的占比为5.80%，较2022年提高1.89个百分点。全年贸易逆差1.57亿美元，较2022年扩大0.88亿美元。

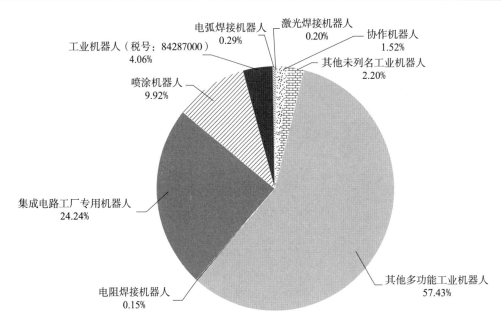

图 2　2023 年我国工业机器人进口额占比分布情况

注：数据来源于海关总署。

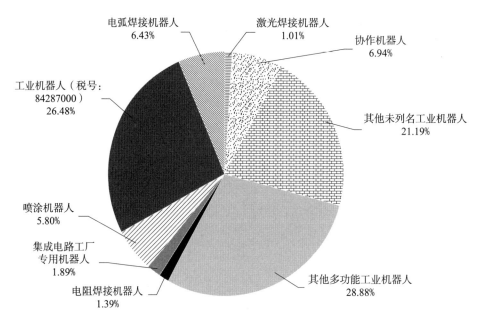

图 3　2023 年我国工业机器人出口额占比分布情况

注：数据来源于海关总署。

工业机器人（税号：84287000）进出口总额 2.93 亿美元。2023 年实现进口额 0.83 亿美元，在工业机器人进口总额中的占比为 4.06%，较 2022 年提高 0.66 个百分点；实现出口额 2.10 亿美元，在工业机器人出口总额中的占比为 26.48%，较 2022 年提高 7.43 个百分点。全年贸易顺差 1.27 亿美元，较 2022 年扩大 0.79 亿美元。从增速情况看，2023 年工业机器人（税号：84287000）进口额同比增长 22.06%，出口额同比增长 79.49%，均高于工业机器人同期平均水平。

协作机器人进出口额 0.86 亿美元。其中，进口额和出口额分别实现 0.31 亿美元和 0.55 亿美元，在工业机器人总体进口额和出口额中的占比分别为 1.52% 和 6.94%；实现贸易顺差 0.24 亿美元。

2023 年，电弧焊接机器人、激光焊接机器人、电阻焊接机器人表现分化。其中，电弧焊接机器人进口额和出口额同比分别增长 50.00% 和 37.50%；激光焊接机器人进口额同比下降 33.33%，出口额同比增长 64.52%；电阻焊接机器人进口额和出口额同比分别下降 63.64% 和 46.67%。此三类机器人由于体量较小，对整体影响不大，但均表现为贸易顺差，合计贸易顺差 0.57 亿美元，较 2022 年扩大 0.25 亿美元。

2022—2023 年我国市场工业机器人进口额完成情况如

图 4 所示。2022—2023 年我国市场工业机器人出口额完成情况如图 5 所示。

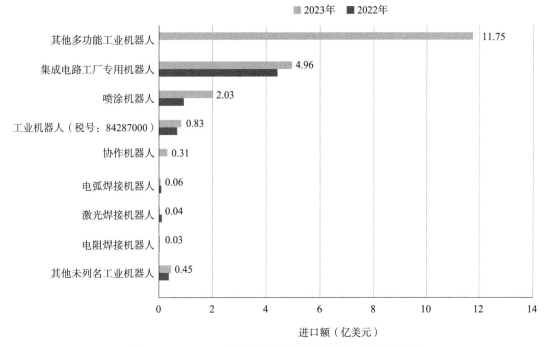

图 4　2022—2023 年我国市场工业机器人进口额完成情况

注：数据来源于海关总署。

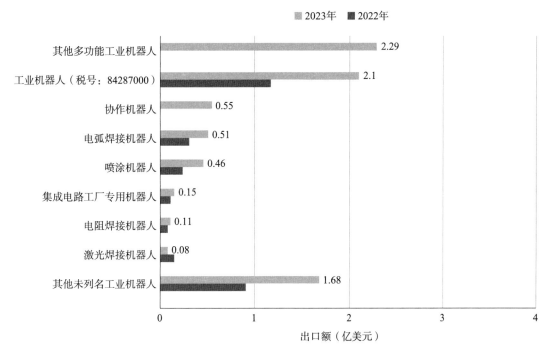

图 5　2022—2023 年我国市场工业机器人出口额完成情况

注：数据来源于海关总署。

二、主要贸易国家（地区）

1. 进口主要贸易伙伴

2023 年，我国工业机器人进口市场相对集中，主要源

于 39 个国家和地区，较 2022 年同期增加 3 个国家。从进口来源上看，日本位居第一，进口额为 12.46 亿美元，同比增长 4.00%；德国居第二，进口额为 2.22 亿美元，同比

增长 45.33%；美国排名第三，进口额为 1.11 亿美元，同比增长 71.14%；此外，来源于新加坡、韩国、法国、越南、瑞典的进口额也在 3 000 万美元以上，其中，来源于越南的进口额同比增长 59.37%，来源于其他国家和地区的进口额均有所下降。2023 年我国工业机器人进口来源情况见表 2。

表2 2023年我国工业机器人进口来源情况

产品类别	第一位		第二位		第三位	
	国家或地区	进口额（万美元）	国家或地区	进口额（万美元）	国家或地区	进口额（万美元）
其他多功能工业机器人	日本	95 377	德国	8 893	法国	6 365
集成电路工厂专用机器人	日本	23 129	新加坡	10 613	韩国	7 182
喷涂机器人	美国	9 277	德国	7 896	日本	2 928
工业机器人（税号：84287000）	德国	3 300	日本	1 946	韩国	1 130
协作机器人	丹麦	1 428	德国	465	日本	252
电弧焊接机器人	日本	398	韩国	174	瑞典	26
激光焊接机器人	韩国	138	德国	136	日本	63
电阻焊接机器人	德国	220	日本	27	意大利	22
其他未列名工业机器人	德国	1 176	美国	933	日本	488

注：数据来源于海关总署。

2.出口主要贸易伙伴

2023 年，我国工业机器人出口市场仍较为分散，出口到 133 个国家和地区，较 2022 年同期增加 7 个。从出口目的地来看，越南位居第一，出口额为 0.66 亿美元，同比增长 14.76%；俄罗斯跃居第二，出口额为 0.63 亿美元，同比增长 118.47%；泰国紧随其后排名第三，出口额为 0.60 亿美元，同比增长 96.68%。此外，对韩国、德国、印度、美国、新加坡、墨西哥、日本出口额也都超过 3 000 万美元，其中，对德国、印度、美国、新加坡、墨西哥出口额同比增长，对韩国、日本出口额同比下降。2023 年我国工业机器人出口目的地情况见表 3。

表3 2023年我国工业机器人出口目的地情况

产品类别	第一位		第二位		第三位	
	国家或地区	出口额（万美元）	国家或地区	出口额（万美元）	国家或地区	出口额（万美元）
其他多功能工业机器人	韩国	3 313	泰国	2 739	印度	2 218
工业机器人（税号：84287000）	越南	3 220	新加坡	2 797	美国	1 616
协作机器人	美国	912	德国	712	瑞典	634
电弧焊接机器人	俄罗斯	983	法国	619	墨西哥	512
喷涂机器人	印度	1 008	泰国	696	意大利	430
集成电路工厂专用机器人	日本	290	泰国	241	韩国	87
电阻焊接机器人	美国	341	韩国	304	日本	78
激光焊接机器人	印度	181	墨西哥	145	塞尔维亚	73
其他未列名工业机器人	俄罗斯	3 634	越南	1 334	墨西哥	1 180

注：数据来源于海关总署。

三、主要地区分布及贸易方式情况

从进口规模来看，2023 年我国工业机器人进口规模最大的省份是上海市，进口额达 11.97 亿美元，同比增长 0.71%，在全国工业机器人进口总额中的占比 58.50%，较 2022 年下降 0.92 个百分点。其余四大进口省（直辖市）分别为：江苏省进口额 1.60 亿美元，同比下降 43.23%；北京市进口额 1.40 亿美元，同比增长 31.81%；浙江省进口额 0.99 亿美元，同比下降 3.15%；天津市进口额 0.84 亿美元，同比增长 53.58%。上述五个省（直辖市）工业机器人进口额合计在全国工业机器人进口总额中的占比为 82.10%，较

2022 年下降 4.56 个百分点。从贸易方式来看，一般贸易进口体量最大，进口额达 19.00 亿美元，同比增长 5.16%；海关特殊监管区域物流货物次之，进口额为 0.79 亿美元，同比下降 39.11%；保税监管场所进出境货物排名第三，进口额为 0.30 亿美元，同比增长 199.97%。

从出口规模来看，2023 年我国工业机器人出口规模最大的省份是广东省，出口额达 1.99 亿美元，同比增长 20.88%，在全国工业机器人出口总额中的占比为 25.10%，较 2022 年下降 1.71 个百分点。其余四大出口省（直辖市）分别为：上海市出口额 1.96 亿美元，同比增长 30.96%；江苏省出口额 1.09 亿美元，同比增长 9.39%；山东省出口额 0.69 亿美元，同比增长 61.82%；浙江省出口额 0.56 亿美元，同比增长 122.12%。上述五个省（直辖市）工业机器人出口额合计在全国工业机器人出口总额中的占比为 79.51%，较 2022 年提高 0.89 个百分点。从贸易方式来看，一般贸易出口体量最大，出口额 5.12 亿美元，同比增长 24.80%；进料加工贸易次之，出口额 2.10 亿美元，同比增长 51.48%；海关特殊监管区域物流货物排名第三，出口额 0.33 亿美元，同比增长 8.15%。

〔撰稿人：中国机械工业联合会赵明〕

2023 年机器人行业主要用户行业运行情况分析

一、主要用户行业运行概况及特点

2023 年，机器人主要应用行业运行走势出现了一定程度的分化。

在全球消费电子市场低迷的大背景下，计算机、通信和其他电子设备制造行业主要经济指标仍相对低迷，2023 年全年增加值同比增长 3.4%，增速分别较前三季度、上半年和一季度提高 2.0、3.4 和 4.5 个百分点，整体回稳态势明显，但与全国工业平均水平相比，增速仍落后 1.2 个百分点。计算机、通信和其他电子设备制造行业主要产品产量增减不一。其中，微型计算机产量为 33 057 万台，同比下降 17.4%；手机产量为 15.7 亿部，同比增长 6.9%（其中智能手机 11.4 亿部，同比增长 1.9%）；集成电路产量为 3 514 亿块，同比增长 6.9%。外贸出口形势比较低迷，计算机及其零部件出口额为 1 875 亿美元，同比下降 20.4%；手机出口额为 1 388 亿美元，同比下降 2.7%；集成电路出口额为 1 360 亿美元，同比下降 10.1%；音视频设备及其零件出口额为 358 亿美元，同比下降 4.4%；液晶模组出口额为 266 亿美元，同比下降 2.0%。行业经济效益持续下滑，全年行业实现营业收入 15.1 万亿元，同比下降 1.5%；实现利润总额 6 411 亿元，同比下降 8.6%；营业收入利润率为 4.2%。与全国工业相比，计算机、通信和其他电子设备制造行业收入增速低 2.6 个百分点，利润降幅超出 6.3 个百分点，利润率低于全国工业平均水平 1.6 个百分点。

一系列组合政策的出台落地，有效促进了汽车消费，稳定了市场预期，加速了转型升级。2023 年，我国汽车行业产销创历史新高，乘用车延续良好发展，商用车保持较快增长，新能源汽车和汽车出口起到较强支撑。2023 年一季度，汽车行业进入促销政策切换期，传统燃油车购置税优惠政策的退出和新能源汽车补贴的结束等因素造成提前消费，年初以来的新能源汽车降价以及 3 月以来的促销潮又对终端市场产生影响，汽车行业经济运行总体面临较大压力，产销出现小幅下降；二季度，在中央和地方促消费政策、轻型车国 VI 实施公告、多地汽车营销活动、企业新车型大量上市等因素的共同拉动下，叠加车企半年度节点冲量和 4 月、5 月同期基数相对偏低，形势明显好转，市场需求逐步恢复；三季度，汽车产销整体表现好于预期，市场总体呈现"淡季不淡，旺季更旺"的态势，"金九银十"效应重新显现；四季度，伴随政策效应持续显现，各地车展及促销活动持续发力，加之企业年底收尾冲刺，车市热度延续，再现"翘尾"现象。全年汽车产销累计完成 3 016.1 万辆和 3 009.4 万辆，同比分别增长 11.6% 和 12.0%，产销量双双突破 3 000 万辆。

能源与原材料行业总体延续上行走势。2023 年，国内煤炭需求保持平稳增长，优质产能继续释放，产量进一步增长，进口量再创新高，国内供需总体平衡，煤炭行业经济运行总体平稳有序。全国规模以上原煤产量 46.6 亿 t，同比增加 1.1 亿 t，增长 2.9%，煤炭产量创历史新高；行业效益降幅加深，全年实现营业收入 3.5 万亿元，同比下降 13.1%；实现利润总额 7 629 亿元，同比下降 25.3%。

石油和化工行业总体呈现企稳复苏态势，行业经济运行低位回升、稳中有进，呈现较强的韧性。全行业规模以上企业工业增加值累计同比增长 8.4%，高于全国工业 3.8 个百分点。全年国内原油天然气总产量为 4.16 亿 t（油当量），同比增长 3.9%。原油加工量较快恢复，2023 年国内累计加工原油达到 7.35 亿 t，同比增长 9.3%。成品油产量大幅回升，全年产量为（汽油、煤油、柴油合计）4.28 亿 t，同比增长 16.5%，增速比 2022 年高 13.3 个百分点。主要化学品总产量增长由负转正，全年主要化学品生产总量约 7.2 亿 t，同比增长约为 6%。

中游制造行业分化显著，经济效益指标带动制造业增长。电气机械和器材制造业展现了强劲的带动作用，营业收入同比增长6.7%，利润总额增长22%；金属制品业营业收入连续第二年同比下降；通用设备制造业营业收入虽实现由负转正，但依然为低速增长；专用制造业维持低速增长；仪器仪表制造业则由此前的增长转变为营业收入与利润总额两项指标的同比下降。

生活消费品行业运行稳定趋缓，农副食品加工业、食品制造业、酒饮料和精制茶制造业营业收入分别增长1.1%、2.5%、7.4%，延续2022年低位运行的状态；家具制造业继续受房地产行业影响，营业收入在2022年下降8.1%的基础上继续下降4.4%。利润方面，多数行业表现出低位趋稳，食品制造业、酒饮料和精制茶制造业利润总额同比分别增长4.2%、8.5%；农副食品加工业、家具制造业利润总额分别下降11%和6.6%。

2023年机器人行业主要用户行业经济运行情况见表1。

表1　2023年机器人行业主要用户行业经济运行情况

行业名称	营业收入		利润总额	
	金额（亿元）	同比增长（%）	金额（亿元）	同比增长（%）
采矿业	61 275.1	−8.6	12 392.4	−19.7
煤炭开采和洗选业	34 958.7	−13.1	7 628.9	−25.3
农副食品加工业	54 038.6	1.1	1 391.2	−11.0
食品制造业	20 497.6	2.5	1 666.8	4.2
酒、饮料和精制茶制造业	15 516.2	7.4	3 110.0	8.5
家具制造业	6 555.7	−4.4	364.6	−6.6
化学原料和化学制品制造业	87 925.8	−3.5	4 694.2	−34.1
橡胶和塑料制品业	28 218.1	0.5	1 691.3	14.6
金属制品业	45 442.6	−0.7	1 903.1	4.5
通用设备制造业	47 072.2	2.8	3 427.8	10.3
专用设备制造业	36 745.1	0.7	2 878.0	−0.4
汽车制造业	100 975.8	11.9	5 086.3	5.9
电气机械和器材制造业	13 661.1	6.7	893.8	22.0
计算机、通信和其他电子设备制造业	110 059.9	9.6	6 334.5	15.7
仪器仪表制造业	151 067.8	−1.5	6 411.3	−8.6

注：数据来源于国家统计局。

二、全国及主要用户行业投资完成情况

2023年，锚定高质量发展目标，我国积极扩大有效投资，持续调动民间投资积极性，促进投资结构不断优化，全年完成固定资产投资（不含农户）503 036亿元，同比增长3.0%。扣除价格因素影响，实际同比增长6.4%，增速较2022年提高1.5个百分点。

在企业盈利持续改善及转型升级加快等因素的带动下，制造业投资持续企稳向好，2023年固定资产投资同比增长6.5%，比全部固定资产投资高3.5个百分点。此外，高技术产业投资保持较快增长，在全部投资中的占比稳步提高。2023年，高技术产业投资比上年增长10.3%，增速比全部固定资产投资高7.3个百分点；在全部投资中的占比较2022年提高0.7个百分点。

从投资构成成分看，与机器人行业密切相关的设备工器具购置投资增速加快，同比增长6.6%，高于总体水平3.6个百分点；建筑安装工程类投资同比增长2.1%，增速已连续两年放缓。

从主要用户行业来看，2023年机器人主要用户行业固定资产投资均实现较快增长，其中计算机、通信和其他电子设备制造行业投资连续第三年实现增长，同比增长18.8%，较2022年有所放缓。汽车行业在新能源汽车的带动下，固定资产投资由降转增，同比增长12.6%，但需要说明的是该两位数增速是在此前两年持续下降的低基数基础上实现，三年平均汽车投资增速仍为下降1.7%，消费增长乏力之下投资的回升幅度有限。能源与原材料行业投资延续了2022年的增长趋势，采矿业、煤炭开采和洗选业、化学原料和化学制品制造业固定资产投资分别增长4.5%、24.4%和18.8%。中游制造业投资实现较快增长，特别是仪器仪表与电气机械行业在市场需求的带动下投资意愿强烈，固定资产投资增速分别达到14.4%和32.2%。2023年机器人行业主要用户行业固定资产投资完成情况见表2。

表 2　2023 年机器人行业主要用户行业固定资产投资完成情况

行业	固定资产投资同比增长（%）
采矿业	2.1
煤炭开采和洗选业	12.1
农副食品加工业	7.7
食品制造业	12.5
酒、饮料和精制茶制造业	7.6
家具制造业	-7.7
化学原料和化学制品制造业	13.4
橡胶和塑料制品业	4.6
金属制品业	3.5
通用设备制造业	4.8
专用设备制造业	10.4
汽车制造业	19.4
电气机械和器材制造业	32.2
计算机、通信和其他电子设备制造业	9.3
仪器仪表制造业	14.4

注：数据来源于国家统计局。

〔撰稿人：中国机械工业联合会李晓佳〕

2023 年全球机器人行业发展概况

2023 年，全球经济在动荡中蹒跚前行，复苏缓慢。产业链和供应链的安全问题引发了更大程度的关注，美国、日本等发达国家不断出台政策吸引产业链回流，受制于高昂的人工、场地成本，自动化转型的需求变得尤为迫切。在此背景下，全球机器人市场在 2023 年虽有所波动，但不改长期向好趋势，机器人新产品相继亮相，市场潜力持续释放，前沿技术不断突破。

一、发展情况

1. 全球机器人市场有所波动

国际机器人联合会（IFR）统计数据显示，2023 年全球工业机器人装机量为 54.1 万台，同比下降 2.2%，但仍处于历史第二高位。2013—2023 年全球工业机器人市场情况如图 1 所示。

从全球范围来看，亚洲和大洋洲地区工业机器人装机量占全球装机量的 70.6%，达到 38.2 万台，同比下降 5.7%。欧洲地区工业机器人装机量在 2023 年达到 9.2 万台，同比增长 9.5%，占全球总装机量的 17%；美洲地区工业机器人装机量为 5.5 万台，同比下降 1.8%，占全球总装机量的 10.2%。

分国家来看，中国、日本、美国、韩国和德国是 2023 年全球工业机器人装机量排名前五的国家，合计占全球总量的 77.4%。其中，我国工业机器人装机量为 27.6 万台，同比下降 4.8%，自主品牌占比跃升至 47.5%，电子行业是其最主要的应用行业，中国工业机器人装机量已连续三年占全球一半以上；日本以 4.6 万台的工业机器人装机量位居第二，同比下降 8%，新增工业机器人有近六成来自电子和汽车行业；美国工业机器人装机量为 3.8 万台，同比下降 5%，汽车行业是其最主要的应用行业，占比达到 31.6%；韩国工业机器人装机量小幅下降 3%，至 3.1 万台；德国工业机器人装机量则在 2023 年实现了 7.7% 的增长，达到 2.8 万台，汽车行业是其最主要的应用行业，占比达到 32%。2022—2023 年全球主要国家工业机器人装机量如图 2 所示。

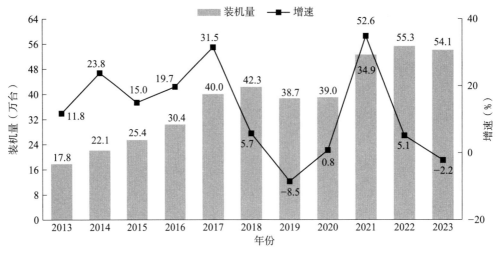

图1　2013—2023年全球工业机器人市场情况

注：数据来源于国际机器人联合会（IFR）。

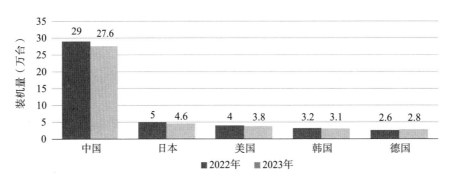

图2　2022—2023年全球主要国家工业机器人装机量

注：数据来源于国际机器人联合会（IFR）。

从应用行业来看，全球电子行业的工业机器人装机量出现了约20%的大幅下降。因此，汽车行业时隔三年再度超过电子行业，成为全球工业机器人最主要的应用行业。2023年，全球汽车和电子行业的工业机器人装机量分别为13.5万台和12.6万台，合计约占全球工业机器人总装机量

的48.2%；金属加工及机械制造业位列第三，工业机器人装机量为7.7万台，同比增长16.6%；排在第四和第五的行业分别为塑料及化学制品业、食品制造业，分别安装工业机器人2.2万台和1.5万台。2021—2023年主要应用行业工业机器人装机量如图3所示。

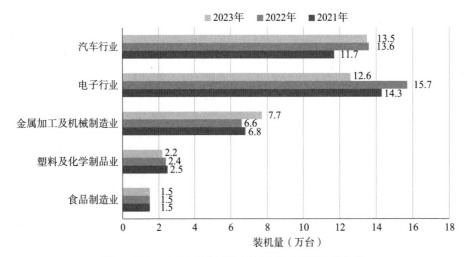

图3　2021—2023年主要应用行业工业机器人装机量

注：数据来源于国际机器人联合会（IFR）。

2023 年，全球服务机器人呈现出良好的发展态势，根据国际机器人联合会（IFR）数据显示，全球专业服务机器人销量为 20.5 万台，同比增长 30%；消费服务机器人销量为 410 万台，同比增长 1%；医疗机器人销量为 6 179 台，同比增长 36%。

从全球专业服务机器人的应用领域来看，运输和物流是最主要的应用领域，2023 年，11.3 万台专业服务机器人销往运输和物流领域，同比增长 35%；迎宾是第二大应用领域，消费 5.4 万台专业服务机器人，同比上涨 31%；农业、专业清洁同样是专业服务机器人的主要应用领域，销量分别为 2 万台和 1.2 万台。消费服务机器人主要应用于家务、社交与教育、家用护理等方面，销量分别为 378 万台、15.7 万台和 1 952 台。医疗机器人则主要应用在诊断、外科、康复与非侵入性治疗、实验室分析等方面，销量分别为 222 台、1 842 台、3 066 台和 1 049 台。

从全球服务机器人供应商数量来看，排在前五位的国家分别为美国、中国、德国、日本和法国。其中，美国以 199 家服务机器人供应商的绝对优势位居第一；中国紧随其后，服务机器人供应商达到 107 家；德国、日本和法国分别以 83 家、67 家和 50 家供应商的数量位居其后。此外，上述服务机器人供应商超过一半为专业服务机器人供应商。

2. 新产品相继亮相

2023 年，在工业和服务业领域，各种新颖的机器人产品不断涌现，市场竞争日趋激烈。在工业领域，ABB 公司推出 GoFa 协作机器人系列新品 GoFa 10 和 GoFa 12，两款协作机器人负载分别为 10kg 和 12kg，重复定位精度高达 ±0.02mm，适用于机加工、焊接、物料搬运、抛光和装配等对自动化要求严苛的任务；安川电机公司（简称"安川"）发布的 MOTOMAN NEXT 系列机器人可以对周围环境变化和系统状态做出判断并执行任务，包括与其他机器人和外围设备相互协同，实现了更高水平的智能化和自动自主功能；库卡机器人公司（简称"库卡"）推出的 KR SCARA CS 20kg 机器人，具备刚性强、精度高、运行稳等特点，适用于锂电池、电子、汽车零部件等行业。在服务领域，法国 Meropy 公司推出了一款名为 SentiV 的农业机器人，该机器人采用无轮辋的开放式辐条轮，可在高效克服各种地形障碍的同时大幅减少对农作物的伤害；西班牙 Robotnik 公司推出的协作移动机器人 RB-WATCHER 配备了先进的检测和导航传感技术，可以实现监控指定区域、识别入侵者、收集关键数据、识别潜在的火灾爆发等功能；美国 Built Robotics 公司发布自主太阳能打桩机器人 RPD35，将布局、堆放、打桩和竣工四个步骤组合到一个机器人中，使用 RPD35 打桩机器人可以实现成本的节约并保障精度和效率。

3. 市场潜力持续释放

技术娴熟的工人日益稀缺，劳动力市场正面临重大挑战。中小企业尤其感受到了压力，因为它们通常资源有限，难以应对劳动力短缺。再加之机器人使用成本的逐渐降低和易用性的显著提高，中小型企业也开始将目光转向"机器换人"，以提高生产率并增强市场竞争力。如，德国 Verzinkerei Sulz GmbH 所在地区焊工短缺，此前不得不将部件运至东欧进行焊接，焊接机器人的应用为其节省了大量开支；波兰 Qbig 公司在其拧紧洗衣机门及窗口的装配线上运用了基于机器人的自动拧螺栓设备，大幅缩短了生产过程并能够协助工人工作。此外，机器人企业也在积极拓展合作领域，探索新的合作伙伴，以推动其现有产品进入更广泛的应用场景。通过跨界合作，机器人企业不仅能够扩大市场影响力，还能通过创新解决方案应对多样化的行业挑战，实现互利共赢。如，ABB 公司与非营利组织 Junglekeepers 合作开展助力亚马逊雨林重建项目，展示了机器人和云技术在扭转森林砍伐方面的巨大潜力，ABB 公司的 YuMi 协作机器人利用太阳能自动播种，使亚马逊雨林的重建过程更快速、更高效、更具可扩展性；安川与垂直农业公司 Oishii 建立了新的战略伙伴关系，安川的一系列机器人将为 Oishii 的室内垂直草莓农场提供动力，以优化垂直耕作方法并扩大产量。

4. 前沿技术取得突破

2023 年，全球机器人技术在纳米机器人、软体机器人、仿生机器人等前沿领域取得多项新进展，未来有望在医疗救援、农业、环境保护等多个领域得到应用。如，在微型机器人领域，美国康奈尔大学等机构开发出一款昆虫大小的机器人，它不仅可以爬行和跳跃，还能携带 22 倍于自身质量的物品；以色列特拉维夫大学研发出了一种微型机器人，能够在生物样本中通过电磁混合动力推进与"导航"，并具备识别、抓取和运送单个细胞的能力。在软体机器人领域，美国哈佛大学和马萨诸塞州总医院开发出的柔性机器人能够检测手臂的残留肢体运动，并校准气囊致动器的加压，以平稳自然地移动人的手臂；芬兰坦佩雷大学研究出一种基于光响应材料组装的飞行机器人，配备了一个柔性致动器，能靠风飞行，并由光控制。在仿生机器人领域，意大利技术研究院与特伦托大学开发的仿生种子机器人可监测土壤环境，能改变形状以响应湿度；美国佐治亚理工学院研制的节肢型蜈蚣机器人每节身体都有 2 条腿并配备数台发动机，可适应崎岖路面，不必依赖传感器可随时探测路面情况。

二、重大活动

1. 2023 年机器人与自动化国际会议（ICRA）

2023 年 5 月 29 日至 6 月 2 日，2023 年机器人与自动化国际会议（IEEE International Conference on Robotics and Automation，简称 ICRA）在英国伦敦举行，共收到 3 125 份投稿，其中 1 341 篇论文被接收，接收率为 42.9%。该次大会共举办了 12 场比赛，涵盖人形机器人、移动机器人、腿式机器人、机器人操纵和抓握等领域，并涉足机器人伦理等重要新兴话题。

2. 第 19 届机器人与自动化创新创业奖（IERA）

2023 年 6 月 22 日，第 19 届机器人与自动化创新创业奖（IERA）公布了 2023 年获奖名单，获奖者为上海傅利叶智能科技有限公司的 ArmMotus™ EMU 三维上肢康复机器人。该款机器人产品采用了专为临床环境设计的创新电缆驱动机构，为上肢功能障碍患者提供三维空间内的运动控制、任务导向、日常生活活动等训练。IERA 主席 Andra Keay 表示，智能康复机器人技术可以改变医疗保健格局。

3. 2023 年慕尼黑国际机器人及自动化技术博览会

2023 年 6 月 27—30 日，2023 年慕尼黑国际机器人及自动化技术博览会在德国慕尼黑国际展览中心举办，由慕尼黑展览集团主办。博览会总面积超过 6 万 m²，聚焦"数字化与人工智能""工作的未来"和"可持续生产"三大主题，汇聚了 800 多家企业分享最新最尖端的机器人技术和科技成果。

4. 2023 世界机器人大会

2023 年 8 月 16 日—22 日，2023 世界机器人大会在北京经济技术开发区亦创会展中心举行。大会以"开放创新 聚享未来"为主题，由北京市人民政府、工业和信息化部、中国科学技术协会主办，中国电子学会、北京市经济和信息化局、北京经济技术开发区管委会承办，展览总面积达 4.5 万 m²，140 余家国内外机器人企业携近 600 件展品亮相展会。

5. 2023 年智能机器人与系统国际学术会议（IROS）

2023 年 10 月 1—5 日，2023 年智能机器人与系统国际学术会议（IROS）在美国底特律成功举行，汇聚了全球顶尖高校、科研机构及创新企业的人才出席，以"下一代机器人（The Next Generation of Robotics）"为主题，切合 2023 年如 ChatGPT 等大语言模型带来的人机交互的潮流与突破。另外，该次会议有效投稿数为 2 760 篇，最佳论文提名为 51 篇（入选率 2%），"最佳论文奖"的获奖论文题为 Autonomous Power Line Inspection with Drones via Perception-Aware MPC。

6. 2023 年日本国际机器人展

2023 年 11 月 29 日至 12 月 2 日，2023 年日本国际机器人展在东京国际展览中心举办，是该展览的第 25 届。展览由日本机器人协会（JARA）和日刊工业新闻社主办，汇聚了 ABB、发那科、NVIDIA、HEIDENHAIN 等近千家全球机器人企业，展示面积超过 2 万 m²，展出规模创历史新高，参与人数超过 14 万人。

7. 2023 年 IEEE 机器人学与仿生学国际会议（ROBIO）

2023 年 12 月 4—9 日，2023 年 IEEE 机器人学与仿生学国际会议（IEEE International Conference on Robotics and Biomimetics，简称 ROBIO 2023）在泰国苏梅岛召开。会议由 IEEE 主办，苏州大学与上海大学共同承办，涵盖范围包括与机器人学、仿生学等相关领域的研究、开发和应用。最佳论文奖的获奖论文题为 Exhaustiveness Does Not Necessarily Mean Better: Selective Task Planning for Multi-Robot Systems。

三、发展趋势

1. 绿色可持续发展带来新机遇

近年来，随着地缘冲突的频发、气候变化的加剧及能源价格的动荡，绿色可持续发展的紧迫性和重要性愈发凸显。为了应对这些全球性挑战，各国正积极调整发展战略，将绿色可持续发展置于核心地位。在这一背景下，机器人的应用成为推动绿色转型的关键力量之一。与传统人工操作相比，机器人不仅能大幅提升工作效率，还能融入先进的节能技术，精准达成可持续性目标，迎来了更多的发展机会。如，ABB 新一代大型机器人 IRB 6710-6740 系列通过使用 OmniCore 控制器实现了高达 20% 的能源节省；库卡 KR FORTEC ultra 系列机器人采用紧凑轻便的双支撑连接臂设计，确保高刚性和高精度的同时减轻材料质量，实现了更高的动态性能、更低的能源消耗。

2. 人工智能加速赋能产业成长

2023 年，美国开放人工智能研究中心（OpenAI）的生成式人工智能产品 ChatGPT 火遍全球，美国主要科技公司纷纷聚焦生成式人工智能领域，带动新一轮爆发式发展。人工智能与机器人技术的融合正展现出巨大的潜力，为机器人带来了更高水平的自主性和智能化，提高了机器人在视觉、语音、运动控制、决策等方面的能力，使其能够在复杂多变的环境中，实现自主感知、规划和执行任务。如，在感知方面，机器人可以利用计算机视觉、语音识别等提升感知能力，实现物体识别、语义分割和交互感知等任务；在控制方面，通过端到端的多模态大模型训练学习，机器人可实现对复杂作业任务的控制；在决策方面，机器人可以利用强化学习、规划学习等实现自主决策和任务规划；随着人工智能技术的不断进步和成熟，以及其与机器人技术的深度融合，将推动机器人技术和应用的新一轮革命性发展，开启机器人智能化发展新篇章。

3. 人形机器人成为热门赛道

人形机器人拥有双足、双臂等复杂关节，能够模仿人的形态运动和功能，在人类环境中工作时展现出更强的适应性和通用性，是未来产业的前沿领域，在工业制造、国防安全、智能服务等行业具有广阔的前景和巨大的潜力。作为未来产业的新赛道和经济增长的新引擎，各国纷纷投入巨资进行人形机器人的研发，已经取得了实质性的进展，人形机器人商业化初步成熟。如，2023 年，特斯拉推出的第二代 Optimus 人形机器人，其全身控制能力和平衡性得到了显著的"进化"；英国 Engineered Arts 发布的第二代 Ameca 人形机器人，通过接入 GPT-4，获得了连续的思考能力；波士顿动力的 Atlas 人形机器人已经可以轻松完成搭桥、爬楼等一系列动作。随着技术的不断进步和市场的不断拓展，人形机器人将在未来发挥更加重要的作用。

〔撰稿人：机械工业信息中心彭馨桐〕

中国
机器人
工业
年鉴
2024

大事记

记载 2023 年机器人行业的重大事件

2023 年中国机器人行业大事记

2023 年中国机器人行业大事记

1 月

18 日 工业和信息化部联合教育部、公安部、民政部等十六部门印发《"机器人 +"应用行动实施方案》。面向社会民生改善和经济发展需求，聚焦制造业、农业、医疗健康、养老服务等 10 大应用领域，开展"机器人 +"应用创新实践，拓展机器人行业应用深度和广度。

19 日 由中国科学技术大学机器人实验室研发的全国首只仿生大熊猫机器人"小川"在成都大熊猫博物馆正式亮相。该机器人可以和少年儿童进行更加生动的交互，有利于提高孩子学习的兴趣，保持注意力，对于教育和娱乐都是非常必要的。

30 日 珞石（北京）机器人有限公司自主研发的医疗机械臂正式通过国际电工委员会的 IEC 60601 医疗认证，成为国内首家、全球第二家获得该医疗认证的机器人企业。

2 月

8 日 由中国泌尿外科专家联合来自 18 个国家（地区）、53 个医学中心的 65 名国际泌尿外科专家，共同编写的机器人手术国际专著《机器人辅助前列腺癌根治术—先进外科技术》在斯普林格自然（Springer-Nature）出版社正式刊印。这本专著详细探讨了国内外大型泌尿外科中心开展机器人前列腺癌根治术的术中操作技巧，是掌握机器人前列腺癌根治术技巧的一部权威、系统、翔实的临床"宝典"。

17 日 中国中医系统首台国产腹腔镜手术机器人在黑龙江中医院大学附属第一医院成功实施首例辅助手术。手术机器人"首战告捷"，标志着中医外科手术迈入智能化、精准化、微创化的机器人手术新时代。

24 日 中国医学科学院阜外医院专家团队成功完成国内首例全程机器人辅助冠状动脉造影。除去消毒、铺巾、穿刺、架设机器等准备工作时间，实际冠状动脉造影检查手术时间约 10min 即顺利完成，全程患者无不适主诉，对手术过程及结果非常满意。

3 月

9 日 香港中文大学医学院完成全球首创运用机器人辅助支气管镜以微波消融术治疗转移性的肺肿瘤。此先进的机器人系统可以保持仪器在气管内的稳定性，提高病变组织定位的效率和准确性。

13 日 中国科学院深圳先进技术研究院医药所纳米医疗与技术研究中心研究团队开发了一款"双引擎"、自适应的酵母微纳生物机器人（TBY-robot），通过生物酶与巨噬细胞"引擎"的切换，能穿透人体多重生理屏障，实现将药物精准递送到远程炎症病灶。相关研究论文发表在国际学术期刊《科学·进展》上。

16 日 由四川省人民医院与电子科技大学医工交叉研发团队联合研制的全球首台小型智能机器人移动 CT 在成都正式亮相。小型智能机器人移动 CT 的诞生，彻底颠覆了常规 CT 的固定人工操作模式，把 CT 检查、诊断和治疗直接送到病人的床边或家门口，为脑梗死、脑出血、脑创伤等危重患者的紧急救治提供了全新的"移动医疗"救治模式。

17 日 由苏州艾吉威机器人有限公司与蚂蚁区块链科技（上海）有限公司共同打造的全国首个支持区块链的 AGV 智能搬运机器人"小千斤"在苏州亮相。能够实现 AGV 设备的运行数据自动记录在区块链上，源头可信且全流程加密、不可篡改，从而让传统设备变成数字资产，与金融、租赁和使用者共同形成产业协作网络。

24 日 "机器人 + 矿山"产业协同推进方阵在深圳举行成立仪式。该方阵在工业和信息化部、国家矿山安全监察局的指导下，由矿山机器人相关重点企业、科研所、高等院校、典型用户等单位联合发起成立，立足于搭建矿山机器人应用的融合创新和协同发展平台，旨在实现矿山机器人应用的孵化与推广，促进矿山机器人应用蓬勃发展。

24 日 国网西宁供电公司依托双创培育资金孵化的 10kV 地电位登杆带电作业机器人在青海省西宁市湟源县日月乡顺利完成带电接火工作。这是我国首套配网线路智能登杆带电作业机器人。

4 月

3 日 云南农业大学王白娟教授团队主导的全球首例针对高原山地茶叶采摘机器人第一期研发顺利完成。目前已在云南山区无网络地带成功实现茶叶鲜叶采摘、鲜叶分级采摘、微光环境识别等功能。

13 日 江苏鼎智智能控制科技股份有限公司在北京

证券交易所正式挂牌上市（股票简称：鼎智科技，股票代码：873593）。鼎智科技是国内微特电动机龙头、国家级专精特新"小巨人"企业，致力于人形机器人空心杯电动机和行星滚珠丝杠的研制与生产。

21日 由拓博尔轨道维护技术有限公司投资建设的国内首个轨道铣磨机器人总部落户江津。其生产的钢轨铣磨机器人是最新一代的智能高效钢轨维护设备，对保障高铁、城市轨道交通运营安全至关重要。

5月

5日 中国科学院自动化研究所、国际先进技术应用推进中心、中国矿业大学（北京）内蒙古研究院、中科慧拓（北京）科技有限公司联合孵化的我国首台（套）矿山智能运载机器人"载山CarMo"在内蒙古鄂尔多斯正式发布。"载山CarMo"拥有自主知识产权，关键部件国产化率在95%以上，可用于露天矿山、散货码头等多场景的重载物料运输。

9日 中国"机器人+五金"产业协同推进方阵在上海举行成立仪式。在工业和信息化部装备工业一司的指导下，由中国机械工业联合会机器人分会、中国五金交电化工商业协会等单位牵头成立，旨在加快我国机器人在五金行业中的应用拓展，助力五金领域实现数字化转型和智能化升级。

11日 北京积水潭医院与北京罗森博特科技有限公司就"智能化骨折复位机器人技术成果"签署转化协议，总金额达1亿元。这款智能化骨折复位机器人实现了骨科手术机器人从辅助定位导航到完成手术操作的技术飞跃，在全球范围内率先实现在最高难度的骨盆骨折手术中的临床应用，填补了国际空白。

12日 宁夏巨能机器人股份有限公司在北京证券交易所正式挂牌上市（股票简称：巨能股份 股票代码：871478），成为宁夏机器人第一股。巨能股份聚焦工业机器人技术领域，旗下产品"GS门式工业机器人"被科学技术部认定为国家重点新产品，获得中国机床工具工业协会颁发的"春燕奖"。

19—21日 第五届中国机器人技能大赛暨机器人创新与实践论坛在南京工业大学成功举办。天津大学、中国人民解放军陆军工程大学、南京工业大学等10所院校的14支参赛队伍分获各项目组别冠军。

20日 天津港集团有限公司发布了其自主研发制造的全球首台氢电混合动力人工智能运输机器人（ART）。该机器人下线后将立即投入使用，与正在运行的国内最大规模智能运输机器人编队"无缝对接"，服务天津港"智慧零碳"码头生产运营。

23日 2023"机器人+"大会在东莞拉开帷幕。大会由东莞市人民政府主办，东莞市工业和信息化局、赛迪研究院先进制造业研究中心等单位共同承办。大会以产业链协同创新，"机器人+"应用赋能为主题，发起成立了"机器人+"应用协同推进方阵，推动构建多部门协同、央地联动的工作机制，为"机器人+"应用提供更加强有力的组织保障。

24日 以"机器智联、赋能万物"为主题的第八届中国机器人峰会暨智能经济人才峰会在浙江省余姚市开幕。本届峰会围绕机器人核心关键技术、数字化产业链技术、机器人高端技术应用等重点领域，推动数字经济和实体经济融合发展，促进传统产业进行改造，推动壮大机器人产业规模能级。

6月

18日 浙江大学医学院附属邵逸夫医院团队通过中国电信5G技术操作国产手术机器人，为浙江大学医学院附属邵逸夫医院新疆兵团阿拉尔医院一名患者实施了肝脏切除手术，成功完成我国首例5G超远程机器人肝脏切除手术，在全球也尚属首例。

19日 全国首个大规模运用机器人进行施工的铁路工程项目广州白云站正式封顶。施工全过程累计使用了包括无轨导全位置爬行焊接机器人、地面整平机器人、地面抹平机器人、地库抹光机器人等在内的18种智能机器人。

20日 北京术锐机器人股份有限公司旗下的术锐单孔腔镜手术机器人获得国家药品监督管理局的上市批准，成为国内首个内窥镜单孔手术系统，实现了国产化替代。

23日 由中山大学中山眼科中心联合中山大学计算机学院研究团队、广州市微眸医疗器械有限公司等多家医、研、产机构研发的5G远程高精眼科手术机器人，在海南省眼科医院成功开展了全球首例5G远程微米级眼科手术。

30日 由吉林大学重庆研究院研制的国内首个机器人配送社区零售平台"小力到家"在重庆亮相。该平台依托人工智能、大数据等技术，首创"前置仓+机器人配送"新零售模式，让零售配送的"最后100m"更为通畅、高效。

7月

7—9日 第八届中国沈阳国际机器人大会在沈阳举办，本届机器人大会以"智能制造 共创未来"为主题。大会由沈阳市政府主办，沈阳新松机器人自动化股份有限公司与中国国际贸易促进委员会沈阳市分会共同承办大会主论坛，以及工业机器人系统集成应用论坛暨项目对接会、医疗康养机器人创新发展论坛等平行论坛环节。

7日 由中国科学院自动化研究所和北京协和医院血管外科研究团队联合研制的首例国产VasCure机器人成功完成辅助外周血管腔内介入手术。该血管腔内机器人具有完全自主知识产权。

8日 第四届中国机器人学术年会在杭州成功召开。大会由中国机械工程学会机器人分会、中国自动化学会机器人专业委员会等共同主办，为提升我国机器人学术研究氛围提供了重要的交流平台。来自各高校、各研究院和各行各业深耕机器人领域的学者，合作企业和研究机构代表，杭州市政府有关部门、领导等1 500余人莅临大会。

14日 新疆维吾尔自治区人民医院联合中国人民解放军总医院（北京301医院）为一名冠心病不稳定性心绞痛患者完成了机器人辅助下5G远程冠脉介入手术，这是全国首例机器人辅助下5G远程冠脉介入手术。

26日 国家重点研发计划"智能机器人"重点专项"重大科学基础设施FAST运行维护作业机器人系统"项目在"中国天眼"通过现场验收。本次验收项目包括馈源支撑缆索及滑车检测机器人、促动器自动化维护机器人平台系统等5套机器人系统和平台，为"中国天眼"提供运行维护保障。

8月

1日 2023两岸机器人及智慧自动化产业发展论坛在南通举行。本次论坛由中国机械工业联合会机器人分会和台湾智慧自动化与机器人协会共同发起，旨在促进两岸工业机器人和服务机器人技术、产品、零部件、应用、市场、标准和人才等方面合作，推动相关产业协同发展。

15日 固高科技股份有限公司在深圳证券交易所创业板正式挂牌上市（股票简称：固高科技，股票代码：301510）。固高科技专注于运动控制、伺服驱动、多维感知等5个方向的核心技术研究，其产品已广泛应用于机器人、数控机床、电子加工及生产自动化等工业控制领域。

16—21日 2023世界机器人大会在北京举行。大会现场参观人数20余万人次，论坛、博览会、大赛在线观看直播人数3 000余万人次。会议内容聚焦国家机器人发展规划，注重前沿热点科技，成果转化侧重创新，更加凸显前沿发展趋势。会上发布了《中国机器人技术与产业发展报告（2023年）》、机器人十大前沿技术（2023—2024）、2023世界机器人大会论文集等重要研究成果。

22日 由中国船舶集团第七一六研究所研制的国内首台（套）"甲板抛丸机器人"通过某船厂实船分段试验，标志着船体甲板除锈工作成功实现了由机器人代替人工操作的新跨越，开启了甲板除锈自动化之路。

28日 工业和信息化部发布关于组织开展2023年未来产业创新任务揭榜挂帅工作的通知。面向元宇宙、人形机器人、脑机接口、通用人工智能4个重点方向，聚焦核心基础、重点产品、公共支撑、示范应用等创新任务，发掘培育一批掌握关键核心技术、具备较强创新能力的优势单位，突破一批标志性技术产品，加速新技术、新产品落地应用。

9月

8日 中国铁建电气化局集团有限公司与浙江大学台州研究院成功研制了首套高铁信号系统机房线缆智能焊线

机器人，能够代替人工进行自主移动、线缆自动校对、自动焊线、焊点质量评测等工作，实现了焊接作业的智能化。该装备已在沪宁沿江高铁、新福厦高铁等工程中完成试用，进一步推动了我国高速智能建造体系的完善。

19日 国家电网有限公司科技项目"角钢塔塔身螺栓紧固机器人研究"在新疆750kV亚中—达坂城输电工程3号铁塔完成攀爬越障和螺栓紧固作业，标志着角钢塔塔身螺栓紧固机器人首次在国内超高压线路实现试点应用。

20日 2023上海市"张江机器人谷杯"机器人大赛启动仪式暨《2023协作机器人工业案例白皮书》发布会在国家会展中心举行。大赛通过网络知识竞答、校企推介、线上培训、线下实操等环节，为参赛者提供了全面、系统的学习机会，赋能行业人才培养。

10月

11日 由直观复星医疗器械技术（上海）有限公司研发的首台国产达芬奇Xi手术机器人在上海揭幕，这标志着全球领先的达芬奇手术机器人实现国产化。

11日 工业和信息化部、国家市场监督管理总局联合开展2023年度智能制造系统解决方案揭榜挂帅工作。面向工业母机和机器人、基础零部件、传感器及仪器仪表等25个重点行业智能制造典型场景和智能工厂建设需求，聚焦基础制造能力升级、重点生产环节优化、关键要素资源保障3个方面，提出21个智能制造系统解决方案攻关方向。

13—15日 2023中国机器人大赛暨RoboCup机器人世界杯中国赛在福建晋江举办，吸引清华大学、同济大学、浙江大学、北京航空航天大学、北京理工大学、国防科技大学、中国人民公安大学等260所高校的1 084支队伍和49所中小学的89支队伍参与角逐。

20日 工业和信息化部印发《人形机器人创新发展指导意见》，首次论及加快推动我国人形机器人产业创新发展，为建设制造强国、网络强国和数字中国提供支撑，明确了2025年创新体系初步建立和2027年技术创新能力显著提升的两个发展节点。

11月

2日 北京人形机器人创新中心有限公司在北京经济技术开发区机器人创新产业园正式注册，标志着国内首家省级人形机器人创新中心成立。北京人形机器人创新中心将面向未来，打造全球首个通用人形机器人"硬件母平台"，首个大模型+开源运控系统"软件母平台"。

13日 由国家能源集团国神哈密煤电公司大南湖二矿研发的我国首台通用运输场景露天矿用无人运输机器人正式投入生产运营，代替矿用重型载货汽车驾驶员完成高风险、高强度工作。

18日 以"聚焦前沿技术，引领创新发展"为主题的医学装备人工智能和医用机器人发展应用国际论坛在北京市昌平区成功举办。本次论坛由北京市昌平区人民政府、中国医学装备协会、中国医学装备协会人工智能和医用机器人工作委员会主办。邀请了政府部门有关领导、医疗专家、高校专家、企业家等围绕医学装备人工智能和医用机器人技术创新、产业发展和临床应用，解析相关政策，探讨行业发展趋势，展示最新技术。

30 日 机科发展科技股份有限公司在北京证券交易所正式挂牌上市（股票简称：机科股份 股票代码：835579）。机科股份主要提供以移动机器人和气力输送装备为核心的智能输送系统及配套装备和服务，下游主要面向智能制造、智能环保和智慧医疗领域，主要客户包括比亚迪、中国一汽、三一重工等大型客户以及市政医院等。

12 月

4—6 日 2023 中国机器人产业发展大会在芜湖市隆重召开。近千名来自全国各地的业界领袖、专家学者和企业家代表齐聚芜湖，聚焦全球机器人技术与产业发展趋势、中国机器人产业面临的挑战与机遇，共话机器人产业发展的未来。大会还启动了中国机器人行业 TOP 企业遴选工作，同时成立了中国"机器人 + 教育"推进方阵。

17—19 日 2023 年全国大学生机器人科技创新交流营暨机器人大赛在山东日照举行。本届竞赛主动瞄准机器人发展前沿科技领域，把握机器人技术发展主流趋势，迎合机器人产业发展现实需求，科学设置工业机器人、公共服务机器人、特种机器人等 5 大赛道，共收到来自全国 30 个省、自治区、直辖市及新疆生产建设兵团 431 所高校的 1 017 件参赛作品。

20 日 2023 首届"中国（盐城）机器人 + 新能源"产业发展大会在盐城亭湖区开幕。本届大会由中国机械工业联合会、盐城市人民政府主办，中国机械工业联合会机器人分会、中国电器工业协会、盐城市工业和信息化局、盐城市亭湖区人民政府联合承办。以"协作无界，加速未来"为主题，旨在以平台为抓手，积极导入和对接资源，助力"机器人 + 新能源"产业高质量融合发展。

22 日 由沈阳新松机器人自动化股份有限公司生产的 50 余台港口移动机器人向全球知名港务集团批量交付。这是我国港口移动机器人首次实现批量海外交付。

29 日 应急管理部、工业和信息化部联合出台了《关于加快应急机器人发展的指导意见》。提出到 2025 年，研发一批先进应急机器人，建设一批重点场景应急机器人实战测试和示范应用基地，增强应急机器人配备力度、实战应用及支撑水平。

29 日 深圳优必选科技股份有限公司首次公开发行股票并在香港交易所主板正式挂牌上市（股票简称：优必选，股票代码：09880.HK），优必选全新一代工业版人形机器人 Walker S 首次亮相并敲响开市锣，至此人形机器人第一股诞生。

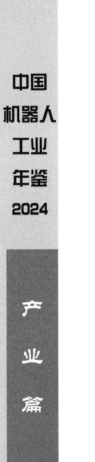

中国
机器人
工业
年鉴
2024

产业篇

从生产发展情况、市场及销售、科技成果及新产品等方面，阐述机器人产业典型产品领域发展情况

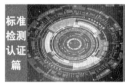

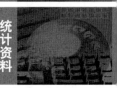

综述篇

大事记

产业篇

地区篇

园区篇

标准检测认证篇

产教融合篇

企业篇

应用篇

政策篇

国际篇

统计资料

附录

中国
机器人
工业
年鉴
2024

产业篇

2023 年焊接机器人发展情况

一、概念及范畴

焊接机器人是指应用于焊接制造领域，代替焊工进行实际焊接作业的工业机器人、协作机器人和特种机器人等。

按传统概念，焊接机器人属于工业机器人的一个大类。然而，随着市场需求的变化及技术与产品的不断创新，近些年，应用于焊接领域的协作机器人等新型焊接机器人得以快速发展。

按照焊接方法划分，焊接机器人主要分为弧焊机器人、电阻点焊机器人、激光焊机器人、钎焊机器人和其他焊接机器人；按照机械结构划分，焊接机器人主要包括多关节焊接机器人、坐标焊接机器人和其他类别的焊接机器人；按照应用行业划分，焊接机器人主要应用于以汽车制造、3C（计算机、通信和其他电子设备）制造、通用设备制造、专用设备制造、金属制品、金属家具制造、电气机械和器材制造、其他运输设备制造（铁路、船舶、航空航天等）、仪器仪表制造等 10 多个行业大类、70 多个行业中类。

二、全球市场情况

2022 年，全球工业机器人销量 55.3 万台，同比增长 5.3%，远低于 2021 年 35.1% 的增幅。焊接机器人销售 8.7 万台，同比下降 7%，在工业机器人总销量中占比 15.8%，比 2021 年下降 2.1 个百分点，销量排在搬运和上下料机器人（占比 48.1%）之后，位居第二。其中，弧焊机器人销量为 4.5 万台，同比下降 11%；电阻点焊机器人销量为 3.4 万台，与 2021 年基本持平；激光焊接器人占比不大，销量 1 000 余台，同比下降 47%；钎焊机器人销量 3 500 余台，同比下降 22%；其他焊接机器人销量 4 500 余台，同比增长 36%。2021—2022 年全球各类焊接机器人销售情况如图 1 所示。

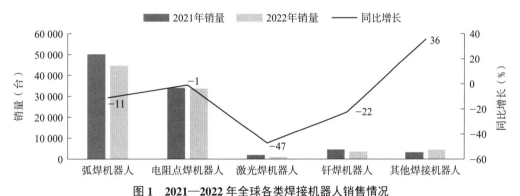

图 1　2021—2022 年全球各类焊接机器人销售情况

注：数据来源于国际机器人联合会（IFR）。

2022 年，我国市场各类焊接机器人销量在全球焊接机器人总销量中的占比情况如图 2 所示。

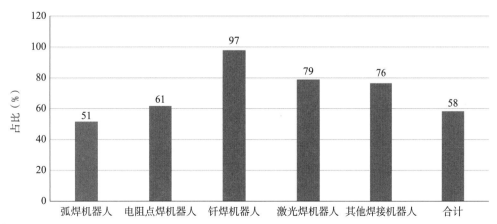

图 2　我国市场各类焊接机器人销量在全球焊接机器人总销量中的占比情况

注：数据来源于国际机器人联合会（IFR）。

汽车制造是焊接机器人应用的传统行业。2022 年全球汽车销量同比增长 11%，新能源汽车销量同比增长 35%，带动汽车制造产业链上下游对机器人的需求增大，使工业机器人销量同比增长 16%。电阻点焊机器人主要应用于汽车行业，2022 年销量与 2021 年基本持平；激光焊机器人也主要应用于汽车整车制造，2022 年全球激光焊机器人销量同比下降 47%。从以上两项数据推断，2022 年，全球汽车行业对焊接机器人相关项目投资减少。其中，激光焊机器人和弧焊机器人需求减少明显，这也符合产能投资在先，产出在后的一般规律。

金属加工和机械制造业也是焊接机器人应用的重要行业，2022 年，该行业工业机器人销量同比下降 3.3%。弧焊机器人是这一领域的主要应用对象，2022 年弧焊机器人全球销量同比下降 11%，减少约 5 600 台。

电气电子设备及器材制造行业是钎焊机器人的主要应用领域，几乎全部在我国销售应用。近些年国内强化技术自主可控，叠加新能源汽车、光伏和储能等领域对电子相关产品的强劲需求，半导体和芯片制造不断加大在自动化领域的投资，2020 年和 2021 年行业产能极速扩张，钎焊机器人采购量同比分别增长 57%、34%，2022 年投资放缓需求减少，同比下降 22%。

三、我国市场情况

2023 年，我国市场焊接机器人销量约为 5.1 万台，与 2022 年基本持平。其中，弧焊机器人销量为 2.5 万台，同比约增长 10.7%，是销量最大的细分品类；电阻点焊机器人销量为 1.7 万台，同比下降 15.8%；激光焊机器人销量为 2 325 台，同比增长 181.5%；钎焊机器人销量为 3 271 台，同比下降 4.9%；其他焊接机器人销量约为 2 500 余台，同比下降 14.7%。2022—2023 我国市场各类焊接机器人销售情况如图 3 所示。

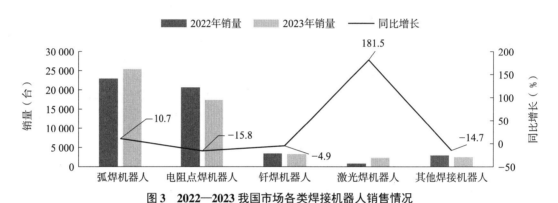

图 3　2022—2023 我国市场各类焊接机器人销售情况

注：数据来源于中国机械工业联合会机器人分会（CRIA）、国际机器人联合会（IFR）。

四、进出口情况

从海关统计数据看，明确为焊接机器人的有 3 个税号商品，即电阻焊接机器人、电弧焊接机器人和激光焊接机器人，分别对应通常所说的电阻点焊机器人、弧焊机器人和激光焊机器人。

1. 进口情况

2023 年，我国焊接机器人进口额为 1 229 万美元，同比下降 44%。其中，弧焊机器人进口额同比下降 31%，电阻点焊机器人进口额同比增长 23%，激光焊机器人进口额同比下降 68%。2022—2023 年我国焊接机器人进口情况如图 4 所示。

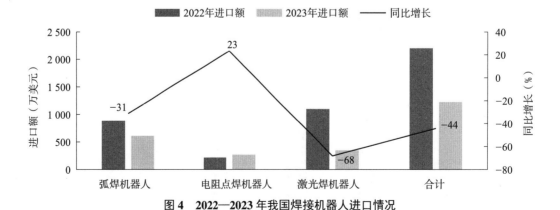

图 4　2022—2023 年我国焊接机器人进口情况

注：数据来源于海关总署。

2. 出口情况

2023 年，我国焊接机器人出口额为 6 947 万美元，同比增长 32%。其中，弧焊机器人出口额同比增长 66%，电阻点焊机器人出口额同比增长 42%，激光焊机器人出口额同比下降47%。2022—2023年我国焊接机器人出口情况如 图5所示。

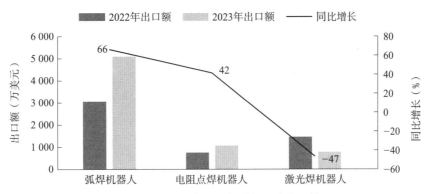

图5 2022—2023年我国焊接机器人出口情况

注：数据来源于海关总署。

需要说明的是，2023年3个税号的商品（弧焊机器人、电阻点焊机器人和激光焊机器人）分别进口了39台、64台和12台，进口额仅为1 229万美元；"其他多功能工业机器人"进口税号目录下，进口数量为78 366台，进口额达11.7亿美元；"工业机器人"进口税号目录下，进口数量为10 040台，进口额为8 271万美元。

五、新技术新产品进展

1. 核电行业专用协作机器人弧焊系统

山东奥太电气有限公司针对核电行业高强钢附件板焊接量大、工件规格多、编程效率低的难题，成功研制核电行业专用协作机器人弧焊系统（如图6所示）。整套设备由协作机器人、含有专用数据库的核电定制焊接电源、激光传感系统和焊接移动小车组成。协作机器人安装有核电焊接插件，与激光传感系统配合，可以自动生成单层单道或多层多道焊接轨迹，实现免示教编程自动焊接。以焊脚尺寸6mm×6mm、焊缝长度1 200mm的附件板焊接为例，采用该系统进行机器人焊接用时为3.3min，而人工焊接用时一般为8min，机器人可节省50%以上时间，大幅提升焊接效率。机器人焊缝质量执行核电标准，探伤合格率98%。

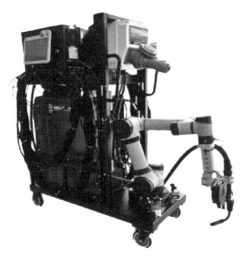

图6 核电行业专用协作机器人弧焊系统

2. 航空发动机叶片机器人柔性焊接系统

艾美特焊接自动化技术（北京）有限公司为中航发集团某用户研发的航空发动机叶片机器人柔性焊接系统（如图7所示），解决了航空发动机叶片的叶冠配合面耐磨合金自动堆焊难题。该系统由3台机器人（分别用于上料、焊接、下料）、全自动光学点云定位系统、多工位自动定位工装、光学引导焊枪定位系统、Dabber-TIG热丝柔性焊接系统、钨极烧损监测和自动换丝系统等构成。该系统定位精度≤0.1mm，焊接速度为50～1 500mm/min。配合艾美特DT数字控制系统加载离线编程技术、自动数据采集分析技术、焊接视觉监视技术和车间智能制造系统接入技术，可实现无人化现场作业。

图7 航空发动机叶片机器人柔性焊接系统

3. 基于激光点云技术的多机器人协同智能焊接系统

南京合信自动化有限公司成功推出基于激光点云技术的多机器人协同智能焊接系统（如图8所示）。其主要由机器人、激光器、边缘运算器组成，大激光点云提取工件特征点，小激光二次扫描焊缝，精度≤0.2mm，结合HECIN专家系统，自动实现工件识别、焊缝定位、焊接参数匹配、多机器人协同焊接，大幅减少生产人员，提高生产率。以25 000mm×8 000mm区域内任意摆放工件的钢结构焊接生产为例，人员减少80%，焊缝外观一次合格率≥98%。该装备适用于多种结构型式、任意摆放结构件的单道焊接和厚板多层多道焊接，可广泛应用于船舶、钢构、港机等行业。

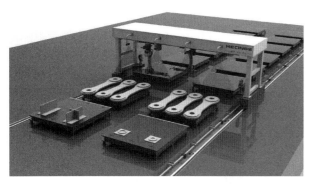

图 8　基于激光点云技术的多机器人协同智能焊接系统

4.移动式协作机器人激光增材修复设备 PortiLAM

针对传统激光增材修复设备体积大、现场可达空间有限、安装困难、人工操作烦琐、作业效率低的现状，南京辉锐光电科技有限公司推出移动式协作机器人激光增材修复设备 PortiLAM（如图 9 所示）。设备模块化设计，总体积为 $0.6m^3$，质量为 200kg（最大模块质量不超过 80kg），有效作业半径为 1.2m，可达空间 $5m^3$。相较于传统移动式激光修复设备，该设备体积缩小 40%，质量减小 75%，具有搬运方便、安装快捷、现场适应性强的特点。配合多种示教模式（推拉示教、视觉示教、光笔示教），可实现快速、高效免人工编程。设备还具有现场修复、打磨一体化功能，为高端装备现场快速修复提供可行的解决方案。

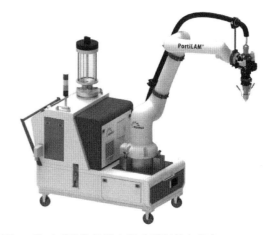

图 9　移动式协作机器人激光增材修复设备 PortiLAM

5.焊缝清根打磨移动机器人

厚板焊接，通常需要在焊接过程中进行碳弧气刨清根及清渣打磨，这些工作目前都是采用人工方法完成，导致厚板机器人焊接无法实现全流程自动化。为解决上述难题，上海赛威德机器人有限公司研发了厚板焊缝清根打磨一体化移动机器人（如图 10 所示）。该机器人主要由移动平台、机器臂、液压力控打磨工具、智能控制系统等组成，采用自研的重载 1 300N 浮动力控模块，具有 ±2N 力控精度和 0.01mm 位置精度，搭载基于激光视觉＋触觉的焊缝自主打磨软件系统，可实现焊缝清根打磨高精度控制，已在船舶海工、核电电站等重工行业大型筒体焊缝清根打磨中得到具体应用。

图 10　焊缝清根打磨一体化移动机器人

6.新型多关节型数控神焊机器人 RH06A2-1490

广州数控设备有限公司针对汽车和自行车行业铝合金焊接特点和无焊穿、焊缝成形美观、连接缝隙一次性满焊的要求，开发出一款新型多关节型数控神焊机器人 RH06A2-1490（如图 11 所示）。该设备主要由焊接机器人本体、控制器、操作盒和焊接系统组成。焊接系统采用抽拉丝高频伺服电动机实现 MDC 微创冷焊定频脉冲复合短路的焊接工艺，在铝合金自动焊接应用上接近氩弧焊效果。以铝制自行车车架为例，一个车架主框架结构有 4～8 道相贯焊缝，使用人工氩弧焊焊接用时 6～10min，使用该机器人焊接用时为 3～5min，可节省 50% 以上时间，同时保证鱼鳞纹层次均匀，鳞片清晰。

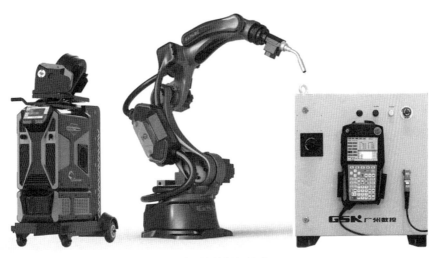

图 11 新型多关节型数控神焊机器人 RH06A2-1490

7. 履带吊臂架机器人智能焊接生产线

南京奥特自动化有限公司成功研制履带吊臂架机器人智能焊接生产线（如图 12 所示），主要包括智能立库、数控切割系统、激光赋码系统、耳铰组对工作站、激光划线系统、桁架臂成形焊接工作站等。该生产线基于边缘计算技术解决了传统焊接产线只适合单一 / 单类产品、柔性差的难题。通过视觉扫描和激光跟踪技术，自动生成焊接路径及运动姿态。独创的桁架机械手与自动导引车（AGV）融合接驳转载技术，解决了传统物流无法实现桁架机械手与多款 AGV 等融合接驳、不能与自动化立库实现协同智能物流难题。该生产线自动化率可达 86% 以上，与传统产线相比，产品不良率下降 50%，生产率可提升 30% 以上。

图 12 履带吊臂架机器人智能焊接生产线

8. 小组立柔性协作机器人焊接系统

珞石（山东）智能科技有限公司成功研发小组立柔性协作机器人焊接系统（如图 13 所示）。该系统由柔性协作机器人、焊接电源（NBC-500RP PLUS）、多关节力控和力矩传感器、便携式行走轨道等构成。机器人重复定位精度为 ±0.03mm，轨迹精度为 ±0.5mm，工作半径为 919mm。结合多关节力控和自研的船舶行业专门焊接软件，普通工人经简单培训即可快速上手操作，可以实现一人操作多台机器人，生产率可提高 2 倍以上。

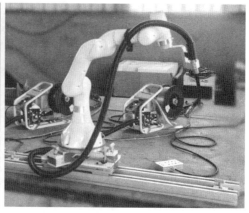

图 13　小组立柔性协作机器人焊接系统

9."M"系列智能焊接机器人工作站

中集飞秒（上海）机器人科技有限公司针对钢结构行业小批量非标构件多、传统编程示教机器人操作烦琐、焊接效率低的现状，发布飞秒"M"系列智能焊接机器人工作站（如图14所示）。该装备采用自研3D视觉传感器、智能焊接机器人专用控制器和智能焊接系统，适应多层多

道焊、包角焊、实芯焊、药芯焊等多种不同类型焊缝的焊接工作需求，实现免编程免示教智能焊接。对于焊角尺寸6～8mm的角焊缝，横焊速度可达350mm/min以上，立焊速度可达60mm/min以上。以单人操作3台设备统计，生产率可提高近60%，焊缝探伤合格率近99%。

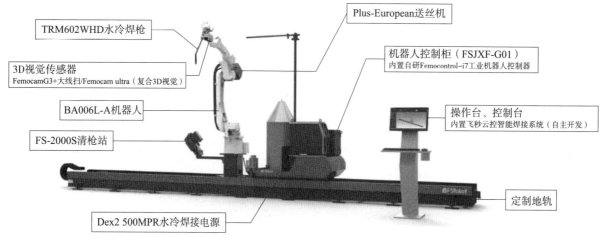

图 14　飞秒"M"系列智能焊接机器人工作站

10. 自主导航移动式焊接机器人

仁新焊机机器人（成都）股份有限公司以自研三维视觉技术、即时定位与地图构建（SLAM）及运动控制技术，自动导航技术、多层多道自动识别技术、焊缝实时跟踪技术、模型无缝拼接技术、精准识别技术、AGV边走边焊技术为基础，推出自主导航移动式焊接机器人Navigator Welder（如图15所示）。其视觉精度≤0.5mm，扫描频率10Hz，移动速度可达5km/h。该机器人不需要配套移动装置和工件变位装置，特别适合厂内外不可移动或变位工件进行机器人自动焊接。极大地减小了人工参与程度，提高焊接效率、稳定焊接质量。可应用于桥梁、钢结构、海洋钻井平台、船舶甲板、铁路车辆的制造和维修等领域。

图 15　自主导航移动式焊接机器人 Navigator Welder

六、趋势分析与预测

（1）我国是全球制造业大国，也是焊接制造大国。焊接是制造业的主要加工手段和工艺方法，无论是现有从事焊接作业的焊工人数，还是每年实际完成的焊接加工量，我国都处在全球首位。作为全球制造业门类最全的市场，我国焊接加工涉及 10 多个行业大类、70 多个行业中类。我国焊接机器人的主要应用行业正在从传统的汽车制造业向 3C 电子行业、装备制造业（工程机械、煤矿机械、农业机械等）、金属结构制造业和金属制品等其他细分行业市场延伸，预计未来一段时间将继续占据全球焊接机器人年度需求的半数以上。

（2）绿色、优质、高效焊接技术与机器人技术的交叉融合，是机器人焊接技术及其发展的基本特征，如机器人激光焊、机器人搅拌摩擦焊、机器人激光电弧复合焊、机器人双丝／多丝焊、机器人螺柱焊、机器人电子束焊、机器人窄间隙焊等，是机器人焊接应用方案的优先选项。

（3）焊接作业现场条件差，存在强弧光、噪声、焊接烟尘、电磁辐射、激光辐射等环境污染和安全风险；有些还是在高温、寒冷、潮湿的环境下工作，劳动强度大，造成目前愿意从事焊接操作的年轻人越来越少，焊工的使用成本费用快速增长。随着焊接机器人技术快速发展和应用范围的不断拓展，机器人应用成本大幅下降，焊接机器人已进入应用普及化时代。

（4）焊接机器人技术的研发与应用将步入智能化的"2.0 时代"。

（5）焊接机器人及相关技术发展方向：①机器人焊接的人工智能（AI）技术，特别是生成式 AI 技术；②极端环境下（太空、水下、核环境等）焊接机器人与机器人焊接技术；③示教编程、离线编程、自主编程和在线编程等各机器人高效编程技术；④适用于复杂场景、复杂构件、复杂焊缝的机器人焊接智能传感技术；⑤绿色、优质、高效焊接新方法与焊接机器人集成应用技术；⑥各类焊接方法在不同应用场景下的机器人焊接工艺大数据技术；⑦协作式焊接机器人技术；⑧多机器人协同控制技术；⑨机器人焊接数字化、信息化、智能化技术；⑩基于点云技术免示教免编程的焊接机器人技术。

（6）自主品牌焊接机器人技术不断进步，产品性能持续提高，中薄板弧焊机器人和普通的激光焊机器人应用增长较快，但自主品牌点焊机器人、中厚板弧焊机器人、高精度高速激光焊机器人、七轴弧焊机器人等技术和产品需要加大研发力度，逐步进入焊接机器人中高端市场。

（7）特定焊接场景对协作式焊接机器人、自主移动焊接机器人和复合型焊接机器人有迫切需求，其技术与应用近几年在国内外发展较快，是焊接机器人未来重要的增长点。

（8）焊接机器人应用与服务人才的短缺，一定程度也制约着焊接机器人的发展进程及机器人焊接的应用领域、焊接质量和焊接效率。政府和行业组织应加快焊接机器人应用与服务人才职业标准、培训、考核、认证体系的建立和完善。

（9）对于焊接机器人的正确应用，在汽车、工程机械、高铁、航空等焊接机器人应用逐渐普及的典型行业，近几年已有明显好转，但在一些细分市场的初期应用阶段和焊接机器人新用户中，包括新进入机器人焊接领域的企业和从业人员，对焊接机器人及其应用的认识误区依然严重。

〔撰稿人：中国焊接协会焊接设备分会专家委员会李宪政、陈清阳〕

2023 年协作机器人发展情况

一、概念及范畴

1. 概念及定义

协作机器人（Collaborative Robot）是能够与人在同一共享空间中协同作业、与人进行直接交互的机器人，是一种新的工业机器人品类。协作机器人拓展了机器人功能内涵中"人"的属性，使机器人具备一定的自主行为感知和协作能力，可在非结构的环境下与人配合完成复杂的动作和任务。与传统工业机器人相比，协作机器人具有安全、易于部署、操作简单、运动灵活、综合成本低等优点，其诞生的初衷是与人在共同工作空间内协作、帮助人完成简单、重复的工作。当前，协作机器人主要被布置在人员密集的产线上，协助人类完成 3C 电子装配、物品分拣等简单轻工艺。

随着智能制造水平的提升和互联网商业模式的广泛应用，制造企业生产模式正快速从单一品种、大批量向多品种、中小批量甚至变种、变量转变。同时，制造企业普遍面临着日益增加的成本压力以及产品品种多样化、产品需求量快速变化和劳动力成本增加等挑战。而能够和工人协同工作的协作机器人提供了更柔性、更高效的解决方案，因此，人们对协作机器人的需求日益增长。

2. 分类

通常根据机械结构和负载能力将协作机器人进行如下分类：

（1）按照机械结构划分。协作机器人包括 6 轴、7 轴、8 轴（双臂）、14 轴（双臂）。

（2）按照负载能力划分。协作机器人的负载从 3kg 到 20kg 不等。

3. 应用场景

协作机器人凭借安全、易用和灵活部署的特性，正在逐步占领市场。协作机器人的出现是为了弥补传统工业机器人无法满足柔性生产需要的空缺，因此从诞生之初直至现在，工业场景的应用构成了协作机器人的主流应用市场。协作机器人在汽车零部件、机械加工、3C 电子应用等行业分布广泛，目前能够实现的工序作业有装配、螺钉锁付、搬运、贴标、上下料、喷涂与涂胶、质检与测量、包装码垛、打磨抛光、焊接等。

随着协作机器人工艺包的持续开发，协作机器人能实现的应用逐渐多元化。近年来协作机器人逐步应用于自动咖啡机、物料抓取及其他新兴应用中。

二、市场概况

根据美国咨询公司 We Market Research 统计，2023 年，全球协作机器人市场规模达 19 亿美元，预计在 2024—2035 年，全球协作机器人市场将以 5.8% 的年复合增长率快速发展。到 2035 年，全球协作机器人市场规模预计超过 35 亿美元。在市场份额方面，2023 年，全球应用在汽车行业的协作机器人占比可达 26.11%。

高工机器人产业研究所（GGII）数据显示，2023 年，我国协作机器人销量为 3.14 万台，同比增长 21.73%。2024 年我国协作机器人销量将达到 4.08 万台，同比增长 29.78%。预计到 2027 年，我国协作机器人销量将接近 9.5 万台，市场规模将接近 60 亿元。

从协作机器人本体厂商属性来看，国产厂商持续巩固在我国市场的主导地位，GGII 数据显示，2023 年国产厂商在国内协作机器人的市场份额为 89.04%。

GGII 数据显示，2023 年，协作机器人厂商整体融资规模不及 2022 年，反映出资本市场投资愈加趋于谨慎。多数厂商的融资已进行到 B 轮及以后，显示出国内协作机器人厂商完成了早期技术积累，进入深度发展的阶段。

三、技术成果

近年来，国内外协作机器人厂商不断创新，相继推出了高负载能力产品，同时，产品的稳定性、速度与精度也在不断提升，性能向传统工业机器人靠拢。各厂商在算法软件方面也加强研发，推动了产业整体的技术进步。

1. 高负载能力协作机器人

继 2022 年丹麦优傲机器人推出负载 20kg 的协作机器人之后，2023 年优傲机器人继续推出负载为 30kg 的 UR30 协作机器人，更高的负载能力适用于托盘堆垛和焊接应用。日本安川机器人于 2023 年推出了 HC30PL 机器人，具有 30kg 的高负载能力，适用于重型装配和农业自动化等领域。除此之外，遨博（北京）智能科技股份有限公司（简称"遨博"）、珞石（山东）机器人集团有限公司、日本发那科公司、韩国斗山机器人公司等厂商均已推出负载

20kg 的协作机器人，高负载能力的协作机器人可以胜任之前由工业机器人完成的自动化工作，进一步扩展了自动化的范围，满足制造企业对机器人更高负载、更高鲁棒性的需求，提高效率和竞争力，提高产线的应变能力与可塑性，更加适配柔性生产。

2. 国产机器人操作系统

经过数十年的发展演进，以 KUKA、ABB、发那科和安川为代表的国外企业的机器人操作系统都已经相当成熟，在稳定性、实时性和运动控制精度方面优于我国的工业机器人操作系统。近年来，国内科研机构和企业加速了国产机器人操作系统的研发进程，推出了多款国产机器人操作系统。

2023 年，遨博推出 ARCS- 遨博机器人操作系统软件和 ARAL- 遨博机器人算法库，ARCS 操作系统研发了支持图形化 / 文本化编程、编译、调试、仿真功能的集成开发环境，集成了全新自研跨平台、模块化、高效的机器人算法库，支持工业机器人、协作机器人、移动机器人、复合机器人、人形机器人等各类型机器人。目前该操作系统已应用于遨博的系列机器人产品中。

四、趋势分析

从市场表现和融资情况来看，国内协作机器人已经进入到进一步谋发展的阶段，一方面要深耕既有场景，挖掘存量市场的新增量；另一方面，头部厂商发挥"领头羊"作用，引领了产品和技术的创新，加之 AI 技术逐渐成熟，将协作机器人未来的智能化发展提上日程。

1. 市场趋势

高负载能力协作机器人或将成为市场趋势。中低负载协作机器人多为非标定制化场景服务，需求总量相对较小。中低负载场景中已存在数量过多的同类企业产品，市场竞争激烈，同时该场景中也存在与 SCARA 机器人、工业小 6 轴机器人的竞争。各厂商用高负载能力协作机器人扩充新场景、新增量，是抢占新市场的一种策略。受制造业转型升级速度加快影响，一些制造企业开始寻求产线全自动解决方案。在实际应用场景中，机床上下料、晶圆盒转送、码垛、焊接等应用将会有高负载能力协作机器人的发挥空间。

从应用场景来看，"码垛"成为 2023 年的主流赛道，传统工业机器人厂商与协作机器人厂商均在码垛场景中大力布局，以找到新的增量。

GGII 数据显示，2023 年，我国工业机器人应用市场中用于搬运码垛、焊接、喷涂、装配及抛光打磨等操作的机器人占比约达 95%，其中搬运码垛、上下料机器人的占比超过一半。

2. 技术趋势

（1）继续提升安全性。为了保障人机协作的安全性，协作机器人往往被设定在较低的速度下运行，随着市场上协作机器人负载与速度的增加，其安全性的实现面临更大的挑战。例如，ABB 推出增加了安全激光扫描仪的协作机器人产品，通过感知人体与机器人的距离来调整工作

状态，相当于在人机协同的工作空间内增加了一个安全区域，做到人机隔离，以此提高安全性。

（2）智能感知。协作机器人执行任务需要具备力的感知、视觉感知、人机交互等。当前行业将协作机器人的应用由上下料、装配等拓宽至按摩理疗、手术等，这要求其感知更加智能化，需要配备更先进的传感器和算法，能够更好地感知环境和自身状态，实现更精准的控制和操作。

（3）与 AI 协同进展。AI 和机器人技术的结合提升了自动化的新高度。AI 驱动的机器人可以执行重复性和枯燥的任务，提高了效率和准确性。这些机器人能够通过自然语言处理和计算机视觉技术，更直观地与人类互动。例如，OpenAI 开发了基于模仿学习的协作机器人系统，这种系统能够从单次示范中学习行为，并在不同的设置中重现该行为。这项技术利用视觉网络和模仿网络，使机器人能够在动态环境中精确地执行任务。

3. 政策趋势

2023 年 1 月，工业和信息化部、教育部、公安部等十七部门联合发布《"机器人 +"应用行动实施方案》。强调到 2025 年，制造业机器人密度较 2020 年实现翻番，推广 200 个以上具有较高技术水平、创新应用模式和显著应用成效的机器人典型应用场景，打造一批"机器人 +"应用标杆企业。

2023 年 7 月，工业和信息化部、教育部、科技部等五部门印发《制造业可靠性提升实施意见》。提出要重点提升工业机器人用精密减速器及工业机器人等产品的可靠性水平。

安徽、北京、重庆等地在 2023 年发布机器人相关政策，其中包括发展协作机器人等新型智能制造装备，突破整机轻量化、视觉增强、自学习等关键技术，提升整机荷载能力，发展自适应协作机器人等内容。

这些政策的出台表明了机器人产业的发展受到我国政府高度重视，已成为国家政策重点支持领域。政策强调协作机器人的高质量发展，强调提升稳定性和可靠性，对行业发展提出更高的要求。

〔撰稿人：遨博（北京）智能科技股份有限公司魏洪兴〕

2023 年喷涂机器人发展情况

一、概述

1. 概念及定义

喷涂机器人又名喷漆机器人（spray painting robot），是可进行自动喷漆或喷涂其他涂料的工业机器人，根据国际机器人联合会（IFR）和中国机械工业联合会机器人分会对工业机器人应用类型的分类定义，机器人喷涂应用主要是"喷漆、上釉"和"涂胶、密封"。

2023 年，我国市场喷涂机器人销量为 9 487 台，其中约 43% 的喷涂机器人应用在各行业产品喷漆和上釉工艺中，40% 用于涂胶和密封工艺。2023 年我国市场喷涂机器人应用分布情况如图 1 所示。

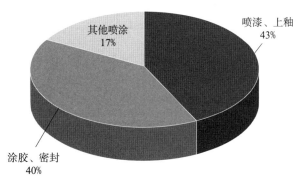

图 1　2023 年我国市场喷涂机器人应用分布情况

注：数据来源于国际机器人联合会、中国机械工业联合会机器人分会。

2. 常见的喷涂机器人品牌及产品

大多数喷涂机器人是基于 6 轴垂直多关节机器人结构进行开发，末端普遍采用偏置手腕或者中空手腕结构，本体可集成齿轮泵和换色阀等关键性涂料调节设备，实现精确的流量控制，从而大幅降低换色时的涂料和溶剂损耗。

（1）瑞士 ABB 公司（简称"ABB"）。ABB 生产的 IRB 5500 系列喷涂机器人集喷涂设备于一体，旨在打造更佳的涂装品质。该系列机器人产品工作范围大、加速性能优异、喷涂速度快，基本适合于任何应用的柔性高效解决方案。除了完全集成的过程控制（硬件和软件），IRB 5500 系列机器人还集工艺设备于一体，IRC5P 控制喷涂过程和机器人运动，因此可大幅节省喷涂材料。

（2）日本安川公司（简称"安川"）。安川的 MPX 系列喷涂机器人共有 6 款型号，负载范围为 5～15kg，动作范围为 727～2 700mm。MPX 系列机器人应用广泛，从小型产品，如手机、手办等的喷涂到汽车车身喷涂，MPX 系列机器人产品线可满足多种生产需求。同时，安川配备有能够在涂装车间进行工作的防爆搬运机器人，以及充足的周边设备解决方案，进一步提升现场的总生产力。

（3）埃夫特智能装备股份有限公司（简称"埃夫特"）。埃夫特的 GR 系列喷涂机器人共有 6 款型号，负载范围为 3～16kg，动作范围为 1 500～3 750mm。GR 系列喷涂机器人集成机器人运动控制和喷涂工艺控制功能，支持离线编程和工艺仿真，同时还支持拖动示教、VR 虚拟示教、视觉免编程示教等多种先进的机器人现场示教技术，广泛应用于汽车、轨道交通、卫浴陶瓷、家具等众多行业。

3. 系统构成

喷涂机器人本体及机器人控制柜、示教器是机器人喷涂系统的核心，它负责执行喷涂操作。喷涂机器人通常采用多关节机械臂，具有灵活的运动能力和精准的定位控制。除此之外，还需要配备专业的喷涂设备，喷涂喷枪（喷杯）、喷涂泵、颜料供给系统、吹扫系统等。喷枪（喷杯）是将涂料、釉、胶等原料均匀喷射到工件表面的设备，喷涂泵负责将颜料从储液罐输送到喷枪，颜料供给系统则控制颜料的供给量和压力，吹扫系统又包含吹扫控制器、吹扫单元、吹扫传感器及管路，主要起到防爆安全功能。近些年，机器视觉技术逐渐成熟并在工业机器人领域得到广泛使用，喷涂机器人系统搭配机器视觉技术使机器人喷涂作业进一步智能化、精细化，对机器人喷涂的普及起到了良好的推动作用。

4. 喷涂机器人系统的主要特点

（1）流量精确可控，节约涂料，减少有害挥发性有机物排放量；

（2）能够精准保证喷涂工艺一致性，获得更高质量的产品；

（3）设备利用率高，喷涂机器人利用率可达 90%～95%；

（4）实现喷涂工艺和机器人运动效率的最佳匹配，提高生产率；

（5）易操作和维护，可离线编程，大大缩短现场调试时间；

（6）柔性大，可实现多品种混线生产。

二、市场应用概况

（一）市场及行业

汽车工业是最早开始引入喷涂机器人同时也是机器人喷涂应用的第一大行业，从 20 世纪 90 年代开始，机器人喷涂进入以涂装为主的各个汽车整车及零部件生产环节，并迅速扩展到铁路运输设备、新能源、木工家具、卫浴陶瓷等多个行业。根据国际机器人联合会（IFR）和中国机械工业联合会机器人分会统计，2023 年，我国市场喷涂机器人销量为 9 487 台，同比下降 48.5%，但仍为历史第二高位。2015—2023 年我国市场喷涂机器人销售情况如图 2 所示。

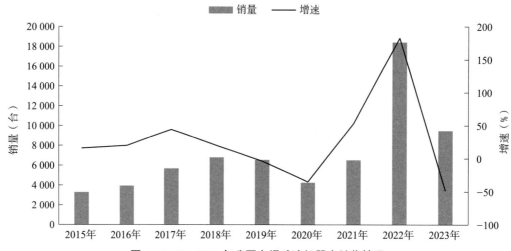

图 2　2015—2023 年我国市场喷涂机器人销售情况

注：数据来源于国际机器人联合会、中国机械工业联合会机器人分会。

（二）竞争格局

我国工业机器人行业整体起步较晚，虽然 20 世纪 90 年代开始我国制造业进入飞跃式发展，但是工业机器人上下游产业链基础薄弱的情况并未明显改变。统计数据显示，2019—2022 年，自主品牌喷涂机器人销量占比减少 41.6 个百分点，2023 年自主品牌喷涂机器人销量占比大幅回升至 42.8%。根据下游市场反馈，喷涂机器人主要应用领域仍是汽车及汽车零部件、轨道交通、家具、卫浴陶瓷等传统制造业，行业版图并未出现大的改变。2015—2023 年我国市场喷涂机器人年销量内外资占比情况（按品牌类型划分）如图 3 所示。

从技术和用户信任层面看，国产品牌喷涂机器人厂家和外资知名品牌依旧有明显差距，在传统进口品牌燃油车厂家的涂装环节仍大量使用进口喷涂机器人。但是从 2022 年开始国产新能源汽车厂商发力，市场份额显著提升，中国汽车工业协会数据显示，2023 年我国新能源汽车产销量分别达 958.7 万辆和 949.5 万辆，在全球占比超过 60%。相对外资车企，我国车企对国产品牌机器人的接受度更高，国产品牌喷涂机器人跟随中国汽车品牌的崛起迎来新的发展机遇。

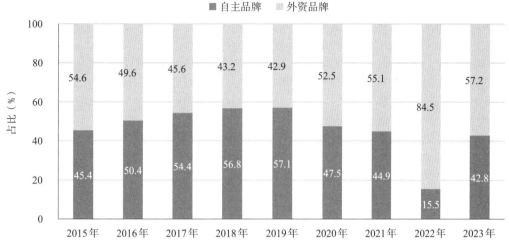

图3　2015—2023年我国市场喷涂机器人年销量内外资占比情况（按品牌类型划分）

数据来源：中国机械工业联合会机器人分会。

（三）国产品牌喷涂机器人在行业应用中取得的成果

1. 汽车制造行业

汽车制造行业凭借其产量大、节拍快、利润率高等特点，成为喷涂机器人应用最广泛的行业。然而中国汽车产业一度被国外汽车品牌占据，汽车制造长期沿用西方的标准，国产工业机器人在汽车制造业的份额几乎为零。近年来，随着国产品牌喷涂机器人的产品力提升及汽车制造厂的观念转变，国产品牌喷涂机器人也被逐渐引入汽车零部件制造厂及整车厂。

以传统的4C3B涂装工艺为例说明汽车涂装的工艺流程。C代表涂层（Coat），4C就是喷4层涂料；B代表烘烤（Bake），是喷涂完进行烘干的步骤，烘干可以保证涂料的质量，也能够加快干燥以便进入下个工艺步骤。所以4C3B工艺流程就是：C→B→C→B→C→C→B。目前随着技术的进步，工艺也在不断优化，如采用3C2B，但是主体流程还是一致的。

底涂是涂最里面的涂层，主要工艺为前处理和电泳。上完底漆之后从涂胶工艺环节开始传统的各项人工作业正在逐步替换为先进的喷涂机器人工作站，这里涉及各类涂胶应用，如阻尼密封胶（LASD站）、焊缝胶（UBS站）、PVC密封胶（UBC站）。中涂工艺起到承上启下的作用，

保护底漆也为后续的涂层提供附着。接着是上涂，先是色漆，决定车辆的颜色，然后就是清漆，是我们能够直接接触的涂层，起到一定保护的作用，还能够让车身更亮有光泽。

在中涂和上涂环节，自动化喷涂的难度是如何让机械手在移动的车身上均匀喷涂。另外，因为还要喷涂车内，如何稳定地让机械手开关门，保证喷涂过程中机器人和车身不要发生刮擦和碰撞事故，这对机器人本体、喷涂工艺、方案集成提出了严苛的要求。

2. 铁路运输装备行业

目前国内多数企业对高铁车体及零部件大部分仍采用人工喷涂等方式，存在着作业环境恶劣、喷涂效率不高、漆膜厚度不均匀、喷漆质量不均匀等问题。2012年开始部分企业开始考虑机器人喷涂，部分实现对高铁车身自动化喷涂。相对于车轮、轴承、座椅支架等零部件，高铁列车车厢外观和内部涂装对喷涂机器人和整体方案规划的技术要求更高。一节高铁车厢的长度通常为20～30m，高度为3.6～4.2m，宽度为2.8～3.2m。在车身、车厢和车门等部件的喷涂作业中喷涂机器人通常搭配外部行走轴和升降平台实现更大作业范围。埃夫特喷涂机器人喷涂高铁车厢的场景如图4所示。

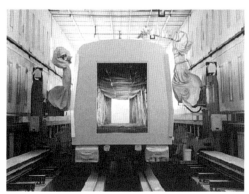

图4　埃夫特喷涂机器人喷涂高铁车厢的场景

针对高铁白车身制造过程中，特别是喷涂过程中遇到的痛点，埃夫特攻克喷涂机器人中空手腕、机器人防爆和大型复杂曲面构件机器人喷涂集成等关键技术难点，研制基于GR6150喷涂机器人的高铁白车身智能喷涂成套解决方案，实现其在中国中车、中集集团等龙头客户成功应用，打破进口品牌在高铁行业的垄断。

为确保达到高铁白车身高品质喷涂要求，埃夫特GR6150机器人基于高铁设计基因，采用中空型手腕，避免喷涂运动过程油漆管路缠绕及油漆污染；本体采用正压型防爆结构设计，具备防爆功能并获得国内和欧盟防爆双认证；GR6150末端负载15kg，可装配喷枪或旋杯进行喷涂；其工作范围为0～2 900mm，安装方式可地装、倒装、侧装，更加适用于高铁等大型工件的喷涂。高铁喷涂工作站以GR6150喷涂机器人为核心，综合考虑系统安全防爆设计、可靠性设计、经济性设计、柔性化设计、冗余设计和智能化设计，实现机器人喷涂工艺灵活控制和调整，进行工艺深度优化，设计完成整套高铁白车身智能喷涂解决方案。①安全防爆设计：高铁喷漆室均为爆炸危险区域1区，根据国家标准要求，综合考虑机器人、机器人轨道、传感器、调漆间供漆设备等子系统的防爆设计；②可靠性设计：从设备选型、流程优化、工艺节拍、设备防护、系统安全等方面优化系统工艺流程，提高系统的可用性、综合成本优势，增效降本；③经济性设计：机器人喷涂区域和供风系统关联，供、排风风机根据相应喷涂位置独立起动，实现节能10%，设计移动式供漆系统，减少涂料换色清洗消耗提高涂料利用率；④柔性化设计：根据目前提供的最大轮对外形尺寸，通过可达性验证，兼容各种车型，系统柔性化设计；⑤冗余设计：综合考虑部件异常造成的系统降级使用，提高整个系统的可用性；⑥智能化设计：通过机器人控制系统、PLC控制系统、计算机控制系统、现场总线等方式组建智能化、灵活、可靠的控制系统，实现系统数字化、监控信息化。

整套高铁白车身智能喷涂解决方案在3个方面进行技术创新。①防碰撞检测与轨迹偏移系统开发：通过测距传感器测量车身在喷房内的相对位置，喷涂系统对比原有轨迹模型的位置，在机器人喷涂安全可达单位内进行机器人及行走轴联动的轨迹偏移识别，当偏移超出范围时系统警告；②移动式供漆平台开发：考虑高铁车身生产的特殊需求，如果采用集中供漆管路过长，换色及运行成本较高，项目组进行创新开发了移动式供漆平台，供漆管路短、响应快，更加适合于高铁车身小批量多品种的生产特点；③集散控制及生产数据管理系统开发：考虑高铁喷涂的特殊需求，喷涂关键参数如雾化、扇形、流量等控制比例阀安装更加靠近喷枪，响应速度更快，设计集中控制操作平台及HMI界面使操作更加简便。

3. 家具行业

喷涂是木制家具制作流程中的重要工艺环节，需要经过多道工艺流程才能交付给用户，而且涂料表面的质量直接决定了家具成品在用户心中的第一印象。家具行业市场集中度低，存在大量的中小型家具企业。这些企业在实际经营中普遍面临招工难、成本上升、制造环节品质一致性差及环保和员工职业病预防的多重压力。虽然引入喷涂机器人可以消除这些问题，但是面对多品种、小批量的行业特点，传统的机器人示教形式由于技术门槛高、易用性低的关系，不利于喷涂机器人在家具行业的推广。

针对家具行业用户的喷涂需求，埃夫特开发了名为VR-Tracking的虚拟示教系统。该系统采用先进的传感技术，可以精确采集人工喷涂家具过程中喷枪的运行轨迹和姿态，并自动生成喷涂工艺程序。采用VR-Tracking后工人只需对家具样品进行一次喷涂演示，机器人即可"学习"并精确复现喷涂工艺。其简单易用的特性使用户无须学习复杂的机器人编程技术，直接降低用户的使用门槛。

除此之外，针对门、窗等平板类家具制造，埃夫特开发了基于机器视觉系统的AXPS免编程机器人喷涂示教系统。该系统采用视觉激光相机与自主开发的轨迹生成软件，机器人系统根据扫描的工件轮廓自动生成喷涂程序，毫秒级轨迹生成，秒级程序加载，全过程无须人工干预。AXPS是目前喷涂机器人领域最快捷的一种编程方式，能大幅降低机器人使用门槛，提高生产率。

除了易用性和效率因素，随着机器人喷涂在家具行业的进一步推广，一方面，可以减轻工人的工作强度，降低职业病的发病率。另一方面，机器人喷涂可以对涂料用量进行更精准的控制，从而减少涂装排放带来的环境污染，改善生态环境。

三、市场前景与展望

1. 下游产业结构更替为喷涂机器人应用面扩大提供了挑战和机遇

新老产业更替打破了原先固有的技术格局和壁垒，使新兴企业有机会和传统巨头站在同一起跑线上。如今，我国锂离子电池、新能源汽车已经在全球打响品牌，以比亚迪集团、宁德时代新能源科技股份有限公司为代表的新一代国内千亿级高技术型企业诞生，势必拉动锂离子电池及汽车行业上下游产业链更替。新产业链的构建虽然会挑战喷涂机器人应用的固有市场，但同时也会打破原有的技术体系，带来巨大的新机遇。

2. 使用免编程等新型示教技术提升喷涂机器人易用性，降低使用门槛将成为今后主要的技术突破口

2023年，埃夫特在拖动示教的基础上推出VR Tracking示教技术，进一步降低喷涂机器人系统复杂程度和使用门槛。VR Tracking技术通过捕捉用户喷涂作业中喷枪的轨迹和姿态自动复刻喷涂工艺路线，通过简单的操作演示，即使没有机器人使用经验的普通工人也可以操作机器人进行喷涂，彻底解除用户的后顾之忧。

3. 喷涂机器人国产化替代趋势显著

在国家产业政策和市场双轮驱动下，自主品牌机器人发展迅猛，研发、质量、性能、可维护性等多项指标取得

显著提升。这为国内喷涂机器人系统打下了良好的基础。与此同时，在下游各行各业也涌现出越来越多的"中国制造"名片，为国产品牌喷涂机器人的发展培养了良好的市场基础。

〔撰稿人：埃夫特智能装备股份有限公司唐欣、朱俊〕

2023年加工机器人发展情况

一、概述

随着中国制造的加速转型，对制造业加工过程的自动化、智能化水平要求也越来越高，而在制造业中加工工序对产品最终质量起着决定性作用，加工工艺在制造业中占据着主导地位。常见加工工艺包括铣削、车削、磨抛等。磨抛通常作为最后一道工序，主要目的是控制工件最终表面的质量，超过90%的工件均要通过磨抛而最终成形。磨抛通常分为磨削与抛光，磨削的主要目的是去除余量，分为大余量磨削与小余量磨削；抛光的主要目的是提高表面质量、平整度、圆度等。对于铣削、车削等大去除量工艺，因机床加工具有高刚度、高稳定性等突出性能优势，目前主流采用机床加工方式。而加工机器人主要应用于小余量磨削、抛光等精细加工工艺。磨抛场景复杂、工件种类庞大、质量差异大，利用机器人自动磨抛具有高柔性、高加工范围、工具切换便捷、低成本等优点，相较于传统机床磨抛方式具有更加突出的优势。因此在复杂工件的磨抛场景下，机器人磨抛应用更加广泛。但机器人也存在精度低（丝级）、刚度低等问题，难以解决高精叶片加工、大型铸件浇冒口去除等问题。

目前，国产机器人总体性能已可满足磨抛场景下的使用需要，但在一些方面仍与国外先进水平存在差距。国内机器人生产厂家的主要工作集中在以下几方面：①提升机器人负载至吨级，以适应汽车整机厂的整车装配工序；②提高机器人轨迹精度，以适应高复杂轨迹下高精度要求的应用场景；③提升机器人运行速度，同时对机器人轨迹全过程进行振动抑制，让机器人实际性能更加贴近加工应用场景；④提升机器人易用性，切实解决企业生产问题，如离线编程、免示教等；⑤提升机器人可靠性，大幅降低机器人故障率，提高机器人连续生产率。

二、市场现状

虽然磨抛作为制造加工中的关键工艺，机器人磨抛应用的需求市场相当巨大，但由于磨抛工艺性要求显著高于其他应用场景，机器人装机量还相对较低，可以说市场潜力巨大，但其应用壁垒也是不可忽视的。

近年来，国内磨抛机器人安装量呈现快速增长态势，但国内生产企业相比国外企业产量规模较小，国内市场需求主要是通过进口来满足，其主要产品还是集中于国外机器人"四大家族"。根据智研咨询发布的《2023—2029年中国抛光打磨机器人行业市场发展前景及竞争格局预测报告》，2021年我国抛光打磨机器人产量完成3 010台，国产机器人占比约为43%；2022年我国抛光打磨机器人产量为3 860台，安装量为8 752台。海外进口机器人数量占比从2016年的70%下降到2022年55.9%，在2023年国产抛光打磨机器人占有量已基本与国外产品持平。

目前，3C行业、医疗器材、汽车零部件、家电、重工机械行业等领域是磨抛机器人的主要应用领域，市场需求正迎来爆发式的增长。同时，随着打磨领域用工荒的进一步加大，机器人替代需求会逐步增加。根据高工机器人产业研究所市场分析报告，随着下游市场需求的猛增，近年来，我国抛光打磨机器人市场规模不断扩大，2013年我国抛光打磨系统集成市场规模为8.8亿元，到2022年市场规模增长至39.66亿元，年均增长18.2%，预计2026年将达到83.33亿元，2023—2026年年均增速将超过20%。2016—2026年我国抛光打磨系统集成市场规模及预测如图1所示。

机器人自动磨抛应用场景很广，几乎在所有行业都有应用需求。机器人磨抛应用按最终加工场景主要可分为小余量磨削和抛光，磨削主要场景有飞边去除、铸件氧化层去除、焊缝去除等，而抛光主要场景有工件压铸痕迹抛光、加工划痕抛光、提高表面质量等。

对于工件表面余量去除，其主要领域分布如下。

1.医疗器械的机加飞边去除

医疗器械为了达到精密尺寸要求，前序通常采用机床加工处理，但同时会在一些棱边、薄壁处形成机加反飞边，影响工件质量。传统去除飞边由人工完成，但在一般情况下，医疗器械产品质量都不大，同时飞边总体尺寸也较小、数量较多、工件形状复杂，人工去除飞边费时费力。

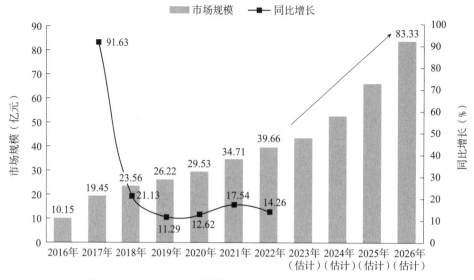

图1　2016—2026年我国抛光打磨系统集成市场规模及预测

数据来源：高工机器人产业研究所（GGII）。

在该磨抛场景下对机器人负载要求不高，10～20kg负载即能满足要求，但由于其尺寸要求高，对机器人的精度也提出了相当高的要求，同时在打磨过程中机器人的抗振性也要相当优秀，避免打磨振动进而造成工件本体损伤。

目前，医疗器械打磨加工还主要以人工方式为主，机器人装机量相当小，市场潜力巨大。

医疗器械飞边去除如图2所示。

图2　医疗器械飞边去除

2.汽配行业的铸件飞边、氧化层去除

汽车、摩托车配件几乎都是压铸成型，由于铸造工

艺的影响工件均会形成飞边及氧化层，特别是大型一体成形配件，其飞边特别巨大，同时还伴有大冒口，为了后续的阳极氧化、装配等工艺，需要将氧化层（一般厚度为0.5mm）、飞边（一般为1～4mm）去除，同时需要保持配件的尺寸形状。汽配产品的铸件飞边、氧化层去除量显著增大，同时由于汽配产品质量与尺寸的增大，对磨削力及机器人负载的要求也相应提高。一般局部配件的加工机器人负载要求为30～50kg，较大部件如车身、轮毂等的加工机器人的负载要求达到100kg以上。对于浇冒口的打磨，磨抛力需达到200N以上才能较好去除。

我国汽车领域在全球已处于领跑地位并呈现增长态势，汽配领域加工机器人的市场规模也呈现稳步增长态势，根据市场反馈调研，整机厂的加工机器人装机量相对于其他工艺较小，未来会为加工机器人贡献相当大的一部分市场。汽配氧化层、零件氧化层去除如图3所示。

图3　汽配氧化层、零件氧化层去除

3.焊缝去除

随着机器人焊接技术在汽车、大型结构件上的大面积应用，焊缝质量实现了标准化与一致化，也为加工机器人焊缝自动磨抛奠定了良好基础。近年来，焊缝自动磨抛需求量激增。焊缝磨抛材料主要为铝合金和钢材，焊缝去除高度一般为0.2～0.5mm。由于焊缝强度较高，所需磨抛力较大，对于较大部件如汽车车身，主要以手持工具式进行。一般来说，50kg负载加工机器人能够满足使用要求。特殊焊缝如长焊缝、大型焊缝等，对去除效率要求很高，相对应的打磨工具的功率也随之提高、质量加大，对机器人负载的要求进一步提升，可能达到100kg以上。焊缝去除如图4所示。

图4　焊缝去除

4.表面抛光

表面抛光的主要目的在于提高工件的表面质量，最典型的应用场景为笔电行业的外壳磨抛，其主要对象有手机外壳、便携式计算机外壳、平板式计算机外壳等。作为外观件，磨抛对于表面质量提高极为重要，任何"瑕疵"都会在氧化与喷砂工序中放大。但该类外壳件一般质量都很小，对磨抛力的需求也很小，采用20kg以下负载机器人即能满足其要求。便携式计算机外壳抛光如图5所示。

图5　便携式计算机外壳抛光

由于目前国内3C行业产业逐渐向东南亚国家转移，许多加工厂进行搬迁，如富士康等，加工机器人在该行业的增长趋势已放缓，几年后该领域的加工机器人应用会逐渐减少。

机器人自动抛光在厨具／五金领域也应用较广。相较于笔电外壳，该类工件的质量显著增大，同时材料多为不锈钢，材料硬度也显著提高，所需的磨削力更大，加工机器人负载一般在30kg左右。厨具表面抛光如图6所示。

图6　厨具表面抛光

5.航空、风电的叶片磨抛

航空、风电领域的磨抛主要集中在飞机机身腻子磨抛、涡轮叶片表面磨抛等，主要采用机器人手持工具方式进行。由于机身等部件形体非常大，单台加工机器人难以实现全型面覆盖，一般需加装第七轴、第八轴等辅助加工。在叶片磨抛上，受制于加工机器人自身精度影响，难以应用于±0.04mm或更高加工精度要求叶片，但在常规低精度加工要求叶片上已具备一定的应用基础，如±0.12mm加工精度型叶片。

叶片磨抛时要求：一序完成余量精准去除（精铣所形成的加工痕），去除量一般在0.1mm左右；二序完成表面抛光，表面粗糙度要求达到$Ra<0.4\mu m$。对机器人的精度要求非常严苛，获得应用的均为特殊机型。叶片磨抛如图7所示。

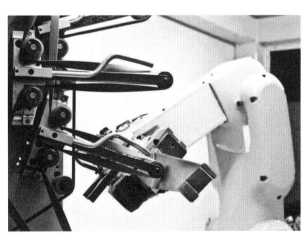

图7　叶片磨抛

三、技术发展方向及目标

1. 加工机器人

目前，国产加工机器人亟需在"快""准""稳"及负载等性能方面进行提升，相应的就需要在机器人整机部件上进行提升。核心部件主要包括驱动器与控制器、伺服电动机、减速器及本体等。

驱动器与控制器发展目标：开发具有振动抑制、重力补偿等加工机器人特有功能；同时总体综合性能达到国际先进水平。耦合机器人运动学与动力学，对机器人轨迹算法进行优化。

伺服电动机发展目标：高负载、高转速、高功率密度，电动机性能优化，负载最大功率达到 11kW；7kW 及以下最高转速可达到 6 000r/min，7kW 以上最高转速达到 3 500r/min；达到 23 位及以上分辨率。

减速器发展目标：攻克高精密 RV 减速器关键技术，实现高负载、高转矩刚度、高传动效率、高功率密度，额定承载力矩达到 58～7 000N·m；传动齿隙≤1arcmin；扭转刚度高于纳博特斯克同型号产品扭转刚度；空程≤1arcmin；起动效率代表值≥80%。

本体发展目标：研发新一代多关节加工机器人本体，开展机器人抗冲击关节连接新构型、刚柔耦合动力学建模分析方法、关节轻量化结构设计等研究，机器人冲击韧度提高 1.5 倍以上，提升机器人负载能力达到 150～210kg；开展整机性能优化，实现高刚性、高抖动抑制、高精度动力学设计、高可靠性，机器人整机在性能和稳定性上达到国际先进水平。机器人直线／圆弧在 500mm/s 速度下绝对轨迹精度优于 ±0.8mm，运动轨迹偏差不高于 1mm，轨迹重复精度优于 ±0.08mm，位置重复性优于 ±0.05mm，平均无故障工作时间（MTBF）达到 80 000h 以上。

2. 磨抛系统核心部件

磨抛系统核心部件主要包括力控系统、视觉系统、离线仿真软件、磨抛工艺包等。力控系统通过感知磨抛过程中的磨抛力对磨抛过程进行调整和监控；视觉系统用于识别及提取工件信息、跟踪打磨工具轨迹；离线仿真软件用于实现机器人磨抛轨迹的编程，从而加快磨抛调试进度，降低磨抛调试难度，与视觉系统配合达到实际轨迹在线纠偏，实现工艺参数编程；磨抛工艺包用于快速实现磨抛工艺路线设计、磨抛过程所需的各项参数优化与调试。

力控系统发展目标：进一步增大力控系统的力／力矩量程范围，覆盖 ±10～±5 000N 或 ±0.2～±350N·m，

同时测量精度优于 1%F.S.（满量程）；控制精度达到满量程的 1%N 以内。

视觉系统发展方向：开展高响应高精度视觉系统攻关，力争视觉系统响应时间≤100ms；研究复杂动态干扰环境下视觉特征准确匹配及快速识别算法，系统定位精度≤0.1mm；开展视觉系统自动进行磨抛轨迹纠偏技术的研究工作，提高打磨工作的自动化与智能化程度。

离线仿真软件发展目标：典型任务创建时间≤2min，路径规划精度优于 ±0.15mm；同时进行拖动示教技术的相关工作，在简单磨抛场景下，轨迹实现免编程示教。

磨抛工艺包发展目标：提升工艺路线设计成功率≥95%；加工质量数学模型预测精度＞90%。

四、趋势分析与预测

磨抛工艺与机器人性能一直是工业机器人在加工领域应用的核心点，同时也是一大难点，后续发展趋势主要集中在以下几个方面。

1. 提升打磨良品率

在工件存在偏差的情况下，确保打磨效果的一致性和产品质量标准的统一是非常困难的，甚至会出现打磨不均或打磨过量的情况，导致良品率过低，无法实现批量生产。对于较小的偏差，目前的解决思路是采用浮动打磨工具解决，而对于较大的偏差，则要求机器人具备自主识别并自动补偿的能力。而对于复杂曲面零件加工，要求加工机器人具有更加优异的灵活性、高速性能；大型航空结构件磨抛则要求加工机器人拥有更大臂展，同时在机器人行程和刚性上需求更为突出，同时多需与 7 轴地轨系统配合。

2. 降低工艺编程复杂度

待抛光打磨产品往往材质多样，外形复杂，需要磨削位置多为空间曲线、曲面，编程点位众多，机器人磨削轨迹自适应较难，且对操作人员技能要求高。而加工机器人磨抛系统是一套全面解决方案，同时包括整机部件、力控系统、视觉系统、编程工艺软件、工艺包等，未来需要逐步建立完善的工艺数据库，针对不同加工工艺快速完成工艺设计与优化。

3. 提升换产柔性

目前大部分工件生产属于小批量、多品种的生产模式，工装基本无法通用，加之不同产品的加工工艺差异和打磨工具的不兼容性，要求打磨程序具备闭环控制和可量化的工艺参数，实现快速柔性换产。

〔撰稿人：重庆华数机器人有限公司虙奎、陈卓〕

2023 年洁净机器人发展情况

一、概念与范畴

1. 概念与定义

洁净机器人是一种在洁净室内应用的工业机器人，可以在洁净或者真空环境下工作，高洁净机器人一般应用于洁净度等级为 ISO7 及以上洁净室。洁净机器人主要应用于集成电路及泛半导体制造中，实现晶圆、晶圆盒、玻璃基板、卡匣等生产物料的自动化传输，具有高洁净度、高精度、高可靠性的特点。

洁净室等级标准（ISO 洁净等级标准）见表 1。

表 1 洁净室等级标准（ISO 洁净等级标准）

空气洁净度等级	大于或等于表中粒径的最大浓度限值 （个 /m³）					
	0.1μm	0.2μm	0.3μm	0.5μm	1μm	5μm
ISO 1	10	2				
ISO 2	100	24	10	4		
ISO 3（一级）	1 000	237	102	35	8	
ISO 4（十级）	10 000	2 370	1 020	352	83	
ISO 5（百级）	100 000	23 700	10 200	3 520	832	29
ISO 6（千级）	1 000 000	237 000	102 000	35 200	8 320	293
ISO 7（万级）				352 000	83 200	2 930
ISO 8（十万级）				3 520 000	832 000	29 300
ISO 9（百万级）				35 200 000	8 320 000	293 000

2. 洁净机器人分类

按机械结构分类，洁净机器人可分为直角坐标型、柱坐标型、SCARA 型和多关节型。其中，直角坐标型洁净机器人是机械臂有三个移动关节且满足直角坐标关系的机器人；柱坐标型洁净机器人是有移动关节和旋转关节且满足柱坐标关系的机器人；SCARA 型洁净机器人是有两个平行旋转关节且在平面上可以柔性活动的机器人；多关节型洁净机器人是机械臂至少有三个旋转关节的洁净机器人。

按使用环境分类，洁净机器人可分为大气机械手和真空机械手，其中大气机械手主要用于集成电路加工过程中常压环境下晶圆、前开式晶圆传送盒（FOUP 盒）等的传送；真空机械手主要用于真空环境下不同工位或工艺腔室之间的晶圆、晶圆托盘等的传送。

3. 应用场景

洁净机器人主要应用于半导体行业，包括集成电路（IC）、平板显示（FPD）、发光二极管（LED）、光伏、制药和医疗等行业。随着洁净机器人性能的不断提高，下游行业对生产环境的要求日益苛刻，很多现代工业品生产都要求在洁净环境进行，洁净机器人已成为洁净环境下生产的重要设备。

二、市场情况

1. 全球市场情况

工业机器人是智能制造的重要支撑。汽车和电子行业是工业机器人应用最多的两大行业，约占全球每年工业机器人销量的一半左右。电子行业在领先汽车行业 3 年以后，2023 年重新回落到第 2 的位置。2022 年，全球电子行业工业机器人销量达到峰值，随着新冠疫情所引发的供应链相关问题逐步得到解决，机器人企业开展去库存工作，受此影响，2023 年电子行业工业机器人销量出现回调，较 2022 年下降 20%。

电子行业主要包括半导体、太阳电池板、家用电器、计算机、通信设备、平板显示和电子娱乐产品等制造行业。目前，洁净机器人主要用于 IC、FPD、LED 和太阳电池板等行业，因此电子行业是洁净机器人主要的应用行业。应用于电子行业的机器人包括 ISO8 及以下洁净室中使用的采用简单洁净措施的工业机器人，也包括高洁净机器人。从细分行业来看，集成电路、平板显示等行业使用的一般为高洁净机器人。

近 5 年来，全球洁净机器人每年的销售数量均在 3 万台左右，2019 年，受新冠疫情影响略有下降，2022 年恢复到新冠疫情前的高位。2023 年，全球洁净机器人销量同 2022 年相比下降了 11%，为 30 850 台，约占 2023 年全球工业机器人销量的 6%。

2019—2023 年全球洁净机器人市场情况如图 1 所示。

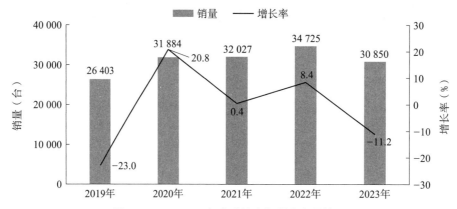

图 1　2019—2023 年全球洁净机器人市场情况

注：数据来源于国际机器人联合会（IFR）。

从应用行业来看，全球洁净机器人两大应用行业为 IC 和 FPD 行业。FPD 行业中，由于液晶显示器（LCD）新厂建设基本结束，OLED（有机发光二极管）屏、Micro LED（微发光二极管）屏等新型显示技术主要用于手机等小型面板，对现有基板搬运洁净机器人的需求相对平稳。

在 IC 行业，由于新晶圆厂建设投资热度较高，对洁净机器人的需求相对旺盛。

2019—2023 年全球 IC 和 FPD 行业洁净机器人销量如图 2 所示。

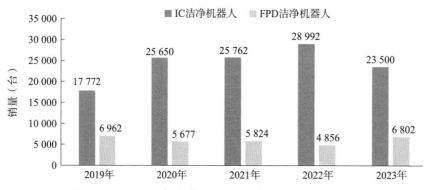

图 2　2019—2023 年全球 IC 和 FPD 行业洁净机器人销量

注：数据来源于国际机器人联合会（IFR）。

从全球市场分布来看，洁净机器人主要应用在电子产品的重要生产国，如日本、中国和韩国等。2022 年，日本应用洁净机器人最多，全球占比达 33%，排名第 1 位；我国仅次于日本，排名全球第 2 位，占比达 29%；韩国以占比 13% 排名第 3 位。2023 年，日本、中国和韩国仍是应用洁净机器人的前 3 名。

2.中国市场情况

2023 年，由于我国半导体设备市场表现强劲，我国洁净机器人市场不同于全球洁净机器人市场下滑的态势，出现大幅上涨。2023 年我国洁净机器人市场销量 6 486 台，同比增长 108.1%。2019—2023 年我国洁净机器人市场情况如图 3 所示。

当前，我国市场每年新增的洁净机器人仍然以进口为主。但近 3 年来，我国自主品牌洁净机器人取得了长足进步，实现了快速发展。2023 年，我国自主品牌洁净机器人销量达到 4 655 台，同比增长 136%，实现销售额 4.5 亿元。2019—2023 年我国自主品牌洁净机器人市场销量如图 4 所示。

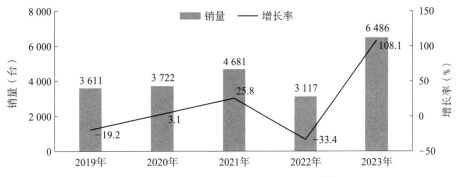

图3　2019—2023年我国洁净机器人市场情况

注：数据来源于中国机械工业联合会机器人分会。

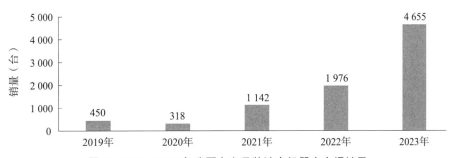

图4　2019—2023年我国自主品牌洁净机器人市场销量

注：数据来源于中国机械工业联合会机器人分会。

我国洁净机器人两大应用行业是IC和FPD行业，与全球洁净机器人应用情况基本相同。不同的是，我国FPD行业应用洁净机器人的数量一直比IC行业多，但2021—2022年受新冠疫情造成的供应链问题影响，IC装备企业增加了库存，IC行业应用洁净机器人的数量超过了FPD

行业。2023年恢复正常情况，FPD行业应用洁净机器人的数量快速增长，而IC行业应用洁净机器人有望在2024年快速增长。2019—2023年我国IC和FPD行业洁净机器人销量如图5所示。

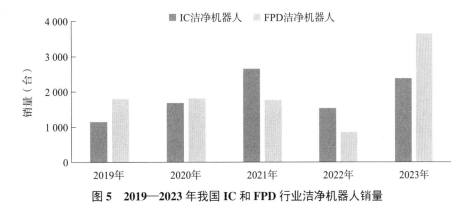

图5　2019—2023年我国IC和FPD行业洁净机器人销量

注：数据来源中国机械工业联合会机器人分会。

三、新技术新产品进展

1. 碳化硅晶圆搬运真空机械手

沈阳新松半导体设备有限公司（简称"新松半导体公司"）研发的碳化硅晶圆搬运真空机械手具有直驱电动机结构和高真空度特性，结构上采用三个直驱电动机同轴设计，系统运行平稳，可靠性高，对碳化硅材料晶圆的传输效率高。同时，全新的离散、模拟和特殊模块具有可配置

的输入输出接口，用户可根据自身需求配置互锁和传感器检测等功能，同时实现了碳化硅晶圆的自动对中功能，精度达到国外同类产品的先进水平。根据客户的特殊需求，可增加耐腐蚀、耐高温等特殊性能，目前广泛应用于功率半导体行业的各工艺环节。新松半导体公司碳化硅晶圆搬运真空机械手如图6所示。

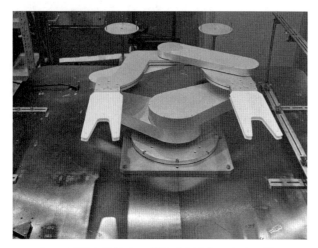

图 6　新松半导体公司碳化硅晶圆搬运真空机械手

2. 铁圈搬运真空机械手

新松半导体公司的铁圈搬运真空机械手（如图 7 所示）主要应用于芯片封装行业，产品具有 SCARA 构型、结构紧凑、高速平稳、自动纠偏、IO 互锁等特点，通过 3 个直驱电动机同轴的设计，在轨迹规划和自动纠偏中符合客户在封装环节的技术要求，搬运铁圈的真空机械手已在封装工艺上广泛应用。

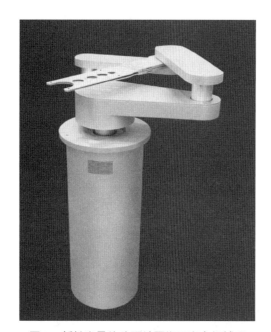

图 7　新松半导体公司铁圈搬运真空机械手

3. 新型晶圆传输真空机械手

新松半导体公司的新型晶圆传输真空机械手（如图 8 所示）是 SCARA 型独立双臂直驱真空机械手，具有直驱电动机结构同时保证高真空度特性，结构上拥有 4 个直驱电动机同轴设计，所驱动的机械手臂可独立控制，系统驱控运行互不干涉，双臂独立运行，可以大幅提升晶圆传输节拍，可广泛应用于半导体行业，提高晶圆工艺制程产能。

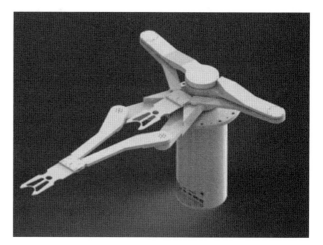

图 8　新松半导体公司新型晶圆传输真空机械手

4. 大型玻璃基板洁净搬运机器人

合肥欣奕华智能股份有限公司的大型玻璃基板洁净搬运机器人（如图 9 所示）是一种主要应用于 FPD 生产过程中玻璃基板传递与交换的洁净工业机器人。制造显示面板所需的玻璃基板具有超薄、超柔、易碎等特点，且平板显示生产线具有洁净、高温、空间多约束等苛刻要求，使大型高速高精度搬运机器人对于平板显示生产线具有不可替代的作用。与传统工业机器人相比，其具有高刚度、高速度、高精度、高平稳性和高洁净度等符合大尺寸超薄易碎玻璃基板搬运要求的特点，是联结平板显示前后段制程的关键设备，直接影响显示面板的产线稼动率与生产率。适用于显示面板生产线的曝光、涂胶、蚀刻等所有典型工位。该产品已达到国外同类产品的先进水平。

图 9　合肥欣奕华智能股份有限公司大型玻璃基板洁净搬运机器人

5. 清洗工艺用洁净搬运机械手

新松半导体公司研发的集成电路清洗工艺用大气洁净搬运机械手具有高洁净等级、高传输效率、高可靠性、高精度等特点。该机械手采用 SCARA 构型机械手，具有洁净传动、大伸缩比、耦合传动及伺服传动等优点，在集成电路清洗工艺上广泛应用。清洗系列大气环境洁净搬运机械手采用上位机软件进行调度，通过 PLC 程序进行安全互锁，不同的系统配置可满足 8～16 腔晶圆高速传输，同时可满足正面、背面、双面清洗工艺应用。沈阳新松半导体公司清洗工艺用洁净搬运机器人如图 10 所示。

图 10　沈阳新松半导体公司清洗工艺用洁净搬运机器人

四、发展趋势分析与预测

半导体产业是一个关键战略性产业，是国家科技进步和大国强国地位的体现，随着人工智能、自动驾驶、5G/6G 网络时代的发展，我国在集成电路领域获得了更多追赶国外先进技术的契机。作为连续多年最大的集成电路消费市场，我国半导体产业发展将会引领未来经济社会发展，同时将带动工业产业等传统产业新一轮革新发展。

2023 年，全球半导体设备市场规模同比下降 2%，约达 1 000 亿美元。大半导体产业网（SEMI）报告预测，在新晶圆厂建设、产能扩张和前后端对先进技术和解决方案的高需求推动下，半导体的晶圆月产能在 2024 年有望首次突破每月 3 000 万片的大关，2025 年全球半导体设备市场将达到 1 240 亿美元。这将积极促进我国洁净机器人市场的发展。

洁净机器人作为半导体设备的核心通用部件，由于其广泛应用于集成电路、先进封装、功率半导体、化合物半导体等半导体制造全产业链中，其性能直接决定了半导体设备的生产率和产品良品率，所以在半导体设备的各个工艺环节对其高精度、高速、低振动等可靠性稳定性提出了新的要求。

洁净机器人在半导体设备的覆盖面广，上下游关联性强，涉及材料、传动、感应、驱动、控制等关键零部件，产业链供应体系正在逐步建立。目前，国内厂商已开始进入半导体设备领域，洁净机器人作为半导体装备设备自动化的关键部件，部分产品已实现了示范应用，并在 IC 工艺制程中小批量应用。由于国内厂家可以根据 IC 设备厂家需求进行定制产品的开发，我国洁净机器人迎来重要的发展机遇。

洁净机器人新技术和产品发展趋势如下：

（1）由于集成电路先进生产工艺的发展，对洁净机器人的特殊要求将越来越多，不仅局限于耐腐蚀、耐高温、作业范围和效率等要求，而且逐步对机器人的材质与技术提出了更高的要求。

（2）洁净机器人将逐步趋向于一体化和紧凑化，在性能上要达到更高的传输速率与稳定性，功能上客户操作界面需易于使用、易于编程。

（3）洁净机器人安全性需进一步提升，不仅要实现机械安全，而且要实现功能安全和网络安全。

（4）洁净机器人实现平稳控制，对其在运动规划、振动抑制、轨迹偏差和误差补偿等方面提出更高的要求，以提高生产率与良品率。

目前，我国半导体设备市场迎来了高速发展，半导体设备自动化要紧跟半导体行业发展潮流，为国内半导体设备整机厂商提供洁净机器人解决方案，充分满足半导体设备整机厂商的需求。中国企业应抓住国产化配套的机遇，快速推进技术升级与产品迭代，完善半导体设备自动化产业链，以保证我国半导体产业的健康发展。

〔撰稿人：沈阳新松机器人自动化股份有限公司徐方〕

2023 年移动机器人发展情况

一、概念及范畴
1.定义

移动机器人（Automatic Mobile Robot）是一种自动执行工作的机器装置。它既可以接受人类的指挥，又可以运行预先编排的程序，通过软件控制行动。移动机器人通常包括自动导引运输车（AGV）和自主移动机器人（AMR）。

移动机器人主要由三部分组成：中央控制器、传感器和底盘驱动。控制器类似于人的大脑，有计算、分析和决策能力。传感器相当于人的五官，主要有激光雷达传感器、红外传感器等。底盘驱动则类似于人的脚，通过双轮差速或多轮全向，来响应"大脑"发送的消息，实时调节移动速度与运行方向，灵活转向以精确地到达目标点。

2. 分类

国际上通常将移动机器人分为工业移动机器人和服务移动机器人两大类。服务移动机器人包括扫地机器人、自动驾驶汽车、送餐机器人等。

根据移动机器人（AGV/AMR）产业联盟（简称"CMR产业联盟"）制定的团体标准《工业应用移动机器人术语》中定义：

按照导航方式分类，工业移动机器人可分为电磁导航、磁带导航、磁钉导航、光学导航、二维码导航、坐标导航、激光导航、视觉导航、惯性导航、基站导航、射频识别（RFID）导航、复合导航等。

按照驱动方式分类，可分为单轮驱动、双轮驱动、多轮驱动。

按驱动结构分类，可分为差速结构、舵轮结构、麦克纳姆轮型结构、履带结构、车桥结构等。

按照功能分类，可分为搬运型移动机器人、装配型移动机器人、牵引型移动机器人、巡检型移动机器人、分拣型移动机器人、复合型移动机器人等。

3. 关键技术

在移动机器人领域所要研究的问题非常多，涉及计算机、传感器、人机交互、仿生学等多个学科，其中环境感知、自主定位和路径规则是机器人技术的三大关键技术。

（1）环境感知。目前，在机器人室内环境中，以激光雷达为主，并借助其他传感器的移动机器人自主环境感知技术已相对成熟，而在室外应用中，由于环境的多变性及光照变化等影响，环境感知的任务相对复杂得多，对实时性要求更高，使得多传感器融合成为机器人环境感知面临的重大技术任务。利用单一传感器进行环境感知大多都有其难以克服的弱点，但将多传感器有效融合，通过对不同传感器的信息冗余、互补，几乎能使机器人覆盖所有的空间检测，全方位提升机器人的感知能力，因此利用激光雷达传感器，结合超声波、深度摄像头、防跌落等传感器获取距离信息，来实现机器人对周围环境的感知成为各国学者研究的热点。

（2）自主定位。移动机器人要实现自主行走，定位也是其需要掌握的核心技术之一，目前全球定位系统（GPS）在全局定位上已能提供较高精度，但GPS具有一定的局限性，在室内环境下会出现GPS信号弱等情况，容易导致位置的丢失。近年来，SLAM技术发展迅速，提高了移动机器人的定位及地图创建能力，SLAM是同步定位与地图构建（Simultaneous Localization And Mapping）的缩写，最早是由Hugh Durrant-Whyte和John J. Leonard在1988年提出的。与其说SLAM是一个算法，不如说它是一个概念更为贴切，它被定义为解决"机器人从未知环境的未知地点出发，在运动过程中通过重复观测到的地图特征（如墙角、柱子等）定位自身位置和姿态，再根据自身位置增量式地构建地图，从而达到同时定位和地图构建的目的"的问题方法的统称。

（3）路径规划。路径规划技术也是移动机器人研究领域的一个重要分支。最优路径规划就是依据某个或某些优化准则（如工作代价最小、行走路线最短、行走时间最短等），在机器人工作空间中找到一条从起始状态到目标状态且可以避开障碍物的最优路径。

二、市场现状

近年来，在电子商务快速发展、劳动力稀缺、劳动力成本上升以及生产模式持续向柔性制造转型等因素的驱动下，移动机器人市场总体保持增长态势，2023年行业增速放缓。此外，投融资及并购也持续保持活跃。

1. 全球市场竞争格局

在市场竞争格局方面，目前全球移动机器人市场参与者众多，且新进者也在持续增加。根据数字化企业网（e-works）不完全统计，目前全球范围内的移动机器人厂商已达到114家。其中，国际厂商有43家。

我国大陆地区共有移动机器人厂商65家，我国台湾地区的移动机器人厂商有6家。整体来看，移动机器人市场的参与者，主要可以分为八大类：

1）移动机器人市场的领导者。以名傲移动机器人有限公司（MiR）、北京极智嘉科技股份有限公司（简称"极智嘉"）等为代表。

2）传统的AGV厂商。如华晓精密工业（苏州）有限公司、苏州佳顺智能机器人股份有限公司、广东嘉腾机器人自动化有限公司等。

3）聚焦于移动机器人领域的新兴创业公司。如法国iFollow公司、Sherpa Mobile Robotics、北京捷象灵越科技有限公司、法睿兰达科技（武汉）有限公司、苏州魔仓机器人有限公司等。

4）叉车厂商。例如，永恒力（Jungheinrich）集团通过收购移动机器人厂商Arculus GmbH，战略布局移动机器人领域。

5）传统的工业机器人厂商。例如，库卡（KUKA）于2021年成立KUKA移动机器人独立事业部，自主研发打造移动机器人产品；ABB集团于2021年7月收购了西班牙移动机器人制造商ASTI公司，并通过整合吸收推出了自有品牌移动机器人产品。

6）系统集成商。例如，智能工厂非标定制自动化集成商宁波均普智能制造股份有限公司，智能物流系统集成商Bastian Solutions、德马泰克公司（Dematic）、兰剑智能科技股份有限公司、凯乐士科技有限公司和安徽宇锋智能科技有限公司等，近年来均基于自身业务发展需要推出了移动机器人产品。

7）电商/物流巨头。例如，亚马逊、京东、阿里巴巴、货拉拉等纷纷通过投资或收购移动机器人厂商、自研移动机器人产品等方式，进入移动机器人领域。

8）跨界入局者。例如，富士康与凌华科技合资成立了法博智能公司（FARobot），主要聚焦移动机器人的研发与应用；旷视科技成立了旷视机器人（Megvii Robotics），并推出MegBot系列移动机器人产品。德国大陆集团（Continental）因缺乏合适的移动机器人，转而自主开发了移动机器人用于生产，同时也已准备好进入外部市场。

2. 2023 年中国市场情况

根据 CMR 产业联盟数据，新战略移动机器人产业研究所统计，2023 年，我国工业移动机器人市场规模约为 212 亿元，同比增长 14.59%；销量约为 12.5 万台，同比增长 34.41%。其中，光伏行业 AGV/AMR 销售超 2 万台，是增长速度最快的细分应用行业，在整体销售额中的占比达

21%。叉车移动机器人销量约 1.95 万台，同比增长 46.62%；市场规模 42.9 亿元，同比增长 23.70%。2015—2023 年，我国市场工业移动机器人产业年均复合增长率达 43.18%。2015—2023 年我国工业移动机器人市场规模与增长率如图 1 所示。2015—2023 年我国工业移动机器人销量与增长率如图 2 所示。

	2015年	2016年	2017年	2018年	2019年	2020年	2021年	2022年	2023年
市场规模（亿元）	12.0	19.0	28.5	42.5	61.8	76.8	126.0	185.0	212.0
增长率（%）	67.00	58.30	50.00	49.00	45.20	24.40	64.00	46.83	14.59

图 1 2015—2023 年我国工业移动机器人市场规模与增长率

注：数据来源于 CMR 产业联盟，新战略移动机器人产业研究所统计。

	2015年	2016年	2017年	2018年	2019年	2020年	2021年	2022年	2023年
销量（台）	4 280	11 300	21 890	29 600	33 400	41 000	72 000	93 000	125 000
增长率（%）	34.00	163.90	94.00	35.00	12.80	22.75	75.61	29.17	34.41

图 2 2015—2023 年我国工业移动机器人销量与增长率

注：数据来源于 CMR 产业联盟，新战略移动机器人产业研究所统计。

从业务布局情况来看，2023 年国内物流机器人系统项目主要集中在新能源汽车、光伏和动力蓄电池三大行业领域。特别是动力蓄电池与光伏行业的物流机器人项目普遍体量大，单个项目销售额上亿元，而且需要多种类型的产品以适合不同场景使用，但大部分项目都是以最低价中标为基本，存在"投标价格没有最低，只有更低"的行业乱象。

其他行业，如半导体、汽车零部件、粮油加工等，需求则不温不火，项目规模相对较小，上千万元的项目不多。服务于电商、物流行业的物流机器人企业，2023 年多以海外市场为主要阵地，纷纷加大了出口业务的投入力度。

3. 典型应用场景

伴随着现代制造业正朝着自动化、智能化方向演进，这对物流运转效率和自动化水平提出了更高的要求，更加灵活高效的内部物流方案也因此成为市场迫切所需。而移动机器人在推动内部物流变革方面具有积极意义。在工业制造领域，移动机器人已广泛应用于汽车、3C 电子、光伏、医疗、家电、食品、仓储物流等行业，且应用场景也在不断丰富。同时，移动机器人由于具有智能环境感知、自主导航与路径规划、可安全地人机协作等特性，正由典型工业领域向更多场景渗透，在第三方物流（3PL）、新零售、商业服务、农业等领域同样广泛应用。移动机器人典型应用场景见表 1。

表 1 移动机器人典型应用场景

行业	典型应用场景描述
汽车	用于冲压、焊装、涂装、总装四大生产环节的物流配送；用于一体式铸造、汽车电池模组生产等场景，实现大小件收货、小件分拣、大小件配送、排序件上线、标准件供给等
3C 电子	用于 PCB 板的长距离搬运，实现线尾打包好的成品自动跨楼层运动到成品仓库；用于 SMT 车间，实现仓库与 SMT 产线的线头线尾全自动对接
锂离子电池	用于锂离子电池生产的涂布、辊切、模切、卷绕、电芯装配及模组 PACK 环节，实现生产原料、半成品等在生产线各工序设备间的自动化流转和上下料
光伏	用于光伏拉晶、切片、电池片、光伏组件等工艺环节，实现物料的自动配送、工序间转运、线边库存管理、与机台高精度对接等
半导体	用于半导体前端封测环节，实现晶圆盒搬运与上下料、制程间弹夹搬运与上下料、工序间转运及机台自动对接上下料、辅料配送等
家电	用于完成家电生产过程中在制品的跨区域物料自动化搬运，满足物料不同类型载具、不同配送需求、不同产线叫料模式下的全流程自动化任务执行，实现无人化高效作业
食品饮料	用于完成食品饮料进出库的自动化搬运、料箱智能快速补货、订单到人的柔性拣选等，减轻工人的劳动强度
第三方物流	用于快递包裹的自动化分拣作业，实现货架到人 / 料箱到人等，提高拣货效率，满足闪电式的在线订单履行及无缝的退货订单处理需求；用于快递包裹的无接触配送
医疗大健康	用于药物 / 保健品生产车间包装产线的自动化搬运；用于血样或生物制品的自动化转运，以及为医院和护理机构等提供物资自动化搬运、清洁、床铺整理、就医引导等服务
公共安防	用于公共区域的消毒防疫；用于机场、园区、车站等的安防巡逻、设备巡检等
酒店服务业	用于执行房间清洁（如送洗衣、送床单）、送餐、行李运输等任务，提高工作效率和服务质量
农业	执行与作物维护相关的各种任务，包括除草、播种、施用杀虫剂和除草剂、果蔬采摘、疏伐植物和耕作土壤

注：资料来源于 e-works。

三、趋势分析与预测

面对智能化柔性化生产及物流的需求，移动机器人基于智能感知、自主移动、人机协作等能力，能更加灵活地应用于工厂或仓库等环境，同时能够在高度动态、复杂的环境中，与人类进行安全友好地协作，促进作业流程更加高效，这无疑是当前移动机器人市场高速增长的主要原因。

展望未来，一方面，由于移动机器人市场仍处于快速成长期，这将推动移动机器人的应用领域与应用场景进一步拓展和延伸；另一方面，随着终端客户更倾向于租赁而不是购买移动机器人及其相关服务，或将推动机器人即服务（Robot as a Service，简称 RaaS）的兴起和进一步发展。

此外，随着机器人的大规模部署，如何实现不同移动机器人之间以及移动机器人与其他类型多品牌机器人之间的集群调度与智能优化，或将是技术发展的重点。

1. 应用领域与场景将进一步拓展

当前，移动机器人在制造业、物流、新零售、商业服务、医疗大健康、公共安防等领域已有大量的应用落地。例如，在制造业中，可用于物料搬运、生产线协作和零部件装配等；在医疗保健领域，可用于输送药品、设备和物资，以及提供就医导引等；在酒店业可用于执行房间清洁、送餐、行李运输等任务；在机场领域，可用于行李运输、安全巡逻、设备维护等；在办公楼宇领域，可用于保洁、快递送货、设备巡检等任务。由于移动机器人能够

应对复杂的环境，具备强大的环境适应能力和智能感知能力，随着移动机器人技术的不断创新与发展，未来将会有更多的移动机器人产品应用于机场、港口、园区、矿区等室外场景中。

2. RaaS 或将兴起

机器人即服务（Robot as a Service，简称 RaaS）是一种基于云计算和物联网技术的商业模式，通过租赁或按需提供机器人和相关服务，能够为用户在合适的时间和地点提供各种自动化应用和解决方案。通过 RaaS，大中小微不同规模的企业可以根据不同阶段的需求，以更加灵活的方式部署机器人自动化和相关服务，在加快设备更新、避免技术落后的同时，也能减少资金占用、降低成本，减少在机器人维护和升级方面的开销，以更小的投资来满足不断增长的需求。实际上，近年来包括 MiR、Locus Robotics、Fetch Robotics、ST Engineering Aethon、Vecna Robotics、极智嘉、灵动科技（北京）有限公司、Syrius 炬星科技等国内外移动机器人厂商已推出了 RaaS 服务。未来随着物流、供应链朝着更加灵活、敏捷的方向发展，或将推动移动机器人领域 RaaS 服务的兴起和进一步发展。

3. 群体智能与多机协同调度将成技术发展重点

未来，伴随着机器人的大规模部署，自动化程度的不断提高，如何融合 AI 技术，以群体智能为抓手，以智能算法驱动实现多机高效协同与更安全的人机协作，从而满足复杂环境与工况下的作业要求，将成为移动机器人技术

发展的重点。

这里所指的多机协同调度与群体智能优化，不只是同一品牌移动机器人之间，也包括不同品牌移动机器人之间、移动机器人与其他多类型多品牌机器人之间，甚至移动机器人与其他自动化设备之间，以及与人类之间的高效协同协作。这是因为，在未来的机器人应用场景中，在同一环境下，成百上千台机器人规模化集群作业以及与人类协同作业将成为必然，这不仅需要调度系统能够接入各种

类型的机器人，在统一的环境下完成作业调度，还需要更加智能的多机器人调度算法，使众多机器人能够准确、高效地协同工作。同时，机器人调度管理系统还将会面临运行路线和任务频繁变更的挑战，而所有这一切都将由管理调度系统来完成。而且，由于目前各个厂商都有各自特定的调度管理软件，如何实现不同调度系统的开放兼容，也将是行业需要重点探索的方向。

〔撰稿人：上海机器人产业技术研究院郑军奇、廖霞〕

2023 年建筑机器人发展情况

一、概念及范畴

1. 定义

从广义上来说，建筑机器人是用于建设工程方面的机器人，囊括建筑全生命周期（包括勘测、施工、维护、检修、清拆等）的所有机器人设备。从狭义上来说，建筑机器人特指与建筑施工作业密切相关的机器人设备，通常是一个在建筑预制或施工工艺中执行具体建造任务的装备系统。建筑机器人的开发应用始于 20 世纪 80 年代，先后经历了机械传动、液压传动和机器人化的工程机械三个阶段。1982 年，日本清水公司的一台名为 SSR-1 的耐火材料喷涂机器人被成功用于施工现场，被认为是世界上首台用于建筑施工的建筑机器人。随后出现了美国军方的 John Deeve 690C 掘进机被用来修复爆炸毁坏的跑道；麻省理工学院的 trackbot 和 studbot 被用于墙体内部建设等。其他国家如法国、德国、英国、荷兰、新加坡、中国等国家也相继进行建筑机器人研究。

2. 分类及现有种类

按照建筑全生命周期的使用环节和用途分类，建筑机器人可分为勘测机器人、施工机器人、维护机器人、检修机器人和清拆机器人五大类。

（1）勘测机器人。包括地面调研机器人和空中调研机器人等，主要用于建筑工地的前期调研、场地踏勘、施工现场安全、结构构件定位和尺寸复核等勘测工作。结合激光扫描技术、倾斜摄影技术和大数据，可对施工场地、建筑结构进行精细化 3D 模型重建。

（2）施工机器人。按使用场景可分为预制加工机器人和现场施工机器人。其中，预制加工机器人按结构分类可分为钢结构加工机器人、混凝土加工机器人和木结构加工机器人；现场施工机器人按施工工艺分类可分为新型工艺机器人和传统工艺机器人。新型工艺机器人主要指建筑 3D 打印机器人，传统工艺机器人按施工对象分类可分为地基基础施工机器人、主体结构施工机器人和围护结构施

工机器人。

（3）维护机器人。包括立面清洁机器人、智能家居机器人和屋面维护机器人等。

（4）检修机器人。包括立面检修机器人、管理检测机器人等。

（5）清拆机器人。包括主体破拆机器人、石棉去除机器人等。

3. 技术特征

建筑机器人作为机器人技术在建筑领域应用的机器人，具备以下技术特征：

（1）较大的承载能力和作业空间。在建筑领域，幕墙玻璃、混凝土模块等较大构件的操作都对机器人的承载能力提出较高要求，建筑机器人需要具备较大的承载能力和作业空间。

（2）较高智能性及广泛的适应性。建筑工地非结构化的环境，要求机器人具备复杂导航能力等高智能性能，机器人传感器需具备针对恶劣天气条件和复杂施工环境的广泛适应性。

（3）空间轨迹规划。由于建筑内空间大小不是标准的，建筑内部也存在各种各样的障碍物，机器人作业空间有限，作业环境复杂，要求建筑机器人能够自动识别建筑物体，自动规划作业路径，要在有限的建筑空间内实现自动轨迹的规划。

（4）现场实时监测和预警能力。建筑施工现场作业具有较大的复杂性，要求机器人具备完善的预警系统以避免碰撞、磨损和偏移等情况发生，机器人现场作业质量需要及时监测和检验。

（5）离线编程，实时连接反馈。建筑机器人需要能够满足离线编辑并能与高度智能化的现场建立实时连接和反馈，以适应复杂的现场环境。

（6）多机调度协同作业。基于建筑空间存在多种机器一起作业的情况，很容易形成空间的非同步性，导致建造

资源调度性质各异、相互牵制，因此需要建设一个多机调度协同作业平台，根据各作业空间的建造资源协同特点，统一协调调度机器设备、人员和资源，实现作业空间、时间的最优化。

二、行业现状

国外对建筑机器人的研究较早，主要以发达国家为主，建筑机器人技术发展比较成熟，部分机器人甚至已经实现商业化生产。美国 Construction Robotics 公司的 SAM100 砌砖机器人采用半自动化工作模式，是世界上第一款真正投入现场砌筑工程的商用机器人，主要用于配合工人完成砌筑作业，减少了工人的砖料抓举作业，据统计每台砌砖机器人可提高 3～5 倍的墙体砌筑效率，实现高效砌砖目的；澳大利亚 Fastbrick Robotics 公司的 Hadrian109 砌筑机器人可以根据 3D 计算机辅助设计系统绘制的住宅形状和结构实现自动砌砖，能够连续 24h 工作，只需 2 天时间就能建起整栋住宅；韩国机械与材料研究院（KIMM）开发的 WallBot 被用来进行外墙施工，实现墙体粉刷、平整和清洁等作业；瑞典 nLink 公司的 Mobile Drilling Robot 钻孔机器被用于进行混凝土天花板的测量和钻孔工作，通过专用手机软件设置孔径、孔深等参数，便可在指定位置打孔，能够达到毫米级工作精度；新加坡未来城市实验室联合 ETH Zurich 开发的 MRT 机器人能够完成地瓷砖铺贴作业；新加坡 Transforma Robotics 公司开发的 PictoBot 墙面喷涂机器人、QuicaBot 建筑质量检测机器人目前正在进行真实环境施工测试；美国 Doxel 公司研发了施工监控管理机器人，基于人工智能的计算机视觉软件，根据数据扫描为项目管理人员提供建设项目全程的进度追踪、预算和质量方面的实时反馈，能够将项目的建造效率提升 38% 以及整体造价费用降低 11%。

我国的建筑机器人研究起步比国外晚，但相对于以前主要集中在大学和研究所的情况，现在有越来越多的企业参与到机器人研究领域中。例如，由哈尔滨工业大学研发的壁面清洗爬壁机器人，适用于高层建筑的瓷砖表面以及玻璃幕墙的清洗工作；河北工业大学与河北建工集团有限责任公司合作研发了 C-ROBOT-I 建筑板材安装机器人，可以做到大尺寸、大质量板材的自动干挂安装；碧桂园集团旗下的博智林机器人公司研发了多种对应不同工种的建筑机器人，如地砖铺贴、墙纸铺贴、内墙板搬运和室内喷涂等，目前都已经进入建筑工地进行测试；上海机器人产业技术研究院研发的 3D 打印建筑机器人、钢筋绑扎机器人等均已实现应用。

当前，传统的建筑施工作业方式正在逐渐被一些高新技术颠覆，建筑施工行业也随之加速转型升级，由劳动密集型向技术、知识和管理密集型转变。根据 Martin Placek 的数据，到 2030 年，全球建筑机器人市场规模会达到 2.42 亿美元。

亚太地区是建筑机器人市场重要地区之一，我国是其中主要国家之一。建筑机器人赛道前景乐观，市场增长很快。根据国家统计局发布的国民经济相关数据，2023 年，全国建筑业实现总产值 31.59 万亿元，同比约增长 1%，我国建筑业持续稳步发展。但是，我国建筑工人数量持续下降，人口红利逐渐走低，2023 年，全国农民工从事建筑业分布占比为 15.4%，同比下降 2.3%。建筑工人老龄化、招工困难、用工成本持续上涨，且建筑工人工作存在临时性强、流动性大等问题，严重制约了我国建筑行业的健康发展。利用人工智能等技术促进建筑业转型升级已是大势所趋。2019—2023 年我国建筑业总产值及增长率如图 1 所示。

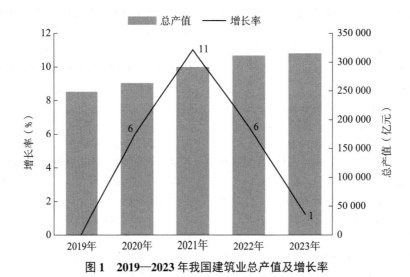

图 1 2019—2023 年我国建筑业总产值及增长率

注：数据来源于国家统计局。

建筑业稳定增长是建筑机器人发展的基础，为建筑机器人提供了广阔的潜在市场。我国建筑建造机器人市场空间庞大，2023 年，我国建筑机器人行业市场规模约为 5.22 亿元，

显示出行业的初步发展态势。目前，我国建筑机器人行业已基本从萌芽期转入成长期，行业内企业数量持续增加，龙头企业已基本完成初步的技术研发，具备投入市场使用的能

力，行业标准逐步确立。建筑机器人应用规模将进入快速增长期，预计到2025年，机器人渗透率将达到10%，市场规模超过18亿元；至2030年进入迅速发展期，预计市场规模将超过113亿元，渗透率可达50%；至2035年进入加速推广期，预计市场规模可达224亿元，渗透率超过80%。

三、技术成果

进入21世纪，随着信息化、数字化和智能化技术的飞速发展，智能建造得到了广泛应用。从全球范围来看，美国及欧洲是应用建筑信息模型（BIM）技术较早的国家和地区，比其他国家早十年左右；新加坡、日本、韩国等近年也逐步实现了部分或全部应用BIM技术。

以美国、英国及德国为代表的国家，其人工智能技术、大数据技术、云计算等技术的发展走在世界前列，政府发布的政策、投入的资金、技术研发及人才培养都支持了智能技术的发展。国外主要国家和地区智能建造应用发展情况见表1。

表1 国外主要国家和地区智能建造应用发展情况

国家及地区	年份	发展情况
美国	2007	所有重要项目通过BIM进行空间规划
	2009	《2025年美国利益潜在影响的关键技术报告》中，把物联网（IoT）列为六种关键技术之一
	2012	宣布投资2亿美元启动"大数据研究和发展计划"
	2015	发布《为人工智能的未来做好准备》《国家人工智能研究和发展战略计划》和《人工智能、自动化与经济报告》
	2016	发布《联邦大数据研发战略计划》，为未来的大数据研发列出7条战略计划 《保障物联网安全的战略原则》中表示物联网制造商须在产品设计阶段构建安全，否则可能会被起诉；随着物联网产业发展，其安全问题开始受到政府等的重视 白宫推动成立机器学习与人工智能分委会（MLAI）
	2017	允许人工智能不设限制的"自由发展"，以保证美国在人工智能领域的领先地位
	2018	通过《Ray Baum法案》，授权5G网络部署，加快美国5G网络布局建设进程
	2019	发布《引领5G的国家频谱战略》，帮助美国引领未来5G产业的发展，以保持其全球无线通信的领导地位
	2020	发布《美国国家5G战略和未来的无限创新》，鼓励代理商在相关行业使用5G技术，消除州和地方政府部署障碍；鼓励增加无限研发的资金，为6G奠定基础
欧盟	2009	发布《欧盟物联网行动计划通告》确保欧洲在构建物联网的过程中起主导作用，同年发布《欧盟物联网战略研究路线图》提出欧盟到2010年、2015年、2020年3个阶段物联网研发路线图，并提出物联网在航空航天、汽车、医药、能源等18个主要应用领域
	2014—2017	投资1.92亿欧元用于物联网的研究和创新，重点发展领域包括智慧农业、智慧城市、逆向物流、智慧水资源管理和智能电网等
	2018	通过《数字教育行动计划（2018—2020年）》，随着数字转型的继续，加大投入数字技能需求应用，增强公民的数字应用能力。发布《欧盟人工智能战略》，部署人工智能领域的技术研发、道德规范制定以及投资计划
	2020	发表了《塑造欧洲的数字未来》《欧洲数据战略》和《人工智能白皮书》，旨在通过完善数据可用性、数据共享、网络基础设施、研究和创新投资等，助力欧盟完成数字单一市场构建，在数据经济领域成为与美、中比肩的第三极 发布《数字教育行动计划（2021—2027年）》，明确了在欧洲开展高质量、包容性和无障碍数字教育的愿景，期望通过报告的发布，来促进国家之间的相互学习和政策合作，以更好地助力于欧洲教育和培训系统在"后疫情"时的复苏和发展，进而确保欧洲教育实现数字化转型
日本	2013	公布"创建最尖端IT国家宣言""创建最尖端日本IT国家宣言" 通过《日本再兴战略》，战略中提出了开放数据政策，明确提出了将大数据技术作为国家2013—2020年的重要战略计划，积极推动大数据开放及产业大数据的发展，使大数据在道路交通基建、互联网及电信业等行业取得显著效果
	2015	成立物联网推进联盟，主要的职能为技术开发、活用及解决政策问题
	2017	建构新的物联网社会，提出了应对的战略计划，开始着手新一轮的商业模式布局
	2019	发布新版《信息通信白皮书》，其中强调在全面向数字经济过渡的过程中，普通企业也有必要把基于信息通信技术（ICT）的改革放在核心位置，充实IT技术人员
	2020	发布《2020科学技术白皮书》，基于对未来社会的展望，推进研发计划，重点支持以视觉为主导的研发工程，如2025年日本国际博览会充分利用IoT、大数据等先进技术打造智能城市

（续）

国家及地区	年份	发展情况
韩国	2009	出台《物联网基础设施构建基本规划》，明确将物联网市场作为经济新增长动力的定位
	2014	出版《物联网基本规划》，打造安全、活跃的物联网韩国发展平台
	2016	物联网市场规模达到 5.3 万亿韩元，韩国成为全世界物联网设备普及率最高的国家，实现全部公共设施项目使用 BIM 技术
	2019	发布《数据与人工智能经济激活计划（2019—2023 年）》报告，旨在促进数据与人工智能的深度融合，通过实施激活数据价值链，构建世界水平人工智能创新生态系统，力争迈进人工智能先进国家
	2020	发布《基于数字的产业创新发展战略》，实现通过数字创新跃升为世界四大产业强国之一的目标，包括支持适时适当的数据获取；产业数据与人工智能利用的价值链升级；产业数据创新基础设施建设

注：资料来源于北京中建协认证中心有限公司。

在政策及市场驱动下，我国建筑机器人研发加速。2015—2022 年，我国建筑机器人专利申请量由不足 10 项增长至 93 项。虽然大部分技术专利还在研发阶段，并未在市场上规模化应用，但得益于我国巨大的建筑市场体量与丰富的应用场景，国内已有众多创新创业主体进入建筑机器人领域，建筑机器人市场潜力巨大。2015—2022 年我国建筑机器人专利申请量及增长率如图 2 所示。

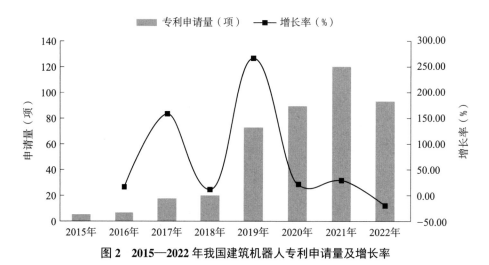

图 2 2015—2022 年我国建筑机器人专利申请量及增长率

注：数据来源于观研报告网。

目前，建筑机器人领域主要的技术成果包括 BIM 技术，以及机器人技术与建筑工艺结合产生的建筑机器人。

1.BIM 技术

BIM 为建筑信息模型，在建筑行业得到了广泛应用。主要是通过现代计算机技术建立包含建筑物完整数据信息的三维参数化模型，克服了二维图纸间相互割裂、信息表达直观性和交互性差等弊端，这不仅是建筑建设手段的变革，而且是整个工程建设行业的一次变革。采用 BIM 技术能够对建筑物构件的几何信息、状态信息和专业属性进行详细描述，满足各种数据信息调取需求。目前，BIM 技术应用于建筑测量放样，能够对测点三维信息进行快速抽取，完成三维立体建筑模型的建立，将模型数据通过计算机上传至机器人，能够使机器人在异形建筑空间结构中精确定位的问题得到良好解决，从而为机器人实现路径的科学规划提供强有力的技术支撑。

2.机器人技术与建筑工艺结合产生的建筑机器人

建筑机器人研发的最大特点是"应用导向"，核心在于将机器人控制算法和建筑工艺数据相融合。而这需要建筑从业者及机器人研发方的深度融合与理解，将建筑工艺与机器人技术结合起来，落地机器人技术在建筑场景的应用。

上海机器人产业技术研究院作为国家机器人检测与评定中心（总部）与上海机器人研发与转化功能型平台实施载体，近年来也在发力建筑机器人研发。目前在建筑领域已经研发出多款智能机器人产品，包括钢筋绑扎机器人（如图 3 所示）、行走式建筑 3D 打印机器人（如图 4 所示）、智能化钢筋引伸率检测机器人系统、机载三维真彩环境采集与建模系统、墙面打磨机器人（如图 5 所示）、建筑画线机器人等。

图3 钢筋绑扎机器人

图4 行走式建筑3D打印机器人

图5 墙面打磨机器人

深圳市大方智能科技有限公司研发的住宅墙面处理机器人产品，集抹腻子、腻子细打磨、乳胶漆喷涂功能于一体，最高施工高度为3.3m。机器人尺寸小、质量小，具备灵活性，可在狭窄的室内完成墙面处理施工，为家居装修提供了全新的解决方案，适用于住宅、公寓、别墅等0～3.3m建筑墙面处理。DFD33-住笔墙面处理机器人如图6所示。

图6 DFD33-住笔墙面处理机器人

四、趋势分析与预测

当前，科技创新正在引领全球经济结构的重塑。智能建造和建筑工业化的协同发展，标志着建筑业向高质量发展的转型。特别值得注意的是，建筑机器人的应用前景广阔，市场潜力巨大，已经成为全球建筑业的焦点。建筑机器人未来主要趋势有以下3个方面：

1. 建筑数字化

近年来，国家各部委相继出台了多项文件，大力支持人工智能等高新技术与建筑建造工程的协同应用，积极推进建筑建造行业由劳动密集型向技术密集型转变。

随着自动化和智能化建筑解决方案需求的不断增长，以及建筑行业现状的变化，我国正朝着智能建造和建筑工业化的方向发展。建筑机器人作为这一趋势中的创新前沿，正在迅速成长，并为整个建筑行业带来新的活力。

这一发展趋势不仅符合市场需求，也推动了建筑行业向更智能、高效、可持续的方向迈进。

2. 智能建造机器人改革

早期的机器人被认为是需要自主能力的运动实体，随着近年来人工智能、物联网、即时定位与地图构建（SLAM）等新型技术的发展，可自动执行任务的程序也被认为是机器人。例如，最近火热的ChatGPT，理论上也可以被认为是机器人。因此，建筑领域的机器人不仅可以是硬件还可以是软件，发展方向十分广泛。从建筑全生命周期来看，无论是在前期设计、测量阶段，还是中期的施工建设阶段，再到后期的运维阶段，都存在巨大的数字化改造空间。

3. 从单机到联机，迈向智能建造阶段

通过程序代码指挥机器人工作代替了过去传统工地上工作内容单一、技术含量较低的工种，一些高风险的施工场景也逐渐实现了智能化。但技术的变革还在继续，机器人技术与智能建造场景深度融合，完成了建筑业基础设施的数字化升级。建筑机器人从专注于施工动作的改善延展到对整体的数字化打通，这就是物联网的具象化。技术影响了建筑行业本身的业务模式创新，通过数字链接、价值赋能从而到达建筑行业的价值重塑。

当前，适用于各应用场景的机器人种类繁多，但大多成本较高、功能相对单一，对施工场景的AI、BIM结合程度较低，且无法实现算法的自主可控。因此，进入智能建造阶段的机器人，配合数字化管理系统，在工程管理上将极大地解决传统管理面临的难题。

〔撰稿人：上海机器人产业技术研究院郑军奇、廖霞〕

2023 年农业机器人发展情况

一、概念及范畴

农业机器人是以生物活性对象为目标,在非结构化环境工况下,具有环境与对象信息感知能力,能够实时自主分析决策和精确执行,并服务复杂农业生产管理的新一代智能农业装备。主要包括自主智能移动平台、末端执行器及作业运动部件、目标识别与定位感知系统、智能控制系统四部分,即农业机器人的"眼""脑""手""足"。在工程实际应用中,农业机器人与现代农业、人工智能、大数据、云计算、物联网相结合,构成了农业机器人应用场景。农业机器人种类繁多,按用途可分为播种、植保、除草、收获、分拣等机器人;按作业场景和对象可分为大田作业、设施种植、设施养殖、畜牧养殖、农产品加工等机器人;按结构形式可分为行走系列农业机器人、单臂/多臂机器手系列农业机器人及其他农业机器人。

二、行业现状

1.市场现状

根据智研瞻产业研究院统计,2023 年我国农业机器人产量从 2015 年的 3 250 台增长至 31 193 台,需求量从 2015 年的 3 515 台增长至 31 473 台。2015—2023 年我国农业机器人供需情况如图 1 所示。

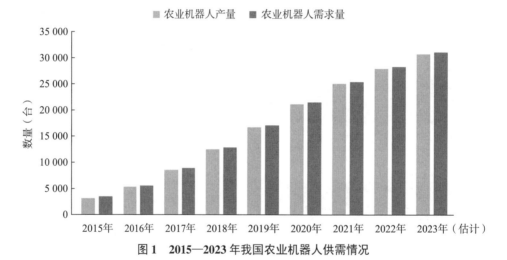

图 1 2015—2023 年我国农业机器人供需情况

注:数据来源于智研瞻产业研究院。

根据智研瞻产业研究院统计,2023 年我国农业机器人市场规模从 2015 年的 1.24 亿元增长至 8.21 亿元,其中:行走系列农业机器人规模 6.19 亿元,机器手系列机器人及其他规模 2.02 亿元。2015—2023 年我国农业机器人市场规模情况如图 2 所示。2015—2023 年我国农业机器人价格走势如图 3 所示。

2.政策现状

2023 年 1 月,工业和信息化部等十七部门印发了《"机器人+"应用行动实施方案》,提出加快农林牧渔业基础设施和生产装备智能化改造,推动机器人与农业种植、养殖、林业、渔业生产深度融合,支持智慧农业发展。

2023 年 2 月,中共中央、国务院印发了《关于做好2023 年全面推进乡村振兴重点工作的意见》,提出强化农业科技和装备支撑,推动农业关键核心技术攻关,加快先进农机研发推广,加紧研发大型智能农机装备、丘陵山区适用小型机械和园艺机械。支持北斗智能监测终端及辅助驾驶系统集成应用。农业机器人是智能农机装备的重要领域,是未来农机装备发展的重点方向。

2023 年 6 月,农业农村部、国家发展改革委等部门联合发布《全国现代设施农业建设规划(2023—2030 年)》,提出到 2025 年和 2030 年设施种植机械化、畜牧养殖机械化及水产养殖机械化目标,加大金融支持力度,推动智慧农机发展,设施作业机器人是推进设施农业机械化、智能化的重要方向。

图2　2015—2023年我国农业机器人市场规模情况

注：数据来源于智研瞻产业研究院。

图3　2015—2023年我国农业机器人价格走势

注：数据来源于智研瞻产业研究院。

3.产业现状

农业机器人正在从一般性的自动化设备，向着具有高度智能的机器人方向转变，从通信控制到末端执行器操作等各个方面，都在实现技术迭代。农业机器人如今可以进行农田作业轨迹建圈，作物行识别、避障，也可以进行多机通信、多部件通信、生产信息通信、决策信息通信。此外，农业机器人还可以进行目标识别、生产预测任务决策、故障诊断。从执行层面看，农业机器人可以精准对靶、柔顺操作人机交互、动态伺服；可以强化学习、性能优化提升、远端调度；可以进行多任务协同，例如多机和执行器的协同、时间及空间匹配；可以在视觉，激光雷达，以及超声接触力、角度及流量上，对农业予以帮助。

农业机器人正从实验室、验证场景走向实际应用。一是大田机器人化播种、植保、收获作业装备实现了样机产出和生产试验，应用先进的视觉、导航、控制等技术，在水稻、玉米、小麦等农田试验应用，提高农业生产率，减轻操控大型高速农机装备的强度。二是设施种植机器人从试验走向实际应用场景应用，番茄采摘机器人、蘑菇采摘机器人、运输机器人、作物巡检机器人、植保机器人等实现了一定规模应用，能够通过精准操作和数据分析，提高种植、田间管理、采摘等环节的效率，从而提高农作物的产量和质量。三是养殖作业机器人应用提高养殖精细化水平，饲草料推送机器人、个体饲喂机器人、巡检与监测机器人、防疫喷洒机器人等多种机器人进入猪、鸡等畜禽水产养殖生产，替代了部分恶劣环境下人工作业，提高了养殖精细化、绿色化、智能化水平。

三、技术成果

目前，农业机器人种类丰富，包括大田作业机器人、设施作业机器人、林业作业机器人、畜牧养殖机器人、水产养殖机器人等。2023年发布的农业机器人主要技术成果如下：

（一）大田作业机器人

1.无人驾驶激光除草机器人

内蒙古八爪智能科技有限公司的无人驾驶激光除草机

器人通过高精度导航无人驾驶技术，结合传感器的实时数据反馈，机器人按照精准的规划路径，全天 24h 自动在药材试验田里进行除草作业，通过机器视觉和农业大模型识别技术，精准识别区分田里的 12 种药材和杂草，通过底部安装的高能激光器对杂草进行高精度清除。机器人每小时可以清除 1 亩（1 亩≈ 666.7m²）田地的杂草，是人工除草效率的 20 倍。机器人结合无人驾驶技术，实现在田间自主行驶，毁苗率低于 5%。除净率高于 95%。无人驾驶激光除草机器人如图 4 所示。

图 4　无人驾驶激光除草机器人

2. 割草机器人

烟台成峰机械科技有限公司的无人驾驶割草机器人，支持北斗等多频卫星定位系统，采用 RTK 定位技术，定位及行走精度可达 ±2cm，高精度作业有保障，支持自主寻路、规划、决策及行走控制算法，并且配备毫秒级多重传感器，轻松实现智能化感知。使用油电混合动力，自动充电。割幅达 800mm，可装运输平台、打药机、升降平台等配套设备。割草机器人如图 5 所示。

图 5　割草机器人

3. 大田通用型机器人作业平台

中国农业机械化科学研究院集团有限公司、北京金轮坤天特种机械有限公司联合开发了大田通用型机器人作业平台，平台可实现无人自主行走，并可挂接播种、植保、收获等智能作业模组，行走幅宽 7m。大田通用型机器人作业平台如图 6 所示。

图 6　大田通用型机器人作业平台

（二）设施作业机器人

1. 果蔬采摘机器人

中国农业大学研发了一种连续草莓采摘机器人（如图 7 所示），融合了深度学习和智能 AI 技术，采用多传感器进行自主导航、果实识别和成熟度判断。视觉系统利用先进的机器视觉技术，能够通过颜色自主识别成熟的草莓及其果梗位置，从而精准进行采摘操作。移动机器人平台具备高效的跨垄、行走和自动换行功能，确保在不同田垄之间顺畅移动，覆盖更多采摘区域。末端执行器采用创新的刀盘旋转式设计，使得机器人能够连续采摘多个草莓，无须机械臂单独放果，显著提升了采摘效率。根据报告，机器人采摘单个草莓的速度最快仅需 4~5s，相比传统人工采摘方式，大约能节约 80% 的劳动成本。这一技术的应用不仅提高了采摘效率，还减轻了农业劳动力短缺的压力，为现代农业的智能化发展提供了有力支持。

图 7　草莓采摘机器人

达闼机器人股份有限公司研发了一种设施温室采摘机器人，该采摘机器人由两个六自由度机械臂组成，配合升降机构实现垂直采摘。机器人采用基于深度学习的目标检测算法实现对果实的识别和定位。双臂采摘机器人采用主从机械臂构型，一个机械臂负责剪切，另一个机械臂负责抓取，通过双臂协作的方式实现高效采摘操作。该机器人搭载了自动收集物流装置，可以实现收集盒自动更换，与物流机器人协作，可实现采摘机器人自动化物流，实现设施农业机器人操作全流程自动化。仿人双臂采摘机器人如图 8 所示。

图 8　仿人双臂采摘机器人

2.巡检机器人

苏州博田自动化技术有限公司生产的第三代温室智能巡检机器人，部署有两个 RGB-D 视觉传感器、环境传感器等先进传感器，可实现温室全视场蔬果产量估计、温室环境信息感知等功能。基于深度学习方法实现视场中番茄果实识别，实现对果蔬大小、颜色、形状、成熟度判别；自动计数，实时统计成熟、半成熟果蔬产量，并上传至云控平台。通过环境传感器实时获取并上传温室温湿度、二氧化碳浓度、光照度等信息。温室机器人整体导航精度 ±10cm，二氧化碳检测精度 ±（50ppm+3% 读数）（25℃，1ppm=1.796mg/m³），温度检测精度 ±0.5℃，湿度检测精度 ±3%RH（25℃），果实计数精度 90%，成熟度判别精度 95%，可适用的蔬果包括大番茄、樱桃番茄、草莓及各类型瓜类。博田自动化第三代智能巡检机器人如图 9 所示。

图 9　博田自动化第三代智能巡检机器人

北京市农林科学院智能装备技术研究中心研发的温室生产巡检机器人，该机器人利用视觉导航系统、环境信息采集系统、作物图像采集系统对温室内的环境信息（如温湿度、作物长势、病虫害等）进行实时监测，通过搭载的可升降 360°旋转摄像头采集温室中作物图像，再通过图

像分析识别作物生长状况进行智能巡检，完成温室环境信息和植株生长信息的动态监测。机器人巡检能够替代人工巡检，可节省专职巡检的工作量，减少用工成本，提升巡检工作质量和速度，快速及时反应植物生长的问题，为管理决策提供支撑。农业巡检机器人如图 10 所示。

图 10　农业巡检机器人

3.喷药机器人

苏州博田自动化技术有限公司生产的新一代自走式喷药机器人（如图 11 所示），可以实现温室内自主打药作业，通过 3D 视觉感知与激光雷达融合 SLAM 技术，实现温室场景下全自主导航作业，可实现自动上下轨道，视觉动态实时车辆视觉伺服系统实时识别轨道、纠正对轨角度与位置偏差。灌溉喷头基于有限元仿真优化设计，优化了喷雾细粒度与覆盖面积，具有更好的降温加湿、药物喷灌功能，兼具温室消毒功能。

图 11　自走式喷药机器人

（三）林业作业机器人

1.植树机器人

易森智能装备有限公司推出的植树机器人，研发了具备"三高一强"优势的系列产品：智能化程度高，深度融合人工智能、无人驾驶、机器视觉、全场景图像识

别、5G 网络，可自动设计最优种植路线，实现机器人集群造林、铺设沙障等作业；造林效率高，可降低造林成本 20%～25%，节水 50%，同时提高种植成活率 10%～20%，造林效率是人工的 5 倍以上；造林质量高，使用领先的组合导航，能够以厘米级定位精度和小于 0.1° 的定向精度，根据大数据平台提供的环境、墒情、虫情测报等信息，确保机器人精准浇水、施肥、处理病虫害，精准提高森林质量；场景适应性强，集高载种、高载水量于一体，可适应荒漠、沙丘、平原等多种地形地貌作业特性。智能植树机器人如图 12 所示。

图 12　智能植树机器人

2. 林果采收机器人

浙江农林大学研发出了一种新型的折展式林果采收一体机器人，结合了折叠和展开功能，能够高效地完成林果采收任务。以六连杆折展单元构成的倒伞型折展机构作为果实收集装置，不需要人在设备上操作，通过相关的程序进行控制。其独特的结构赋予其较大的折展比，并通过伸缩杆的调节，实现收集范围的灵活调整，从而提高了机械的普适性，使其能够适用于十多种不同类型的林果采收。通过振动机构对二级树干进行摇动，使果实自然脱落至倒伞收集器中，再经由机构中心的漏斗槽，将果实顺利导入收集箱，实现采收的全程自动化且尽可能不伤害林果。折展式林果采收一体机的结构实现了“即用即开”的功能，解决了机器运输的难题。机械上应用的机械臂可以多角度调节，适用于不同的树形，承载能力强，适用于多种果实。机械振动的功能，可实现果实的快速收集，且机械可多角度自由调节，能根据树形调节振动的位置，防止果树受损，从而解决多种地形多种水果的采摘难题。林果采收机器人如图 13 所示。

图 13　林果采收机器人

3. 隔离带开辟机器人

郑州林机机械设备有限公司推出的 LV600 攀登者遥控机器人是一款专为艰难作业环境设计的高效、安全、多功能的作业工具。该机器人配备了 Kohler 科勒液体冷却 3 缸 EPA Tier4 柴油机，拥有 56 马力（1 马力 =735.5W）的强大动力，能够提供快速且持续的作业能力。其底盘具备出色的延伸和侧移能力，可延伸 400mm，侧移 800mm，最大高度达到 1 100mm，带机具长度为 2 910mm，甩刀切割宽度为 1 300mm，确保了作业的广泛性和灵活性。在森林防灭火领域，LV600 能够高效清理林缘林下可燃物，快速开设防火隔离带，拓宽防火道，以及在火场救援中打通应急救援和物资运输通道，阻隔火势蔓延。此外，它还能在清理火场中开设生土隔离带，清理火点烟点，防止复燃，并推倒站杆倒木。LV600 的遥控半径高达 150m，操作稳定且简便，能有效解决大型机械在复杂地形下作业受限、割灌机作业效率低和危险系数高的问题。其履带式底盘和履带延伸使其能在 60° 斜坡上自如作业，而低重心设计保证了作业的稳定性。体积小、质量小的特点使得 LV600 可通过直升机快速吊运至火场。该机器人主机可配备多种属具，满足森林防灭火、道路救援、修剪道路边坡、清理堤坝杂草灌木等多种工况作业需求。液压耦合系统支持快速更换作业属具，而应急绞盘及拖挂点的设计使其能够牵引其他设备，进一步提高作业效率和应用范围。隔离带开辟机器人如图 14 所示。

图 14　隔离带开辟机器人

（四）畜牧养殖机器人

1. 母猪智能饲喂机器人

河南南商农牧科技股份有限公司研发的母猪智能饲喂机器人使用电子设备小群饲喂和管理怀孕母猪，让母猪更加自由，更加健康，实现了母猪从“枷锁”到“自由”的革命。根据科学的母猪的日供量，控制机电执行部分准确下料，个性化的精准饲喂能够保证母猪的体况更加均匀，实现分娩时体况佳，使得母猪提供的断奶仔猪数从 20 头提高到 30 头以上成为可能，大幅提高了母猪生产性能。该机器人主要由料仓、食槽、电子读卡器、水压控制器等组成，可实现以下功能：大圈饲喂 +RFID 射频精准识别；精准下料器 + 高效破拱装置；防拥通道 + 限宽管；前后门间距可变的翻转门 + 三级锁结构，只能有一头猪进入；自由进出，一学就会；面积缩小，1.5m² 左右（长2.3m，宽0.7m）；食槽无阻挡，能吃净。母猪智能饲喂机器人如图15所示。

图15　母猪智能饲喂机器人

2. 推料机器人

深圳丰疆智能科技股份有限公司联合瑞典 Sveaerken 公司推出了针对中小型农场的推料机器人（如图16所示）。紧凑型机身设计，搭配小巧型充电桩，实现牛棚内整机安装，减少施工量和无效的机器运行时间。小巧的机身对料道的空间要求低，可以完美匹配中小型牧场。采用先进的视觉导航技术、深度优化的避障算法、超声波辅助模块，智能识别草料边缘及障碍物，自主调整行进路径，实现高效的无人智能推料，部署方便，适用性强。采用全新自研40A·h三元锂电池，搭配快充充电器，自动返回充电桩快速补电，可保持平均每天超过16h的工作时间，完全满足中小型牧场的高频率推料需求。通过专属物联网平台，实时监控机器人运行情况和牛群状态；可人工远程遥控机器人和设置机器人作业时间等参数。双轮各采用全新400W高功率无刷电动机，面对复杂多变的料道和饲料不平整堆积时，机器人能够轻而易举且平滑稳定地进行作业，保障每一处饲料都能够及时到位投向奶牛。

图16　推料机器人

3. 鸡舍巡检机器人

北京艾克斯智能科技有限公司研发的蛋鸡智能巡舍机器人，可以增强蛋鸡养殖场管理精细度，减少饲料消耗，实现降本增效。全程实现无人化巡检鸡舍中的每个鸡笼，自动挑选死鸡和低产、无产鸡，识别并计算每笼鸡产蛋水平，增强管理精细度，减少饲料消耗，降低料蛋比，真正实现养殖企业经济效益提升。可自主实现巡舍，检测每笼产蛋量，自动标记异常鸡笼并将数据传输至自动监控平台。鸡舍巡检机器人如图17所示。

图17　鸡舍巡检机器人

（五）水产养殖机器人

青岛森科特智能仪器有限公司的水下智能清洗机器人，针对藻类生物、未利用鱼饵、鱼类排泄物等附着，常会导致网衣堵塞、水体溶氧量下降、环境恶化等情况，采用了空化水射流技术清洗网衣，降低清洗人员的作业压力，对网衣损伤较小。机器人本体搭载摄像机与视觉系统，可以辨识网衣清洗前状态，以及清洗完后的网衣是否达到要求；机器人搭载的声学定位通信设备可以与搭载在机器人充电装置的声学定位通信基站进行通信，实现机器人在网箱中的位置定位及与水面计算处理服务器进行指令数据交互。网衣清洗机器人可以跨越有立柱隔绝的挂片网衣、可以180°翻身底朝上从网衣外侧贴附沉在海底的网衣进行清洗，可以从水平状态一键自动翻转90°竖起，贴附于侧网清洗。该水下机器人1h可以清洗1 000m³。水下智能清洗机器人如图18所示。

图18　水下智能清洗机器人

四、趋势分析与预测

1. 产业预测

（1）市场规模持续扩大。随着现代农业快速发展，农业机器人应用场景将进一步拓展并快速成熟，农业机器人在国内种养加、农林牧副渔农业生产各领域得到大范围推广应用，农业机器人市场规模将迅速扩大，农业机器人产业附加值提升空间广阔，同时国家大力推进农业机械化、智能化发展，国内农业机器人市场规模继续呈现增长趋势，预计到 2030 年我国农业机器人行业市场规模达到 51.33 亿元，2024—2030 年年平均增长率为 23.56%。

（2）产业规模持续增长。随着我国农业机器人产业链不断完善，控制器、执行器、机械臂、电动机等零部件迭代成熟，农业、农业装备、工业机器人等领域企业加大对农业机器人研发生产投资，我国农业机器人产量整体将呈现增长趋势，预计到 2030 年我国农业机器人产量将达到 10.32 万台、需求量达到 9.93 万台。同时随着农业机器人智能化、自主化程度不断提高，农业机器人平均价格整体也将呈现小幅上升趋势，预测 2030 年我国农业机器人平均价格将达到 5.17 万元／台。

总体来看，农业机器人具有"机器代人""提高品质""提高效率"等优势，以绿色智能、节能减排、高度智能化、人机协同为核心特征的农业机器人将成为未来智慧农业的关键，也将成为未来农业装备发展的重要引领力量。

2. 技术趋势

现代农业技术、人工智能、信息技术等加速与农业机器人融合，促进农业机器人技术升级和变革。

（1）路径规划与作业自主水平进一步提升。全球导航卫星系统（GNSS）、激光雷达、惯性导航系统和机器视觉导航系统等融合发展，推进农业机器人路径规划与导航向自主智能发展，实现对地块边界、作物行、田间障碍物等环境的精准感知，自主全覆盖路径规划及精确跟踪行走，实现对机器人作业运动的精确自动控制，提升多机协同、集群作业能力。

（2）农业机器人跨场景适应能力不断增强。深度应用机器学习算法和技术，形成相应的大数据库、算法组件库、模型组件库和知识图谱库，开发农业机器人作业大模型，实现目标检测与定位、运动路径、作业姿态和作业次序等多信息实时融合和处理，增强农业机器人环境认知、泛化能力，提升非结构性、多元化农业作业场景适应性。

（3）数字孪生推进农业机器人应用变革。农业机器人与农业场景、人等深度交互融合，以数字化的方式建立作业对象的多维度、多时空尺度、多学科、多物理量的动态虚拟模型，仿真和刻画作业实体在真实环境中的属性、行为、规则，构建农田、果园、设施等不同类型生产环境，建立多尺度的数字植物、虚拟农场、孪生监控、孪生作业等场景，实现产能计划、虚拟测试、故障诊断、数据分析、机群调度、作业评价等功能。

〔撰稿人：中国农业机械化科学研究院集团有限公司吴海华，中国农业大学张春龙、袁挺〕

2023 年医疗机器人发展情况

一、概念及范畴

医疗机器人指用于医院、诊所等的履行临床医疗、辅助医疗、医疗服务等职能的机器人，属于服务机器人（国际组织 ISO 8373 ∶ 2021）或特种机器人大类（GB/T 39405—2020《机器人分类》）。智能医疗机器人是基于机器人硬件设施，将大数据、人工智能等新一代信息技术与医疗诊治手段相结合，实现"感知—决策—行为—反馈"闭环工作流程，在医疗环境下为人类提供必要服务的系统统称。依据国家药品监督管理局对医疗器械的界定，医疗机器人中涵盖了二类医疗器械、三类医疗器械与非医疗器械类医疗机器人。

自 1985 年美国洛杉矶首次将机器人应用于神经外科脑部活检手术以来，医疗机器人已有超过 30 年的发展历史。如今，该领域已经发展成为一个多场景应用、技术

壁垒高、需要长期投入且产值高的行业。它包括但不限于手术机器人、康复机器人、医疗辅助机器人及医疗服务机器人等多个子领域。医疗机器人主要应用分类如图 1 所示。

手术机器人是辅助医生进行临床手术诊疗的三类医疗器械，按手术针对的组织，可分为软组织手术机器人和硬组织手术机器人；按手术病灶区域又分为腹腔镜、骨科、经自然腔道、血管介入、经皮穿刺、神经外科手术机器人等。其中，腹腔镜、骨科手术机器人分别是最具代表性的软组织和硬组织手术机器人。手术机器人可为临床提供更精准、更智能的手术解决方案，改变和颠覆了传统手术；与传统手术相比具有多方面的优势，不仅能提升手术的精准度、灵活度和稳定性，也能缩短医生的学习曲线，减轻医生负担，减少病患的并发症。

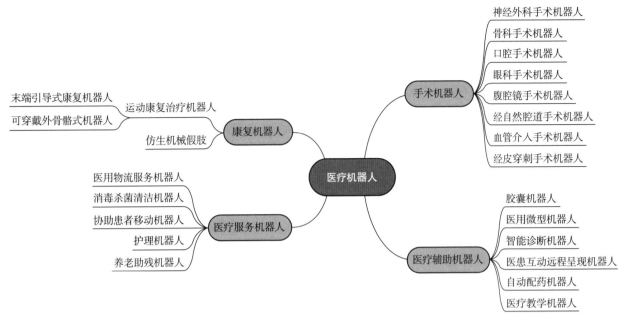

图 1　医疗机器人主要应用分类

康复机器人是辅助医生进行行动障碍与康复治疗的二类医疗器械，用于辅助人体完成肢体动作、提升老年人／残疾人运动能力、恢复运动神经损伤的医疗康复器械。目前康复机器人主要包括下肢康复机器人、上肢康复机器人、智能假肢和康复治疗机器人等方面。

医疗辅助机器人是指用于医疗过程的相关辅助机器人，在一些无痛微型检查、病状诊断、医患互动、药物选配、医疗教学等场景具有广泛的发展空间。其核心技术包括微纳制造、高端传感器、仿生学、生物力学、材料学、磁控制技术、人工智能、大数据、无线通信等多学科领域。医疗辅助机器人在提升医师的工作效率、降低医师工作强度等方面，具有重要的意义。医疗辅助机器人的类型十分丰富，覆盖辅助诊断的各方面，例如胶囊机器人、诊断机器人、配药机器人等。

医疗服务机器人是主要用于医院公共场景的一些公共服务类型机器人，主要为医师或患者提供非治疗性的辅助服务，减少医护人员的重复性劳动。近些年，伴随着我国老龄化的加剧、医护人员的紧缺等发展趋势，医疗服务机器人也逐渐成为行业发展的热点领域。尤其是一些面向公共医疗场景的服务机器人，例如用于替代公共环境通用基础服务的医用物流服务、消毒杀菌清洁机器人，也有用于替代护理人员复杂人力劳动的协助患者移动机器人、护理机器人、养老助残机器人、分诊引导机器人等。

伴随着人工智能、5G、云计算、大数据、元宇宙等技术的快速发展，以及我国老龄化趋势加剧，医护人员缺失及国产医疗技术的突破和国产化替代等背景，国内医疗机器人领域发展迅猛，微创手术机器人逐渐向低延时的远程化手术发展，康复机器人被越来越多的康复患者所使用，

医疗辅助和医疗服务机器人也逐渐出现在很多医疗场合，医疗机器人市场保持了快速增长的势头，未来发展空间巨大。

二、市场概况

2023 年，受新冠疫情的影响，全球金融市场受挫，整体投资热度下降，但得益于医疗辅助机器人、医疗服务机器人、远程医疗手术机器人等发挥的巨大作用，2023 年全球医疗机器人市场较 2022 年保持稳步增长，也是各家资本青睐的重点对象。

1. 全球市场

近年来，伴随手术机器人及康复机器人的迅速发展，全球医疗机器人市场规模迅速增长。据中商产业研究院的研究报告显示，2023 年全球医疗机器人市场规模达 162 亿美元，同比增长 20%。估计 2024 年，全球医疗机器人市场规模将达 194 亿美元。2019—2024 年全球医疗机器人市场规模及增速情况如图 2 所示。

2. 国内市场

近年来，我国人口老龄化进程不断加快，社会对医疗辅助和护理的需求不断上升，由于我国医疗资源的缺乏，使得市场对于医疗机器人的需求不断增长。人工智能、智能传感等技术的快速发展与深度应用，为医疗机器人提供了强大的技术支持，加之政策大力支持等多方利好因素推动，我国医疗机器人产业快速发展，市场规模不断增加。根据中国电子学会、中商产业研究院研究显示，2023 年我国医疗机器人市场规模为 108 亿元，近 5 年年均复合增长率达 25.74%。经中商产业研究院预测，2024 年我国医疗机器人市场规模有望超过 140 亿元。2019—2024 年我国医疗机器人行业市场规模情况如图 3 所示。

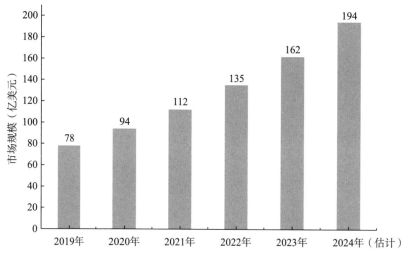

图2 2019—2024年全球医疗机器人市场规模及增速情况

注：数据来源于中国电子学会、中商产业研究院。

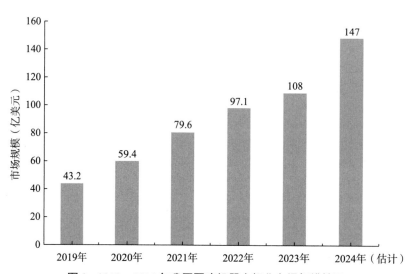

图3 2019—2024年我国医疗机器人行业市场规模情况

注：数据来源于中国电子学会、中商产业研究院。

从市场结构来看，我国医疗机器人市场中，康复机器人占比最高，为47%，其次是医疗辅助机器人和手术机器人，占比分别为23%和17%。我国医疗机器人市场结构分布情况如图4所示。

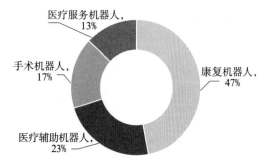

图4 我国医疗机器人市场结构分布情况

注：数据来源于中国电子学会、华经产业研究院。

3.产业链分析

医疗机器人产业链上游主要由与医疗机器人相关的核心零部件构成，包含高精度伺服电动机、传感器、控制器、减速器、高端视觉导航系统、力传感器等，其中高精度伺服电动机、传感器和控制器最为核心。伴随着手术机器人智能化水平的逐步提升，高精度的视觉导航系统和力觉传感器也逐渐成为重要的核心零部件。

医疗机器人产业链中游主要是医疗机器人整机生产企业。其中，手术机器人由于行业门槛较高、技术壁垒较高、研发难度大等原因，行业竞争相对较小。近年来，伴随国内相关产业链的逐渐完善和相关政策的引导支持，手术机器人的竞争也在逐渐加剧。康复机器人和医疗辅助机器人的数量占比较高，国内市场相关企业数量占比均超过30%，竞争相对激烈，产品同质化也较为严重。在医疗辅助机器人大类中，除部分诊断机器人外，多数产品技术壁

70

垒相对较低，主要用于辅助诊疗。国内医疗服务机器人近些年由于新冠疫情和人口老龄化等因素影响，得到了相对较大规模的发展。

整体来看，目前大部分医疗机器人企业的产品仍处于研发和临床阶段，部分医疗机器人领先企业，如北京天智航医疗科技股份有限公司（简称"天智航"）、上海微创医疗机器人（集团）股份有限公司（简称"微创机器人"）、北京柏惠维康科技股份有限公司、苏州康多机器人有限公司、北京术锐技术有限公司、安翰科技（武汉）股份有限公司、北京大艾机器人科技有限公司等企业的产品通过国家药品监督管理局的审批，已开始上市

销售。

在下游应用方面，随着人工智能、人机交互、远程5G、云计算、视觉感知、力觉感知等技术的快速发展，医疗机器人在医疗领域的渗透范围也越来越广，影响也越来越深，涵盖了微创手术、远程医疗、医疗康复、医疗服务等领域。同时，传统的腹腔手术机器人、手术工具、医学图像采集和处理技术、远程信息传输等技术也在快速升级迭代，医疗机器人技术已成为当今机器人行业发展的热点领域。医疗机器人产业链分布情况如图5所示。

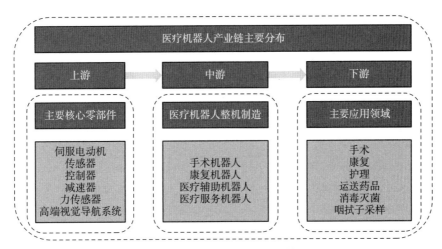

图5　医疗机器人产业链分布情况

4.国内市场竞争格局

目前，国内有近百家企业布局医疗机器人。其中，手术机器人发展相对较早，以手术机器人为主营业务的天智航、威高集团、微创机器人等已成功上市。在医疗服务机

器人领域，专注于医疗灭菌物流系统的楚天科技股份有限公司也已上市。而医疗辅助机器人和康复机器人企业的发展相对更为初期，一些相关企业处于培育期。国内医疗机器人代表企业及主要产品见表1。

表1　国内医疗机器人代表企业及主要产品

领域	企业名称	主要产品
手术机器人	北京天智航医疗科技股份有限公司	天玑骨科手术机器人
	北京柏惠维康科技股份有限公司	神经外科导航定位机器人
	苏州康多机器人有限公司	微创腹腔外科手术机器人系统
	上海微创医疗机器人（集团）股份有限公司	腔镜手术机器人、骨科手术机器人等
	华科精准（北京）医疗科技有限公司	神经外科手术机器人
	威高集团有限公司	"妙手S"微创手术机器人、"玛特I"骨科手术机器人
	北京术锐技术有限公司	单孔腔镜手术机器人
	真健康（北京）医疗科技有限公司	经皮软组织穿刺机器人
	北京罗森博特科技有限公司	骨科手术机器人
	微亚医疗科技（苏州）有限公司	血管介入手术机器人
	北京精诊医疗科技有限公司	TrueView 三维全定量影像融合术中导航系统
	赛诺微医疗科技（北京）有限公司	外科手术辅助机器人

（续）

领域	企业名称	主要产品
康复机器人	北京大艾机器人科技有限公司	AiLegs 系列、AiWalker 系列等外骨骼机器人
	上海璟和技创机器人有限公司	多体位智能康复机器人系统——Flexbot
	广州一康医疗设备实业有限公司	MINATO、运动康复、物理治疗和康复评定四个系列机器人
	安阳神方康复机器人有限公司	上肢康复机器人和下肢康复机器人
	深圳市迈康信医用机器人有限公司	电动爬楼轮椅和医用实时监测康复型机器人
	深圳华鹊景医疗科技有限公司	上肢评估与训练系统 Wisebot X5
	沈阳六维康复机器人有限公司	康复机器人
	深圳睿瀚医疗科技有限公司	"容瀚 I、II、III型"三大类手部康复机器人
	上海傅利叶智能科技有限公司	外骨骼机器人
医疗辅助机器人	深圳市桑谷医疗机器人有限公司	临床输液药物配置机器人静脉输液监控器
	重庆金山科技（集团）有限公司	胶囊内镜、胶囊机器人
	北京万物语联技术有限公司	语联医生机器人
	北京医千创科技有限公司	医疗机器人 + 医学影像 3D 虚拟技术 + 导航
	北京迈纳士手术机器人技术有限公司	采血机器人
	北京未磁科技有限公司	心血管功能成像创新医疗影像科技
	江苏瑞尔医疗科技有限公司	iSCOUT 图像引导放疗定位系统
	北京锐视康科技发展有限公司	RAY-SCAN 64 型医学影像设备
	安翰科技（武汉）股份有限公司	主动式磁控胶囊胃镜
医疗服务机器人	广东礼宾医疗科技股份有限公司	礼宾 Le pion 机器人
	上海钛米机器人科技有限公司	医院 AGV 物流机器人
	楚天科技股份有限公司	机器人灭菌物流系统和机器人后包装生产线
	深圳市优必选科技股份有限公司	紫外线消毒机器人 ADIBOT 净巡士
	艾米机器人有限公司	医疗宣教服务机器人、医疗物流机器人等

5. 融资和上市（IPO）情况

随着政策不断支持和医疗科技不断发展，中国医疗机器人产业受到资本青睐，行业投融资加快。2023 年医疗机器人行业投融资数量达到 44 起，已披露融资金额达到 77.62 亿元。

从 IPO 数量来看，手术机器人领域依旧火热，2023 年多家国产手术机器人企业启动首次公开发行进程。其中，2023 年 1 月，深圳市精锋医疗科技股份有限公司（简称"精锋医疗"）递交招股书，准备在港交所上市；2023 年 3 月，北京术锐机器人股份有限公司（简称"术锐"）同中信证券签署上市辅导协议，正式启动 A 股 IPO 进程；2023 年 4 月 2 日，杭州键嘉医疗科技股份有限公司递交科创板 IPO 申请，拟募资 15 亿元；2023 年 6 月 1 日，哈尔滨思哲睿智能医疗设备股份有限公司通过上市会议，拟募资 20.29 亿元。

三、2023 年度国内主要成果

国家攻关项目立项与执行情况见表 2。国家药品监督管理局新批准产品清单见表 3。首台、首例成果节选见表 4。培训体系与批量应用情况见表 5。

表 2　国家攻关项目立项与执行情况

序号	单位	项目类型 / 名称	主要攻关内容	时间
1	真健康（北京）医疗科技有限公司	国家重点研发计划 / 肺部等软组织穿刺手术机器人	突破肺部软组织穿刺交互建模与虚拟手术、医学影像处理与机器人术中导航、穿刺机器人精准安全控制等关键技术研发具有高可靠性、高安全性和高临床适应性的肺部等软组织穿刺手术机器人产品，从而推动其临床应用规范化体系的建立，提升我国软组织穿刺诊疗效果与服务水平，填补机器人辅助软组织穿刺领域空白	2023 年 2 月

（续）

序号	单位	项目类型／名称	主要攻关内容	时间
2	北京积水潭医院	机器人远程诊疗体系构建与应用示范	针对机器人远程诊疗现存的诊疗路径不规范、远程平台不成熟、评估方法不完备、团队构建不合理等共性问题，面向骨科三大类疾病及边远地区多发伤，开展远程诊疗体系研究，突破远程沉浸感交互、多维度安全控制、人机效能动态优化、诊疗事故损害识别等关键技术，建成以通过创新医疗器械特别审批程序的国产手术机器人产品为核心的远程诊疗一体化共融平台	2023 年 2 月
3	四川大学华西医院	国产关节手术机器人临床应用的安全性与有效性评价	该项目将基于锟铻全骨科手术机器人开展大规模、真实世界、系统的研究，意在对国产关节手术机器人在临床应用中的安全性和有效性进行全面评估，为该技术的全面、科学、规范化应用提供依据	2023 年 11 月

表 3　国家药品监督管理局新批准产品清单

序号	单位	产品	注册证编号	批准日期
1	杭州键嘉机器人有限公司	膝关节置换手术导航定位系统	国械注准 20233010087	2023 年 1 月
2	苏州康多机器人有限公司	康多机器人腹腔内窥镜手术系统	变更适应全部泌尿外科腹腔镜手术	2023 年 2 月
3	骨圣元化机器人（深圳）有限公司	关节置换手术导航定位系统	国械注准 20223010510	2023 年 3 月
4	易度河北机器人科技有限公司	脑血管介入手术辅助操作系统	国械注准 20233010311	2023 年 3 月
5	北京和华瑞博科技股份有限公司	关节置换手术导航定位设备	国械注准 20233010603	2023 年 5 月
6	上海微创医疗机器人（集团）股份有限公司	Mona Lisa 前列腺穿刺机器人定位系统		2023 年 5 月
7	真健康（北京）医疗科技有限公司	穿刺手术导航定位系统	国械注准 20233010810	2023 年 6 月
8	直观复星医疗器械技术（上海）有限公司	胸腹腔内窥镜手术控制系统	国械注准 20233010800	2023 年 6 月
9	山东威高手术机器人有限公司	"妙手 S"三臂手术机器人系统		2023 年 6 月
10	北京术锐机器人股份有限公司	腹腔内窥镜单孔手术系统	国械注准 20233010833	2023 年 6 月
11	深圳市精锋医疗科技股份有限公司	腹腔内窥镜单孔手术系统	国械注准 20233011753	2023 年 11 月
12	睿谱外科系统股份有限公司	头颈部 X 射线立体定向放射外科治疗系统	国械注进 20233050263	2023 年 6 月
13	健适医疗科技集团	ArtiSential 灵鹊 - 多关节内窥镜手控器	国械注进 20232020274	2023 年 6 月
14	北京天智航医疗科技股份有限公司	膝关节置换手术导航定位系统	国械注准 20233011962	2023 年 7 月
15	苏州迪凯尔医疗科技有限公司	口腔种植手术导航定位系统	国械注准 20233010969	2023 年 7 月
16	深圳市精锋医疗科技股份有限公司	胸腹腔内窥镜手术系统	国械注准 20223011623	2023 年 8 月
17	杭州柳叶刀机器人有限公司	髋关节置换手术导航定位系统	国械注准 20233011155	2023 年 8 月
18	先健科技（深圳）有限公司	Epione 穿刺手术导航定位系统		2023 年 8 月
19	杭州键嘉医疗科技股份有限公司	关节置换手术导航定位系统	国械注准 20223010462	2023 年 8 月
20	佗道医疗科技有限公司	穿刺手术导航定位系统	国械注准 20233011291	
21	苏州微创畅行机器人有限公司	骨科关节置换手术导航定位系统——鸿鹄	国械注准 20233011345	2023 年 8 月
22	北京纳通医用机器人科技有限公司	膝关节置换手术导航定位系统	国械注准 20233011329	2023 年 9 月
23	强生（上海）医疗器材有限公司	一次性使用电磁定位电子支气管内窥镜导管	国械注进 20233060417	2023 年 9 月
24	强生（上海）医疗器材有限公司	电子支气管内窥镜导航控制系统	国械注进 20233060418	2023 年 9 月
25	北京天智航医疗科技股份有限公司	骨科手术导航定位系统	脊柱外科和创伤骨科开放或经皮手术和全膝关节置换手术适应变更	2023 年 10 月
26	北京长木谷医疗科技有限公司	关节置换手术模拟软件	国械注准 20233211543	2023 年 10 月
27	上海微创医疗机器人（集团）股份有限公司	腹腔内窥镜手术系统	全科室证	2023 年 10 月

（续）

序号	单位	产品	注册证编号	批准日期
28	武汉联影智融医疗科技有限公司	神经外科手术导航系统	国械注准 20233011431	2023 年 10 月
29	北京罗森博特科技有限公司	骨盆骨折复位手术导航定位系统	国械注准 20233011923	2023 年 12 月
30	知脉（上海）机器人有限公司	R-ONE 血管介入手术机器人		2023 年 12 月
31	途灵股份有限公司	一次性使用冠状动脉介入手术控制系统附件	国械注进 20233010226	2023 年 6 月
32	途灵股份有限公司	附件冠状动脉介入手术控制系统	国械注进 202330610225	2023 年 6 月

表 4　首台、首例成果节选

序号	单位	产品	意义	时间
1	铸正机器人有限公司、兰州手足外科医院	铸正佐航 300	兰州手足外科医院成为甘肃省内首家民营医院骨科机器人临床应用示范基地	2023 年 2 月
2	北京和华瑞博科技股份有限公司、中山大学附属第一医院	HURWA 机器人	首例国产机器人辅助全膝关节置换术	2023 年 2 月
3	上海微创医疗机器人（集团）股份有限公司、浙江大学医学院附属邵逸夫医院、新疆生产建设兵团第一师阿拉尔医院	微创图迈机器人	中国首例机器人辅助下超远程 5G 肝胆外科手术	2023 年 2 月
4	上海微创医疗机器人（集团）股份有限公司、解放军联勤保障部队第九二〇医院、山东省滕州市中心人民医院	鸿鹄骨科手术机器人	第九二〇医院成功完成首例鸿鹄机器人单髁置换手术；滕州市中心人民医院成功完成鲁南地区首例机器人全膝关节置换手术	2023 年 2 月
5	苏州康多机器人有限公司、四川泌尿外科医院	康多机器人腹腔内窥镜手术系统	首台国内社会办医院装机，完成西部地区第一、第二例国产机器人泌尿外科手术	2023 年 3 月
6	上海微创医疗机器人（集团）股份有限公司、上海市胸科医院	图迈四臂腔镜手术机器人	国内首例 5G 远程线上机器人胸外科动物手术。本次动物手术在微创机器人集团互联互通远程手术控制大厅进行	2023 年 3 月
7	深圳市精锋医疗科技股份有限公司、四川大学华西医院	精锋多孔腔镜机器人 MP1000	国内首次使用国产手术机器人完成的连台前列腺癌根治术手术直播；也是精锋多孔腔镜机器人 MP1000 在取得 NMPA 注册证后首次手术直播	2023 年 3 月
8	上海朗合医疗器械有限公司、广州医科大学附属第一医院	朗合医疗 Unicorn 麒麟手术机器人	国内首例呼吸内镜机器人系统联合光动力治疗气管肿瘤手术	2023 年 3 月
9	上海奥朋医疗科技有限公司、中国人民解放军北部战区总医院	血管腔内介入手术机器人 Allvas	全国首例 5G 远程介入机器人辅助下冠状动脉介入手术	2023 年 4 月
10	上海微创医疗机器人（集团）股份有限公司、郑州大学第一附属医院	图迈四臂腔镜手术机器人	国产机器人全国首例肾癌根治合并下腔静脉取栓术	2023 年 5 月
11	上海微创医疗机器人（集团）股份有限公司、重庆医科大学附属第一医院、西藏自治区昌都市人民医院	微创鸿鹄骨科手术机器人	西藏首例 5G 远程国产机器人全膝关节置换术完成	
12	上海微创医疗机器人（集团）股份有限公司、浙大邵逸夫阿拉尔医院、浙江大学医学院附属邵逸夫医院	图迈机器人	全球首例机器人辅助下超远程 5G 肝脏切除外科手术	
13	上海微创医疗机器人（集团）股份有限公司、浙江大学医学院附属第一医院、建医科大学附属泉州第一医院	图迈四臂腔镜手术机器人	全球首例 5G 远程机器人辅助下前列腺癌根治术（RALRP）	2023 年 7 月
14	知脉（上海）机器人有限公司	血管介入机器人	全国首例机器人辅助 5G 超远程经皮冠状动脉介入治疗手术	2023 年 7 月

（续）

序号	单位	产品	意义	时间
15	铸正机器人有限公司、北京大学第三医院	脊柱椎板切除手术机器人系统	全球首例脊柱椎板机器人自主识切手术	2023 年 7 月
16	北京术锐机器人股份有限公司、山东省立医院	术锐国产单孔机器人	全球首例全国产单孔机器人全胃切除术	2023 年 8 月
17	北京术锐机器人股份有限公司、南医大二附院	单孔机器人手术系统	国内首例国产单孔手术机器人"全膀胱根治性切除术"	2023 年 8 月
18	东软医疗系统股份有限公司、阜外华中心血管病医院、无锡市人民医院	东软医疗汉·光武高端 DSA 系统和 Stereotaxis 磁导航机器人系统	国内首例 5G 远程心律失常射频消融术和阵发性房颤射频消融术	2023 年 8 月
19	上海微创医疗机器人（集团）股份有限公司、四川大学华西医院、西藏自治区医院	图迈机器人	全球首批高原 5G 远程腔镜机器人手术实验顺利完成；图迈机器人成为全球首个在超过 3 600 米海拔高度"世界屋脊"开展 5G 远程手术探索的腔镜手术机器人	2023 年 9 月
20	深圳市精锋医疗科技股份有限公司、浙江省人民医院		国内首例利用国产机器人完成的抗反流手术，也是国产机器人在普外科的重要亚专科——疝及前肠外科的首秀	2023 年 9 月
21	北京术锐机器人股份有限公司、天津医科大学第二医院	单孔腔镜手术机器人	国际首例国产单孔腔镜手术机器人辅助后入路前列腺根治性切除术	2023 年 10 月
22	上海微创医疗机器人（集团）股份有限公司、国家儿童医学中心（上海）、上交医学院附属上海儿童医学中心及其附属海南医院	图迈四臂腔镜手术机器人	全球首例儿外科 5G 超远程手术——机器人辅助腹腔镜下双侧性腺切除术	2023 年 10 月
23	苏州康多机器人有限公司、北京大学人民医院	康多机器人	全国首例国产手术机器人辅助腹腔镜下腹壁疝（脐疝合并腹直肌分离）TES 手术	2023 年 11 月

表 5　培训体系与批量应用情况

序号	单位	内容	时间
1	杭州三坛医疗科技有限公司	"智微天眼"系列骨科机器人手术量突破了 1 万例。"智微天眼"系列最早于 2009 年应用于浙江省中医药大学附属第二医院，经过十余年打磨，成功运用于 100 余家医疗机构，覆盖 20 余个省、自治区、直辖市	2023 年 2 月
2	苏州康多机器人有限公司	四川省泌尿外科医师培训基地新技术培训班（机器人手术）暨康多手术机器人临床培训中心	2023 年 3 月
3	深圳市精锋医疗科技股份有限公司、江西省修水县第一人民医院	建立中国首个"全国县域机器人诊疗培训示范中心"	2023 年 4 月
4	北京天智航医疗科技股份有限公司	骨科手术机器人累计开展手术数量超 4 万例，年手术量突破 1.2 万例，占据了国内主要市场份额	2023 年 5 月
5	上海微创医疗机器人（集团）股份有限公司、浙江大学医学院附属第一医院	图迈腔镜手术机器人在浙大一院专家操作下完成的泌尿外科手术数量累计已达 72 例	2023 年 5 月
6	上海微创医疗机器人（集团）股份有限公司、河北医科大学第四医院	截至 2023 年 5 月 24 日，累计成功完成 32 例手术，手术覆盖了胃肠外科、肝胆外科、胸外科、泌尿外科、妇科等领域	2023 年 5 月
7	直观复星医疗器械技术（上海）有限公司、南京鼓楼医院、青岛大学附属医院、广西医科大学第一附属医院	建立达芬奇手术机器人国际培训中心	2023 年 5 月

（续）

序号	单位	内容	时间
8	上海微创医疗机器人（集团）股份有限公司	图迈手术量突破 1 500 例，开展逾 80 例 5G 远程手术探索，国产腔镜手术机器人迈过规模化手术门槛。图迈国内累计中标数超 15 台，国产腔镜机器人商业化进程加速发展	2023 年 11 月
9	深圳市精锋医疗科技股份有限公司	精锋多孔腔镜手术机器人手术量突破 1 000 例共建"全国规范化全程机器人手术培训中心"	2023 年 11 月
10	直观复星医疗器械技术（上海）有限公司	直观复星首台国产达芬奇 Xi 手术系统揭幕仪式在直观复星总部及产业化基地举行，标志着全球领先的达芬奇手术机器人正式实现国产化	2023 年 10 月

四、趋势分析与预测

（一）技术趋势

1. 软体机器人与连续体机器人技术成为医疗机器人新的增长点

软体机器人常泛指使用柔性或软体作为组件或整体的机器人，通过结合仿生学或生物材料学相关研究，可应用在医疗领域，主要包括用于康复或人体增强的可穿戴软体机器人或用于替代传统刚性手术机器人组件或整体的软体机器人。

连续体机器人通过其弯曲变形而非离散关节来调整其形状，具备改变三维曲线形态的能力。这种能力使得连续体机器人能够通过比传统机器人更狭窄的通道进行手术操作。它们能够通过人体的自然孔道进入、穿过体腔，并在不损伤关键结构的情况下穿越固体组织。与传统机器人相比，连续体机器人的柔顺性弯曲特性也提高了其操作的安全性。

软体机器人与连续体机器人能有效减少对人体的侵害，更具人体亲和力，得到了学界与业界的青睐，未来发展潜力和市场空间巨大。

2. 医疗机器人自动化程度不断提高

医疗机器人的自动化可以分为无自动化（完全依靠医师手动／遥控操作）、机器人辅助（在部分环节通过预编程实现自动操作，如自动力反馈、力补偿、柔顺控制、图像采集等）、单独任务自动化（针对某个手术操作可以实现自动化）、整体任务自动化（整体任务环节都可以完成自动化）、高度自治（可以基本完成检测—诊断—治疗的闭环，医师完成过程监督与确认即可）、完全自治（能独立完成检测—诊断—治疗的闭环）。目前，手术机器人、康复机器人普遍集中在机器人辅助与单独任务自动化的阶段，医疗辅助、医疗服务机器人普遍集中在单独任务自动化与整体任务自动化阶段。随着先进传感器、多模态融合、计算机视觉、深度学习、先进控制等技术的发展，医疗机器人的自动化程度将不断提升，能有效降低医生劳动量，提高劳动效率。

3. 大模型、大数据赋能智能检测、智能诊疗机器人

随着人工智能技术的不断进步，其与医疗领域结合越来越紧密，最早在 1976 年，美国斯坦福大学的 Shortlifie 等人研制应用于医疗诊断的专家系统 MYCIN，用于诊断和治疗细菌感染疾病的咨询系统。专家系统、知识图谱、神经网络、数据挖掘等人工智能技术在影像筛查、病情诊断、治疗方案推荐等方面得到了广泛运用，如由 IBM 与纪念斯隆—凯特林癌症中心（Memorial Sloan-Kettering Cancer Center，MSK）联合开发而成的 Watson 系统为患者提供个性化癌症治疗方案。目前，随着大模型与大数据技术的涌现，其与医疗机器人的结合将极大提高检测、诊疗过程的智能程度。

4. 胶囊机器人、微纳机器人探索医疗新范式

药丸大小的胶囊机器人，其智能磁控制与多模态成像（如多光谱、自发荧光和微超声）及微／纳米机器人技术相结合，有望形成前所未有的诊断和治疗能力。这不仅在临床应用方面具有广阔前景，还能为深入了解人体、解决诸如微生物医学等相关科学问题提供研究平台。此外，未来在能量存储或无线电力传输方面或许也会取得令人振奋的进展。医用胶囊机器人与微纳机器人技术作为一个快速发展且极具影响力的研究领域，正在积极探索开发机器人医疗新范式。

（二）市场趋势

1. 人口老龄化加速拓展医疗机器人市场空间

目前，我国人口老龄化进程正在不断加快，预计到 2050 年我国老年人口规模将会达到 5 亿人。随着老龄人口数量的不断增长，养老陪护、健康医疗等需求也随之不断增加，相应的市场空间不断扩大。

2. 经济水平发展逐步激活精准医疗需求

经济水平的提升激发了更多的高端医疗需求。患者希望用更小的代价、更舒适的方式得到治疗，与医生愿望、医疗机器人研发目标互相契合，医疗需求的逐步扩大，也让医疗机器人得到更多机会。医疗支出占 GDP 百分比从 2019 年的 6.6% 提升到 2023 年的 8.8%。

3. 资本投入赋能医疗机器人行业进一步发展

医疗机器人赛道受到资本热捧，一定程度上也加快了商业化进程。一方面，随着多家初创公司涌现，2019—2023 年手术机器人行业的发展进入爆发期，微创机器人、天智航等公司上市，还有多家知名公司已经进入商业化和 IPO 申报阶段。另一方面，随着近几年资本市场遇冷，手术机器人公司也受到影响。但医疗机器人在资本市场上的表现依然"力压群雄"。据不完全统计，2021 年、2022 年、2023 年（截至 2023 年 9 月 30 日，多起融资记作 1 次）手术机器人赛道分别完成了 30 起、29 起、19 起投融资事件，

医疗器械赛道分别完成 797 起、638 起、374 起融资事件。

（三）政策趋势

1. 国家加快布局医疗机器人相关规划政策

2021 年 2 月，工业和信息化部会同有关部门发布《医疗装备产业发展规划（2021—2025 年）》（征求意见稿），提出要攻关智能手术机器人，提升治疗过程视觉实时导航、力感应随动等智能控制功能，推进手术机器人在重大疾病治疗中的规范应用。

2021 年 6 月，国务院办公厅印发《关于推动公立医院高质量发展的意见》，提出要推动手术机器人等智能医疗设备和智能辅助诊疗系统的研发与应用。2021 年年底，工业和信息化部、国家卫生健康委员会等十四个部委联合发布《"十四五"机器人产业发展规划》和《"十四五"医疗装备产业发展规划》，均明确提及促进手术机器人、康复机器人等医疗机器人在行业领域中的发展与应用。

2021 年 10 月，国家卫生健康委员会发布《"十四五"国家临床专科能力建设规划》，指出国家层面的关键领域技术创新方向包括人工智能辅助手术（手术机器人的研发与应用）、微创手术等；2021 年 11 月，国家卫生健康委员会发布《关于进一步完善预约诊疗制度加强智慧医院建设的通知》指出要推广手术机器人、手术导航定位等智能医疗设备研制与应用，推动疾病诊断、治疗、康复、照护等智能辅助设备应用。

2022 年 5 月，国务院发布《"十四五"国民健康规划》，指出要推进智能服务机器人发展，实施康复辅助器具、智能老龄化技术推广应用工程。

2022 年 12 月，财政部发布《中华人民共和国进出口税则》指出从 2023 年 1 月起，即按照最惠国进口零税率执行，鼓励国外手术机器人产品和技术进入我国市场。

2023 年 1 月，工业和信息化部等十七部门提出《"机器人 +"应用行动实施方案》指出鼓励有条件有需求的医院使用机器人实施精准微创手术。

2. 医疗机器人服务逐步纳入各地医保政策

近年来，我国北京、上海等多地将医疗机器人服务逐步纳入当地的医保政策。例如，根据《北京市医疗保障局 北京市卫生健康委员会 北京市人力资源和社会保障局关于规范调整物理治疗类等医疗服务价格项目的通知》（京医保发〔2021〕23 号）规定：2021 年 10 月 23 日起，机器人辅助骨科手术进入北京甲类医保支付目录（可 100% 报销），一次性机器人专用器械获得北京乙类医保支付（可部分报销）。2022 年 1 月 17 日起，上海市医保局将经导管主动脉瓣置换术等 48 个项目纳入医保支付，进一步减轻群众就医费用负担。

医疗机器人服务逐步纳入医保政策，对缓解患者手术费用压力、促进医疗机器人的普及、提升医疗手术的质量水平，均将带来极大的促进作用，推动医疗机器人产业的健康发展。

〔撰稿人：北京航空航天大学陶永〕

2023 年矿山机器人发展情况

一、概念及范畴

1. 定义

矿山机器人是智慧矿山的一部分，在特种机器人领域又被称为矿业机器人。矿山机器人是指在矿业生产领域，用于地质勘查、矿井（场）建设、采掘、运输、洗选等生产环节，以及用于安全检测等作业的机器人（来源于 GB/T 36239—2018《特种机器人 术语》）。在多数场合，其可被看作是通过自身动力及自主控制能力来实现特定矿藏开采作业相关任务的一种机电装备，主要用来协助或取代矿藏开采中人员劳动强度大、危险性高的工作，是实现矿藏开采智能化、无人化的重要手段。

2. 分类

我国对煤矿机器人的研究较多，国家矿山安全监察局 2019 年发布《煤矿机器人重点研发目录》，该目录是国际上提出的首个煤矿机器人技术体系，对煤矿机器人的分类及功能做了明确定义，将煤矿机器人按应用场景分为掘进、采煤、运输、安控、救援 5 大类共计 38 种。煤矿机器人分类（按应用场景划分）见表 1。

表 1　煤矿机器人分类（按应用场景划分）

分类	产品名称
掘进类	掘进工作面机器人群、掘进机器人、全断面立井盾构机器人、临时支护机器人、钻锚机器人、喷浆机器人、探水钻孔机器人、防突钻孔机器人、防冲钻孔机器人
采煤类	采煤工作面机器人群、采煤机器人、超前支护机器人、充填支护机器人和露天矿穿孔爆破机器人

（续）

分类	产品名称
运输类	搬运机器人、破碎机器人、车场推车机器人、巷道清理机器人、煤仓清理机器人、水仓清理机器人、选矿机器人、巷道冲尘机器人、井下无人驾驶运输车、露天矿电铲智能远程控制自动装载系统、露天矿卡车无人驾驶系统
安控类	工作面巡检机器人、管道巡检机器人、通风监测机器人、危险气体巡检机器人、自动排水机器人、密闭砌筑机器人、管道安装机器人、带式输送机巡检机器人、井筒安全智能巡检机器人、巷道巡检机器人
救援类	井下抢险作业机器人、矿井救援机器人、灾后搜救水陆两栖机器人

注：来源于《煤矿机器人重点研发目录》。

按照机器人实现的功能可把煤矿机器人分为巡检、辅助作业、救援、智能化重型装备4大类煤矿机器人共计38种。其中，巡检、辅助作业、救援3大类有22种。另外，

随着无人机技术的发展，无人机在智慧矿山中应用越来越广泛，成为矿山机器人的一个重要类型。煤矿机器人分类（按功能划分）如图1所示。

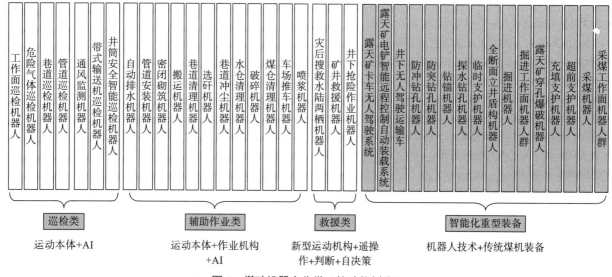

图1　煤矿机器人分类（按功能划分）

二、行业现状

1.国家政策

《中华人民共和国国民经济和社会发展第十四个五年规划和2035年远景目标纲要》中明确提出"加强矿山深部开采与重大灾害防治等领域先进技术装备创新应用，推

进危险岗位机器人替代"，为矿山机器人行业发展带来了重大发展机遇。国家各部委也陆续发布多项政策，推动智慧矿山和矿山机器人的发展。"十四五"以来国家层面矿山机器人相关政策见表2。

表2　"十四五"以来国家层面矿山机器人相关政策

时间	文件名称	发布单位	相关内容
2020年2月	《关于加快煤矿智能化发展的指导意见》	国家发展和改革委员会、国家能源局、工业和信息化部等八部委	到2025年，大型煤矿和灾害严重煤矿基本实现智能化，井下重点岗位机器人作业，露天煤矿实现智能连续作业和无人化运输；2035年，各类煤矿建成智能化体系
2020年12月	《关于开展首批智能化示范煤矿建设的通知》	国家能源局、国家煤矿安全监察局	确定71处煤矿作为国家首批智能化示范建设煤矿，其中，井工煤矿66座，露天煤矿5座
2021年6月	《煤矿智能化建设指南（2021年版）》	国家能源局、国家矿山安全监察局	重点突破包括智能机器人在内的系列关键技术与装备，形成智能化煤矿设计、建设、评价、验收等系列技术规范与标准体系
2022年2月	《关于加强非煤矿山安全生产工作的指导意见》	国家矿山安全监察局	大型非煤矿山要加快推进自动化、智能化改造和井下重点岗位机器人替代

（续）

时间	文件名称	发布单位	相关内容
2022 年 8 月	《"十四五"矿山安全生产规划》	应急管理部、国家矿山安全监察局	研发关键技术装备，重点突破矿山机器人、矿井等狭小复杂空间侦查无人机、重特大事故高效应急救援、井下抢险作业机器人、基于工业互联网的安全风险智能管控、尾矿库空天地一体化监测预警系统等技术与装备
2022 年 8 月	《科技部关于支持建设新一代人工智能示范应用场景的通知》	科学技术部	建成井工矿"数字网联、无人操作、智能巡视、远程干预"的常态化运行示范采掘工作面，开展露天矿矿车无人驾驶、铲运装协同自主作业示范应用
2022 年 8 月	《关于公布农业、建筑、医疗、矿山领域机器人典型应用场景名单的通知》	工业和信息化部、农业农村部、国家卫生健康委员会、国家矿山安全监察局	矿山领域涉及矿山作业、矿山安控、矿山运输 / 分拣 / 清理、矿山应急救援和其他 5 大方向的机器人及系统，计计 20 个典型应用场景和 39 个应用示范项目
2023 年 1 月	《"机器人 +"应用行动实施方案》	工业和信息化部、应急管理部、矿山安监局等十七部门	推进智能采掘、灾害防治、巡检值守、井下救援、智能清理、无人化运输、地质探测、危险作业等矿山场景应用
2023 年 9 月	《安全应急装备重点领域发展行动计划（2023—2025 年）》	工业和信息化部、国家发展和改革委员会、科学技术部、财政部、应急管理部	面向露天矿山矿石采掘、运输和装卸场景，强化智能化、无人化装备应用，提高智能感知、高精度定位、预警预报能力，减少高危环境作业人员风险。面向地下矿井复杂空间，发展雷达探测装备、机器人、隧道救援装备，提升地下空间探测、风险感知和救援能力
2023 年 12 月	《关于加快应急机器人发展的指导意见》	应急管理部、工业和信息化部	重点研制针对矿山透水、火灾、瓦斯、顶板坍塌等事故的高效救援机器人，针对露天矿山滑坡、坍塌类事故的监测预警机器人

这些政策为"机器人 + 矿山"的发展提供了重要的政策支持和方向指引。在相关政策的大力支持下，国内企业和科研院所加大研发创新力度，"机器人 + 矿山"关键技术攻关取得了积极进展。

2. 市场分析

我国矿山正在朝着"少而精"的趋势发展，逐步向大型化、集约化方向转型。中国标准以下矿山有序关闭，矿山总量减少，大型矿山占比持续提升。据中国煤炭工业协会数据，2013—2023 年，我国煤矿数量从 13 000 处减少至 4 300 处，降幅显著。与此同时，大型煤矿的数量实现了全面增长，年产 120 万 t 及以上的煤矿数量从 850 处增加至 1 200 处，年产千万吨级的煤矿数量也从 33 处增加到

81 处。

《中国机器人产业发展报告（2022—2023）》内容显示，2021 年，全球煤矿机器人销售额约为 3.84 亿美元，较 2020 年增加 0.68 亿美元，在机器人总销售额中的占比为 1.32%，占比呈上升趋势。我国煤矿机器人销售额约为 9.04 亿元，较 2020 年增加 2.93 亿元。未来，伴随煤炭开采智能化转型升级的推进，将对煤矿机器人产生巨大需求。预计到 2027 年，我国煤矿巡检机器人需求量将达到 902 台，对应煤矿巡检机器人市场规模为 7.59 亿元；煤矿掘进机器人需求量为 692 台，对应销售额为 27.6 亿元。

2017—2021 年煤矿机器人销售情况如图 2 所示。

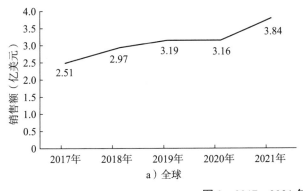

a）全球

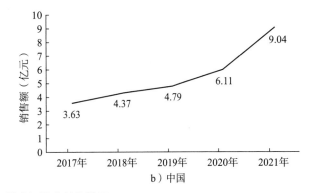

b）中国

图 2 2017—2021 年煤矿机器人销售情况

注：数据来源于《中国机器人产业发展报告（2022—2023）》。

国家能源局统计数据显示，目前，矿山智能化建设投资总规模接近 2 000 亿元，已完成投资 1 080 亿元，全国

煤矿智能化采掘工作面从 2017 年的 73 个增长至 2023 年的 1 651 个。截至 2023 年年底，全国已有 758 处煤矿建成

了智能化采掘工作面，全国投入使用的矿用无人驾驶车辆约 1 500 台（整体渗透率不到 3%），仅矿用无人驾驶的潜在市场规模就达千亿级别，矿山机器人的市场潜力和发展空间巨大。

国家和地方政府从科技创新、信息化建设、金融支持等领域全方位支持矿山向安全、绿色、智能化转型，中国矿山行业的智能化转型正在加速进行。2023 年，国家能源局煤炭司组织 23 个产煤省区和 7 家涉煤中央企业，从全国范围征集遴选了 80 项智能化煤矿生产建设典型案

例。案例覆盖信息基础设施、智能掘进、智能采煤、智能露天、智能运输、智能防灾、智能洗选 7 个方向。相关案例已编辑形成《全国煤矿智能化建设典型案例汇编（2023年）》。另外，国家矿山安全监察局、工业和信息化部联合发布通知，围绕煤矿（井工、露天）、非煤矿山等方向 11 个应用环节，聚焦矿山机器人技术创新与应用，开展 2023 年度矿山机器人典型应用场景征集工作，确定推广 31 个典型应用场景、66 个场景实例。矿山领域机器人典型应用场景公示名单见表 3。

表 3 矿山领域机器人典型应用场景公示名单

序号	应用场景	矿山种类	场景实例	制造及应用单位
1	掘进	煤矿	煤矿掘进自主作业	三一重型装备有限公司
2		煤矿	工作面环绕式快速掘进	陕西涌鑫矿业有限责任公司、徐州天科机械制造有限公司
3		煤矿	大断面智能快速掘进	陕西陕煤曹家滩矿业有限公司、中国铁建重工集团股份有限公司
4		非煤矿山	地下竖向工程智能掘进	湖南创远高新机械有限责任公司、山西紫金矿业有限公司、安徽开发矿业有限公司
5	巷道支护	煤矿	采煤工作面超前支护	陕西陕煤黄陵矿业有限公司一号煤矿、中煤科工开采研究院有限公司
6	采煤	煤矿	综采工作面智能化作业	安徽恒源煤电股份有限公司钱营孜煤矿、郑州恒达智控科技有限公司
7	井工（地下）无人驾驶	煤矿	井下辅运车辆自动驾驶	天地（常州）自动化股份有限公司、陕西陕煤榆北煤业有限公司信息化运维分公司、国家能源集团宁夏煤业有限责任公司红柳煤矿
8		煤矿	井下搬运及无人驾驶	山东新沙单轨运输装备有限公司、清华大学车辆与运载学院
9		煤矿	辅助运输自动驾驶及智能调度	尤洛卡（山东）矿业科技有限公司、淮南矿业（集团）有限责任公司煤业分公司
10		煤矿	电机车自动驾驶	山西西山煤电股份有限公司马兰矿、上海申传电气股份有限公司
11		煤矿	井下复杂巷道无轨胶轮车无人驾驶	陕西小保当矿业有限公司、中国矿业大学（北京）、青岛慧拓智能机器有限公司、中国电信股份有限公司陕西分公司、西安科技大学
12		煤矿	井下辅助运输无人驾驶	中煤陕西榆林能源化工有限公司、中煤电气有限公司
13		非煤矿山	深部矿井无人驾驶	北京理工大学前沿技术研究院、理工雷科智途（北京）科技有限公司
14		非煤矿山	金属非金属地下矿山电机车无人驾驶	深圳市中金岭南有色金属股份有限公司凡口铅锌矿、北京北矿智能科技有限公司、上海山源电子科技股份有限公司
15	露天无人驾驶	煤矿	露天矿山智能运载	内蒙古电投能源股份有限公司北露天煤矿、青岛慧拓智能机器有限公司
16		煤矿	露天矿山无人驾驶	新疆天池能源有限责任公司、北京易控智驾科技有限公司、中国矿业大学、新疆大学
17		煤矿	矿用卡车无人驾驶	国家能源集团陕西神延煤炭有限责任公司、株洲变流技术国家工程研究中心有限公司
18		煤矿	露天煤矿无人驾驶	合肥踏歌智行科技有限公司、国能北电胜利能源有限公司
19		非煤矿山	露天水泥矿山无人运输	安徽海博智能科技有限责任公司、芜湖海螺水泥有限公司
20	支架搬运	煤矿	沿空留巷支护装备智能搬运	陕西陕煤黄陵矿业有限公司一号煤矿、沈阳天安科技股份有限公司
21	钻孔钻进	煤矿	智能钻探	山西西山煤电股份有限公司西铭矿、光力科技股份有限公司
22		煤矿	井工煤矿智能探测钻孔	冀凯河北机电科技有限公司
23		煤矿	井下智能探放水钻孔	中煤科工西安研究院（集团）有限公司

（续）

序号	应用场景	矿山种类	场景实例	制造及应用单位
24	钻锚	煤矿	煤矿综放工作面两巷顶锚索、锚杆退锚	鄂尔多斯市国源矿业开发有限责任公司、江阴长力科技有限公司
25	管路安装	煤矿	井下管道安装	山东天河科技股份有限公司、山西潞安环保能源开发股份有限公司五阳煤矿
26		煤矿	煤矿巷道管路安装	中煤科工机器人科技有限公司、陕煤集团神木柠条塔矿业有限公司、杭州海康威视数字技术股份有限公司
27		煤矿	矿用管路智能安装与拆卸	陕西小保当矿业有限公司、廊坊景隆重工机械有限公司
28		煤矿	自动化辅助接管	中煤陕西榆林能源化工有限公司、中煤电气有限公司
29	喷浆	煤矿	矿用高效智能混凝土喷浆	山东金科星机电股份有限公司、安徽理工大学
30		煤矿	井下喷浆作业	山东天河科技股份有限公司、陕西煤业物资有限责任公司
31		煤矿	矿用智能湿式混凝土喷浆	陕西小保当矿业有限公司、渭南陕煤启辰科技有限公司
32		煤矿	煤矿井下智能湿式喷浆	中煤陕西榆林能源化工有限公司、中煤电气有限公司
33	车场推车	煤矿	提升运输系统自动摘挂钩与推车	甘肃华亭煤电股份有限公司砚北煤矿、陕西航泰电气股份有限公司
34	立井尾绳更换	煤矿	立井摩擦提升扁尾绳更换	徐州市三森威尔矿山科技有限公司、沈阳焦煤股份有限公司红阳三矿、焦作煤业集团赵固（新乡）能源有限责任公司
35	水仓清理	煤矿	煤矿水仓智能清理	山东鲁班机械科技有限公司、华能庆阳煤电有限责任公司（核桃峪煤矿）
36	巷道清理	煤矿	综采设备回撤及巷道清理辅助作业	山西天地煤机装备有限公司
37	电力辅助作业	煤矿	智能电力执行作业	中信重工开诚智能装备有限公司、陕西德源府谷能源有限公司三道沟煤矿
38		煤矿	配电室智能停送电作业	国能北电胜利能源有限公司
39	铲装	煤矿	露天矿电铲智能远程控制自动装载	太原重工股份有限公司、山西太重智能采矿装备技术有限公司（智能采矿装备技术全国重点实验室）
40		煤矿	电铲及装载机智能远程控制自动装载	国能准能集团有限责任公司、中国船舶集团有限公司第七一一研究所、徐州徐工矿业机械有限公司
41	运矿	非煤矿山	铁矿铁精矿全流程自主装运	南京宝地梅山产城发展有限公司矿业分公司、金陵科技学院、中讯邮电咨询设计院有限公司
42		非煤矿山	矿山井下电机车装运卸全流程智能管控	中钢集团山东富全矿业有限公司、西安建筑科技大学资源工程学院、西安利雅得电气股份有限公司、延安大学西安创新学院
43	选矸	煤矿	智能选矸	威海市海王科技有限公司、九州天禾（山东）智能科技有限公司
44		煤矿	煤矸智能分选	开滦（集团）有限责任公司、唐山因泰智能科技发展有限公司、华北理工大学
45	矿石分选	非煤矿山	钨矿智能矿石分选	江西大吉山钨业有限公司、赣州有色冶金研究所有限公司
46	异物分拣	煤矿	矿用皮带异物智能分拣	中信重工开诚智能装备有限公司、鸡西矿业（集团）有限责任公司城山煤矿
47	碎矿磨矿	煤矿	露天矿山双齿辊破碎机齿辊智能焊接	内蒙古电投能源股份有限公司北露天煤矿、严格科创产业发展集团合肥有限公司
48		非煤矿山	磨矿流程自动加球	山东黄金矿业（莱州）有限公司三山岛金矿、山东工大中能科技有限公司
49	自动加药	煤矿	选煤厂煤泥水处理自动加药	淮南矿业（集团）有限责任公司潘集选煤厂、中国安全生产科学研究院、安徽对称轴智能安全科技有限公司

（续）

序号	应用场景	矿山种类	场景实例	制造及应用单位
50	穿爆	煤矿	露天矿炮孔孔深水深测量	国能准能集团有限责任公司、北京中矿华沃科技股份有限公司
51		煤矿	煤矿智能化牙轮钻机应用	国能准能集团有限责任公司、徐州徐工矿业机械有限公司
52		非煤矿山	非煤矿山智能爆破	宏大爆破工程集团有限责任公司、肇庆润信新材料有限公司
53	非爆开采	非煤矿山	硬岩矿床短流程非爆开采	长沙有色冶金设计研究院有限公司、中铁工程装备集团有限公司
54	指挥调度	煤矿	智能调度指挥系统应用	中信重工开诚智能装备有限公司、中国矿业大学（北京）
55	皮带机巡检	煤矿	跨河运煤皮带输送机智能巡检	华能庆阳煤电有限责任公司、华夏天信智能物联股份有限公司
56		煤矿	胶带运输机智能巡检	河南省新郑煤电有限责任公司、山西戴德测控技术有限公司、中国移动通信集团河南有限公司郑州分公司
57		煤矿	长距离皮带机智能巡检	铁法煤业（集团）有限责任公司晓南矿、中信重工开诚智能装备有限公司
58		煤矿	煤矿主运输系统智能巡检	乌海能源公司老石旦煤矿、山西科达自控股份有限公司
59		煤矿	洗选环节皮带机智能巡检	陕西陕煤曹家滩矿业有限公司、中信重工开诚智能装备有限公司、中煤科工集团南京设计研究院有限公司
60	井筒巡检	煤矿	立井刚罐道智能巡检	中国矿业大学、淮北矿业股份有限公司杨柳煤矿
61		煤矿	井筒智能巡检	中煤陕西榆林能源化工有限公司、中煤电气有限公司
62	巷道巡检	煤矿	井下辅运顺槽、大巷长距离智能安全巡检	陕西小保当矿业有限公司、中煤科工机器人科技有限公司、沈阳新算置业有限公司
63	变电所巡检	煤矿	洗煤厂配电室智能巡检	内蒙古利民煤焦有限责任公司、华夏天信（北京）机器人有限公司
64		煤矿	煤矿中央变电所智能巡检	陕西陕北矿业韩家湾煤炭有限公司、中煤科工机器人科技有限公司
65	水泵房巡检	煤矿	煤矿主泵房智能巡检	河南省正龙煤业有限公司城郊煤矿、南京北路智控科技股份有限公司
66	设备巡检	非煤矿山	选矿设备智能巡检	河钢数字技术股份有限公司、宇树科技河北有限公司

三、主要成果

（一）中国"机器人＋矿山"产业协同推进方阵正式成立

2023 年 3 月 24 日，中国"机器人＋矿山"产业协同推进方阵正式成立。方阵得到了国家矿山安全监察局、工业和信息化部等有关部委高度重视和大力支持。方阵立足于搭建矿山机器人应用的融合创新和协同发展平台，旨在促进相关主体间的交流和深度合作，解决共性技术产业问题，形成产业链协同，加快标准及认证体系建设，营造融合应用良好发展环境，实现矿山机器人应用的孵化与推广，促进矿山机器人应用蓬勃发展。

中国"机器人＋矿山"产业协同推进方阵设总体组、协同创新工作组、标准工作组、检测认证工作组、行业应用工作组，并由中国机械工业联合会机器人分会、应急管理部信息研究院、北京机械工业自动化研究所有限公司、安标国家矿用产品安全标志中心有限公司、《智能矿山》杂志社分别担任组长单位，共同开展决策支撑、技术研究、标准制定、检测认证、平台搭建、国际合作、培训交流等工作。

方阵作为首个机器人与矿山融合的组织，通过与高校、科研院所、零部件制造商、矿山企业"产学研用"协同发展，推动机器人产业供应链、学科协作链、上下游不断完善，为矿山机器人产业健康发展提供支撑。中国"机器人＋矿山"产业协同推进方阵成立仪式如图 3 所示。

图 3　中国"机器人＋矿山"产业协同推进方阵成立仪式

2023 年 12 月，"机器人＋矿山"产业协同推进方阵承办的"矿用机器人产业发展研讨会"在芜湖顺利召开。会议汇聚了煤矿装备企业、高校科研院所、机器人企业领域的专家、领导及学者近 80 人参会，旨在加强跨行业间交流与沟通，合力解决当前矿用机器人发展中遇到的技术、核心零部件、标准规范等问题。

（二）多项标准规范研制和发布

中国煤炭机械工业协会已发布 T/CCMIA 004—2020

《煤矿巷道掘进机器人系统》团体标准。2023年6月，国家矿山安全监察局发布《智能化矿山数据融合共享规范》，该规范建立了一套完整的智能矿山数据标准规范体系，将有效改善矿山领域普遍存在的"数据孤岛""信息烟囱"问题。为加强矿山智能化建设顶层设计，构建覆盖智能化矿山建设各业务领域、全生命周期的标准体系框架，国家矿山安全监察局制定起草《矿山智能化标准体系框架》并于2023年8月发布。矿山智能化标准体系框架如图4所示。

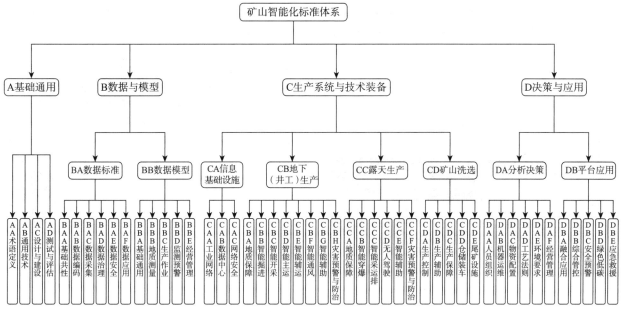

图4　矿山智能化标准体系框架

另外，中国煤炭机械工业协会起草《井工煤矿智能化巡检机器人运维管理规范》等标准，中国煤炭学会起草《煤矿机器人安全技术要求　第1部分　喷浆机器人》《煤矿机器人安全技术要求　第2部分　辅助接管机器人》等标准，中国质量检验协会煤炭质量检验专业委员会起草《煤炭智能机器人制样系统　第1部分：技术条件》《煤炭智能机器人制样系统　第2部分：性能试验方法》等标准。

（三）典型示范应用案例介绍

目前，矿山机器人应用到智慧矿山的案例已有很多，一些产品经过示范应用已开始推广。

1.陕西煤业化工集团：曹家滩矿业有限公司智能化煤矿建设

曹家滩矿业有限公司（简称"曹家滩矿业"）智能采煤系统建设坚持"安全、稳定、可靠、智能"的方针，将先进的智能综放控制技术与管理、生产活动相结合，充分发掘企业信息资源，将实时监测、远程控制、决策支持、智能联动等功能运用到采煤系统，通过手机即可地面远程控制井下所有设备运行，采掘工作面工作人员从15人减少到5人，单个工作面平均日产量可达6.2万t。率先进行了"10米超大采高综采关键技术与成套装备研究项目"探索，2023年10月进行试生产。

曹家滩矿业建成了陕西省首家投运的企业级生态环境及地质监测平台，该平台系统采用"空—天—地—深"立体式监测手段，实现了数据实时采集、可视化三维展示和地质灾害预警。平台共安装地表沉降、水体、水土污染等监测设备103套，精准监测数据，运用大数据、云计算、高分遥感监测、北斗形变位移测量系统、三维可视化等技术对矿山生态环境进行统计、分析、评价，为地质灾害治理工作、提高治理成效提供了有力的技术支撑。曹家滩矿业机器人应用如图5所示。

图5　曹家滩矿业机器人应用

2.金隅集团冀东水泥公司：矿山数智化转型之路

金隅集团冀东水泥公司坚持"低碳化、智能化、融合化、服务化"发展方向，探索矿山数智化转型之路。坚持"统筹规划、分步实施、成熟先行、效益优先、创新示范"，通过优化方案质量、把握投资回报价值、科学规划，充分利用新一代信息技术，覆盖全域全层级生产线智能化提升，形成设备物联、动态感知、预测预警、自主决策和精益执行等一系列场景应用。

金隅集团冀东水泥公司下属阳泉冀东智慧矿山实现开采运输全流程 5G 技术应用,包括矿山数字化建设、纯电宽体矿车无人驾驶、边坡监测、在线配料、集中控制等,解决了矿石质量不稳定、柴油车污染物排放、运输车辆事故隐患等问题,促进了无人驾驶技术在石灰石露天矿山的应用,通过纯电宽体车替代燃油宽体车,电能替代燃油能源,有效减少碳排放并节约能源成本。冀东水泥铜川有限公司智能中控室如图 6 所示。阳泉冀东智慧矿山如图 7 所示。

图 6　冀东水泥铜川有限公司智能中控室

图 7　阳泉冀东智慧矿山

3. 李坝大型金矿:无人机在露天金矿区地质填图中的应用

露天开采矿山,基岩出露条件好,应用无人机遥感摄影技术,配备光学、红外、多光谱等传感器,具有地质测量优势。为此,西秦岭造山带内李坝大型金矿山开展了应用探索工作。采用轻量级无人机,从矿区全貌到中段剖面露头开展了多尺度航空遥感影像拍摄,建立三维矿区地形地貌模型,获得了剖面不同角度的照片和地层视厚度、真厚度等参数,结合地面野外工作,进行了矿床蚀变分带及断裂构造解译工作。使用无人机全景拍摄获取的李坝金矿区 6 号矿体全貌平面图如图 8 所示。

李坝大型金矿的无人机地质测量探索工作成果,说明无人机遥感摄影技术辅助野外工作,可以提高矿山地质工作效率。无人机作为一种新型遥感影像获取工具,可以很好地弥补从卫星尺度到人工野外工作尺度之间的缺陷。无人机不仅可以获取整个矿区的宏观影像,也可以对局部地

质现象进行拍摄,从而提供传统地质工作无法获得的视角图像。无人机的灵活性与机动性使其图像的尺度是连续变化的,以由大到小、层层递进的方式对一个矿区进行深入研究。同时,无人机可以提供卫星遥感方法和传统野外工作方法无法提供的整个矿区大比例尺剖面图像。而无人机本身作为一种机器应用于危险区域,可以极大提高野外工作的安全性。无人机遥感在多尺度地质矿产调查工作中和矿山地质工作中都具有广阔的应用前景。

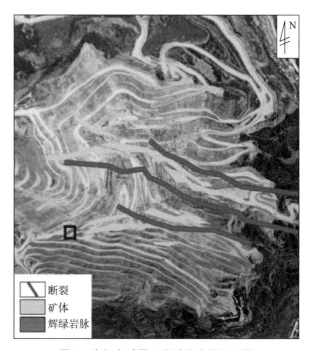

图 8　李坝金矿区 6 号矿体全貌平面图

四、趋势分析与预测

我国矿山机器人技术取得了显著进步,绝大部分产品实现从无到有,涉及煤矿机器人的企业数量不断增加,初步统计巡检类企业约有 65 家,辅助作业类企业约有 40 家,救援类企业约有 10 家。机器人被广泛应用于煤矿生产的各个环节。例如,巡检机器人实时采集现场图像、声音等信息,通过智能识别功能准确判断设备运行状态,减少故障停机时间;智能井筒监测机器人和井下运输安全预警机器人实时监测井筒内部情况和监测人员入侵及巷道异物,提高了作业安全系数。

矿山智能化转型正在加速进行,矿山机器人是提升从业人员安全性的重要保障,是矿山智能化的重要研究方向与核心支撑装备。目前,矿山机器人已有部分应用,但产品凌乱、技术离散、产业链不健全、检测检验能力不足等问题突出,未来需要继续加强关键技术攻关,明确机器人应用场景,同时加强标准及检验检测规范制修订,建设测试和中试基地,提升矿山机器人可靠性和迭代速度。

1. 明确机器人应用场景,加强核心技术攻关

现有的矿山机器人应用场景,明确有官方依据的是国家矿山安全监察局出台的 5 类 38 种煤矿机器人。非煤矿山机器人应用场景不明确,这也是制约矿山机器人发展的

主要因素。

应用场景和机器人技术路径密切相关。以煤矿井下场景为例，低光照、高粉尘、爆炸性气体环境、非结构性地形、封闭受限空间、全球定位系统（GPS）拒止场景等均给煤矿机器人研发带来了严峻挑战，煤矿机器人区别于普通机器人需要满足更严格的防爆、电气安全、通信控制、电磁兼容、井下充电管理等多种安全要求。井下自主精准定位技术及无线通信技术等关键技术目前尚未取得有效突破，人工智能（AI）、大模型等技术也未能充分在煤矿场景下应用。因此，针对矿山场景的机器人关键核心技术攻关，将长期是矿山机器人研究重点。

2. 构建矿山机器人标准体系，加强顶层设计

矿山机器人的健康可持续发展，需要具备与之相匹配的标准体系。我国矿山机器人产业面临标准缺失、检验检测技术不足、制造成本高、应用推广难等问题。通过加强产业标准体系顶层设计，可以补齐产业关键技术短板、提升企业自主创新动力。目前，中国"机器人＋矿山"产业协同推进方阵已正式成立，矿山机器人标准体系建设是其重要工作内容之一，矿用机器人标准工作组也在布局中。另外，中煤科工机器人科技有限公司与国家机器人检测与评定中心（重庆）合作成立矿山机器人标准及检测技术联合研究中心，致力于矿山机器人标准和检测技术研究。

矿山机器人的标准建设已经拉开序幕，标准研制和修订将是一个长期的过程。目前起草的团体标准多为单一产品标准，参与制定标准的企业局限在传统煤矿机械行业，且缺少基础标准作为迭代的根基，还需吸引更多机器人企业参与到矿山机器人标准制定工作中，尽快建立矿山机器人标准体系框架，尽早开展矿山机器人根技术标准制修订。

3. 建设测试和中试基地，提升检验检测能力，加速产品迭代

列入《煤矿机器人重点研发目录》的38种机器人中有31种煤矿机器人已在煤矿现场实现了不同程度的应用，但由于部分煤矿机器人可靠性和环境适应性较差，机器人的常态化运行率不高。《智能化示范煤矿验收管理办法（试行）》提出，申请智能化验收的煤矿需要完成智能化升级改造，处于正常生产状态，各智能化系统稳定运行至少2个月以上，这也对煤矿机器人工作稳定性提出更高的技术要求。由于缺乏测试和中试基地，产品质量问题到应用现场才能发现和测试，导致矿山机器人整个产业迭代速度慢。因此，建设实用的测试和中试基地，是提升矿山机器人产品质量和迭代更新速度的重要措施。

〔撰稿人：重庆凯瑞机器人技术有限公司（国家机器人质量检验检测中心（重庆））韩文香、李本旺、成林、晏渝钧〕

2023 年安防机器人发展情况

一、定义及分类

随着人工智能和机器人技术的不断发展和广泛应用，安防机器人成为安防行业中安全保卫的新手段和装备保障。安防机器人的出现，有效填补了传统安保人力资源的短板，显著提升了安全防范的能力和效率，为实现更高层次、更精准的安全防控提供了有力支撑。未来，安防机器人将成为推动安防行业创新发展的重要力量，引领行业迈向更加智能化、自动化的新时代。

为满足多种作业需求，安防机器人的功能呈现多样化趋势。监控型安防机器人通过高清摄像头和智能分析系统，实现对特定区域的实时监控，及时发现和预警异常情况，为安全防护提供了强有力的支持。巡逻型安防机器人则通过搭载各种传感器和探测设备，在指定区域内自主巡逻，对潜在的安全隐患进行排查和处置，有效提高了安全防护的效率和覆盖范围。服务型安防机器人则更多地扮演着辅助角色，为人员提供导航、咨询等便利服务，提升了安全防护的人性化和智能化水平。根据功能和应用场景的

不同，安防机器人主要可以分为以下6类：

（1）监控类机器人。目前，监控类机器人已经渗透到普通家庭，能在家中四处移动，具有灵活、智能、友好的特点，还可以集成更多功能，为普通家庭提供更加全面的安全监控服务；同时监控类机器人在工业、楼宇、园区机房、车库、电力环境监控、化工远程操控等场所也有广泛的应用。

（2）智能巡检机器人。智能巡检机器人主要携带红外热像仪和可见光摄像机等检测装置，可以将画面和数据传输至远端监控系统。在巡检机器人中增加运行中的事故隐患和故障先兆，可进行自动判定和报警。由于智能巡检机器人在环境应对等方面具有人力所不具备的特殊优势，越来越多的智能巡检机器人被应用到安防巡检、电力巡检、轨道巡检等特殊场所，让特殊场所巡检工作更轻松安全。

（3）反恐类机器人。一般在商场等人员密集的公共场所使用，也有极少量家庭使用。频繁爆发的恐怖案件对事前安防、事后防暴处置都提出了很高的要求，反恐机器人

可应用于侦查突击、防爆拆解等任务，在协助打击恐怖主义方面能发挥较大作用。

（4）侦察类机器人。侦察机器人主要用于对敌目标探测、识别等，通过安装控制装置可以在山地、陡坡等多种地形实时传送图像和语音信息，拥有智能敏捷的"身手"。

（5）排爆机器人。通常分为大型排爆机器人和小型排爆机器人，是作业型机器人，通过遥控装置，可以自动行走，并带有机械臂进行各种排爆作业，而且能够通过有线和无线操作进行控制，有跨越一定障碍的能力。

（6）武装打击机器人。武装打击类机器人一般具备监控、侦察、子弹打击等功能，主要应用于反恐行动中。

二、市场概况

目前，全球安防机器人市场规模呈现显著增长态势，我国更是这一市场的主要驱动力之一。据统计，2020年我国智能安防软硬件的市场规模达453亿元，市场规模增长速度达到13.3%，2025年市场规模将增至913亿元。2020—2025年我国智能安防软硬件市场规模如图1所示。

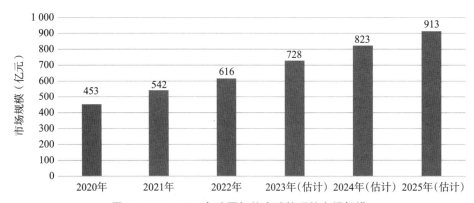

图1 2020—2025年我国智能安防软硬件市场规模

注：资料来源于中商产业研究院。

为了推动安防行业的智能化升级，我国在《中国安防行业"十四五"发展规划（2021—2025年）》和《"十四五"机器人产业发展规划》中明确提出了安防机器人应用的发展方向，即推动智能化安防应用，拓展安防等细分领域场景应用的深度和广度，并优先保障公共安全、电力能源安全、工业生产安全等领域的安防需求。

与此同时，传统安防行业正面临着一系列的挑战，亟需从技术和模式上转型。传统安防管理主要依赖于人员定时巡逻和视频监控来管理重点区域，该模式高度依赖人员的数量与素质。随着人力成本不断攀升以及人口流动的加剧，传统人防模式已难以满足市场对高质量安全服务的需求。然而，这种以监控摄像头为主的安防方式也存在明显的问题，如被动防御、对险情处理不及时以及存在"监控死角"等。

目前，国内安防行业正处于转型的关键时期，数字化转型、智能化提升成为新趋势，而安防机器人立足于实际生产生活需要，用来解决安全隐患、巡逻监控及灾情预警等，从而减少安全事故的发生，减少生命财产损失。

安防巡检机器人作为当前行业发展的新亮点，一直备受机器人企业和传统安防企业的重点关注。近年来，"跨场景入局"的行业发展特点初现，国内部分自动驾驶公司也开始布局无人安防巡检领域，特别是在无人配送领域已取得成就的企业，如长沙行深智能科技有限公司、毫末智行科技有限公司、上海易咖智车科技有限公司、新石器慧通（北京）科技有限公司等。这些企业的加入，将进一步推动安防巡检机器人的技术创新和应用拓展，为提升公共安全防范水平注入新的动力。国内部分安防巡检机器人企业及产品见表1。

表1 国内部分安防巡检机器人企业及产品

企业名称	成立时间	代表产品	产品定位
广州高新兴机器人有限公司	2004年	千寻系列室内外巡逻机器人	公安、企业园区、地产物业、大型赛事等
上海海神机器人科技有限公司	2017年	大型警用巡逻无人车：海龙二号	武警、部队、监狱、边防、公安、应急救援、医院、学校社区、工厂等
深圳一清创新科技有限公司	2018年	UDI-Patrol安防巡逻无人车	在景区、园区、公开道路等多地运行，推动公共安全服务升级
亿嘉和科技股份有限公司	1999年	多类巡检机器人	电力
浙江国自机器人技术股份有限公司	2011年	智能巡检机器人	电力、工业生产

（续）

企业名称	成立时间	代表产品	产品定位
上海易咖智车科技有限公司	2017年	治安巡逻车：魔巡-X100-A、魔巡-X100-B、魔巡-X80	覆盖巡逻、信采、综合治理等多个场景，适用于物业园区公安司法、港口码头、活动会议等
毫末智行科技有限公司	2019年	小魔驼3.0-安防巡检模式	社区安防、机场巡逻等
中科天极（新疆）空天信息有限公司	2021年	"小巡"无人巡逻警车	警用
北京算丰征途科技有限公司	2019年	新一代GOOSEBOT大鹅巡检机器人	同时适用工业和民用环境，包括电力园区、工农业园区、旅游园区、商业园区等场景下的室内室外全域自主巡航
北京数字政通科技股份有限公司	2001年	"棋骥"无人驾驶智联网格车	基层治理安防巡逻领域
广州映博智能科技有限公司	2013年	派宝巡逻机器人S2	写字楼、酒店、购物中心、专业市场、仓库、工业厂房、展馆、医院等
深圳市优必选科技有限公司	2012年	智能巡检机器人ATRIS（安巡士）	产业园区、核电厂区、居民社区、物流仓储、边界围栏、商业地产
		消防灭火机器人FIXR	应急救援
		电力巡检机器人EMBO1	变电站、变电机房
郑州越达科技装备有限公司	2015年	警用巡逻机器人	辅助民警进行全天候巡逻
新石器慧通（北京）科技有限公司	2018年	无人车X3Plus（安防）	城市服务
聚誓科技（上海）有限公司	2020年	应急安防无人车	园区、社区、校区、景区等
大陆智源科技（北京）有限公司	2015年	ANDI-安防巡检机器人	产业园区、公共领域、社区
山东同创智能科技有限公司	2018年	小型安保巡检机器人	园区/小区室内和室外巡逻
苏州观瑞汽车技术有限公司	2016年	全无人自动驾驶巡逻小车	市政巡防、安保预警等
长沙行深智能科技有限公司	2017年	无人安防巡逻车	巡逻
智慧互通科技股份有限公司	2015年	领航者（AIPilot）	路网巡检、边境巡逻、城市治理、物流配送、生活服务等
四川智享元机器人科技有限公司	2018年	室外安防巡逻机器人APV-S	物业园区、公安司法、港口码头、仓储物流、活动会议等
新疆云享机器人科技有限公司	2022年	室内外安防巡逻机器人ANBOT-S	商业广场、写字楼、政务大厅、工业园区、博物馆、音乐厅等
沈阳盛科御旷科技有限公司	2022年	无人安防巡逻车	城市社区

注：资料来源于新战略低速无人驾驶产业研究院。

　　安防机器人的市场刚需一直存在，但由于产品需要高度定制化，对产品供应链成本控制要求较高，目前还处于小规模落地阶段。据新战略低速无人驾驶产业研究所不完全统计，2023年，低速无人驾驶场景超150个落地应用项目中，安防巡检机器人项目占比约12%，其中室外应用的安防巡检机器人占比较大。2023年国内部分安防巡检机器人落地应用项目情况见表2。

表2　2023年国内部分安防巡检机器人落地应用项目情况

地点	相关情况
杭新景高速芹源岭特长隧道口	2023年春运期间，由浙江省交通集团高速公路衢州管理中心安装部署的二代"智能巡逻机器人"正式投入使用
芜湖中燃智慧场站	2023年2月，北斗燃气防爆智能巡检机器人"U7卫士"在此地执行安防巡查、泄漏巡检、应急监测等多类型任务
张家口道路巡检	2023年4月，领航者（AIPilot）道路巡检无人车在河北张家口市桥东区空港经济开发区落地测试、运行
深圳南山区	2023年4月，一清创新智能安防巡逻车已在深圳市南山区粤海街道及深圳市人才公园完成应用示范，并根据实际安防需求对车辆进行了多方面功能升级

（续）

地点	相关情况
苏州高铁新城智驾大道	2023年6月，海神机器人"海鹰一号"无人安防巡逻车在高铁苏州北站正式测试运行，负责安防巡检、应急处突等全天候24h站区安全保障工作
重庆市江北城大剧院广场	为创新巡逻防控新机制，云享巡逻机器人为当地提供警务巡逻工作
成都大运会	2023年7月，高新兴机器人与公安部一所联手为大运会提供安全保障，高新兴千巡F2巡逻机器人在体育场、大运村等多个场馆地区执行巡逻任务
塔里木油田西气东输第一站	2023年7月，该站首台智能巡检机器人投用，主要实现了站场智能巡检、数据记录整理、泄漏检测报警三大功能
北京东城	2023年8月，北京东城举办"素文喜市"活动，算丰征途开发的安保巡逻机器人在活动期间24h不间断安保巡逻。主要对环境和人员检测，同时还能进行火灾隐患预警以及语音播报
西部（重庆）科学城智能网联汽车示范区	2023年8月底，重庆首批7款智能网联汽车上路试跑，其中一款低速无人安防巡逻车也上路示范区内自主运营，用于科学谷楼宇间无人化巡逻
杭州亚运会	2023年9月，"棋骥"无人驾驶智联网格车现身温州，为亚运场馆进行保驾护航
杭州亚运会	2023年9月，高新兴机器人与杭州市消防支队一同成立了"消防巡查机器人创新研究中心"，研发网格化安消一体巡检机器人，为亚运会安全成功举办保驾护航
湖州奥体中心赛场	湖州作为此次亚运会分会场之一，湖州公安还投用了一款四足智能巡检机器人"哈基米"。可跟随警务人员巡逻并同步进行目标检测与识别，也可以通过程序设定自主导航规划路线，进行24h全天候独立巡逻
杭州亚运会	为了保障赛事期间供电场所的有效日常运转，国网杭州供电公司在设备隐患排查及提升工作中，投用了智能巡检机器狗，实时、立体"问诊"隧道环境及电缆设备
河北唐山旅游和陶瓷大会	2023年9月，在两个展会上，达闼安防巡逻机器人在展会现场执行安保工作，不仅能在复杂场景行走自如，还能在楼宇中跨楼层完成巡逻任务
北京工商大学良乡校区	无人驾驶巡逻车不仅变身"运送工"帮助新生和家长将行李运送至宿舍，同时无人驾驶车担任了校园反诈宣传巡逻员，边走边播放反诈视频
山东茌平区	2023年10月，在茌平区人民政府与海神机器人就安防机器人合作项目进行了签约
中石化华北东胜气田集中处理站	2023年12月，智能机器人化身"巡检员"，对设备仪表及生产环境进行巡检
长庆油田采气二厂榆林天然气处理厂	2023年12月，智能巡检机器人"小末"负责两个末站的巡检工作，工作一年来，它已发现并上报现场问题26项，用"技术赋能"补强了人工巡护的短板

注：资料来源于新战略低速无人驾驶产业研究院。

从统计信息看，近两年安防巡检机器人落地场景和方式主要呈现以下特点：

（1）室内外全场景作业能力：安防巡检机器人已展现出室内外通用、全场景作业的显著特点。为克服室内外环境差异带来的挑战，部分企业研发了具备高度移动能力的通用型安保巡逻车，通过与电梯及门禁系统的智能联动，实现了跨楼层巡逻及无障碍通行，大幅提升了巡逻范围与效率，降低了人工干预的需求。

（2）立体化安防体系构建：安防巡检机器人正通过无人机与地面无人巡逻车的结合，构建无死角的立体化安防体系。这种综合解决方案不仅解决了地面单一巡逻的局限，还克服了室内机器人难以适应室外大空间的难题。多家企业已在此领域展开探索，如海神机器人等，通过无人车、车载直升机及无人船的联合应用，形成了空地一体化的防控网络。

（3）"载货+安防"双重功能集成：自动驾驶技术的跨领域应用，为安防巡检机器人带来了"载货+安防"的双模式创新。一清创新推出的首款商用大运力无人警务巡逻车Patrol，具备远距离快速移动能力，能够实现全天候、广范围的巡逻任务，同时兼具物资运输功能，包括安防和消防工具，显著增强了预警和应急处理效果。毫末智行推出的无人配送车小魔驼3.0，不仅满足无人配送需求，还采用"积木式"设计，可快速适配多种传感器、货箱及安防巡检等特种装备，为安防行业注入了新的活力。

同时，安防机器人在军事作战领域的应用也更加成熟，特种车型和特殊功能更加丰富。比如海神机器人的多款空地一体化立体安防机器人已经在武警部队应用落地；算丰征途边境无人巡逻车能对人员、车辆、地堡工事、军用装备等进行AI识别，出色完成自主侦查任务。

值得一提的是，近些年中东地区成为国内安防企业出海的首选之地。据了解，此前中东安防市场主要以监控摄像头为主，随着智能安防的崛起，中东安防市场呈现出快速崛起的势头，无人化安防机器人应用开始加速。

一方面受复杂政治环境影响，中东地区政府一直将公共安全保障作为发展重点，多个国家也在积极推进与实施更高标准的安防规范。另一方面，随着城市建设的发展，特别是智慧城市的建设，也在进一步推动智慧安防市场增长；此外，石油和天然气行业一直是中东地区最大的垂直行业，随着建设的深入，对于安防解决方案的需求更加强烈。

三、发展趋势

随着科技的快速发展，安防机器人已经成为现代安全防护体系中的重要一环。这些机器人利用先进的人工智能、传感器、导航系统等技术，为各个领域提供高效、智能的安全保障。

在公共安全领域，如机场、火车站、购物中心等，安防机器人可以协助警方进行巡逻、监控和警戒。当发现异常情况时，机器人可以迅速报警并引导工作人员采取措施。在工厂、仓库等场所，安防机器人可以承担巡检、安全监督等任务。通过智能感知和自主导航，机器人可以实时监测生产线、设备运行等情况，提高生产率并降低事故发生率。

在智慧城市建设中，安防机器人可以用于道路巡检、交通监控等领域。机器人可以帮助交通管理部门实时监测交通流量、车辆行驶情况等，提高道路通行效率并减少交通事故的发生。

在特殊环境中，如核电站、石油化工企业等，安防机器人可以执行危险性较高的任务。这些机器人配备了多种传感器和防护装置，能够确保在高温、高压、辐射等恶劣环境下正常工作，保障工作人员的安全。

未来，随着技术的进步和应用场景的拓展，安防机器人将在更多领域发挥重要作用，为人类创造更加安全、舒适的生活环境。

〔撰稿人：上海机器人产业技术研究院郑军奇、许心怡〕

2023年助老助残机器人发展情况

经历了新冠疫情之后，面向生命健康的研究显得极为重要。截至2023年年底，我国60岁及以上的人口超2.9亿人，占总人口的21.1%，其中65岁及以上人口超2.1亿人，占总人口的15.4%。随着老龄化的进一步加剧，我国助老助残机器人发展进入了快车道，相关研究层出不穷，在基础理论、关键技术、产品研发等方面取得了一定的成果。

一、理论研究

1. 典型助行步态研究

助行器作为一种支撑平衡、辅助行走的工具，可以减轻老年人的下肢负荷，尤其是对下肢无力、损伤或关节疼痛的患者，通过支撑一定比例的体重，减轻支撑腿受力。在辅助使用者站立和行走的同时，还能预防骨质疏松症和心肺功能障碍、促进循环（静脉回流）和改善肾功能等。然而，国内外多项流行病学调查显示使用助行器会增加老年人跌倒的风险，长期使用助行器会对人体相关重要部位骨肌系统产生不同于生理状态情况下的复杂力学环境，具有对骨肌系统损伤和退变的潜在威胁。目前，在助行器运动模式改变使用者上下肢骨肌系统生物力学状态、进而导致的损伤和退变的不良影响方面，缺乏深入系统的研究。为探究人—助行辅具交互下的肢体运动学和动力学特征，北京航空航天大学医学科学与工程学院、北京生物医学工程高精尖创新中心智慧养老与健康工程研究所陶春静教授团队，针对典型助行步态模式下人体上、下肢关节运动学和动力学特征进行了研究，揭示了老年人使用助行器

时可能诱发的潜在肩关节骨肌系统损伤风险，以及个体在使用手杖初期存在的下肢步态不稳定因素。研究团队利用Vicon三维运动捕捉系统，AMTI测力台以及Visual 3D生物力学仿真软件等采集和分析了不同年龄组人群在使用三种常见助行辅具（手杖、框式助行、轮式助行）时的步态时空参数、下肢关节角度、地面反作用力、骨盆以及上肢肩关节运动范围等数据，进行了轮式助行步态和框式助行步态下老年人骨盆和肩关节运动特征研究。研究表明，独立行走时，矢状面内老年人骨盆前倾角度峰值为13.15°，而在轮式和框式助行步态下，骨盆表现出额外的前倾，最大前倾峰值分别达到19.98°和25.18°，这种变化要求使用者上肢付出更大努力以保持身体平衡。同时，对肩关节角度数据分析显示，轮式助行步态下肩关节屈曲角度增加但关节活动范围减小，框式助行步态下肩关节屈伸、内旋、外旋角度和关节活动范围显著增加，这暗示了长期使用助行辅具可能诱发关节僵硬、关节炎、肩痛等症状。该研究得到国家自然科学基金项目（12072081）支持，相关成果已发表在 *BMC Geriatrics*、*Journal of Biomechanics* 等杂志上。

2. 多模态智能移动助行研究

现有的助行器主要存在以下两方面的问题：一是主要关注"人—助行器"之间的运动功能交互，重建"人—环境"的正向运动功能，忽视了"环境—助行器—人"之间的逆向反馈机制及"人—助行器"双向感觉功能的构建，特别是在对视、听、触觉障碍用户的支持方面显著不足。

二是未能有效应对复杂的残障分级分类需求，缺乏个性化智能交互机制，限制了其全面适应性。针对上述问题，中国科学院苏州生物医学工程技术研究所的刘斌研究员团队创新研制了一种适应复杂残障分级分类，具有多模态智能感知、人机交互、安全防护功能的智能移动助行器。该助行器通过多维度感知，自适应地获取不同人在不同环境下的不同需求信息，通过"人—助行器"感知信息的交互融合，构建感知残缺功能、决策功能在助行器上的延伸或部分替代机制，为存在环境感知缺陷的运动功能障碍患者提供健康人的环境感知。从易用性入手，构建基于残障分级分类的多模式自适应智能人机交互方法，开发多模式操控人机交互模块语音交互模块、手势体态识别模块，满足老

残病人群在控制助行器时分级分类的多样性、差别化和多场景等需求。该助行器正在医院进行临床应用验证，患者和医生均给出了积极的评价，围绕该智能移动助行器相关技术研究团队成功获批国家重点研发计划项目（多模态智能移动助行器研发）1 项，申请发明专利 15 项，其中获授权 12 项。起草并申请行业标准、团体标准各 1 项。多模态智能移动助行器如图 1 所示。多模态感知交互控制模式如图 2 所示。主动避障如图 3 所示。助行器助力助行试验如图 4 所示。智能轮椅座椅姿态调节如图 5 所示。轮椅驱动轮单轮调节试验如图 6 所示。轮椅越障试验如图 7 所示。轮椅自平衡试验如图 8 所示。

a）智能助行器

b）智能轮椅

图 1   多模态智能移动助行器

a）肌电反馈控制

b）手势体姿识别控制

c）遥杆控制

d）语音识别控制

e）触屏控制

图 2   多模态感知交互控制模式

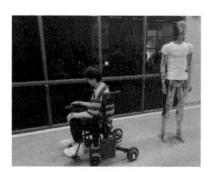
a）前进避障

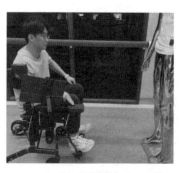
b）后退避障

图 3   主动避障

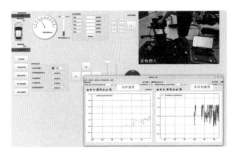

a）助行器上坡助力　　　　　b）助行器坡道驻坡　　　　　c）助行器下坡控速

图 4　助行器助力助行试验

a）坐　　　　　b）躺　　　　　c）站　　　　　d）升降

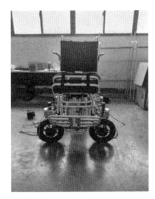

e）旋转 1　　　　f）旋转 2　　　　g）旋转 3　　　　h）旋转 4

图 5　智能轮椅座椅姿态调节

a）单轮调节 1　　　b）单轮调节 2　　　c）单轮调节 3　　　d）单轮调节 4

图 6　轮椅驱动轮单轮调节试验

a）越障前　　　　　　　　　b）越障时　　　　　　　　　c）越障后

图 7　轮椅越障试验

a）坡道自平衡　　　　　　　　　　　　　　b）侧倾自平衡

图 8　轮椅自平衡试验

3.脊髓损伤三级联动康复模式研究

脊髓损伤是中青年致残的主要原因之一。同济大学牛文鑫教授及其跨学科研究团队，医工理体学科交叉，产学研医协同攻关，完成了国家重点研发计划重点专项项目"面向脊髓损伤三级联动康复模式的可穿戴智能健康监测和运动康复管理系统开发"（2021YFE0204500）。该项目针对脊髓损伤患者居家环境监测指导不足、康复训练效果差等问题，开展了非接触式十六式轮椅太极拳动作智能评估研究。该系统通过追踪患者进行康复训练动作时骨骼特征点的运动参数，开发算法，实现轮椅太极拳动作的实时评估与反馈。开发了人体生命体征监测的智能坐垫，并结合软件实现了实时反馈人体心率和呼吸频率等关键信息，为训练中的脊髓损伤患者提供了安全保障；基于多维力传感器和人工智能算法，对坐姿稳定性进行实时监测，有效预防了患者从轮椅跌落；实现了一种非接触式的运动人体能量消耗实时评估方法及系统，保证康复训练的有效性。开发了多维力传感器，建立臀部参数化有限元模型，并结合机器学习算法构建多个风险因素与压疮风险之间的关系，形成智能压疮风险预警系统，实现对在家庭和社区中的脊髓损伤患者坐姿下臀部的受力情况和产生压疮的风险的监

护。最后，将各项技术集成为可穿戴的智能健康监测和运动康复管理系统，临床应用150例，根据相关反馈评价对系统进行优化。

该研究中优化的三级联动模式增强了患者参与运动康复训练的主动性，能够实时监测人体的生命体征，避免二次伤害的危险性因素，帮助患者在家庭和社区中完成高质量的康复训练，取得社会效益和经济效益。系统整体示意图如图9所示。康复大学校长董尔丹院士现场指导如图10所示。

4.基于近红外的运动功能障碍训练评估反馈研究

针对脑卒中患者的运动功能障碍，国家康复辅具研究中心李增勇教授团队基于近红外技术，开展了运动功能障碍训练评估反馈一体化研究。该系统基于功能性近红外光谱（fNIRS）非侵入性脑功能成像技术，利用神经血管耦合效应提供可靠的脑皮层血流动力学响应的时间空间特征估计，配合特定的康复训练机器人和任务范式（上下肢运动、步态、姿势平衡、约束诱导运动等），对执行任务时的患者脑功能活动进行动态监测，评定患者大脑活动模式，并实时反馈脑功能信息调整训练参数。

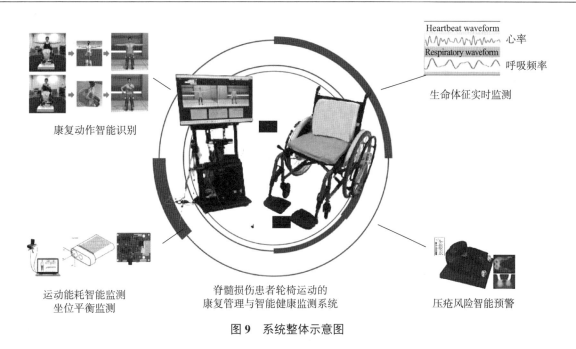

康复动作智能识别

Heartbeat waveform 心率
Respiratory waveform 呼吸频率

生命体征实时监测

运动能耗智能监测
坐位平衡监测

脊髓损伤患者轮椅运动的
康复管理与智能健康监测系统

压疮风险智能预警

图9 系统整体示意图

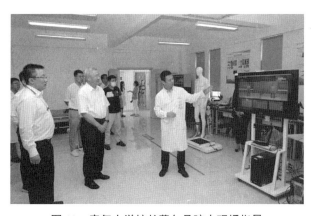

图10 康复大学校长董尔丹院士现场指导

训练设备方面，团队开发了四肢联动康复训练系统，通过电动机电流方向识别训练者主动意图，实现了主动、被动、助动、主被动切换多种康复训练模式和功能；基于自主设计的 X、Y、Z 三轴多连杆结构开发了上肢三维末端牵引康复训练设备，采用三维力传感和电动机速度匹配模型实现了患者主动运动意图判别，辅助患者完成三维空间的运动训练。脑功能评估方面，团队基于多尺度小波变换算法分离出fNIRS信号中包含的表征多个不同生理来源的脑血氧振荡信息，可用于探究不同频段内的脑血氧振荡同步、耦合关系，能在多频率尺度下观测和反馈生理振荡活动；小波幅值、小波相位相干性值、耦合强度、耦合方向及相应的图论分析等指标能够全面地描述大脑激活模式、脑功能连接、脑效应连接网络。训练评估反馈一体化方面，基于fNIRS设备的NDI接口开发了fNIRS实时异常值检测、伪迹修正和时频转换技术，完成了大脑信息的快速解码。根据fNIRS信号的生理来源理论基础，选

取 0.6~2.0 Hz、0.145~0.6 Hz 频段的血红蛋白浓度信号用于解算反应训练时的心率、呼吸能耗及侧偏性，选取 0.021~0.052 Hz 频段的血红蛋白浓度信号的均方根值和皮尔逊相关值用于反馈神经激活、脑网络连接及侧偏性。该技术方案能够完整地利用近红外脑血氧振荡的多频段生理来源信息，反映卒中患者的训练强度变化，可用于训练方案的实时调整。

基于近红外的运动功能障碍训练评估反馈一体化系统平台能够通过动画和语音形式，与患者进行脑活动和动画场景的实时交互，基于fNIRS信号的多频段反馈和皮层功能的针对性训练促进患者的中枢神经功能改善，从而帮助恢复运动功能。目前，该项技术已申请并获得多项发明专利，相关技术系统已在复旦大学附属华山医院、中山大学附属第三医院、山东大学齐鲁医院等50余家临床单位示范应用。基于近红外的运动功能障碍训练评估反馈一体化研究如图11所示。

5. 线驱动柔性外骨骼手功能康复研究

针对人手的结构特点和关节运动特性，上海理工大学智能康复工程研究院孟巧玲教授团队开展了深入研究，基于最小变形能量原理，创新性地提出了变截面圆弧型柔性仿生关节和变刚度柔性仿生关节的设计方法，建立了关节刚度特性和应力特性的数学模型，揭示了柔性仿生关节与驱动力之间的关系。该研究构建了柔性铰链式手外骨骼仿生结构和变刚度柔性仿生外骨骼手结构，模拟手指肌肉和肌腱的驱动方式，研究了人手与柔性外骨骼手指的耦合模型。针对上肢与外骨骼的耦合，提出了一种新型的重力平衡式上肢外骨骼构型，并发展了相应的人机耦合动力学参数辨识方法。

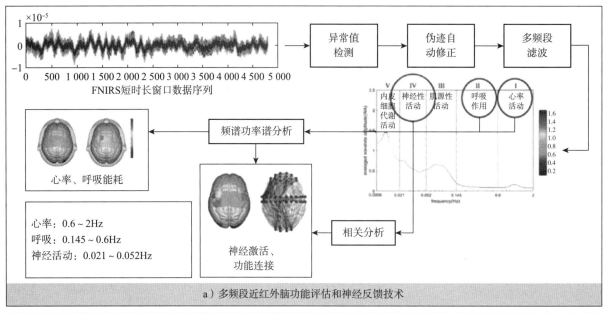

a）多频段近红外脑功能评估和神经反馈技术

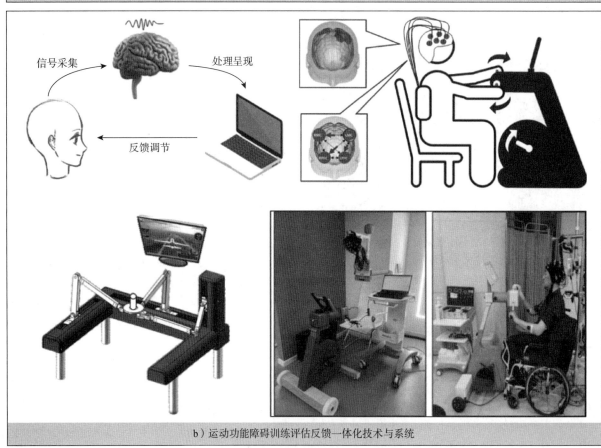

b）运动功能障碍训练评估反馈一体化技术与系统

图11 基于近红外的运动功能障碍训练评估反馈一体化研究

团队探索了集成多种运动信号和人意图信息的智能控制方法，发展了具有实时手指运动跟随和自适应患者意图功能的柔性外骨骼手功能康复机器人的协同控制策略。提出了基于有限状态机的协同控制方法、基于任务的线驱动柔性外骨骼手控制方法及基于主被动康复目标的控制方法，深化了人机混合协调控制机制与应用方法的理解。

最终，根据理论研究参数，项目研制了四种新型线驱动柔性外骨骼手功能康复机器人原理样机及一种重力平衡式上肢外骨骼和自适应抓握柔性假手样机，并建立了实验平台进行功能实验与临床功能实验验证。针对外骨骼机器人在仿生性、便携性及人机交互性方面的挑战，研究提出了基于形状记忆合金（SMA）驱动模块的柔性外骨骼手、腕外骨骼及肘外骨骼的创新解决方案，为人机协同的外骨骼手功能康复机器人的轻质便携性研究提供了新的设计基础。线驱动柔性外骨骼手功能康复如图12所示。

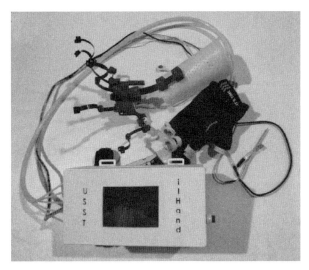

图12　线驱动柔性外骨骼手功能康复

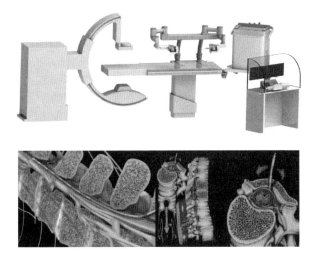
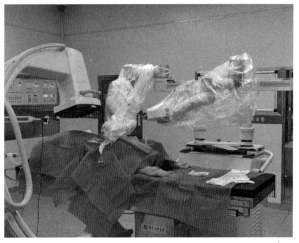

图13　脊髓电极植入机器人

2.面向神经环路重建的个体化脑机交互康复机器人技术

面向康复机器人实际临床应用中的卒中患者个体差异性的康复需求，清华大学季林红教授、李翀副教授研究团队研发了基于个体化脑机交互方法的卒中患者神经环路重建康复机器人技术。该研究着重探讨了卒中后神经损伤区的周围皮质重组和非损伤半球的皮质功能替代性重组在意图表达中的作用，并基于该问题提出了基于个性化神经重组特征的脑机接口导联选择算法，通过脑电图对卒中患者的双侧肢体运动意图进行分析，促进构建其神经重组脑区和行为动作之间的内部联系。个性化闭环起点选取策略较传统的选取方法在运动意图识别准确率上有显著提升，个性化的导联选取也有助于构建运动意图与实际动作之间的

二、技术突破

1.脊髓电极植入机器人技术

针对脊髓电极植入手术，北京科技大学张建华教授团队研制了一款仿人双臂介入机器人系统，可完成脊髓电极植入手术流程。该手术区域紧邻脊髓神经，手术过程"吃线"极大危害医生身体健康，同时高敏感术区加剧了手术危险性，此外三维影像缺乏的半盲方式下的操作导致手术难度极高。团队研发的机器人系统能够有效解决上述问题，不仅能让医生实现多端远程手术操作，还具备了精确力感知功能，能实时、精准地将末端受力反馈到医生操控端，为手术的安全、高效执行提供了重要保障。研发人员建立了基于医生手法学习的手术路径智能规划算法、推捻耦合的柔性管丝精准安全驱动策略，旨在实现医生"手、触、眼、脑"功能拓展增强，从根本上提高脊髓电极植入手术的效果和安全性。该团队与北京天坛医院何江弘主任团队联合实施的首例机器人辅助脊髓电极植入动物实验在北京取得成功。实验证明该机器人可以完成脊髓电极植入手术流程，医生未受X射线辐射，手术效果良好，无不良事件，机器人辅助的脊髓电极植入手术优势显著，填补了国内脊髓电极植入机器人技术空白。脊髓电极植入机器人如图13所示。

闭环通路，从而促进神经重塑和运动功能重建。该研究将所研制的个性化脑控康复机器人训练平台应用于临床，完成了卒中患者的个性化脑控康复训练的长期临床跟踪实验工作，并从临床量表、肌电信号、脑电信号以及行为表现等多维度对该课题所提出的个性化脑控训练方法的有效性和高效性进行评估验证。临床实验结果显示，经过周期性的个性化康复训练，卒中患者在亚急性期（6个月内）运动功能得到快速改善。该研究所提出的个性化脑控训练方法可正向促进其神经重组过程并提高康复训练效率，并正向积极地帮助患者建立运动知觉，从而提升其运动表现。面向神经环路重建的个体化脑机交互康复机器人如图14所示。

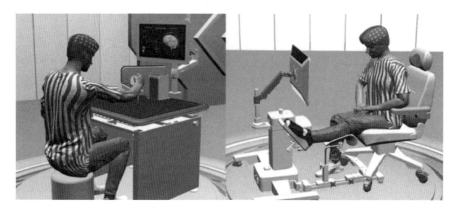

a）康复训练机器人平台

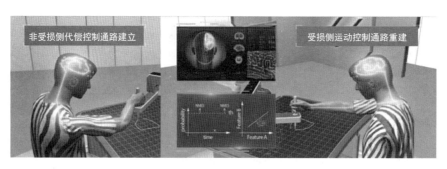

非受损侧代偿控制通路建立　　受损侧运动控制通路重建

b）个体化神经环路重建训练方法

图 14　面向神经环路重建的个体化脑机交互康复机器人

3.面向视网膜显微手术的手术机器人技术

针对老年人眼科疾病，哈尔滨工业大学张赫教授团队研发了眼底显微手术机器人。该机器人在结构设计上采用了基于双平行四边形机构的远程运动中心（RCM）手术操作臂，专为眼底微创手术需求而设计，能够覆盖整个眼底视网膜区域。为进一步增强眼底显微手术的灵活性和感知能力，在 RCM 机构上集成了连续体操作手，实现了穿刺角度的调整和穿刺力的实时监测。该研究开发了基于光纤光栅（FBG）的力感知模型，实现了 mN 级别的穿刺力测量。在控制层面，构建了单主手双从臂的操作架构，实现了眼内光源的自主跟踪。引入了支持向量机（SVM）机器学习算法和巩膜力自适应控制算法，显著提升了眼内光源的跟踪精度并确保了手术的安全性，使得医生在手术过程中能够将更多注意力集中于关键操作。该研究首次提出了视网膜局部自主穿刺的方法。该方法基于穿刺力感知技术，允许机器人自主对视网膜组织进行穿刺。同时，开发了基于 Transformer 网络的眼内器械识别与跟踪算法及视网膜 OCT 影像分割与组织结构识别算法，以实现术前规划和术中实时影像导航。目前，该机器人已完成多代样机的迭代，申请了多项发明专利，并在活体动物视网膜血管及视网膜下注射实验中进行了验证。该技术对于提升视网膜疾病的治疗效果、推动基因干细胞等先进药物的开发具有积极的意义。面向视网膜显微手术的手术机器人如图 15 所示。

4.面向长骨骨折的自主智能气动复位机器人技术

面向老年人外固定骨折复位机器人精准矫正的需求，北京邮电大学李剑研究员团队研发了面向长骨骨折的自主智能气动复位机器人。在结构设计方面，针对传统骨折复位机器人结构笨重、实用性差及人机相容性低等问题，设计了面向长骨骨折的通用性好、矫治能力强的气动式骨折复位机器人理论模型，建立基于代数消元法的机器人的运动学模型，以实现精准的机器人复位运动，进一步对机器人关键部位进行有限元分析，以评估该机器人设计方案的可靠性与安全性。在智能控制方面，针对传统骨折复位机器人运动精准度差、运动路径累积误差大、运动不稳定、缺乏适配机器人协调运动策略等问题，研究了气动式骨折复位机器人单执行器运动理论与多执行协同控制方法，引入了 FNN 前馈神经网络，以实现控制器回路的动态迟滞调节，并且建立了机器人动态误差补偿模型，以实时调整轨迹偏差。为实现精准、个性化的术前规划，探究了基于医学影像及三维重建的术前规划、基于多传感器融合的安全监控以及碰撞检测与路径规划研究，提高了术前及术中的调控方案设计和安全防护。目前，该机器人已迭代多代样机，申请并获授权发明 5 项，开展了初步实验验证。对于提升长骨骨折患者治疗效果、舒适性，实现患肢的安全矫治具有积极的意义。面向长骨骨折的自主智能气动复位机器人如图 16 所示。

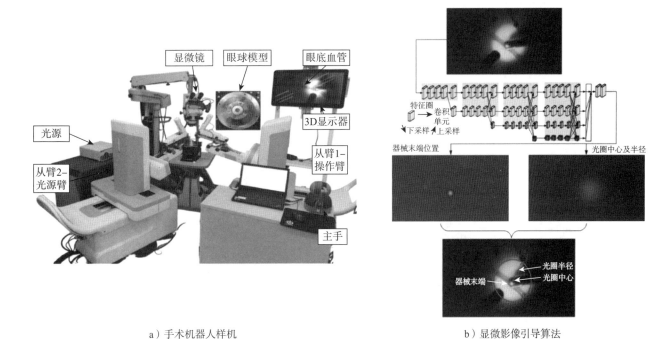

a）手术机器人样机　　　　　　　　　b）显微影像引导算法

图 15　面向视网膜显微手术的手术机器人

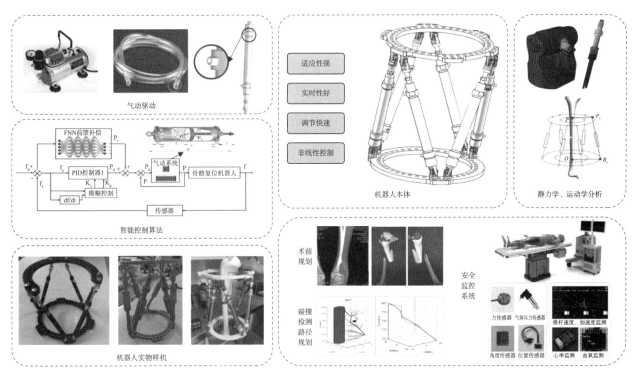

图 16　面向长骨骨折的自主智能气动复位机器人

5. 串联型侧翻康复机器人技术

针对卧床患者的侧翻康复问题，北京信息科技大学苏鹏教授团队研发了串联型侧翻康复机器人，其由串联型机械结构、被动调节单元及智能决策控制系统构成。其中，串联型机械结构包括辅助侧翻机构和姿态调整装置，有效实现人体侧翻辅助与康复；被动调节单元指的是为串联型机器人设计的变刚度机构，提高机器人的可控性与平

稳性；智能决策控制系统依据人体卧姿压力云图估计人体状态，指导机器人运行。项目突破了串联型机器人机构的运动分析、结构设计与智能控制等问题。主要技术突破包括：

（1）多支链串联机构实现侧翻康复。串联型侧翻康复机器人在结构上采用多支链协同运动的形式，分阶段驱动不同的支链块以完成指定动作，摆脱了传统的硬性结构形式，且具备更高的灵活性与更好的人—机交互耦合效果。

（2）变刚度机构调节人机接触力。为减缓机器人硬性结构与人体的刚性接触，设计具有自适应调节功能的变刚度机构，机构中的弹簧调整柔性绳的拉伸情况，使得机构与人体的接触具有一定的弹性，提高多个非刚性结构运动的可控性与平稳性。

（3）压力分布估计人体卧姿。串联型结构上感知到的压力数据是较为关键的评判数据，人体翻身不同角度时，多个不同支链上的压力具有一定的特征，依据这些特征估计人体卧姿，能够赋予机器人感知人体的能力，指导机构运行，提升机器人的智能化水平。串联型侧翻康复机器人如图17所示。

臀部支链　肩部支链　侧翻运动

图17　串联型侧翻康复机器人

三、产品研发

1.全驱动上肢外骨骼机器人系统

围绕上肢多自由度精细运动康复训练需求，北京科技大学张建华教授团队研发了一款双侧24自由度全驱动上肢外骨骼机器人系统。在结构层面，通过多关节仿生优化构型设计，攻克了外骨骼面向人体锁骨、肩、肘、腕等多关节复杂精细运动的高人机相容性问题；在控制层面，考虑肩肱节律下人体手臂外展时伴有肩胛骨、肱骨的节律性协调运动，建立了拟人化的训练轨迹生成机制，并

研究基于人机耦合动力学与多扰动补偿的人机协同交互控制技术，实现了高动态仿生示教下的被动康复训练与多关节协同主动柔顺康复训练；在功能层面，面向脑卒中患者不同阶段的差异性康复需求，并结合健侧辅助训练的个性化优势，开发了健患双侧紧耦合、软耦合、半耦合、旋转耦合等多种双侧协调康复训练模式，可为患者提供全周期、个性化的康复训练服务。目前，已在多家单位进行测试验证。全驱动上肢外骨骼机器人系统如图18所示。

图18　全驱动上肢外骨骼机器人系统

2.面向居家康复的上肢外骨骼机器人系统

现有的上肢康复外骨骼机器人主要存在三个方面的问题：一是传统的刚性结构柔顺性不足，影响训练效果；二是难以根据康复阶段实时调整控制参数，人机协同性不足；三是已有机器人体型较大，不适合居家康复。针对上述问题，武汉大学郭朝教授团队研制了面向居家康复的上肢外骨骼机器人：通过设计六连杆双平行四边形机构，建立肩关节虚拟转动中心，满足人体肩部3自由度运动需求；采用串联弹性执行器（SEA）驱动，利用钢丝绳将SEA和机器人关节连杆

分开，降低结构的复杂度，减轻关节质量，实现力矩／位置信息的反馈，提高人机交互的安全性与柔顺性；针对急性期、恢复期和保持期设计了主动助力模式、零力模式、阻抗模式等康复策略，提出了自适应区域变阻抗控制算法，通过调节阻抗系数满足患者不同阶段的康复需求，提高了患者的主动参与水平。该机器人适用于患者进行居家康复训练，有效解决医院康复科医疗资源紧缺等问题。

该机器人相关的技术成果获授权发明专利3项，在 *Mech. Mach. Theory*（2024, 192, 105541），*IEEE/ASME Trans.*

Mechatronics［2023, 28（3）:1730］, *Front. Neurorobotics*（2020, 14, 13），以及机器人［2019, 41（6），834］期刊发表论文 4 篇，获得了 2023 年度中国发明协会发明创新奖二等奖、第三届 中国研究生机器人创新设计大赛全国一等奖、2023 年度残疾人辅助器具创新成果推介活动设计组（科研创新）优秀作品等奖项。上肢康复外骨骼机器人系统如图 19 所示。

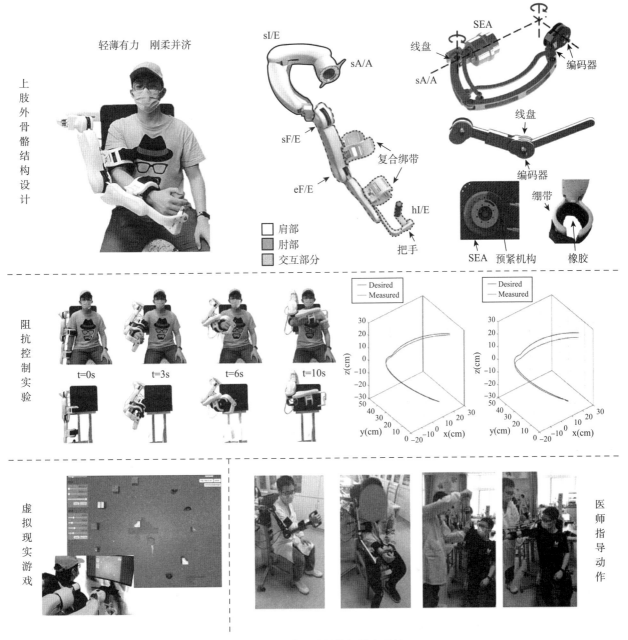

图 19　上肢康复外骨骼机器人系统

3. 膝关节旋转牵伸矫形器

针对传统铰链旋转中心与膝关节瞬心不匹配的问题，北京信息科技大学苏鹏教授团队与国家康复辅具研究中心附属康复医院张力主任团队共同研发了膝关节旋转牵伸矫形器。矫形器总体结构主要包括三部分：Ilizarov 环形骨外固定器、四杆瞬心拟合机构和驱动支链，矫形器借鉴传统铰链牵伸器，将铰链机构替换为四杆瞬心拟合机构，并用高精度伺服推杆驱动代替螺旋式撑开器。矫形器具备膝关节瞬心拟合功能和可进行个性化调节功能，创新性地解决 了传统铰链旋转中心与膝关节瞬心不匹配的问题，对膝关节运动功能的重建具有重要意义。为解决膝关节旋转中心不匹配的问题，该矫形器基于传统外固定学并结合光学运动捕捉获取的膝关节瞬心轨迹数据，提出了一种符合牵伸矫形要求的四杆瞬心拟合机构，使其运动瞬心与膝关节瞬心轨迹相匹配，该机构具备灵巧性、舒适性和人机耦合性，从而为老年人及膝关节功能障碍患者提供安全、合理、舒适的治疗。针对不同身高患者瞬心轨迹的差异性，通过调节瞬心拟合机构中各连杆长度，可实现膝关节旋转牵伸矫形器的个性化调节，以满足不同患者的治疗需求，在矫形过程中无耦特征，矫形无错位，可实现骨外固定矫形的安全操控与量化精准调控，为人体畸形膝关节骨骼的矫形提供了安全保障。膝关节旋转牵伸矫形器如图20所示。

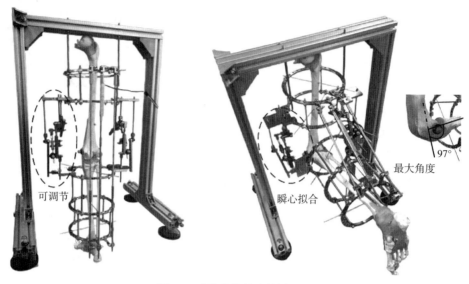

可调节　　　　瞬心拟合　　　　97°　最大角度

图 20　膝关节旋转牵伸矫形器

4. 全周期二便管理智能信息平台

面向老年人全周期二便能力康复训练及护理机器人装置信息统筹和实用性需求，北京邮电大学魏世民教授、李剑研究员团队研发了集二便能力评估、二便功能增强训练、辅助排便、二便护理为一体的可视化全周期二便管理智能信息平台。在软件架构方面，针对传统开发模式结构复杂、数据交流效率低、模块间协调性差等问题，采用前后端分离的开发模式进行平台开发，搭建基于MVVM（Model-View-View Model）架构的前端用户界面（UI）平台和基于SpringBoot架构的后端服务平台，以实现数据访问、数据传输、数据处理等功能，进一步对平台使用需求进行分析，以评估并优化平台UI的易用性与安全性。在硬件集成方面，针对传统二便康复及护理机器人缺乏信息通信能力的问题和机械结构复杂、使用场景差异性大、功能需求多样化等特点，研究了基于消息队列遥测传输协议（MQTT）的多源信息传输网络，在原有硬件设备上引入无线通信模块，以实现云端服务器的信息采集和信息下发，并且搭建了机器人个性化界面，以实现对不同机器人的实时监控与控制。为实现二便康复训练及护理机器人的智能化控制，项目探究了基于信息平台和大语言模型（LLM）的机器人控制技术及基于数字孪生和多传感器融合的可视化安全监控，以实现二便信息平台的智能控制和数字可视化。目前，该信息平台已集成多种样机，获2项软件著作权授权，开展了初步实验验证。对于提升卧床老人二便康复及护理效率、舒适性，实现卧床病患的个性化照护具有积极的意义。全周期二便管理信息平台如图21所示。

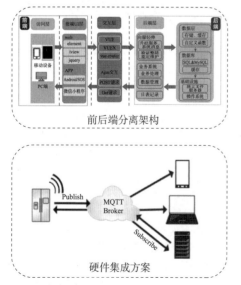

前后端分离架构

硬件集成方案

软件平台示例

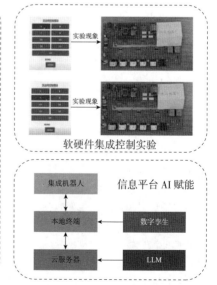

软硬件集成控制实验

信息平台 AI 赋能

图 21　全周期二便管理信息平台

5.手部康复机器人系统

燕山大学牛建业副教授团队基于人体手部解剖学建立了手部等效机构模型,对手指屈曲/伸展运动与内收/外展运动之间的关系进行了定量分析,提出了一种2UPS+U并联机构与四杆机构组合的手部康复机器人。开展人机交互康复训练模式研究。基于临床方案进行手康复模式解析,设计虚拟现实场景下,运动康复与神经康复相结合的手部康复综合训练方案,分别搭建了健侧带动患侧、以运动康复为主、以神经康复为主的多个训练场景,并通过眼动信息验证了综合训练方案的有效性。手部康复机器人系统虚拟样机如图22所示。健侧带动患侧的康复训练游戏——太空星球如图23所示。以运动康复为主的康复训练游戏——猜拳游戏如图24所示。以神经康复为主的康复训练游戏——水果记忆如图25所示。

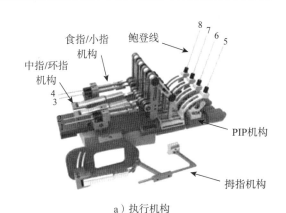

a)执行机构 b)驱动与控制模块

图22 手部康复机器人系统虚拟样机

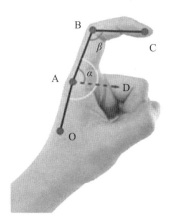
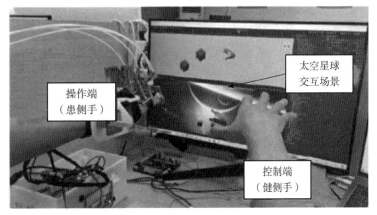

a)角度识别等效模型 b)太空星球交互场景

图23 健侧带动患侧的康复训练游戏——太空星球

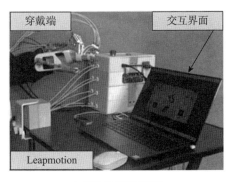
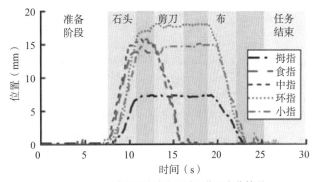

a)猜拳游戏训练场景 b)单次训练关节电动机位置变化情况

图24 以运动康复为主的康复训练游戏——猜拳游戏

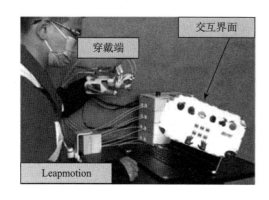

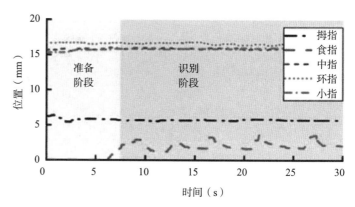

a）记忆力训练场景　　　　　　　　　　　b）单次训练关节电动机位置变化情况

图 25　以神经康复为主的康复训练游戏——水果记忆

〔撰稿人：北京邮电大学智能工程与自动化学院李剑〕

2023 年教育娱乐机器人发展情况

一、概念及范畴

1.概念介绍

从狭义上讲，截至 2023 年，教育娱乐机器人尚未有明确的统一定义，但有部分国家标准对其相关的概念进行了一定的描述，可做参考。国家标准 GB/T 33265—2016《教育机器人安全要求》中定义教育机器人（Educational Robot）为：为学习机器人相关知识而专门设计的一种服务机器人，具有与物理环境或使用者交互的能力，具有一定程度的教学环境适应性、技术开放性、功能可扩展性。国家标准 GB/T 41393—2022《娱乐机器人安全要求及测试方法》中定义娱乐机器人（Entertainment Robot）为具备多媒体属性与运动执行功能，通过交互可完成预期娱乐性任务的服务机器人，并且注明了娱乐机器人分为玩具机器人、多媒体社交机器人及其他娱乐机器人。

从广义上讲，教育是增进人们的知识和技能，影响人们思想品德的活动；娱乐是一种通过自己和他人的技巧表现喜怒哀乐而给予受者喜悦、放松感觉的形式。

综上，本文将所有用机器人协助进行教学或学习活动的称为"机器人教育"（Robotics in Education）；将所有具有"教育＋娱乐"服务于一体的智能机器人称为"教育娱乐机器人"（Educational Entertainment Robot）；将教育娱乐机器人以及机器人教育中用到的机器人辅助产品统称为"教育机器人"。其中，机器人教育是一系列的活动、教学课程、实体平台、教育资源，侧重于用辅助产品实现某种教育方法和教育技术的应用，一般来说，模块化机器人和机器人套件是机器人教育中常见的辅助产品；而教育娱乐机器人是具有教学、娱乐、陪伴等多种功能的智能服务机器人，通常被用于进行儿童课内知识辅导、课外知识学习、编程学习、语言学习、情感陪伴等主题场景。区别于机器人教育中常见的机器人辅助产品，教育娱乐机器人具有固定的结构，一般不支持用户自行拆装。教育娱乐机器人与其他产品的关系如图 1 所示。

2.分类及本文范畴

基于对 2023 年度全球市场上多款教育机器人产品的分析，依据各产品的功能及应用场域，教育机器人一般可细分为 11 种产品类型。教育机器人产品类型见表 1。

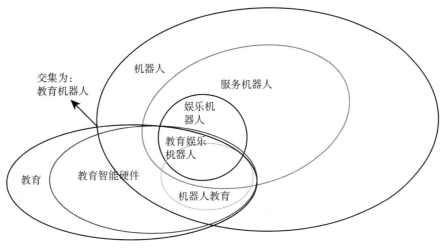

图1 教育娱乐机器人与其他产品的关系

表1 教育机器人产品类型

序号	产品类型		说明	应用场域	适用对象
1	教育娱乐机器人	智能玩具	通常可随身携带，且拥有智能属性，以满足儿童玩乐需求为主，引导儿童学习生活、语言、社交等相关知识为辅	个人携带	幼儿、小学生、中学生
2		儿童娱乐教育同伴	是一种基于人工智能技术寓教于乐，以引导儿童学习课内课外知识为主，陪伴儿童成长及满足儿童玩乐需求为辅的产品	家庭空间	幼儿、小学生、中学生
3		家庭智能助理	既能按一定的业务处理流程完成特定功能任务，又能根据人机交互的结果执行相关功能任务的机器人	家庭空间	幼儿、小学生、中学生、大学生、成人、老人
4	教学服务机器人	机器人"教师"	扮演教师角色，根据不同的教学情境，独自完成一门课程的教学，以达到教学效果	学校一般教室	小学生、中学生、大学生
5		课堂助教机器人	主要用于协助教师完成课堂辅助性或重复性的工作，协助教师完成演示实验等任务	学校一般教室	小学生、中学生、大学生
6	机器人教育	STEAM教具	根据科学、技术、工程、艺术、数学（STEAM）多学科融合教育理念设计的编程学习所需的机器人套件、开源机器人	家庭空间、学校一般教室、学校专用教室、学校公用空间	幼儿、小学生、中学生、大学生
7		远程控制机器人	可人为远程控制的一种机器人，并可通过该机器人达到使用者自己"身临其境"的教学目的	学校专用教室	幼儿、小学生、中学生、大学生、成人
8		特殊教育机器人	针对有特殊教育需求的使用者设计的机器人，可以有效改善他们的社交与行为能力	学校专用教室、校外培训机构	幼儿、小学生、中学生
9		工业制造培训类机器人	硬件本体是工业机器人或协作机器人，与适用于工业制造场景的机器人有一定区别，设计重点在于易用性、安全性和教学性。是一种用于培训能设计、安装、维护机器人，或能与机器人一起协同工作的各类专业人员的教具	学校专用教室、学校公用空间、校外培训机构、专业培训场所	大学生、成人
10		医疗手术培训机器人	本质上是适用于某些外科手术的机器人，但也可用于外科医生的培训	校外培训机构、专业培训场所	大学生、成人
11		复健看护机器人	本质上是陪伴老年人专用的机器人，具备娱乐、脑力训练（如痴呆预防认知训练程序）、复健教学等各方面复健照护的功能，但也可用于看护人员的培训	专业培训场所	老人

注：根据2023全球教育机器人产品公开信息、《个人消费类教育智能硬件发展报告（2023年）》及《2019全球教育机器人发展白皮书》信息整理。

结合我国国情，本文将重点以生活中更为常见的适用于基础教育（K-12）阶段未成年人的教育娱乐机器人为研究分析对象。

二、行业现状

1. 市场分析

我国教育娱乐机器人行业起步于 2014 年左右，行业发展时间较短。2018 年，教育部发布《教育信息化 2.0 行动计划》，其中智慧教育创新发展行动为教育娱乐机器人中教育内容的开发明确了一定方向。2020 年开始，全球新冠疫情的发生给各行各业带来了前所未有的挑战，许多提供机器人教育的学校和培训中心被迫暂时关闭，教育机器人行业生态遭受冲击。然而，教育娱乐机器人因"个人"服务、"数据采集终端""非接触式"等特点反在此期间获得更多的市场机会，全球范围内多家教育娱乐机器人初创公司出现，推出了更多样化、更具创新性的产品，进一步丰富了市场选择。2023 年 1 月，教育部与工业和信息化部等十七部门联合印发了《"机器人 +"应用行动实施方案》，该文件明确提出了研制交互、教学、竞赛等教育机器人产品及编程系统，以满足教育领域的多样化需求，确认了在教育领域对机器人的应用和发展方向。

国家统计局数据显示，2023 年我国机器人产业总体保持稳定增长态势。其中，工业机器人产量达到 43 万套，同比下降 2.2%；服务机器人产量达到 783.3 万套，同比增长 23.3%。在服务机器人领域，个人 / 家用服务机器人市场份额达 65%，公共服务机器人和医疗服务机器人则分别占据 25% 和 10% 的市场份额。作为个人 / 家用服务机器人的一种，教育娱乐机器人产业链中内容、软件、硬件三方协同形成了良好的产业业务生态，然而 2023 年面临以下挑战，导致环境、技术、用户三方协同促进产品应用态势发展缓慢。

（1）尽管机器人和人工智能技术在不断进步，但尚未实现质的飞跃。尽管教育娱乐机器人产品的硬件精度要求不及汽车、医疗器械等领域严苛，但在芯片、传感器、人机交互操作系统、视觉识别、自然语义理解等方面仍有高标准要求。目前，我国在芯片、传感器等关键零部件方面对外资的依赖程度较高。此外，教育娱乐机器人内置的教育内容易涉及版权问题，导致内容生态搭建成本高、难度大，增值服务盈利面临挑战。因此，教育娱乐机器人作为一个融合人工智能、教育学、心理学和社会学等多学科能力的综合产品，产品研发成本高昂，而利润却相对较低。

（2）教育娱乐机器人公司多为初创企业，创新性强但运营风险也高。在 2023 年全球经济仍处于新冠疫情后的恢复阶段背景下，一些公司因资金、技术或市场策略等问题而面临运营困境，难以持续推出具有竞争力的产品，甚至面临倒闭歇业的风险。

（3）学习机和学习平板是 2023 年最主要的个人消费类教育智能硬件产品，市场份额高达 30%，其次是作业帮等在线教育软件、词典笔等单一功能产品。教育娱乐机器人的教育功能与学习机或学习平板高度重叠，甚至弱于学习机或学习平板。虽然教育娱乐机器人的用户是儿童，但是消费者主体是家长，他们更看重教育娱乐机器人的教育属性而非娱乐属性。因此，消费者对教育娱乐机器人的购买意愿不足。

（4）教育娱乐机器人的实际用户和购买客户（第三方销售商）之间存在分离现象，双方都需要通过接触实物来理解产品的使用。然而，当前产业面临线上线下渠道分布不平衡的问题，该行业的企业普遍缺乏线下渠道，宣传力度不够。同时，教育娱乐机器人的技术成熟度尚未达到被广泛接受和应用的水平，消费者对使用效果持怀疑态度。在 2023 年的经济环境下，消费者的购买力受到一定影响，对购买和维护成本更高的教育娱乐机器人产品的需求进一步减弱。

（5）联合国儿童基金会发布的 *Policy guidance on AI for children*，以及国家互联网信息办公室发布的《儿童个人信息网络保护规定》等文件对儿童产品提出了特殊的要求，特别是在儿童数据隐私、使用安全方面，比如机器人需要向家长或其他监护人提供《家长同意书》，告知产品面向儿童提供的功能以及管控能力；禁止个性化广告、直接营销；人工智能（AI）视觉在本地处理，数据不上云；对于儿童对话中识别出的不适合的内容，能进行积极引导；产品材料满足环保要求等，这对教育娱乐机器人企业获得市场准入并提供售后服务提出了更高的要求，在消费者意愿不足、购买力有限的背景下，企业进军布局教育娱乐机器人赛道的意愿降低，进一步影响了该产业生态链的发展。

综上，产品科技含量不足、产品同质化严重、家长购买意愿不足、产品制造存在短板、产品市场准入门槛较高以及人机伦理问题日益凸显，制约了教育娱乐机器人市场的进一步扩展，阻碍了环境、技术、用户三方协同促进产品应用发展的良好生态形成。

2. 产业链分析

教育娱乐机器人的产业链构成为上游的核心零部件制造商、系统平台开发商、网络服务提供商、应用服务提供商和内容供应商；中游的系统集成商和生产制造商；下游的品牌商和渠道销售商。上游的核心零部件主要包括芯片、控制器、传感器、减速器等，其中芯片作为教育娱乐机器人的核心器件，占据了该类型产品整体生产成本的 55% 左右。当前，国内芯片相关企业在芯片制造技术方面仍面临一定瓶颈，导致外资芯片供应商在市场中占据较大份额；而内容供应商主要是对机器人植入教育课程、教学案例、语言学习、儿童百科、儿歌故事等内容，内容的质量直接影响消费者用户体验，国内儿童教育内容供应商较多，如喜马拉雅、科普中国、阿凡题、宝宝巴士等，但产品内容仍存在同质化现象。在中游，系统集成商根据实力的不同形成了两个梯队，一梯队拥有自己的核心技术和教育资源平台，其产品在功能性能、特色内容等方面处于领先地位，代表企业包括百度公司、深圳市优必选科技股份有限公司（简称"优必选"）、深圳市商汤科技有限公司（简称"商汤科技"）、科大讯飞股份有限公司（简称"科大讯飞"）等；另一梯队主要通过采购教育娱乐机器人的各部分技术服务，再完成模具加工，从而完成产品，主要集中在教育娱乐机器人细分类别的智能玩具赛道，代表企业包括湖南金鹰卡通传媒有限公司、深圳市火火兔智慧科技有限公司、广东起跑线文化股份有限公司、宜春市启蒙派玩具有限公司等。

综合信息调研显示，目前尚未有深耕教育硬件多年的传统企业正式进入这一行业。2023 年，优必选、安徽淘云科技股份有限公司、北京儒博科技有限公司、广州智伴人工智能科技有限公司等起步较早的教育娱乐机器人企业持续深耕中；深圳大象机器人科技有限公司、深圳市注能科

技有限公司、北京人和家科技有限公司等新起之秀崭露头角。此外，深圳市腾讯计算机系统有限公司、商汤科技、杭州萤石网络股份有限公司、上海小度技术有限公司等其他领域老牌企业也开始布局教育娱乐机器人赛道。各企业的代表产品在 K-12 人群课内外学习指导、编程训练、情感陪伴等方面重点发力，教育娱乐机器人市场格局未清晰稳定，盈利模式仍在探索中。我国部分教育娱乐机器人企业及其代表产品见表 2。

表 2　我国部分教育娱乐机器人企业及其代表产品

企业名称	所在地区	融资轮次	主要投资方	代表产品
深圳市优必选科技股份有限公司	深圳	已上市	启明创投、鼎晖投资、腾讯	悟空机器人、Jimu Robot、UGOT
安徽淘云科技股份有限公司	合肥	C 轮	安徽信投、科大讯飞	阿尔法蛋大蛋、阿尔法蛋 A10、阿尔法蛋儿童 GPT 机器人
北京儒博科技有限公司	北京	股权融资	同泰盛源	布丁豆豆智能机器人 JT600
深圳大象机器人科技有限公司	深圳	Pre-B 轮	清辉投资、云卓资本	Marscat、metaCat、myCobot 系列机器人
广州智伴人工智能科技有限公司	广州	A 轮	盈富泰克、境成投资	智伴儿童成长机器人 1X
北京物灵科技有限公司	北京	B 轮	君信资本	物灵卢卡、Jibo、Orby、Birdy
深圳市火火兔智慧科技有限公司	深圳	A+ 轮	景铧投资	T5S 智能早教视频机器人、J7 双语早教机器人
深圳市城市漫步科技有限公司	深圳	A 轮	深圳高新技术产业园、劲嘉创投、盛方资本	小漫在家 3.0
杭州萤石网络股份有限公司	杭州	IPO 上市	公开发行	RK2 萤宝儿童陪护机器人
深圳市商汤科技有限公司	深圳	暂无融资	商汤集团股份有限公司（港股上市）	SenseRobot 元萝卜 AI 下棋机器人（围棋 / 象棋）
北京可以科技有限公司	北京	C 轮	安克创新、蓝驰创投、顺为资本、小米集团	可立宝（ClicBot）机器人、可立宝 Loona 机器人
深圳市注能科技有限公司	深圳	暂无融资	个人	Eilikj 机器人（商标为 Energize Lab）
上海小度技术有限公司（产品制造商为广东台德智联科技有限公司）	上海（东莞）	B+ 轮	Xiaodu Technology Limited	小度添添机器人
北京人和家科技有限公司	北京	暂无融资	个人、天津树海投资合伙企业、北京几何时代信息咨询合伙企业、北京布尔管理策划合伙企业、深圳联泰汇佳叁号投资企业	乐天派桌面机器人

注：根据 2023 年国内部分教育娱乐机器人企业公开信息整理，排名不分先后。

三、技术成果

近年来，教育娱乐机器人领域取得了多项技术成果。首先，语音识别和自然语言处理技术的突破，使得机器人能够更准确地理解学生的意图和需求，从而提供更加个性化的学习服务。其次，机器学习和深度学习技术的应用，使得机器人能够不断学习和优化自身的算法和模型，提高教学 / 娱乐效果和用户体验。此外，机器人视觉和感知技术的发展，也使得机器人能够更好地适应不同的学习 / 娱乐环境和需求。在技术成果的推动下，教育娱乐机器人的功能和应用场景也得到了不断拓展。以下列举几个典型功能进行说明：

（1）面向 K-12 用户群体的拟人化交互。机器人配备触摸传感器、毫米波传感器、光感传感器、陀螺仪等高精度传感器，基于多模感知技术和 AI 决策算法，机器人可

在不同情境下主动发起动作、表情、声音、内容等互动，以吸引用户深入交流。机器人具备智能感知免唤醒功能，能主动识别用户的交互意愿，自动从休眠状态激活，主动推荐儿歌和故事或自动启动收音功能等待用户直接发起语音交互；机器人能主动发起趣味互动，如问候、天气提醒、节日祝福等，并计划性地引导用户形成良好的生活习惯；机器人能够感知用户的触摸，对用户的挠痒痒动作进行俏皮的响应；能够感知环境的变化，对光线的突变、身体状态倾斜等做出应激表达；能够准确对用户发出的动作类、情绪类指令做出拟人化的响应。机器人还可以通过识别儿童表情或说话语境，来识别情绪并实时进行情绪响应，开心的时候与儿童一起庆祝，伤心的时候给予拥抱和关怀。部分教育娱乐机器人的面部表情如图 2 所示。

图 2　部分教育娱乐机器人的面部表情

（2）面向 K-12 用户群体的语音交互。机器人配备麦克风收音阵列，且得益于语音算法技术的日渐改善，机器人可以对声源进行精准定位，实现远距离场景的精准收音，机器人具有的运动转向能力，还支持 360°全向唤醒。机器人在儿童场景下的语音识别，语义理解能力增强，在中远距离、噪声场景能够准确地识别语音内容，同时针对低龄儿童说话特点，如语速慢、说话断断续续、字词重复、不符合语法规则等特征，能够快速并准确地对儿童的表达内容进行辨析，并且在思考和决策后，通过情感化的表达方式，以流畅自然的语句给出符合儿童认知范畴并且易于儿童理解的回复，童音表达高度拟人化，流畅自然。面向儿童用户，机器人表达的内容简短易懂，符合儿童的认知水平，无长篇累牍；对话有温度，有一定趣味性，同时避免出现不文明、负能量、暴力、歧视性等问题语句。机器人具备丰富的百科问答类知识，开放域闲聊对话能力和优质的少儿有声资源，支持中英文双语识别和表达，给儿童提供良好的体验。

（3）面向 K-12 用户群体的智能导学：相较于无规律的过度记忆，适时地间隔记忆更有助于提升记忆效果，间隔一定时间复习学过的知识，将促进大脑加强神经连接并增强对知识的记忆。机器人遵循用户的记忆曲线规律，分析用户的测评情况和学习专注度，智能计算遗忘时间，在记忆衰减的关键时间推荐对应知识点内容进行复习巩固。机器人通过对知识点多维度智能化的测评，从单词、句子到段落，识别儿童的知识掌握薄弱点，帮助儿童更有针对性的科学规划后续学习方向。通过游戏化互动形式进行趣味练习，让儿童寓教于乐，持续不断地对知识内容进行巩固和强化记忆的效果。同时复习的知识点内容和学习进度通过图表化的展示，能让儿童和家长及时了解学习进展和学习质量。机器人还通过配备的摄像头和 AI 视觉算法，通过肢体运动或者相机方位控制，调整角度提高可视范围，能够准确地识别当前交互对象的位置、距离、人物属性、书本、物体等，可以帮助儿童温习或解答课内习题。

四、趋势分析与预测

1. 市场

根据教育部官网信息，2023 年全国共有学前教育在园幼儿 4 092.98 万人，同比减少 11.6%；小学在校生 1.08 亿人，同比增长 1.0%；初中在校生 5 243.69 万人，同比增长 2.4%；高中在校生达 2 803.63 万人，同比增长 3.3%。2023

年 K-12 阶段人群总数量突破 2 亿，并保持平稳增长。根据洛图科技（RUNTO）数据显示，2023 年我国个人消费类电子教育智能硬件的市场规模为 469 亿元，同比增长 11.4%。另外据中国互联网协会智慧教育工作委员会发布的《个人消费类教育智能硬件发展报告（2023 年）》显示，2023 年学习机在个人消费类教育智能硬件整体市场份额中的占比高达 30%。2024 年教育智能硬件市场将突破 500 亿元规模。而教育娱乐机器人作为电子教育智能硬件的一种，目标用户为 K-12 群体，市场空间巨大，乐观预测其中国市场规模至 2025 年将超过 70.3 亿元。

2. 技术

目前，教育娱乐机器人更多的是作为智能硬件和教育内容的结合，在课堂、书房、客厅及户外四大场景下主要发挥两大工具属性，一个是辅助提升用户的学习效率，另一个是赋能用户拓展其能力边界，但用户已不再满足于教育娱乐机器人简单的教育内容输出及娱乐功能的实现，除了加强目前两大工具属性外，还希望该类机器人具备情感陪伴属性，这一需求对机器人的智能化程度提出了更高的要求。2023 年人工智能技术在"生成式 AI"方面取得了新的突破，它从单一的语言生成逐步向多模态、具身化快速发展，在图像生成方面，生成系统在解释提示和生成逼真输出方面取得了显著的进步；同时，视频和音频的生成技术也迅速发展。生成式 AI 技术的这一突破使得机器人生成个性化的学习内容和教学材料，创作音乐、绘画、小说等多种类型的娱乐内容，为学生提供更加多样化的学习体验和丰富的娱乐体验成为可能。未来，人工智能的发展将促进教育娱乐机器人在情感理解和回应、个性化交互、长期学习和自我改进等多方面的智能化发展，使机器人具有与用户共情的能力；给予用户听懂/看懂的反馈能力；通过游戏互动、语言互动、用户习惯感知等形式，自学习了解用户，为用户制定个性化优质内容，潜移默化中培养用户学习兴趣的能力。

然而，在未来三年内，教育娱乐机器人的全面智能化发展将面临一系列挑战，包括技术水平限制、隐私和安全问题、社会接受度不高、成本问题、资本导向不支持等。同时，考虑到消费者对"辅助提升用户的学习效率"的需求更大，K-12 群体的主要学习环节有写作、自由学习、预习复习、朗读背诵、上网课、整理错题、睡前阅读、翻译查词等，所以教育娱乐机器人可能会沿着"集成教育智能硬件所有功能"的趋势发展（教育智能硬件包括学习机、智能作业灯、词典笔、翻译笔、错题解析学习机、扫描笔等）。不过随着机器人智能化程度的发展，该类型产品将沉淀预习、学习、复习等多环节的大量教育数据，结合大数据分析、知识图谱等技术，更精准地分析使用者的学习情况，助力个性化培养方案制定，真正实现因材施教，提升产品的使用效果。

〔撰稿人：重庆凯瑞机器人技术有限公司〔国家机器人质量检验检测中心（重庆）〕罗小雪、李本旺、黄睿，深圳市人工智能与机器人研究院刘佳璐〕

中国
机器人
工业
年鉴
2024

地
区
篇

从重大举措及事件、产业现状、发展规划及战略等
方面，阐述我国机器人行业各省份的发展情况

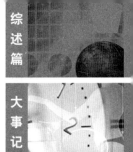
综述篇

大事记

产业篇

地区篇

园区篇

标准检测认证篇

产教融合篇

企业篇

应用篇

政策篇

国际篇

统计资料

附录

综述篇

大事记

产业篇

地区篇

园区篇

标准检测认证篇

产教融合篇

企业篇

应用篇

政策篇

国际篇

统计资料

附录

中国
机器人
工业
年鉴
2024

地区篇

2023年北京市机器人行业发展概况

一、北京市智能机器人产业蓬勃发展

随着机器学习、大数据等信息技术在机器人领域不断应用，北京智能机器人产业技术迅猛发展。从企业数量与结构看，截至2023年8月，北京市机器人存量企业共计1 334家。其中，上市企业38家，占比为2.85%；专精特新企业94家，占比为7.05%；国家高新技术企业632家，占比为47.38%。从企业注册资金情况看，北京市机器人注册资金在1 000万～5 000万元的企业最多，有494家，占比为37.03%；其次是注册资金在100万～500万元的企业，有345家，占比为25.86%。从地域分布看，海淀区、朝阳区和大兴区的机器人企业数量位列前三，分别有583家、233家和103家。其中，海淀区在机器人重点企业区域分布中遥遥领先，有链主企业186家，上市企业21家，专精特新企业173家，高新技术企业304家。从研发与标准制定情况看，北京市机器人企业参与起草标准共计512条，包括国家标准371条、团体标准132条、行业标准7条、地方标准2条。北京市机器人拥有省级及以上研究机构189家，其中企业技术中心数量最多，有111家，占比为58.73%。从融资情况看，据不完全统计，2023年北京市机器人产业发生融资数量为111笔，其中8月发生融资数量为10笔，环比增加66.67%。

二、制定产业发展政策，推动北京市机器人产业创新发展

智能机器人产业是北京市着力发展的高精尖重点产业之一。2023年，北京市发布《北京市机器人产业创新发展行动方案（2023—2025年）》以及《北京市促进机器人产业创新发展的若干措施》，旨在打造一个具有全球竞争力的机器人产业生态系统，促进机器人产业与其他产业的深度融合，提升机器人产业核心竞争力，为北京市经济社会发展注入新的动力，推动首都经济的高质量发展。

1.《北京市机器人产业创新发展行动方案（2023—2025年）》

通过实施"加快打造产品创新和场景示范双驱动、生态优化和产业协同共联动的机器人产业发展'北京样板'，全力建设全球机器人技术创新策源地、应用示范高地和高端产业集聚区。着眼世界前沿技术和未来战略需求，加紧布局人形机器人，带动医疗健康、协作、特种、物流四类优势机器人产品跃升发展。"等重点任务，实施"百项机器人新品工程，打造智能驱动、产研一体、开放领先的创新产品体系。"等措施，拟到2025年，推动机器人产业创新能力大幅提升，市机器人核心产业收入达到300亿元以上，打造国内领先、国际先进的机器人产业集群。

2.《北京市促进机器人产业创新发展的若干措施》

从技术体系创新突破、产业化和创新应用、金融支持、人才培养四方面着力，提升机器人关键技术创新能力，聚力解决机器人产业短板问题和"卡脖子"技术难题；支持中试验证、共享加工中心等公共平台，设立100亿元规模的机器人产业基金，支持技术成果转化，支持校企共建产教融合、开放创新验证平台等，促进机器人产业与其他产业深度融合，打造具有全球竞争力的机器人产业生态系统。

三、机器人领域企业融资规模稳定扩充，行业活力不断迸发

北京市智能机器人领域企业融资情况活跃，呈现多元化特点，且企业融资数量显著增加，涉及金额达数十亿元，从融资轮次与类型看，融资时间涵盖天使轮、A轮、B轮、C轮等多个阶段，其中A轮和B轮融资数量较多，这些融资事件不仅提升企业的资金实力，促进企业研发及产业应用快速发展，也显示出投资者对智能机器人领域初创企业非常关注和支持，投资阶段体现出"投早、投小、投硬"的显著特点。融资类型方面，除股权融资外，还出现了战略投资、产业基金等多种方式，不仅为企业提供资金支持，还能够为企业带来战略资源、市场渠道等支持。从融资企业来看，具有技术优势和市场前景的领域备受投资者青睐。如北京人形机器人创新中心专注于人形机器人研发与生产，是当前市场备受关注的领域，获得了战略投资，融资额达数亿元人民币。从融资机构来看，高瓴创投等主流VC/PE赫然在列。从融资领域看，机器视觉、移动机器人、服务机器人、工业机器人等诸多领域，都备受投资者关注。随着机器人应用场景不断延伸，机器人不再局限于单一场景，应用领域不断拓宽，同时机器人产业链加速升级，资本关注度持续攀升。部分北京机器人企业融资情况见表1。

表1 部分北京机器人企业融资情况

企业名称	所属细分技术领域	融资额	融资状态
北京人形机器人创新中心	人形机器人	数亿元	战略投资
北京智元机器人	智能机器人、人工智能算法	超6亿元	A3轮
北京软体机器人科技股份有限公司	软体机器人技术	1.5亿元	C轮/C+轮
清能德创电气技术（北京）有限公司	工业机器人伺服驱动	超1亿元	战略融资
北京奥乘智能技术有限公司	机器视觉缺陷检测	数千万元	A轮
北京智谱华章科技有限公司	人工智能综合平台和智能化数据处理	未知	B4轮
铸正机器人有限公司	机器人传动系统	未知	B轮
北京术锐机器人股份有限公司	手术机器人	数亿元	C3轮
享刻智能技术（北京）有限公司	一站式机器人产品及自动化解决方案	4000万元	天使轮
达闼科技（北京）有限公司	云端智能机器人开发平台	超10亿元	C轮
北京因时机器人科技有限公司	灵巧手、微型精密运动器件	未知	B+轮
华科精准（北京）医疗设备股份有限公司	神经外科诊断与微创手术治疗智能平台	超亿元	D+轮
北京智同精密传动科技有限责任公司	精密传动	14亿元	第二轮

四、中关村论坛年会着力推出重点成果

中关村论坛年会是北京市一年一度的重要活动，机器人技术作为其核心板块之一，受到了广泛关注。在2023年的论坛上，多款机器人技术成果被展出，覆盖了医疗、艺术、航空等多个领域。

北京旷视科技有限公司展出的四向车技术在物流自动化领域取得了突破。与传统方案相比，采用四向车可以显著减少设备使用量，仅需4台四向车即可替代45台链式输送机、11台滚筒输送机和28台提升转运机。这种方案不仅为客户节省了约100万元的设备购买费用，还降低了30%的土建投资成本，并且每年能节省几十万元的电费和10万元的维修及备件费用。

北京理工大学（简称"北理工"）研制的"汇童7"仿人机器人以其高度仿真的人体形态和动作表现能力脱颖而出，能够执行各种复杂任务。

在前沿科技与未来产业展区，北京术锐机器人股份有限公司的单孔手术机器人以其高精度和微创性特点，能够在狭小空间内完成高难度手术。该技术已在泌尿外科、儿科、普外科、妇科等多个科室得到应用，显著提高了手术的精准度和安全性。

人工智能展区展出的AI绘画机器人基于实时人脸头像识别技术，结合AI图像处理模型算法，能够迅速完成头像简画，并控制机械臂进行柔顺的绘画，为艺术创作提供了新的可能性。

无人机群展区展示了多款功能强大的无人机。例如，TD550共轴无人直升机能够在5500m海拔高度有效载重120kg，适用于边疆海域巡逻、应急救援等场景。此外，交叉双旋翼复合推力尾桨无人直升机作为世界首架，实现了国产化替代。

五、聚焦概念验证阶段，推动机器人成果转化成效凸显

北京市科学技术委员会、中关村科技园区管理委员会（简称"市科委、中关村管委会"）累计支持124项概念验证项目。支持高等院校、科研机构、医疗卫生机构与企业等创新主体联合开展产学研医协同合作，在医药健康、智能制造与装备、新材料、集成电路、人工智能、现代农业、新能源智能汽车等领域，围绕核心技术和高价值科技成果，实施技术开发、产品验证、市场应用研究等概念验证活动，提升科技成果的技术成熟度、行业竞争力和商业可行性。

1. 政策持续发力，设置专项推动科技成果概念验证

2022年，市科委、中关村管委会印发《中关村国家自主创新示范区优化创新创业生态环境支持资金管理办法（试行）》（京科发〔2022〕8号），明确提出支持科技成果概念验证，支持高等学校、科研机构、医疗卫生机构与企业等创新主体联合开展产学研医协同合作，实施概念验证活动，2022年和2023年累计投入财政经费9383万元，支持项目76项。项目成果涵盖医药健康、智能制造与装备、新材料、集成电路等高精尖领域。其中，来自清华大学、北京航空航天大学（简称"北航"）、北理工等一流高校的项目42项，占比达55.3%；来自中国科学院自动化研究所（简称"中科院自动化所"）、中国科学院过程工程研究所等院所项目14项，占比为18.4%；来自北京协和医院、北京积水潭医院、北京天坛医院等医疗卫生机构的项目20项，占比为26.3%。30余项成果来自于国家重点研发计划等项目成果。如北航的"高性能电驱动一体化关节及多功能移动机器人系统研发及应用验证"项目。

2. 聚焦原始创新"最初一公里"，走出北京概念验证服务新路径

当前，高校院所、医疗卫生机构的科技成果转化存在距离市场应用远，甄别市场价值难度大，验证阶段资金支持不足等瓶颈问题。市科委、中关村管委会聚焦科技成果转化概念验证阶段，探索建立高质量科技成果"供需对

接"新机制,以高校院所发布"需求"、企业"承接"等方式支持概念验证项目。市科委、中关村管委会面向北京市"十四五"期间着力发展"高精尖"产业,择优遴选出优质科技成果,面向社会公开张榜,广泛征集有能力的创新主体揭榜。其中,智能机器人领域支持25项,应用领域涉及医疗健康、智能制造、智能装备等,成效显著。如北航机械工业服务机器人实验室与遨博(北京)智能科技股份有限公司合作研制出射频理疗、点阵波理疗按摩头;中科院自动化所研制基于视觉和激光的移动机器人导航系统,开发了消毒机器人系统样机,实现了应用场景落地,项目所研制的样机在北京冬奥会期间进行了示范应用。北京力达康科技有限公司与积水潭医院合作开展基于计算机导航或骨科机器人的保留关节骨肿瘤特制假体术前设计、制备及临床应用验证;北京机械工业自动化研究所有限公司开展高性能电驱动一体化关节及多功能移动机器人系统研发及应用验证,针对当前一体化关节存在着关节集成化程度低、内外表面热梯度变形、高精度运动控制难、功能有限造价昂贵等问题,研制高精度、低能耗、高能量密度智能化电驱动一体化关节样机,研发一款能覆盖多场景、具备多功能的移动机器人系统。北京国承万通信息科技有限公司与北京天坛医院面向神经系统疾病领域开展脑机接口自适应上下肢协同康复机器人治疗系统研制及应用验证,达到偏瘫病人个体化精准动态自适应协同运动康复的效果,填补国内脑机接口上下肢协调康复机器人产品空白。

六、机器人产业发展工作建议

1. 进一步加强前沿技术研究及应用

一是促进人工智能与机器人技术的深度融合,如更精准的感知、更高效的决策和更灵活的执行能力,使机器人实现更高的智能化水平,拓展更多的应用场景;二是运用北京在人形机器人领域拥有突出的优势条件,突破人形机器人关键技术,加快技术的迭代升级,促进人形机器人从"拟人"向"类人"进化,实现更广泛的应用;三是加快推动具身智能技术的发展和应用,不断提升智能系统或机器与环境进行实时互动的能力。

2. 进一步拓展机器人应用场景

一是智慧城市建设领域,推动无人配送车、智能工厂机器人等技术及产品在智慧城市建设中的应用,并不断拓展到智能交通、智慧安防等领域;二是医疗健康领域,推动手术机器人、康复机器人等更广泛应用于医院和康复中心,提高医疗领域的服务效率和质量;三是养老领域,推动护理机器人、智慧诊疗机器人等可应用于养老方面的养老机器人,为老年人提供生活照料、健康监测等服务。

3. 搭建中试、验证平台,加快产品创新应用速度

中试、验证平台是链接实验室研发与产业化生产的重要桥梁,也是开展机器人产品性能和安全性验证的重要保障,因此要加大典型细分领域中试平台、验证平台的建设力度,为机器人企业和科研单位提供从样机试制到生产工艺验证的全方位服务,对机器人产品的性能、安全性、可靠性等进行全面测试和评价。快速验证技术的可行性和可靠性,降低研发成本,提高产业化效率,提高产品的质量和竞争力。

4. 打通机器人产业链条,不断推动产业链升级

聚焦机器人产业链关键环节,坚持问题导向,发挥征集企业链主牵引作用,打通上下游协同、软硬结合的创新链条,运营各类平台,汇聚机器人企业,涵盖从核心零部件、整机到应用的机器人全产业链体系,加强机器人产业链上下游企业的合作与协同,形成从零部件制造、整机组装到系统集成、应用服务的完整产业链条,推动产业链的优化升级。

5. 加强机器人专业化人才培养

随着人工智能等技术在机器人领域的深度应用,对复合型、专业化人才的需求越来越大,对人才素质要求越来越高,这也是决定推动智能机器人产业发展的重要支撑。北京应加大对机器人领域人才的培养力度,通过高校教育、职业教育、社会培训等多种方式,培养一批掌握机器人核心技术、具备创新能力和实践经验的高素质人才。同时,积极引进国内外优秀人才,为产业发展提供强大的人才保障。

6. 不断完善机器人产业生态构建

良好的产业生态是推动智能机器人产业持续创新的关键。通过政策引导、资金支持、人才培养等方式,推动机器人企业、高校、科研机构、应用单位之间的紧密合作,构建以企业为主体、市场为导向、产学研用深度融合的产业生态,形成协同创新、共同发展的良好局面。

〔撰稿人:北京科技成果转化服务中心周恢〕

2023 年天津市机器人行业发展概况

一、行业发展概况

天津市作为全国先进制造研发基地,大力实施制造业

立市战略,着眼于产业链高端价值定位,天津拥有联合国产业分类中全部41个工业大类、207个工业中类中的191

个、666 个工业小类中的 606 个，是全国工业产业体系最完备的城市之一，拥有历史悠久的制造业基因。

依据国家《"十四五"智能制造发展规划》《"十四五"机器人产业发展规划》《"机器人+"应用行动实施方案》，天津市相继出台《天津市机器人产业发展三年行动方案（2018—2020 年）》《天津市关于进一步发展智能制造的政策措施》等，并在天津市"十四五"规划纲要中更是明确提出"制造业立市"，将制造业作为天津的根基与未来发展的战略支撑。2023 年 4 月印发《天津市推动制造业高质量发展若干政策措施》，其中的首台（套）、技改项目等为机器人产业发展做了坚实的支撑。

天津市政府对工业机器人产业发展提供政策支持。凭借丰富的创新资源和雄厚工业基础，天津市机器人产业呈现高速发展态势，已成为我国北方重要的机器人产业基地。特别是天津滨海新区，已初步形成在机器人领域兼具科技创新、加工制造、集成应用以及市场推广的产业生态。连同分布在周边的核心零部件制造、本体开发及系统集成企业，已形成较为完整的产业链。虽然行业规模尚小，但发展势头迅猛，对促进制造业升级转型和国民经济高质量发展的撬动作用日益明显。

2023 年，受需求端疲软影响，天津市机器人产业整体增长趋势趋缓，据天津市官方数据披露，2023 年天津市机器人相关企业已有近 200 家，产值 210 亿元。天津市除了原有的天津新松机器人自动化有限公司（简称"天津新松"）、天津深之蓝海洋设备科技有限公司（简称"深之蓝"）、辰星（天津）自动化设备有限公司（简称"辰星自动化"）、天津朗誉科技发展有限公司（简称"朗誉科技"）、一飞智控（天津）科技有限公司等一批机器人整机龙头企业外，又涌现出彼合彼方机器人（天津）有限公司（简称"彼合彼方"）、天津云圣智能科技有限责任公司（简称"云圣智能"）、天津望圆智能科技股份有限公司（简称"望圆智能"）、天津博诺机器人技术有限公司等一批具有显著行业特色的机器人企业。天津大学医疗机器人与智能系统研究院被认定为天津市产业技术研究院。辰星自动化继续领跑国内并联机器人市场，在 2023 年发布了 AtomBox 全新驱控一体机，并在 2023 年超过某外资品牌，成为并联机器人市场占有率第一的企业。在资本市场，2023 年，云圣智能、望圆智能均完成了数轮融资。

二、重点产品及主要企业

截至 2023 年年底，天津市部分机器人企业及产品情况见表 1。

表 1　天津市部分机器人企业及产品情况

主要产品及类型（工业或服务）		企业名称	主要产品
机器人本体	工业机器人	天津新松机器人自动化有限公司	工业机器人生产与自动化集成
		辰星（天津）自动化设备有限公司	并联机器人、SCARA 机器人等
		天津朗誉科技发展有限公司	重载 AGV
		川崎机器人（天津）有限公司	川崎机器人
		天津牛耳机器人有限公司	工业机器人销售及集成（大族机器人全资子公司）
		天津迦自机器人科技有限公司	工业 AGV
		天津扬天科技有限公司	轻型协作机器人、混联机器人等
		清研同创机器人（天津）有限公司	喷涂机器人
	水下机器人	天津深之蓝海洋设备科技有限公司	无人遥控潜水器（ROV）、自主水下航行器（AUV）
		天津望圆智能科技有限公司	泳池清洗机器人
		天津瀚海蓝帆海洋科技股份有限公司	自主品牌水下机器人
	无人机	一飞智控（天津）科技有限公司	飞控系统、无人机系统（定制）
		天津全华时代航天科技发展有限公司	无人机
		天津云圣智能科技有限责任公司	超低空无人机物流系统及巡检
	服务机器人	天津卡雷尔机器人技术有限公司	服务机器人
		天津筑高机器人技术有限公司	建筑板材安装机器人
		天津塔米智能科技有限公司	服务机器人
		天津汇智星源科技有限公司	法务服务机器人
		华创智造（天津）科技有限公司	建筑用 3D 打印机器人
		天津大学	"妙手"手术机器人
		天津市大然科技有限公司	变胞机器人
	人形机器人	天津伽南科技有限公司	人形机器人

（续）

主要产品及类型（工业或服务）		企业名称	主要产品
机器人关键零部件	减速器	中能（天津）智能传动设备有限公司	大负载 RV 减速器
		国人机器人（天津）有限公司	谐波减速器
		天津旗领机电科技有限公司	RV 减速器
		沃德传动（天津）股份有限公司	传动设备（高端定制）
	传感器	天津宜科自动化股份有限公司	SCADA 上位监控系统、PTL 物料分拣系统
		天津七所高科技有限公司	焊钳、焊接变位机
		天津杰泰高科传感技术有限公司	激光雷达、光电传感器
		天津讯飞信息科技有限公司	机器人语音识别系统
		天津新智感知科技有限公司	电子五官
	伺服电动机	埃恩斯工业技术（天津）有限公司	伺服驱动器
		天津市东篱自动控制设备有限公司	伺服驱动器
		天津市大然科技有限公司	高性能电动机
	控制器	天津电气科学研究院有限公司	控制器（研制）
		天津新松机器人自动化有限公司	机器人用控制器（自研）
		辰星（天津）自动化设备有限公司	并联机器人专用控制器（自研）
		天津市易控科技发展有限公司	pc-base 控制器（自研）
机器人集成服务	集成服务	中国汽车工业工程有限公司	机器人集成生产线
		天津福臻工业装备有限公司	机器人集成生产线
		天津智通机器人有限公司	机器人打磨系统集成
		清研同创（天津）科技有限公司	喷涂机器人本体生产及产线集成
		国网瑞嘉（天津）智能机器人有限公司	智能带电作业机器人
		天津福莱迪科技发展有限公司	3C 行业机器人集成生产线
		玛斯特轻量化科技（天津）有限公司	激光复合焊接系统，机器人集成生产线
		易思维（天津）科技有限公司	汽车行业缺陷检测集成
		常青智能科技（天津）有限公司	汽车零部件生产设备集成
		天津泰华易而速机器人科技有限公司	机器人视觉检测解决方案
		菲特（天津）检测技术有限公司	汽车行业检测系统集成
		天津沐森机电技术有限公司	机器人焊接、打磨项目集成
		天津中屹铭科技有限公司	机器人打磨、切割项目集成
		天津新玛特科技发展有限公司	汽车车身智能装备制造

注：资料来源于天津市机器人产业协会。

1. 彼合彼方机器人（天津）有限公司

彼合彼方是一家提供极限环境作业领域特种机器人及整体解决方案的科技公司，秉持"合作众方，超越彼方"的理念，以"延展人之所能，实现人之所愿"为使命，致力于实现"做最好的特种机器人"的发展愿景。

彼合彼方聚焦于机器人工程应用的技术与工艺瓶颈，从移动机构、作业模块、工艺方法等多维度进行大型金属立面维护作业机器人的系统研发。研发团队带头人张明路教授是国家"863"计划首席专家、科学技术部重点研发计划首席专家，以及教育部"特殊环境服役机器人关键技术创新团队"负责人。所研发的极限环境作业机器人系统主要应用于石化、船舶、桥隧、电力等行业的大型钢制立面结构，以及高危、辐射等极限作业环境，替代传统人工完成除锈、喷涂、拉毛清洁、检测、除海生物等作业任务。2023年推出的新一代喷涂、拉毛及除锈机器人获得了由中国船舶工业行业协会发起的船舶工业"强链品牌"产品认定。

目前，彼合彼方已通过 ISO 管理体系认证及国军标管理体系认证，荣获了"高新技术企业""天津市瞪羚企业"等多项资质，入选"2023年中国智能制造十大科技进展"及"2023科创中国先导技术榜单"，与河北工业大学、大连船舶重工集团有限公司天津基地共同成立了船舶机器人研发与应用基地。彼合彼方船舶清洗机器人如图1所示。

图 1　彼合彼方船舶清洗机器人

2. 辰星（天津）自动化设备有限公司

辰星自动化公司的阿童木系列并联机器人依靠核心技术优势，经过多年深耕市场，在全国并联机器人市场销量已遥遥领先，是国内领先的并联机器人本体研发及后段包装自动化的整体解决方案供应商。2023 年 9 月，阿童木机器人全新驱控一体机新品"AtomBox"在上海工博会发布。AtomBox 完成了包括输入输出、机器人控制和伺服控制、伺服功率模块三个模块的高度集成化，整个机器人控制柜质量同比降低。阿童木全新驱控一体机"AtomBox"如图 2 所示。

图 2　阿童木全新驱控一体机"AtomBox"

3. 天津旗领机电科技有限公司

天津旗领机电科技有限公司（简称"旗领机电"）成立于 2018 年，系国家级高新技术企业，也是天津市"专精特新"中小企业、创新型中小企业、雏鹰企业、科技型中小企业。为打破进口高精密减速器的技术封锁和市场垄断，实现关键核心部件自主可控，旗领机电集结了一批高素质研发团队，专业从事精密减速装置的研发与制造，攻克高精度减速器研发设计、精密制造工艺、质量控制、低应力装配和快速精密测试等多项关键技术，成功研制出系列化高精密减速器产品并实现产业化，形成了以机器人用 RV 减速器为核心的系列化货架产品，广泛应用于工业机器人、航空航天、自动导向车（AGV）、高精密机床、无

人潜航器（UUV）、医疗设备及无人装备等领域，为天津发展新质生产力做出较大贡献。

2023 年，旗领机电自主开发出人形机器人、雷达、坦克等领域专用减速器 10 余类，扩充了减速器型谱，为我国智能装备领域保驾护航。旗领机电参加多项国家重大项目研制，已申请发明专利 30 余项、发表论文 40 余篇，系列化高精密减速器产品，通过国家机器人检测与评定中心测试与省部委成果鉴定，性能达到国际领先水平，先后斩获第四届全国质量创新大赛一等奖、天津市科学技术进步奖二等奖、中船集团技术发明奖三等奖、第九届恰佩克奖年度创新品牌奖、第七届创客中国创新创业大赛二等奖等诸多荣誉。旗领机电高精密减速器产品线如图 3 所示。

图 3　旗领机电高精密减速器产品线

4.川崎机器人（天津）有限公司

川崎机器人（天津）有限公司（简称"川崎机器人"）是日本川崎重工业株式会社于2006年在天津经济开发区创立的独资企业，在上海、苏州昆山、广州有其分支机构，主导产品为工业机器人及其零部件、相关设备等。

川崎机器人深耕中国制造业10余年，在汽车、汽配、家电、3C、金属加工、食品粮油饮料、工程机械、船舶等众多行业中积累了数以千计的客户及大量应用案例，为中国制造业自动化产业升级做出了自己的业绩。

5.天津朗誉科技发展有限公司

朗誉科技专注重载AGV的研发生产，在最大载重量已达1 000t且可实现双车联动、多车拼接的基础上，基于5G和北斗导航，开发出无人驾驶转运平台，进一步延伸了产品应用领域。重载AGV市场逐步开拓，目前有实际应用案例400多个。2023年，朗誉科技发布360t重载AGV新品，新产品能实现升降行程300mm，最大承载360t，最大运行速度30m/min，爬坡能力5°，续航时间大于8h，充电时间只需要3h，控制方式为遥控驾驶，后期可以做无人驾驶升级，防护等级为IP66，并获得欧洲CE安全认证。朗誉科技同时积极拓展海外市场，产品已出口韩国、日本、印度等地。朗誉科技360t重载AGV如图4所示。

图4　朗誉科技360t重载AGV

6.云圣智能科技有限公司

2023年，云圣智能在第七届世界智能大会期间推出新品"圣Max无人机＆战袍全自动机场"。战袍全自动机场设计灵感源自大圣归来之时随风舞动的红色战袍，采用云圣新一代"机器之心"创新设计，充分挖掘空间奥义，在长宽仅1.6m的方寸之间可停留2台长航时圣Max无人机，接到任务指令时，仅需1min，2台无人机即可从机场联动起飞开展作业。在圣Max无人机68min的超长航时下，以战袍全自动机场为中心，即可覆盖8km半径的巡视范围。与此同时，不同于传统机场无人机的孤军奋战，战袍全自动机场双机协同作业模式下，支持双机并行作业与接力作业，宛若多"警卫"并发与交替站岗。云圣智能的产品线如图5所示。

图5　云圣智能的产品线

7.天津新智感知科技有限公司

天津新智感知科技有限公司（简称"新智感知"）前身为廊坊新奥智能科技有限公司，拥有20余年物联感知装备研发设计和运维服务的经验积累，总部坐落于天津市滨海高新区，分设北京、天津、杭州、廊坊四大产品基地，核心研发人员200余人。新智感知投入大量精力对"电子五官"进行研发，助力机器人行业传感器发展。该公司投资1.2亿元在天津设立检测中心，中心拥有EMC暗室、OTA暗室等，检测能力不仅为其自身的产品提供专业的检测服务，同时也面向所有生态伙伴开放，提供一站式检测服务。新智感知电子五官展示如图6所示。

图6　新智感知电子五官展示

三、主要园区及产业集群

近年来天津市已形成滨海新区、武清区、西青区和东丽区4个具有明显聚集趋势的机器人产业园区。其中，滨海新区主要以天津新松智慧园、天津开发区辰星自动化的并联机器人、朗誉科技的重载AGV、深之蓝的水下机器人为龙头形成机器人本体产业聚集区；津南区、西青区以天津福臻工业装备有限公司、天津福莱迪科技发展有限公司为代表形成机器人系统集成产业聚集区。

2023年5月，作为天津市政府一号工程的天开园正式开园，在顶层设计的引领下，将高标准规划建设天开园落到实处，所在区域是天南大（南开区环天南医大片区）、大学城（西青区大学城片区）、海教园（津南区海河教育园区）。这是天开园的"一核两翼"。其中，"一核"是指南开区环天南医大片区 7.14km² 区域，"两翼"是海教园和西青大学城。天开园将成为天津市各大院校机器人成果转化的一个重要载体。

在天津重点支持建设的 10 个大学科技园中，大多在机器人和智能科技领域开展科技创新和科研成果落地转化工作，具有强劲的发展动力和广阔的市场前景，已经形成天开园、北辰区联东 U 谷河北工业大学科技园、西青大学科技园等以大学科技园为代表的机器人与智能科技技术创新和产业聚集区。

四、重大举措和事件

（1）2023 年 3 月，深之蓝主持编写的国家标准《水下助推机器人通用技术要求》正式获批立项。

（2）2023 年 4 月，天津市政府印发《天津市推动制造业高质量发展若干政策措施》，其中第 8 条，"支持高端装备发展。鼓励企业研发生产机器人、工业母机以及相关零部件等产品"，促进机器人产业做大做强。

（3）2023 年 5 月，由南开大学段峰教授团队牵头完成了介入式脑机接口非人灵长类动物试验。该试验成功标志着我国脑机接口技术跻身国际领先行列。

（4）2023 世界机器人大会京津冀产业对接洽谈会在北京经开区举行，会上京津冀三地达成共识，将共建机器人产业协同示范园，探索招商、园区、项目等共建的有效模式，完善区域产业链供应链体系。

（5）2023 年 9 月，中华人民共和国第二届全国职业技能大赛在天津开幕。为庆祝大赛开幕，一飞智控联合天

津广播电视塔（简称"天塔"）进行了一场别开生面的无人机表演秀。表演期间，800 架无人机组成的中华巨龙腾空而起，蜿蜒盘旋于天塔周围呈现"飞龙绕塔"景观。随后，灵动的巨龙盘旋飞升，化作一面中国国旗，在夜空中冉冉升起。

（6）2023 年 10 月，2023 年华北五省（市、自治区）大学生机器人大赛天津赛区竞赛在天津工业大学举行。比赛共分为五大类，包括类人机器人竞技体育赛、机器人服务赛、人工智能与机器人创意设计赛、机器人武术擂台赛、水中机器人赛。大赛吸引了来自全市 20 多所高校的上千名学生参与，最终 111 支队伍、600 余名参赛学生入围决赛。

（7）2023 年 11 月，由国网天津市电力公司牵头制定的首个国际标准《配网带电作业机器人导则》发布，标志着该公司在国际标准领域取得新突破，进一步提升了在电力机器人战略新兴产业领域的国际影响力和话语权。

（8）2023 年 12 月，由共青团中央、工业和信息化部共同主办的 2023 年全国机器人科技创新交流营暨机器人大赛决赛在山东省日照市举行。天津大学学生团队获特等奖 1 项、一等奖 1 项。

（9）2023 年 12 月，天津机器人大会在天津团泊湖温泉酒店开幕，大会主题是"机器智能，装备未来"。国家自然科学基金委员会高技术研究发展中心研究员刘进长、中国机械工业联合会机器人分会理事长宋晓刚、哈尔滨工业大学赵杰教授、天津大学黄田教授、南开大学方勇纯教授等出席会议。

〔撰稿人：天津市机器人产业协会赵连玉〕

2023 年上海市机器人行业发展概况

一、行业发展概况

智能机器人是先进装备与新一代信息技术、人工智能技术融合的前沿产业，上海是我国智能机器人产业培育发展与示范应用的先行区，智能机器人正在全面融入上海的城市数字化转型。2023 年，上海市坚持稳中求进工作总基调，深化高水平改革开放，推动高质量发展，产业链展现出较强劲的韧性，内外贸易的企稳有力支撑了上海经济和社会的良性发展。目前，上海已建立起完整的机器人产业链，相关机器人整机、零部件和集成应用企业达到 300 多家。

根据工业和信息化部等十七部委《关于印发"机器人＋"

应用行动实施方案的通知》，结合《上海市促进智能机器人产业高质量创新发展行动方案（2023—2025 年）》等文件精神，为强化智能机器人终端带动、赋能百业的应用优势，按照《关于征集 2023 年度上海市智能机器人标杆企业与应用场景推荐目录的通知》要求，上海市经济和信息化委员会等十一委办局联合开展了上海市智能机器人典型应用场景的征集和评优工作，并对外正式公布《2023 年度上海市智能机器人标杆企业与应用场景推荐目录》。2023 年上海市智能机器人标杆企业与应用场景推荐目录入选名单见表 1。

表1 2023年上海市智能机器人标杆企业与应用场景推荐目录入选名单

应用领域	企业名称	应用场景
制造业	节卡机器人股份有限公司	节卡复合机器人在数控加工领域柔性生产
	上海飒智智能科技有限公司	面向3C半导体行业核心模块智能制造场景的智能保密押运机器人
	上海ABB工程有限公司	支持多产品机器人智能柔性自动化产线
	上海发那科机器人有限公司	水性漆静电旋杯车身内表面喷涂机器人系统解决方案
	库卡机器人制造（上海）有限公司	汽车行业智能物流机器人
	上海新时达机器人有限公司	橡胶轮胎智能机器人激光刻字工作站
	星猿哲科技（上海）有限公司	汽车行业视觉引导无序抓取机器人
	中科新松有限公司	协作机器人在焊接场景的应用
	梅卡曼德（上海）机器人科技有限公司	新能源汽车电池模组上线装配项目
	上海致景信息科技有限公司	坯布疵点AI智能检测
	上海威士顿信息技术股份有限公司	威士顿智能分拣机器人在卷烟制丝生产过程的杂物剔除应用
	上海捷勃特机器人有限公司	高速自规划表面视觉检测系统
	工博士机器人技术有限公司	某飞机复合材料打磨应用
	上海赛摩物流科技有限公司	智能立体仓库
	上海广川科技有限公司	应用于半导体CMP设备的防水机器人
	鲸朵（上海）智能科技有限公司	软包电池外观检测机器人
	视比特（上海）机器人有限公司	重工业钢板切割智能下料分拣产线
	上海优复博智能科技有限公司	面向船舶、核电、钢结构等柔性焊接场景的优复博人工智能焊接系统
农业	上海国兴农智能科技股份有限公司	苗床绿叶菜智能化生产流水线应用场景
	上海夏数智能科技有限公司	一日龄雏鸡性别鉴别
	上海博田自动化技术有限公司	张江镇农业机器人示范基地建设项目
能源	上海柔克智能科技有限公司	抽水蓄能电站智能巡检机器人
	上海赟匠智能科技有限公司	配电房挂轨式智能巡检机器人
	联想（上海）信息技术有限公司	220kV换流站四足机器人智能巡检以及机械臂应急操作
	星逻人工智能技术（上海）有限公司	光伏清洁机器人在光伏场站的应用
	上海织光智能科技有限公司	工商业屋顶光伏电站智能清扫及巡检机器人
安全应急和极限环境应用	上海钧工机器人有限公司	可疑爆炸物处置
	上海易咖智车科技有限公司	数字化智慧城市建设无人安防巡逻机器人
	上海柔克智能科技有限公司	高速公路隧道机器人
	上海朗驰佰特智能技术有限公司	地下管廊巡检机器人系统
	中电科机器人有限公司	四足巡检机器人电缆隧道自主督查
	上海方茜机器人有限公司	煤矿智能采样机器人
养老	上海傲鲨智能科技有限公司	养老服务
	亿慈（上海）智能科技有限公司	社区居家智慧康养解决方案
医疗	上海卓昕医疗科技有限公司	术中三维透视一体化骨科机器人应用于脊柱微创手术
	上海精劢医疗科技有限公司	电磁导航经皮穿刺定位肺结节
	上海奔曜科技有限公司	实验室桌面智能自动化
	上海擎朗智能科技有限公司	医院全场景数智化物流机器人
	上海国民集团健康科技有限公司	中医院便捷就医服务数字化转型
	上海上智优卓机器人科技有限公司	光学导航经皮穿刺机器人

（续）

应用领域	企业名称	应用场景
教育	上海创屹科技有限公司	智能乒乓球教练
	上海鲸鱼机器人科技有限公司	面向青少年科技竞赛的教育机器人
	上海擎朗智能科技有限公司	面向人工智能与机器人教育领域产教融合的机器人
	中科新松有限公司	新松机器人学院实训基地建设项目
	上海艾利特机器人有限公司	科研教育行业产教融合应用
	软银机器人（上海）有限公司	人形机器人从教育领域到不同领域的多重应用
建筑	涂强（上海）智能科技有限公司	建筑外墙喷漆机器人
商业社区服务	上元立交（上海）科技有限公司	停车机器人缓解停车难
	上海有个机器人有限公司	商业综合体
	上海智元新创技术有限公司	商业社区服务—交互服务
	上海易咖智车科技有限公司	应用于半封闭／公开场所的无人环卫清扫机器人
	上海酱萨智能科技有限公司	室外无人驾驶环卫清扫场景
	上海越凡享递机器人科技有限公司	写字楼商务配送
	上海思岚科技有限公司	智能巡检机器人
商贸物流	隆链智能科技（上海）有限公司	生鲜行业冷链立库仓储物流搬运机器人
	星猿哲科技（上海）有限公司	智能仓储视觉引导拆码垛机器人
	上海傲鲨智能科技有限公司	机场行李中转运输
	赛那德科技有限公司	大型物流中心自主装卸机器人

机器人密度是衡量一个城市智能制造水平的重要指标。上海市经济和信息化委员会提出，未来三年，上海将建设20家市级标杆性智能工厂、200家市级智能工厂，带动工业机器人应用量新增2万台，工业机器人密度提升100台／万人。

上海市工业机器人与服务机器人已形成齐头并进的增长格局。2023年，上海市服务机器人产业发展实现井喷，在医疗、建筑、农业、商业、家用、应急等领域实现多项首台落地应用。

截至2023年，上海重点产业的机器人密度达到383台／万人，规模以上企业机器人密度达到260台／万人，是世界机器人密度平均水平的2倍多。到2025年上海工业机器人密度将提升100台／万人。

上海全面推进制造业数字化转型，已打造3家国家级标杆性智能工厂、10家市级标杆性智能工厂和100家市级智能工厂。

二、产业园区概况

根据《上海市产业地图》，上海市机器人产业正在以普陀为产业地标，以宝山上海市机器人产业园区、嘉定工业区、浦东机器人产业园区（金桥／康桥／临港）为产业定位，加快构建完整的机器人产业体系。

1. 上海机器人产业园

坐落于上海市宝山区顾村镇的上海机器人产业园，是上海首家以机器人命名的产业园区，2020年成为上海26个特色产业园之一，2023年被工业和信息化部认定为首批

国家级中小企业特色产业集群。目前，园区内已集聚机器人和智能制造上下游全产业链众多代表企业，形成较为完整产业生态。数据显示，园区共入驻281家企业，其中，高新技术企业67家，小巨人企业6家，上市、挂牌企业8家，专家工作站1家，院士专家服务中心1家，战略性新兴企业18家，专精特新企业39家，规模以上企业58家。

2. 张江机器人谷

张江机器人谷位于上海市浦东新区，总规划面积达4.2 km²，是上海市首批特色产业园区之一。依托张江成熟的创新实力与生态平台，以人形机器人为核心，以医疗机器人、工业机器人、服务机器人为重点，以机器人关键零部件、机器人关键控制软件为突破，当前已汇聚ABB机器人赋能中心、上海机器人产业技术研究院创新中心、仿生机器人实验室等一批功能创新平台在此不断深耕。

于2023年年底成立的机器人智能等级标准验证与检测评价实验室聚焦机器人智能化水平，以机器人智能等级标准制修订为抓手，从技术、测试方法、实验室3个维度，构建算法测试、实物测试、模拟测试以及现场测试4个层级的测试能力，创建自有、联合、共享3种实验室运营模式，力争打造国内一流机器人智能等级评价中心；同时，构建数据集、训练、测试、身份确认等功能为一体的智能人形机器人数字化平台，赋能机器人产业上下游企业，助力浦东新区机器人产业集聚，推动上海市形成智能机器人产业新高地，助推机器人产业高质量发展。

3.嘉定工业区

上海市嘉定工业区是经上海市人民政府批准的市级工业园区，地处上海西北部，园区分南区和北区两大重点区域，总面积达 78km²，常住人口达 10.5 万人。

其中南区成立于 1992 年 10 月，已开发面积达 24.8km²，区域内先后创立了国家级高科技园区、上海光电子科技产业园、国家留学人员嘉定创业园等。

北区成立于 2003 年 1 月，核心区域面积为 32.4km²。主要以高科技、高效益、环保型的现代制造业为产业导向，包括汽车零部件、光电子信息、精密机械制造、工业设计、生产性服务等。

嘉定工业区机器人产业发展迅猛，上海嘉定工业区内的机器人产业已经实现了较高的技术自主化率，如"全长三角造"机器人的技术自主化率已达 90%。目前，上海新时达机器人有限公司（简称"新时达"）、安川首钢机器人有限公司上海分公司、上海辛迪机器人自动化有限公司等机器人企业落户于此。

其中新时达作为"全长三角造"机器人的链主企业，截至 2023 年累计出货量突破 4 万台，技术自主化率达到 60%。机器人产品及系统业务营收为 9.47 亿元，同比增长 27.95%，在营业收入中的占比达 27.95%。2023 年，新时达针对 25～600kg 大负载机器人，推出第四代机器人控制柜 SRC4，该控制柜在技术上实现了多项突破，如体积较市面常规产品减小 80%，同时具有高可靠性、便捷易用的特性。

三、未来发展展望

当前，机器人产业正处于发展的黄金时期。到 2025 年，上海市将力争打造 10 家行业一流的机器人头部品牌、100 个标杆示范的机器人应用场景、1 000 亿元机器人关联产业规模。围绕这一目标，上海市经济和信息化委员会将牵头开展支持机器人产业创新发展的三项重点行动。

1.工业智能提升行动

工业机器人是智能制造与"工业 4.0"的基础装备，是撬动智能工厂转型的关键支点。上海正在全面推进制造业数字化转型，实施智能工厂领航行动计划。总体目标是：到 2025 年，实现全区先进制造业智能制造水平大幅提高，智能工厂和智能制造优秀场景不断涌现，制造业生态体系初步形成。未来三年，上海市将围绕汽车、高端装备等六大重点产业，"一业一策""分级分类"推进工业企业智能制造转型，立足长三角 G60 科创走廊的科创资源优势和松江先进制造业基础，以智能工厂作为推动智能制造的切入点和突破口，推进制造业质量变革、效率变革、动力变革。

2.服务场景拓展行动

服务机器人是新技术、新产品、新模式创新应用的增长方向，具有终端带动、赋能百业的巨大潜力。未来三年，上海市将聚焦医疗、建筑、农业、商业、家用、应急等重点方向，促进服务机器人规模化落地应用。首先支持创新投入，通过首台突破、人工智能等专项支持机器人企业投入技术攻关、开发新款产品、抢跑创新赛道；其次是促进场景开放，鼓励机器人企业与用户单位积极对接，打造智慧医疗、智能建造、智慧社区等特色场景；此外打响行业品牌，滚动遴选发布第二批、第三批智能机器人标杆企业与应用场景推荐目录，形成家喻户晓的机器人"上海品牌"。

3.集群生态优化行动

首先打造特色集群，围绕浦东、宝山、嘉定、松江等重点区域，打造 3～5 个智能机器人特色产业集群，促进上下游产业链协同发展；其次是建设展示中心，在上海机器人产业园建设国内首个智能机器人展示中心，让广大市民朋友近距离与机器人互动体验；同时促进行业交流，依托进口博览会、工业博览会、世界人工智能大会、机器人高峰论坛等会展活动，促进机器人行业国际化交流。此外要加强标准制定，联合相关地标委、功能型平台、行业协会等组织力量，组织企业开展智能机器人新标准制定。

〔撰稿人：上海机器人产业技术研究院郑军奇、林玲英〕

2023 年江苏省机器人行业发展概况

一、行业发展概况

2023 年，江苏省工业机器人行业保持快速增长态势，成为推动全省制造业转型升级的重要力量。据天眼查统计，当前我国现存工业机器人企业 35.88 万余家。其中，江苏相关企业数量为 5.71 万余家，仅次于广东省，列全国第二位。在高工产业研究院（GGII）发布的《2023 年中国机器人产业区域发展潜力城市榜单 TOP10》中，江苏省列全国第二位，发展态势强劲。

从产业应用上来看，江苏省工业机器人在多个领域的应用不断深化，特别是在汽车、电子、金属加工、光伏、包装等行业中，工业机器人已成为提升生产率、保障产品质量的关键设备。在汽车制造业，工业机器人广泛应用于焊接、涂装、装配等工序，显著提高了生产自动化水平和生产率。在光伏产业，各工艺段对于工业机器人的需求日益增长。南京埃斯顿自动化股份有限公司(简称"埃斯顿")的"光伏排版工业机器人"更是入选工业和信息化部第八批制造业单项冠军企业名单,进一步推动了该领域机器人技术的不断创新与升级。

二、产业政策沿革

作为传统工业大省,江苏省一直致力于推动制造业的高质量发展。在全球新一轮科技革命和产业变革的背景下,江苏省政府深刻认识到机器人产业对于提升制造业竞争力的重要性,因此出台了一系列政策措施,以推动机器人产业的快速发展。

1.战略规划与顶层设计

(1)"十四五"规划与远景目标。在"十四五"规划和2035年远景目标纲要中,江苏省明确提出要保持制造业比重基本稳定,并将工业机器人作为制造业高质量发展的重要细分赛道进行重点培育。这一战略规划为江苏省工业机器人产业的发展指明了方向。

(2)专项行动计划。江苏省还出台了多项专项行动计划,例如《江苏省机器人产业发展三年行动计划(2018—2020年)》《江苏省"十四五"制造业高质量发展规划》等,详细规划了机器人产业的发展目标、重点任务和保障措施。

2.产业应用与推广

(1)人形机器人。随着人形机器人技术的加速演进,江苏省在该领域也取得了显著成果。省政府明确提出要加强人形机器人技术的研发与应用,推动其与元宇宙、脑机接口等前沿技术的融合,探索跨学科、跨领域的创新模式。目前,江苏省已涌现出一批具有自主知识产权的人形机器人产品,涵盖仿人型机器人、服务型机器人、特种机器人等多个领域,并在实际应用中表现出色。

(2)深入实施"机器人+"应用行动。到2025年,江苏机器人产业链规模将达到2 000亿元左右,机器人核心产业规模达到250亿元以上,成为全国机器人产业创新发展和集成应用高地。同时,计划培育5家具有国际竞争力的机器人企业,新增10家省级以上"专精特新"企业,并遴选50个标杆示范机器人应用场景。

(3)示范项目与标杆企业培育。坚定不移地实施"产业强区、创新引领"发展战略,将机器人及人工智能作为核心产业之一进行重点打造。为增强产业原始创新能力,江苏省引入哈尔滨工业大学苏州研究院(简称"哈工大苏州研究院")等高水平科研机构,依托其雄厚的科研和人才资源,建设了多个机器人及智能装备研究中心,推动了关键技术的突破与应用。同时,政府出台了一系列政策鼓励省内头部企业的规模化发展。

3.政策支持与资金保障

(1)财政补贴与税收优惠。江苏省政府通过财政补贴、税收优惠等多种方式支持机器人产业的发展。例如,对符合条件的机器人产业重大项目、重大研发平台给予资金支持;对高新技术企业减按15%的税率征收企业所得税等。

(2)专项资金引导。江苏省还设立了专项资金用于引导和支持机器人产业的发展。这些资金主要用于支持关键技术研发、产业应用推广、公共服务平台建设等方面的工作。

三、产业链情况

1.上游零部件

江苏省机器人产业链上游以精密减速器、控制器、伺服系统等核心零部件为主。虽然我国已经建立起相关技术积累,并实现了较高程度的国产化,但目前仍有部分产品依赖进口。江苏省通过政策扶持和市场引导,鼓励企业加大研发投入,提升自主创新能力,逐步减少对进口零部件的依赖。例如,无锡蔚瀚智能科技有限公司在谐波减速器的研发和生产方面取得了重要突破,为人形机器人的关键核心部件国产化替代提供了有力支撑。苏州绿的谐波传动科技股份有限公司则是精密传动领域的核心零部件厂商,目前已突破谐波减速器技术难点,在实现量产、突破垄断等方面均为国内领先,是当前国内谐波减速器领域龙头,市场份额居国产供应商第一名。

2.机器人本体

江苏省拥有多家在机器人本体制造领域具有竞争力的企业,如埃斯顿、南京科远智慧科技集团股份有限公司、亿嘉和科技股份有限公司、苏州汇川技术有限公司、科沃斯机器人股份有限公司、追觅科技(苏州)有限公司等。这些企业不仅在国内市场占据重要地位,还在国际市场上展现出较强的竞争力。

埃斯顿是江苏工业机器人企业加快创新、发力汽车等下游应用市场的缩影。在全球新一轮科技革命和产业变革迅猛发展的背景下,江苏将工业机器人作为提高生产率、企业转型升级的有力抓手,及早谋划、集中发力,以"四两拨千斤"的巧劲,在带动传统制造业提质增效的同时,推动工业机器人产业驶入发展的快车道。

3.下游系统集成商

下游系统集成商是市场推广的主要承担者,利润弹性更高。江苏省拥有常州华数锦明智能装备技术研究院有限公司、三丰智能装备集团股份有限公司、江苏汇博机器人技术股份有限公司、博众精工科技股份有限公司等一批优秀的系统集成商,它们将生产出的工业机器人集成到汽车、电子、金属加工等产业中,为终端客户提供完整的解决方案。通过系统集成,工业机器人的应用范围得以扩大,市场需求持续增长。

四、重点园区概况

江苏省作为我国制造业和机器人产业的重要基地,在推动传统工业机器人发展的同时,也积极涉足人形机器人等前沿领域。依托雄厚的产业基础、丰富的技术资源和完善的产业链体系,不断推动工业机器人及人形机器人的研发与应用,为江苏省乃至全国的智能制造产业发展注入新的动力。

江苏吴中经开区机器人产业园是江苏省乃至全国机器人产业的重要集聚区。园区依托哈工大苏州研究院等科研机构的技术支持，建设了多个高水平的研发中心和实验室，为产业创新发展提供了技术源头供给。昆山高新区机器人产业园则是全国第一家以机器人产业为载体的国家级孵化器。张家港、海安等地机器人产业园积极培育机器人科技研发平台，打造机器人集聚载体。

南京江宁经济技术开发区已集聚包括南京菲尼克斯电气有限公司、埃斯顿等行业"隐形冠军"和"小巨人"在内的关联企业150多家，形成了以机器人、自动化成套装备和智能测控系统等为主的产业集群，近年来规模持续保持两位数增长。

常州机器人产业园是江苏省机器人产业的另一个重要板块。近年来，武进区加速打造产业链强、创新强、应用

强的机器人产业，汇聚了安川（中国）机器人有限公司、常州节卡智能装备有限公司、常州铭赛机器人科技股份有限公司等众多国内外知名企业。产业基地内构建了从"关键零部件"到"整机生产"再到"系统集成"的完整产业链，为机器人产业的快速发展提供了有力支撑。

此外，近年来无锡在芯片、算法、传感器等领域的布局已经为人形机器人产业的发展奠定了一定的基础，但强大的智力支持仍不可或缺。除了上下游企业，无锡人形机器人核心部件产业联盟还吸纳了江南大学、南京理工大学、上海交通大学等长三角高校院所，集智聚力攻坚关键核心技术。江苏省重点机器人产业园区情况见表1。

表1 江苏省重点机器人产业园区情况

序号	产业园名称	所在地	重点企业情况
1	江苏吴中经开区机器人产业园	苏州市	苏州灵猴机器人有限公司、科沃斯机器人科技有限公司、苏州汇川技术有限公司、苏州绿的谐波传动科技股份有限公司等
2	昆山高新区机器人产业园	昆山市	昆山华恒焊接股份有限公司、苏州穿山甲机器人股份有限公司、库卡工业自动化（昆山）有限公司、哈工大机器人集团（昆山）有限公司等
3	常州机器人产业园	常州市	安川（中国）机器人有限公司、常州市钱璟康复股份有限公司、金石机器人常州股份有限公司、纳博特斯克（中国）精密机器有限公司等
4	南京麒麟机器人产业园	南京市	机器人相关企业入驻达数百家
5	张家港机器人产业园	张家港市	那智不二越（江苏）精密机械有限公司、伊萨焊接器材（江苏）有限公司、张家港先锋自动化机械设备股份有限公司等

五、未来发展展望

从核心零部件的产能提升，到机器人产业整合发展，再到人形机器人和人工智能领域的布局加码，江苏正不断增创机器人产业发展新动能。

未来，江苏省机器人行业将继续加大技术创新力度，

推动关键核心技术的突破与应用。特别是在人形机器人、智能感知与决策、远程控制与云端协同等领域，江苏省将加强跨学科、跨领域的合作与交流，推动机器人技术的持续进步与产业升级。

〔撰稿人：江苏省机器人专业委员会王琼、孙闵〕

2023年浙江省机器人行业发展概况

一、行业发展概况

近年来，依托人工智能、5G、物联网等数字经济优势，浙江省以着力打造智能机器人高地为目标，以高端化、智能化发展为导向，以"关键技术攻关—核心部件提升—整机突破—系统集成—示范应用"全链条跨越式高质量升级为路径，不断完善产业布局、创新体系、应用体系，积极探索新模式、新业态。

2023年，浙江省机器人产业总产值为631.5亿元，同比增长30.9%；增加值为147.5亿元，同比增长33.8%；工

业机器人产量达4.6万台，同比增长70.6%，服务机器人产量3 871台，同比增长15.3%。截至2023年，浙江省已形成杭州凯尔达焊接机器人股份有限公司（简称"凯尔达"）等9家上市企业，浙江双环传动机械股份有限公司（简称"双环传动"）等6家制造业单项冠军企业，杭州申昊科技股份有限公司（简称"申昊科技"）等5家专精特新"小巨人"企业，八环科技集团股份有限公司等7家隐形冠军企业，浙江娃哈哈智能机器人有限公司、杭州海康威视数字技术股份有限公司（简称"海康威视"）等6家雄鹰企

业进入机器人领域，优势企业队伍不断壮大。2023年，浙江省新培育"机器人+"典型应用场景16项，"机器人+"应用标杆企业12家。同时，浙江省高水平打造峰会窗口，通过举办中国机器人峰会、中国（杭州）国际机器人西湖论坛，组织企业参展和技术交流，打造高层次交流合作平台，不断优化产业发展生态。

二、产业链主要环节

2023年，浙江省已初步形成"芯片和关键零部件—整机制造—系统集成与应用"的完整上下游产业链。

1.关键零部件

宁波中大力德智能传动股份有限公司（简称"中大力德"）是一家集电动机驱动、微特电动机、精密减速器、机器人结构本体及一体化智能执行单元的研发、制造、销售、服务于一体的国家高新技术企业。中大力德产品以其差异化和高性价比优势，广泛应用于工作母机、数控设备、工业机器人、智能物流、新能源、食品、包装、纺织、电子、医疗、通信、农牧等机械装备领域。在替代进口产品的基础上，逐步参与国际竞争。

双环传动专注于机械传动核心部件——齿轮及其组件的研发、制造与销售。目前，双环传动已成为我国头部专业齿轮产品制造商和服务商之一。凭借高性能高铁齿轮成为采埃孚高铁齿轮战略供应商，完成工业机器人关节（RV减速器）创新研发并向产业化转型，成为国产机器人市场领军品牌，新能源汽车齿轮产品国内市场占有率约达50%。

浙江来福谐波传动股份有限公司是一家从事高精密谐波减速器的专业化公司，在谐波传动领域已拥有多项国家发明专利和国家实用新型专利。开发生产的精密谐波减速器具有高可靠性、高精度、高寿命、大速比、小体积等特性，广泛应用于机器人、航空航天设备、数控机床、半导体制造设备、精密机械驱动控制等领域。

智昌科技集团股份有限公司（简称"智昌科技"）是一家以三元控制技术为核心，由蜂群机器人为载体的产业脑联网创新型集团公司。始终坚持将新一代信息技术与工业制造深度融合，不断推进集群机器人应用升级创新，实现从"锐智"运动控制器到三元智能控制器的升维，拥有泛在控制器和群智网络控制器两大核心硬件，成功开发了"工蜂机器人微网、章蜂边缘网、群蜂产业云网"，在此基础上全面布局"装备智联、工厂智联、产业智联"的业务模式。

2.工业机器人

凯尔达专注于工业机器人及工业焊接设备领域，产品广泛应用于车辆船舶、轨道交通、工程机械、石油化工、金属家具、五金制品、医疗器械、健身器材等行业。经过多年的技术积累，凯尔达已经形成了以工业机器人技术及工业焊接技术为核心的焊接机器人应用及工业焊接设备的成套技术，已获专利100余项。

杭州翼道智能科技有限公司自主研发生产的迅翼系列高速并联机器人性能优于国内外同类产品，是少数几个进入世界500强企业供应商名录的拥有核心自主知识产权的国内机器人本体品牌。

杭州景业智能科技股份有限公司自主研发的核工业系列机器人、核工业智能装备等产品主要应用于核燃料循环产业链，已成功应用于多个项目，为客户提高生产率、提升系统可靠性、实现特殊环境下的机器换人等多个难题提供了系统解决方案。核心产品"核工业电随动机械手"和"核工业自动取样系统"连续两年获得浙江省国内首台（套）产品的认定。

3.移动机器人

杭州海康机器人股份有限公司（简称"海康机器人"）是面向全球的机器视觉和移动机器人产品及解决方案提供商，业务聚焦于工业物联网、智慧物流和智能制造，构建开放合作生态，为工业和物流领域用户提供服务，以创新技术持续推动智能化，引领智能制造进程。

浙江国自机器人技术股份有限公司（简称"国自机器人"）成立于2011年，总部位于杭州，致力于成为全球领先的移动机器人公司，建立了完整的移动机器人技术体系。该公司以技术创新为根本，是全场景智能导航、多智能体调度、柔性协作与交互等移动机器人核心前沿技术的领航者。目前，已形成以智能巡检、智能物流及智能制造为核心的产品体系，在产能规模、产品谱系、场景应用等方面跻身行业前列。

浙江科聪机器人有限公司（简称"科聪"）是国家高新技术企业，总部位于杭州滨江，湖州设制造和测试中心。作为我国移动机器人控制系统行业领军者，业务连续多年高速增长，市场占有率多年领先。科聪持续为行业输出先进、可靠的移动机器人技术，赋能移动机器人落地于仓储物流、汽车制造、3C电子、半导体、电子及通信、新能源、航空航天、医药、仪器仪表、教育科研等各行各业。

4.服务机器人

五八智能科技（杭州）有限公司（简称"五八智能"）是专业从事仿生智能前沿技术开发及成果产业化的高科技企业，由中国兵器装备集团自动化研究所有限公司与中国兵器装备集团杭州智元研究院有限公司联合设立，是中国兵器装备集团智能创新研究院仿生智能控制研究所实体运营单位。五八智能围绕分队级无人装备体系，重点开展仿生运动控制、仿生智能感知、自然人机交互等关键技术开发，引领支撑兵器装备集团仿生智能科技创新发展，矢志打造国际一流的研发机构和仿生智能领域技术高地，成为我军无人装备高质量发展的重要科技力量。

杭州宇树科技有限公司（简称"宇树科技"）是专注于消费级、行业级高性能四足机器人研发、生产及销售的企业，是全球较早公开零售高性能四足机器人的企业，产品全球销量领先。

5.集成供应商

浙江大华技术股份有限公司（简称"大华股份"）是全球领先的以视频为核心的智慧物联解决方案提供商和运营服务商。围绕城市、企业的数智化创新与转型，从智能到融合智能，大华股份全新升级 Dahua Think 2.0 战略，推动城市业务从改善城市管理到城市高效治理，保障运行有序到城市运行自治，提升公共安全到安全体系升级。

浙江大立科技股份有限公司是于 1984 年成立的浙江省测试技术研究所改制而成的股份制高新技术企业，是国内 A 股红外和安防系统板块首家上市公司。该公司专业从事非制冷焦平面探测器、红外热像仪、红外热成像系统的研发、生产和销售。经过多年的发展，从研究所成长为具有较强自主研发和技术创新能力且经营业绩稳定增长的上市公司。

易思维（杭州）科技股份有限公司专注于工业智能视觉领域，是一家集机器视觉产品的设计、研发、制造及应用于一体的高新技术企业。该公司紧密围绕现代工业智能制造及智能运维过程中的工艺需求，致力于为批量可复制的应用场景提供完整的机器视觉解决方案。

三、主要园区及产业集群

浙江作为机器人产业先发省份，截至 2023 年，浙江基本形成以杭州滨江、萧山机器人小镇和宁波余姚机器人小镇为核心，温州、嘉兴、台州等多地的平台特色化发展的机器人产业发展格局。

目前，杭州滨江区 12 家规模以上企业实现产值 77 亿元，集群竞争优势明显，上游汇聚海康机器人、浙江中控技术股份有限公司、杭州士兰微电子股份有限公司、浙江远传信息技术股份有限公司等关键零部件和芯片企业，中游汇聚宇树科技、阿尔法机器人（杭州）有限公司等机器人本体制造企业，以及海康威视、大华股份等下游系统集成企业，同时拥有众多创新平台和研发中心，在智能视觉、运动控制、人机交互等技术领域具有较强竞争力。

杭州萧山机器人小镇作为中国十大机器人产业园、恰佩克奖最佳产业园，聚焦机器人整机领域与关键零部件领域，已集聚凯尔达、浙江钱江机器人股份有限公司（简称"钱江机器人"）、杭州萧山中开机器人有限公司、杭州行星传动设备有限公司、杭州德望纳米技术有限公司、杭州力超智能科技有限公司等龙头企业，形成了"生产+配套+应用"于一体的链条式产业培育体系。

宁波余姚机器人小镇充分发挥"中国机器人峰会"永久举办地的窗口作用，以成为全球机器人产业研发制造高地为目标，大力发展机器人产业，目前引育了中大力德、宁波中久机器人科技有限公司等企业。

四、重大举措和事件

1. 印发《关于培育发展未来产业的指导意见》

2023 年 2 月 10 日，浙江省人民政府办公厅印发《关于培育发展未来产业的指导意见》（简称《指导意见》）。《指导意见》提出将优先发展 9 个快速成长的未来产业，其中包括"仿生机器人"领域：开展仿生感知认知、生机电融合、人工智能、视觉导航等技术研究突破与系统集成，强化商用场景和个人、家庭应用场景探索。浙江省将强化企业梯队培育。深化科技企业"双倍增"行动，鼓励现有行业头部企业布局未来产业前沿领域，加快引进高成长性创新型企业，支持企业牵头科研院校搭建未来产业创新联合体，培育一批未来产业"链主"企业。鼓励未来产业领域创新创业，强化商业模式创新和市场培育，积极引导未来产业中的专精特新中小企业成长为国内领先的"小巨人"企业。探索开展产业培育赛马制，利用市场竞争机制筛选重点领域最具竞争力的技术、产品和企业予以支持。建立企业精准挖掘机制，主动发掘和培育未来产业领域高技术、高成长、高价值企业。培育科技中介服务机构，促进未来产业资源要素流通，激发各类市场主体活力。

2. 公示《2023 年度机器人典型应用场景和"机器人+"应用标杆企业》

2023 年 5 月 11 日，浙江省经济和信息化厅公示《2023 年度机器人典型应用场景和"机器人+"应用标杆企业》。评选出"汽车行业转向系统工厂全流程多车型智能搬运解决方案"等 16 个机器人典型应用场景，奥克斯空调股份有限公司等 12 家"机器人+"示范应用标杆企业。2023 年浙江省机器人典型应用场景见表 1。2023 年浙江省"机器人+"应用标杆企业见表 2。

表 1　2023 年浙江省机器人典型应用场景

序号	地级市名称	地区	申报单位	场景名称
1	杭州市	滨江区	杭州海康机器人股份有限公司	汽车行业转向系统工厂全流程多车型智能搬运解决方案
2	杭州市	余杭区	杭州申昊科技股份有限公司	轨道交通机器人智能运维解决方案
3	杭州市	临安区	浙江杭叉智能科技有限公司	未来工厂自动化配送及仓储解决方案
4	杭州市	滨江区	浙江国自机器人技术股份有限公司	基于联合巡视平台的多模式巡检场景
5	杭州市	余杭区	杭州程天科技发展有限公司	面向中枢神经病变导致的下肢步行功能障碍的康复外骨骼典型应用场景
6	台州市	温岭市	瀚维（台州）智能医疗科技股份有限公司	面向群体性乳腺癌筛查的超声机器人应用
7	台州市	温岭市	浙江钱江机器人有限公司	面向大型钢结构件的激光寻位焊接解决方案
8	宁波市	余姚市	宁波江丰生物信息技术有限公司	基于人工智能的宫颈细胞扫描分析系统
9	宁波市	余姚市	智昌科技集团股份有限公司	面向整车制造的"眼脑手脚一体化"搬运机器人应用

（续）

序号	地级市名称	地区	申报单位	场景名称
10	杭州市	滨江区	浙江华睿科技股份有限公司	基于 5G+ 的园区物流机器人应用
11	杭州市	余杭区	杭州蓝芯科技有限公司	锂电池工厂智能产线物流解决方案
12	宁波市	余姚市	浙江瑞华康源科技有限公司	面向医院综合物流的 5G 服务机器人（AGV）应用示范
13	宁波市	余姚市	宁波伟立机器人科技股份有限公司	机器人在 DFMS 数字化柔性制造系统的应用示范
14	湖州市	德清县	浙江华嘉驰智能科技有限公司	面向印染行业的低成本 AGV 和印染订单流程管理系统
15	杭州市	萧山区	浙江沐森机器人科技有限公司	面向水泵搬运码垛的机器人应用示范
16	杭州市	临平区	银都餐饮设备股份有限公司	面向国际连锁店的智能食物炸制机器人应用

表 2　2023 年浙江省"机器人 +"应用标杆企业

序号	地级市名称	地区	申报单位	项目名称
1	宁波市	鄞州区	奥克斯空调股份有限公司	面向空调生产全流程机器人应用示范
2	杭州市	临平区	杭州蕙勒智能科技股份有限公司	面向磁轭机加工的机器人应用示范
3	宁波市	北仑区	宁波中集物流装备有限公司	面向集装箱生产的机器人应用示范
4	湖州市	长兴县	长兴吉利汽车部件有限公司	面向汽车生产的智能全自动机器人应用示范
5	湖州市	长兴县	诺力智能装备股份有限公司	自动化产线及物料精准配送应用示范
6	温州市	瑞安市	瑞立集团瑞安汽车零部件有限公司	多类型机器人协同的无人化机加工车间
7	舟山市	普陀区	舟山中远海运重工有限公司	船舶外板超高压水除锈大臂车机器人应用
8	宁波市	江北区	宁波威兹马特电子有限公司	自动装配机产线机器人的应用
9	杭州市	桐庐县	杭州象限科技有限公司	磁性材料自动化装配机器人应用示范
10	台州市	台州湾新区	浙江台通制冷设备有限公司	面向制冷阀体生产的机器人应用示范
11	杭州市	临安区	杭州谱育科技发展有限公司	智能化在线监测机器人应用示范
12	湖州市	长兴县	浙江优全护理用品科技股份有限公司	湿巾产线"机器人 +"应用示范

注：数据来源于浙江省经济和信息化厅。

3. 印发《关于加快人工智能产业发展的指导意见》

2023 年 12 月 7 日，浙江省人民政府办公厅印发《关于加快人工智能产业发展的指导意见》。对发展新一代人工智能的决策部署，抢抓通用人工智能发展的重大战略机遇，推动产业高质量发展提出了发展意见：需加强核心技术攻关。聚焦大模型基础架构、关键算法、数据技术，以及人工智能芯片、智能传感器、系统软件等重点方向，设立新一代人工智能重大科技专项，通过"揭榜挂帅""赛马"等模式组织攻关，对以创新联合体开展联合攻关的，省市县三级联动以目标任务书的方式组织实施。鼓励高校院所、企业牵头承担有关国家科技创新重大项目。

4. 第四届中国机器人学术年会开幕式在杭州举办

2023 年 7 月 8 日，第四届中国机器人学术年会开幕式在杭州成功举办。大会由中国机械工程学会机器人分会、中国自动化学会机器人专业委员会、中国宇航学会机器人专业委员会、中国人工智能学会智能机器人专业委员会和中国计算机学会智能机器人专委会共同主办，进一步提升我国机器人学术研究氛围，为我国机器人领域的学者提供重要的学术交流平台。机器人产业是制造业转型升级、实现高质量发展的重要基础，是构建现代产业体系的关键环节，是衡量一个国家科技创新能力和产业未来发展的重要标志，中国机器人学术年会的举办不仅为国内机器人相关各个领域的专家学者、学生和从业人员提供交流、共享、合作的平台，也为促进新一轮科技革命和产业变革趋势，推动机器人产业实现高质量发展提供了引擎。

5. 第四届中国机器人行业年会在湖州举办

2023 年 12 月 7—8 日，第四届中国机器人行业年会在湖州举办。会议以"推进产业创新与协作共融"为主题，以赋能机器人产业创新发展为主线，聚焦机器人产业链发展热点问题、核心技术、未来趋势。数百位院士专家、知名学者、卓越企业家等汇聚一堂，展示前沿技术成果，通过主旨报告、专题报告、圆桌论坛，分享课题成果，探讨技术难题，共话产业发展，为湖州念活制造业高质量发展"新"字诀贡献智慧，携手共商机器人产业高质量发展的可持续之路。

五、发展规划及战略

基于浙江省机器人产业发展现状及未来发展规划，浙江省提出了明确的发展目标。到 2027 年，人工智能核心技术将取得重大突破，算力算法数据有效支撑，场景赋能的广度和深度全面拓展，全面构建国内一流的通用人工智能发展生态，培育千亿级人工智能融合产业集群 10 个、省级创新应用先导区 15 个、特色产业园区 100 个，人工智能企业数量超 3 000 家，总营业收入突破 10 000 亿元，成为全球重要的人工智能产业发展新高地。

面对目前浙江省机器人产业发展的困难和问题，以及未来浙江省机器人产业高质量快速发展，浙江省经济和信息化厅从产业集群、应用场景、标杆企业、发展战略等几个方面提出机器人产业发展的建议和思路。

（1）推动机器人产业集群化培育。推动制定《浙江省机器人与数控机床产业集群建设行动方案（2022—2027年）》，聚焦工业机器人、服务机器人和特种机器人等重点领域，通过谋划建设一批机器人产业核心区、协同区，积极探索浙江机器人产业发展的新模式新业态。

（2）强化机器人典型应用场景推广。在进一步拓展"机器人+"典型应用的广度和深度的总体思路下，对已形成较大规模应用的领域，着力推动机器人新产品开发和推广，开拓高端应用市场；对初步应用和潜在需求领域，结合具体场景，提升机器人产品和解决方案，推进试点示范，拓展应用空间。

（3）重点培育壮大骨干标杆企业。落实"链长＋链主"协同机制，实施"雄鹰行动"，面向工业机器人、服务机器人、特种机器人等整机制造领域，遴选培育若干机器人产业链"链主"企业，推动组建产业联盟和上下游企业共同体，重点培育一批专精特新"小巨人"企业、隐形冠军企业。

（4）落实长三角一体化发展战略。加强长三角三省一市经信部门合作，持续深化长三角机器人产业链合作机制，促进长三角地区共同应对处置机器人产业链供应链断链断供风险。

〔撰稿人：浙江省机器人产业发展协会宋伟、郑涛〕

2023 年湖北省机器人行业发展概况

一、行业发展概况

2023 年，湖北省工业机器人产业规模已接近 200 亿元，基本形成了以武汉为研发核心，襄阳、黄石、孝感等为生产基地的产业布局。其产业链条完整，尤其是在关键零部件方面具备较强的技术优势，减速器研制达到国际先进水平，伺服系统、控制器等产品研制具备完全自主知识产权。科技创新能力不断增强，形成了科研院所开展前沿攻关，工程研究中心推动技术服务和转化，企业研发中心开展产业应用的整体研发体系。人才队伍优势突出，形成科研人才和应用型人才相结合的工业机器人产业人才培养体系。

当前，湖北省工业机器人产业存在的主要问题有：①产量在全国的占比较小、增长滞后于国内平均水平；②尚未形成集群化发展态势，全省尚无链主型企业布局，中游本体制造略显薄弱，企业规模总体偏小，下游集成应用服务商整体实力不强；③成果产业化项目倾向外省布局，就地转化率不高；④产业要素支撑和发展环境亟待提升。

二、重点产品及主要企业

湖北省机器人产业链主要企业及重点产品见表 1。

表 1　湖北省机器人产业链主要企业及重点产品

主要产品及类型（工业或服务）		企业名称	重点产品
机器人本体	工业机器人	奋进智能机器有限公司	上甑机器人、窖池机器人、智能桁车
		武汉华中数控股份有限公司	多关节工业机器人
		埃斯顿（湖北）机器人工程有限公司	六轴通用机器人、SCARA 机器人等
		武汉海默机器人有限公司	焊接机器人、六轴协作机器人
		湖北三丰机器人有限公司	AGV/AMR 移动机器人
		湖北华威科智能股份有限公司	轻载桁架式机器人
		中冶南方（武汉）自动化有限公司	大型 PCB 板焊装机器人

（续）

主要产品及类型 （工业或服务）		企业名称	重点产品
机器人本体	服务机器人	武汉市海沁医疗科技有限公司	智能灼灸养生仪、蜂巢点阵灼灸仪
		武汉库柏特科技有限公司	手术机器人
		武汉力龙信息科技股份有限公司	智能政务服务机器人（小易）
		武汉世怡科技股份有限公司	烹饪机器人
		武汉威明德科技股份有限公司	红枣、番茄收获机器人
	特种机器人	湖北三江航天万峰科技发展有限公司	防爆机器人
		湖北赟丰机器人技术有限公司	轨道巡检机器人、供电机房巡检挂轨机器人
		武汉市巨东科技有限公司	高空智能机器人
	建筑机器人	中物智建（武汉）科技有限公司	Panda 人机协作机器人
	娱乐机器人	武汉需要智能技术有限公司	下棋机器人、乐队机器人等
		穆特科技（武汉）股份有限公司	多轴并联机器人
机器人关键零部件	减速器	湖北科峰智能传动股份有限公司	谐波减速器、行星减速器
		武汉市精华减速机制造有限公司	RV 减速器
	伺服电动机	武汉华中数控股份有限公司	伺服驱动、电动机
		武汉迈信电气技术有限公司	低压伺服驱动器
	控制器	武汉菲仕运动控制系统有限公司	运动控制器
		武汉华中数控股份有限公司	控制系统
机器人系统集成	集成服务	三丰智能装备集团股份有限公司	工业机器人及柔性产线、智能输送成套装备
		埃斯顿（湖北）机器人工程有限公司	智能包装生产线
		湖北三丰机器人有限公司	基于 AGV 的脉动式生产线
		湖北华威科智能股份有限公司	工业智能读写、读码器、标签
		武汉申安智能系统股份有限公司	智能工作站、柔性智能生产线
		武汉库柏特科技有限公司	医院智能化服务（零接触式智慧药房）
		武汉人天机器人工程有限公司	包装智能生产线集成
		武汉微动机器人科技有限公司	烟草行业智能自动化集成
		湖北赟丰机器人技术有限公司	人工智能运维服务机器人
		武汉德宝装备股份有限公司	汽车涂胶、焊接生产线集成

注：资料来源于湖北省机器人产业技术创新战略联盟。

1.武汉奋进智能机器有限公司

武汉奋进智能机器有限公司（简称"奋进智能"）成立于 2014 年，专注于智能工业机器人的研发和应用，已推出上甑机器人、窖池机器人和起堆机器人等系列工匠机器人产品，建立了以无线测控技术、工业机器人技术和物联网技术为支柱的智能制造技术体系，其中"上甑机器人"技术被工业和信息化部作为先进案例推介，该技术也获得了"国际领先"的科学技术评价，实现了白酒产业智能化改造技术国产化替代。目前，奋进智能上甑机器人国内市场占有率已超过 80%，连续四年市场占有率全国第一。奋进智能参与编制国家标准 4 项，团体标准 3 项。截至目前有效发明专利 24 项、实用新型专利 106 项、外观专利 5 项、软件著作权 22 项。所获荣誉包括国家级专精特新"小巨人""湖北省隐形冠军"，湖北省机器人行业龙头、2023 机器人行业 TOP 企业遴选培育企业。

2.武汉华中数控股份有限公司

武汉华中数控股份有限公司（股票代码：300161，简称"华中数控"）创立于 1994 年，是从事数控系统及其装备开发、生产的高科技企业，2023 机器人行业 TOP 企业遴选培育企业，也是我国数控系统行业的首家上市公司。华中数控通过自主创新，在我国中、高档数控系统及高档数控机床关键功能部件产品研制方面取得重大突破，形成了系列化、成套化的中、高档数控系统产品（包括数控装置、驱动装置和电动机）产业化基地；建立了产品工程化研发、规模化生产、可靠性测试、市场推广与销售等创新体系；形成了年产高档数控装置 5 万台、伺服驱动装置 15 万台、伺服电动机 30 万台的产业化能力。其中自动化集成系统开发，生产的桁架机械手、工业机器人等自动化产品成功应用于家用电器制造、塑料零件加工、汽车零件加工等企业，创造出国产机器人与国外机器人同台竞技，实现国产机器人对进口机器人的广泛替代。

3.武汉迈信电气技术有限公司

武汉迈信电气技术有限公司（简称"迈信电气"）创立于 2004 年，是一家专注于伺服仪器产品研究、开发、生产、销售为一体的高新技术企业。全数字式交流伺服驱动器和永磁交流伺服电动机是其核心产品。迈信电气自主研发了 EP 系列伺服驱动器，其中，EP3E 系列伺服驱动器为国内首个通过 POWERLINK 产品一致性认证的以太网总线的伺服产品；EP1C Plus 为国内首个振动抑制可以达到日本伺服水平的产品系列，实现了伺服高端领域产品的国产化替代；EP3E-PN 为国内首个支持 Profinet 总线协议的高性能伺服驱动。迈信电气拥有 42 项国家发明专利、31 项实用新型专利、15 项软件著作权和 6 项注册商标。所获荣誉包括连续 17 年被评为"高新技术企业"、连续 8 年被评为运动控制领域用户满意品牌，拥有"瞪羚企业""科技型中小型企业成长路线图计划重点培育企业""湖北省 200 家极具投资潜力的科技型企业"，以及国家专精特新"小巨人"等称号。

4.立得空间信息技术股份有限公司

立得空间信息技术股份有限公司成立于 1999 年，是中国移动测量系统（MMS）的发明企业及世界成员之一，致力于运用"天—空—地"移动测量技术推动测绘产业变革，促进地理空间大数据的快速获取与利用。该公司的主营业务由智能移动测量、智慧城市大数据及行业应用、物联网地图三大板块形成。已获得百余项发明专利和软件著作权，曾 2 次荣获国家科技进步奖二等奖以及各种省部级奖励 20 余项，参加了移动测量、实景地图、时空信息云平台等国家标准和行业标准的编制。目前，已成功服务全国 500 多个城市、数以千计的客户，在北京奥运会、国庆 70 周年阅兵、汶川地震救援、青藏铁路、嫦娥号飞船探月等国家重大活动或项目中发挥了重要作用。

5.湖北科峰智能传动股份有限公司

湖北科峰智能传动股份有限公司成立于 2010 年，专注于机械传动与控制应用领域关键零部件的研发、生产、销售。已形成了精密行星减速器、工程机械用行星减速器、谐波减速器、精密零部件及其他的四大系列化产品，拥有格里森齿轮测量中心、克林贝格齿轮测量中心、蔡司三坐标等先进检测设备。该公司参与国家标准 1 项，团体标准 3 项，截至目前，该公司拥有效发明专利 11 项、实用新型专利 113 项、外观专利 13 项和软件著作权 8 项，是国家专精特新"小巨人"企业、湖北省智能制造示范单位、湖北省制造业单项冠军企业、湖北省技术创新示范企业、全国和谐劳动关系创建示范企业。

6.湖北楚大智能装备股份有限公司

湖北楚大智能装备股份有限公司成立于 2005 年，专注于日玻智能装备的研发与制造。该公司以"玻璃成型、原配料系统、机器人及智能产线"为核心业务，为全球日玻行业提供智能系统解决方案。发明的 8S、9S 系列回转式制瓶机，开发成型智能控制系统、多料重伺服供料机，实现多种瓶型混线生产；研发的玻璃原料智能仓储、自动配料系统保障生产过程稳定精准、节能环保；掌握机器人运动控制、图像识别与定位、双目三维视觉、柔性夹具等机器人及视觉核心技术，率先实现了在日玻行业热、冷端及深加工环节的智能应用；依托在玻璃行业多年服务经验和技术，提供日玻项目从咨询、研发、生产、交付到培训整套智能系统解决方案。拥有国内外专利 60 余项，是国家级专精特新"小巨人"企业，入选央视"品牌强国工程"。

7.三丰智能装备集团股份有限公司

三丰智能装备集团股份有限公司（证券代码：300276）成立于 1999 年，是一家以专业从事智能输送成套装备、工业机器人自动化生产线、非标设备、工业自动化控制系统及智能制造整体解决方案的装备供应商与综合服务商。该公司拥有完全自主知识产权发明专利 17 项，实用新型专利 44，外观设计专利 1 项，软件著作权 16 项，行业标准 2 项，是国家高新技术企业和火炬计划重点高新技术企业、国家知识产权示范企业、工业和信息化部首批智能制造系统集成供应商、第二批国家专精特新"小巨人"企业、湖北省技术创新示范企业、湖北省智能制造示范单位、湖北省服务型制造示范企业、湖北省支柱产业细分领域隐形冠军示范企业、湖北省认定的"黄石智能物流输送装备高新技术产业化基地"龙头骨干企业。

8.武汉市海沁医疗科技有限公司

武汉市海沁医疗科技有限公司（简称"海沁医疗"）成立于 2015 年，是一家从事高科技光电医疗器械研发、生产、销售的高科技企业，一直致力于将光电技术应用于康复理疗、面部抗衰、纤体塑型等领域，形成了以研发和生产专业医疗器械及人工智能医疗配套设备为主，发展康养连锁机构为辅的综合性多样化运营体系，是国内光电健康设备产销规模最大的自主型研发生产销售企业。该公司拥有 160 多项商标和技术专利，是湖北省高新技术企业、科技小巨人企业、光谷瞪羚企业，入选湖北省上市后备金种子公司。

9.武汉需要智能技术有限公司

武汉需要智能技术有限公司（简称"需要智能"）成立于 2009 年，是一家专注于智能机器人技术产品研发、生产、应用与销售的企业，致力于为客户提供农业、公共服务、商业服务等多种应用场所的定制化智能机器人解决方案。需要智能生产公共服务机器人、商用服务机器人、特种应用机器人等造型独特、功能各异的创新智能产品，服务范围涵盖全国 30 多个省（市），包括农业生产、电力巡检、工厂园区、特种应用、科学传播、游艺游乐、演艺娱乐等多个行业，是湖北机器人产业技术创新战略联盟副理事单位、中国人工智能学会会员企业、武汉东湖高新区内的重要科技创新力量，多次获得中国科普博览交易会金奖、银奖，入选"3551 光谷人才计划"。

三、重大举措或事件

1. 印发《关于进一步深化制造业重点产业链链长制实施方案》

2023 年 4 月，为持续巩固"51020"现代产业集群发展基础，有效提升产业链供应链韧性和安全水平，聚焦一批产业基础好、科研优势强、市场前景广的新兴特色产业链，建立健全产业链"链长 + 链主 + 链创"机制，奋力打造制造强国高地，湖北省政府印发《关于进一步深化制造业重点产业链链长制实施方案》的通知，旨在积极推动制造业实现质的有效提升和量的合理增长，力争 2025 年实现"730 目标"，即湖北省制造业产值达到 7 万亿元，制造业增加值在 GDP 中的占比稳定在 30% 左右，制造业在全省经济社会发展中的支撑地位进一步巩固，初步建成制造强国高地。建立完善"三链"融合机制，统筹考虑湖北产业发展基础和前景，厚植全省制造业优势，聚焦算力与大数据、人工智能、软件和信息服务、量子科技、现代纺织服装、节能环保、智能家电、新材料 8 个新兴特色产业，强化系统观念、问题导向、分类施策，实施链长领导协调、链主导航引领、链创协同攻关的"链长 + 链主 + 链创"融合工作机制，推动链长制工作走深走实、提标提档，促进产业加快发展。

2. 2023 湖北机器人产业高质量发展高峰论坛

2023 年 9 月，为在第 23 届中国国际机床展览会上展示湖北机器人产业的风采，深化产业链协同，进一步推进湖北机器人产业集聚创新发展和场景应用，提升机器人整体核心竞争力，以实现国家制造强国发展战略。湖北省机器人产业技术创新战略联盟与湖北省中小企业服务中心联合召开 2023 湖北机器人产业高质量发展高峰论坛，受到了湖北省经济和信息化厅装备工业处、湖北省中小企业服务中心专精特新服务部、湖北省标准化与质量研究院、工业和信息化部电子第五研究所等有关部门领导的高度重视，会议集聚省内各地机器人产业代表、专家学者、业界精英 100 余人，遵循着立足发展、探究未来、合作共赢的宗旨，共同交流探讨当前机器人产业发展新趋势，共谋机器人跨界融合新发展。会议以"创新驱动 多方聚能"为主题，从产业基础、政策措施、人才培养、尖端技术、创新发展多角度分析当前机器人产业发展的基础条件，全方位助推湖北机器人产业高质量发展，会议邀请了法睿兰达科技（武汉）有限公司、华中数控、海沁医疗、深圳市海柔创新科技有限公司 4 家制造业领域示范标杆企业代表，围绕典型案例的产品特性和应用场景带来精彩分享。

3. 成立联合调研组

2023 年 11 月，由中国机械工程学会、中国工程院战略咨询中心、工业和信息化部电子第五研究所、湖北省机器人产业技术创新战略联盟及其专家委员会专家、南京航空航天大学组成联合调研组，围绕"突出重点、一专多能、差异化发展"的战略思路，探索挖掘湖北工业机器人发展重点和培育路径；围绕机器人本体、关键零部件，挖掘湖北工业机器人发展主要优势领域和发展情况；围绕政策、技术、资本、人才、创新、土地的关键发展要素，深入了解湖北工业机器人产业发展环境；围绕湖北工业机器人发展前景，听取企业、行业组织、政府有关方面意见，形成对湖北工业机器人未来发展的科学研判等主题，对以武汉为中心，黄冈、黄石为补充的机器人相关企业进行了深入细致的调研，并在武汉召开了湖北省工业机器人产业链和产业集群发展战略研讨会，旨在为政府、企业、科研单位、行业组织提供高水平战略决策咨询，推动湖北工业机器人产业高质量发展。

4. 举办第七届"光谷杯"智能机器人视觉技能挑战赛

2023 年 12 月，由武汉东湖新技术开发区总工会主办，武汉光谷机器人产业协会承办，奋进智能、需要智能、武汉金石兴机器人自动化工程有限公司、武汉尹珞蝌蚪教育科技有限公司（简称"尹珞蝌蚪"）协办的第七届"光谷杯"智能机器人视觉技能挑战赛在武汉奋进智能产业园顺利举办，大赛以"匠心筑梦 智能升级"为主题，开展智能机器人视觉技能挑战赛，实现基于工业机器视觉的定位、测量、识别、检测、手眼标定与运动控制等多种技术融合的场景应用，结合工业机器人智能化、柔性化应用，把真实工作过程、任务和要求融入比赛环节，注重德技并修，全面展示参赛选手在机器人应用与机器人视觉操作的综合职业能力。从发动宣传、组织报名、赛前培训到竞赛，历经一个多月，吸引了华中数控、奋进智能、迈信电气、尹珞蝌蚪、武汉楚前电力技术有限公司、武汉软帝数智科技有限公司等湖北省机器人领域相关 18 家企业的 62 名企业职工参与竞赛。"光谷杯"机器人技能大赛已连续举办七届，在科普机器人工程技术知识、促进区域性经济、发展机器人产业等方面发挥了积极作用，也培养了大量的技术性人才及储备力量。

〔撰稿人：湖北省机器人产业技术创新战略联盟魏绍炎、秦兰〕

2023 年广东省机器人行业发展概况

一、总体发展情况

1.产量与规模

2023 年，广东省工业机器人产量达到 16.88 万台，连续四年位居全国第一，在全国工业机器人总产量中的占比达 1/3 以上，并培育了广州瑞松智能科技股份有限公司、广州数控设备有限公司、佛山华数机器人有限公司等一批具有代表性的本土骨干企业。在服务机器人方面，广东在语音交互、激光雷达、传感器等新兴技术领域已取得阶段性成果，服务机器人产值处于全国领先水平，典型企业有科大讯飞华南有限公司、深圳瑞波光电子有限公司等。在特种机器人方面，广东的无人机产业也取得了显著的发展，代表性企业有深圳市大疆创新科技有限公司、广州亿航智能技术有限公司等。广东的无人机产量约占全国市场的 95%，显示出广东在无人机技术方面的领先地位和强大的产业实力。

广东是全国机器人生产和应用大省，机器人产值规模、企业数量、产业链构建、产业园区建设、人才培养、技术研发和推广应用等方面均处于全国领先水平。

2.政策支持

广东省政府高度重视机器人产业的发展，出台了一系列政策文件支持装备制造业数字化和智能机器人产业的发展。2023 年 12 月 29 日，广东省工业和信息化厅联合广东省发展和改革委员会、广东省科学技术厅、广东省商务厅、广东省市场监督管理局共同印发《广东省培育智能机器人战略性新兴产业集群行动计划（2023—2025 年）》（简称《行动计划》），规划了推动智能机器人产业全面发展的蓝图。《行动计划》聚焦技术突破、企业壮大、市场拓展及生态优化四大核心领域。通过加强关键技术研发与创新，提升核心零部件自主可控能力，广东将致力于使智能机器人产品达到国际领先水平。同时，《行动计划》鼓励并支持行业骨干企业加速成长，通过并购与技术创新增强国际竞争力。在应用领域，《行动计划》将智能机器人深度融入制造业、服务业等关键领域，打造一批示范应用场景，以点带面推动产业广泛应用。此外，为构建完善的产业生态，广东将加强标准测试、公共服务平台等基础设施建设，并优化政策环境，吸引全球创新资源与高端人才，为智能机器人产业的蓬勃发展提供坚实支撑。到 2025 年，智能机器人产业营业收入达到 800 亿元，其中，服务机器人行业营业收入达到 200 亿元，无人机（船）行业营业收入达到 500 亿元，工业机器人年产量超过 18 万台（套）。

3.生态建设

广东省不断完善智能制造产业生态，智能制造生态合作伙伴扩容到 534 家，新增国家级智能制造试点示范工厂 15 个、优秀场景 65 个，示范工厂和优秀场景总数实现"双倍增"，为广东省智能制造产业的发展奠定了坚实基础。未来，随着智能制造技术的不断发展和应用推广，广东省将继续深化智能制造产业生态的完善，推动智能制造与实体经济深度融合，促进经济高质量发展。

二、技术创新与重点发展

1.技术创新

广东省在机器人技术领域取得了令人瞩目的创新成果，通过不懈努力，在人工智能、高精度传感器、先进控制系统等关键技术方面实现了重要突破。这些技术突破不仅提升了机器人的智能化水平和操作精度，还推动了机器人产业的快速发展。同时，广东省还致力于机器人核心零部件的自主研发和生产，包括减速器、控制器和伺服系统等，显著提高了国产化替代水平，打破了国外技术垄断。这一系列举措不仅增强了广东省机器人产业的自主创新能力，还促进了产业链上下游的协同发展，形成了较为完整的机器人产业生态。广东省在机器人技术领域的持续创新，不仅为制造业的智能化转型提供了有力支持，也为我国在全球机器人市场中占据更有利地位奠定了坚实基础。

2.重点发展

在工业机器人领域，广东省凭借强大的制造业基础和创新能力，实现了广泛应用与深度发展。这些工业机器人被广泛部署于汽车制造、电子电器、金属制品等关键行业，成为提升生产率、保障产品质量的重要力量。通过集成先进的传感器、控制系统和人工智能技术，工业机器人能够执行高精度、高强度的作业任务，有效减轻人力负担，降低生产成本，推动制造业向智能化、自动化方向转型升级。

随着人口老龄化和社会服务需求的不断增长，服务机器人在广东的应用日益广泛。在医疗领域，服务机器人能够协助医生进行手术操作、病人护理等工作，提高医疗服务质量和效率；在教育领域，它们则成为学生的智能助手，提供个性化学习辅导和互动体验；在养老领域，服务机器人更是老年人的贴心伴侣，提供生活照料、情感陪伴等服务，让老年人的生活更加便捷、舒适。此外，广东还涌现出众多创新型企业，不断推出新的服务机器人产品，丰富应用场景，满足市场需求。

在人形机器人领域取得显著进展。在技术创新的推动下，广东的人形机器人不仅在核心算法、传感器技术、动力系统等方面实现了重大突破，更在智能交互、自主决策等前沿领域取得了显著成果。这些技术上的飞跃，使得人形机器人能够更加精准地执行复杂任务，更好地适应各种应用场景的需求。

同时，广东省内的人形机器人企业也呈现出集聚发展的态势。众多领先企业在此设立研发中心和生产基地，形成了从研发、设计、制造到销售的完整产业链。这种产业集聚不仅促进了企业间的技术交流与合作，还降低了生产成本，提高了整体竞争力。截至2023年8月，广东共有相关人形机器人企业数39家，在全国排名第一。这些企业包括深圳市优必选科技有限公司、乐聚（深圳）机器人技术有限公司等智能机器人骨干企业，它们在人形机器人领域具有较强的研发实力和市场竞争力。随着人工智能、高端制造等技术的不断发展，人形机器人市场前景广阔。据业内人士分析，人形机器人有望成为继计算机、智能手机、新能源汽车后的颠覆性产品，成为全球产业竞逐的重要一环。

在特种机器人领域，广东省更是展现出强大的研发实力和创新能力。这些特种机器人被设计用于深海装备、空天装备等极端环境或特殊任务中，如人形机器人、飞行汽车等前沿技术的研发和应用，不仅代表了机器人技术的最新成果，也预示着未来科技发展的无限可能。广东的特种机器人企业在技术研发、产品设计、市场应用等方面不断探索创新，为我国在深海探测、航空航天等领域的发展提供了有力支持。同时，这些特种机器人的研发和应用也促进了相关产业链的发展和完善，为广东乃至全国的经济发展注入了新的活力。

三、产业发展展望

1. 产业链协同

广东省将加强机器人产业链上下游企业的协同合作，推动产业链的优化和升级。通过建设机器人产业园区、打造机器人产业集群等方式提高产业整体竞争力。

2. 市场拓展

广东省将积极拓展国内外市场，推动机器人产品的出口和海外市场的拓展。同时加强与国际知名企业的合作与交流，引进先进技术和管理经验提高本土企业的竞争力。

3. 人才培养与引进

广东省将加大人才培养和引进力度，汇聚国内外创新资源，打造高水平的研发团队和人才队伍为机器人产业的持续发展提供有力支撑。

2023年，广东省机器人行业在产量、规模、政策支持、技术创新和市场拓展等方面均取得了显著进展并呈现出良好的发展态势。未来，随着技术的不断创新和市场的不断拓展，广东省机器人行业有望迎来更加广阔的发展前景。

〔撰稿人：广东省机器人协会任玉桐〕

2023年青岛市机器人行业发展概况

一、行业发展概况

近年来，青岛市紧紧抓住国家、山东省推进机器人产业发展的战略机遇，突出重点，聚焦资源，与本地主导产业相融合，培育了一批优质骨干企业，产业布局不断完善，在拥有巨大市场需求的智能家电、食品饮料、纺织服装、仓储物流等领域深耕细作，逐渐发展形成特色，产业集聚态势初步形成。

1. 上下游产业布局不断完善

青岛市机器人企业在零部件制造、本体制造、系统集成等产业全链条均有所涉及。在零部件领域，国华（青岛）智能装备有限公司（简称"国华智能"）、青岛盈可润传动科技有限公司（简称"盈可润"）等企业专注减速器研制生产，青岛丰光精密机械股份有限公司（简称"丰光精密"）、青岛德盛利智能装备股份有限公司等6家零部件企业获评专精特新"小巨人"。在工业机器人领域，培育出一批优质企业，青岛宝佳智能装备股份有限公司（简称

"宝佳智能"）、青岛科捷机器人有限公司（简称科捷机器人）等3家企业入选符合《工业机器人行业规范条件》企业，科捷智能科技股份有限公司（简称"科捷智能"）、青岛海德马克智能装备有限公司等5家企业入选符合《智能制造系统解决方案供应商规范条件》企业。在服务机器人和特种机器人领域，新锐企业不断推出优质产品，如青岛海尔机器人有限公司（简称"海尔机器人"）的家庭清洁类机器人、青岛通产智能科技股份有限公司（简称"通产智能"）的智慧政务机器人、青岛悟牛智能科技有限公司的农业机器人、青岛澳西智能科技有限公司的防爆消防机器人、青岛罗博飞海洋技术有限公司（简称"罗博飞"）的水下机器人等。在人形机器人领域，依托海尔机器人正不断抢占国内人形机器人发展梯队。

2. 细分领域形成特色

青岛市机器人产品已应用于食品饮料、仓储物流、橡胶轮胎、汽车、电子等行业。在食品饮料、橡胶轮胎等工

业领域，培育出一批系统集成优势企业，宝佳智能是码垛机器人系统集成商，在国内饲料行业市场份额达到70%；科捷智能等5家企业专注于智能物流与智能仓储，占据国内轮胎生产行业85%的市场份额。在汽车制造、3C电子等机器人主要应用行业，力鼎智能装备（青岛）集团有限公司推出的FMS（Flexible Manufacturing System）柔性制造系统可以实现对多种发动机、底盘、车身等零部件的柔性加工；科捷机器人累计为富士康提供了20多条智能手机组装生产线。在船舶与海洋工程装备领域，依托青岛新松机器人自动化有限公司（简称"青岛新松"）、罗博飞、飞马滨（青岛）智能科技有限公司、青岛森科特智能仪器有限公司（简称"森科特"）等企业，布局智慧港口、海洋工程等的建设发展，推动AGV、水下机器人的生产应用。

3. 集聚生态初步形成

青岛市机器人产业经过多年发展，在高新区、西海岸新区、崂山区、即墨区等初步形成了产业集聚态势。高新区全链式布局机器人产业，是国内获批的首家以机器人产业为特色的高新技术产业化基地，现已集聚了青岛市2/3以上的机器人企业；西海岸新区和崂山区人工智能产业优势突出，集聚了一批人工智能优势企业和科研创新中心，在智能机器人领域形成了先发优势；即墨区聚焦家庭教育、公共服务等领域，汇聚了一批服务机器人重点企业，大力发展服务机器人产业。

二、重点企业

在机器人产业链上游零部件环节，青岛拥有国华智能、丰光精密、盈可润、青岛海之晨工业装备有限公司（简称"海之晨"）等重点企业，其中，国华智能技术实力雄厚，专注精密谐波减速器设计、制造与分析理论的正向研发，并与青岛理工大学、青岛科技大学等建立了紧密的产学研合作关系，已成为小米公司人形机器人一体化关节的研发生产企业；盈可润研发的伺服行星减速器、RV减速器等10余种减速器已广泛应用于机器人等自动化设备；丰光精密依托精密加工的技术积累经验，布局微型谐波减速器的研制生产，现已具备批量生产能力；海之晨基于AI的外观检测系统、3D机器人视觉系统与机器人视觉工作站，拥有3D机器人视觉核心零部件技术，其开发的3D机器视觉系统现已应用于汽车、3C电子、食品饮料、新能源等多个行业。

在中游本体制造环节，青岛拥有青岛新松、科捷机器人、青岛欧开智能系统有限公司（简称"欧开智能"）等一批优质企业。其中，青岛新松利用集团资源并结合青岛资源禀赋优势，开发定制化机器人产品，智慧港口用中转移动机器人已发展成熟；科捷机器人生产的直角机器人、分拣机器人、AGV、多关节机器人等主要供应富士康、苹果等头部厂商，产品广泛应用于3C电子、汽车、物流等行业；欧开智能自主研发的球关节智能机器人，拥有双自由度球形关节，运行范围更广泛，精度更准确，安全可靠性更高，现已应用于汽车及零部件、电子等行业。青岛依托通产智能、海尔机器人等重点优势企业，在公共服务、家庭服务等领域均有布局。其中，海尔机器人联合乐聚（深圳）机器人技术有限公司推出的人形机器人，已经具备可全向行走、跳跃的能力，并开始进入家庭学习洗衣、浇花、插花、晾衣服等家务劳动，计划率先在海尔智慧家庭场景中实现应用；通产智能以智能安保服务机器人和智慧政务等自主设备为主要产品，是国内首款获得公安部检测认定的智能安保机器人，其自主研发的安防机器人已在银行、警务大厅、政务大厅等多场景中落地应用。

在下游系统集成环节，集聚了宝佳智能、科捷智能、青岛宇方机器人工业股份有限公司（简称"宇方机器人"）、青岛中孚国萃智能科技有限公司（简称"中孚国萃"）等一批重点企业。其中，宝佳智能是国内一流的饲料行业生产设备整体解决方案提供商，占国内饲料行业机器人码垛应用70%以上的市场份额；科捷智能专注提供智能物流、智能制造解决方案，下游客户包括富士康、京东、中国邮政等；宇方机器人通过机器人系统集成为客户提供机器人车架铆接解决方案、机器人自动套箱解决方案等，先后服务于一汽大众、一汽解放、中国重汽等多家知名企业；中孚国萃打造机器人智慧中药房的研发，为医疗领域提供高效快捷的解决方案。青岛市机器人行业重点企业情况见表1。

表1 青岛市机器人行业重点企业情况

产业链环节	企业名称	主营业务
上游零部件	青岛丰光精密机械股份有限公司	以高精密加工为核心技术，研发谐波减速器及伺服电动机轴等机器人用关键零部件
	青岛盈可润传动科技有限公司	三相异步减速机、伺服行星减速机、直角行星齿轮减速机、RV减速器等10种减速机的研发
	国华（青岛）智能装备有限公司	谐波减速器的设计、制造和分析理论研发
	青岛海之晨工业装备有限公司	产品包括2D/3D工业相机及机器视觉系统、人工智能机器视觉系统、MES系统、工业机器人集成系统
中游本体	青岛通产智能科技股份有限公司	智慧政务和智能机器人领域的应用创新，产品包括智能巡检机器人、智能安保机器人等
	青岛科捷机器人有限公司	致力于工业机器人、自动化物流设备及以智能装备为核心的工业4.0解决方案的研发、制造、销售，主要产品包括直角机器人、分拣机器人、AGV、关节机器人等

（续）

产业链环节	企业名称	主营业务
中游本体	青岛新松机器人自动化有限公司	标准化机器人和定制化服务；开发智慧港口重载移动机器人
	海尔机器人科技（青岛）有限公司	主要产品包括扫地机器人、洗地机器人、人形机器人等
	青岛齐星车库有限公司	立体停车设备的技术研发和产品性能的改进，产品包括高端平面移动机型、智能搬运机器人等
	青岛欧开智能系统有限公司	从事智能技术、机器人及自动化技术研发及应用，产品包括球关节智能机器人等
	青岛诺力达智能科技有限公司	集研发、制造、销售为一体的机器人本体制造和工业智能搬运解决方案，产品包括智能码垛机器人
	青岛森科特智能仪器有限公司	研发、生产海洋观测设备、水下智能作业装备，主要产品包括网衣清洗机器人、巡网机器人等
	青岛罗博飞海洋技术有限公司	专注海洋传感器、水下机器人、海洋物联网等领域，主要产品包括水下机器人、作业机器人等
	飞马滨（青岛）智能科技有限公司	海洋智能装备、解决方案与服务提供商，主要产品包括水下智能清洗及监测机器人等
下游系统集成	科捷智能科技股份有限公司	智慧物流、智能制造高效系统解决方案集成商，主要产品包括分拣机器人、AGV、堆垛机等
	青岛宇方机器人工业股份有限公司	为制造业客户提供工业自动化、智能物流以及工业信息化等领域解决方案，产品包括智能焊接产线整线解决方案、机器人车架铆接解决方案
	青岛宝佳智能装备股份有限公司	产品涵盖工业机器人及系统集成、立体仓储系统、高端成套装备和远程在线监测运维服务平台系统
	华晟（青岛）智能装备科技有限公司	提供智能工厂、智能仓储等整体解决方案，产品包括堆垛机、AGV、搬运机器人、桁架机械手等
	青岛盈智科技有限公司	主要产品包括智能四向穿梭车等
	青岛北洋天青数联智能有限公司	建立了工业机器人系统集成、机器视觉、企业信息化、智能制造装备、智能测试系统集成等产品线
	青岛海德马克智能装备有限公司	铸造、锻造、热处理行业专用机器人；智能生产线
	力鼎智能装备（青岛）集团有限公司	提供机械加工及装配领域自动化整体解决方案，主要产品包括桁架机器人等
	青岛星华智能装备有限公司	双星集团旗下公司（持股51%），为客户加工、组装、配送和仓储提供整体解决方案，主要机器人产品包括堆垛机、AGV、桁架机械手等
	凯沃智能装备（青岛）有限公司	工业机器人系统集成公司，以川崎机器人为载体，聚焦于先进的焊接工艺、工装夹具、信息化展示、自动焊接四大板块

三、重点产业集群

青岛市围绕自身产业基础、区位优势等，在不同区域形成了各具特色的机器人产业集群。

（1）高新区。高新区作为科技部批准的国内首家"国家机器人高新技术产业化基地"，抢抓"工业4.0"和国家推动"两化融合"战略机遇，瞄准机器人产业赛道，聚焦机器人、智能制造装备和轨道交通装备等领域，围绕"补链、强链、延链"，全链式布局机器人产业，产业集聚效应初步形成。目前，高新区已集聚了230余家上下游企业，在零部件环节，落地了盈可润、青岛智腾微电子有限公司、元启工业技术有限公司等企业，包括减速器、传感器及视觉系统等零部件企业。在本体制造环节，聚集了ABB、安川、发那科等一批外资龙头企业，青岛新松、科捷机器人、宝佳智能、通产智能等本土重点机器人企业。在下游应用环节，拥有工业制造、公共服务、教育培训机构、安检等诸多应用场景。

（2）崂山区。崂山区按照"12336"总体思路建设发展，依托国家高端智能化家用电器创新中心和双算力中心两大核心支撑，围绕工业智能、智能家居、智慧城市等六大应用场景，开辟AI新创硬件制造等三大新兴赛道，主攻算力服务、软硬件融合等三大方向，打造全国一流的国家级人工智能创新应用先导区。现围绕"一谷两翼"汇集了国家级科技创新平台5个，省级科技创新平台8个，人工智能产业链企业200余家。包括宇方机器人、优必康（青岛）科技有限公司、海尔机器人等机器人企业，还聚集了海尔智家股份有限公司、青岛奥利普奇智智能工业技术有限公司等50家规模以上企业，青岛国创智能家电研究院有限公司、青岛中科曙光科技服务有限公司、歌尔微电子有限公司3家链主企业，卡奥斯数字科技（青岛）有限公司、云天计算科技（青岛）有限公司、聚好看科技股份有限公司等 5 家独角兽企业，为崂山区建设发展智能机器人奠定了良好的基础。截至 2023 年，人工智能产业园区的产业规模已经达到了 280 亿元，同比增长 43.6%，崂山区致力于打造千亿级人工智能产业园区，预计未来五年实现产业规模倍增。

（3）西海岸新区。西海岸新区以智能制造基地为主要载体，依托山东省机器人产业园，以机器人为先导产业，驱动人工智能、工业互联网产业高效聚焦。现拥有国华智能、丰光精密等机器人零部件企业，还引进培育了凯沃智能装备（青岛）有限公司、中孚国萃、山东瑞智飞控科技有限公司等机器人本体及系统集成企业。2011 年成立的山东机器人研究会，在机器人科普宣传、学术交流分享、职业技术培训、科研成果转化、技术推广应用等方面发挥了组织指导和桥梁纽带作用。山东省机器人产业园依托现有产业资源以及海尔智能研究院、西门子青岛创新中心、中德智能技术博士研究院等创新平台，致力于实现机器人核心零部件研发及创新孵化功能、机器人应用开发与产学研协同创新功能、机器人产教融合科普及实训功能、机器人产业投融资服务功能、机器人综合市场交易服务功能五大功能定位。

（4）即墨区。即墨区拥有各类工业企业 4 万余家，工业占比超过 40%，汽车、纺织服装等主导产业占据青岛"半壁江山"，是青岛市先进制造业的存量支柱和增量支撑。其中汽车产业发展尤为瞩目，现集聚了一汽大众汽车有限公司青岛分公司、一汽解放青岛汽车有限公司、奇瑞汽车股份有限公司青岛分公司等整车制造基地，以及长春一汽富维汽车零部件股份有限公司青岛分公司、富奥汽车零部件股份有限公司传动轴青岛分公司等 400 余家配套项目，2022 年即墨汽车制造业产值 604 亿元，占青岛市汽车产值比重达到 60% 左右，有力推动了工业机器人下游应用需求。在科技创新领域，即墨区已落地"蛟龙"号母港国家深海基地、国家海洋设备质检中心等"国字号"科研机构 28 家，山东大学、四川大学等高校院所设立校区或研究院 25 处。在服务机器人方面，即墨区已引进培育青岛创泽智能科技有限公司、青岛美餐即享机器人有限公司、青岛进化者小胖机器人科技有限公司等企业，重点发展教

育娱乐、家务机器人、商业机器人等领域。在工业机器人方面，拥有青岛盈智科技有限公司等工业机器人本体及系统集成商，提供智能四向穿梭车、智能密集存储解决方案。在特种机器人方面，拥有森科特等企业，实现水下清洗作业机器人的研发生产。

四、产业发展策略

1. 以需求为导向，布局重点发展产品

围绕经济高质量发展需求，重点发展汽车、家电、食品饮料、化工等产业转型升级、提质增效所需的机器人及系统集成；围绕人民高质量生活需求，根据青岛市产业基础和发展潜力，重点发展康养、家庭服务等机器人，形成特色产业；结合青岛市智慧农业、智能建造及智慧海洋建设，重点推进农业、建筑、水下等特种机器人研发及产业化。

2. 以整带零，增强关键零部件等配套能力

围绕整机制造需求，培育引进减速器、伺服电动机、控制器、传感器等上游关键零部件企业，增强产业配套能力。加强政策引导，鼓励整机企业优先采用本市关键零部件产品，通过整机应用加速关键零部件技术迭代升级。重点发展具有技术优势的谐波减速器，将其培育成具有较强竞争力的细分产业。

3. 以示范应用为着力点，加快重点领域应用推广

梳理潜在市场需求，推动用户企业加快实施"智转数改"，深化机器人在汽车、家电、食品饮料、轨道交通、化工等重点行业的应用推广。探索新模式，开展面向民生服务、社会管理等领域的示范应用，探索推动机器人在新场景的落地，以点带面，带动机器人的规模化应用。鼓励用户企业优先选用本地机器人产品，通过应用带动产业规模的快速增长。

4. 以重点企业为引领，带动产业集聚发展

聚焦产业发展需求，吸引国内外知名机器人企业入驻，扶持有实力、有潜力的本土优质企业做大做强。依托重点龙头企业，引导产业链上下游中小企业集聚发展，形成产业链协同发展产业体系，建成一批特色突出、集聚效应显著的机器人产业基地和集群。

〔撰稿人：青岛市机器人产业协会盖巍、邵光笑、李庆党、赵永瑞、张凤生、刘学〕

2023 年苏州市机器人行业发展概况

一、行业发展概况

近年来，苏州市高度重视包括机器人在内的高端装备产业集群创新发展。2023 年，苏州市锚定数字经济这条新赛道和主赛道不断开拓创新，把"产业创新集群融合发

展"列为经济工作的首要任务，围绕 25 个细分领域的产业集群，紧扣产业链布局创新链，加快构建以基础研究为基底的创新体系，"机器人和数控机床"合并纳入其中。

2023 年苏州市机器人产业保持稳步发展态势。工业机

器人（含自动导向车 AGV）整机出货量有较大增长，尤其是工业移动机器人发展势头强劲；受主要应用行业需求萎缩影响，系统集成企业两极分化趋势明显，部分企业利润下降幅度较大；家用清洁机器人国内市场增速放缓；医用机器人产业化加速；特种机器人、人形机器人逐步兴起。

1. 产业规模稳中有升

根据苏州市机器人产业协会数据，2023 年苏州市机器人相关产值约为 1 118.59 亿元，同比增长 6.22%。其中，工业机器人产值为 851.07 亿元，同比增长 3.18%，在机器人总产值中的占比达 76.08%；服务及特种机器人产值为 267.52 亿元，同比增长 17.19%，占机器人总产值中的占比

为 23.92%。

2023 年，苏州机器人产业链相关企业新增 101 家，累计 977 家。其中，工业机器人相关企业 837 家，服务及特种机器人相关企业 140 家。

苏州的机器人企业主要集中在昆山市、苏州工业园区（简称"工业园区"）和吴中区，延续 2022 年分布格局。其中昆山市企业数量最多，有 283 家，在苏州机器人企业总数中的占比为 28.94%，其次是工业园区、吴中区和虎丘区，占比分别为 15.54%、14.83%、10.12%。

2023 年苏州市机器人行业产值情况如图 1 所示。

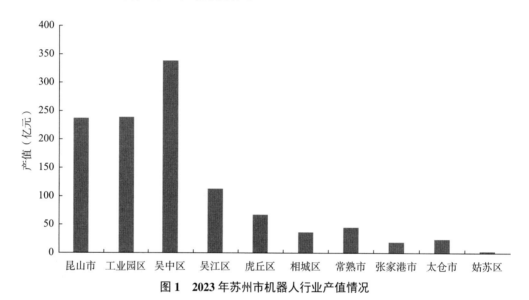

图 1 2023 年苏州市机器人行业产值情况

注：数据来源于苏州市机器人产业协会。

2. 创新能力持续提升

2023 年，苏州市机器人产业新增国家专精特新"小巨人"企业 5 家，累计近 40 家；企业技术中心约 70 家；江苏省首台（套）重大装备认定 3 家，苏锡常首台（套）重大装备认定 9 家。苏州院校和企业牵头或参与的国家智能机器人重点研发项目 4 项。获批 2 项苏州市创新联合体项目，分别是追觅科技（苏州）有限公司（简称"追觅科技"）申报的"苏州市智能服务机器人产业创新联合体"和科沃斯机器人股份有限公司申报的"苏州市机器人前沿智能技术创新联合体"。

AI+ 机器人不断融合，实现关键技术新突破。苏州不仅在减速器、控制器、末端执行器等机器人核心零部件环节卡位布局，陆续实现国产化替代，更有一批机器人企业聚焦细分领域探索基于人工智能的综合解决方案，技术水平业内领先，为打造"机器人 + 人工智能"产业创新高地奠定基础。例如，苏州极目机器人科技有限公司获工业和信息化部认定"全域智能感知植保无人机项目领域的新一代人工智能产业创新重点任务揭榜单位"；苏州康多机器人有限公司（简称"康多"）已掌握手术机器人及临床应用的核心技术，其"微创手术机器人项目"获评工业和信

息化部人工智能产业创新任务揭榜挂帅"优胜单位"；苏州艾利特机器人有限公司"智能机器人刚柔耦合高功率密度一体化关节关键技术研发"作为装备制造业唯一攻关项目入选 2023 年江苏省科技计划专项资金（重点研发计划产业前瞻与关键核心技术）立项清单。

3. 应用场景不断开拓

2023 年，苏州市规模以上工业总产值迈上 4.4 万亿元新台阶，位居全国地级市前列。庞大的工业经济规模和全球领先的工业体系，为机器人应用创新提供了广阔市场。苏州机器人在工业制造业中应用普及程度位居全国前列。在家庭、商场、企业等场景落地已取得显著成效。值得关注的是，2023 年，苏州大力推进机器人在建筑领域的应用并印发《苏州市 2023 年度智能建造推进工作要点》（苏智能建造办〔2023〕1 号），要求试点项目先行应用建筑机器人；2023 年 5 月起，政府投资房建工程单项 5 万 m² 以上项目，应率先试用成熟建筑机器人；至 2023 年年底，全市单项 5 万 m² 以上房建工程项目全面使用建筑机器人辅助施工。

4. 新兴分支悄然发力

（1）医疗机器人产业化进程加速。康多腔镜手术机

器人和铸正脊柱手术机器人均实现商业化装机；苏州微创畅行机器人有限公司研发的鸿鹄骨科关节置换手术导航定位系统正式通过国家药品监督管理局（NMPA）上市批准，成为获批的首个搭载自研机械臂的国产髋膝一体骨科手术机器人；敏捷医疗科技（苏州）有限公司产品研制加速进入注册临床阶段。多家手术机器人企业在2023年创下首次：康多先后完成全球首例跨海双控制台超远程机器人辅助前列腺癌根治临床教学手术、全国首例国产手术机器人辅助腹腔镜下腹壁疝脐疝合并腹直肌分离（TES）手术、全国首例口腔颌面外科手术；苏州铸正机器人有限公司完成全球首例脊柱椎板机器人自主识切手术；微亚医疗科技（苏州）有限公司的"微亚冠通"成为国内首款通过自主研发，实现冠脉造影术式临床应用突破的手术机器人，同时也完成了世界首例机器人全程辅助的冠状动脉造影。

（2）建筑机器人逐步崛起。中亿丰建设集团股份有限公司旗下江苏中杰建兆智能装备有限公司打造多功能洒扫机器人、整平机器人、智能无人升降机等12款建筑机器人，通过人机协同高效应对"危、繁、脏、重"典型施工场景，结合智能建造运管平台，全方位提升工程项目智慧化、数字化、标准化管理水平。苏州方石科技有限公司的履带抹平机器人、喷涂打磨一体机器人等多款建筑机器人

产品亮相多个重点工程。

（3）人形机器人兴起。追觅科技4月正式发布通用人形机器人Eame One，是苏州首家推出人形机器人整机的企业。国讯芯微（苏州）科技有限公司是目前业内极少数能够在AI SOC平台上植入高性能实时操作系统和运动控制平台的企业，可提供同时具有强大的AI计算能力、高实时协调运动控制、EtherCAT多主站技术、高性能、超低功耗的控制器平台方案，已成为多家头部人形机器人企业合作伙伴。苏州绿的谐波传动科技股份有限公司、苏州伟创电气科技股份有限公司、苏州卓誉电气技术有限公司、苏州钧舵机器人有限公司等已成为国内人形机器人产业链核心零部件的重要力量。

5. 融资事件小幅提升

2023年，苏州14家企业获得融资，总融资金额约为10亿元。融资主体数量较2022年增长40%，融资金额减少，主要因为未有单个企业获得大额融资事件。融资主体数量约占江苏省的56%。融资事件主要集中在工业仓储物流机器人、服务机器人、机器人零部件、医疗机器人等领域，融资轮次主要集中在早期阶段（B轮及之前）。

二、重点产品及主要企业

苏州主要机器人企业及重点产品见表1。

表1 苏州主要机器人企业及重点产品

产业链环节		主要企业	主要产品
上游	减速器	苏州绿的谐波传动科技股份有限公司	谐波减速器、机电一体化执行器
	控制器	苏州汇川技术有限公司	机器人控制柜
	伺服系统	苏州伟创电气科技股份有限公司	伺服驱动器、伺服电动机
		苏州汇川技术有限公司	伺服驱动器、伺服电动机
	末端执行器	苏州钧舵机器人有限公司	工业级三指灵巧手、旋转夹爪、电动夹爪
		知行机器人科技（苏州）有限公司	大负载电动夹爪、工业平动手、协作机器人手
		苏州柔触机器人科技有限公司	柔性气动夹爪及配套控制器
	新型传感器	苏州能斯达电子科技有限公司	触觉传感器
		苏州玖物互通智能科技有限公司	激光传感器技术解决方案
	直线电动机	苏州灵猴机器人有限公司	直线电动机、工业相机
	专用线缆	苏州科宝光电科技有限公司	机器人示教器线缆、机器人本体线缆、伺服电缆、拖链电缆、传感器电缆、工业总线与以太网线
		凯布斯连接技术（苏州）有限公司	工业自动化及工业电气领域的线缆及连接技术系统集成方案
中游	工业机器人本体	苏州灵猴机器人有限公司	六关节机器人、SCARA机器人
		苏州艾利特机器人有限公司	协作机器人
		苏州汇川技术有限公司	SCARA机器人、六关节机器人、定制机器人
		法奥意威（苏州）机器人系统有限公司	协作机器人
		太仓长臂猿机器人科技有限公司	高端伸缩叉
		昆山万洲特种焊接有限公司	搅拌摩擦焊机器人
		苏州神运机器人有限公司	冲压机器人

（续）

产业链环节		主要企业	主要产品
中游	工业移动机器人	华晓精密工业（苏州）有限公司	工业移动机器人，附属系统，非标设备以及方案咨询
		苏州艾吉威机器人有限公司	无反激光叉车类 AGV、无反激光小车类 AGV 及智慧物流管理系统
		罗伯特木牛流马物流技术有限公司	全系列的工业车辆无人驾驶解决方案，包括无人平面搬运、无人立体存储、无人牵引及定制化产品
		苏州海豚之星智能科技有限公司	轻小型工业搬运机器人
		苏州玖物智能科技有限公司	工业移动机器人
		苏州牧星智能科技有限公司	智能仓储解决方案
		苏州坤厚自动化科技有限公司	叉式 AGV
	家用服务机器人	科沃斯机器人股份有限公司	家用清洁机器人：扫地机器人、擦窗机器人、净化机器人
		追觅科技（苏州）有限公司	家用清洁机器人
		苏州美的清洁电器股份有限公司	家用清洁机器人
	商用服务机器人	苏州穿山甲机器人股份有限公司	迎宾机器人、送餐机器人、导引机器人、物流配送机器人
		海博（苏州）机器人科技有限公司	商用清洁机器人
		苏州派特纳智能科技有限公司	商用清洁机器人
		苏州高仙机器人科技有限公司	商用清洁机器人
		科沃斯商用机器人有限公司	商用清洁机器人
		云创智行科技（苏州）有限公司	无人环卫清扫车
		乐聚（苏州）机器人技术有限公司	医院物流机器人
		追觅科技（苏州）有限公司	家用清洁机器人、商用机器人等
		宝时得科技有限公司	除草机器人
		星迈创新科技（苏州）有限公司	泳池清洁机器人
	医用机器人	苏州康多机器人有限公司	微创腹腔（腹腔镜）手术机器人
		苏州铸正机器人有限公司	脊柱外科手术导航定位设备
		苏州瑞步康医疗科技有限公司	动力智能假肢和外骨骼机器人
	农业机器人	苏州极目机器人科技有限公司	农业植保无人机
		苏州博田机器人自动化技术有限公司	采摘机器人、除草机器人
	特种机器人	苏州融萃特种机器人有限公司	侦察机器人、排爆机器人、机器人靶机等系列化单兵作战和训练装备
		苏州方石科技有限公司	建筑机器人
		江苏中杰建兆智能装备有限公司	建筑机器人
下游	系统集成	江苏北人智能制造科技股份有限公司	面向汽车、航空航天、船舶、重工、新能源等提供智能制造整体解决方案
		苏州天准科技股份有限公司	面向消费电子、半导体、新能源等行业，提供视觉测量装备、视觉检测装备、视觉制程装备和智能网联方案
		博众精工科技股份有限公司	面向消费电子、新能源、高端装备、智慧仓储物流等行业，提供工业装备制造设备系统集成
		苏州赛腾精密电子股份有限公司	面向消费电子、汽车、医疗、家电等行业提供自动化组装线体、包装线、检测设备、工装夹（治）具、智能制造和智慧工厂整体规划
		苏州华兴源创科技股份有限公司	面向液晶 LCD 与柔性 OLED 中小型平板、集成电路、汽车电子、太阳能面板等行业提供工业自动测试设备与系统解决方案
		苏州瀚川智能科技股份有限公司	面向汽车电子、新能源等行业提供智能数字化产品和智能制造整体解决方案
		昆山华恒焊接股份有限公司	面向工程机械、石油化工、轨道交通等行业提供焊接机器人成套设备、焊接自动化专用设备及整体解决方案

注：统计对象为机器人产业链企业。

三、主要园区及产业集群

目前，苏州市拥有多个机器人相关产业园，除早期建成的昆山高新区机器人产业园、张家港机器人产业园外，吴中区、昆山市正积极推进机器人产业创新集群发展。

吴中区把机器人与智能制造产业作为主导产业重点打造，在全力服务制造强国建设中持续打造"全国机器人产业集群第一区"。2023年，吴中区机器人与智能制造产业链韧性凸显，机器人与智能制造产业规模突破1 300亿元，同比增长27%，链上集聚企业增长至1 000余家。

昆山市陆家镇围绕打造智能机器人百亿级产业链，着力引进一批投资规模大、产业层次高、创新能力强、带动潜力足的重大项目。目前已引进快仓自动化科技（江苏）有限公司、思灵智能机器人科技（昆山）有限公司、斯坦德机器人（昆山）有限公司、昆山顺灵达智能科技有限公司等11家高质量创新型企业，预计到2025年产业园将实现产值40亿元；到2030年，产业园将实现产业链项目超30家，产值规模突破100亿元，着力构建更具竞争力的产业格局，打造长江三角洲地区最具影响力的智能机器人产业中心。

四、重大举措或事件

1. 苏州机器人与智能制造产教联合体

苏州吴中区申报的"苏州机器人与智能制造产教联合体"入围首批国家级市域产教联合体名单。其依托吴中经济技术开发区，由经开区管委会、苏州市职业大学和苏州汇川技术有限公司（简称"汇川"）共同牵头，围绕苏州机器人与智能制造领域，联合了汇川等114家头部企业，赛迪研究院苏州分院等5家科研机构，苏州市教育局、苏州市发展和改革委员会、苏州市工业和信息化局、苏州市科学技术局、苏州市人力资源和社会保障局等7家政府部门，4所本科院校、12所职业院校和2家行业协会共同组成。

2. 长三角机器人与人工智能研究院项目

长三角机器人与人工智能研究院项目在苏州市高新区正式签约，致力于打造领先的机器人全产业链创新成果转化平台，为苏州市机器人与人工智能产业创新集群加速发展添"智"提"质"。研究院将围绕关键核心技术突破，坚持市场化导向，集聚产业上下游创新资源要素，加快推动科技成果转化落地，为高新区产业创新集群发展注入更多新动能。

〔供稿单位：苏州市机器人产业协会〕

2023年广州市机器人行业发展概况

一、行业发展概况

1. 总体情况

随着全球工业智能化、自动化的浪潮不断推进，广州机器人及智能装备产业正迎来崭新的发展机遇。近年来，广州机器人及智能装备产业呈现强劲的增长势头。依托得天独厚的地理位置和产业基础，广州市机器人产业产值规模持续扩大，技术水平和市场竞争力显著提升。目前，机器人产业已经成为广州市乃至广东省的重要支柱产业之一。随着技术的不断创新和市场需求的不断增长，预计未来几年，广州市机器人及智能装备产业将保持高速增长态势，进一步巩固在国内外市场的领先地位。

2023年，广州市机器人及智能装备产业产值近1 720亿元，同比增长约为4.2%。产值增速仍保持正向快速发展。2013—2023年广州市机器人及智能装备总产值及增长率如图1所示。

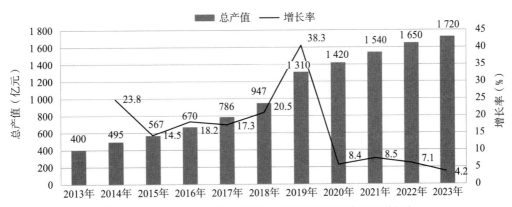

图1 2013—2023年广州市机器人及智能装备总产值及增长率

注：数据来源于广州工业机器人制造和应用产业联盟。

137

2023 年，广州市机器人及智能装备企业总数达到 3 655 家，同比增长 4.4%，广州市机器人及智能装备企业数量还在稳步增长，产业仍处于扩张期。2014—2023 年广州市机器人及智能装备企业数量及增长率如图 2 所示。

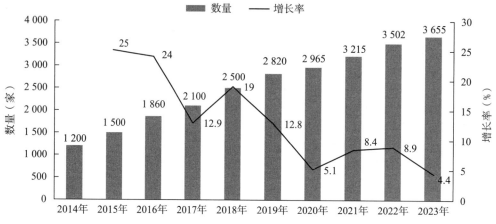

图 2　2014—2023 年广州市机器人及智能装备企业数量及增长率

注：数据来源于广州工业机器人制造和应用产业联盟。

据广州市统计局年报数据显示，2023 年，广州市工业机器人产量为 14 746 台，同比增长 46.7%。2015—2023 年广州市工业机器人产量及增长率如图 3 所示。

图 3　2015—2023 年广州市工业机器人产量及增长率

注：数据来源于广州市统计局。

2.产业结构

从广州机器人及智能装备企业区域数量角度分析，2023 年广州市机器人及智能装备企业的区域分布情况与往年基本一致，最多分布在黄埔区，其次是南沙区、番禺区、增城区和花都。2023 年广州市机器人及智能装备企业区域数量分布情况如图 4 所示。

从广州机器人及智能装备企业区域产值角度分析，2023 年广州市机器人及智能装备企业产值较高的是黄埔区，其次是南沙区、番禺区、增城区和花都区，产值分布情况与企业数量分布情况基本一致。2023 年广州市机器人及智能装备企业区域产值分布情况如图 5 所示。

图4　2023 年广州市机器人及智能装备企业区域数量分布情况

注：数据来源于广州工业机器人制造和应用产业联盟。

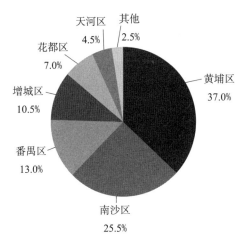

图5 2023年广州市机器人及智能装备企业区域产值分布情况

注：数据来源于广州工业机器人制造和应用产业联盟。

从广州机器人及智能装备企业主营产品类型分析，2023年，广州市机器人及智能装备产业结构中工业机器人（含自动导向车AGV）及系统集成企业占比为42.5%，产业链上游企业，包括关键零部件、数控机床、减速器等企业占比为24.5%，产业链下游应用企业占比为33.0%。2023年广州市机器人及智能装备企业类型分布情况如图6所示。

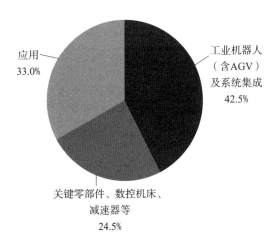

图6 2023年广州市机器人及智能装备企业类型分布情况

注：数据来源于广州工业机器人制造和应用产业联盟。

从广州机器人及智能装备企业产值分析，2023年，广州市机器人及智能装备产业结构中工业机器人（含AGV）及系统集成产值占比为42.0%，产业链上游企业，包括关键零部件、数控机床、减速器等企业占比为22.5%，产业链下游应用企业占比为35.5%。2023年广州市机器人及智能装备企业产值分布情况如图7所示。

3.产业分析

在当前全球经济与技术快速发展的背景下，广州机器人及智能装备产业正处于转型升级的关键期。

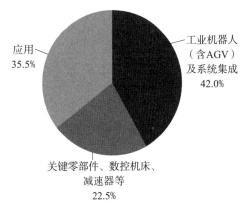

图7 2023年广州市机器人及智能装备企业产值分布情况

注：数据来源于广州工业机器人制造和应用产业联盟。

（1）技术创新引领产业发展。技术创新是驱动广州机器人及智能装备产业向更高层次发展的核心力量。随着人工智能、物联网等前沿技术的不断进步，机器人及智能装备的性能得到了显著提升，应用领域也不断拓宽。这不仅提升了产业的智能化水平，还为制造业的自动化、智能化升级提供了强有力的技术支持。目前，已有众多企业投身于技术创新的研发中，通过引入先进的设计理念和生产工艺，不断推动产品升级和产业升级。

（2）市场需求驱动持续增长。市场需求的持续增长为广州机器人及智能装备产业的发展提供了广阔的空间。随着制造业的转型升级，越来越多的企业开始意识到智能化、自动化生产的重要性，对于机器人及智能装备的需求也在不断增加。同时，消费升级的加速推进也推动了相关产业的发展，使得智能装备在日常生活中的应用越来越广泛。这种趋势将进一步促进广州机器人及智能装备产业的市场需求增长。

（3）政策支持推动产业健康发展。广州市政府对机器人及智能装备产业的发展给予了高度重视，并出台了一系列政策措施来支持该产业的发展。这些政策涵盖了技术研发、人才培养、市场开拓等多个方面，为产业的健康发展提供了有力的保障。政策的支持不仅增强了企业的信心，还促进了产业的良性竞争和健康发展。

（4）国际化合作推动产业国际化发展。在全球化的背景下，广州机器人及智能装备产业正面临着国际化合作的机遇。通过与国外企业的合作与交流，可以引进先进的技术和管理经验，推动产业的国际化发展。目前，已有越来越多的广州企业开始与国际知名企业开展合作，共同开拓市场、研发新产品。这种合作不仅有助于提升广州机器人及智能装备产业的国际竞争力，还有助于推动整个产业的国际化发展。

二、主要企业

广州市机器人及智能装备产业主要企业情况见表1。

表 1　广州市机器人及智能装备产业主要企业情况

类别		企业名称	主要产品／领域
产业链上游	关键零部件	广州奥松电子股份有限公司	传感器等机器人关键零部件
		汇专科技集团股份有限公司	机床用刀具、非接触式焊接元器件
		广州市昊志机电股份有限公司	工业机器人本体高速电主轴、减速器等零部件
		广东诺能泰自动化技术有限公司	工业气动控制元件
	智能装备	广州市敏嘉制造技术有限公司	多主轴机床及专用机器人
		广州鑫泰数控科技有限公司	数控机床
		广州精雕数控工程有限公司	精密高速数控加工中心
		广州三拓智能装备有限公司	数控机床
		广州佳盟子机床有限公司	数控机床
		广州市霏鸿机电科技有限公司	精密机床
		广州市佳速精密机械有限公司	精密机床及机械手
	减速器	广州市昊志机电股份有限公司	工业机器人本体高速电主轴、减速器等零部件
		广州长仁工业科技有限公司	机床零部件、减速器、机器人集成
		广州飞宝机电有限公司	减速器
		广州明茂机电设备有限公司	减速器
	控制器	广州数控设备有限公司	工业机器人、高档数控机床
		广州奇芯机器人技术有限公司	机器人控制系统、中高档数控系统、运动控制器
产业链中游	机器人（含 AGV）	广州数控设备有限公司	工业机器人、高档数控机床
		广州新松机器人自动化有限责任公司	工业机器人本体、AGV
		巨轮（广州）机器人与智能制造有限公司	工业机器人及其核心部件
		广州普华灵动机器人技术有限公司	无人车及移载机器人（AGV+/RGV+）本体与系统
		京信智能科技（广州）有限公司	移动机器人、无人智能叉车
		广州蓝海机器人系统有限公司	AGV
		广州市井源机电设备有限公司	工业移动机器人 AGV
		广州高新兴机器人有限公司	巡逻机器人
		中科开创（广州）智能科技发展有限公司	电力巡检机器人
		广州德晟电力科技有限公司	电力智能运维
		广州市威控机器人有限公司	特种机器人、仿生机器人
		广东海川机器人有限公司	工业机器人、商用机器人
		广州耐为机器人科技有限公司	工业机器人本体
		广州汇航机器人有限公司	工业机器人
		广州映博智能科技有限公司	服务机器人
		广州艾目易科技有限公司	医疗手术机器人
		广州赛特智能科技有限公司	医院智能配送机器人、智能感控机器人、智能消毒机器人
		广州慧谷动力科技有限公司	服务机器人
		凌度（广东）智能科技发展有限公司	外墙清洁机器人
		广州极飞科技股份有限公司	农业无人机
		广州菲亚兰德科技有限公司	庭院割草机器人、泳池清洁机器人
		广州亿航智能技术有限公司	无人驾驶航空器
		达闼机器人（广州）有限公司	人形机器人
		广州小鹏汽车科技有限公司	人形机器人

（续）

类别			企业名称	主要产品／领域
产业链中游	机器人（含 AGV）		广州高擎机电科技有限公司	人形机器人
			深海智人（广州）技术有限公司	海洋机器人
			广州里工实业有限公司	协作机器人
	系统集成		广州工业投资控股集团有限公司	楼宇智能装备、智能电网系统、清洁能源装备、智能机器人和智慧运维
			国机智能科技有限公司	智能制造系统解决方案、系统集成及重大机械装备制造
			广州明珞装备股份有限公司	汽车等行业机器人系统集成
			广州瑞松智能科技股份有限公司	SCARA 机器人、自动化系统集成控制技术
			广州松兴电气股份有限公司	机器人系统、焊接系统、激光系统
			广州中设机器人智能装备股份有限公司	机器人系统集成、焊接设备
			广州德恒汽车装备科技有限公司	机器人应用开发、机器人系统集成、工业自动化与汽车自动化生产线集成
			广州市景泰科技有限公司	液晶显示面板在线智能涂覆、检测等设备
			广州协鸿工业机器人技术有限公司	机器人智能技术、自动化设备
			广州东焊智能装备有限公司	焊接专用设备
			广州亨龙智能装备股份有限公司	电容储能点凸焊、中频直流点凸焊
			广东益诺欧环保股份有限公司	PVDF 管式膜分离浓缩设备及膜组件
			广州超音速自动化科技股份有限公司	锂电电极片缺陷检测系统、涂布对齐检测系统
			广州擎天恒申智能化设备有限公司	汽车智能装备
			东方电气（广州）重型机器有限公司	百万千瓦级先进压水堆核电站成套设备
			广州普理司科技有限公司	多功能数码印刷机、全伺服自动品检机
			广州丰桥智能装备有限公司	汽车制造自动化设备、柔性自动化生产线集成
			广州熙锐自动化设备有限公司	汽车制造业和其他工业领域智能化生产设备
产业链下游	各领域智能装备	塑料成型	博创智能装备股份有限公司	塑料注射成型过程形性智能调控技术及装备
			广州华研精密机械股份有限公司	智能 PET 注塑设备及塑料模具
			广州一道注塑机械股份有限公司	PET 瓶坯动态成型注塑机
			广州达意隆包装机械股份有限公司	智能包装生产线系统集成、AGV
			广州科盛隆纸箱包装机械有限公司	智能包装设备
			广州市万世德智能装备科技有限公司	智能包装设备
			广州市铭慧机械股份有限公司	液体食品无菌包装设备及辅助设备
		木材家具	广州弘亚数控机械股份有限公司	木材加工智能机械
			广州联柔机械设备有限公司	袋装弹簧生产机
		电子金融	广州广电运通金融电子股份有限公司	自动柜员机
			广州视源电子科技股份有限公司	液晶显示主控板卡
			广州明森科技股份有限公司	社保卡、银行卡等个人化制造装备
		智能楼宇	广东安居宝数码科技股份有限公司	智慧楼宇对讲、智能家居、AI 无人化停车、充电位管理系统
			广州达蒙安防科技有限公司	DM300 防火型全防护智能升降爬架平台
			广州广日电梯工业有限公司	乘客电梯、无机房电梯、自动扶梯
		智能停车	广州广日智能停车设备有限公司	PCS 垂直升降类停车设备
			广州达泊智能科技有限公司	智能停车机器人
			广州建德机电有限公司	停车场设备、自动控制系统

（续）

类别			企业名称	主要产品／领域
产业链下游	各领域智能装备	医疗包装	广州珐玛珈智能设备股份有限公司	药品装瓶、自动贴标智能设备
			达尔嘉（广州）标识设备有限公司	药品数粒装瓶、自动贴标智能设备
			广州精佳机械有限公司	三维包装机、全自动透明膜三维包装机
			广州保瑞医疗技术有限公司	体腔热灌注治疗系统
			广州迈普再生医学科技有限公司	生物 3D 打印技术
		检验检测	广州赛宝认证中心服务有限公司	产品认证、体系认证
			广州广电计量检测股份有限公司	计量、检测、认证
			中汽检测技术有限公司	汽车零部件、机器人及自动化装备检测和认证
			国家机器人检测与评定中心（广州）	机器人产品及部件的检测、认证和校准
			广研检测（广州）有限公司	油品质量检验评定、设备润滑状态监测
			威凯检测技术有限公司	国家级电器产品质量监督检验中心
			广州禾信仪器股份有限公司	质谱仪器研发、制造、销售
			中科检测技术服务（广州）股份有限公司	食品检测、土壤检测、清洁生产审核
		共性技术研究	广州工业智能研究院	智能产品开发和应用、智能服务开发和应用、智能工厂建设和示范
			广州工业技术研究院	先进制造、海洋工程、信息技术、新能源
			广东省科学院智能制造研究所	机器人技术、人工智能技术、增材制造技术、数字化制造技术、装备可靠性技术
			大湾区超级机器人研究院	服务机器人、特种机器人等机器人及其核心零部件等的技术研发、技术转让、成果转化及推广
			广东省电子技术研究所	通信网络设备及终端产品、智能交通设备、智能制造设备
			广州先进技术研究所	前瞻科学与技术研究、水科学研究、生物工程研究、机器人与智能装备
			广州智能装备研究院有限公司	面向智能装备产业链的国家级公共服务机构
			广州中以机器人研究院	机器人应用产品和技术、智能制造技术和产品
			广东省机器人创新中心	机器人技术及产业创新平台和服务平台

注：数据来源于广州工业机器人制造和应用产业联盟。

三、重大举措或事件

1. 成立智能制造系统解决方案供应商联盟广东分盟

2023 年 9 月，智能制造系统解决方案供应商联盟广东分盟成立，是旨在持续推进智能制造深入发展，建设更具国际竞争力的现代化产业体系的重要举措。广东分盟将建设智能制造系统集成技术研发、行业应用和市场推广的一体化公共服务平台，系统解决方案供应商与用户对接平台，以需求为牵引、产业链为纽带，为政府制定相关战略、规划和政策提供支撑服务，为国内各类智能制造项目的实施提供咨询服务和解决方案，着力构建覆盖广东省、辐射华南的智能制造协同创新共同体，推动广东省制造业企业数字化智能化转型升级，带动广东地区智能制造装备发展，并在联盟成员拓展视野、整合资源、促进市场、培养人才等方面发挥积极作用，助推广东省制造业高质量发展战略实施。

2. "湾区明珠、汇智前行"机器人 30 人圆桌会议

2023 年 10 月，由广州工业机器人制造和应用产业联盟主办，广州市黄埔区人民政府、广州开发区管委会指导的"湾区明珠、汇智前行"机器人 30 人圆桌会议在黄埔国际会议中心举办。政府相关部门负责人、行业专家和知名企业家代表齐聚一堂，围绕推动机器人产业高质量发展、加强机器人产业链供需对接建言献策，推动构建开放创新、可持续发展的机器人产业生态，助力广州开发区、黄埔区打造机器人产业新优势。

3. 第九届智能制造与数字化创新论坛

2023 年 10 月，由广州工业机器人制造和应用产业联盟联合智能制造系统解决方案供应商联盟广东分盟、广州明珞装备股份有限公司主办，广东省工业和信息化厅指导，广州市工业和信息化局、黄埔区人民政府支持的第九届智能制造与数字化创新论坛召开。政府相关部门负责人、行业专家和知名企业家代表齐聚一堂，共同关注和探讨新发展格局下中小企业助力高质量发展行动举措，制造业转型创新、高价值落地解决方案，共同促进智能制造与自动化行业高质量蓬勃发展。

4. 第八届全国机械工业可靠性技术应用交流大会暨广

东智能装备产业发展大会与装备数字化展览会

2023 年 11 月，第八届全国机械工业可靠性技术应用交流大会暨广东智能装备产业发展大会与装备数字化展览会在广州举行。本次活动以"创新可靠设计、管理质量提升、数智融合赋能"为主题，广泛集聚了装备制造产业链

的专家学者、上中下游产业资源，重点探讨未来智能装备产业发展、产业集群创新政策、世界级先进制造业集群的培育建设路径、装备数字化应用、智能制造等。

〔撰稿人：广州工业机器人制造和应用产业联盟梁万前〕

2023 年深圳市机器人行业发展概况

一、行业发展概况

1. 整体发展分析

（1）产业规模。2023 年，深圳市机器人产业链总产值为 1 787 亿元，相比 2022 年的 1 644 亿元，同比增长

8.70%，相较于 2022 年 3.92% 的增速，实现了较大幅度回升。其中，工业机器人和非工业机器人产值在机器人总产值中的占比分别为 62% 和 38%。2019—2023 年深圳市机器人产业链总产值及增速如图 1 所示。

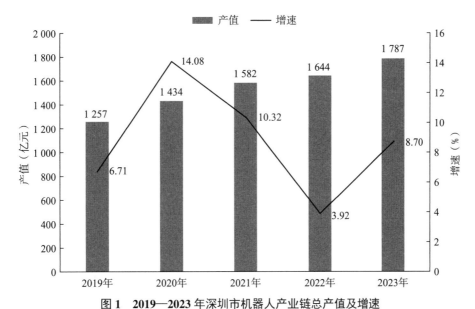

图 1　2019—2023 年深圳市机器人产业链总产值及增速

注：数据来源于深圳市机器人协会。

2023 年，深圳市机器人产业呈现工业机器人平稳发展，非工业机器人下游应用不断拓展，人形机器人等新兴领域快速发展的局面。具体来看有以下几点特征：

1）2023 年工业机器人需求环比复苏，非工业机器人恢复高增长态势。工业机器人方面：短期来看，国产化替代进程加快，光伏、半导体、新能源等行业需求仍有增长空间；中长期来看，随着核心零部件产业链日益完善和规模效益逐步体现，工业机器人产业整体发展将保持平稳态势。非工业机器人方面：传统应用领域逐步恢复，如餐饮、旅游等下游消费场景明显复苏，及 2022 年新冠疫情影响导致非工业机器人特别是服务机器人产量、产值等低基数影响，2023 年较之有明显回升态势。此外，泳池清洁

机器人、割草机器人、扫雪机器人等新应用领域的不断涌现，也为非工业机器人的发展注入了新的活力。

2）随着海外劳动人口减少和劳动力成本提升，海外智能制造和智能仓储的需求不断提升，同时，在国内传统工业机器人企业难以与工业机器人"四大家族"抗衡、"新三样"出海带动等大背景下，出口移动机器人、服务机器人就成为国内机器人企业弯道超车之道。伴随着海外市场复苏，2023 年深圳市机器人企业布局海外市场步伐加快，且成效颇丰。

3）人形机器人产业化提速显著，深圳市人形机器人稳扎稳打，新企业不断涌入。伴随海内外企业加快布局及政策层面支持，人形机器人有望短期内进入量产阶段。深圳

在人形机器人方面具备较强的实力，不仅人形机器人制造创新中心建设步伐加快，也有深圳市优必选科技股份有限公司（简称"优必选"）、乐聚（深圳）机器人技术有限公司（简称"乐聚"）等早一批深耕的企业具备一定行业竞争力，还有戴盟（深圳）机器人科技有限公司（简称"戴盟"）、深圳逐际动力科技有限公司（简称"逐际动力"）、帕西尼感知科技（深圳）有限公司（简称"帕西尼"）等新企业积极入局，以及深圳市华成工业控制股份有限公司（简称"华成工控"）、深圳市雷赛智能控制股份有限公司（简称"雷赛智能"）、深圳市鑫精诚科技有限公司（简称"鑫精诚"）等上游零部件厂商的持续看好。同时，受人形机器人利好，上游核心零部件加快研发脚步，也扩大了追踪范围。

据企查查数据显示，截至 2023 年 12 月 31 日，经营范围涵盖机器人的深圳市企业数量达 59 498 家，其中，拥有机器人相关专利的企业数量为 3 699 家。2023 年新增注册企业达 10 408 家，相较于 2022 年 8 700 家同比增长 19.63%，其中拥有专利的企业数量仅为 20 家，相较于 2019 年峰值的 204 家降幅较大。近年来，随着机器人产业热度的不断提升，越来越多的创业者进入机器人赛道，新增注册企业数量逐年增加。而产业链的不断完善，为初创型企业降低了进入门槛，且以非工业机器人为主要切入点，非工业机器人相较于工业机器人准入难度进一步降低，总体来看是造成 2023 年新增企业数量大幅上涨，但新增注册且拥有专利的企业数量有所下滑的主要原因。2019—2023 年深圳市机器人产业新注册企业数量及增速如图 2 所示。2019—2023 年深圳市机器人产业新增注册且拥有专利的企业数量及增速如图 3 所示。2019—2023 年深圳市机器人产业新增注册企业拥有专利占比情况如图 4 所示。

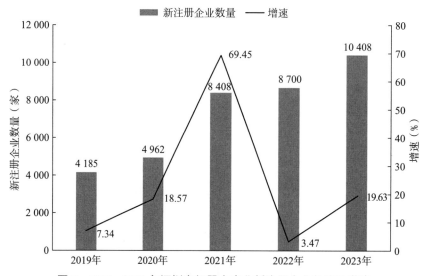

图 2　2019—2023 年深圳市机器人产业新注册企业数量及增速

注：数据来源于深圳市机器人协会。

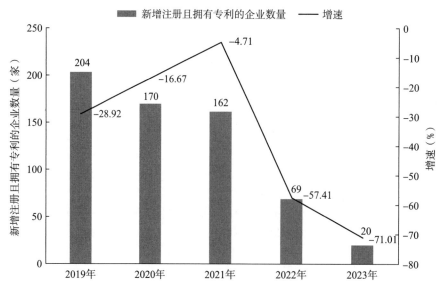

图 3　2019—2023 年深圳市机器人产业新增注册且拥有专利的企业数量及增速

注：数据来源于深圳市机器人协会。

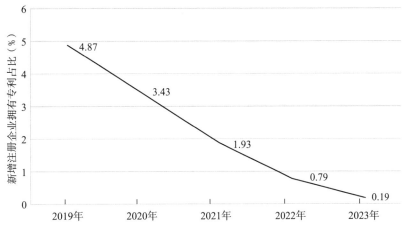

图4 2019—2023年深圳市机器人产业新增注册企业拥有专利占比情况

注：数据来源于深圳市机器人协会。

在对企业进行追踪的过程中发现，①深圳市行知行机器人技术有限公司、深圳市南科佳安机器人科技有限公司、深圳市思傲拓科技有限公司（简称"思傲拓"）、深圳大方智能科技有限公司（简称"大方智能"）、深圳市大寰机器人科技有限公司、未来机器人（深圳）有限公司（简称"未来机器人"）、斯坦德机器人（深圳）有限公司（简称"斯坦德"）、戴盟、逐际动力等企业2023年收入相较2022年均实现了成倍增长。其中，未来机器人、斯坦德等在所属行业内具备一定积累，2023年斯坦德还积极布局海外市场，随着本土工业机器人企业实力增强，品牌成本不断降低，可参与的竞争领域也在逐步增多。思傲拓、大方智能是机器人在新应用领域拓展的典型代表，产品分别为泳池清洁机器人及智能化建筑施工机器人，这些企业收入的爆发式增长是新应用领域对机器人产品认可的直观体现。戴盟、逐际动力等新进入企业，以人形机器人等未来领域作为切入口，在2023年初步完成研发，投入市场就实现了营业收入的几十倍增长。②上市公司方面，深圳市汇川技术股份有限公司（简称"汇川技术"）、固高科技股份有限公司、雷赛智能、华成工控等在内的企业2023年营业收入保持稳定增长态势，部分企业营业收入增长率超过20%，样本公司平均收入增长率约为8.98%，且利润状况有所好转。此外，2023年以来，虽然高端芯片依然紧缺，但上游供应问题已得到好转，特别是低端芯片供应压力明显缓解，这对具备规模化生产能力的上市公司的利润增长有明显的带动作用。③近年来，随着机器人产业的发展，深圳市金奥博科技股份有限公司（简称"金奥博"）、昂视智能（深圳）有限公司、深圳华大智造科技股份有限公司等越来越多主营业务不是机器人的企业涉足机器人领域，如金奥博在民爆一体化等方面深耕多年，由于其自动化产线需求，开展防爆机器人领域的研发工作，现其防爆机器人产品具有竞争优势。

（2）产业结构

从深圳市机器人产业企业数量分布看，2023年，深圳市机器人产业结构中，工业机器人企业数量占比为45.46%，非工业机器人占比为54.54%，相较于2022年的51.84%进一步上升。

工业机器人产业链主要分为上游的核心零部件、中游的本体和下游的应用。其中：上游的核心零部件特别是工业机器人上游核心零部件的控制器、伺服系统、减速器等价值量高，且对机器人本体的性能、负荷能力等起着决定作用，一直以来这些领域日韩、欧美等外资品牌较为强势，本土品牌经过多年的发展虽然在部分领域具备了一定的竞争能力，但仍然有一定差距。由于对技术、研发投入要求较高，新进入企业较少，大部分企业具备一定年限。中游工业机器人的本体制造涉及工业机器人整机结构设计和加工工艺，工业机器人本体是工业机器人的机座和执行机构，与零部件相比，技术难度相对较低，但对工业机器人的稳定、精度等也有重要影响，且高端市场仍然有一定的技术壁垒，总体而言，本体制造新注册企业数量增长较为有限。目前，工业机器人下游以系统集成为主，下游的应用是工业机器人大规模应用的关键所在，行业壁垒相对较低，是企业进入工业机器人领域的主要切入口，相较于上游核心零部件和本体制造来说，新注册企业较多。

相较于工业机器人，非工业机器人的整体进入门槛相对较低，其中服务机器人尤为明显，企业数量占比较工业机器人高。且伴随着非工业机器人领域应用深度广度加速拓展，落地场景日趋丰富，除服务机器人、特种机器人、医疗机器人在仓储物流、教育娱乐、清洁服务、安防巡检、医疗康复等领域实现规模应用，在空间探索、海洋资源勘查开采、极地科考等多个国家重大工程领域实现创新应用外，如扫雪机器人、泳池清洁机器人、割草机器人、人形机器人等新业态的涌现，也促使越来越多的创业者以非工业机器人为突破口进入机器人领域。2019—2023年深圳市工业机器人与非工业机器人占比情况（企业数量角度）如图5所示。2023年深圳市机器人产业结构（企业数量角度）如图6所示。

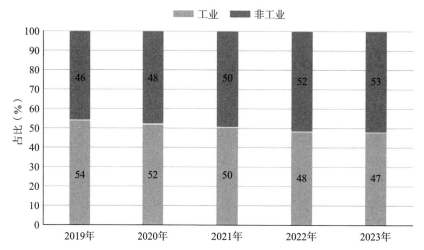

图5　2019—2023年深圳市工业机器人与非工业机器人占比情况（企业数量角度）

注：数据来源于深圳市机器人协会。

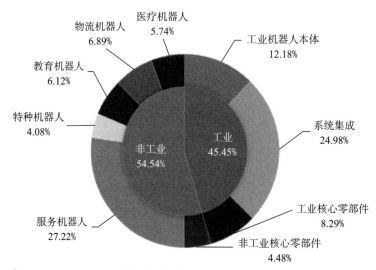

图6　2023年深圳市机器人产业结构（企业数量角度）

注：1. 数据来源于深圳市机器人协会。

2. 由于四舍五入，图中合计数有微小出入。

从深圳市机器人产业链产值结构来看，虽然非工业机器人企业数量占比逐步提升，但在产值贡献方面，2023年深圳市机器人产业结构中工业机器人产值占比62%，非工业机器人为38%，近两年产值结构较为稳定，工业机器人仍然是深圳市机器人产业的重要产值构成。

工业机器人方面，国产化加快替代速度，下游需求旺盛，企业营业收入稳定增长。2023年虽然3C、金属加工等领域对于工业机器人的需求放缓，但这些领域常年被外资品牌挤占，随着这些领域的需求放缓，外资品牌在工业机器人领域的整体销量出现下滑，2023年为15.5万台，同比下降15%。市场格局迎来重塑，行业加速洗牌。除此之外在外资品牌具有产品优势的大六轴机器人方面，本土机器人从未停止追赶步伐，如汇川技术发布的IR-R220系列大型六关节机器人，负载能力达到220kg，重复定位精

度±0.07mm，具备领先的速度，兼顾生产率与质量。而光伏、新能源等领域保持高景气态势，且本土工业机器人相较于外资品牌，更具有服务等方面的优势，使得本土工业机器人需求保持增长。

非工业机器人方面，2023年，深圳市非工业机器人调整结束，且长期前景广阔，应用领域不断拓展。2021年，新冠疫情放大了消毒、无接触式配送等商业服务机器人需求，资本涌入厂商低价推广产品，提高市场占有率等数据。2022年，随着新冠疫情结束，资本退潮，行业进入了较为明显的调整期，部分企业裁员、降低规模、产量出现下滑。2023年，随着调整逐渐结束，市场需求恢复，特别是海外市场的需求提升，如深圳市银星智能科技股份有限公司（简称"银星智能"）等企业受欧洲市场复苏影响，扫地机器人出口量增长，行业逐渐回暖。此外，深圳汉阳

科技有限公司的庭院清扫机器人、思傲拓的泳池清洁机器人等新应用领域在海外市场颇受欢迎,出口量增长带动企业收入提升。2019—2023 年深圳市工业机器人与非工业机器人占比情况(产值角度)如图 7 所示;2023 年深圳市机器人产业结构(产值角度)如图 8 所示。

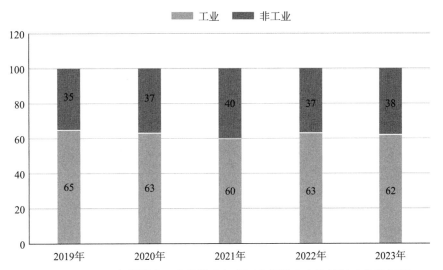

图 7　2019—2023 年深圳市工业机器人与非工业机器人占比情况(产值角度)

注:数据来源于深圳市机器人协会。

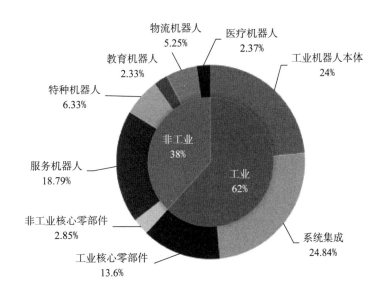

图 8　2023 年深圳市机器人产业结构(产值角度)

注:1. 数据来源于深圳市机器人协会。

　　2. 由于四舍五入,图中合计数有微小出入。

(3)区域分布

从深圳市机器人产业企业数量区域分布来看,宝安区注册企业数量占比最高,为 23.93%,南山区、龙岗区紧随其后,分别为 19.23%、17.28%。从拥有专利的企业区域分布来看,南山区、宝安区占比最高,分别达 25.72%、24.96%。2023 年深圳市机器人产业区域分布情况(企业数量角度)如图 9 所示;2023 年深圳市机器人产业区域分布情况(专利数量角度)如图 10 所示。

从 2023 年深圳市机器人产值区域分布来看,南山区与宝安区的产值位居深圳前列,分别为 35.01%、34.84%。宝安区工业机器人领域企业数量较多,在零部件、本体制造等方面企业注册数量较多。南山区在家用服务机器人、教育机器人、特种机器人领域,企业注册数量较多。2023 年深圳市机器人产业区域分布情况(产值角度)如图 11 所示。

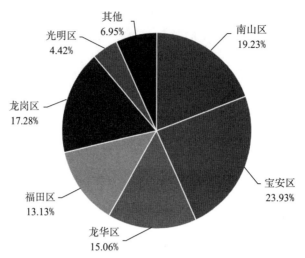

图9　2023年深圳市机器人产业区域分布情况（企业数量角度）

注：数据来源于深圳市机器人协会。

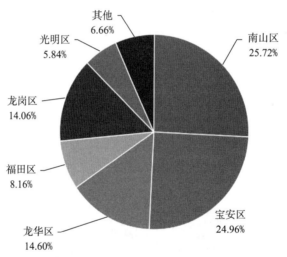

图10　2023年深圳市机器人产业区域分布情况（专利数量角度）

注：数据来源于深圳市机器人协会。

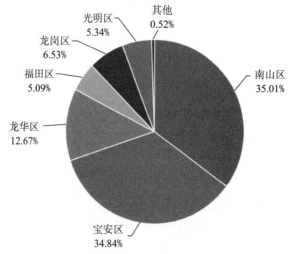

图11　2023年深圳市机器人产业区域分布情况（产值角度）

注：数据来源于深圳市机器人协会。

2.工业机器人发展分析

2023年，深圳市工业机器人产值为1108亿元，同比增长7.26%，工业机器人系统集成、本体、核心零部件占比分别为40.07%、37.99%、21.94%，整体结构较为平稳。虽然自2022年起3C电子与食品饮料行业受消费影响，对工业机器人需求有所减缓，但深圳工业机器人市场空间较大，深圳厂商经过20余年的积累，在国产化的浪潮下具备一定优势。具体表现为，我国工业机器人应用密度虽然较低但近年来增势较猛，市场占有率位居世界前列。虽然目前工业机器人本体仍然依赖于进口国外品牌，但经过多年的发展，国产工业机器人市场份额增长明显，2023年提升至45.1%。光伏、新能源等行业成为机器人需求增长的主要驱动力，深圳工业机器人厂商抓住机遇实现大幅增长。同时，外资品牌在金属加工、整车、家用电器等优势领域面临挑战，且本土品牌在大六轴技术上的不断突破，高端市场国产化替代进程也将进一步加快。未来，设备大规模更新政策带动，国产替代和制造业高质量发展将成为趋势，有助于深圳市工业机器人产业的进一步发展。2019—2023年深圳市工业机器人产业总产值及增速如图12所示。

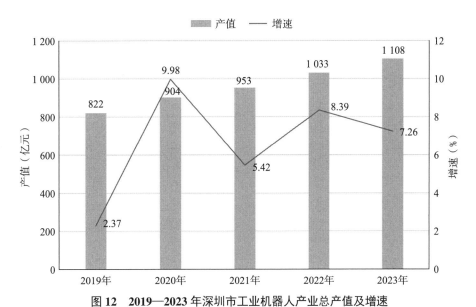

图12 2019—2023年深圳市工业机器人产业总产值及增速

注：数据来源于深圳市机器人协会。

深圳市工业机器人核心零部件供应商较多，主要分布在宝安、南山、龙华、龙岗等区域。2023年，深圳市工业机器人核心零部件产值占比从2022年的19.77%提升至21.94%。此外，受人形机器人、具身智能机器人产业发展的带动，对上游核心零部件提出了更轻量化的要求。例如，伺服电动机方面，空心杯、无框力矩电动机广泛使用于人形机器人的手腕关节、身体关节等部位；减速器方面，谐波减速器体积小、精度高、传动比高等优点在工业机器人中主要用于小臂、腕部、手部等轻负载部位，人形机器人的负载较轻，因此谐波减速器应用更为广泛。关乎人形机器人的核心零部件也是2023年投资的重点领域之一，助推核心零部件产业进一步发展。

2023年，深圳市工业机器人本体产值占比达37.99%，较2022年的37.91%小幅度上升。伴随着工业机器人本体技术的不断成熟，可靠性、稳定性的不断提升，产业链的不断完善，加之下游应用需求的增多等多重因素影响，工业机器人本体市场规模不断扩大，且保持稳定增长态势。

近年来，深圳市工业机器人系统集成发展迅速，一直是工业机器人产业占比最高的细分领域之一，但产品以定制化为主，导致二次开发成本过高，是产业长期发展所面临的挑战。近年来深圳市系统集成产值占比连续下滑，2023年系统集成产值占比为40.07%，相较于2022年的42.32%，下降2.25%。短期来看数字化升级改造进程仍在继续，因此系统集成仍将是工业机器人领域的重要构成。特别是未来随着通用型机器人的研发进程加快，系统集成能力也将进一步提高。2023年深圳市工业机器人产值结构如图13所示。

3.非工业机器人发展分析

2023年，深圳市非工业机器人产业企稳回升，产值达679亿元，较2022年的611亿元，同比增长11.13%。从细分领域占比来看，2023年服务机器人产值占比达49.44%，特种机器人占比为16.65%，物流机器人占比为13.83%，教育机器人占比为6.36%，医疗机器人占比为6.23%，商用服务机器人、家用服务机器人依然是深圳市非工业机器人产值的重要构成。

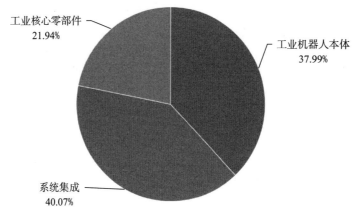

图 13   2023 年深圳市工业机器人产值结构

注：数据来源于深圳市机器人协会。

近年来，伴随着云计算、人机交互、物联网、人工智能等技术的快速发展，我国在人工智能、5G 等新一代信息技术领域取得了系列国际领先成果，机器人与信息技术的融合日渐深入，大幅提升了感知、计算、执行能力，使其更加智能化、精准化和柔性化。通过综合运用视觉、多传感器、软硬件的深度融合，以及不断优化的控制算法，非工业机器人自主智能水平大幅提高。这使得非工业机器人的应用场景不断拓展，且适配能力也在不断加强，更能满足应用场景中的性能需求，促使应用场景不断下沉。深圳市在垂直领域开发能力较强，企业加速开发特色化产品，根据下游场景需求，在消费服务、特种、医疗等赛道不断创新，部分领域实现与国际领先水平比肩的能力。例如，元化智能科技（深圳）有限公司的骨科机器人技术实力达到国际水平，深圳市精锋医疗科技股份有限公司推出单孔

腹腔机器人国产系统等。

人形机器人方面，深圳具备一定的产业基础。除了优必选、乐聚等在产业已有深耕的企业外，还有逐际动力、戴盟等新进入企业，以及华成工控、鑫精诚、雷赛智能、帕西尼等上游核心零部件厂商看好机器人赛道，积极布局人形机器人领域。其中，帕西尼在多维触觉传感器领域具备优势，现基于其上游技术，开发了帕西尼多维触觉人形机器人 Tora，为业内首家首实现多维度大阵列触觉传感器及机器人产品批量商业化公司。未来，随着人形机器人、具身智能机器人的不断发展，机器人应用广度、深度均将进一步拓展。2019—2023 年深圳市非工业机器人产值与增速如图 14 所示；2023 年深圳市非工业机器人产值结构如图 15 所示。

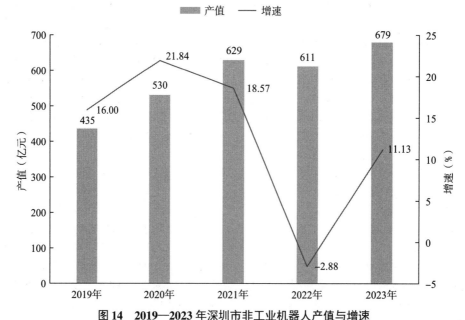

图 14   2019—2023 年深圳市非工业机器人产值与增速

注：数据来源于深圳市机器人协会。

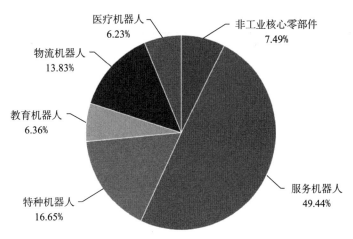

图 15　2023 年深圳市非工业机器人产值结构

注：数据来源于深圳市机器人协会。

二、主要企业

深圳市机器人产业主要企业情况见表 1。

表 1　深圳市机器人产业主要企业情况

类别	企业名称	主要产品／领域
控制器	固高科技股份有限公司	PC-Based
	深圳众为兴技术股份有限公司	PC-Based
	深圳市汇川技术股份有限公司	专用控制器
	深圳市华成工业控制股份有限公司	专用控制器
	深圳市雷赛智能控制股份有限公司	PC-Based
	深圳市恒科通机器人有限公司	一体化驱动控制器
伺服系统	横川机器人（深圳）有限公司	伺服系统
	深圳市大族电机科技有限公司	直线电动机和力矩电动机
	深圳市汇川技术股份有限公司	伺服系统
	深圳市研控自动化科技股份有限公司	步进电动机和伺服电动机
	深圳市兆威机电股份有限公司	伺服驱动
	深圳市山龙智控有限公司	伺服系统
	深圳市杰美康机电有限公司	步进伺服和低压伺服
减速器	深圳市大族精密传动科技有限公司	谐波减速器
	深圳市同川科技有限公司	谐波减速器
	德镁精密传动（深圳）有限公司	谐波减速器
关节模组	深圳市零差云控科技有限公司	关节模组
	深圳市泰科智能伺服技术有限公司	关节模组
直角坐标、直线模组	深圳威洛博机器人有限公司	直线模组
	深圳市福士工业科技有限公司	直线模组
	深圳市盛为兴技术有限公司	三轴直角机
	深圳市华仁智能装备有限公司	三轴直角机
	深圳市美蓓亚斯科技有限公司	直线模组
	深圳银光机器人技术有限公司	直线模组
	横川机器人（深圳）有限公司	直驱模组
	深圳市大族电机科技有限公司	直线电动机
	深圳德康威尔科技有限公司	直线电动机

（续）

类别	企业名称	主要产品／领域
SCARA	深圳市汇川技术股份有限公司	正装、倒装 SCARA
	慧灵科技（深圳）有限公司	轻量型四轴、协作型四轴
	深圳众为兴技术股份有限公司	螺丝锁付专用、传统四轴
	深圳市思普瑞机器人技术有限公司	传统四轴
六轴机器人	深圳市华盛控科技有限公司	传统六轴
	深圳众为兴技术股份有限公司	桌面式六轴
	深圳威特尔自动化科技有限公司	中量型通用六轴
	深圳市三思控制系统有限公司	传统六轴负 45~120kg
	深圳市汇川技术股份有限公司	小六轴机器人
	深圳市智哥机器人系统有限公司	多功能六轴机器人
并联机器人	博迈机器人科技（深圳）有限公司	并联机器人、并联三加一轴、并联六轴
	深圳市小百科技有限公司	D3 系列并联机器人、PT30 码垛机器人
	深圳市华盛控科技有限公司	并联机器人
	深圳市中科德睿智能科技有限公司	高速分拣并联机器人
	深圳市阿童木科技有限公司	并联机器人
协作机器人	深圳市大族机器人有限公司	MAiRA 多感知智能机器人助手
	深圳市越疆科技股份有限公司	全感知协作机器人
	深圳市大象机器人科技有限公司	六轴协作机器人
	深圳墨影科技有限公司	移动协作机器人智能调度系统
移动机器人	深圳怡丰机器人科技有限公司	智能停车机器人系列、托马斯系列、叉车 AGV 系列、小精灵四大系列，具备自动导引车（AGV）单机车载系统、AGV 调度管理系统、导航（导引）技术、WMS 管理系统
	深圳市佳顺智能科技有限公司	以 AGV 移动机器人为核心产品，主要应用于汽车、电商、医药领域
	深圳市欧铠智能机器人股份有限公司	AGV、激光叉车、仓储机器人，自动化物流设备及系统
	深圳远荣智能制造股份有限公司	智能仓储系统方案、仓储系统管理软件、智能仓储硬件设备等。
	深圳市井智高科机器人有限公司	潜伏、牵引、滚筒、分拣、复合协作、叉车六大系列产品，为智慧工厂提供搬运、分拣解决方案
	未来机器人（深圳）有限公司	将人工叉车、牵引车、港机等工业车辆升级改造为 AGV 搬运机器人，解决企业仓储自动化升级难题
复合机器人	深圳墨影科技有限公司	移动协作机器人及应用集成系统，主要产品有驱动方式各异、负载为 300kg 及 600kg 的移动底盘及搭配了相应功能模块的移动协作机器人，目前在生物医药、膜片切割、精密移动装配、过窄通道等场景已有落地方案
工业机器人	深圳科瑞技术股份有限公司	装配、检测
	深圳橙子自动化有限公司	检测
	深圳华海达科技有限公司	装配
	深圳市佳士科技股份有限公司	焊接
	深圳市东盈讯达电子有限公司	装配
	深圳市鑫信腾科技股份有限公司	检测
	深圳市泰达机器人有限公司	喷涂
	深圳远荣智能制造股份有限公司	喷涂
	深圳市柳溪机器人有限公司	喷涂
	深圳市世椿智能装备股份有限公司	点胶

（续）

类别		企业名称	主要产品／领域
工业机器人		深圳市今天国际物流技术股份有限公司	仓储
		深圳市长盈精密技术股份有限公司	检测
		深圳市山龙智控有限公司	控制
		深圳市华成工业控制股份有限公司	控制
		固高科技股份有限公司	控制
		深圳市雷赛智能控制股份有限公司	控制
		深圳市华科星电气有限公司	电动机
核心部件	雷达	深圳市镭神智能系统有限公司	时间飞行法（TOF）、相位法、三角法和调频连续波等四种测量原理
		深圳玩智商科技有限公司	TOF、固态等全品类的激光雷达
		深圳市砳石激光雷达有限公司	蜂眼系列激光雷达
		海伯森技术（深圳）有限公司	光谱共焦传感器、激光对针传感器、面阵固态激光雷达、激光三角位移传感器、单点 ToF 测距传感器等多款产品
		深圳市速腾聚创科技有限公司	通过激光雷达硬件、人工智能（AI）算法与芯片三大核心技术闭环，提供具有信息理解能力的智能激光雷达系统
		深圳力策科技有限公司	光学相控阵（OPA）固态激光雷达，工业级激光雷达
	芯片	深圳云天励飞技术股份有限公司	AI 算法芯片化能力的数字城市整体解决方案
		墨芯科技（深圳）有限公司	AI 芯片设计商
		奥比中光科技集团股份有限公司	3D 视觉感知整体技术方案提供商
	舵机	深圳市优必选科技股份有限公司	伺服舵机
		深圳市华馨京科技有限公司	伺服舵机和控制模块
		乐森机器人（深圳）有限公司	小型伺服舵机、重型伺服舵机、人工关节驱动
		深圳市兆威机电股份有限公司	舵机电动机
		松灵机器人（深圳）有限公司	全向型无人导引车（UGV）、履带型 UGV、室内无人搬运底盘开发平台 TRACER Mini
		深圳玑之智能科技有限公司	一体化动力轮组、全向型移动机器人平台
		深圳煜禾森科技有限公司	模块化机器人底盘
	操作系统	深圳市优必选科技股份有限公司	智能机器人 ROSA 操作系统
		深圳创想未来机器人有限公司	基于开源 OpenHarmony 系统
	力觉传感器	深圳市鑫精诚科技有限公司	压力传感器、称重传感器
		海伯森技术（深圳）有限公司	高精度圆柱形力传感器
	触觉传感器	帕西尼感知科技（深圳）有限公司	多维触觉传感
		深圳市松果体机器人科技有限公司	仿生人手的触觉传感器
	机器人即时定位与地图构建（SLAM）模块	斯坦德机器人（深圳）有限公司	激光 SLAM 导航 AGV 及其调度系统
		深圳优地科技有限公司	SLAM/VSLAM 定位导航模组和 CUDA 高性能运算平台
		隆博科技（深圳）有限公司	自主移动机器人（AMR）为驱动力的柔性物流解决方案
	计算机视觉模块	深圳云天励飞技术股份有限公司	基于视觉芯片、深度学习和大数据技术的"视觉智能加速平台"
		奥比中光科技集团股份有限公司	AI 3D 感知技术方案
		深圳市精视智造科技有限公司	AI 缺陷检测及智能工厂系统化部署等解决方案
		深圳市深视智能科技有限公司	高速照相机

（续）

类别		企业名称	主要产品／领域
核心部件	智能语音语义识别模块	深圳海岸语音技术有限公司	新型听觉感知硬件的研发，提供软硬件结合的智能听觉感知技术解决方案
		深圳壹秘科技有限公司	智能音视频 AI IoT（物联网）终端产品、音视频 AI 服务
		深圳声联网科技有限公司	面向对象音视频的行为分析和情感计算
		深圳市声希科技有限公司	语音识别，语音纠错等；可为现有的智能硬件提供相应的语音技术解决方案
家用服务机器人		深圳市银星智能科技股份有限公司	扫地机器人研发与制造
		深圳市杉川机器人有限公司	扫地机器人
		深圳市乐航科技有限公司	扫拖机器人
		深圳市探博智能机器人有限公司	扫地机器人
		深圳市云鼠科技开发有限公司	扫地机器人方案与 PCBA 制造
		深圳市智意科技有限公司	扫地机器人研发及生产
		深圳阿科伯特机器人有限公司	扫地机器人研发及生产
		深圳市大象机器人科技有限公司	陪护型机器猫研发及生产
		深圳市一恒科电子科技有限公司	家庭陪伴机器人
		深圳狗尾草智能科技有限公司	情感社交机器人、生活陪伴机器人
商用服务机器人		深圳市优必选科技股份有限公司	迎宾导购机器人、安防机器人、机房巡检、公共卫生防疫
		深圳优地科技有限公司	酒店机器人、配送机器人
		深圳市普渡科技有限公司	送餐机器人、配送机器人
		深圳中智卫安机器人技术有限公司	测温机器人、消毒机器人、迎宾机器人、配送机器人
		深圳市锐曼智能装备有限公司	商业服务机器人、配送机器人、防疫机器人
		深圳勇艺达机器人有限公司	主要经营智能机器人及配件的研发与销售
		深圳市女娲机器人科技有限公司	户外清扫机器人、室内扫吸一体机器人及室内洗地机器人
		深圳博鹏智能科技有限公司	清洁机器人、扫地机器人、防疫消毒喷雾机器人等
		深圳市神州云海智能科技有限公司	清洁机器人、商务机器人、彩票机器人
		深圳市繁兴科技股份有限公司	智能烹饪机器人，智慧化新餐饮技术解决方案
		深圳爱她他智能餐饮技术有限公司	AI 烹饪机器人
		鸿博智成科技有限公司	炒菜机器人、智能化厨房设备
		睿博天米科技（深圳）有限公司	办公、医疗看护、酒店、零售等场景的机器人
		深圳市九天创新科技有限责任公司	商用清洁机器人、防疫消杀机器人
		深圳市神州云海智能科技有限公司	迎宾机器人、厅堂机器人、彩票机器人、工地机器人
教育机器人		深圳市优必选科技股份有限公司	人工智能教学的端到端的综合解决方案，包括软硬件研发、课程设计、竞赛组织、师资培训、AI 空间建设等
		韩端科技（深圳）有限公司	涵盖教育机器人研发设计、生产销售、课程开发、教育培训、赛事运营等各大板块
		深圳市科迪文化传播有限公司	校内培训、教玩具研发、师资培养、儿童教育中心
		深圳市搭搭乐乐文化传播有限公司	机器人高端竞赛，青少年创新、编程教育、STEM 教育
		深圳市为美趣学科技有限公司	创客教育和 STEM 教育提供完整机器人产品综合方案
		深圳市阿童木文化传播有限公司	少儿编程、STEM 教育、创客教育、机器人竞赛
		深圳市幻尔科技有限公司	仿生教育机器人，智能小车机器人、电子积木类
		深圳市天博智科技有限公司	儿童陪护、早教机器人
		深圳果力智能科技有限公司	教具、AI 课程
		深圳大愚智能有限公司	教育／服务机器人及家园互通平台

类别	企业名称	主要产品／领域
教育机器人	深圳编程猫科技有限公司	儿童陪伴机器人、作业辅导机器人
	深圳市创客工场科技有限公司	全球 STEAM 教育机器人
特种机器人	深圳市朗驰欣创科技股份有限公司	电力能巡检机器人系列、综合管廊智能巡检机器人系列、排爆机器人核环境智能巡检机器人
	深圳施罗德工业集团有限公司	管道检测机器人、管道修复机器人、智能巡检机器人
	深圳昱拓智能有限公司	电网输电线巡检／作业机器人、发电厂巡检机器人、市政地下综合管廊巡检机器人
	深圳市贝特尔机器人有限公司	消防灭火机器人、消防侦查机器人
	深圳市安泽智能机器人有限公司	巡逻机器人、特种机器人、巡检机器人、配送机器人
	广东大仓机器人科技有限公司	输煤栈桥智能机器人巡检系统、地下管廊智能巡检
	深圳煜禾森科技有限公司	涵盖物流、消防、安防等多种行业、通用底盘＋场景定制化的研发模式服务
	深圳瀚德智能技术有限公司	轨道式穿梭巡检机器人、管道检测机器人、电子哨兵机器人、电力巡检机器人
	深圳市博铭维技术股份有限公司	管网检测机器人、轮式军用侦查机器人、履带式拆弹机器人、地下管线轨迹惯性导航测绘机器人
	深圳市行知行机器人技术有限公司	主要致力于爬壁机器人的产品开发与制造，面向船舶、石化、钢结构桥梁等行业提供除锈、清洗、除冰等
	万勋科技（深圳）有限公司	专注复杂环境巡查和检修作业机器人解决方案，产品包括机械臂及执行器系列、低空作业机器人系列等，已覆盖电力检修、公共服务、安防演习等多个场景
医疗机器人	深圳市精锋医疗科技股份有限公司	微创外科机器人、单孔腹腔镜手术机器人系统、多孔腹腔镜手术机器人系统
	深圳市迈步机器人科技有限公司	下肢康复机器人、手部外骨骼机器人
	深圳瀚维智能医疗科技有限公司	超声机器人与人工智能
	深圳市迈康信医用机器人有限公司	医用实时监测康复机器人
	深圳易普森科技股份有限公司	医院物流机器人、高值耗材管理机器人、智能导医
	深圳市爱博医疗机器人有限公司	血管介入手术
	深圳市美林医疗器械科技有限公司	阿尔法驴心电图表自动诊断机器人
	深圳市卫邦科技有限公司	智能静脉用药调配机器人
	深圳市博为医疗机器人有限公司	静脉药物调配机器人
	深圳市桑谷医疗机器人有限公司	静脉药物调配机器人
	深圳市鑫君特智能医疗器械有限公司	骨科手术机器人
	深圳市德壹医疗科技有限公司	AI 理疗机器人
	元化智能科技（深圳）有限公司	骨科手术机器人
人形机器人	深圳市优必选科技股份有限公司	本体
	乐聚（深圳）机器人技术有限公司	本体
	戴盟（深圳）机器人科技有限公司	本体
	帕西尼感知科技（深圳）有限公司	本体
	星尘智能（深圳）有限公司	本体
	深圳市达旦数生科技有限公司	本体
	达闼机器人有限公司	本体
	深圳鹏行智能有限公司	本体
	深圳勇艺达机器人有限公司	本体
	深圳市众擎机器人科技有限公司	本体
	深圳逐际动力科技有限公司	本体

三、发展趋势

1. 紧抓新一轮政策红利，围绕机器人产业加快形成新质生产力

近年来，伴随着 AI、云计算、大数据、5G 等浪潮，机器人产业迅速发展，并成为推动千行百业数智化转型的关键力量。机器人集成人工智能、高端制造、新材料等先进技术，将深刻变革人类生产生活方式，是经济增长的新引擎，也是科技竞争的新高地。围绕机器人产业，紧抓新一轮政策红利，大力推进新型工业化，增强产业核心竞争力，以绿色科技创新赋能制造业，推动机器人产业高质量、高效率、可持续发展，加快形成新质生产力。

2. "新三样"出海带动机器人产业从项目到产品出海的转变

随着时代的变迁，我国制造业的版图也在悄然重塑。过去以服装、家具、家电等"老三样"出口为主，如今随着我国科技水平的不断提高，制造能力的日渐提升，高科技、高附加值、绿色经济的"新三样"产品正崭露头角。随着越来越多的企业从传统制造向科技创新驱动，企业在技术创新、成本控制、规模化生产、海外运营能力、新兴市场拓展等方面不断提升，成功实现了从利润微薄的传统代工厂到与国际接轨的全球化品牌的转身。"新三样"也是中国品牌出海进入新纪元的标志，与"老三样"时期仅有头部企业出海的情况不同的是，"新三样"则是品牌千帆竞发。就深圳市机器人产业而言，在场景拓展方面具备优势，如泳池清洁机器人、割草机器人、庭院清洁机器人等均瞄准海外市场，且成绩斐然。深圳市机器人借助成本优势、应用拓展能力，聚焦细分赛道，找准自身定位，抢占海外市场。随着深圳市机器人企业品牌建设步伐加快，也从项目出海向产品出海转变。

3. 人形机器人产业化加速，或将成为产业发展新引擎

2023 年 10 月 20 日，工业和信息化部发布关于印发《人形机器人创新发展指导意见》，文件高度重视人形机器人产业链，认为有望成为继计算机、智能手机、新能源汽车后的颠覆性产品，明确了人形机器人发展的目标与时间点。在政策加持下，国内外企业关于人形机器人的研发进展不断刷新。在产业资本争相布局、生成式 AI 大模型技术持续迭代升级的背景下，2024 年有望成为人形机器人量产元年。短期来看，人形机器人产业化加速，直接利好上游核心零部件企业，如减速器、电动机、结构件、半导体芯片及器件、传感器、面板玻璃和材料等，特别是 RV 减速器、谐波减速器、行星减速器、力觉传感器、触觉传感器、丝杠、空心杯等更适配于人形机器人的轻量型零部件等。长期来看，随着人形机器人产业化加速，人形机器人产业链有望初具规模。未来不仅能将人类从低端和高危行业中解放出来，提升人类生产力水平和工作效率，还可以在工业、商业、家庭、外太空探索等领域具有广阔的应用场景。整体来看，人形机器人发展前景广阔。政策指导、市场需求旺盛、技术日益成熟的大背景下，人形机器人成为新型生产力成为可能。

〔撰稿人：深圳市机器人协会谭维佳、孙玉娇〕

2023 年佛山市机器人行业发展概况

2023 年佛山市工业总产值首次突破了 3 万亿元，正向 2030 年突破 4 万亿元的目标迈进。要实现这个突破，佛山正着力培育新质生产力，让战略性新兴产业扛起重担，机器人正是佛山最有底气的战略性新兴产业之一。佛山传统制造业规模巨大，数字化、智能化转型需求强烈，为培育机器人产业提供了良好土壤。

一、政策持续赋能

2023 年两份与机器人产业相关的政策文件出台，为产业高质量发展注入新动能，展现了佛山打造机器人高地的决心与魄力。

2023 年度佛山"一号文"聚焦机器人，1 月 15 日《促进佛山北滘机器人谷智造产业园机器人产业发展扶持办法》正式出台，从项目落户扶持、人才扶持、研发扶持、做大做强扶持、销售扶持、金融扶持、重大项目扶持和要素保障 8 大方面，重点支持、引导机器人产业资源集聚北滘机器人谷智造产业园，推动佛山机器人产业高质量发展，支撑佛山市制造业高端化、智能化、绿色化发展。

2023 年 10 月 23 日，《佛山市机器人及相关产业发展规划（2023—2030 年）》正式印发，提出建设世界级机器人先进集成应用中心、全国机器人高端制造城市标杆、华南地区机器人领域科技创新和成果转化策源地及粤港澳大湾区机器人产业生态协同发展示范区 4 大发展定位。实施机器人产业倍增计划，推动机器人产业成体系、上规模、强应用、集群化发展，为经济高质量发展和佛山制造业当家提供强大引擎。

作为万亿级的新赛道，机器人产业早已成为城市产业竞争的重头戏，各大工业城市纷纷通过政策利好带动机器人产业加快发展。而佛山是最早一批扶持机器人产业发展的城市之一，也是持续不断出台政策扶持产业发展的代表性城市。2013—2023 年佛山市机器人产业相关扶持政策如图 1 所示。

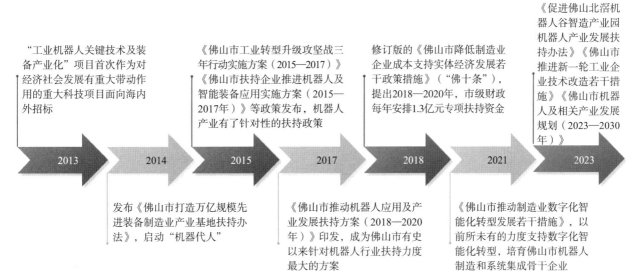

图 1　2013—2023 年佛山市机器人产业相关扶持政策

二、项目不断落地

佛山市持续深入布局机器人产业，不断布局拓展产业蓝海，完善机器人生态产业链，2023 年又有一批机器人项目在佛山落地。

2023 年 1 月，总投资 15 亿元的奥比中光 3D 视觉感知产业智能制造基地建设项目破土动工，项目将填补佛山在传感器产业方面的短板。2 月，赛威工业减速机（佛山）有限公司华南制造基地项目（一期）举行开工仪式，作为全球传动巨头的投资项目，项目滚动累计投资预计超 100 亿元，将极大提升佛山地区传动设备核心零部件的竞争力。5 月，尼

得科集团（日本电产）运动控制与驱动事业部设立的华南总部及研发中心开业。10 月，广东科伺智能科技有限公司摘得"南庄高端精密智造产业园"25 亩（1 亩 ≈ 666.7m²）工业用地，计划建设制造业总部基地。

伴随着新项目不断落地并投产，以及存量企业在新形势下的创新发展，佛山市机器人产业格局也悄然发生变化。在全球机器人的版图中，佛山越发不可被忽视，可以说佛山是观察工业机器人发展的重要窗口。佛山市机器人产业发展格局脉络如图 2 所示。

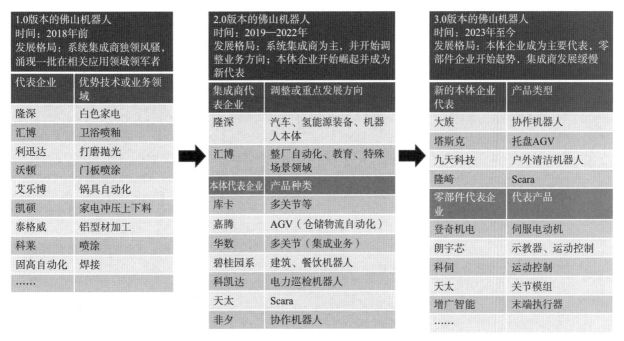

图 2　佛山市机器人产业发展格局脉络

三、园区强势崛起

佛山市机器人产业集聚效应显著，狮山、北滘两个千

亿大镇，汇聚了全市 60% 以上的机器人企业。机器人产业的集聚，很大程度上是园区内的集聚。在空间布局上，佛

山市基本形成了以佛山北滘机器人谷智造产业园为"一核",中国(广东)机器人集成创新中心和佛山数字经济创新产业集聚区为"两极",全市各机器人企业集聚载体为重要节点的"一核、两极、多节点"的机器人产业集聚发展空间。

2023 年 5 月 30 日,美的库卡智能制造科技园二期正式投产,标志着占地 433 亩的华南最大的机器人本体生产基地正式建成,已有 9 家产业链上下游企业进驻,覆盖多个机器人核心零部件,机器人供应链配套超 85%。

2023 年年底,佛山市银星智能制造有限公司服务机器人研发制造建设项目开始投产,作为全球领先的扫地机器人研发与制造企业,项目的建成并投产,进一步扩大了佛山机器人产业版图和门类(家用、C 端),助力佛山打造全国机器人高端制造城市标杆。

2023 年,海创大族机器人智造城完成园区 60 万 m^2 工程建设,园区累计进驻 150 多家企业,其中超过 70% 来自广州、深圳等地,包括 3 家国家级"小巨人"、46 家高新技术企业、20 家规模以上企业,逐渐形成了"丛林式"的产业生态群落。中国(广东)机器人集成创新中心立足机器人产业生态,着力打造机器人专精特新产业园,集聚了广东汇博机器人技术有限公司(简称"汇博机器人")、广州威科智能科技有限公司、大捷智能科技(广东)有限公司、佛山非夕机器人科技有限公司等机器人领域上下游企业 53 家,其中专精特新企业超过 1/3。由佛山华数机器人有限公司(简称"华数机器人")主导建设的南海智能机器人科创园也投入使用,形成以佛山智能装备技术研究院(一院)为创新驱动平台,以佛山华数机器人有限公司和佛山登奇机电技术有限公司(两司)行业骨干企业为引领,以多家生态圈企业(N 家)为科创成果转化链条,以点带面的矩阵式多层次产业转化发展模式(1+2+N),为机器人产业协同创新创业生态圈的构建奠定长远基础。

四、科创成果丰富

2023 年,佛山市机器人企业锐意进取,推陈出新,取得丰硕的科研创新成果。

汇博机器人研发出光伏清洗机器人,具有跨排清扫、自取电、轻量化、模块化、自动避障五大核心关键技术,并针对光伏运维的难点痛点,推出"集中式智慧光伏解决方案"。2023 年 6 月 20 日,汇博机器人"博士后科研工作站"正式揭牌,标志着汇博机器人科技创新与人才培养又迈上了一个新台阶。

由广东天太机器人有限公司牵头的广东省首个机器人核心零部件国家标准《精密电驱动谐波齿轮模组通用技术要求》于 2023 年 9 月 11 日正式立项,该标准将立足精密电驱动谐波齿轮模组技术,即一体集成式机器人关节技术,融合谐波减速机、伺服电动机、编译通信、驱控器及算法软件等关键技术,致力于突破"卡脖子"环节,将助力中国机器人产业进一步掌握产业上游技术和定价权。

华数机器人在 2023 年推出了 3 款高速大负载工业机器人和 4 款工业协作机器人产品。特别是 CR 系列工业协作机器人,具备工业机器人的速度和协作机器人的协同安全作业功能,实现工业机的高速高精与协作机器人协调安全,以其独特的创新技术和对市场需求的精准把握,获得高工金球奖年度创新产品奖。

佛山市增广智能科技有限公司在第 23 届中国国际工业博览会上首次展示的 RM 磁悬浮平面电动机(RM PLANAR MOTOR)是继领先的 SoftForce® 精密力控技术之外,在精密运动控制技术上的又一重大关键技术突破。以强大的算法驱控复杂多变的电磁磁场,极度简化机械结构,使精密装配和精密检测实现了另一种更柔性、更简单的可能性。

广东塔斯克机器人有限公司持续在托盘机器人领域不断创新,推出了全球首款 1.5T 大负载 APR 托盘机器人,针对冷库搬运难题,发布全球首款冷库 APR 托盘机器人,适应工作温度低至 -20℃。同时,APR 托盘机器人通过了国际权威认证机构 SGS 的认证,成为全球首款获得 CE 证书的 APR 产品。

五、前路光明且艰

2023 年,经济持续承压,全行业都在负重前行,企业也在发展的道路上孜孜以求,寻找更好的发展道路。库卡机器人(广东)有限公司加大布局重型机器人,同时积极拓展终端业务;汇博机器人坚持"教育与工业双轮驱动"的发展战略,与太原理工大学、新疆大学、南充科技职业学院、南海信息技术学校等共建产业学院;佛山隆深机器人有限公司(简称"隆深机器人")在氢能源自动化装备和机器人本体制造领域,加足马力;安川首钢机器人有限公司完成广东分公司的搬迁,解决了制约发展的根本问题;华数机器人、佛山登奇机电技术有限公司、佛山市顺德区凯硕精密模具自动化科技有限公司、隆深机器人等"小巨人"企业也都将在 2024 年年初搬迁到新的基地,为未来的发展铺就更新的场地。

〔撰写人:佛山市机器人产业创新协会高辉〕

2023 年济南市机器人行业发展概况

2023 年，济南市在《关于加快建设工业强市的实施意见》基础上，又制定出台了《推进新型工业化加快建设工业强市三年行动计划（2023—2025 年）》（简称《行动计划》）。

《行动计划》以高端化、智能化、绿色化、集群化为主攻方向，深入实施制造业优化升级、数字经济提级赋能、优质企业攀登倍增、绿色发展能级提升、产业生态优化提升五大行动。《行动计划》提出，要推动先进制造业与现代服务业融合，支持建设一批服务型制造示范企业、平台和项目。推动新一代信息技术装备、高端数控机床与机器人等产业高质量发展。

一、行业发展概况

济南市各机器人企业始终坚持市场导向创新驱动的发展原则，继续发挥自身优势，加大研发和集成应用创新力度，并联机器人、巡检机器人、特种机器人研发创新和市场拓展均形成新的竞争优势。2023 年，济南市在 60 家各类机器人企业基础上，新增建筑机器人、人形机器人等 5 家企业，形成电力巡检机器人、并联机器人、焊接机器人、抓取机器人、激光熔覆 / 激光打磨机器人、物流穿梭机器人、智能教学机器人、工业装配机器人、冶金特种作业机器人、建筑机器人等多门类并驾齐驱的发展态势。特别在冶金、电力、汽车模具、汽车产线、建筑机器人等领域，实现多项突破，产品销往全国 30 多个省、市并出口到 100 多个国家和地区。2023 年，济南市共生产焊接机器人 900 台，轮式巡检、轨道巡检、隧道巡检机器人 400 台，并联机器人 813 台，用于机器人大赛、智能制造比赛集成机器人 1 000 台（套），激光切割熔覆机器人 300 台，物流、仓储穿梭机器人 2 000 多台，钢铁行业高炉拆装机器人 100 台（套）。

二、重点企业发展情况

济南市机器人行业拥有济南翼菲智能科技股份有限公司（简称"翼菲科技"）、国网智能科技股份有限公司（简称"国网智能"）、济南奥图自动化股份有限公司（简称"奥图自动化"）、山东栋梁科技设备有限公司（简称"栋梁科技"）、兰剑智能科技股份有限公司（简称"兰剑智能"）、莱芜钢铁集团电子有限公司（简称"莱钢电子"）、山东小鸭精工机械有限公司（简称"小鸭精工"）、山东曼大智能科技有限公司（简称"曼大智能"）等一大批细分领域的工业与服务机器人优秀企业，为国内外汽车、机械、电子、食品、医药、仓储物流、新能源、军工等行业自动化、智能化发展做出了突出贡献。

1. 济南翼菲智能科技股份有限公司

2023 年，翼菲科技继续保持强劲发展势头，在研发创新、投资以及新市场拓展等方面取得了骄人的业绩，综合能力继续位居国内前列。翼菲科技全年生产销售机器人 813 台，营业收入 1.88 亿元，在 3C 电子、汽车零部件、半导体、食品、日化、医疗、仓储物流、新能源等行业已累计开发完成 900 多个应用案例，应用场景包括检测、上下料、自动化仓储、精密装配、后道包装、装箱、码垛、分拣等，产品应用在蓝思科技、富士康、东阿阿胶、联合利华、华熙生物、华鲁制药、迈瑞医疗等细分领域龙头客户的生产现场。目前，翼菲科技的产品已遍布国内 100 多个城市，并出口欧洲、北美洲、拉丁美洲、东南亚的 20 多个国家和地区，产品智能化、稳定性及性价比均得到了市场及广大客户的高度认可。

2023 年，翼菲科技研发费用高达 1 052.67 万元，在销售收入中的占比约为 8%。通过持续加大研发投入，展翼系列 Python 800 洁净 SCARA 机器人通过 ISO Class4 洁净度认证，晶翼系列标准大气型晶圆机器人通过国际权威的 SEMI S2 认证，不仅满足了客户日益增长的需求，还进一步巩固了在行业内的领先地位。

2. 国网智能科技股份有限公司

国网智能是国内最早开展电力机器人研发和推广应用的高新技术企业，发起成立了 IEC 电力机器人技术委员会、能源行业电力机器人标准化技术委员会，运行国网电力智能机器人技术实验室、国网电力人工智能多模态认知及应用技术实验室，拥有国家企业技术中心、国家级工业设计中心等省级以上资质平台 9 项，先后荣获国家知识产权示范企业、国家技术创新示范企业、国家工业企业知识产权运用标杆企业、国家级制造业单项冠军等荣誉称号，相继入选国务院国有资产监督管理委员会"科改示范企业""创建世界一流专业领军示范企业"，成为国网系统内首个"双示范"企业，并荣获"科改示范企业"标杆单位。

2023 年，国网智能加大研发力度，技术攻关取得众多突破。全年实现销售收入 13.74 亿元、利润 7 004 万元。2023 年落地实施集成产品开发（IPD）研发体系，研发能力大幅提升，输电线路 X 光检测机器人实现市场应用，四足机器人样机完成研发，LER-3200A 智能巡检机器人连续稳定运行超过 200 天，大幅突破历史极值，电力机器人国重项目通过综合绩效评价。开发了 15 类配电设备缺陷识别模型，优化变电智巡典型缺陷识别性能，入选国网算法厂商培育单位。推出第二代电力专用无人机、移动机场等新产品。率先建成国网首个省级无人机巡检示范区，率先提出体系最完整、产品线最全的智能巡视解决方案，建成国网首个元宇宙智慧仓库、无人共享仓综合体、办公用品数智共享无人超市。洛书系统 2.0 产品迭代更新，"e 码通"助力山东省电力公司率先实现物资全赋码管理。2023年，国网智能主导发布两项 ISO 国际标准，实现国网系统"零"的突破，成功组建 IEC TC129 国内技术对口工作组，提出 5 项新国际标准提案，1 项专利获评首届能源行业核心型高价值专利，1 项专利荣获国网公司专利奖二等奖，2 项科技成果经鉴定达到国际领先水平，3 项成果分获全国能源化学地质系统创新成果奖二等奖。

3. 兰剑智能科技股份有限公司

兰剑智能以智能穿梭机器人（穿梭车）及物流软硬件技术为核心，聚焦于高端市场，在规模零售（快速消费品）、电子商务、烟草、医药、图书、鞋服、电子产品、电力、印刷、汽车、建材等行业，覆盖了包括日本、美国、德国智能仓储系统在内的全球市场。截至 2023 年年底，该公司拥有自主知识产权 333 项，其中发明专利 83 项，实用新型专利 168 项，外观设计专利 21 项，软件著作权 61 项。

2023 年，兰剑智能实现销售收入 9.76 亿元，同比增长 6.56%；研发投入 8 660 万元，同比增长 15.52%。建成了具有移动机器人集群调度搬运行业前沿技术标杆属性的 45m 高的超级物流中心。该超级物流中心中包括 45m 超高堆垛机系统高速取放货，35m 超级多穿系统 3 箱叠放高密存储，35m 双载货台堆垛机系统大跨度托盘外形尺寸取放货，数字孪生智能物流平台——3D SCADA 三维监控、TPM（全面生产维护）设备预测性维护、增强现实（AR）远程运维培训系统，亚洲象智能装卸车机器人系统，空中机器人系统，全伺服输送系统 + 分布式控制系统，多最小存货单位（SKU）混合码垛机器人系统，移动机器人集群调度搬运等单元。该公司研发的特种移动机器人（AGV）在国内新能源汽车厂应用占比达 50% 以上。

2023 年，兰剑智能作为牵头单位获批由科学技术部高技术研究发展中心和工业和信息化部产业发展促进中心发布的——"面向电商的数智化物流服务技术与平台研发及示范应用"项目和"自主移动机器人集群系统动态调度与优化"项目，经费预算分别为 4 000 万元（其中中央财政经费 1 000 万元）和 2 967 万元（其中中央财政经费 1 167 万元）。

4. 山东曼大智能科技有限公司

2023 年，在国内外市场环境复杂下行的形势下，曼大智能进一步加大研发技术投入和产学研合作，与南京航空航天大学、哈尔滨工业大学达成多项合作，特种机器人关键核心技术驱动系统、控制系统技术与市场均实现突破。先后研发了多款机器人及高端装备专用的大功率低压伺服电动机、伺服控制系统和特种机器人行走的"自学习、自主导航"系统等产品，实现了特种机器人驱动系统、控制系统、导航系统、图像识别系统、调度系统等关键核心技术完全自主，获得授权发明、实用新型、外观设计专利 68 项，软件著作权 17 项，其中发明专利 14 项，国际专利 2 项，多项产品实现了国产化替代，技术水平达到国内领先。2023 年，曼大智能销售收入超过 8 000 万元，同比增长 23%；投入研发经费 800 多万元，在销售收入中的占比达 10%。其中，机器人及智能 AGV 用伺服电动机驱动系统销售收入达到 7 200 万元，在总营业额中的占比达 90% 以上。

5. 山东栋梁科技设备有限公司

栋梁科技是专业从事教学机器人及智能装备研发生产的企业。该公司拥有百余项专利，涵盖了智能制造、工业机器人、机电一体化、电气自动化工程技能领域，产品和服务覆盖全球 93 个国家和地区（其中一带一路国家 38 个），参与了国家产学合作协同育人项目，在全国合作开展了工业机器人、智能制造等领域的师资培训。2023 年，栋梁科技销售收入超过 1.4 亿元，同比增长 16%；研发投入 2 000 余万元，在销售收入中的占比达 14%。其研发的产品引入了数字孪生与 MES 制造执行系统，实现了系统的自动化、数字化、网络化和智能化。

2023 年，栋梁科技参与建设中亚首家鲁班工坊——塔吉克斯坦鲁班工坊。与泰国教育部合作开展工业机器人专业培训，协助提升泰国一线教师的技术和课程建设水平，促进了两国在相关专业领域的交流与合作。栋梁科技通过参与机器人国际大赛、建设实训基地、开展师资培训等多种形式，与全球多个国家和地区的教育机构、企业建立了广泛的合作。

三、代表性创新成果

2023 年，济南市机器人企业积极探索新技术和新领域的机器人应用，在新一代免编程机器人模具激光熔覆修复系统、高速单臂机器人自动化生产线、特种冶金机器人、建筑机器人及人形机器人等方面，加大研发力度，实现新的突破。

1. 新一代免编程机器人模具激光熔覆修复系统

小鸭精工研发的新一代免编程机器人模具激光熔覆修复系统，采用 PC-based 控制系统，在 Windows 实时扩展 Kithara 操作系统支持下，实现对机器人（包括外部轴）、3D 视觉系统（或激光线轮廓扫描系统）、激光器、送粉器等传感器和外设的互联与控制。通过在线获取被加工表面的点云信息，经降噪滤波得到满足精度要求的点云集合，再与待修复的理想模型进行配准求差，获得待熔覆区域的空间形状。根据加工表面作随型曲面切片，并结合激光工艺知识作路径规划，控制机器人完成激光加工轨迹运动。该系统具有以下技术特点：

（1）结构合理，加工范围大。经过专业技术人员反复验证及计算，系统选用倒挂 + 第七轴 + 大臂展机器人的形式进行整体布局设计，设备整体刚性好、稳定性强，熔覆及淬火范围最大可达 5m×9m。

（2）应用范围广。激光熔覆热影响区域面积仅约为

$1mm^2$，对基材的损伤及影响小。涂层材料可满足不同环境需求，适用于各类精密零部件及工装模具的修复，尤其是各类模具钢及特种钢材的修复。熔覆粉材可与基材实现冶金结合，使熔覆后的部件具备硬度高、耐腐蚀、耐磨等特性。

（3）操作简单，免编程操作。系统将点云扫描、预处理、模型求差、随型切片、路径规划、加工工艺及机器人控制（或实时通信）集成在一个控制系统中，操作流程简单，对操作者技能水平要求低，只需简单培训即可完成加工任务。

（4）效率高、精度高。由于3D视觉（线扫模块）与激光头的位置相对固定，机器人的运行精度可达到机器人本体定位精度。以加工$100cm^2$面积计算，整个加工时间约为20min，是人工扫描离线编程的1/10。

（5）拥有丰富的熔覆工艺数据库。小鸭精工深耕模具行业数十载，积累了大量关于材料、硬度、热处理等关键工艺工序的经验。系统中建有工艺数据库，可根据材质体系及加工需求，直接调取加工工艺，实现一键加工。

该系统成功应用于某大型汽车制造企业冲压模具修复项目，展现了其高效性和可靠性。系统实现了免编程操作，极大地简化了复杂曲面的激光熔覆工艺流程，降低了对操作人员的技能要求。同时，通过同轴温控技术，保证了激光淬火的一致性和均匀性。通过该系统的应用，该汽车制造企业的模具修复成本减少了30%，模具使用寿命延长了50%，降低了模具的更换频率和生产成本。同时，该系统的应用减少了模具报废量，降低了资源消耗和废弃物产生，符合绿色制造和可持续发展的理念。该系统的应用，不仅提高了生产率和加工精度，降低操作难度和成本，还为绿色制造和可持续发展做出了重要贡献。

2.高速单臂机器人自动化生产线

奥图自动化研制的高速单臂机器人自动化生产线实现了国产化替代。该公司研发的冲压专用单臂机械手，相比传统六轴机器人拥有更快的搬运速度、更高的手臂刚性和柔性，通过合理的轨迹规划和运动逆解控制，实现手臂末端搬运速度高达7m/s，独立运行节拍达到15～17次/min，达到国际先进水平。单臂机械手结构柔性高，适应更复杂的模具，适应更小的压机行程和更大的压机间距。

奥图自动化研发了整线数字化仿真系统，可规划和计算出产线最优的运行工艺参数，并通过虚拟仿真技术进行验证，预计可降低50%的新模具和端拾器开发的设计费用，降低60%轨迹调整的调试时间，相比西门子等通用仿真软件具有适用性和经济性的优势。同时，开发的生产线信息智能管理系统，可依据生产线的信息进行大数据处理和分析，对设备状态进行科学的预测，可对所生产的零件进行质量追溯和能耗管控，有助于提升设备运行的稳定性和可靠性，帮助用户降低为应对突发故障而建立的备件库存量。

3.冶金领域机器人研发与应用

2023年莱钢电子在冶金生产线多处发力，积极开拓

应用场景，开发出多款机器人产品和应用。其中，在棒材产品切割领域，开展切割取样机器人研发，实现产品轧件自动跟踪、机器人自动定位、火焰切割、抓取、制样等功能；在烧结领域，开展烧结机台车自动注油机器人研发，完全替代人工繁杂的注油工作，实现台车车轮自动清理、注油、记录等工作；在炼铁领域，开展加泡泥机器人研发，自动实现炮泥分切、炮泥转移、炮泥加注、满料检测等工序，实现了高炉加泡泥无人化作业；在喷号机器人推广应用的基础上，研制形成工业机器人产品的系列化；在螺纹钢等棒材产品标牌焊接领域，研制焊标机器人，替代人工焊标，提升了焊标质量和效率；在连铸结晶器加渣领域，研制结晶器加渣机器人，实现结晶器自动准确加渣，使加渣料面均匀、无死角；在转炉取样领域，研制转炉取样机器人，实现钢水取样、测温、定氧全自动完成；在冷轧带卷取样领域，研制自动取样贴标及AGV搬运存样机构机器人，实现化验样品自动取样、自动打印信息贴标、自动放样及存样机构AGV自动搬运调度、废样自动剔除功能，做到冷轧带卷取样区域全流程无人化、智能化场景；在冷轧带卷出口标签打印粘贴领域，研制贴标机器人，实现标签信息自动传输、自动打印、机器人自动拾取贴标复检功能，解决了带卷信息跟踪追溯不可控的问题；在物理化验室领域，研制全流程控制机器人，实现样品多区域智能流转、表面智能判定和激发点智能选取，实现样品标准化检验、检验数据进行自动判读、预警，样品激光打码永久性标识，做到多种检验样品的收、取、制、检化验、检验数据流转等工序的无人化、智能化场景；在炼钢厂倒灌间领域，研制全自动折铁及机器人平台，开发了火车辅助停靠系统、一键自动折铁系统、自动插拔电系统、辅助挂罐和自动测温取样系统，达到倒罐间自动折铁、自动插拔电、辅助挂罐、自动测温取样、鱼雷罐号自动识别、铁水包号自动识别等，将整个倒罐间所有工作有序串联，保证了整个倒罐间完全自动化生产和连贯的信息化流转过程，实现了炼钢厂倒罐间的无人化、智能化作业。

4.人形机器人

山东优宝特智能机器人有限公司拥有电动机驱动型、液压驱动型、电液驱动型腿足机器人核心技术；自主研发的M5、M24、M48、M144、M200系列化关节电动机，集成外转子永磁力矩电动机、驱控一体控制板、反馈编码器和高精度减速器，满足人形机器人高精度、高能量密度关节驱动需求；开发出山东省内第一台人形机器人，填补山东省内空白。

5.建筑细分领域机器人研发应用

中建八局第二建设有限公司研发的墙板运输机器人，专门用于搬运预制墙板，将墙板由暂存区转运到安装区，方便墙板安装机器人对墙板的抓取，可以提高建筑工地的作业效率，减少人工搬运的劳动强度，确保运输过程的安全和稳定。墙板运输机器人采用四驱四转向驱动结构和无线遥控器控制，使机器人在运输过程中更灵活、更方便的

运动和操作。主要试用于框架结构的分户隔墙、房间分室隔墙、走廊隔墙、楼梯间隔墙、车库、厂房围护墙、隔墙等。智能抹灰机器人由感知器、逻辑编程器、伺服系统、姿态调整机构、抹灰机械臂及抹刀等部分组成，使用 48V 蓄电池供电，轮式移动，自动校正垂直和平整，刀宽度 1.3m，抹平高度 3～4m，搭配砂浆喷涂机使用，可快速刮平墙面水泥砂浆，效率高、易操作。

山东骊久建筑机器人有限公司研发出国内第一款商用塔机自动驾驶产品，并主编行业首部塔机自动驾驶产品团体标准。

四、重点用户机器人应用情况

中国重型汽车集团有限公司在驾驶室焊装线、发动机、变速器等动力系总成装配线难点工序、底盘及传动系总成自动化装配线大量应用机器人，在 2022 年投入 500 余台 KUKA、ABB 等机器人的基础上，2023 年新上各类用于质量提升的机器人 25 台（套）。

济南轻骑铃木摩托车有限公司在 2021 年、2022 年新增 11 台焊接机器人工作站的基础上，2023 年新引进 15 套焊接机器人工作站，新建一条焊接自动化生产线，实现 U 系列车架的全自动化焊接，生产能力超过 30 万台／年，实现焊接机器人和搬运机器人有机组合，达到了摩托车后部车架全自动化生产，有效提高了生产率和焊接品质。

小鸭精工、山东聚鑫集团钢结构有限公司、济南玫德铸造有限公司等汽车零部件、改装车、铸造、锻造等各类企业 2023 年新增焊接、搬运、抓取等机器人 200 台（套）。

〔撰稿人：济南（国际）机器人与高端装备产业协会 岳双荣〕

中国
机器人
工业
年鉴
2024

园
区
篇

从机器人行业发展优势、服务平台建设、政策支持
等方面，介绍我国几大机器人产业园区的发展情况

综述篇

大事记

产业篇

地区篇

园区篇

标准检测认证篇

产教融合篇

企业篇

应用篇

政策篇

国际篇

统计资料

附录

中国
机器人
工业
年鉴
2024

园
区
篇

2023 年北京中关村（亦庄）国际机器人产业园发展概况

一、园区基本情况

北京中关村（亦庄）国际机器人产业园位于亦庄新城核心枢纽，毗邻轻轨亦庄线，可与 17 号线、S6 号线、城际铁路联络线实现高效换乘，交通便利，环境优美。园区总建筑面积 25 万 m²，共 54 栋楼宇，单体建筑面积 3 000～14 000m²，单层面积 400～600m²，空间可灵活布局。园区所在区域新一代信息技术、新能源与高端汽车、生物医药和大健康、机器人与智能制造等产业集群发展优势明显。园区聚焦机器人核心技术和产品，打造"关键技术＋核心产品＋应用场景"的亦庄模式，同时联合北京人形机器人创新中心有限公司和世界机器人合作组织，实现机器人技术研发、试验检测、产业服务、商务办公等复合功能。园区整体规划为"一园四区"：一是国际交往区，围绕世界机器人合作组织开展国际交流，涵盖机器人展览展示和应用体验、创新加速孵化器、政务服务中心、知识产权交易中心等；二是科技创新区，为"机器人＋"上下游企业提供总部和研发的办公场所；三是产业加速区，围绕产业技术创新的需求，引入技术研发类企业，并根据需求导入部分打样和小试中试平台，为企业的成长赋能加速；四是配套服务区，围绕园区企业的需求为员工提供生活服务配套，包括人才公寓、品质餐厅、食堂、银行、便利店、咖啡店、运动健身场地、知识消费场地等。

二、重点企业建设情况

目前，园区已入驻 11 家机器人领域优质企业，包括北京人形机器人创新中心有限公司（简称"创新中心"）、北京长木谷医疗科技有限公司（简称"长木谷"）、北京优必选智能机器人有限公司（简称"优必选"）、强联智创（北京）科技有限公司（简称"强联智创"）、北京灵足时代科技有限公司（简称"灵足时代"）、北京合鲸科技发展有限公司等，涵盖人形机器人、医疗机器人、机电一体化、视觉处理芯片、三维视觉技术等领域，产业集聚初具规模，产业协同发展效应正在形成。

1. 北京人形机器人创新中心有限公司

创新中心由人形机器人行业领军企事业单位联合组建，包括北京小米机器人技术有限公司、北京优必选智能机器人有限公司、北京京城机电产业投资有限公司、中国科学院自动化研究所等。创新中心聚集了一大批人形机器人行业的顶级专家和技术研发人员，具有极强的技术研究、产品开发和应用推广能力。创新中心注册资金 3.5 亿元，另外首批获得 1 亿元北京市高精尖产业发展资金支持，主要面向人形机器人核心器件、通用本体、通用大模型、运动控制系统、工具链和开源社区等人形机器人行业

短板和痛点开展技术攻关。

2. 北京长木谷医疗科技有限公司

长木谷计划投资 3 亿元，建设骨科人工智能全球总部及手术机器人产业化基地项目，建设办公总部、研发中心、中试车间、产业化基地和培训中心等配套设施，用以开展人工智能辅助诊断、个体化手术三维医学影像重建、智能 3D 打印手术导板、手持式/手术机器人系统等重点产品的研发、生产、销售和培训等核心业务。预计 2028 年达产，项目达产产值 5 亿元。

3. 北京优必选智能机器人有限公司

优必选深耕人形机器人 11 年，积累了全栈技术、研发生产和商业化应用经验。研发了高性能伺服驱动器及控制算法、运动控制算法、面向人形机器人的计算机视觉算法、智能人形机器人自主导航定位算法等核心技术。拟在经开区投资 15 亿元，建设优必选人形机器人全球研发总部、优必选人形机器人全球商业化总部、优必选人形机器人工厂等创新业态项目，达产产值不低于 8.7 亿元。

4. 强联智创（北京）科技有限公司

强联智创成立于 2016 年 9 月，总部位于北京经济技术开发区，是专注于脑血管病智能诊疗领域的行业龙头企业，致力于打造 AI 驱动的新一代神经介入"全自动驾驶"解决方案，通过 AI 治疗＋AI 决策的方式提供软硬件结合的整体解决方案，解决临床诊疗中的"卡脖子"难题。强联智创是国家高新技术企业、国家专精特新"小巨人"企业、国家知识产权优势企业，2023 年上榜胡润全球猎豹企业。目前，强联智创累计完成 8 轮融资，募集资金超 5 亿元，估值近 30 亿元，正在推进新三板挂牌和北京证券交易所上市，是经开区和北京市医药健康领域重点服务的潜在上市企业。

5. 北京灵足时代科技有限公司

灵足时代致力于使用一体化电动机融合技术为机器人、轻量工业设备及各种自动化场景提供高性能、高稳定、低质量、小体积的一体化电动机模组，推动电机动力革新，开启自动化应用的新纪元。灵足时代拥有电动机驱动、电动机本体、电动机减速器的全套自主研发设计能力，同时具备丰富的量产交付经验，以高度集成化的整机工艺为包括机器人在内的自动化行业提供"核动力"。

三、服务平台建设情况

1. 机器人检验检测中心

机器人检验检测中心是与国家机器人检测与评定中心（总部）在园区合作建设的检验检测中心。预计 2024 年年底前将建成机器人电磁兼容测试实验室和人形机器人测试实

验室，后续将陆续建设机器人智能化实验室（涵盖机器人感知、认知、决策、执行、交互测试能力）、性能和安全实验室、可靠性实验室、信息安全实验室和功能安全实验室。该中心的建立将促进机器人产业的研究开发与应用，为机器人生产企业在产品设计与研发过程中提供试验研发平台，推进自主研发与创新能力的建设，同时直接降低企业的生产成本，为实现机器人应用发展提供有力支撑。

2.机器人大世界

机器人大世界总面积 2 000 m²，重点面向企业、科研机构、政府部门、社会公众，提供"产品＋场景"展示空间、创新技术协同攻关平台、科技成果转化促进平台、科普教育体验空间。同时，展示北京机器人产业发展规划和空间布局，以及产业链、创新链、供应链生态，旨在促进机器人企业和项目在京发展。

3.科技企业孵化器

以机器人上下游领域初创型、成长型企业为主要服务对象，提供创业辅导、项目路演、投融资、成果转化、知识产权、政策咨询等服务。同时，对孵化项目进行定期评估和跟踪，确保其按计划成长和发展。

四、园区政策支持

除《北京市促进机器人产业创新发展的若干措施》《北京市机器人产业创新发展行动方案（2023—2025 年）》等市级政策中提到的支持外，北京经济技术开发区还出台了《北京经济技术开发区机器人产业高质量发展三年行动计划（2023—2025 年）》这一专项产业政策，明确了区域机器人产业发展的目标、重点任务及具体行动计划。此外，开发区出台的"人才十条 2.0 政策""科创二十条""专精特新、国高新十条"、上市奖励等普惠性政策在人才引进、企业创新和发展等方面为企业提供了全方位的支持。

〔供稿单位：北京亦庄机器人科技产业发展有限公司〕

2023 年芜湖机器人产业集聚区发展概况

一、建设背景

2013 年 10 月 18 日，国家发展和改革委员会、财政部批复《安徽省战略性新兴产业区域集聚发展试点方案》，重点支持以安徽省芜湖市为龙头，打造具有国际竞争力的机器人产业集聚区。

2015 年，芜湖机器人及智能装备试点集聚地获批成为安徽省首批战略性新兴产业集聚发展基地。2018 年 12 月 21 日，芜湖以聚焦求突破，牵头组建了长三角 G60 科创走廊机器人产业联盟，促进产业链补链、延链、强链，推动区域分工协作、优势互补。2021 年，芜湖市建立"一核多元"产业发展格局，以鸠江区为机器人及智能装备产业发展核心区，统筹经济开发区轨道交通装备、繁昌区 3D 打印及增材制造、南陵县智慧物流装备，争创国家机器人及智能装备制造产业集群。

2023 年，围绕打造国家级的工业机器人产业创新中心，芜湖机器人产业发展集团有限公司（简称"芜湖机器人集团"）联合埃夫特智能装备股份有限公司（简称"埃夫特"）、沈阳新松机器人自动化股份有限公司和南京埃斯顿自动化股份有限公司三家工业机器人龙头企业，以及行业骨干企业、重点高校和科研院所，高效开展工业机器人产业创新中心建设。

二、发展成效

1.公共配套

芜湖机器人产业集聚区（简称"产业集聚区"）总规划面积 5 300 亩（1 亩 ≈ 666.7 m²）。已建成芜湖机器人产业科技孵化器、芜湖机器人产业成果转化中心、芜湖机器人产业创新创业基地、中德（芜湖）人工智能产业孵化基地、智谷双创产业园，总面积 43.3 万 m²。配置 5 000 套蓝／白领公寓、98 套专家楼及机器人创巢公社；建有双语教育资源的幼儿园及中小学；为园区企业开辟绿色就医通道，解决高端及外籍人才生活、教育、就医等后顾之忧。

2.产业规模

2013 年，芜湖市只有 4 家机器人企业，年产值 5 亿元，工业机器人整机出货量仅在 300 台左右。2023 年，产业集聚区集聚机器人上下游企业 260 余家，年产值突破 350 亿元。

工业机器人整机实现了跨越式发展，2023 年，埃夫特工业机器人出货量达 1.2 万台、营业收入 18.86 亿元，芜湖藦卡机器人科技有限公司工业机器人出货量 4 000 台、营业收入 0.9 亿元；芜湖奥一精机有限公司的 RV 减速器、芜湖翡叶动力科技有限公司及芜湖清川电气有限公司的伺服电动机、芜湖清能德创电子技术有限公司的驱动器、瑞博思（芜湖）智能控制系统有限公司的控制器等核心零部件环节完成了"属地化"进程、国产化替代率进一步取得突破；在集成应用方面，涌现出安徽瑞祥工业有限公司、芜湖行健智能机器人有限公司、安徽戎发冲压机器人有限公司、芜湖裕东自动化科技有限公司、希美埃（芜湖）机器人技术有限公司、安徽圣尔沃智能设备有限公司、普迈科（芜湖）机械有限公司等一批具有行业代表性的骨干企业，覆盖了搬运、焊接、喷涂、装配、打磨、加工等机器人作业应用及衣食住行多个场景应用。

服务机器人方面，芜湖市聚焦无人驾驶和人工智能技术，酷哇科技有限公司、安徽南博智能环境装备股份有限公司、大卓智能科技有限公司等企业自主研发的服务机器人产品参与城市保洁、卫生防疫、科教实验、社区服务、智能导航等多种城市服务应用场景。

3. 科技创新

目前，芜湖市拥有省级及省级以上机器人研发平台30家，其中：国家级创新平台8家（国家级科技企业孵化器2个、国家级众创空间2个、国家级产品检验检测机构1个、国家级工程研究中心1个、国家级博士后科研工作站2个），省级创新平台22家（众创空间6家、重点实验室2家、工程实验室1家、技术创新中心6家、院士工作站4家、工程技术研究中心3家）。授权专利超7 000项，其中发明专利3 000余项，累计主持或参与制定国家标准和行业标准50余项。

4. 产业生态

2023年，产业集聚区举办了以"十年一器，智造未来"为主题的系列活动，包括第十三届中国机器人产业发展论坛暨第九届恰佩克颁奖仪式、2023年第十届中国工程机器人大赛暨国际公开赛、第11届中国（芜湖）科普产品博览交易会第5届机器人展、2023年全省"机器人＋应用"（芜湖）产需对接会暨高端装备制造产业人才招引对接会、2023年中国机器人产业发展大会等数个国家级、省级行业盛会。

芜湖机器人集团与安徽省高端装备产业母基金合作，成立子基金"安徽中金机器人产业发展基金（筹）"，基金总规模50亿元。新成立交融正海、安徽锦湖2支关联产业基金，总规模21亿元。园区企业2023年累计获批省级以上政策资金2.93亿元，支持企业开展重点技术攻关、基础设施建设、人才培育等，不断提高企业核心竞争力。

三、下一步发展重点

芜湖机器人产业集聚区将发挥产业链完备、市场规模大、数字技术蓄势待发的优势，抓住机器人产业发展机遇，加强科技创新能力，在补齐产业基础短板的同时在新兴领域锻长板，推动机器人产业链现代化水平提升和国际竞争力的提高。

1. 全面提升产业创新能力

依托大学、研究院所、新型研发机构、骨干企业等加强对机器人系统开发、操作系统、轻量化设计、多机器人协作等共性技术的研发，提高减速器、伺服电动机、驱动器和控制器等关键零部件的技术水平、质量和稳定性，增强产业基础能力。鼓励关键核心零部件企业、机器人本体及整机企业、一体化解决方案企业针对新市场需求开发新产品、创新商业模式。支持数字科技、新材料等机器人互补技术的研发创新，为新一代机器人产品的发展打好基础。

2. 推动产业跨界融合发展

支持机器人研发机构、生产制造企业与数字技术研发机构、数字科技企业开展合作，推进机器人与5G、工业网、人工智能、扩展现实等数字技术深度融合，开发云化和智能化的机器人新产品，提高机器人的感知、认知和协同工作能力。在孵化器加速器建设、融资服务等方面提供支持，鼓励支持机器人领域的科技创新创业，促进具有跨界融合基因、融合数字技术与机器人的科技初创企业发展。

3. 积极拓展新市场新场景

大力实施"机器人＋应用"行动，支持企业积极应用机器人进行生产设施、设备的技术改造升级。全面开展"机器人＋应用"的试点示范，支持工业机器人企业围绕新兴细分行业和新兴场景开发新产品、新模式。鼓励服务机器人企业围绕家庭、医疗、公共服务等领域快速增长的需求，融合数字技术开发娱乐休闲机器人、养老陪护机器人、人形机器人等新产品。支持产学研用合作，开发深海、矿山、智慧安防、防灾救灾、巡线巡检、建筑工程等特种应用领域机器人，聚焦智能网联和无人驾驶、人工智能芯片研发、算法开发、智能语音技术等关键技术研发。

4. 加强国际技术和产业合作

积极吸引全球细分领域优质机器人企业在芜湖设立生产基地、区域贸易中心。推动芜湖机器人研发机构、制造企业和服务企业加强与国外机构在技术研发、标准制定、科技交流等方面的国际合作。支持机器人龙头企业加强海外投资，设立海外研发中心。鼓励机器人企业加大海外市场开拓力度，推动工业机器人、服务机器人进入国际市场。

〔撰稿人：芜湖滨江智能科技有限公司王家云〕

中国
机器人
工业
年鉴
2024

标准检测认证篇

介绍机器人行业标准化及认证证书发布情况

综述篇

大事记

产业篇

地区篇

园区篇

标准检测认证篇

产教融合篇

企业篇

应用篇

政策篇

国际篇

统计资料

附录

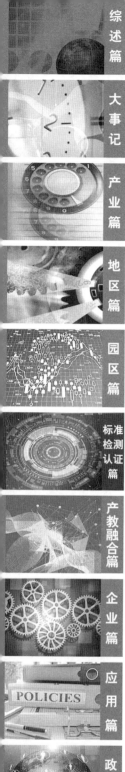

综述篇

大事记

产业篇

地区篇

园区篇

标准检测认证篇

产教融合篇

企业篇

应用篇

政策篇

国际篇

统计资料

附录

中国
机器人
工业
年鉴
2024

标准检测认证篇

2023 年中国机器人行业标准化工作情况

一、机器人行业标准化组织

1. 国际机器人标准化组织

（1）国际标准化组织（ISO）。国际机器人标准化技术委员会（ISO/TC 299）是机器人领域最重要的标准化组织。

（2）国际电工委员会（IEC）。IEC 与机器人标准相关的主要技术委员会（TC）包括：①发电、输电和配电系统用机器人标准化技术委员会（IEC/TC 129），②家用和类似电器的安全标准化技术委员会（IEC/TC 61），③家用和类似电器的性能标准化技术委员会（IEC/TC 59）。

2. 中国机器人标准化组织

（1）全国机器人标准化技术委员会（SAC/TC 591）组织。SAC/TC 591 主要负责机器人领域国家标准制（修）订工作，与 ISO/TC 299 工作领域相对应。SAC/TC 591 下设特种设备用机器人分技术委员会（SAC/TC 591/SC1）。

（2）SAC/TC 591 下设新的工作组。2023 年，SAC/TC 591 成立了机器人智能化与信息安全标准化工作组（SAC/TC 591/WG1）和人形机器人标准化工作组（SAC/TC 591/WG2）2 个标准工作组，正在筹备矿用机器人工作组（SAC/TC 591/WG3）。

1）SAC/TC 591/WG1 秘书处设在中国软件评测中心（工业和信息化部软件与集成电路促进中心）。标准工作组主要负责制（修）订关键通用智能化技术、工业机器人智能化、服务机器人智能化及细分场景或行业的智能化应用等相关领域国家标准，以及机器人信息安全技术及其细分场景或行业应用的信息安全等相关领域国家标准。SAC/TC 591/WG1 工作组成立如图 1 所示。

2）SAC/TC 591/WG2 秘书处设在北京机械工业自动化研究所有限公司。人形机器人标准工作组主要负责制定人形机器人基础结构、人形机器人智能感知、人形机器人智能决策、人形机器人驱动控制、人形机器人支撑环境、人形机器人性能／安全和人形机器人应用领域相关的国家标准。SAC/TC 591/WG2 工作组成立如图 2 所示。

3）SAC/TC 591/WG3 秘书处拟设在中国机械工业联合会机器人分会。矿用机器人标准工作组拟负责制定矿用机器人基础通用、矿用机器人安全、煤矿机器人和非煤机器人等领域相关的国家标准。

图 1　SAC/TC 591/WG1 工作组成立

图 2　SAC/TC 591/WG2 工作组成立

二、中国机器人标准化工作情况

1. SAC/TC 591 归口的现行机器人国家标准和行业标准

截至 2023 年 12 月 31 日，SAC/TC 591 归口的机器人标准共 127 项，其中国家标准 113 项（包括强制性标准 2 项）、行业标准 14 项。SAC/TC 591 归口现行国家标准和行业标准见表 1。

表 1　SAC/TC 591 归口现行国家标准和行业标准

序号	标准编号	标准名称
1	GB/T 17887—1999	工业机器人　末端执行器自动更换系统　词汇和特性表示
2	GB/T 12644—2001	工业机器人　特性表示
3	GB/T 19400—2003	工业机器人　抓握型夹持器物体搬运　词汇和特性表示

（续）

序号	标准编号	标准名称
4	GB/Z 19397—2003	工业机器人　电磁兼容性试验方法和性能评估准则　指南
5	GB/T 14468.1—2006	工业机器人　机械接口　第1部分：板类
6	GB/T 14468.2—2006	工业机器人　机械接口　第2部分：轴类
7	GB/T 20722—2006	激光加工机器人　通用技术条件
8	GB/T 20723—2006	弧焊机器人　通用技术条件
9	GB/T 20867—2007	工业机器人　安全实施规范
10	GB/T 20868—2007	工业机器人　性能试验实施规范
11	GB/T 14283—2008	点焊机器人　通用技术条件
12	GB/T 26154—2010	装配机器人　通用技术条件
13	GB/T 26153.1—2010	离线编程式机器人柔性加工系统　第1部分：通用要求
14	GB/T 26153.2—2010	离线编程式机器人柔性加工系统　第2部分：砂带磨削加工系统
15	GB 11291.1—2011	机器人与机器人装备　工业机器人的安全要求　第1部分：机器人
16	GB 11291.2—2013	机器人与机器人装备　工业机器人的安全要求　第2部分：机器人系统与集成
17	GB/T 12643—2013	机器人与机器人装备　词汇
18	GB/T 12642—2013	工业机器人　性能规范及其试验方法
19	GB/T 29825—2013	机器人通信总线协议
20	GB/T 29824—2013	工业机器人　用户编程指令
21	GB/T 26153.3—2015	离线编程式机器人柔性加工系统　第3部分：喷涂系统
22	GB/T 32197—2015	机器人控制器开放式通信接口规范
23	GB/T 33262—2016	工业机器人模块化设计规范
24	GB/T 33261—2016	服务机器人模块化设计总则
25	GB/T 33263—2016	机器人软件功能组件设计规范
26	GB/T 33265—2016	教育机器人安全要求
27	GB/T 33264—2016	面向多核处理器的机器人实时操作系统应用框架
28	GB/T 33266—2016	模块化机器人高速通用通信总线性能
29	GB/T 33267—2016	机器人仿真开发环境接口
30	GB/T 35144—2017	机器人机构的模块化功能构件规范
31	GB/T 34038—2017	码垛机器人通用技术条件
32	GB/T 35116—2017	机器人设计平台系统集成体系结构
33	GB/T 35127—2017	机器人设计平台集成数据交换规范
34	GB/T 36530—2018	机器人与机器人装备　个人助理机器人的安全要求
35	GB/T 36012—2018	锄草机器人性能规范及其试验方法
36	GB/T 36007—2018	锄草机器人通用技术条件
37	GB/T 36013—2018	锄草机器人安全要求
38	GB/T 36008—2018	机器人与机器人装备　协作机器人
39	GB/T 36239—2018	特种机器人　术语
40	GB/T 36321—2018	特种机器人　分类、符号、标志
41	GB/T 37242—2018	机器人噪声试验方法
42	GB/T 16977—2019	机器人与机器人装备　坐标系和运动命名原则
43	GB/T 37392—2019	冲压机器人通用技术条件

（续）

序号	标准编号	标准名称
44	GB/T 37394—2019	锻造机器人通用技术条件
45	GB/T 37415—2019	桁架式机器人通用技术条件
46	GB/T 37416—2019	洁净机器人通用技术条件
47	GB/T 37703—2019	地面废墟搜救机器人通用技术条件
48	GB/T 37704—2019	运动康复训练机器人通用技术条件
49	GB/T 37283—2019	服务机器人　电磁兼容　通用标准　抗扰度要求和限值
50	GB/T 37284—2019	服务机器人　电磁兼容　通用标准　发射要求和限值
51	GB/T 37395—2019	送餐服务机器人通用技术条件
52	GB/T 37669—2019	自动导引车（AGV）在危险生产环境应用的安全规范
53	GB/T 38124—2019	服务机器人性能测试方法
54	GB/T 38244—2019	机器人安全总则
55	GB/T 38260—2019	服务机器人功能安全评估
56	GB/T 38559—2020	工业机器人力控制技术规范
57	GB/T 38560—2020	工业机器人的通用驱动模块接口
58	GB/T 38642—2020	工业机器人生命周期风险评价方法
59	GB/T 38834.1—2020	机器人　服务机器人性能规范及其试验方法　第1部分：轮式机器人运动
60	GB/T 38835—2020	工业机器人生命周期对环境影响评价方法
61	GB/T 38839—2020	工业机器人柔性控制通用技术要求
62	GB/T 39478—2020	停车服务移动机器人通用技术条件
63	GB/T 39408—2020	电子喷胶机器人系统　通用技术条件
64	GB/T 39407—2020	研磨抛光机器人系统　通用技术条件
65	GB/T 39406—2020	工业机器人可编程控制器软件开发平台程序的 XML 交互规范
66	GB/T 39404—2020	工业机器人控制单元的信息安全通用要求
67	GB/T 39402—2020	面向人机协作的工业机器人设计规范
68	GB/T 39401—2020	工业机器人云服务平台数据交换
69	GB/T 39360—2020	工业机器人控制系统性能评估与测试
70	GB/T 39266—2020	工业机器人机械环境可靠性要求和测试方法
71	GB/T 39007—2020	基于可编程控制器的工业机器人运动控制规范
72	GB/T 39006—2020	工业机器人特殊气候环境可靠性要求和测试方法
73	GB/T 39005—2020	工业机器人视觉集成系统通用技术要求
74	GB/T 39004—2020	工业机器人电磁兼容设计规范
75	GB/T 38890—2020	三自由度并联机器人通用技术条件
76	GB/T 38873—2020	分拣机器人通用技术条件
77	GB/T 38872—2020	工业机器人与生产环境通信架构
78	GB/T 38871—2020	工业环境用移动操作臂复合机器人通用技术条件
79	GB/T 38870—2020	切割机器人系统通用技术条件
80	GB/T 39405—2020	机器人分类
81	GB/T 39590.1—2020	机器人可靠性　第1部分：通用导则
82	GB/T 39586—2020	电力机器人术语
83	GB/T 40576—2021	工业机器人运行效率评价方法

（续）

序号	标准编号	标准名称
84	GB/T 40575—2021	工业机器人能效评估导则
85	GB/T 40574—2021	大型工业承压设备检测机器人通用技术条件
86	GB/T 40327—2021	轮式移动机器人导引运动性能测试方法
87	GB/T 40309—2021	电动平衡车 电磁兼容 发射和抗扰度要求
88	GB/T 40212—2021	工业机器人云服务平台分类及参考体系结构
89	GB/T 40014—2021	双臂工业机器人 性能及其试验方法
90	GB/T 40013—2021	服务机器人 电气安全要求及测试方法
91	GB/T 39785—2021	服务机器人 机械安全评估与测试方法
92	GB/T 20721—2022	自动导引车 通用技术条件
93	GB/T 41402—2022	物流机器人 信息系统通用技术规范
94	GB/T 41393—2022	娱乐机器人 安全要求及测试方法
95	GB/T 41264—2022	板料折弯机器人 安全要求
96	GB/T 34667—2023	电动平衡车通用技术条件
97	GB/T 34668—2023	电动平衡车安全要求及测试方法
98	GB/T 38834.2—2023	机器人 服务机器人性能规范及其试验方法 第2部分：导航
99	GB/T 38834.3—2023	机器人 服务机器人性能规范及其试验方法 第3部分：操作
100	GB/T 42830—2023	移动机器人 词汇
101	GB/T 42831—2023	导引服务机器人 通用技术条件
102	GB/T 42982—2023	工业机器人平均无故障工作时间计算方法
103	GB/T 42983.1—2023	工业机器人 运行维护 第1部分：在线监测
104	GB/T 42983.2—2023	工业机器人 运行维护 第2部分：故障诊断
105	GB/T 42983.3—2023	工业机器人 运行维护 第3部分：健康评估
106	GB/T 42983.4—2023	工业机器人 运行维护 第4部分：预测性维护
107	GB/T 43047—2023	物流机器人 控制系统接口技术规范
108	GB/T 43199—2023	机器人多维力/力矩传感器检测规范
109	GB/T 43200—2023	机器人一体化关节性能及试验方法
110	GB/T 43210.1—2023	机器人 服务机器人模块化 第1部分：通用要求
111	GB/Z 43065.1—2023	机器人 工业机器人系统的安全设计 第1部分：末端执行器
112	GB/Z 43065.2—2023	机器人 工业机器人系统的安全设计 第2部分：手动装载/卸载工作站
113	GB/Z 43202.2—2023	机器人 GB/T 36530 的应用 第2部分：应用指南
114	JB/T 5063—2014	搬运机器人 通用技术条件
115	JB/T 8430—2014	机器人 分类及型号编制方法
116	JB/T 9182—2014	喷漆机器人 通用技术条件
117	JB/T 8896—1999	工业机器人 验收规则
118	JB/T 10825—2008	工业机器人 产品验收实施规范
119	JB/T 14112—2020	顶升式仓储运载机器人
120	JB/T 14111—2020	电力场站巡检机器人通用技术条件
121	JB/T 14110—2020	包装用机器人与视觉系统 TCP 通信接口协议
122	JB/T 14109—2020	包装用关节型搬运机器人通用技术条件
123	JB/T 14108—2020	包装用 Delta 并联型机器人通用技术条件

（续）

（续）

序号	标准编号	标准名称
124	JB/T 14107—2020	大型平板搬运机器人　通用技术条件
125	JB/T 14402—2022	上下料桁架机器人
126	JB/T 14401—2022	户内悬挂导轨式巡检机器人系统
127	JB/T 14586—2023	地面伤员抢运机器人通用技术规范

注：1. 国家标准资料来源于国家标准化管理委员会网站（www.sac.gov.cn）。

　　2. 行业标准资料来源于工业和信息化标准信息服务平台（std.miit.gov.cn）。

2. 归口国内其他 TC 和组织的现行机器人国家标准和行业标准

截至 2023 年 12 月 31 日，归口国内其他相关 TC 和组织的机器人标准共 61 项，其中国家标准 30 项、行业标准 31 项。归口国内其他 TC 和组织的现行国家标准和行业标准见表 2。

表 2　归口国内其他 TC 和组织的现行国家标准和行业标准

序号	标准编号	标准名称	TC 或行业
1	GB/T 21412.8—2010	石油天然气工业　水下生产系统的设计和操作　第 8 部分：水下生产系统的水下机器人（ROV）接口	SAC/TC 355
2	GB/T 36896.1—2018	轻型有缆遥控水下机器人　第 1 部分：总则	SAC/TC 283
3	GB/T 36896.2—2018	轻型有缆遥控水下机器人　第 2 部分：机械手与液压系统	SAC/TC 283
4	GB/T 36896.3—2018	轻型有缆遥控水下机器人　第 3 部分：导管螺旋桨推进器	SAC/TC 283
5	GB/T 36896.4—2018	轻型有缆遥控水下机器人　第 4 部分：摄像、照明与云台	SAC/TC 283
6	GB/T 30819—2014	机器人用谐波齿轮减速器	SAC/TC 357
7	GB/T 37165—2018	机器人用精密摆线针轮减速器	SAC/TC 357
8	GB/T 37718—2019	机器人用精密行星摆线减速器	SAC/TC 357
9	GB/T 39633—2020	协作机器人用一体式伺服电动机系统通用规范	SAC/TC 2
10	GB/T 34897—2017	滚动轴承　工业机器人 RV 减速器用精密轴承	SAC/TC 98
11	GB/T 34884—2017	滚动轴承　工业机器人谐波齿轮减速器用柔性轴承	SAC/TC 98
12	GB/T 35089—2018	机器人用精密齿轮传动装置　试验方法	SAC/TC 52
13	GB/T 36491—2018	机器人用摆线针轮行星齿轮传动装置　通用技术条件	SAC/TC 52
14	GB/T 38326—2019	工业、科学和医疗机器人　电磁兼容　抗扰度试验	SAC/TC 79
15	GB/T 38336—2019	工业、科学和医疗机器人　电磁兼容　发射测试方法和限值	SAC/TC 79
16	GB/T 37414.1—2019	工业机器人电气设备及系统　第 1 部分：控制装置技术条件	SAC/TC 231
17	GB/T 39134—2020	机床工业机器人数控系统　编程语言	SAC/TC 231
18	GB/T 39463—2020	工业机器人电气设备及系统　通用技术条件	SAC/TC 231
19	GB/T 39561.5—2020	数控装备互联互通及互操作　第 5 部分：工业机器人对象字典	SAC/TC 231
20	GB/T 39561.7—2020	数控装备互联互通及互操作　第 7 部分：工业机器人测试与评价	SAC/TC 231
21	GB/T 5226.7—2020	机械电气安全　机械电气设备　第 7 部分：工业机器人技术条件	SAC/TC 231
22	GB/T 37414.2—2020	工业机器人电气设备及系统　第 2 部分：交流伺服驱动装置技术条件	SAC/TC 231
23	GB/T 37414.3—2020	工业机器人电气设备及系统　第 3 部分：交流伺服电动机技术条件	SAC/TC 231
24	GB/T 41256—2022	机器人制造数字化车间装备互联互通和互操作规范	SAC/TC 124
25	GB/T 40229—2021	家用移动机器人性能评估方法	SAC/TC 46
26	GB/T 41431—2022	家用和类似用途服务机器人　术语和分类	SAC/TC 46
27	GB/T 41433—2022	家用和类似用途服务机器人　消费者指导	SAC/TC 46
28	GB/T 41527—2022	家用和类似用途服务机器人安全通用要求	SAC/TC 46

（续）

序号	标准编号	标准名称	TC 或行业
29	GB/T 34454—2017	家用干式清洁机器人　性能测试方法	SAC/TC 46
30	GB/Z 41046—2021	上肢康复训练机器人　要求和试验方法	SAC/TC 148
31	JB/T 14026—2021	机器人装箱机	机械
32	JB/T 13245—2017	机器人超高压水切割机	机械
33	JB/T 11551—2013	工业机器人重力浇注系统　技术条件	机械
34	JB/T 6636—2007	滚动轴承　机器人用薄壁密封轴承	机械
35	JC/T 2260—2014	墙材工业用码坯机器人	建材
36	GA/T 1776—2021	警用机器人系统通用技术要求	公共安全
37	GA/T 0142—1996	排爆机器人通用技术条件	公共安全
38	XF 892.1—2010	消防机器人　第 1 部分：通用技术条件	消防救援
39	DL/T 1923—2018	架空输电线路机器人巡检系统通用技术条件	电力
40	DL/T 1846—2018	变电站机器人巡检系统验收规范	电力
41	DL/T 1722—2017	架空输电线路机器人巡检技术导则	电力
42	DL/T 1636—2016	电缆隧道机器人巡检技术导则	电力
43	DL/T 1637—2016	变电站机器人巡检技术导则	电力
44	DL/T 1609—2016	架空输电线路除冰机器人作业导则	电力
45	DL/T 1610—2016	变电站机器人巡检系统通用技术条件	电力
46	DL/T 1571—2016	机器人检测劣化盘形悬式瓷绝缘子技术规范	电力
47	SY/T 7447—2019	石油天然气钻采设备　制造机器人系统选型指南	石油天然气
48	SJ/T 11852—2022	服务机器人用锂离子电池和电池组通用规范	电子
49	QB/T 5733—2022	家用和类似用途空气净化机器人	轻工
50	QB/T 5894—2023	家用和类似用途清洁机器人能耗测试方法	轻工
51	QB/T 4833—2023	家用和类似用途清洁机器人	轻工
52	SN/T 5501.1—2023	进口机器人检验技术要求　第 1 部分：通用要求	出入境检验检疫
53	SN/T 5501.2—2023	进口机器人检验技术要求　第 2 部分：工业机器人用柔性电缆	出入境检验检疫
54	JRT 0298—2023	机器人流程自动化技术金融应用指南	金融
55	YD/T 3888.7—2023	通信网智能维护技术要求　第 7 部分：基于机器人的通信网智能巡检	通信
56	YD/T 4391.1—2023	机器人流程自动化能力评估体系　第 1 部分：系统和工具	通信
57	YY/T 1901—2023	采用机器人技术的骨科手术导航设备要求及试验方法	医药
58	YY 9706.278—2023	医用电气设备　第 2-78 部分：康复、评定、代偿或缓解用医用机器人的基本安全和基本性能专用要求	医药
59	YY 9706.277—2023	医用电气设备　第 2-77 部分：采用机器人技术的辅助手术设备的基本安全和基本性能专用要求	医药
60	YY/T 1712—2021	采用机器人技术的辅助手术设备和辅助手术系统	医药
61	YY/T 1686—2020	采用机器人技术的医用电气设备　分类	医药

注：1. 国家标准资料来源于国家标准化管理委员网站（www.sac.gov.cn）。

2. 行业标准资料来源于工业和信息化标准信息服务平台（std.miit.gov.cn）。

3. 小结

截至 2023 年 12 月 31 日，SAC/TC 591 及其他 TC 和主管部门归口的现行机器人国家标准和行业标准共 188 项，其中国家标准 143 项、行业标准 45 项。

三、ISO/TC 299 国际标准化工作情况

1. ISO/TC 299 组织结构

截至 2023 年 12 月，ISO/TC 299 国际机器人标准化技术委员会下设 10 个工作组（WG），还设有 1 个通信咨询

组（AG）、1个缺失和结构研究组（SG）和1个主席咨询组（CAG）。ISO/TC 299下设工作组见表3。

2023年新增WG10"工业移动机器人互操作和通信"工作组，组长由美国专家担任，WG10主要负责制定ISO 21423《机器人　工业移动机器人　通信及互操作》（*Robotics — Industrial mobile robots — Communications and interoperability*）。

表3　ISO/TC 299下设工作组

序号	下属工作组	英文名称	中文名称	组长
1	WG1	Vocabulary and characteristics	词汇和特性	韩国
2	WG2	Service robot safety	服务机器人安全	英国
3	WG3	Industrial safety	工业安全	美国
4	WG4	Service robots performance	服务机器人性能	日本
5	JWG5	Medical robot safety	医用机器人安全	日本
6	WG6	Modularity for service robots	服务机器人的模块化	英国
7	WG7	Management system for service robots	服务机器人管理系统	日本
8	WG8	Validation methods for collaborative applications	协作应用验证方法	德国
9	WG9	Electrical interfaces for industrial robot end-effectors	工业机器人末端执行器电气接口	丹麦
10	WG10	Industrial mobile robot interoperability and communication	工业移动机器人通信和集成	美国
11	AG1	Communications group	通信组	日本
12	SG1	Study group on gaps and structure	缺失和结构研究组	美国
13	CAG	Chair's Advisory Group	主席咨询组	瑞典

注：国际标准资料来源于国际标准化组织网站（www.iso.org）。

2. ISO/TC 299归口的国际标准

截至2023年12月31日，ISO/TC 299归口并发布的国际标准共29项。ISO/TC 299归口并发布的国际标准出版物见表4。

表4　ISO/TC 299归口并发布的国际标准出版物

序号	标准编号	标准英文名称
1	ISO/TR 13309:1995	Manipulating industrial robots — Informative guide on test equipment and metrology methods of operation for robot performance evaluation in accordance with ISO 9283
2	ISO 9283:1998	Manipulating industrial robots — Performance criteria and related test methods
3	ISO 9946:1999	Manipulating industrial robots — Presentation of characteristics
4	ISO 14539:2000	Manipulating industrial robots — Object handling with grasp-type grippers — Vocabulary and presentation of characteristics
5	ISO 9409-2:2002	Manipulating industrial robots — Mechanical interfaces — Part 2: Shafts
6	ISO 9409-1:2004	Manipulating industrial robots — Mechanical interfaces — Part 1: Plates
7	ISO 10218-1:2011	Robots and robotic devices — Safety requirements for industrial robots — Part 1: Robots
8	ISO 10218-2:2011	Robots and robotic devices — Safety requirements for industrial robots — Part 2: Robot systems and integration
9	ISO 9787:2013	Robots and robotic devices — Coordinate systems and motion nomenclatures
10	ISO 13482:2014	Robots and robotic devices — Safety requirements for personal care robots
11	ISO/TS 15066:2016	Robots and robotic devices — Collaborative robots
12	ISO 18646-1:2016	Robotics — Performance criteria and related test methods for service robots — Part 1: Locomotion for wheeled robots
13	ISO 18646-2:2019	Robotics — Performance criteria and related test methods for service robots — Part 2: Navigation

（续）

序号	标准编号	标准英文名称
14	ISO 19649:2017	Mobile robots — Vocabulary
15	ISO/TR 20218-2:2017	Robotics — Safety design for industrial robot systems — Part 2: Manual load/unload stations
16	IEC/TR 60601-4-1:2017	Medical electrical equipment — Part 4-1: Guidance and interpretation — Medical electrical equipment and medical electrical systems employing a degree of autonomy
17	ISO/TR 20218-1:2018	Robotics — Safety design for industrial robot systems — Part 1: End-effectors
18	ISO/TR 23482-2:2019	Robotics — Application of ISO 13482 — Part 2: Application guidelines
19	IEC 80601-2-77:2019	Medical electrical equipment — Part 2-77: Particular requirements for the basic safety and essential performance of robotically assisted surgical equipment
20	IEC 80601-2-78:2019	Medical electrical equipment — Part 2-78: Particular requirements for basic safety and essential performance of medical robots for rehabilitation, assessment, compensation or alleviation
21	ISO/TR 23482-1:2020	Robotics — Application of ISO 13482 — Part 1: Safety-related test methods
22	ISO 8373:2021	Robotics — Vocabulary
23	ISO 18646-3:2021	Robotics — Performance criteria and related test methods for service robots — Part 3: Manipulation
24	ISO 18646-4:2021	Robotics — Performance criteria and related test methods for service robots — Part 4: Lower-back support robots
25	ISO 22166-1:2021	Robotics — Modularity for service robots — Part 1: General requirements
26	ISO 11593:2022	Robots for industrial environments — Automatic end effector exchange systems
27	ISO/PAS 5672:2023	Robotics — Collaborative applications — Test methods for measuring forces and pressures in human-robot contacts
28	IEC 80601-2-77:2019/ Amd 1:2023	Medical electrical equipment — Part 2-77: Particular requirements for the basic safety and essential performance of robotically assisted surgical equipment — Amendment 1
29	ISO 31101:2023	Application services provided by service robots — Safety management systems requirements

注：国际标准资料来源于国际标准化组织网站（www.iso.org）。

四、2023 年机器人领域国际和国内标准发布情况

1. ISO/TC 299 归口的机器人领域国际和国内标准

2023 年，ISO/TC 299 发布了 3 项国际标准，包括：ISO/PAS 5672:2023《机器人　协作应用　测量人机接触力和压力的试验方法》、ISO 31101:2023《服务机器人应用服务　安全管理系统要求》和 IEC 80601-2-77:2019/Amd 1《医用电气设备　第 2-77 部分：采用机器人技术的辅助手术设备的基本安全和基本性能专用要求》的修订版。

2. SAC/TC 591 归口的机器人领域国际和国内标准

2023 年，SAC/TC 591 归口并发布的国家标准共计 18 项（表 1 第 96~113 项），发布了 1 项机器人领域行业标准（表 1 第 127 项）。其中，国家标准主要涉及移动机器人词汇、服务机器人导航和操作性能试验方法、工业机器人运行维护技术要求、服务机器人模块化通用要求、工业机器人系统末端执行器和手动装载／卸载工作站等安全设计指南、机器人多维力／力矩传感器检测规范、物流机器人控制系统接口规范、工业机器人平均无故障工作时间计算方法和机器人一体化关节性能及试验方法等内容。行业标准主要规范了地面伤员抢运机器人通用技术要求和试验方法。

3. 中国其他 TC 和标准化组织

2023 年，我国其他 TC 及标准化组织归口并发布行业标准 10 项，没有发布国家标准。行业标准主要涉及进口机器人检验技术要求、机器人家用和类似用途清洁机器人能耗测试方法和通用要求、手术机器人和康复机器人基本安全和基本性能专用要求、采用机器人技术的医用电气设备分类、采用机器人技术的骨科手术导航设备要求及试验方法以及机器人流程自动化等内容。

五、2023 年度机器人领域国际和国内在研标准及立项标准

1. ISO/TC 299 归口的机器人领域国际和国内在研标准及立项标准

2023 年，ISO/TC 299 归口在研国际标准共 6 项，包括 3 项制定和 3 项修订标准。其中 2023 年新立项的国际标准制定计划 1 项，标准编号为 ISO/AWI 21423，是工业移动机器人领域的通信及互操作标准。ISO/TC 299 国际标准制（修）订计划见表 5。

表5 ISO/TC 299 国际标准制（修）订计划

序号	标准计划编号	标准名称	制（修）订
1	ISO/AWI 21423	Robotics — Autonomous mobile robots for industrial environments — Communications and interoperability	制定
2	ISO/FDIS 10218-1	Robotics — Safety requirements — Part 1: Industrial robots	修订
3	ISO/FDIS 10218-2	Robotics — Safety requirements — Part 2: Industrial robot systems，robot applications and robot cells	修订
4	ISO/CD 13482	Robotics — Safety requirements for service robots	修订
5	ISO/NP 18646-5	Robotics — Performance criteria and related test methods for service robots — Part 5: Locomotion for legged robots	制定
6	ISO/CD 22166-202	Robotics — Modularity for service robots — Part 202: Information model for software modules	制定

2. SAC/TC 591 归口的机器人领域国际和国内在研标准及立项标准

截至 2023 年 12 月 31 日，SAC/TC 591 归口的国家标准计划有 17 项，行业标准计划有 4 项，工业和信息化部委托 SAC/TC 591 执行的强制性标准 1 项，共 22 项。2023 年新立项的制（修）订国家标准计划共 13 项（包括强制性标准 1 项），没有立项行业标准计划。SAC/TC 591 国家标准和行业标准制（修）订计划见表 6。

表6 SAC/TC 591 国家标准和行业标准制（修）订计划

序号	标准计划编号	标准名称	制（修）订	归口 TC
1	20181943-Z-604	医用电气设备 第 4-1 部分：指南和说明 具有自主程度的医用电气设备和医用电气系统	制定	TC591
2	20213008-Z-604	机器人 GB/T 36530 的应用 第 1 部分：安全相关试验方法	制定	TC591
3	20220552-T-604	机器人 安全要求应用规范 第 1 部分：工业机器人	制定	TC591
4	20220556-T-604	工业机器人 性能试验应用规范	制定	TC591
5	20220770-T-604	光伏组件清洁机器人通用技术条件	制定	TC591
6	20230073-T-604	服务机器人云平台分类及参考体系结构	制定	TC591
7	20230074-T-604	巡检机器人安全要求	制定	TC591
8	20230075-T-604	巡检机器人集中监控系统技术要求	制定	TC591
9	20230076-T-604	腿式机器人性能及试验方法	制定	TC591
10	20230077-T-604	水下助推机器人通用技术要求	制定	TC591
11	20230078-T-604	机器人自适应能力技术要求	制定	TC591
12	20230569-T-604	机器人技术 词汇	修订	TC591
13	20231487-T-604	图书盘点机器人通用技术条件	制定	TC591
14	20231911-T-604	机器人控制器开放式通信接口规范	修订	TC591
15	20231996-T-604	淡水水下救援机器人通用技术条件	制定	TC591
16	20232018-T-604	工业机器人 动态稳定性试验方法	制定	TC591
17	20232021-T-604	自驱式管道内检测机器人通用技术规范	制定	TC591
18	20232592-Q-339	电动平衡车安全技术规范	修订	TC591
19	2022-1327T-JB	工业机器人 产品验收实施规范	修订	TC591
20	2022-1330T-JB	机器人减速器立式综合测试仪	制定	TC591
21	2022-1328T-JB	环卫机器人通用技术条件	制定	TC591
22	2022-1329T-JB	机器人型号编制方法	修订	TC591

3.中国其他与机器人相关的TC和标准化组织

截至2023年12月31日，归口其他TC和标准化组织的国家标准计划2项、行业标准计划10项，共12项。

2023年新立项行业标准计划1项，为《光伏组件清扫机器人技术规范》。其他TC机器人国家标准制（修）订计划见表7。

表7 其他TC机器人国家标准制（修）订计划

序号	标准计划编号	标准名称	制（修）订	行业
1	2016-1241T-ZJ	浇铸机器人 通用技术条件	修订	机械
2	2018-0270T-ZJ	水下机器人用直流电动机技术条件	制定	机械
3	2019-0626T-AH	增材制造 柔性机器人安全评价规范	制定	机械
4	20211789-T-604	机器人用谐波齿轮减速器	修订	机械
5	20221075-T-607	家用和类似用途电器噪声测试方法 干式清洁机器人的特殊要求	制定	轻工
6	2022-1419T-SJ	工业互联网平台 工业设备上云通用管理要求 第14部分：工业机器人	制定	电子
7	2023-0644T-SJ	光伏组件清扫机器人技术规范	制定	电子
8	2020-0139T-YD	通信 融合无线通信技术的民用机器人天线性能要求及测试方法	制定	通信
9	2021-1048T-YD	无线通信设备电磁兼容性要求和测量方法 第23部分：融合无线通信技术的民用机器人	制定	通信
10	2021-0174T-YD	智能服务机器人 第1部分：分类及通用要求	制定	通信
11	2020-0075T-JB	铸造用线性机器人 技术条件	制定	机械
12	2022-1819T-JB	食品机械 烹饪机器人技术规范	制定	机械

六、2023年SAC/TC 591国内标准化活动

（1）2023年8月18日，由SAC/TC 591秘书处单位北京机械工业自动化研究所有限公司承办的"2023世界机器人大会——机器人标准化和关键技术论坛"在北京顺利召开。会上成立了机器人智能化与信息安全标准化工作组和人形机器人标准化工作组。工业和信息化部人才交流中心战略发展委员会、北京机械工业自动化研究所有限公司与其他起草单位共同发布了《工业机器人产业人才岗位能力要求》标准。2023世界机器人大会——机器人标准化和关键技术论坛如图3所示。《工业机器人产业人才岗位能力要求》发布式如图4所示。

图4 《工业机器人产业人才岗位能力要求》发布式

（2）2023年3月31日，SAC/TC 591秘书处开始公开征集全国机器人标准化技术委员会发电输电和配电系统机器人分技术委员会、全国机器人标准化技术委员会共性结构与理论分技术委员会、全国机器人标准化技术委员会机器人检测分技术委员会和全国机器人标准化技术委员会家用和类似用途机器人分技术委员会的委员。

七、2023年中国参与国际标准化活动

1.工作组会议

2023年6月下旬，中国专家以线下方式参加了在韩国召开的ISO/TC 299/WG6及WG4工作组会议，重点推进WG6和WG4两个工作组里的中国提案。ISO/TC 299其他工作组会议中国专家均以线上的方式参加。

2.中国牵头的项目

（1）2023年9月，中国之江实验室的提案ISO/NP

图3 2023世界机器人大会——机器人标准化和
关键技术论坛

18646-5《机器人　服务机器人性能规范及测试方法　第 5 部分：腿式机器人的运动》（*Robotics — Performance criteria and related test methods for service robots Part5: Locomotion for legged robots*）成功立项。ISO/TC 299/WG4 "服务机器人性能"工作组在此项目立项前已经进行过多次讨论。

（2）2023 年，在 ISO/TC 299/WG6 工作组，中国主导的预工作项目 ISO/NWIP 22166-203《服务机器人模块化　第 203 部分：硬件部分的信息模型 》（*Modularity for service robots – Part 203 – Information Model for Hardware*）一直在和 ISO 22166-1、ISO 22166-201 和 202 进行协调和完善。2024 年将重新发起新工作项目提案（NP）投票。

〔撰稿人：北京机械工业自动化研究所有限公司杨书评〕

2023 年中国机器人认证情况

一、中国机器人认证介绍

中国机器人（CR）认证在国家质量监督检验检疫总局、国家发展和改革委员会、工业和信息化部、国家认证认可监督管理委员会、国家标准化管理委员会及国家机器人检测与评定中心指导委员会主要成员共同指导下确定发布，是国家推动的自愿性高端认证品牌。

1. CR 认证架构

CR 认证升级版在确保安全和电磁兼容标准（EMC）质量底线的基础上，以企业自我选择、场景需求为牵引，进一步构建了技术发展型指标等级，涵盖功能安全、信息安全、可靠性、智能化四大专业方向，形成符合性认证与等级认证的综合架构。CR 认证架构如图 1 所示。

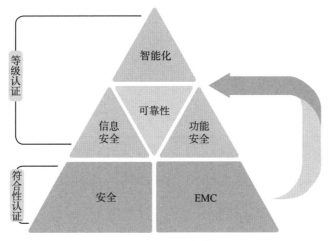

图 1　CR 认证架构

2. CR 认证标志说明

（1）CR 标志。代表国家机器人认证，并以安全和 EMC 为质量底线。

（2）认证机构名称。字母 "ABCD" 为实施该认证的认证机构名称信息缩写。

（3）技术专业标识。可靠、信息安全、功能安全、智能代表四个技术专业，通过某项专业认证的产品。方块为认证等级所代表的颜色，否则为灰色。

（4）数字等级色素。等级由低到高分 5 个等级，L1 最低，L5 最高，等级颜色由红逐渐过渡到绿色。

（5）二维码。该二维码将录入企业获证产品信息，供用户查询。

CR 认证标准说明如图 2 所示。

3. 等级说明

CR 认证升级版中的等级认证通过五个层次（L1—L5）充分评价技术的实现度，提供质量 "阶跃式" 发展标杆。不同的应用场景对于机器人有不同的需求，通过分级认证与应用场景结合，可以确立各场景下的机器人高阶质量要求，提升机器人的应用效果。同时机器人在技术发展过程中，因与用户预期仍存在一定差距，所以通过分级认证可引导用户方建立合理预期。CR 认证等级说明如图 3 所示。

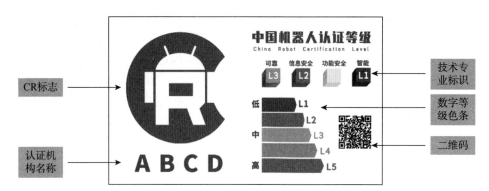

图 2　CR 认证标准说明

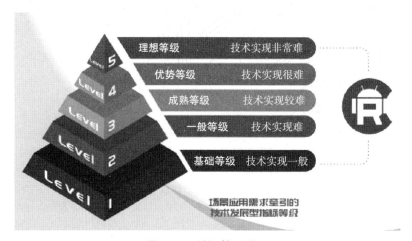

图 3　CR 认证等级说明

4. CR 认证目录（2023 版）

CR 认证目录（2023 版）见表 1。

表 1　CR 认证目录（2023 版）

产业链	应用场景	产品类型	实施规则／细则				
			安全和 EMC	可靠性	功能安全	信息安全	智能
整机	工业环境用机器人	工业机器人	CR-1-01:2022　工业机器人 CR 认证实施规则	CR-4-01:2022　机器人 CR 认证可靠性等级认证实施细则	CR-4-02:2022　机器人 CR 认证功能安全水平等级认证实施细则	CR-4-03:2022 机器人 CR 认证信息安全等级认证实施细则	CR-4-04:2022 机器人 CR 认证智能等级认证实施细则
		AGV	CR-1-03:2022　自动导引车（AGV）CR 认证实施规则	尚未发布			
		协作机器人	CR-1-05:2022　协作机器人 CR 认证实施规则	CR-4-01:2022　机器人 CR 认证可靠性等级认证实施细则			
	巡检安防	巡检安防机器人	CR-1-09:2023　巡检机器人 CR 认证实施规则	尚未发布			
	医疗康复	康复机器人	CR-1-02:2022　服务机器人 CR 认证实施规则				

（续）

产业链	应用场景	产品类型	实施规则／细则				
			安全和 EMC	可靠性	功能安全	信息安全	智能
整机	环境提升	扫地机器人	CR-1-06：2022 环境提升机器人 CR 认证实施规则	尚未发布	CR-4-02：2022 机器人 CR 认证功能安全水平等级认证实施细则	CR-4-03:2022 机器人 CR 认证信息安全等级认证实施细则	CR-4-04:2022 机器人 CR 认证智能等级认证实施细则
		商用清洁机器人	CR-1-02:2022 服务机器人 CR 认证实施规则				
		消毒杀菌机器人					
		其他					
	物流配送	送餐机器人	CR-1-07:2022 物流机器人 CR 认证实施规则				
		医院物流机器人					
		其他					
	信息传播	信息传播机器人	CR-1-02:2022 服务机器人 CR 认证实施规则				
	应急救援	应急救援机器人					
	餐饮加工	餐饮服务机器人					
	个人辅助	平衡车					
		助老助残机器人					
		其他					
	教育	教育机器人					
	建筑施工	建筑机器人	CR-1-08:2022 建筑机器人 CR 认证实施规则	CR-4-01:2022 机器人 CR 认证可靠性等级认证实施细则（机械臂类建筑机器人适用）			
	空中	无人机	CR-1-04:2022 民用无人机 CR 认证实施规则	尚未发布			
系统与集成	食品	食品加工机器人系统、单元、产线	CR-2-01:2022 工业机器人系统与集成 CR 认证实施规则	尚未发布	尚未发布		尚未发布
	3C 及半导体	3C 及半导体场景用机器人系统、单元、产线					
	焊接	焊接机器人系统、单元、产线					
	喷涂	喷涂机器人系统、单元、产线					
	装配	装配机器人系统、单元、产线					
	冶金	冶金机器人系统、单元、产线					
	其他工业机器人系统与集成	机器人系统、单元、产线					

（续）

产业链	应用场景	产品类型	实施规则 / 细则				
			安全和 EMC	可靠性	功能安全	信息安全	智能
零部件	不适用	减速器（谐波减速器、摆线针轮行星传动装置）	不适用	CR-3-01:2020 机器人用精密减速器 CR 认证实施规则	不适用	不适用	不适用
	不适用	控制装置（调速电气传动系统、示教装置、安全模块、控制器）	CR-3-03:2022 机器人控制装置 CR 认证实施规则	尚未发布	CR-3-03:2022 机器人控制装置 CR 认证实施规则	尚未发布	尚未发布
	不适用	交流伺服电动机	CR-3-04:2023 工业机器人交流伺服电动机 CR 认证实施规则		不适用	不适用	不适用

注：1. 安全和 EMC 为质量底线要求，必须满足。
　　2. 可靠性、功能安全、信息安全、智能为升级要求，可根据产品的实际情况进行选择。

二、2023 年 CR 认证发证情况

截至 2023 年 12 月 31 日，CR 认证获证企业 270 家企业，获得 CR 认证的产品涉及工业机器人、协作机器人、服务机器人、AGV、扫地机器人、无人机等各类机器人整机，减速器、控制器等机器人关键零部件，以及机器人系统与集成应用、建筑机器人等各场景下的机器人应用。CR 认证获证企业分布情况见表 2。

表 2　CR 认证获证企业分布情况

地区	占比（%）	地区	占比（%）
重庆	2	黑龙江	1
宁夏	1	江苏	10
四川	1	辽宁	2
云南	1	河北	1
山东	4	江西	1
上海	18	广东	24
陕西	1	甘肃	1
湖南	1	福建	1
天津	2	北京	13
湖北	1	安徽	4
浙江	6	其他	2
苏州	2		

注：数据来源于机器人检测认证联盟。

2023 年，机器人检测认证联盟共颁发 CR 认证证书 66 张。2023 年 CR 认证证书发放情况见表 3。

表 3　2023 年 CR 认证证书发放情况

序号	认证委托人名称	产品名称	产品型号	认证实施规则	认证模式	证书编号	发证机构	区域
1	上海汇聚自动化科技有限公司	前移式叉车	WRW25、WRW50	CR-1-03:2021	B	TILVA202327002001	上海添唯认证技术有限公司	上海
2	上海汇聚自动化科技有限公司	潜伏式机器人	WY40、WY100	CR-1-03:2021	B	TILVA202327002002	上海添唯认证技术有限公司	上海

（续）

序号	认证委托人名称	产品名称	产品型号	认证实施规则	认证模式	证书编号	发证机构	区域
3	上海智能制造功能平台有限公司	配网带电作业机器人	DR10T01	CR-2-01:2021	B	TILVA202327003001	上海添唯认证技术有限公司	上海
4	节卡机器人股份有限公司	JAKA Zu 18 Cobot	JAKA Zu 18	CR-1-05:2021	B	TILVA202327008001	上海添唯认证技术有限公司	上海
5	节卡机器人股份有限公司	JAKA Zu 12 Cobot	JAKA Zu 12	CR-1-05:2021	B	TILVA202327008002	上海添唯认证技术有限公司	上海
6	节卡机器人股份有限公司	JAKA Zu 7 Cobot	JAKA Zu 7	CR-1-05:2021	B	TILVA202327008003	上海添唯认证技术有限公司	上海
7	节卡机器人股份有限公司	JAKA Zu 7-L1200 Cobot	JAKA Zu 7-L1200	CR-1-05:2021	B	TILVA202327008004	上海添唯认证技术有限公司	上海
8	节卡机器人股份有限公司	JAKA Zu 5 Cobot	JAKA Zu 5	CR-1-05:2021	B	TILVA202327008005	上海添唯认证技术有限公司	上海
9	节卡机器人股份有限公司	JAKA Zu 3 Cobot	JAKA Zu 3	CR-1-05:2021	B	TILVA202327008006	上海添唯认证技术有限公司	上海
10	节卡机器人股份有限公司	JAKA Zu FT Cobot	JAKA Zu FT	CR-1-05:2021	B	TILVA202327008007	上海添唯认证技术有限公司	上海
11	节卡机器人股份有限公司	JAKA Pro 18 Cobot	JAKA Pro 18	CR-1-05:2021	B	TILVA202327008008	上海添唯认证技术有限公司	上海
12	节卡机器人股份有限公司	JAKA Pro 16 Cobot	JAKA Pro 16	CR-1-05:2021	B	TILVA202327008009	上海添唯认证技术有限公司	上海
13	节卡机器人股份有限公司	JAKA Pro 12 Cobot	JAKA Pro 12	CR-1-05:2021	B	TILVA202327008010	上海添唯认证技术有限公司	上海
14	节卡机器人股份有限公司	JAKA Pro 7 Cobot	JAKA Pro 7	CR-1-05:2021	B	TILVA202327008011	上海添唯认证技术有限公司	上海
15	节卡机器人股份有限公司	JAKA Pro 5 Cobot	JAKA Pro 5	CR-1-05:2021	B	TILVA202327008012	上海添唯认证技术有限公司	上海
16	节卡机器人股份有限公司	JAKA Pro 3 Cobot	JAKA Pro 3	CR-1-05:2021	B	TILVA202327008013	上海添唯认证技术有限公司	上海
17	节卡机器人股份有限公司	JAKA MiniCobo Cobot	JAKA MiniCobo	CR-1-05:2021	B	TILVA202327008014	上海添唯认证技术有限公司	上海
18	上海擎朗智能科技有限公司	楼宇配送机器人	W3 S	CR-1-02:2021	B	TILVA202327004003	上海添唯认证技术有限公司	上海
19	浙江钱江机器人有限公司	工业机器人	QJR20-1600、QJR10-2000、QJR6-1400H、QJR6-2000H	CR-1-01:2021	B	TILVA202327001002	上海添唯认证技术有限公司	浙江
20	库卡机器人（广东）有限公司	Industrial Robot KR CYBERTECH Series	KR 6 R2010-2 arc HW E、KR 6 R1440-2 arc HW E	CR-1-01:2021	B	TILVA202327001003	上海添唯认证技术有限公司	广东
21	北京猎户星空科技有限公司	AI智能服务机器人	OS-R-DP01	CR-1-02:2022	B	TILVA202327004002	上海添唯认证技术有限公司	北京
22	烟台艾创机器人科技有限公司	工业机器人	AT210R2700A、AT120R2230E	CR-1-01:2022	B	TILVA202327001004	上海添唯认证技术有限公司	山东

（续）

序号	认证委托人名称	产品名称	产品型号	认证实施规则	认证模式	证书编号	发证机构	区域
23	浙江海呐科技有限公司	救援机器人	HN-660A	CR-1-02:2021	B	TILVA202327004004	上海添唯认证技术有限公司	浙江
24	芜湖星途机器人科技有限公司	星途智能机器人	XT-A1QS、XT-B1QS	CR-1-02:2022	B	TILVA202327004001	上海添唯认证技术有限公司	安徽
25	北京炎凌嘉业机电设备有限公司	通用工业机器人	YLB-G1621、YLB-G2019、YLB-G2517	CR-1-01:2022	B	TILVA202327001006	上海添唯认证技术有限公司	北京
26	东莞市李群自动化技术有限公司	AH6K 机器人	AH6K-0500-0204-2000、AH6K-0500-0204-3000、AH6K-0600-0204-2000、AH6K-0600-0204-3000、AH6K-0700-0204-2000、AH6K-0700-0204-3000	CR-1-01:2022	B	TILVA202327001005	上海添唯认证技术有限公司	广东
27	浙江钱江机器人有限公司	工业机器人	QJR6-2700P、QJRP10-1	CR-1-01:2022	B	TILVA202327001007	上海添唯认证技术有限公司	浙江
28	北京有竹居网络技术有限公司	智能递送机器人	BCD-C422	CR-1-02:2022	B	TILVA202327004005	上海添唯认证技术有限公司	北京
29	广东汇博机器人技术有限公司	智能搬运机器人	HB-BF-V2	CR-1-03:2021	B	TILVA202327002003	上海添唯认证技术有限公司	广东
30	广东汇博机器人技术有限公司	智能搬运机器人	HBR-CC-D	CR-1-03:2021	B	TILVA202327002004	上海添唯认证技术有限公司	广东
31	苏州灵猴机器人有限公司	六轴工业机器人	LR4-R650、LR4-R560、LR4A-R560、LR8-R720、LR8Q-R720、LR8-R720P、LR8Q-R720P、LR8-R900、LR8-R900P、LR8Q-R900、LR8Q-R900P、LR10-R900、LR10-R900P、LR10Q-R900、LR10Q-R900P	CR-1-01:2022	B	TILVA202327001008	上海添唯认证技术有限公司	江苏
32	苏州灵猴机器人有限公司	SCARA 机器人	TM3-R400、TM4-R400、TM5A-R250、TM5A-R300、TM5A-R400、TM6-R500、TM6-R600、TM6-R700、TM7-R500、TM7-R600、TM7-R700、TM7G-R500、TM7G-R600、TM7G-R700、TM10-R600、TM10-R700、TM10-R800、TM10A-R600、TM10A-R700、TM10A-R800、TM20-R650、TM20-R800、TM20-R1000、TM20G-R650、TM20G-R800、TM20G-R1000、ST4-R350、ST5-R550	CR-1-01:2022	B	TILVA202327001009	上海添唯认证技术有限公司	江苏
33	南京熊猫电子装备有限公司	工业机器人	PR1400P、PR20D	CR-1-01:2022	B	TILVA202327001010	上海添唯认证技术有限公司	江苏

（续）

序号	认证委托人名称	产品名称	产品型号	认证实施规则	认证模式	证书编号	发证机构	区域
34	北京猎户星空科技有限公司	AI智能服务机器人	OS-R-SG04	CR-1-02:2022	B	TILVA202327004006	上海添唯认证技术有限公司	北京
35	麦岩智能科技（北京）有限公司	商用清洁机器人 极光壹号	A1	CR-1-02:2021	B	CCIDCCZS-20230195R	北京赛迪认证中心有限公司	北京
36	沈阳新松机器人自动化股份有限公司	工业机器人	T20A-18，T12A-14，T35A-23，T50A-21，T80A-21	CR-1-01:2021	B	CCIDCCZS-20230201R	北京赛迪认证中心有限公司	辽宁
37	劢微机器人科技（深圳）有限公司	托盘搬运式无人叉车	MW-T20	CR-1-07:2021	B	CCIDCCZS-20230202R	北京赛迪认证中心有限公司	广东
38	遨博（北京）智能科技股份有限公司	协作机器人	AUBO-i3，AUBO-i5，AUBO-i5H，AUBO-i7，AUBO-i10，AUBO-i16，AUBO-i20，AUBO-C3，AUBO-C5	CR-1-05:2021	B	CCIDCCZS-20230203R	北京赛迪认证中心有限公司	北京
39	库卡机器人（广东）有限公司	工业机器人	KR 20 R1820-2E	CR-1-01:2021	B	CCIDCCZS-20230203R	北京赛迪认证中心有限公司	广东
40	同方威视技术股份有限公司	自主移动机器人	NUCROS AMR100	CR-1-07:2021	B	CCID2023606070010	北京赛迪认证中心有限公司	北京
41	大陆智源科技（北京）有限公司	物流机器人	XB-YS	CR-1-01:2021	B	CRRIV0100022023	重庆凯瑞认证服务有限公司	北京
42	乐聚（苏州）机器人技术有限公司	乐聚智能配送机器人	R200-b4	CR-1-02:2021	B	CRRI0100012023	重庆凯瑞认证服务有限公司	江苏
43	法睿兰达科技（武汉）有限公司	英招系列双向潜伏式牵引AGV	T-AM/S/T	CR-1-03:2021	B	CRRIV0100032023	重庆凯瑞认证服务有限公司	湖北
44	法睿兰达科技（武汉）有限公司	英招系列单向潜伏式牵引AGV	T-UM/S/T	CR-1-03:2021	B	CRRIV0100042023	重庆凯瑞认证服务有限公司	湖北
45	上海纳博特斯克传动设备有限公司	精密减速机RV	RV110E	CR-3-01:2021	B	CRAT2023CR310100001	中汽检测技术有限公司	上海
46	广东天机智能系统有限公司	六关节工业机器人	EVO25	CR-1-01:2021	B	CRAT2023CR10100002	中汽检测技术有限公司	广东
47	巨轮智能装备股份有限公司	精密摆线针轮减速机	JLRV40E	CR-3-01:2021	B	CRAT2023CR30100003	中汽检测技术有限公司	广东
48	苏州穿山甲机器人股份有限公司	Amy迎宾机器人	YAM-10-22	CR-1-02:2021	B	CRRIV0100052023	重庆凯瑞认证服务有限公司	江苏
49	杭州网易轩之辕智能科技有限公司	理疗机器人	XY-B1000	CR-1-02:2021	B	CRRIV0100062023	重庆凯瑞认证服务有限公司	浙江
50	广东极亚精机科技有限公司	RV减速机	RV-42N-124	CR-3-01-2023	B	CRRIV0100072023	重庆凯瑞认证服务有限公司	广东
51	河南超维智能科技有限公司	室内轮式智能巡检机器人	WI-100	CR-1-02:2021	B	CRRIV0100082023	重庆凯瑞认证服务有限公司	河南

（续）

序号	认证委托人名称	产品名称	产品型号	认证实施规则	认证模式	证书编号	发证机构	区域
52	佛山华数机器人有限公司	六轴工业机器人	HSR-JR6210（L/F）	CR-1-01:2021	B	CRRIV0100092023	重庆凯瑞认证服务有限公司	广东
53	维谛技术有限公司	SmartArgus 智能巡检机器人	SARC3A	CR-1-02:2021	B	CCID2023606030012	北京赛迪认证中心有限公司	广东
54	北京金至科技股份有限公司	AI 智能盘点机器人	JZFW-01，JZFW-02，JZFW-03，JZPD-03-003，JZPD-03-004，JZGPD-03-003，JZGPD-03-004	CR-1-02:2021	B	CCID2023606030013	北京赛迪认证中心有限公司	北京
55	杭州裕新智能科技有限公司	堆高式 AGV	DGC15A	CR-1-07:2021	B	CCID2023606070011	北京赛迪认证中心有限公司	浙江
56	宁波八益集团有限公司	超智馆库机器人	BY-CZGK-1	CR-1-07:2021:	B	CEPREI2023CR0038	广州赛宝认证中心服务有限公司	浙江
57	东莞市尔必地机器人有限公司	通用型 4 轴工业机器人		CR-1-01:2021	B	CRAT2023CR10100007	中汽检测技术有限公司	广东
58	上海纳博特斯克传动设备有限公司	精密减速机 RV	RV-60N	CR-3-01:2021	B	CRAT2023CR30100006	中汽检测技术有限公司	上海
59	苏州汇川技术有限公司	工业机器人	主检型号 IR-S50-120ZbSc	CR-1-01:2021	B	CRAT2023CR10100004	中汽检测技术有限公司	江苏
60	苏州汇川技术有限公司	工业机器人	主检型号 IR-R80-210Sc	CR-1-01:2021	B	CRAT2023CR10100005	中汽检测技术有限公司	江苏
61	上海纳博特斯克传动设备有限公司	精密减速机 RV	RV-42N	CR-3-01:2021	B	CRAT2023CR30100012	中汽检测技术有限公司	上海
62	广东天机机器人有限公司	水平多关节机器人	主检型号：SR20-A04	CR-1-01:2021	B	CRAT2023CR10100008	中汽检测技术有限公司	广东
63	广州达意隆包装机械股份有限公司	机器人卷帘码垛机	JMD40	CR-2-01:2021	B	CRAT2023CR20100009	中汽检测技术有限公司	广东
64	广州达意隆包装机械股份有限公司	并联理瓶机	ZLP161	CR-2-01:2021	B	CRAT2023CR20100010	中汽检测技术有限公司	广东
65	广州达意隆包装机械股份有限公司	侧进机器人装箱机	JRZX180B	CR-2-01:2021	B	CRAT2023CR20100011	中汽检测技术有限公司	广东
66	广州数控设备有限公司	工业机器人	RH06A2	CR-1-01:2021	B	CRAT2023CR10100013	中汽检测技术有限公司	广东

〔撰稿人：上海电器科学研究所（集团）有限公司郑军奇、朱晓鹏〕

2023 年国家机器人检测与评定中心（总部）工作情况

一、总体概述

2015 年，国家发展和改革委员会牵头，联合工业和信息化部、国家标准化管理委员会、国家认证认可监督管理委员会等部委发起成立了国家机器人检测与评定中心（简称"国评中心"）。国评中心是由国家和企业共同设立的集机器人产品/部件认证、检测、校准、标准化工作、培训、技术咨询、人才培养和期刊等信息服务为一体的社会第三方服务机构。国评中心（总部）由上海电器科学研究所（集团）有限公司（简称"上电科"）承担建设。

上电科创建于 1953 年，是一家集科技创新服务、产品检测、系统集成解决方案提供和高技术产品生产为一体的高科技企业集团。上电科围绕机器人产业进行综合一体化布局，从标准、检测、认证、共性技术研究等方面，助力机器人产业高质量发展，服务国家战略。作为机器人标准化总体组联合秘书处，发布了《机器人标准化白皮书》《国家机器人标准体系建设指南》，并组织编制 30 余项产业急需的相关国家标准；牵头建立机器人检测认证联盟，支撑中国机器人（CR）认证制度顶层设计，发布 CR 认证目录，推动 CR 认证结果采信；建成全球领先的机器人整机、关键零部件和专业技术三类实验室，2019 年获得国家机器人质量检验检测中心资质认定。

二、现有检测能力

上电科拥有全面的机器人试验室，包括 6 个零部件试验室，覆盖减速器、传感器、控制器、电动机及伺服系统、电池和软件测试等机器人关键零部件的测试需求；1 个整机和系统集成试验室，覆盖工业机器人、服务机器人、特种机器人等产品的检测需求；6 个专业试验室，满足产品在电磁兼容性、可靠性、软件、通信、功能安全、洁净度等方面的专项测试需求。平台总投资近 5 亿元，试验室拥有各类专业测试设备千余套，总建筑面积超过 10 000㎡。国评中心（总部）检测平台如图 1 所示。

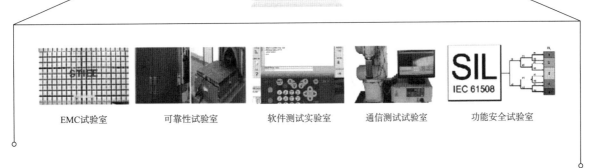

图 1　国评中心（总部）检测平台

三、重点工作开展情况

1. 认证工作

（1）中国机器人认证（CR）升级版发布实施。为贯彻落实《关于推进机器人检测认证体系建设的意见》（国质检认联〔2016〕622 号）、《"十四五"机器人产业发展规划》（工信部联规〔2021〕206 号）等文件，更好地满足机器人产业发展需要，在国家市场监督管理总局、工业和信息化部、国家发展和改革委员会相关委办、中国机械工业联合会机器人分会的指导下，机器人检测认证联盟于 2022 年 9 月发布中国机器人认证升级版标志，经联盟技术委员会研究、联盟成员大会批准：①针对各类机器人产品的 CR 认证实施规则进行升级；②围绕可靠性、信息安全、功能安全和智能 4 个专业方向，制定 4 项机器人 CR 等级认证实施细则。2023 年 3 月 7 日，《中国机器人 CR 认证目录》（2023 版）正式发布实施。

（2）智能机器人分级协作机器人领域首张证书发出。2023 年 6 月 8 日，上海节卡机器人科技有限公司（简称"节卡机器人"）获得智能机器人分级协作机器人 001 号证书。标志着智能机器人分级协作机器人领域首张证书发出，节卡机器人产品在智能感知、轨迹规划、操作精度、交互能力等方面均具备行业先进水平。在此过程中，上电科牵头并邀请节卡机器人共同编制了 T/CEEIA 602.2—2022《机器人智能化评价 第 2 部分：操作交互性》、T/CEEIA 602.5—2022《机器人智能化评价 第 5 部分：轨迹自适应》、T/CEEIA 602.1—2022《机器人智能化评价 第 1 部分：智能化信息模型和等级评价程序》、T/CEEIA 602.6—2022《机器人智能化评价 第 6 部分：运动性能》、T/CEEIA 602.3—2022《机器人智能化评价 第 3 部分：视觉》共 5 份标准。

（3）中国机器人交流伺服电机 CR 认证技术专家组会议顺利举行。2023 年 3 月 2 日，机器人交流伺服电机 CR 认证专家组会议在国评中心（总部）单位上电科成功召开，会议采取线上线下方式同步进行。来自 ABB 高压电机有限公司、上海新时达电气股份有限公司、安川电机（中国）有限公司、施耐德电气（中国）有限公司上海分公司、广州数控设备有限公司、埃恩斯工业技术（天津）有限公司、中国软件评测中心（工业和信息化部软件与集成电路促进中心）、中国科学院沈阳自动化所、重庆凯瑞机器人技术有限公司、中汽检测技术有限公司、芜湖赛宝机器人产业技术研究院有限公司等代表专家出席会议。经过全体专家组成员的充分讨论与审议，会议形成《工业机器人交流伺服电动机 CR 认证实施规则》专家组审议稿，实施规则规定了认证范围、认证模式、认证依据等方面的要求。

2. 检测工作

（1）国内首个机器人洁净度测评实验室正式投入使用。为保障机器人高质量发展、助力机器人开拓半导体、芯片、生物医药、食品等新应用场景，同时响应终端用户需求，国评中心（总部）开展了"机器人+"洁净应用测评技术研究及能力建设。建设地址位于上海市普陀区武宁路 505 号。该实验室洁净度为 ISO Class 2，核心区域可达到 ISO Class 1（依据 ISO 14644-1）。

（2）国评中心（总部）在张江建立机器人智能等级测评实验室。2023 年 12 月 29 日，机器人智能等级标准验证与检测评价实验室在张江正式启动。实验室聚焦机器人智能化水平，以机器人智能等级标准制（修）订为抓手，从技术、测试方法、实验室 3 个维度，构建算法测试、实物测试、模拟测试及现场测试 4 个层级的测试能力，创建自有、联合、共享 3 种实验室运营模式，力争打造国内一流机器人智能等级评价中心。同时，构建数据集、训练、测试、身份确认等功能为一体的智能人形机器人数字化平台，赋能机器人产业链上下游企业，助力浦东新区机器人产业集聚，推动上海市形成智能机器人产业新高地，助推机器人产业高质量发展。实验室将立足成为我国机器人智能化评价策源地，持续聚焦机器人智能化评价及标准，全方位赋能智能机器人产业，为上海乃至全国智能机器人产业发展贡献力量。

（3）国评中心（总部）与 KUKA 联合打造机器人数据交换实验室，开启工业机器人数字化检测认证新篇章。库卡中国实验室获评首个国评中心（总部）数据交换实验室，授牌仪式在库卡机器人（上海）有限公司上海松江园区举办。此次挂牌授权标志着国评中心（总部）对于库卡中国产品质量控制和实验室水平的高度认可和信任，同时也标志着双方正式开启全面深化合作伙伴关系的新篇章。根据合作备忘录，双方将在实现优势互补和合作共赢的前提下，针对工业机器人产品，研究将"互联网+""大数据"等先进技术手段实际应用到机器人产品的质量认证中，创新认证实施模式。同时将基于双方技术积累，组建工业机器人数字化认证研究与实施团队，率先在机器人行业开展数字化认证研究与实施工作，并将在日后合作逐步拓展到更多产品线及其他细分应用领域。

3. 标准工作

（1）《移动机器人电梯适用性要求及测试方法》专家组会议召开。2023 年 10 月 24 日，中国电器工业协会团体标准《移动机器人电梯适用性要求及测试方法》第二次专家组研讨会在国评中心（总部）顺利召开。此次会议邀请了机器人企业代表：深圳市普渡科技有限公司、科沃斯机器人股份有限公司、上海思岚科技有限公司、上海诺亚木木机器人科技有限公司、上海钛米机器人股份有限公司；电梯企业代表：上海三菱电梯有限公司、迅达（中国）电梯有限公司；特检机构代表：福建省特种设备检验研究院、上海市特种设备监督检验技术研究院；研究院所：深圳市机器人协会、联通（上海）产业互联网有限公司、中汽检测技术有限公司参加。机器人乘梯是当前机器人进入智慧楼宇、智慧医院、智慧酒店等多个场景应用的关键环节，在这一过程中，机器人、人员、电梯构成了典型的三方系统（tripartite system）。2020 年 11 月国际电工组织（IEC）发布的白皮书《未来安全》

（《Safety in the future》）中指出：协同安全（collaborative safety）的基本目标是通过机器、人和环境之间的多通道信息流，在机器、人和环境之间建立相互支持的伙伴关系，机器人乘梯是协同安全的典型应用实例。该标准将在推动智能机器人在复杂场景下应用，在人机共融方面发挥重要的作用。

（2）《洁净室场景用工业机器人适用性测评方法》等

三项标准专家组会议召开。2023 年 12 月 7 日，《洁净室场景用工业机器人适用性测评方法》《工业机器人 静电安全试验及限值要求》《电子制造领域工业机器人 通用技术条件》三项标准第二次专家组研讨会在上电科顺利召开。

〔供稿单位：上海电器科学研究所（集团）有限公司〕

2023 年国家机器人检测与评定中心（沈阳）工作情况

一、总体概述

国家机器人检测与评定中心（沈阳）[简称"国评中心（沈阳）"]依托于中国科学院沈阳自动化研究所，是集成机器人检测认证、标准制修订、科研开发、信息咨询为一体的国家级第三方综合检测认证服务机构。国评中心（沈阳）是机器人检测认证联盟核心成员单位，是国家市场监督管理总局、国家认证认可监督管理委员会、中国机器人检验检测认证联盟授权，指定开展中国机器人（CR）认证的权威机构。

二、现有检测能力

国评中心（沈阳）现有实验室面积约 10 000m²，机器人整机及核心零部件检测设备 200 余台（套），专业机器人检测实验室 5 个。检测范围涵盖各类工业机器人、服务机器人及机器人核心部件，形成了专业化、体系化的检测服务能力。同时，国评中心（沈阳）具备工业、服务及特种机器人检测与认证平台，形成工业、服务及特种机器人从单元零部件到系统整机的全链条检测能力。2023 年，国评中心（沈阳）完成了 20 余个标准的实验室认可（CNAS）和资质认定（CMA）的能力扩项，能力扩展到 290 多个检测标准。国评中心（沈阳）检测资质如图 1 所示。

1. 工业机器人性能检测

国评中心（沈阳）开展工业机器人（机械臂、自动导引车等）、服务机器人（扫地机器人、移动家用机器人、个人护理机器人等）和特种机器人（无人机、应急救援机器人、反恐防暴机器人、电力巡检机器人、农业机器人等）的作业功能和运动性能测试，全面评定机器人的各项

性能指标。工业机器人性能测试项目如图 2 所示。服务机器人性能测试种类如图 3 所示。特种机器人性能测试种类如图 4 所示。

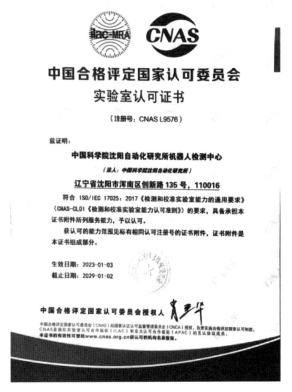

图 1 国评中心（沈阳）检测资质

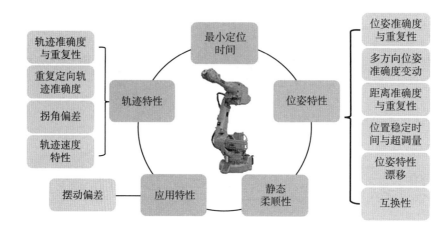

图 2　工业机器人性能测试项目

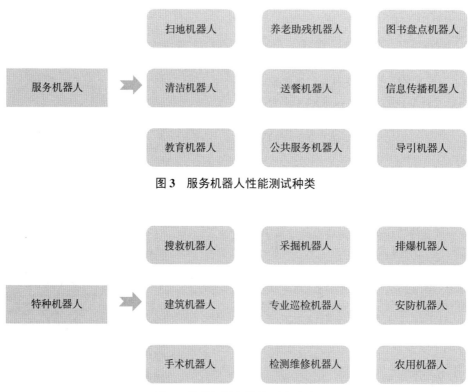

图 3　服务机器人性能测试种类

图 4　特种机器人性能测试种类

2.整机安全性能评估

国评中心（沈阳）开展工业机器人、协作机器人、自动导引车、服务机器人、物流机器人和民用无人机的整机安全性能测试和评估。

工业机器人安全性能评估依据常用标准见表1。服务机器人安全性能评估依据常用标准见表2。协作机器人安全性能评估依据常用标准见表3。

表 1　工业机器人安全性能评估依据常用标准

标准号	标准名称
GB/T 15706	机械安全　设计通则　风险评估与风险减小
GB/T 11291.1	工业环境用机器人　安全要求　第 1 部分：机器人
CR-1-0302TS	自动导引车（AGV）安全技术规范
GB/T 11291.2	机器人与机器人装备　工业机器人的安全要求　第 2 部分：机器人系统与集成

表2　服务机器人安全性能评估依据常用标准

标准号	标准名称
CR-1-0301TS	民用无人机通用技术规范
CR-1-0303TS	物流机器人通用技术规范
GB/T 33265	教育机器人安全要求
GB/T 365308、ISO 13482	机器人和机器人设备—个人护理机器人的安全性要求

表3　协作机器人安全性能评估依据常用标准

标准号	标准名称
GB/T 36008、ISO/TS 15066	机器人及机器人装置—协作机器人

3.机器人关键零部件测试

开展伺服电动机、减速器、控制器、电池、电池管理系统（BMS）等机器人关键零部件的安全和性能测试业务。伺服电动机、减速器性能测试台如图5所示。

4.无人机检测

国评中心（沈阳）开展的无人机检测服务如图6所示。

图5　伺服电动机、减速器性能测试台

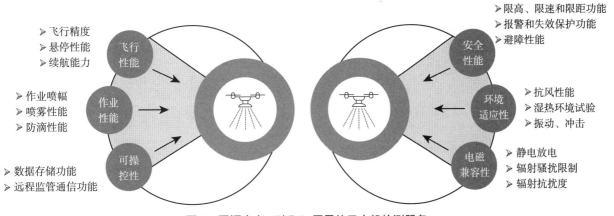

图6　国评中心（沈阳）开展的无人机检测服务

5.电磁兼容与电气安全测试

国评中心（沈阳）开展各类机器人电磁兼容（EMC）测试，以及机器人整机产品、控制器及电气电子部件、工科医设备、信息类设备、家用电器和电动工具、汽车电子等产品的电气安全测试业务。主要检测项目包括辐射发射、传导发射、断续骚扰、骚扰功率、谐波电流发射、电压变化／电压波动和闪烁、静电放电抗扰度、射频电磁场辐射抗扰度、电快速瞬变脉冲群抗扰度、浪涌（冲击）抗扰度／射频场感应的传导骚扰抗扰度、工频磁场抗扰度、脉冲磁场抗扰度、阻尼振荡磁场抗扰度、电压暂降和短时中断抗扰度、振铃波抗扰度、车辆零部件和模块辐射骚扰／模块传导骚扰、辐射抗扰度、大电流注入和瞬态传导抗扰度等，检测方法符合相关产品的国家或行业标准及其对应的国际电工委员会（IEC）和欧洲标准化委员会（EN）标准。EMC检测实验室如图7所示。

6. 环境测试

国评中心（沈阳）开展机器人整机及零部件、电工电子产品、电子及电气元件、军用设备、海洋仪器设备等各类产品的环境适应性、噪声及可靠性测试业务。环境实验室如图8所示。

图7　EMC检测实验室

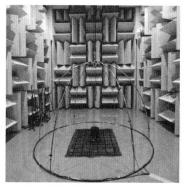

图8　环境实验室

7. 水静压力测试

国评中心（沈阳）拥有全系列、多规格的水压试验设备，包括150MPa全海深压力筒、10MPa大口径压力筒、海洋环境试验装置等国内先进的水压试验设备。设备最高

工作压力150MPa，最大工作内径3m，最大工作长度5m，可满足不同海深需求、不同尺寸规格的水下机器人整机或零部件进行试验。水静压力实验室如图9所示。

图9　水静压力实验室

三、机器人 CR 认证

中国科学院沈阳自动化研究所 CR 认证标识基本图案由 C、C 和 R 三个字母组成，分别代表 China，Certification 和 Robot，字母 C 内嵌隐含 R 字母的机器人图案，机器人图案整体居中对齐。基本图案正下方的字母 TCSIA 代表中国科学院沈阳自动化研究所。CR 认证标识如图 10 所示。

图 10　CR 认证标识

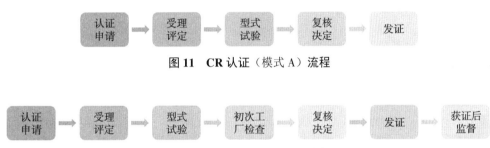

图 11　CR 认证（模式 A）流程

图 12　CR 认证（模式 B）流程

CR 认证产品涵盖机器人整机、机器人系统集成和机器人核心零部件三大类。其中，机器人整机包含工业 / 协作机器人、自动导引车（AGV）、服务机器人、民用无人机；机器人系统集成包含机器人工作站和机器人生产线；机器人核心零部件包含伺服电动机、减速器、控制器、示教器。

CR 认证具有两种模式。其中，模式 A 包含产品型式试验等，该模式下 CR 认证证书有效期为 3 年，且证书仅对单个产品有效（在证书上增加产品的序列号）；模式 B 包含产品型式试验、初次工厂检查和获证后监督等，该模式下 CR 认证证书有效期为 5 年，且有效期内的证书有效性依据获证后的监督维持。CR 认证（模式 A）流程如图 11 所示。CR 认证（模式 B）流程如图 12 所示。

四、重点工作情况

1. 国家重点研发计划智能机器人重点专项"机器人人机交互安全与试验验证"项目获批立项

国评中心（沈阳）依托单位中国科学院沈阳自动化研究所牵头组织实施的国家重点研发计划智能机器人重点专项"机器人人机交互安全与试验验证"项目获批立项。该项目将针对协作机器人和外骨骼机器人人机交互安全测评缺失问题，重点突破人机交互安全测评关键技术，研制测评系统，构建测评体系。项目研究成果将在国家机器人质量检验检测中心（辽宁）、国评中心（沈阳）落地，支撑新一代共融机器人的发展。

2. 获批国内首个机器人标准验证点

国家标准化管理委员会发布了《关于批准设立国家标准验证点（第一批）的公告》，正式批准设立 38 个国家标准验证点，国评中心（沈阳）依托单位中国科学院沈阳自动化研究所申报的国家标准验证点（机器人）成功入选，成为高端装备与智能制造领域国家标准验证点之一。国家标准验证点是对标准技术要求、核心指标、试验和检验方法等开展验证，提高标准科学性、合理性及适用性的标准验证机构，是标准化服务体系重要组成部分。国家标准验证点主要承担建设标准验证技术体系、建立协同高效工作机制、提升各类政府颁布标准质量、融通验证资源创新市场服务、推动验证技术国际交流合作五大功能。

3. 承办世界机器人大会机器人检测与认证专题论坛

2023 世界机器人大会上，国评中心（沈阳）承办了"机器人检测与认证：机器人质量提升"专题论坛，行业内近百名权威专家、学者和工程技术人员参加论坛。论坛邀请了来自机器人领域企业、高校、科研院所、检测机构的六位专家，围绕新形势下机器人检验检测新需求、机器人标准和检测认证技术、国际机器人产品认证等热点问题，进行了交流和探讨，为机器人产业高质量发展提出了意见建议。论坛同时举行了巡检机器人 CR 认证实施规则发布仪式，认证实施规则进一步丰富了 CR 认证的产品范围，对促进国内巡检机器人高质量发展具有重要意义。

〔撰稿人：中国科学院沈阳自动化研究所李志海、李琳〕

2023 年国家机器人检测与评定中心（广州）工作情况

一、总体概述

国家机器人检测与评定中心（广州）[简称"国评中心（广州）"]由广州机械科学研究院有限公司承担建设，作为国家发展和改革委员会批准建立的第三方服务机构，立足华南地区，面向全国机器人研发制造的生产企业、科研机构和用户，为行业提供机器人产品（部件）检测、认证、标准化、技术培训、咨询等服务。2017 年，广州机械科学研究院有限公司在建设国评中心（广州）的基础上成立了"国家自动化装备质量检验检测中心"，建成了工业机器人、服务机器人、物流机器人、机器人用零部件、无人机、先进制造装备等智能制造产品领域的检测检验能力，覆盖材料分析、环境可靠性、机械可靠性、电磁兼容和功能安全等专项测试评价能力。2018 年 12 月，国评中心（广州）获得国家认监委认证机构授权，相关的检测认证业务归属广州机械科学研究院有限公司下属的中汽检测技术有限公司（CRAT，简称"中汽检测"）管理和运营。

中汽检测是中国机械工业集团有限公司（简称"国机集团"）所属的专业从事机器人及自动化装备、汽车零部件的第三方检测和认证服务机构，由国机集团广州机械科学研究院有限公司和中国汽车零部件工业有限公司的机器人、智能装备、汽车及零部件的试验能力和技术队伍整体合并，于 2017 年 6 月成立，其检测技术能力起源于 1985 年建立的机械工业部机床液压元件检测中心，至今已有近 40 年的历史。

中汽检测作为国家发展和改革委员会、国家市场监督管理总局批准建立的国家首批智能装备行业的第三方服务机构，除了国评中心（广州）和国家自动化装备质量检验检测中心以外，还运营着"机械工业汽车零部件产品质量监督检测中心""工业（机器人）产品质量控制和技术评价广州实验室"等平台，是机器人和智能装备标准起草和参与单位，拥有广东省高新技术企业、广东省"专精特新"中小企业和创新型中小企业等荣誉资质。

二、现有检测能力

国评中心（广州）建有机器人整机类、零部件类和专项类共 3 大类 14 个试验室，占地面积达 10 040 m²；拥有检测设备 200 余台（套），检测能力覆盖标准 280 余份，可提供检测服务 740 余项。2023 年，国评中心（广州）新增了智能装备产品可靠性测试分析评价能力，可覆盖工业机器人整机、数控装置、机器人用精密减速器等多种产品类型，以及寿命、平均无故障运行时间等可靠性技术指标的分析与评价。同时，在国家"双碳"战略的驱动下，中汽检测作为国资央企，积极响应国家的号召，努力探索新的业务发展方向，主动谋划，稳中求进，荣获由中国节能协会颁发的"零碳工厂评价认证服务机构"证书，成为国内首批授权服务机构。有力推进自身在认证业务领域的"点—线—面"的战略布局，健全覆盖智能装备、首台（套）机械装备、工业机器人产品、自动化生产线、智能工厂、零碳工厂等机械装备产业上下游全要素的检测认证能力，致力于装备制造行业的绿色、环保、低碳转型升级。国评中心（广州）机器人整机试验能力如图 1 所示。国评中心（广州）机器人零部件试验能力如图 2 所示。国评中心（广州）电磁兼容试验室如图 3 所示。国评中心（广州）噪声试验室如图 4 所示。国评中心（广州）环境试验室如图 5 所示。

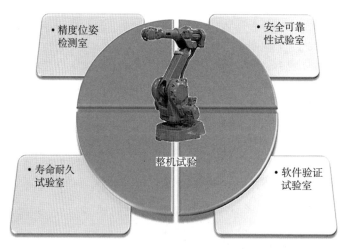

图 1　国评中心（广州）机器人整机试验能力

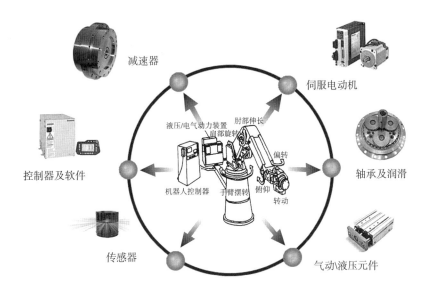

图2　国评中心（广州）机器人零部件试验能力

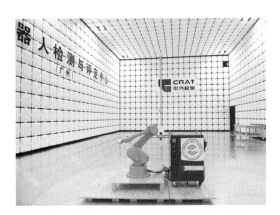

图3　国评中心（广州）电磁兼容试验室

图4　国评中心（广州）噪声试验室

图5　国评中心（广州）环境试验室

作为国评中心（广州）的运营和管理单位，中汽检测实验室拥有机器人整机及零部件、自动化装备等智能制造产品的中国合格评定国家认可委员会（CNAS）和检验检测机构资质认定（CMA）资质，以及产品认证资质和零碳工厂授权评价资质。国评中心（广州）CNAS资质如图6所示。国评中心（广州）CMA资质如图7所示。国评中心（广州）产品认证资质如图8所示。国评中心（广州）零

碳工厂授权评价资质如图9所示。

图6　国评中心（广州）CNAS资质

图7 国评中心（广州）CMA资质

图8 国评中心（广州）产品认证资质

图9 国评中心（广州）零碳工厂授权评价资质

三、工作开展情况

1. 标准化工作

2023年，国评中心（广州）参与国家标准制（修）订

3项，行业标准制定1项，团体标准制定3项。2023年国评中心（广州）参与的标准制（修）订工作见表1。

表1 2023年国评中心（广州）参与的标准制（修）订工作

序号	标准类别	标准名称	制（修）订
1	国家标准	精密电驱动谐波齿轮模组通用技术要求	制定
2	国家标准	机器人 安全要求应用规范 第1部分：工业机器人	修订
3	国家标准	机器人用谐波齿轮减速器	修订
4	行业标准	工业机器人产品验收实施规范	制定
5	团体标准	机器人用重复定位精度测试方法	制定
6	团体标准	精密减速器寿命退化铁粉浓度评价法	制定
7	团体标准	工业机器人用精密减速器最小极限寿命测试方法	制定

2. 检测工作

2023 年，国评中心（广州）累计为 50 余家企业提供检测技术服务超过 100 次，签发检测报告超过 100 份。

3. 中国机器人（CR）认证工作

2023 年，国评中心（广州）累计签发 CR 认证证书 23 张。其中，工业机器人 7 张、服务机器人 3 张、机器人系统与集成 5 张、机器人用精密减速器 8 张。

4. 技术培训工作

2023 年，国评中心（广州）与通标标准技术服务有限公司（SGS）联合开展的 IEC 61508/ISO 13849 机器人／智能制造功能安全工程师 IFSP 专业个人资格培训在广州成功举办，为来自科研院所和知名企业的 40 余名技术人员开展培训，并颁发专业个人资格 IFSP 证书。

5. 行业服务工作

2023 年，国评中心（广州）牵头建设广州市黄埔区智能装备行业质量基础设施服务工作站，打造了"一中心 多支点"的服务模式，集合了质量基础设施全要素服务能力，为智能装备企业提供检验检测、认证认可、计量、各类管理培训、专业技术培训、人才培养、校企合作、智能装备领域产品质量提升、成果转化、行业测评、"新四化"等一站式技术服务，截至 2023 年 12 月 30 日，智能装备行业质量基础设施服务工作站累计服务企业 1 285 家。

6. 行业信息发布

2023 年，国评中心（广州）在 2023 世界机器人大会上与中国软件评测中心联合发布《第三届机器人用精密减速器关键性能评测报告》，汇报了国内机器人用减速器行业的发展现状以及前三届评测活动的开展情况、评测数据的对比分析、评测结果和建议，剖析了国产精密减速器当前存在的问题以及与国外先进产品技术水平的差距。同时启动"第四届机器人用精密减速器关键性能评测活动"，受到行业高度关注。

7. 合作交流

2023 年，国评中心（广州）在 2023 世界机器人大会——机器人检测与认证：机器人质量提升专题论坛上作《精密减速器关键性能提升技术研究》专题汇报，深度结合国评中心（广州）在机器人用精密减速器检测、认证方面积累的技术、经验和数据，着重介绍了国评中心（广州）在谐波减速器国际质量比对项目攻关过程中取得的科研成果，为精密减速器企业产品研发创新、关键性能指标与质量提升提供了优化方向和建议。此外，国评中心（广州）还向与会的行业专家和企业代表介绍了我国机器人用精密减速器 CR 认证及可靠性证书的现状和取得的突破性成果，受到了行业、企业、媒体的广泛关注。

在产学研合作方面，国评中心（广州）与华南理工大学签署战略合作协议，共同设立研究生联合培养基地，双方将秉持"优势互补、平等互利、长期合作、共赢发展"的原则，在科学技术、人才培养等方面开展广泛而深入的合作，持续深化产教融合，共同推进重大项目研发、创新平台建设、专业人才培养，为服务国家重大战略、粤港澳大湾区建设和高质量发展提供支撑。

8. 科研工作

2023 年，国评中心（广州）积极参与国家重大项目的科研攻关工作，承担由工业和信息化部、国家国防科技工业局、国务院国有资产监督管理委员会等单位联合组织的第二届特种机器人产业链"揭榜"推进活动中高可靠性 RV 减速器榜单项目 1 项，工业和信息化部制造业重点产业链标志性产品专项 2 项。在科技成果方面，获得授权发明 1 项，获得授权实用新型专利 4 项，新申请发明专利 2 项，新申请实用新型专利 3 项；发表科技论文 7 篇。

9. 荣誉奖励

2023 年，国评中心（广州）的运营单位中汽检测荣获 2022—2023 年度机械行业质检机构优秀集体表彰。

〔撰稿人：中汽检测技术有限公司曹懿莎、曹伟〕

2023 年国家机器人检测与评定中心（重庆）工作情况

一、总体概述

国家机器人检测与评定中心（重庆）〔简称"国评中心（重庆）"〕依托于重庆凯瑞机器人技术有限公司承建和运营，隶属中国检验认证集团中国汽车工程研究院股份有限公司（股票代码：601965），是国家机器人质量检验检测中心（重庆）、工业和信息化部机器人产业技术服务公共平台、国家技术标准创新基地（机器人）标准试验验证中心（重庆）、机器人企业标准"领跑者"评估机构，是经国家认证认可监督管理委员会（简称"国家认监委"）资质认定（CMA）的检验检测机构、中国合格评定国家认可委员会（CNAS）认可的检测实验室，拥有国际一流的测试设备 200 余台（套）。全资子公司重庆凯瑞认证服务有限公司（简称"凯瑞认证"）是经国家发展和改革委员会、国家认监委、中国机械工业联合会机器人分会授权指定开展机器人认证并可颁发中国机器人（CR）证书的权威机构。

国评中心（重庆）聚焦安全、智能、可靠三大技术方向，提供检测认证、标准验证、检测设备研制、基础培训、诊断咨询、质量品牌提升和标准规范制（修）订等"一站式"专业化服务。国评中心（重庆）业务范围如图1所示。国评中心（重庆）服务三大产品领域如图2所示。

图1　国评中心（重庆）业务范围

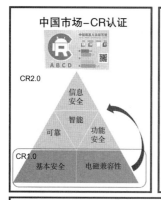

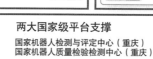

图2　国评中心（重庆）服务三大产品领域

国评中心（重庆）推广"一测多证"、国际认证互认模式，为客户提供"一站式"服务，促进国内产品更快的走向国际市场。"一站式"国际认证服务如图3所示。

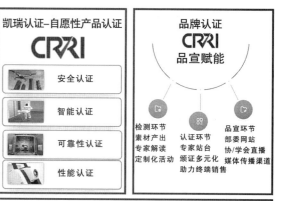

图3　"一站式"国际认证服务

二、特色测评能力

1. 安全与性能测评

国评中心（重庆）面向典型行业用机器人、无人机及关键部件，开展运动性能等6大类通用性能和机械电气安全等8大类安全咨询、检测及认证服务，能力范围覆盖工业/协作/复合型机器人、特种机器人、自动导引车（AGV）/自主移动机器人（AMR）/智能叉车、仿生机器人、旋翼/固定翼无人机等整机，以及电动机、减速器、关节模组等核心零部件产品。国评中心（重庆）在机器人功能安全、防爆安全、无人机自然抗风抗雨等专业领域处于领先水平，建成了全国首家机器人专业防爆实验室，也是中西部首个拥有无人机国家强制性标准 GB 42590—2023 全项 CNAS & CMA 资质的实验室。国评中心（重庆）安全与性能测评能力如图 4 所示。

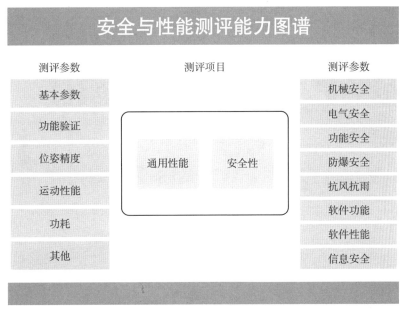

a）安全与性能测评能力图谱

b）无人机抗风飞行测试

c）无人机抗风雨飞行试验

d）AGV 运行稳定性试验

e）工业机器人与智能产线安全评估

图 4 国评中心（重庆）安全与性能测评能力

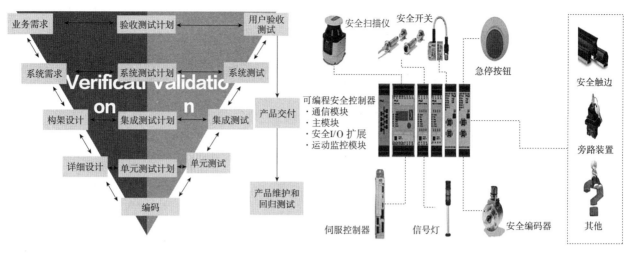

f）软件功能及性能效率测评　　　　　　g）机器人功能安全测评

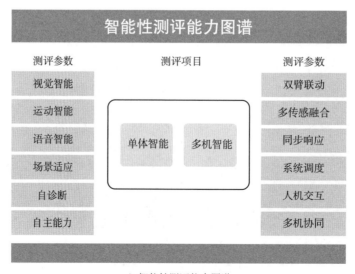

h）机器人防爆检测及认证

图 4　国评中心（重庆）安全与性能测评能力（续）

2.智能性测评

面向家用、商用、特种等典型场景机器人和无人机，开展视觉智能、语音智能、人机交互等 12 大类智能及联动特性测评，拥有覆盖紫外—可见光—红外全光谱范围的标准光学实验室、语料库齐全的智能语音测评体系和多维度全地形可达性测评场景，检测能力覆盖机器人及无人机国家／行业标准 30 余项，测试项目共计 300 余项。国评中心（重庆）智能性测评能力如图 5 所示。

a）智能性测评能力图谱

图 5　国评中心（重庆）智能性测评能力

b）可达性测评场景

c）多传感融合测评场景

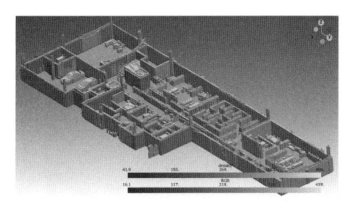

d）服务机器人应用测评场景

e）机器人视觉实验室

f）无人机自主能力试验

g）无人系统空地协同试验

图5　国评中心（重庆）智能性测评能力（续）

3.可靠性测评

建立了国内首个面向机器人及核心零部件可靠性的专业测评实验室，拥有半消声室、250m³步入式环境箱、十米法和三米法半/全电波暗室、温湿振三综合试验台等国际先进水平试验设备，检测能力覆盖工业重载/特种移动机器人、无人机、家用电器、仪器仪表、汽摩、医疗器械等整机及部件，授权GB 2423、GJB 150、IEC/EN 61000等系列标准260余项，得到莱茵、SGS等知名认证机构认可。国评中心（重庆）可靠性测评能力如图6所示。

可靠性测评能力图谱

EMI	电磁兼容	环境可靠性	环境适应性
EMS			机械可靠性
RED			防护等级
军品			NVH
汽摩			MTBF
			疲劳耐久性

a）可靠性测评能力图谱

b）可靠性加速寿命试验（步入式）

c）温湿振三综合试验

d）无人机温度冲击试验

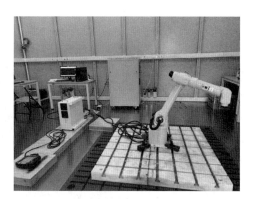

e）传导抗扰度测试

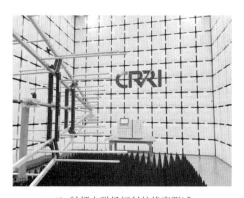

f）射频电磁场辐射抗扰度测试

g）电压暂降抗扰度测试

图6　国评中心（重庆）可靠性测评能力

三、重点工作开展情况

1. 全方位高质量的标准研制服务

作为全国机器人标准化技术委员会机器人智能化与信息安全标准化工作组（SAC/TC591/WG01）副组长单位、国际无人机系统标准化协会理事单位，国评中心（重庆）高水平完成标准规范研制工作，近年来累计制（修）订机器人相关国际、国家、团体等标准58项。打造"政、产、学、研、金、服、用"标准生态圈，建成了机器人核心零部件国际对标体系，填补了多项行业空白。2023年，国评中心（重庆）标准工作有4方面重点进展：

（1）作为标准核心撰稿单位和试验验证中心，参与制定 IEEE 国际标准3项。联合国家电网有限公司（简称"国家电网"）、杭州申昊科技股份有限公司、亿嘉和科技股份有限公司（简称"亿嘉和"）、深圳市朗驰欣创科技股份有限公司等知名电力用机器人企业，制定了《Substation Inspection-Wheeled Robots（SI-WR）》（p3327）《Substation Inspection-Unmanned Aerial Vehicle（SI-UAV）》（p3328）《Substation Inspection-Infrared Online System》（p3326）等巡检机器人、红外识别与无人机标准，有效提升电力用机器人国际化话语权和影响力。

（2）作为标准副组长单位和核心起草单位，参与制（修）订《工业机器人 安全要求应用规范》《工业机器人 性能试验应用规范》《机器人用谐波齿轮减速器》《机器人一体化关节性能及试验方法》等国家标准5项；作为标准副组长单位参与修订《工业机器人产品验收实施规范》《机器人分类及型号编制方法》等行业标准2项。

（3）联合100余家单位，牵头制定团体标准12项。主要包括《重载工业机器人 全域定位精度试验方法》《工业机器人 动态稳定性试验方法》《移动操作臂复合机器人 安全规范》《工业应用移动机器人 安全技术规范》《精密行星减速器 精度稳定性测评方法》《服务机器人 接触碰撞感知技术规范》《服务机器人 中文语音交互系统性能测评方法》等机器人细分领域重点标准，填补国内机器人领域标准的空白，对机器人高质量发展具有重要意义。

（4）高度重视标准工作组织建设与人才培养。贯彻落实工业和信息化部等17部委发布"机器人+"行动计划，积极参与"矿山机器人协同方阵"筹备工作，联合中国机械工业联合会机器人分会，作为副组长单位筹备矿用机器人标准协同推进总体组与全国机器人标准化技术委员会矿用机器人标准工作组，助力"机器人+矿山"融合健康发展。作为副组长单位，积极参与TC591机器人智能化与信息化标准工作组筹建与标准研究工作。中心高度重视标准化人才培养工作，选派10余名专家进入机器人标委会、检测认证技术委员会任职，开展检测认证体系研究工作。

2. 科研创新

聚焦行业痛点难点问题，专注于解决机器人稳定性差、标准化程度低、验证周期长、安全性水平参差不齐等问题，国评中心（重庆）承担了核心零部件、复合机器人等测评相关的国家重点研发计划、工业和信息化部高质量专项等国家/省部级项目3项，立项总经费超1.77亿元。突破了机器人精密减速器高精度保持、控制器高速高精可扩展设计、高功率密度低转矩脉动伺服控制、加速寿命验证等关键核心技术；重点攻克复合机器人可靠性测评、安全性测评与商用密码应用技术。2023年，国评中心（重庆）荣获多项省部级科技一等奖、二等奖等科技奖励，尤其在减速器及伺服系统等核心零部件寿命可靠性等方面的研究处于国内领先水平。国评中心（重庆）承担国家/省部级部分科技项目情况见表1。

表1 国评中心（重庆）承担国家/省部级部分科技项目情况

序号	项目名称	所属专项	角色	状态
1	机器人零部件性能提升与应用	国家重点研发计划项目	牵头	中期
2	2022年复合机器人项目	工业和信息化部高质量专项	参与	中期
3	新一代工业复合机器人关键技术研发与应用	重庆市科学技术局	参与	执行中

3. 装备开发

加大重点科研成果应用推广。"十三五"期间，国评中心（重庆）承担的"工业机器人整机性能测试与评估平台""基于数据驱动的机器人可靠性质量保障与增长技术""精密减速器高精度综合性能检测仪器开发与应用"等国家重点研发计划项目陆续通过综合绩效评价。突破了机器人性能评估方法与可靠性提升技术等20余项关键测评技术；自主研制了机器人高精度测量与校准系统、协作机器人碰撞力测试系统、移动机器人动态稳定性测试、复合机器人静态柔顺性测试、无人机自然风场试验台等仪器设备27台（套）。2023年，项目成果在国家电网、中国南方电网有限责任公司、亿嘉和、华数机器人有限公司、广州高新兴机器人有限公司、广东产品质量监督检验研究院、四川华丰科技股份有限公司等机器人企业及第三方机构得到了较好的应用推广。国评中心（重庆）典型设备开发情况见表2。

表2　国评中心（重庆）典型设备开发情况

测评对象	测评场景及系统	标准依据
康复医疗机器人	测评系统（激光跟踪仪、视觉系统）	GB/T 12642—2013
工业机器人	视觉工业机器人测量标定系统 静态柔顺性测试系统	GB/T 12642—2013
协作及复合机器人	碰撞力测试系统	GB/T 36008—2018
移动机器人	高精度运动捕捉系统 耐久稳定性／连续颠簸测试系统 动态障碍物避障测试系统	ISO/DIS 18646-2:2017 GB/T 38124—2019
特种机器人	可达性综合测试场景	ASTM E2803
家用清洁机器人	综合系统：路径识别／清扫覆盖率	GB/T 37395—2019
无人机	无人机动态跟踪系统	GB/T 38058—2019

4."一站式"国际认证服务

凯瑞认证始终致力于中国机器人认证体系、认证技术、法规政策、工业和信息化部工业机器人公告管理、国外重要市场准入制度和技术性贸易壁垒研究，CR认证领域覆盖工业机器人、服务机器人、特种机器人、无人机、机器人关键零部件等，开展机器人"智能""安全""可靠

性"等自愿性特色认证服务。积极推广国际认证互认服务模式，为客户提供"一站式"国际认证服务，推动国产机器人行业快速走向国际市场。坚持创新，满足市场需求，推动机器人产品高端化发展，满足机器人企业高质量发展认证服务需求。国评中心（重庆）检测认证项目清单见表3。

表3　国评中心（重庆）检测认证项目清单

类别	分类	检测项目及内容
零部件	电动机	绝缘介电强度、连续堵转数据、工作区、电气时间常数、温升、峰值堵转数据、反电动势常数、转矩波动系数等
	伺服驱动器	正反转速差率、调速比、转速调整率、转速变化的时间响应、静态刚度、转速变化率、转速波动、转矩变化的时间响应、频带宽度等
	伺服系统	工作区、系统效率、位置跟踪误差、转速波动、频带宽度、正反转速差率、转速调整率、转矩波动、转速变化的时间响应、静态刚度等
	减速器	传动效率、扭转刚度、背隙、可靠性寿命试验、起动转矩、空程、回差、传动误差等
	电池	电池容量测试、过充电、过压充电、欠压放电、外部短路、过载、反向充电、耐高压、过放电、短路、加热、针刺、海水浸泡等
工业机器人	工业机器人性能及验收	位姿准确度、位姿重复性、距离准确度、距离重复性、位置超调量、位置稳定时间、轨迹准确度、轨迹重复性、各轴运动范围、最大单轴速度等
	协作机器人	安全适用的受监控停止、手动引导、速度与分离监控、功率与力的限制等
	AGV	正常停车测试、接触障碍物缓冲性能测试、警报装置性能测试、负载交换异常时联锁装置性能测试、运动精度测试、紧急停止性能测试、负载性能测试、定位误差、负载能力、保护装置等
	复合机器人	位姿准确度和重复性、位置稳定时间、轨迹准确度和重复性、轨迹速度、平台重复定位精度、系统重复定位精度、电磁发射、电磁抗扰度等
	系统集成	工作空间、工艺操作、各轴运动范围、最大单轴速度、位姿重复性、耐电强度、绝缘电阻、耐振性、可靠性、环境气候适应性试验等
服务及特种机器人	巡检、安防机器人	防碰撞试验、自动充电试验、运动性能试验、云台旋转角度试验、自主导航定位试验、通信性能试验等
	轮式移动机器人	额定速度、停止特性、最大斜坡角度、斜坡上最大速度、翻越门槛能力、转弯宽度等
	地面废墟搜救机器人	通行入口、进入距离、越障高度、爬坡角度、爬楼梯能力、越沟宽度、通信性能、安全保护性能、可靠性等
	矿用井下探测机器人	图像采集试验、爬坡角度试验、跨越沟道试验、工作稳定性试验、攀爬台阶试验、涉水能力试验等

（续）

类别	分类	检测项目及内容
服务及特种机器人	消防机器人	控制装置性能试验、消防作业试验、信息采集性能试验、声光报警性能试验、机载设备性能试验、自保护性能试验、通信性能试验、防水性能试验等
	建筑机器人	防护装置、致动控制、顶升装置、输送装置、吸盘吸附装置、夹抱装置、运动空间限制、制动系统、电池充电、稳定性、与安全相关的控制系统、使用环境要求、电磁兼容性要求、导航精度、定位精度等
	清洁机器人	除尘测试—矩形框除尘、覆盖率、除尘测试—直线除尘、机器人平均速度、边/角除尘能力、硬地板除尘能力、瞬态过电压、泄漏电流和电气强度、耐热和耐燃等
	教育机器人	电源安全、机械强度、电气绝缘及静电防护、运动限制、电气部件和气动部件、抗干扰性等
	送餐服务机器人	制动能力、越障能力、导航定位精度、机械安全、电气安全、电磁安全、送餐安全、环境适应性试验等
	医疗康复机器人	功能试验、运行参数试验、倾翻稳定性试验、静载强度试验、电气安全试验、电磁兼容性试验等
	无人机	飞行速度、飞行高度、悬停精度、航迹控制精度、飞行姿态平稳度等
安全、环境和电磁兼容	机械电气安全	电阻试验、残余电压的防护、电击防护、耐压试验、抗电强度、机械强度等
	功能安全	确定所需的性能等级（PLr）、安全功能、类别以及与 DCavg、CCF、和每个通道 MTTFd 的关系等
	环境适应性（可靠性）	噪声、NVH、高低温、振动、冲击、跌落、温湿振三综合、湿热、低气压、防水、防尘、霉菌等
	电磁兼容	传导发射、辐射发射、静电放电、辐射抗扰度、EFT、浪涌、传导抗扰、工频磁场、脉冲磁场、阻尼振荡、电压暂降等、线缆屏蔽效能、天线 OTA 测试

5.其他领域

（1）零部件测评。覆盖机器人、智能装备、汽车、医疗设备等领域用电动机、减速器、关节模组、电池、传感器、仪器仪表等产品；覆盖 GB/T 35089、GB/T 16439、GB/T 43200 等相关标准近 60 个性能检测项目；可从产品性能、环境适应性、电磁兼容、噪声等各个维度全方位测试评价相关零部件，为广大企业服务。

（2）精密工程测量。以航空航天领域飞机型架测量为核心，聚焦大尺寸非接触式现场测试与装备技术，拓展风电叶片轮廓、模具检测，汽车用工装、夹具、检具调试，以及大空间范围内的高精度装置布局安装等技术服务。作为航空业、汽车业、风电行业的优质服务商，为国内多家企业提供测量方案及验收报告，保障了企业生产质量。

（3）中试平台。国评中心（重庆）积极贯彻工业和信息化部等颁发的《关于推动未来产业创新发展的实施意见》《人形机器人创新发展指导意见》《通用航空装备创新应用实施方案（2024—2030 年）》等政策，致力于打造机器人与无人机专业中试验证平台，并向行业提供中试验证平台解决方案，形成新质生产力"新引擎"。

〔撰稿人：重庆凯瑞机器人技术有限公司李本旺、廖小均、王小平、陈仟〕

2023 年国家机器人检测与评定中心（北京）工作情况

一、总体概述

国家机器人检测与评定中心（北京）[简称"国评中心（北京）"]重点发挥软件测评优势，核心建设机器人的软件、信息安全、功能安全、可靠性、智能化等测试能力，聚焦工业机器人、服务机器人、关键零部件、嵌入式软件等产品和系统，提供检测、认证、标准、咨询、培训、供需对接、赛会等多种类型服务。拥有国家认证认可监督管理委员会授予的"国家机器人质量检验检测中心（北京）"，工业和信息化部授予的"机器人质量基础共性技术检测与评定工业和信息化部重点实验室"、"工业（机器人）产品质量控制和技术评价北京实验室"，中国机械工业联合会授予的"机械工业机器人试验验证技术重点实验室"等多项核心资质，是中国机器人检测认证联盟的核心成员单位，也是国内首批开展中国机器人认证（CR）认证服务的权威机构。建设并运营国家机器人检验检测公共服务平台、工业和信息化部机器人智能水平及安全可靠性测试评估平台、工业机器人核心关键技术验证与支撑保障服务平台、机器人＋供需对接与应用推广公共服务平台等多个国家级和行业级公共服务平台，拥有 3 000 余 m² 专业测评环境和百余款专用仪器设备和软硬件测试工具，牵头或参与制定 40 余项机器人领域相关标准，已开展 17 项中国机器人 CR 认证服务和 23 项标准的检测及技术鉴定

服务。

二、现有检测能力

国评中心（北京）现有检测能力为：性能测评、机械电气安全测评、功能安全测评、可靠性测评、信息安全测评、智能化测评、操作系统测评和核心零部件测评。国评中心（北京）检测能力细分情况见表1。

表1　国评中心（北京）检测能力细分情况

测评分类	测评内容
性能测评	力学性能、控制性能、作业能力等
机械电气安全测评	电击和能量危险的防护、致动控制、紧急停止、功率与力的限制、响应时间、安全距离等
功能安全测评	安全相关控制系统的性能等级 PL、安全完整性等级 SIL、平均危险失效时间 MTTFD、平均诊断覆盖率 DCavg、硬件故障裕度 HFT、安全失效分数 SFF 等
可靠性测评	平均无故障时间 MTBF、设备健康状态监测与预测维护等
信息安全测评	对机器人控制器、示教器、管理平台等软硬件开展源码安全审计、漏洞扫描、渗透测试、数据风险评估、安全监测运维、安全攻防演练等
智能化测评	智能化分级评价、智能机器人仿真测试、算法智能性测试等
操作系统测评	实时性、分布式通信、调度、中断响应、任务切换、硬件虚拟化等
核心零部件测评	精密减速器传动精度、效率、转矩、转速、空程、回差、背隙、刚度等；一体化关节模组转矩密度、功率密度、阶跃输入响应时间等；伺服电动机过载、效率、转矩、转速、温升、转矩波动等

三、重点工作开展情况

1. 国家重大专项科研攻关情况

建设实施国家重点研发计划项目／智能机器人重点专项——准双曲面齿轮减速器规模化制造与装配工艺开发、质量强链专项——建立工业机器人整机检验检测体系项目、国家重点研发计划项目／智能机器人重点专项——机器人核心零部件性能提升与应用、国家重点研发计划项目／智能机器人重点专项——持用户行为模式自学习的机器人工艺模型及开发环境构建等 13 项国家重大专项。

2. 核心技术能力建设情况

（1）机器人信息安全测试技术研究方面。持续开展国内外主流品牌机器人的漏洞挖掘工作，依托国家机器人安全漏洞库，自主研制机器人安全检测与监测完整工具链，面向机器人企业、高校及科研院所、用户单位提供漏洞扫描、渗透测试、教育培训、攻防演练及机器人生产安全和信息安全监测等多种类服务，为北京猎户星空科技有限公司和珞石（北京）科技有限公司颁发首批赛迪机器人信息安全认证证书。

（2）整机及关键部件测试方面。一是搭建整机及部件可靠性测试平台，持续开展多款控制器、减速器、伺服电动机及整机与国际同类先进产品的对标验证工作，构建工业机器人整机性能指标体系，填补现有国际标准和国家标准指标体系空白，开展工业机器人产品可靠性认证工作。二是搭建机器人机械传动综合性能测试平台，具备精密减速器传动精度、效率、转矩、转速、空程、回差、振动、噪声、温升、背隙、刚度等指标，一体化关节模组转矩密度、功率密度、重复定位精度、阶跃输入响应时间、频带

宽度、效率、噪声等指标，伺服电动机过载、效率、转矩、转速、温升、转矩波动等指标的测试能力。

（3）机器人软件系统测试方面。编制机器人操作系统测评指标体系，搭建国产机器人操作系统测试及适配验证平台，开展操作系统功能、性能、兼容性、可靠性、适配性等测试工作，推动国产机器人操作系统应用示范。技术研究成果"工业机器人性能评测和安全可靠性检测技术及应用"获中国电子学会科学技术奖二等奖。

3. 自主研发机器人专用测评工具情况

自主研发机器人漏洞扫描工具、机器人渗透测试工具、机器人动态欺骗与恶意行为分析工具、机器人恶意软件检测工具、机器人安全审查与审计工具、机器人漏洞挖掘与分析工具、机器人源代码审计工具、机器人生产安全监测与分析工具、机器人供应链安全评估工具、机器人代码自主化率评估工具、智能机器人仿真测试平台等多款测评工具，获得软件著作权 46 项，申请 18 项发明专利，发表学术论文 30 余篇。

4. 标准化工作情况

获批成立全国机器人标准化技术委员会机器人智能化与信息安全标准工作组（SAC/TC591/WG1）。牵头开展《工业机器人信息安全通用要求》和《服务机器人信息安全通用要求》等国家标准编制工作，其中《服务机器人信息安全通用要求》立项计划已获全国机器人标准化技术委员会批复。

5. 主管部门支撑情况

支撑工业和信息化部开展《机器人＋应用行动实施方案》等重要政策文件编制，开展矿山、农业、公安等机器

人＋重点领域机器人典型应用场景征集遴选及宣传推广，开展《新一代人工智能产业创新重点任务揭榜项目》机器人领域的项目遴选和测评验收，开展特种机器人特色产业链"揭榜"推进活动。支撑北京市经济和信息化局开展机器人企业库建设及相关政策制定，成立北京市机器人产业协会，策划举办 2024 中关村仿生机器人大赛、开展"机器人＋园林"应用推广活动、开展 2024 机器人未定型创新产品首试首用工作等。

6. 产业链上下游协同合作情况

一是举办机器人产业链峰会，全面汇聚机器人产业链上下游优势资源，搭建机器人产业链供需资源对接平台与样板案例展示平台，为企业和产品精准画像，打通上下游信息，深入挖掘共性需求，有效促进产业链上下游融通合作。二是举办"机器人＋"大会，成立"机器人＋"应用协同推进工作方阵，推动细分领域机器人相关产、学、研、用各方积极协作，有效促进机器人产业技术水平提升及典型应用案例落地示范。三是与上海人工智能研究院共建全国首个智能机器人中试验证平台，开创"部市共建"的新标杆，助力构建以场景驱动的智能机器人标准检测新范式。

〔撰稿人：中国软件评测中心（工业和信息化部软件与集成电路促进中心）巩潇、梁学修、万彬彬〕

2023 年国家机器人检测与评定中心（芜湖）工作情况

一、总体概述

国家机器人检测与评定中心（芜湖）[简称"国评中心（芜湖）"]成立于 2015 年 3 月，是工业和信息化部电子第五研究所在安徽设立的异地实验室，是以提供工业机器人全产业链的研发设计、检验检测、认证等服务为主的第三方专业化高技术服务企业。

国评中心（芜湖）经营范围包括机器人核心零部件、机器人本体和系统集成的研发、设计，机器人质量与可靠性共性技术研究；机器人原材料、元器件、部件、系统、软件与整机性能、功能、可靠性、环境适应性、安全性、电磁兼容性相关全质量特性检测、检验与中国机器人（CR）认证，机器人产品质量与可靠性设计、分析评价；机器人及相关产品检验检测、检验与认证、分析、计量、维修、研制开发、销售和租赁，培养引进机器人人才与团队，进行技术咨询、培训与推广服务等。

二、现有检测能力

国评中心（芜湖）十分重视技术创新和共性技术研发，开展工业机器人高精度在线校准技术与系统研发、工业机器人在线校准系统集成开发及关键技术标准研究，检测能力获得国家 CNAS、CMA 和 CAL 资质认可。

2023 年，国评中心（芜湖）新增仪器设备 13 台（套），相关设备均已完成调试并已正式投入使用。通过采购新设备，国评中心（芜湖）扩大了技术服务范围，提高了在机器人领域的检测能力。

截至 2023 年 12 月，国评中心（芜湖）共有工作人员 34 人。其中，技术人员 29 人；高级职称 11 人；博士研究生 3 人，硕士研究生 8 人。形成了梯度合理、创新能力强的研发人才队伍。

目前，国评中心（芜湖）已具备对外开展机器人检验检测服务的能力，具体包括机器人减速器检测、电动机检测、质量与可靠性检测、电磁兼容检测及失效分析等。2023 年，国评中心（芜湖）为机器人整机、核心零部件等机器人企业开展 339 家（次）服务，包括机器人整机及其零部件的性能测试、可靠性与环境适应性测试、电磁兼容性测试、失效分析测试等。

三、重点工作开展情况

（1）检验检测方面。2023 年，国评中心（芜湖）出具检测报告 284 份，服务企业 339 家（次）。

（2）社会及政府支持方面。国评中心（芜湖）顺利结项牵头承担国家项目（工业机器人高精度在线校准技术与系统研发，项目编号：2019YFB1310100）；顺利结项牵头承担省级项目（工业机器人在线校准系统集成开发及关键技术标准研究，项目编号：202004H07020011）；牵头承担市级项目（工业机器人精密减速器高加速寿命测试装备开发及产业化）。

（3）取得奖励方面。国评中心（芜湖）获得"安徽省优秀现代服务业企业 30 强"称号；入选安徽省制造业数字化转型服务商资源池；获批安徽省创新型中小企业；获批安徽省中小企业公共服务示范平台。

（4）科研成果方面。2023 年，国评中心（芜湖）制（修）订国家标准 4 项，授权 5 项实用新型专利，发表论文 3 篇，获得 1 项省级科技成果。

2023 年国评中心（芜湖）标准工作情况见表 1。2023 年国评中心（芜湖）授权专利情况见表 2。2023 年国评中心（芜湖）发表论文情况见表 3。2023 年国评中心（芜湖）科技成果情况见表 4。

表 1 2023 年国评中心（芜湖）标准工作情况

序号	类型	标准名称	状态
1	国家标准	GB/T 42831—2023《导引服务机器人 通用技术条件》	已发布
2	国家标准	GB/T 42982—2023《工业机器人平均无故障工作时间计算方法》	已发布
3	国家标准	GB/Z 41305.7—2023《环境条件 电子设备振动和冲击 第 7 部分：利用旋翼飞机运输》	已发布
4	国家标准	GB/T 17626.3—2023《电磁兼容 试验和测量技术 第 3 部分：射频电磁场辐射抗扰度试验》	已发布

表 2 2023 年国评中心（芜湖）授权专利情况

序号	专利名称	类型	状态	授权号／申请号
1	一种电机防水模拟检测装置	实用新型	授权	2022228774592
2	一种电机防爆安全检测装置	实用新型	授权	202222876884X
3	一种电机检测固定工装	实用新型	授权	2022225785364
4	一种电机漏电检测装置	实用新型	授权	2022225785256
5	一种可调节角度的 3D 打印机升降台	实用新型	授权	2022225775911

表 3 2023 年国评中心（芜湖）发表论文情况

序号	论文名称	发表时间	期刊
1	基于决策树算法的高任务可靠性惯性开关设计准则挖掘	2023 年 2 月	淮阴工学院学报
2	某型号空调设备失效案例分析	2023 年 3 月	今日制造与升级
3	基于支持向量回归模型的机器人误差补偿算法	2023 年 11 月	机器人技术与应用

表 4 2023 年国评中心（芜湖）科技成果情况

类型	科技成果名称
省级科技成果	工业机器人在线校准系统集成开发及关键技术标准研究

〔供稿单位：芜湖赛宝机器人产业技术研究院有限公司〕

中国
机器人
工业
年鉴
2024

产教融合篇

介绍机器人行业产教融合发展情况

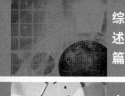
综述篇

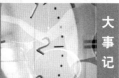
大事记

产业篇

地区篇

园区篇

标准检测认证篇

产教融合篇

企业篇

应用篇

政策篇

国际篇

统计资料

附录

中国
机器人
工业
年鉴
2024

产教融合篇

2023 年中国机器人行业产教融合发展概况

协同融合、共建共享，赋能机器人产业新质生产力

——苏州市吴中经济技术开发区机器人与智能制造产教联合体建设与实践

聚焦产业　对接专业　产教融合　共赢未来

——机器人现代产业学院建设新范式

安徽工程大学机器人现代产业学院

——探寻工业机器人产教融合新模式

对接产业　服务需求

——探寻构建 ROBOT 120 运维新业态

校企校合作共研助残机器人　智康融合助推专业转型升级

智联医养康，迈向新征程

——智能柔顺训练康复机器人关键技术研究及应用

党建引领人才共育　项目驱动科创融合

——校企合力推动工业机器人技术专业人才培养

产教融合　育训并举

——"泰职—蓝思"智能制造人才培养案例

技工院校人工智能技术应用专业校企共建模式初探

2023 年中国机器人行业产教融合发展概况

一、总体概要

产教融合是职业教育作为一种教育类型的典型特征和根本要求。党的十八大以来，产教融合经历了从国家制度到法律要求，被正式写入职业教育法。国家发展改革委等八部门联合印发《职业教育产教融合赋能提升行动实施方案（2023—2025 年）》，提出到 2025 年，国家产教融合试点城市达到 50 个左右，在全国建设培育 1 万家以上产教融合型企业，进一步推动产教融合向纵深发展。随着产业升级和经济发展，不同产业领域对高技能人才的需求日益增长。产教融合通过教育与产业的深度融合，提供定制化、高质量的人才培养和科研服务，满足市场需求。

据公开发布的信息，国家产教融合试点城市已近 30 个，其在产教融合方面发挥着重要的引领和示范作用。包括天津市津南区、河北省唐山市、辽宁省沈阳市、中国（上海）自由贸易区临港新片区、江苏省常州市、浙江省杭州市、浙江省宁波市、安徽省合肥市、福建省泉州市、江西省景德镇市、山东省济南市、山东省青岛市、河南省郑州市、湖北省襄阳市、湖南省长株潭城市群、广东省广州市、广东省深圳市、广西壮族自治区柳州市、四川省宜宾市、陕西省咸阳市等。

教育部在多个场合提到，全国已累计培育超过 3 000 家产教融合型企业。参与产教融合的企业类型多样，包括国有企业、民营企业、外资企业等，涵盖了制造业、信息技术、服务业等多个领域。这些企业在全国范围内广泛分布，但不同地区的企业数量和参与程度可能存在一定差异。一些经济发达、产业基础雄厚的地区，产教融合企业数量相对较多。企业参与产教融合的具体举措包括校企合作共建实训基地、订单式人才培养、联合技术研发、共建产业学院等。这些举措提升了学生的实践能力和职业素养，促进了企业的技术创新和产业升级，为区域经济社会发展注入了新的活力。

近年来，我国机器人人才培养蓬勃发展，在人才培养和科技创新方面取得了很好的成绩，各方积极推动优化专业结构提高人才培养。为全面贯彻落实《"十四五"机器人产业发展规划》和《"机器人 +"应用行动实施方案》重点工作部署，在工业和信息化部、教育部的指导下，中国机械工业联合会机器人分会联合高校毕业生就业协会、国家检测与评定中心（总部）、天津市普通高校人文社科重点研究基地职业教育发展研究中心和从事产教融合工作的企事业单位、大专院校、科研机构、用户单位及其他相关机构共同发起成立中国机器人 + 教育协同推进方阵，方阵于 2023 年 12 月 5 日中国机器人产业发展大会上正式成立。

方阵的理事单位共 106 家，其中学校 46 家、协会 5 家、企业 55 家。包括天津市普通高校人文社科重点研究基地、职业教育发展研究中心、机械工业信息研究院、现代职业教育研究院、高校毕业生就业协会机器人专委会等协会，还包括无锡职业技术学院、四川建筑职业技术学院、宜宾职业技术学院、武汉交通职业学院、武汉铁路职业技术学院、苏州市职业大学、重庆电子工程职业学院、重庆科创职业学院等学校，以及武汉职谷赋能科技研究院、上海电器科学研究所（集团）有限公司、江苏汇博机器人技术股份有限公司、新松教育科技集团、国家机器人检测与评定中心（总部）、浪潮云洲工业互联网有限公司、中日人工智能 & 机器人 NPO 组织等知名企业。

随着政策的持续推动和产业升级的不断深入，预计未来参与产教融合的企业数量将进一步增加。产教融合将更加注重精准对接产业需求，推动教育链、人才链与产业链、创新链的有机衔接。同时，也将更加注重创新型人才的培养和引进，为经济社会发展提供有力的人才支撑。中国机器人 + 教育协同推进方阵是以国家产教融合政策为指导，以市场为导向，以创新、合作、发展、共赢为准则，为推动人才供给侧和产业需求侧的融合发展发挥桥梁和纽带作用。以促进"机器人 +"应用人才需求端与供给端的紧密融合为抓手，以供给侧结构性改革为主线，坚持应用牵引、产业引领，以机器人创新应用人才支撑为着力点，拓展"机器人 +"应用在教育和专业建设领域应用的深度和广度，构建智能机器人产业浪潮下的人才培育新生态、新模式，加快国家"机器人 +"应用人才体系的构建，助推"机器人 +"高质量发展。

二、方阵推进"机器人 +"应用人才培养举措

1. 加快机器人应用标准研制与推广

依托有关标准化技术组织，建立跨行业机器人标准化工作合作机制，加强跨行业应用领域标准化工作的协调，推动跨行业标准互采。开展重点行业机器人应用工艺流程和专用算法模型、融合设备接口、应用数据安全、人机交互安全等标准的研制与推广。针对特定行业准入要求，加强机器人特殊安全要求和检测方法标准研究。开展机器人新产品通用技术规范、模块化设计与制造、应用安全与可靠性等标准化工作。推进机器人新兴技术领域专有安全基础标准、产品标准、方法标准等标准化工作。研究制定机器人伦理相关标准规范。加强标准应用实施。推动机器人

应用标准国际化合作。例如，天津市普通高校人文社科重点研究基地职业教育发展研究中心和上海机器人产业技术研究院，围绕机器人＋教育协同推进方阵的目标定位，针对"机器人＋"开展人才标准的归类对比、框架体系、推进路径、调研考察、标准编制、验证完善等方面的研究工作。

2.构建机器人产用协同创新体系

鼓励产用共建机器人应用领域创新联合体、创新中心等创新机构。支持用户单位参与高转矩密度伺服电动机、高动态运动规划与控制、人机交互等机器人产业链核心技术攻关，深入挖掘和释放潜在应用需求，共同开发先进适用的机器人产品和系统解决方案。开展覆盖产品设计、技术开发、工艺优化、批量生产和示范推广全过程的"一条龙"应用创新。鼓励产用共同参与特种机器人产业链"揭榜"推进活动，带动机器人企业协同攻关和成果转化。完善机器人技术支撑服务，积极推动产融对接、企业孵化、技术转移转化、备品备件服务、技术售后服务等。例如，重庆电子工程职业学院和重庆科创职业学院，以"机器人＋行业"为牵引，组建市域联合体和行业共同体；围绕产教融合型企业，培育开放型区域产教融合实践中心；依托产教融合公共实训基地，评选机器人科普基地。

3.建设"机器人＋"应用体验和试验验证中心

依托用户、机器人企业和系统集成企业，建设家用、商业、教育、医疗、养老等场景化应用体验中心，提升用户体验，扩大产品消费和推广。依托用户、机器人企业和第三方公共服务机构，建设具备机器人应用技术标准试验验证、质量检测、创新孵化等能力的试验验证中心，加大应用数据积累，提升机器人产品的安全性、稳定性、可靠性、易用性等水平。例如，上海电器科学研究所（集团）有限公司和浪潮云洲工业互联网有限公司，调研和评估机器人在教育领域的应用情况，制定创新应用策略；开展体验项目、提供培训支持、评估总结经验，以促进试验验证中心建设，提升教育质量。

4.开展行业和区域"机器人＋"应用创新实践

鼓励行业主管部门结合应用行业发展规划、科技攻关和重点项目建设，开展各行业机器人产品创新和应用示范推广。指导和支持有条件、有需求的地区围绕特色优势产业，开展本地区"机器人＋"应用行动。依托龙头企业和产业集群，开发开放机器人成熟、新兴和潜在的应用场景，开展协同创新活跃、应用成效显著、推广价值较高的"机器人＋"应用创新实践。例如，武汉铁路职业技术学院和武汉交通职业学院，依托实验实训基地建设，建立学校人才培养实践中心；联合产教融合型企业，共建企业生产实践中心；联合产教融合区域联合体和行业共同体，培育面向社会开放型公共实践中心。

5.搭建"机器人＋"应用供需对接平台

建设"机器人＋"应用供需对接平台，开展资源共享、信息互通、优势互补的供需对接活动。在成熟应用领域，遴选一批应用成效突出、具有较强影响力的标杆企业和典型场景，加强机器人高端产品供给，提升机器人应用深度和广度。在新兴应用和潜在需求领域，探索采用"揭榜挂帅"等方式征集机器人应用解决方案，以需求牵引促进供给创新。发布机器人重点技术和产品推广目录，推广线上应用展示样板间。例如，武汉职谷赋能科技研究院和现代职业教育研究院，全方面为方阵成员提供咨询服务。协同各产业方阵与教育方阵的资源，推进各方阵之间的合作；协同方阵各小组之间的资源，推进小组成员的合作；组织方阵的专项研讨，推进合作的成果在政行企层面转化；江苏汇博机器人技术股份有限公司和无锡职业技术学院，通过校企融合示范性典型成员组成，旨在保障机器人＋教育协同推进方阵响应国家产教融合政策下的公共实训基地建设方案的制定。

三、方阵2023年主要工作

1.撰写《中国机器人工业年鉴2023》"产教融合篇"

2023年2月底，开始年鉴"产教融合篇"撰写工作，总共收到产教融合概况1篇、优秀案例10篇，经工作组专家审核、修改提交。内容以翔实的资料和丰富的统计数据，全面系统记录产教融合2022年度发展状况，展示现阶段产教融合发展成就，为外界了解机器人行业产教融合发展提供重要窗口。产教融合篇文章见表1。

表1 产教融合篇文章

序号	标题
1	机器人专业产教融合探索与实践
2	大力推进产教融合深度合作 全方位培养高技能、创新型、复合型人才
3	依托产业学院，建设高水平应用创新型机器人专业
4	校企共建智能建造产教融合实训基地，培养高素质技术技能人才
5	多主体共建产教融合平台，切实提升专业建设内涵
6	"命运共通、集成共进、利益共享"，高质量推进机器人领域示范性职教集团建设
7	"小企业·大师傅"育人实践——助力省域中小企业"专精特新"发展
8	铁路精神引领下的示范性职教集团建设
9	创新引领，融在关键，合为一体，共促发展 校企共育白酒智能酿造现场工程师
10	智能制造技术专业群"双驱动，六协同" 校企合作模式探索与实践

2.方阵筹备工作

机器人＋教育协同推进方阵内部启动会于2023年7月26日在北京召开，20位与会代表参与讨论。会议介绍了方阵成立背景及组织架构等，并围绕方阵后续工作开展及《中国机器人产业人才发展白皮书》编制工作展开讨论。机器人＋教育协同推进方阵建设筹备工作会于8月23日在武汉召开，方阵发起单位83位嘉宾代表参与会议，其中院校代表35位、企业代表40位、协会代表8位，会议对方阵章程和建设方案进行了审议，同时对《中国机器人产业人才发展白皮书》进行了解读和工作任务分解。

机器人＋教育协同推进方阵一届一次理事会于2023年12月4日在芜湖召开，106家理事单位70余位代表参会。会议表决通过了方阵章程、方阵建设方案，产生了方阵首届理事会，标志着机器人＋教育协同推进方阵正式成立。

3.《中国机器人产业人才发展白皮书》撰写

2023年7月，开始白皮书编制工作，总共32位专家报名，经过筛选，17位专家参与编写工作。白皮书于12月5日在中国机器人产业发展大会上正式发布。后续将提供政策指导和数据支持，促进机器人产业人才流动和优化配置，实现人才与产业发展目标的高效协同，助力我国机器人产业走向国际领先水平。

4.中国机器人产业人才建设大会举办

2023年12月，在安徽省芜湖市召开首届中国机器人产业人才建设大会，大会邀请发言嘉宾25位，参会嘉宾200余人。大会聚焦中国机器人产业人才建设，围绕方阵建设、白皮书及标准制定、产业人才协同机制等重点任务展开讨论。与会者共同探讨机器人专业学科、产教融合、职业人才培养等热点问题，制定行业产教发展规划，形成共识。

5.启动标准编制工作

2023年9月，方阵启动"机器人＋"领域专业标准研发及编制工作课题遴选，已有3项标准编制工作启动。即机器人＋白酒制造方向（宜宾职业技术学院）、机器人＋建筑方向（四川建筑职业技术学院）、机器人＋农业方向（成都农业科技职业学院）。

四、方阵推进"机器人＋"应用人才培养成效

1.推动形成产教融合头雁效应，建设产教融合实训基地

机器人领域产教融合培训基地是推动机器人技术与教育深度融合的重要平台，旨在通过校企合作、产学研结合等方式，培养具备实践能力和创新精神的机器人领域高素质人才。近年来，随着机器人产业的快速发展和国家对产教融合政策的大力支持，全国范围内涌现出了一大批机器人领域产教融合培训基地。

许多高校与机器人制造企业、系统集成商等合作，共同建立产教融合实训基地，为学生提供真实的机器人操作、编程、维护等实践机会。例如，许多高职院校和普通高校与安川、FANUC、ABB、库卡等知名机器人企

业合作，建立了先进的机器人实验室和培训中心。部分地区政府为支持机器人产业发展，投资建设了公共实训基地，面向全社会开放，为各类培训机构、企业和个人提供机器人技能培训服务。这些基地通常配备先进的机器人设备和教学设施，能够满足不同层次、不同需求的培训要求。

一些行业协会和联盟也积极推动机器人领域的产教融合工作，通过组织培训、交流、竞赛等活动，促进教育链、人才链与产业链、创新链的有机衔接。例如，高校毕业生就业协会公布的全国高等学校"机器人＋"产教融合基地首批培育建设单位名单中，有79所高职院校入选（数据来源：高校毕业生就业协会官网，发布时间：2023年6月）。这些基地围绕工业机器人、服务机器人、特种机器人等新技术融合应用，融合政产学研行企等各方资源，培养高端研发人才和技术技能人才。

由格力、北京航空航天大学与福建船政交通职业学院共同建设的智能制造产教融合基地，由江苏汇博机器人、常州机电职业技术学院共同建设的工业机器人职业教育集团培训基地，由南京埃斯顿机器人、北京航空航天大学与无锡职业技术学院共同建设的智能制造技术职业教育集团培训基地，在2023年共同培训机器人领域高素质人才达14 230人次。

全国机器人领域产教融合培训基地将继续发展壮大，呈现四个趋势。一是规模扩大数量增长快，随着机器人产业的快速发展和市场需求增长，产教融合培训基地的数量和规模将持续扩大。二是模式创新技术更新快，基地将不断探索新的产教融合模式，如虚拟仿真教学、远程在线教育等，以适应技术更新和市场需求变化。三是质量提升培训效果佳，通过加大投入、优化教学内容、提升师资力量等措施，不断提高产教融合培训基地的教学质量和培训效果。四是国际化合作效果显著，加强与国际先进机器人企业和教育机构的交流合作，引进先进技术和教学理念，提升我国机器人领域产教融合的国际竞争力。

2.夯实职业院校发展基础，拓展产教融合培养内容

引导企业深度参与职业院校专业规划、教材开发、教学设计、课程设置、实习实训，实行校企联合招生、开展委托培养、订单培养和学徒制培养，促进企业需求融入人才培养各环节。支持企业接收学生实习实训，引导企业按岗位总量的一定比例设立学徒岗位。

教材开发是教学内容的重要载体，也是培养机器人相关人才的重要保障。针对机器人技术技能人才培养的系列教材编写是一个复杂而细致的过程，它需要综合考虑多个方面，包括目标受众、技术内容、教学方法、实践环节等。根据培养目标，规划教材的内容结构，包括基础理论、核心技术、应用案例等。确保内容覆盖机器人技术的关键领域，如机械结构、电子电路、传感器技术、控制理论、编程与算法等。

机械工业出版社出版的工业机器人系列教材是一套

针对工业机器人技术技能人才培养的专业教材，涵盖了工业机器人技术的多个方面，包括基础理论、核心技术、应用案例等。系列教材包括《工业机器人机械结构与维护》《工业机器人机械装配与调试》《工业机器人应用技术"十四五"职业教育国家规划教材》《工业机器人操作与编程》等。2023年在教材编写上突出强化实践环节，一是有针对性地设计实验和练习，让学习者能够动手实践，加深对理论知识的理解。二是教材提供详细的实验步骤和指南，确保学习者能够独立完成实践任务。三是鼓励学习者参与项目式学习，通过解决实际问题来提升综合能力。紧跟工业机器人技术的发展趋势，引入最新的技术成果和研究成果，确保教材内容的时效性和前沿性。为方便教学，系列教材通常配有电子课件、模拟试卷、答案、微课视频等丰富的教学资源，供教师和学习者使用。例如《工业机器人应用基础》教材，以ABB工业机器人系统为核心，发挥Robot Studio的仿真能力，内容融入思政元素，对接1+X等级培训要求，配有电子课件、电子教案、模拟仿真实训。

电子工业出版社作为国内知名的科技类专业出版社，出版了一系列高质量的工业机器人教材，覆盖了工业机器人的基础理论、结构设计、传感技术、控制技术、编程方法及工程应用实例等多个方面，适合作为高等院校、职业院校相关专业的教学用书，也可作为工程技术人员的参考书。2023年出版了《工业机器人技术及应用》《工业机器人技术基础》等教材10多本，教材体系完整，内容全面，注重理论与实践的结合，通过大量的实例和案例，帮助学生更好地理解和掌握所学知识。紧跟工业机器人技术的发展趋势，介绍最新的技术成果和应用案例。由具有丰富教学和实践经验的专家编写，保证了教材内容的准确性和权威性。

3.打造产教融合新型载体，优化产教融合合作模式

打造以产业园区为基础的市域产教融合联合体，在重点行业和领域打造行业产教融合共同体。发挥职教集团（联盟）、市域产教融合联合体、产教融合共同体作用，提升人才培养质量，促进高质量就业。支持有条件的产业园区和职业院校、普通高校合作举办混合所有制分校或产业学院。支持和规范社会力量兴办职业教育，通过企业资本投入、社会资本投入等多种方式推进职业院校股份制、混合所有制改革。允许企业以资本、技术、管理等要素依法参与办学并享有相应权利。

截至2023年12月，根据教育部公布的普通高等学校本科专业审批备案结果，全国已有367所高校成功备案"机器人工程"专业，反映了我国高等教育在适应产业发展需求、培养专业人才方面的长足进步。2015—2023年，经过多个批次的审批，越来越多的高校开始设置机器人工程专业。机器人工程专业的设立旨在培养适应社会发展需要的高素质应用型专门人才，他们应具备道德文化素质和社会责任感，掌握工业机器人技术工作的必备知识和技术，并具备较强的实践能力和创新精神。这些人才将主要从事机器人工作站设计、装调与改造，机器人自动化生产线的设计、应用及运行管理等相关岗位工作。

机器人工程专业的设立与机器人产业的快速发展密切相关。随着机器人技术在各个领域的广泛应用，对专业人才的需求也日益增长。高校在举办机器人工程专业时面临的挑战包括：机器人领域专业人才需求大且培养周期长，人才供需矛盾突出，教学内容和方式与技术前沿的脱节，以及产教融合需要大量资金投入，部分高校和企业面临资金不足等问题。因此，需要注重与企业的合作，共同开展技术研发和人才培养，以推动机器人产业的持续健康发展。

4.以赛促教、以赛促学，强化机器人全行业人才建设能力

2023年，机器人领域的赛事丰富多彩，涵盖了多个层面和领域。世界机器人大赛自2015年起已成功举办多届，被称为机器人界的"奥林匹克"。大赛自2019年起连续得到国家自然科学基金委员会的指导，并实现了多个竞赛项目的大赛成绩国际互认，成为持续激发机器人行业科研研发潜力的重要赛事。青少年机器人设计大赛在多个城市举办了选拔赛，如大连站等。总决赛于2024年1月26—31日举行，来自全国各地的5 000余支赛队、8 000余名赛手在吉林省白山市竞逐2023世界机器人大赛总决赛。中国工程机器人大赛暨国际公开赛是一个公益性、非营利赛事，目前由教育部高等学校创新方法教学指导委员会等机构主办，从2011年发起设立，经过几年的发展，已经形成搬运工程、竞技工程、竞速工程、医疗工程、工程越野、工程创新设计等面向工程应用、突出创新实践、在国内有一定影响力的机器人科技竞赛活动。中央电视台、人民网等新闻媒体多次对大赛的有关情况进行报道。中国工程机器人大赛暨国际公开赛的参赛对象包括职业院校学生、本科生、研究生及社会力量组的个人与企业。2023年该赛事有2 118支队伍超6 000人参赛。

一是许多赛事吸引了来自全球的参赛队伍，促进了国际交流与合作，国际化程度明显提升。二是赛事项目往往涉及机器人技术的最新研究成果和应用方向，推动了机器人技术的创新与发展，技术前沿性显著增强。三是通过媒体宣传和社会关注，这些赛事不仅提升了机器人技术的热度，还激发了公众对科技创新的兴趣和热情，影响力突出。

〔撰稿人：无锡职业技术学院徐安林、苏州工业职业技术学院石皋莲、常州机电职业技术学院刘江〕

协同融合、共建共享，赋能机器人产业新质生产力

——苏州市吴中经济技术开发区机器人与智能制造产教联合体建设与实践

一、案例背景

2022年，吴中区聚力打造机器人与智能制造产业全国创新集聚"第一区"，产业链涵盖企业700余家，产值超千亿元（其中吴中经济技术开发区占80%），约占全国的1/5。产业快速发展的同时，也面临诸多问题，一是产业规模集聚效应和市场影响力不够大；二是核心技术和创新能力不够强；三是人才体系建设有待完善。2023年，由

苏州市吴中经济技术开发区、苏州市职业大学、苏州汇川技术有限公司（简称"汇川技术"）牵头成立苏州吴中经济技术开发区机器人与智能制造产教联合体，构建了机器人产业新生态，通过"产教融合、科教融汇"，赋能机器人产业新质生产力，为产业加快实现突破发展提供重要支撑。机器人与智能制造产教联合体核心单位构成情况如图1所示。

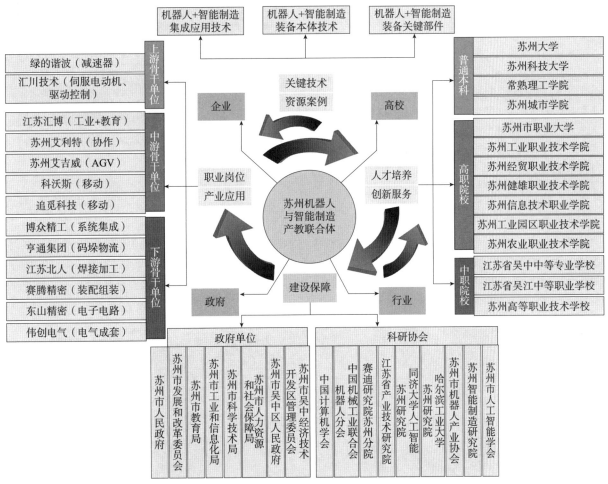

图1 机器人与智能制造产教联合体核心单位构成情况

二、主要做法

1.实体运营，保障联合体高效运作

由苏州市职业大学成立苏州市产教融合研究院（简称"产融院"），与现有的苏州吴中机器人产业发展有限公

司（简称"产业公司"，隶属吴中经济技术开发区），作为联合体的2个运营实体，其中产融院以联合体建设管理为主，承接政府"赋权"清单；产业公司以联合体项目投资、融资为主，建设产教"赋能"系统，两个实体运营机

构各司其职，有效发挥作用。机器人与智能制造联合体运 营实体如图 2 所示。

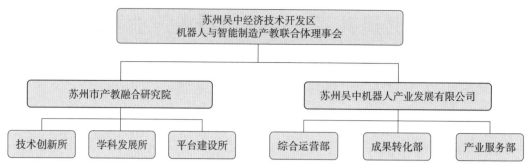

图 2　机器人与智能制造联合体运营实体

2.校企双聘，培养产业高层次人才

产融院与产业公司实体联动，依托"1+2+3"东吴人才政策体系，校企"联招"、双岗"联动"，共同引进国内外人才和技术团队。汇川技术、追觅科技（上海）有限公司（简称"追觅科技"）等企业开放博士后科研工作站、创新基地，提供资金与平台助力青年博士联合开展产业关键技术攻关、课题申报。累计近 200 名教师进入企业轮岗工作，130 余名企业高技能人才进入学校兼职任教。

3.需求牵引，完善人才培养体系

产融院构建产业链、岗位链、人才链等图谱信息，分析汇川技术、博众精工科技股份有限公司、追觅科技等上中下游产业人才和技术需求，研制机器人＋行业岗位、专业人才及师资队伍等 4 个相关标准，贯通中高本产业人才培养，联合开展现场工程师、现代学徒制人才培养，组织开展国家和省市各类机器人职业技能、创新创业等大赛，共育产业高素质技术技能人才。

4.平台共建，推进产学研协同创新

产业公司大力引进哈尔滨工业大学等院校及高水平研究院所，以项目合作为牵引，校企联合体成立"苏州机器人质量创新联合中心"，编制和启动 9 项产业团体标准，共建江苏省机器人与智能装备技术工程研究中心、工业和信息化部智能机器人专精特新产业学院，共同申报"机器人核心零部件性能提升与应用项目、工业机器人智能操作系统项目"等国家重点研发计划，在机器人新材料技术、先进传感检测等 5 个方面开展协同研究、项目攻关。产教联合体共同发布机器人产业发展报告如图 3 所示。

图 3　产教联合体共同发布机器人产业发展报告

三、取得成效

1.产教融合双向赋能

通过产融院和产业公司 2 个运营实体承接政府"赋权"、打造产教"赋能"系统，联合体校企共建苏州市公共实训基地 2 个，苏州市大师工作室 5 个，省级实践教学基地 30 个，组织开展大赛 12 个，参赛人数 3 000 多人，全面提升职业教育的实践教学质量和服务能力。联合体共建产教融合示范基地和示范实训基地如图 4 所示。

图 4　联合体共建产教融合示范基地和示范实训基地

2. 产业规模快速增长

产学研用的良好生态体系促进产业优化布局快速增长，2023年，吴中区机器人与智能制造产业规模达到

1 369.3亿元，较2022年增长了21.6%，产业链集聚企业1 000余家，新增300余家，基本形成了较为完整的产业链条和发展格局。联合体产学研用体系如图5所示。

吴中区、张家港 机器人关键零部件 ➡️ **工业园区、高新区、昆山** 机器人本体制造 ➡️ **吴中区、吴江区、工业园区** 机器人集成应用

苏州大学——国家双一流
江苏省先进机器人技术重点实验室

高新区机器人产业
——国家高新技术开发区
天准、卓兆、莱克等100家机器人企业产值300亿元

苏州市职业大学
苏州工业职业技术学院
——国家、省高水平
国家机器人产业学院、众创空间、省机器人重点实验室、创新中心、工程技术研究中心等

吴中区机器人产业园
——全国机器人产业创新第一区
汇川、绿的谐波、科沃斯等700家机器人企业产值**突破1000亿元**

张家港机器人产业园
——工业和信息化部重点建设园区
那智不二越等40多家机器人企业年产值**120亿元**

昆山高新区机器人产业园
——国家火炬计划特色产业基地
拓斯达、斯坦德等120家企业，企业年产值**340亿元**

工业园区机器人产业
——国家创新发展试验区
独墅湖机器人产业联盟，江苏汇博、苏州艾利特、艾吉威等300多家企业，企业产值**突破700亿**

吴江区机器人产业园
——工业和信息化部工业互联网试点示范
亨通集团、博众精工等60多家机器人企业产值超过**300亿元**

图5 联合体产学研用体系

3. 关键技术取得突破

联合体头部企业牵头成立苏州市智能服务机器人产业创新联合体，协同突破智能服务机器人核心部件、算法及机器人本体制造等关键共性技术；联合体院校与汇川技术、苏州绿的谐波传动科技股份有限公司等企业共建机器人与智能装备工程研究中心，在机器人仿生感知、生机电融合、微纳米机器人、人机自然交互等领域取得突破，获批3个省级工程中心立项支持。

4. 人才供给量质齐升

联合体14所院校新增智能机器人技术、机器人工程等相关本专科专业5个，调整、撤销模具设计与制造等不适应新质生产力发展的老旧专业，产业人才的专业匹配度从82%提升到91%；2023年，共引进、培育百名卓越工程高层次人才、千名卓越工程师、万名现场工程师，精准、充足、高质量人才供给，保障了产业的成长壮大。机器人与智能制造相关专业人才匹配度如图6所示。

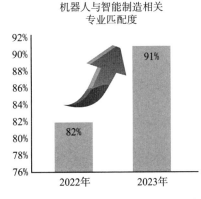

图6 机器人与智能制造相关专业人才匹配度

四、经验启示

1. 政府主导实质推进，建设有保障

联合体建设以来，江苏省教育厅、苏州市先后在建设指标、政策保障、经费支持、考核评价、信息平台等方面给予充分支持，确保市域产教联合体实质性推进，有效推

动市域产教联合体做大做强。

2. 组织创新实体运营，运行有效率

创新"1+1+2"的产教融合体制机制，在市级层面成立产教联合体指导委员会。在落地实施层面，联合体建立"1个理事会+1个合作委员会+2个实体机构"的三层组

织架构，按照"规划决策—统筹协调—组织实施"三级运行模式和机制，解决传统产教融合共同体建设中"联而不合"的痛点、堵点问题。机器人与智能制造产教联合体理事会如图 7 所示。

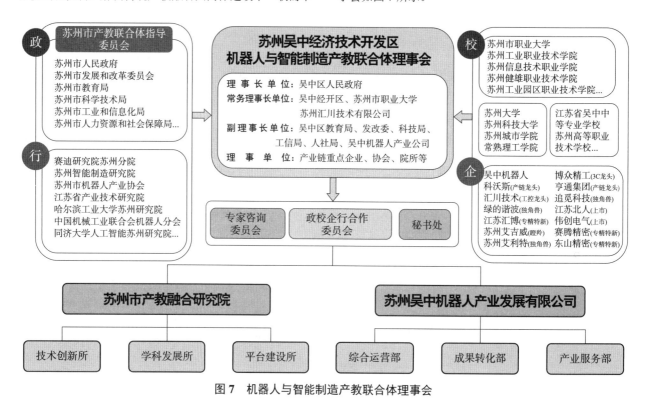

图 7　机器人与智能制造产教联合体理事会

3. 企业主动产教协同，建设有成效

龙头企业提需求、建标准，共建共享数字资源，构建机器人与智能制造"标准化"+职业教育的人才培养模式，校企联合打造产教融合实践中心，多措并举推进产业所需的素质优、技艺精的高技能人才队伍建设。开放型区域共享产教融合实践中心如图 8 所示。

图 8　开放型区域共享产教融合实践中心

4.资源汇聚协同创新，产业有受益

通过共建机器人共性技术服务平台、省级工程研究中心、产教联合体智慧云平台，打造产业人才终身技能学习培训体系，成立质量创新联合中心等资源汇聚方式，构建

技术创新、转化、应用生态体系，深度对接服务产业链上中下游企业在技术创新实验、工程化、产业化等不同阶段需求。机器人与智能制造市域产教联合体智慧云平台如图9所示。

图9 机器人与智能制造市域产教联合体智慧云平台

〔撰稿人：苏州市职业大学王仁忠、陆春元、苏建、吕良〕

聚焦产业 对接专业 产教融合 共赢未来
——机器人现代产业学院建设新范式

随着人工智能和机器人技术的快速发展，社会对高技能机器人专业人才的需求日益迫切，安徽机电职业技术学院（简称"安徽机电"）依托国家"双高计划"工业机器人技术专业群，聚焦机器人产业链，校企资源整合，在安徽省内率先建设了机器人产业学院（简称"产业学院"），提出了"四方联动，五链融合，共生共长"建设理念，探索与实践了机器人现代产业学院建设新范式，打造了"产业学院—产业学院联盟—产教融合共同体"新生态，以职业教育高质量发展助力高技能人才培养新质生产力。

一、实施背景

产教融合、校企合作是职业教育凸显类型特色的本质要求，肩负推动人力资源供给侧结构性改革的重要使命。产业学院是推动产教深度融合、校企深度合作的建设途径和重要载体，是支撑职业教育高质量发展的新引擎。2017年，《国务院办公厅关于深化产教融合的若干意见》（国办发〔2017〕95号）提出，"鼓励企业依托或联合职业学校、

高等学校设立产业学院"；2019年，《关于实施中国特色高水平高职学校和专业建设计划的意见》首次提出，"吸引企业联合建设产业学院"，推动专业建设与产业发展相适应，推进校企协同育人。安徽机电在安徽省内率先通过政府、行业、学校、企业"四方联动"，与埃夫特智能装备股份有限公司等机器人产业链链主企业、龙头企业和配套企业在原有埃夫特机器人学院建设基础上，共建机器人现代产业学院，通过共建创新实践基地、构建项目化课程体系等具体措施，推动教育链与人才链、产业链、技术链、创新链"五链融合"，探索"徽工＋基地＋园区"育人新模式。

二、主要做法

1.四方联动，探索三层产教融合新生态

（1）深化政行校企协同，构建现代产业学院新范式。突破以往产业学院相对封闭、资源孤岛的思维定式，政府、行业、学校、企业"四方联动"共建集人才培养、科学研究、技术创新、学生创业、国际交流等功能于一体的

现代产业学院，统筹校企、校际技术、知识、设施、设备和管理等要素参与专业共建共享，实施了"八个共同"实现校企双主体育人模式，构建了多元共商、需求驱动、价值共享、相互成就、可持续发展的良好生态，形成了机电特色的现代产业学院新范式。

（2）构建产教融合平台，打造现代产业学院共同体。提出了"产业学院—产业学院联盟—产教融合共同体"产教融合共生共长理念，将产业学院合作模式升级为产业学院联盟，依托产业学院联盟，促进校企、校际之间的深度合作，充分发挥产业学院联盟群体优势和组合效应，牵头组建行业产教融合共同体，从"单打独斗"转为"集群发展"。机电特色现代产业学院布局图如图1所示。

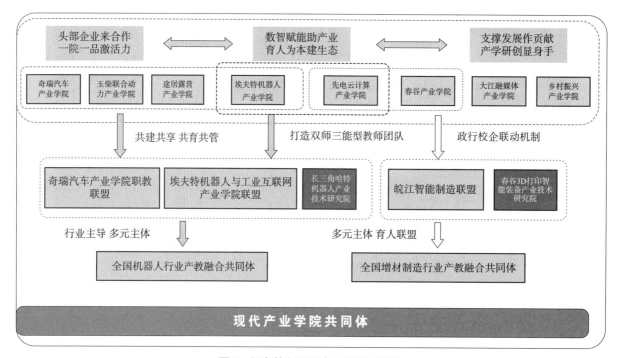

图1　机电特色现代产业学院布局图

2. 五链融合，探索产教融合校企协同育人新路径

（1）实施现代产业学院"金字塔"布局，探索"徽工＋基地＋园区"育人方式。安徽机电以对接产业链为主线，将技术链、人才链和创新链相结合，联合"链主"企业共建产业学院，形成以机器人产业学院为龙头、呈金字塔结构的产业学院布局，推动"五链融合"协同育人。依托智能制造教学工厂等创新实践基地，组建产业教授为核心的教师团队，以安徽机电为核心、基地为支撑，辐射芜湖机器人集聚园区，培养机电特色"徽工皖匠"。

（2）实施"雨耕学院"特色项目人才培养计划，构建"三层"项目化课程体系。构建面向机器人产业链"课程、课岗、课证"项目化课程教学体系。引入典型工艺案例，开发课程项目68个；对接职业技能等级标准和岗位技术技能，开发课证项目11个；对标产业链虚实智能生产线关键技术环节，开发课岗项目20个。通过"雨耕学院"特色项目人才培养计划，培养高端复合型技能人才2 876人。机器人现代产业学院范式如图2所示。

3. 共建共享，探索产教融合运行新机制

（1）运营共管，形成多方参与的治理模式。建立"四方四级"产业学院组织架构，合作四方交叉选派管理人员。共建产业学院联盟，推进资源共享、人才培养、平台及保障制度建设，促进"政行企校"四方联动，"产业学院—理事会—管委会—专项工作组"四级协同，增强了校企合作的灵活性和适应性，促进产教良性联动，形成联盟联动的"校际协同、由点到面"的产业学院联盟集聚效应。

（2）资源共享，集中优势资源的要素投入。优化资源配置，建立产业学院资源共享平台，共同组建装备制造国内国际发展专项团队，实现多方资源互补互利，健全了"信息披露—利益表达—利益流向确定—利益冲突调解"的利益协调机制，建立了双向共赢的"利益共享、风险同担"的可持续发展机制。

（3）匠师共育，建设"双师三能型"教师队伍。依托产业学院联盟，实施"铸魂育人工程""双师能力提升工程""技术创新能力提升工程"，建立校企人员互聘机制，双方共克产品工艺升级和生产技术难题，校企双方实现"身份互认、角色互通"。通过共建省级"双师三能型"教师培养培训基地，驱动了教师服务教学与产业"双轨道"素养提升，构建了双轨共培的"双向主体、双轨并行"的匠师培养模式。

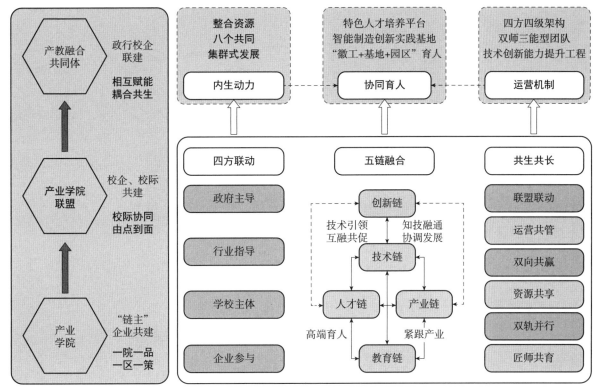

图2 机器人现代产业学院范式

三、主要成效

1.助力区域产业经济发展

2018年以来，产业学院以竞赛式培养学生2876名，现代学徒制培养学生年均450余人，专业对口率80%以上，专业对接安徽省十大新兴产业达到67%以上。培育产教融合型企业国家级1家、省级3家，省级校企合作示范基地6个。安徽机电获首批全国机械行业职业教育师资培训基地和安徽省双师培训基地，完成新疆职业大学等全国33所职业院校师资培训。围绕产业发展获授权专利1000余件，发明100余件，专利授权量居安徽省高职院校首位、全国高职院校前30位。

2.推进专业建设数字赋能

自2018年以来，安徽机电获批教育部职业教育示范性虚拟仿真实训基地培育项目智能制造虚拟仿真实训基地1个；获批教育部供需对接就业育人项目1个；获批工业和信息化部专精特新产业学院1个，省级产业学院1个；全国劳模创新工作室1个；省级技能大师工作室10个；获国家级专业创新团队1个，省级专业群创新团队2个、专业创新团队3个；参与制定职业技能等级标准8个；联合主持国家级教学资源库3个、主持省级专业资源库6个；立项建设国家级课程2门、省级大规模在线开放课程30门；主编国家级教材5本；教师参加教学能力竞赛获国赛二等奖3项、三等奖1项，省赛一等奖10项。

3.持续提升人才培养质量

自2018年以来，教师获得全国技术能手2人，省级

技术能手8人；培养学生获全国职业院校技能大赛一等奖14项、全国"互联网+"大学生创新创业大赛金奖1个、全国数学建模大赛一等奖3个、全国大学生先进成图技术与产品信息建模创新大赛一等奖13个。

四、推广应用

1.现代产业学院建设新模式得到认可

"四方联动，五链融合，共生共长"机器人现代产业学院建设新模式，一是得到教育主管部门认可，2019年，工业机器人技术专业群获批中国特色高水平A档专业群，新能源汽车技术等3个专业群获批安徽省高水平专业群；二是得到专家认可，全国职教专家马树超教授在芜湖市新时代职业教育发展论坛上将学校"区校协同共建共享"产业学院建设模式作为典型案例进行介绍。

2.现代产业学院建设成果得到多方位推广

安徽机电参与中国国际教育年会、职教发展论坛等活动，做"聚焦智能制造 共建'专精特新'特色产业学院"等主旨报告5次；承办全国职业院校技能大赛等赛事活动，向参赛选手和指导老师宣传产业学院建设成果；利用各兄弟院校来校交流的机会，向社会推广资源建设成果160余次；《产教融合背景下"埃夫特机器人产业学院"建设实践》等2项案例入选全国职业教育产教融合校企合作典型案例；在《中国教育报》《光明日报》等媒体发表"产教融合 科教融汇 协同育人结硕果""以高水平党建领航高水平建设"报道学校特色化办学成果。特色产业学院报告如图3所示。

图 3　特色产业学院报告

〔撰稿人：安徽机电职业技术学院姜绳、崔长军、周明龙〕

安徽工程大学机器人现代产业学院
——探寻工业机器人产教融合新模式

一、实施背景

机器人融合了现代装备、智能制造、自动控制和信息技术等众多学科，要求从业人员具备运用多学科知识，解决复杂工程问题的能力，具有明显的复合型特征要求。

2017 年以来，已有 300 余所本科高校开设了机器人工程专业。但由于开设时间短，学生的培养质量还未受到工作岗位的充分检验，加之学科交叉特点明显，专业定位与建设容易偏离产业需求。因此，增强机器人工程专业人才培养的产业适应性，必须突破对传统路径的依赖，重构人才培养方案，构建新的课程体系，加强师资队伍建设，建立新的实践教学平台等，探索产教融合的具体实现途径，深化产教融合，建立人才培养协同机制。

2013 年，国家发展改革委、财政部批复《安徽省战略性新兴产业区域集聚发展试点方案》，支持芜湖率先建设机器人产业集聚区。截至 2023 年年底，芜湖机器人产业集聚区集聚上下游企业 220 家，实现产值突破 300 亿元。机器人产业涵盖工业机器人、核心零部件、服务机器人、系统集成、人工智能、职能装备六大板块，园区机器人出货量突破 1.7 万台。

2020 年 7 月，教育部办公厅、工业和信息化部办公厅联合发布《现代产业学院建设指南（试行）》，以区域产业发展急需为牵引，面向行业特色鲜明，与产业联系紧密的高校，建设若干高校与地方政府、行业企业等多主体共建共管共享的现代产业学院，造就大批产业需要的高素质应用型、复合型、创新型人才，为提高产业竞争力和汇聚发展新动能提供人才支持和智力支撑。

安徽工程大学凭借多学科优势，与芜湖安普机器人产业技术有限公司、埃夫特智能装备股份有限公司（简称"埃夫特"）、中德人工智能研究院等公司共建机器人现代产业学院，并获批教育部首批机器人现代产业学院。安徽工程大学机器人现代产业学院（简称"学院"）在探寻产教深度融合模式和实现途径等方面取得可复制可推广的制度和实践成果。

二、主要做法

1．"三态融通"和"三型人才"培养

基于岗位层级和能力等级两个维度，研究和分析机器人产业从业人员的知识结构和能力构成，映射为课程体系与实践体系，构建"课堂—实验／实训—竞赛"三种教学形态（三态融通），创新培养载体和培养过程，探寻应用型、复合型、创新型（三型）人才培养新路径。"三态"和"三型"关系矩阵见表 1。知识体系和能力构成分析如图 1 所示。

表 1　"三态"和"三型"关系矩阵

项目（教学形态—培养型态）	相关性强度
课堂—应用	3
课堂—复合	2
课堂—创新	1
实验／实训—应用	5
实验／实训—复合	4
实验／实训—创新	2
竞赛—应用	4
竞赛—复合	5
竞赛—创新	3

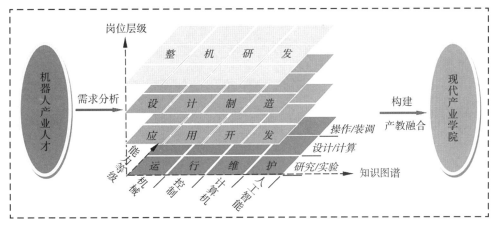

图1 知识体系和能力构成分析

2.整合资源，构建协同育人体系

（1）专业建设。学院主持"机械类专业科教融合有效途径探索"安徽省重大教研项目、"基于VR技术的虚拟教学创新型教学模式与平台研究"安徽省教研项目、"人工智能类"安徽省一流本科人才示范引领基地项目、"机器人工程卓越工程师教育培养计划"安徽省"六卓越、一拔尖"卓越人才培养创新项目、"基于组织模式创新的机器人学院研究与实践"安徽省新工科研究与实践项目、"机器人工程"安徽省一流专业建设点等项目，着力加强专业内涵建设。机器人工程专业被认定为安徽省一流专业建设点。

（2）课程开发。安徽工程大学联合企业出版了《埃夫特工业机器人拆装与维护》《埃夫特工业机器人操作与编程》《工业机器人控制技术》《机床数控技术》《电阻应变片六维力传感器动态耦合特性研究》和《MATLAB程序设计及应用》等教材和专著，建成"工业机器人轨迹规划及人机协同评判虚拟仿真实验"一流课程。开发工业机器人虚拟拆装、工业机器人应用能力培训在线考试和虚拟仿真等软件，制作埃夫特机器人应用培训视频等。安徽工程大学联合出版的部分教材如图2所示。

图2 安徽工程大学联合出版的部分教材

（3）平台共建。汇聚校内实训基地、校地和校企共建的科研平台、校企共建的产业创新／教学团队三种类型资源。其中，校内实训基地包括国家级机器人现代产业学院校内实训基地、国家级创新创业教育实践基地。校地和校企共建的科研平台包括与埃夫特共建的"智能机器人先进机构与控制技术"国家工程研究中心、与芜湖市发展改革委共建的"安徽省机器人产业共性技术研究中心"、与芜湖安普机器人产业技术研究院有限公司（简称"安普机器人"）共建的"人机自然交互和高效协同"安

徽省新型研发机构、与芜湖市政府共建的"安徽工程大学机器人产业技术研究院"等。实验室组成和体系如图3所示。

（4）校内实践基地建设。学院校内实践基地拥有整栋实训中心，建筑面积5 000m²，建有14个机器人实验实训室，实验设备由安徽工程大学联合安普机器人研发制造。机器人认知实验室／PLC控制实验室如图4所示。数字孪生实验室／智能产线设计实验室如图5所示。机器人协同作业实验室／云制造实验室如图6所示。

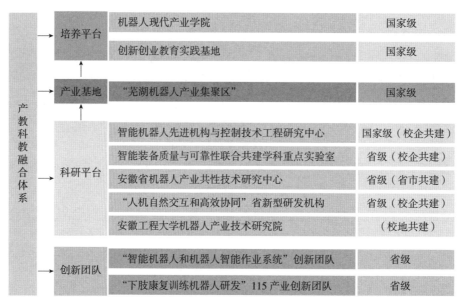

培养平台	机器人现代产业学院	国家级
创新创业教育实践基地	国家级
产业基地	"芜湖机器人产业集聚区"	国家级
科研平台	智能机器人先进机构与控制技术工程研究中心	国家级（校企共建）
智能装备质量与可靠性联合共建学科重点实验室	省级（校企共建）
安徽省机器人产业共性技术研究中心	省级（省市共建）
"人机自然交互和高效协同"省新型研发机构	省级（校企共建）
安徽工程大学机器人产业技术研究院	（校地共建）
创新团队	"智能机器人和机器人智能作业系统"创新团队	省级
"下肢康复训练机器人研发"115产业创新团队	省级

图 3　实验室组成和体系

图 4　机器人认知实验室 /PLC 控制实验室

图 5　数字孪生实验室 / 智能产线设计实验室

图 6　机器人协同作业实验室 / 云制造实验室

（5）师资队伍建设。基于教学团队和产业创新团队并重的理念，着力打造一支师德师风过硬、教学艺术精湛、工程能力突出的师资队伍。包括"机械设计制造及其自动化专业"安徽省教学团队、"电动汽车主被动隔振与控制技术"安徽省级创新团队、"智能机器人和机器人智能作业系统"安徽省级创新团队、"下肢康复训练机器人研发"安徽省115产业创新团队、安徽省战略性新兴产业技术领军人才。

（6）赛事筹办。设立安徽省大学生工业机器人应用大赛和人工智能应用竞赛等比赛项目。其中，安徽省大学生工业机器人应用大赛已成功举办六届。以滚动轴承自动化装配为场景，考察选手在组网、电气和机械系统安装调试、作业流程和运动规划、上下位机程序编写和调试等方面的综合能力，贴近工业生产现场。安徽省大学生工业机器人应用大赛比赛现场如图7所示。

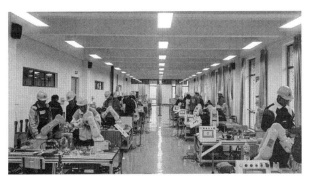

图7 安徽省大学生工业机器人应用大赛比赛现场

（7）管理和运行机制。校内实习实训基地和科研平台满足"独立机构、独立场地、独立人员、独立经费，以及特殊政策支持"的要求，建立了理事会领导、院长负责的领导体系。制定了《章程》《运行管理办法》《人员管理办法》《人员考核办法》《仪器设备管理办法》《经费使用管理办法》和《安全管理办法》等文件，形成了较为完善的制度体系。运行和建设成效采取目标考核，包括运行规范性、安全管理、经费使用、仪器设备使用绩效、人才培养和科学研究目标达成等。实习实训基地和科研平台实行三级安全管理机制，即校级安全督查和考核、实习实训基地和科研平台安全教育和管理、实验室内安全操作规程培训和考核。

三、成果成效

1.标志性成果

机器人现代产业学院于2021年被教育部认定为首批国家级现代产业学院；2022年安徽工程大学入选"恰佩克"全国高校产教融合50强；机器人工程于2022年被认定为安徽省一流专业建设点，以及校级特色专业；"四业统筹"地方工科院校人才培养结构调整探索与实践，2022年安徽省教学成果奖，特等奖；产教融合虚实结合，智能制造时代，机械类复合型人才培养实践教学体系构建，2022年安徽省教学成果，一等奖；新工科背景下人工智能专业"项目制"教学人才培养模式探索与实践，2022年度高校机器人产教融合典型案例成果奖（中国人工智能学会）；刘玉飞、苏学满、黄胜洲和李婷婷四位教师，分获中国高校智能机器人创意大赛（教师赛）二等奖、三等奖和优秀奖；建成省级课程2门，校级课程12门。

2.社会价值

（1）引用《工业机器人系统运维员》标准（6-31-01-10），联合安普机器人、埃夫特等企业，开展工业机器人应用培训和考核认定工作，校企联合颁发认定证书150余份。

（2）举办安徽省大学生工业机器人应用大赛共6届，以第二届为例，吸引全省机械、电气、自动化和计算机等11个专业，大二至大四年级约1 000名学生参赛，6届累计吸引6 000余名学生参赛。

（3）实验室面向全校师生开放3 000余次，累计向120 000人次师生提供机器人实训实验。

3.经济价值

安徽工程大学联合安普机器人（校办企业）先后研制了PLC控制实验台、工业机器人拆装实验台、机器人综合实验、数字孪生实验台、云制造示范线等16款装备。

（1）轴承自动装配与检测云制造系统被安徽省经济和信息化厅认定为"安徽省首台套重大技术装备"；

（2）工业机器人综合实训平台、滚动轴承云制造教学示范线被安徽省经济和信息化厅评定为"安徽省新产品"；

（3）数字孪生工厂软件被安徽省经济和信息化厅评定为"安徽省首版次软件"；

（4）工业机器人综合实训平台被芜湖市科技局认定为"高新技术产品"；

（5）工业机器人教学技术装备开发与推广应用获批安徽省机械行业联合会／安徽省机械工程学会"二等奖"；

（6）机器人教学实验装备产学研联合开发与应用获批中国产学研合作促进会"优秀奖"。

研发的实验设备被哈尔滨工程大学、中国石油大学（北京）、南京理工大学、安徽大学、合肥工业大学、沈阳工业大学、昆明理工大学、安徽理工大学、安徽工业大学、芜湖职业技术大学、安徽机电技术学院等近百所高校选用，产生销售收入4 600万元。

四、经验总结

党的二十大报告明确提出实现高水平科技自立自强，我国工程教育需要服从和服务国家战略。人工智能正在引领新一轮科技革命和产业变革，学科交叉是新时代产业的显著特征。新一轮科技革命和产业变革呼唤高校培养复合型和创新型人才，需要打破人为划定的学院、专业和学科界限，还原科技创新活动的本来面目。

1.重构教学组织模式，突破体制障碍

积极探索机器人现代产业学院内涵建设，建立具备跨学院、跨学科、跨专业功能的新型教学组织，开展有组织的产教融合。

2. 基于产教融合理念，构建人才培养协同体

以科研平台、产业创新/教学团队为载体，汇聚校内外人才培养的资源，构建产教融合人才培养体系，面向战略性新兴产业和未来产业，在更高水平上开展复合型和创新型人才培养，回应新时代需求，为发展新质生产力、推动高质量发展培养急需人才。

〔撰稿人：安徽工程大学机器人现代产业学院许德章、李公文〕

对接产业　服务需求

——探索构建 ROBOT 120 运维新业态

自"中国制造 2025"国家战略全面实施以来，我国制造业正在向全面化、高端化、智能化、绿色化加速推进，可持续发展力和国际竞争力显著增强。但由于数控机床、机器人等智能制造装备生产厂商产品覆盖地域不断扩大，传统售后服务模式和技术支持在效率、成本和响应速度等方面已经难以满足智能制造产业可持续发展需求。随着 5G、物联网、大数据等技术不断进步，以大数据技术为核心的智能制造装备智能化远程监控及运维服务新模式，可实现智能制造设备远程监控、故障诊断、预测性维护等功能，提高设备运行效率、降低运维成本，为企业创造更大价值。为此，重庆科创职业学院主动对接服务重庆市"33618"现代制造业和数字产业发展需求，通过"双高"建设，深化产教融合，推动科教融汇，促进"四链"融合，主动服务地方主导产业发展对科技创新和技术技能人才的迫切需求，创新智能制造与机器人运维平台，探索行业运维新业态。

一、主要举措

1. 发挥专业优势，创建应用场景

重庆科创职业学院围绕智能装备与机器人广泛应用的产业发展需求，针对智能装备与机器人安装操调、运维监控、检测维修对技术改进和技能人才的迫切需要，发挥智能制造与机器人、人工智能与大数据两个双高专业群的特色优势，整合"园行校企"资源，与忽米科技、华中数控、宗申集团、大数据产业园等组建重庆市"基于大数据的智能制造装备远程诊断与控制关键技术"高校创新研究群体，结合两个专业群智能制造应用场景和人工智能大数据监测应用，创建西部首个"双跨"大数据智能化应用场景——智能装备大数据监测与服务平台，为智能装备远程监控与运维提供数据采集、分析、标注、应用等技术支撑。大数据智能化应用示范场景在第 58 · 59 届中国高等教育博览会上揭牌如图 1 所示。

2. 整合校企资源，打造运维平台

"园行校企"合作，发挥重庆科创职业学院专业优势，整合相关资源，共建"西部智能制造与机器人运维中心"（ROBOT 120），形成"2+1+1+N"运维平台，即"西部智能制造与机器人高技能人才培训基地"和"西部人工智能与大数据高技能人才培训基地"（2 基地）；"智能装备在线大数据监测与服务平台"（1 平台），提供人才支撑和技术支持；"智能装备与机器人运维调度中心"（1 中心），统筹调度可用资源，及时快速、有序有度地为各个站点、运维工程师和客户服务，在多个园区建立服务站点（N 站点），工单快速响应、运维快速支撑、故障快速维修，为企业、院校、科研机构提供应用服务，实现智能装配数字化管理及运维，为学校教学实训、企业智能装备公共服务提供支撑。"2+1+1+N"运维平台的架构图如图 2 所示。

图 1　大数据智能化应用示范场景在第 58 · 59 届中国高等教育博览会上揭牌

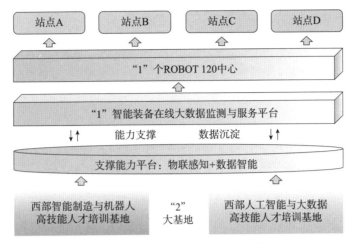

图2　"2+1+1+N"运维平台的架构图

3. 服务行业企业，探索运行模式

目前，ROBOT 120 中心已实现校内在线应用、远程运维监测、检测维修调度等模拟与试验场景。与武汉华中数控股份有限公司、重庆忽米网络科技有限公司等企业合作，监测智能设备 10 000 余台，开展设备连接、运行监测、信息反馈、数字孪生等大数据采集、分析、标注与应用，服务中小型企业 200 余家。智能装备在线大数据监测与服务平台的模拟与试验场景如图3所示。

图3　智能装备在线大数据监测与服务平台的
模拟与试验场景

二、成果成效

1. 依托 ROBOT 120 监测与运维产学研平台，获批国家试点单位

近年来，重庆科创职业学院以 ROBOT 120 监测与运维产学研用平台为依托，在第 58·59 届中国高等教育博览会上举行了揭幕推介仪式，并大力培育技术研发和服务团队，成立西部（重庆）科学城大创谷卫星园，2022 年"基于大数据的智能制造装备远程诊断与控制关键技术研究团队"获批为重庆市高校创新研究群体，2023 年入选"2023 年度首批工业大数据科教融汇创新中心试点单位"。

2. 牵头组建智能制造与机器人运维行业共同体，服务能力显著增强

立足"国家现代制造业基地"，聚焦高端智能装备与机器人广泛使用，牵头组建"全国智能制造与机器人运维

行业共同体"，打造致力于服务西部智能制造产业的"制造商＋平台＋企业"创新服务平台，探索解决智能制造与机器人等智能装备运行远程监控、运行调试、维护检修等技术难题，为设备及生产系统正常运转提供安全保障，提升企业生产率和效益。目前，服务智能装备企业 200 余家，开展横向服务 40 余项，经费近 200 万余元，带动 50 余家企业参与，服务能力显著提升。

3. 充分发挥 ROBOT 120 监测与运维平台优势，建设成效明显提升

围绕人工智能（AI）赋能，培养"智能＋技能"数字技能人才，确立大数据人才在工业及智能制造装备行业与岗位的培养定位，充分发挥 ROBOT 120 创新服务平台优势，与知名企业组建重庆市工业大数据现代产业学院，入选重庆市全民数字素养与技能提升基地、荣获重庆市"智能＋技能"数字技能人才培养试验区十佳典型案例服务，为设备及生产系统正常运转提供安全保障和智慧化管理，全面提高生产率；在科研方面，立项国家级、市级科研 10 余项，获发明专利、软著等 30 余项。

三、推广应用

1. 深化产教融合提升就业能力成效显著

智能装备在线大数据监测与服务平台，依托工业和信息化部首批"工业大数据科教融汇创新中心"试点单位和首批"电子信息产业重点领域人才培养专项行动计划"构建"双驱动·六协同"校企合作模式，荣获重庆市教学成果奖。入选教育部产教融合典型案例。2023 年 7 月，中央电视台《新闻联播》《焦点访谈》对重庆科创职业学院产教融合模式及成效进行了专题报道。

2. 智能装备监测与服务平台为企业提升生产率

智能装备在线大数据监测与服务平台通过大数据分析技术对设备系统运行数据可实现 7×24h 动态远程监控、分析和预警，通过设备全生命周期管理，为设备及生产系统正常运转提供安全保障和智慧化管理，全面提高生产率。

3. 智能装配与制造产业，为企业发展增值赋能

智能制造与机器人产业发展的新业态，为区域智能制

造产业发展增值赋能，服务行业企业能力不断增强，目前已面向智能装备服务企业 200 余家，"智能装备在线大数据监测与服务平台"西部地区首个双跨应用示范场景在第 58·59 届高博会上正式揭幕，牵头筹建"全国智能制造与机器人运维行业共同体"，进一步增强为区域产业发展增值赋能的能力。

〔撰稿人：重庆科创职业学院刘鸿飞、曹小平、何杰〕

校企校合作共研助残机器人
智康融合助推专业转型升级

一、案例背景

2017 年 2 月 7 日，我国《残疾预防和残疾人康复条例》从法律层面确立了残疾儿童教育与康复的工作方针、原则和要求，为残疾预防、教育及康复服务等各类人才的培养提供了行动指南。2021 年 12 月 31 日，国务院办公厅转发教育部等部门《"十四五"特殊教育发展提升行动计划》，强调"推动普通教育、职业教育、医疗康复及信息技术与特殊教育进一步深度融合"，部署各地加快推进特殊教育高质量发展。高技术驱动的生产力提升，产教融合、校企合作，为高职特殊教育专业建设提供了技术服务和有力保障。面对特殊教育领域智慧康复资源稀缺、个性化需求难以满足的现状，襄阳职业技术学院与常州钱璟康复股份有限公司合作，成立"智慧康教联盟：残疾儿童康复教育机器人平台"项目研发团队，协作进行机器人赋能特殊教育智慧康复研究，助力特殊教育专业转型升级，建成了国家特殊教育高水平专业群，取得了一系列标志性成果，打造了一个智能化、个性化的特殊教育专业建设新样态。

二、主要做法

1.服务儿童，技术与康复融合，提升教育康复实效

（1）人工智能（AI）算法驱动，构建个性化识别及智能响应体系。AI 算法应用于辅助教学机器人的行为识别系统中，通过面部表情识别、语音识别和动作捕捉技术，精准识别残疾学生的各种行为反应和情绪变化。精准识别能力是基于大量的数据训练和算法优化，确保机器人能够实时适应每个残疾学生的独特需求，提供多样化的学习体验。对于自闭症谱系障碍儿童，机器人助手能够识别其非言语表达，如回避眼神接触或重复行为，进而调整互动策略，提供更为温和且耐心的指导。注意力眼动仪训练系统如图 1 所示。

图1　注意力眼动仪训练系统

注：图片来源于广州璟云智能康复科技有限公司。

（2）课程模块多元化，定制化设计教学内容与个性化学习策略。襄阳市儿童福利特殊教育及康复一线教师、湖北省职业教育学会课程专家、学院特殊教育专业骨干教师和常州钱璟康复股份有限公司技术专家等参与，为机器人助手设计了基础认知、社交技能、情绪管理、生活自理、语言训练、粗大动作和精细动作 7 个模块，机器人助手能够根据残疾学生的学习进度和偏好，动态调整教学内容和难度，对于有语言障碍的学生，机器人助手会通过图像识

别和语音合成技术，辅助他们理解抽象概念，鼓励他们模仿发音，逐步提高语言能力，实现个性化教学。综合反馈系统如图2所示。

图2　综合反馈系统

注：图片来源于广州璟云智能康复科技有限公司。

（3）多种功能集成，优化下肢康复机器人设计。校企合作，以常州钱璟康复股份有限公司徐林等技术专家为主，襄阳职业技术学院特殊教育专业毛小波等康复教师参与，组建了下肢康复机器人研发团队，经过建模感知、结构设计、协同控制、交互优化等环节，根据儿童在康复训练中的体位，下肢康复机器人大致分为坐卧式下肢机器人、直立式下肢机器人和辅助起立式下肢机器人，为偏瘫、截瘫、脑瘫及其他下肢功能障碍儿童提供了服务，为特殊教育专业大学生提供了残疾儿童辅具临床应用实践机会，增强了学生的辅具开发与应用技能。起立式下肢康复机器人如图3所示。

图3　起立式下肢康复机器人

注：图片来源于广州璟云智能康复科技有限公司。

2.服务教学，技术与课程融合，推进"三教"改革

（1）机器人助力，促进教师协同创新。利用教育机器人作为辅助教学工具，为特殊教育教师提供数据支持和教学资源，帮助教师更好地理解每位学生的独特需求和学习进度。通过机器人技术开展虚拟实训，为教师提供模拟真实教学场景的培训环境，尤其是在特殊教育技巧、情绪管理等方面，提高教师的实践能力和教学创新能力。实现"人机协作"教学模式，机器人作为"智能教师"辅助教师，特别是在重复性教学、个性化练习、数据追踪等方面，减轻了教师负担，促使教师更专注于学生的个性化需求。

（2）课程资源融合，推动教材内容革新。整合机器人技术与数字化教育资源，构建一个包含多媒体教材、互动式学习模块、虚拟现实体验等内容丰富的课程资源库，针对特殊教育需求定制化设计，开发了包含触觉、视觉、听觉等多感官互动功能的电子教材，利用机器人作为媒介，出版了《孤独症儿童小学融合教育》等互动式的新形态教材，结合最新的特殊教育理论和技术进展实时更新内容，实现教材内容的动态更新与个性化匹配。利用大数据分析学生学习行为，智能推荐适应学生能力水平的学习资料，推动教材建设从静态向动态、单一向多元转变，加速特殊教育专业教材的数字化进程，确保了教学内容的前沿性和先进性。

（3）场景模拟实践，引领教学法变革。机器人根据特殊教育专业大学生的学习表现和反应，自动调整教学策略和难度，提供菜单式的学习路径；利用机器人进行社会交往、生活技能、语言与情绪表达等情景模拟训练，帮助特殊教育大学生在人机互动的环境下习得必要的社会适应能力。利用自然语言处理和机器学习算法，根据特殊教育专业大学生的个性化需求和学习能力，自动调整课程内容的难度、格式和呈现方式，生成定制化的学习材料，提高教学内容的适配性和吸引力，同时，为教师提供了可视化教学报告。

3.服务专业，技术与平台融合，提高人才培养质量

（1）智能机器人融课堂，启迪特教新思维。在特殊教育专业建设中，智能机器人的引入已成为启发特殊教育专业教学新思路的金钥匙。针对不同年级大学生，提供了精准的个性化学习方案。在同一班级里，根据每位学生的特性和需求调整教学内容与节奏，并以友好的交互界面，激发学生的学习兴趣，特别是在语言沟通、认知训练和康复训练类课程方面，机器人凭借其始终如一的耐心与稳定性，成为学生们信赖的助学伙伴。通过机器人辅助的互动式教学，学生能在轻松愉快的氛围中掌握知识，克服学习障碍，提升教育及康复技能。

（2）云端平台汇资源，拓宽教学新视野。与智慧职教平台合作，构建云端一体化教育平台，助力教师智慧课堂建设。与常州钱璟康复股份有限公司合作，开发了钱璟云平台，集成了海量的特殊教育资源，从定制化的数字教材到互动式的教学视频，从实操演示到虚拟仿真，教师可

便捷地获取、编辑并分享优质内容，实现资源的高效利用与创新整合。数据分析模块则实时追踪学习成效，为教师提供数据支撑，实现精准教学与个性化辅导，拓宽了特殊教育的广度与深度。个别化教育资源平台如图 4 所示。襄阳职业技术学院智慧教室游戏化康复教学应用系统如图 5 所示。

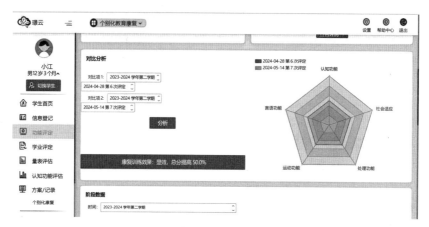

图 4　个别化教育资源平台

注：图片来源于广州璟云智能康复科技有限公司。

图 5　襄阳职业技术学院智慧教室游戏化康复教学应用系统

注：图片来源于广州璟云智能康复科技有限公司。

（3）校企携手育人才，构建科教融汇新生态。搭建校企合作平台，学校与襄阳市特殊教育学校、展颜之星特殊儿童康复中心合作，共同制定专业人才培养方案，引入残疾儿童教育康复的真实项目案例和行业前沿技术，如机器人编程、智能辅具开发等，作为专业学生的必选课程，让学生在实践中学习，在学习中创新。常州钱璟康复股份有限公司徐林等专家走进课堂，分享实战经验，指导学生参与实习实训，不仅提升了学生的专业技能和职业素养，还为学生的就业开辟了绿色通道。这一模式下培养出的特殊教育专业人才，兼具理论知识与现代特殊教育技术实践能力，成为推动特殊教育事业发展的新生力量。

三、成果成效

1. 名师引领，教学团队有特色

科技赋能教师专业化成长，通过校级、市级、省级和国家级教学名师培育制度，加大了教学名师培养力度，打造了一支国家级课程思政教学名师及团队。2021 年，1 名教师入选湖北省级名师，成为省级名师工作室主持人。"残疾儿童行为矫正"获国家级课程思政示范课程，授课教师获评教学名师和团队。1 名教师入选 2022 年国家高层次人才特支计划教学名师。2022 年，1 名教师获得湖北省第四届"楚天园丁奖"。专业教师拥有国家心理咨询师、保育员注册考评员、人力资源管理师等证书，专业课双师型教师比例为 100%。在弘扬高尚师德、提升教学质量、推动教学改革方面发挥示范引领作用。

2. 教学改革，人才培养高质量

根据特殊教育专业学生学习规律特点，紧跟教育康复行业岗位需求变化，开展特殊教育专业教育教学改革与研究实践，为专业教学改革、教学方法创新提供理论和实践支撑。专业拥有"学前教育学"1 门国家级在线精品课程、"中国手语"等 3 门省级精品在线课程。2021 年，"学高为师育英才，身正为范铸师魂"德育特色案例入选中国教育网络电视台展播。涌现出"全国大学生自强之星吴竞天择；先天性残疾的他希望用所学知识帮助更多特殊孩子"等一批优秀毕业生典型事迹。学生参加全国高职院校师范生融合教育技能竞赛，获得3个一等奖。麦可思评估数据显示：自2022年起特殊教育专业毕业生就业率为98.57%，用人单位的满意度为98.24%，家长的满意度为99.05%。

3.专业赋能，社会服务强成效

立足区域，立地作为。多途径开展市级、"省本级"与"国培计划"项目，承担湖北省特殊教育教师、小学随班就读教师和幼儿园融合教育教师等继续教育任务。以特殊教育专业为骨干，带动学前教育、小学教育专业同步发展，成效显著。2019年，特殊教育专业群立项为国家"双高计划"高水平专业群。自2020年起，师生志愿助残项目参加中国国际"互联网+"大学生创新创业大赛，获得1个国家级竞赛银奖、2个省级竞赛金奖。2024年，特殊教育专业被中国残疾人联合会立项为"国家级残疾人就业培训基地"。先后开展湖北省特殊教育教师、管理干部、助残心理志愿者等培训3 500人次，培训到款额1 215.68万元。面向印度尼西亚泗水PGRI阿迪布阿纳大学（Universitas PGRI Adi Buana Surabaya）、泗水锦石NU高中等出访交流，开展"中文+特殊教育技能"培训325人次。印度尼西亚泗水锦石NU高中开展中文+特殊教育技能培训如图6所示。

图6 印度尼西亚泗水锦石NU高中开展中文+特殊教育技能培训

注：图片来源于襄阳职业技术学院。

四、经验总结

经过建设，襄阳职业技术学院与常州钱璟康复股份有限公司开启了产教融合的探索之旅，通过成立"智慧康教联盟：残疾儿童康复教育机器人平台"项目研发团队，双方深度合作，聚焦于机器人技术在高职特殊教育专业建设中的三个服务，深化三个融合，共同应对特殊教育领域智慧康复资源稀缺、个性化需求难以满足的挑战，实现了特殊教育康复实效、专业"三教"改革内涵和人才培养质量的三个提升。

1.数据的科学利用与有效分析，促进了因材施教的达成

项目研发团队将机器人技术融入课程与平台，创新数

字化教材等，通过云端一体化教育平台和钱璟云平台，提供丰富多样的利于学生学习的特殊教育资源，支持教师智慧课堂建设和学生个性化学习。培育了一支能力强、善创新的教师队伍，拥有1名省级名师、1名国家级教学名师和1个国家级课程思政示范课程教学团队。2024年，学生专业课程考核的优秀率达到41.27%，教师资格证书的通过率达到87.59%。

2.机器人辅助教育应用，推动了特殊教育专业转型升级

通过机器人辅助教育，助推了教师的教和学生的学的改革，建设了多门高质量的在线课程，7门校级、3门省级和1门国家级在线精品课程，并带动小学教育、学前教育和小学英语教育等专业建设，显著提升了专业影响力。2019年，特殊教育专业成为省级骨干专业，被教育部立项为高水平特殊教育专业群建设单位。2024年，被中国残疾人联合会立项为"国家级残疾人职业培训基地"。

3.校企共建的产教融合模式，实现了教育康复的智能化

产教融合模式的实施，校企双方首先聚焦于技术与康复的深度融合，利用AI算法构建个性化识别与响应体系，为残疾儿童提供量身定制的教学与康复方案，促进了教育公平。校企合作还致力于特殊教育专业人才的联合培养，"解构-重构"了教育教学系统，通过真实项目案例和前沿技术学习，如机器人编程和智能辅具开发，增强学生的实践能力和就业竞争力。2022—2024年，毕业生年就业率在98.57%以上，受到了用人单位和残疾儿童家长的高度认可。

4.应用好基础逻辑思维，优化数字化转型的技术路径

教育数字化转型实践策略的制定要遵循基础逻辑思维，应用演绎思维，依据残疾儿童教育康复的实际，结合专业建设，科学创新人才培养方案制定，确保转型过程既有序又高效。采用"学校主体、分级推进"策略，在校、院部和专业层面各司其职、分级推进，做到自然有效衔接和协同升级。然而，也应注意到技术局限性、教育体系融合难度及标准化与个性化平衡等挑战，需持续优化机器人技术，探索更加成熟的融合路径，确保教育质量与隐私伦理的双重保障。

五、推广应用

特殊教育"走出去"，初步在"一带一路"沿线国家进行推广，被有特殊教育需求的学校、机构采纳。通过技术援助、师资培训、资源共享等方式，促进全球特殊教育均衡发展，实现教育公平与质量的双重提升。

1.适用范围

（1）残疾儿童语言与沟通技能提升。适用于有语言障碍或沟通困难的学生，通过语音识别和自然语言处理技术，机器人可以提供语言模仿、发音纠正、情景对话练习等，增强学生的语言表达和沟通能力。

（2）高校特殊教育专业课程建设。完善特殊教育专业课程体系，利用机器人模拟特定情境，如自闭症儿童的社

交互动、听力障碍学生的语言康复训练等，融合于特殊教育儿童康复技术课程之中，让学生在模拟环境中学习和实践特殊教育的教学技巧，提高学生信息化素养。

（3）残疾人职业技能培训。面向所有残疾学生，机器人可以模拟工作环境，提供职业模拟训练，如烹饪、园艺、简单机械操作等，增强其就业竞争力。

2. 应用场景

（1）课堂教学辅助。在高等数学、康复技术、大学英语等课程中，机器人提供互动式教学，通过多媒体展示、问题解答、即时反馈等形式，增强学习互动性和趣味性。

（2）个性化学习中心。设立机器人辅助学习站，根据学生的学习进度和能力提供定制化学习计划，进行一对一辅导，提供个别化康复演练环境。

（3）康复与治疗环节。在物理治疗、言语治疗和语言治疗等环节中，机器人可以提供标准化动作示范、进度追踪和数据记录，辅助治疗师工作。

（4）情感支持与陪伴。机器人作为情感支持工具，提供倾听、安慰和鼓励，尤其在学生感到孤独或焦虑时，给予即时的正面反馈和心理支持。

3. 注意事项

（1）个性化定制。充分考虑每位学生的教育需求，确保机器人提供的内容、难度和方式都高度个性化。

（2）隐私权保护。严格遵守数据保护法规，确保残疾儿童和学生信息的安全，只收集必要数据，并明确告知用途。

（3）师生技术培训。对教师和学生进行必要的技术培训，使他们能够熟练使用机器人，同时理解机器人的局限性。

（4）人机之间协作。机器人应作为教师的辅助工具，而不是替代品，确保人机之间有良好的协作与互补。

（5）持续评估与优化。定期评估机器人教学的效果，收集师生反馈，不断调整优化应用策略和内容，确保课堂教学高效化。

〔撰稿人：兰州大学罗一鸣，常州钱璟康复股份有限公司徐林，襄阳职业技术学院马仁海、申欣悦〕

智联医养康，迈向新征程

——智能柔顺训练康复机器人关键技术研究及应用

我国脑卒中病例每年新增超 240 万人，由此引发的运动功能障碍患者占比达 70%，严重影响患者生活，并给家庭及社会带来沉重负担。针对如何恢复患者运动能力，重庆电子工程职业学院课题组与常州市钱璟康复股份有限公司校企合作，持续多年开展智能柔顺训练康复机器人关键技术研究及应用示范，取得了创新性成果。成果面向运动功能障碍患者群体的康复训练需求，针对性地攻克了人体运动意图精准识别、人—机协调控制及机器人本体柔顺化设计等关键技术难题，实现了主动、被动、助动及抗阻等多模态康复训练处方智能化，形成了一套运动功能障碍患者康复训练解决方案，创新成果突出，所对应的"智能柔顺训练康复机器人"等系列产品已进入市场多年，达到或者接近国外同类产品水平，填补了国内康复训练机器人领域一大空白，为推动我国康复工程学科建设、相关产业的科技进步及经济发展做出了较大贡献，具有重大经济和社会效益。

一、实施背景

据《中国心血管健康与疾病报告 2020 概要》和《中国脑卒中防治报告 2020》显示，我国心血管病患病率持续处于上升态势，其中脑卒中发病率约 39.3%，存量达到 1 300 万人，位居全球首位；而脑卒中作为成年人致残的首要原因，其引发的不同程度运动功能障碍患者占比达 70%，既严重影响患者独立生活，又给家庭及社会带来沉重负担。

针对如何恢复患者运动能力，临床治疗中一般采用人工辅助训练和机器人辅助训练两种方式，但人工辅助训练存在过度依赖治疗师、训练强度/时间无法保证、成效低等缺点，因而国内外对机器人辅助训练新设备、新技术进行了大量研究，其临床应用亦表明机器人辅助训练能促进患者的运动能力恢复。但另一方面，应用中亦发现机器人在机构和控制方法上的表现还不太令人满意，特别是在人—机柔顺交互控制、人体运动意图识别等方面亟待有所突破。鉴于此，课题组在科学技术部、重庆市科学技术局及重庆市教委等多个部门支持下，依托重庆英才计划·机器人与智能制造技术应用及服务创新团队，与常州市钱璟康复股份有限公司（含重庆子公司）校企合作，持续多年开展智能柔顺训练康复机器人关键技术研究及应用示范，形成一套运动功能障碍患者康复训练解决方案（如图 1 所示），满足患者不同阶段康复训练需求，有效恢复患者生活能力，缓解家庭及社会经济压力。

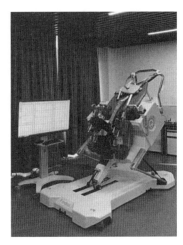

a）自适应上肢康复机器人　　　b）智能下肢助力机器人　　　c）智能下肢康复机器人

图1　一套运动功能障碍患者康复训练解决方案

二、主要做法

1.党建引领业务发展，树立正确的科研理念

重庆电子科技职业大学智慧健康学院（简称"智慧健康学院"）围绕双高项目和提质培优建设，全面贯彻落实党中央的路线、方针和政策，全面加强政治引领和思想建设工作，由党政领导亲自抓科研工作，促进党建与业务相融合，注重发挥健康管理系和健康技术系两个党支部在教学科研、教书育人中的引领作用，做到党政引领、上下一心，凝聚全院力量推动科研发展。其中，健康技术系党支部是重庆市级样板党支部。

把握好健康中国这一国家战略需求，抓住大健康产业高质量发展的黄金机遇期，积极行动，树立"以科研促进大健康产业发展"的理念，推动产学研协同创新，服务国家战略需求，牢记国家、社会和学校赋予的科研使命，积极承担各项科研任务，以实际行动促进健康中国的到来。

2.重视团队建设，打造高质量科研平台

重视科研团队建设，加强师德师风建设，全面提升智慧健康学院整体科技创新能力，打造高素质教师队伍和高质量科研平台。

智慧健康学院拥有重庆英才计划·机器人与智能制造技术应用及服务创新团队、重庆市机器人创新教学团队、重庆市机器人科普基地、重庆市教委智能制造应用技术推广中心、谢光辉机械电气市级技能大师工作室等9个省部级科研平台（团队），设置有主动健康与老龄化科技应对、智能机器人、智能医疗康复设备、健康干预与管理及智慧康养旅游5个研究所；拥有工业/服务机器人、医养康、PT&OT&STK康复训练、医疗设备4个产学研创基地，共36个实训室，总实训面积达3 000 m²；同时，还建有校外实训基地10个。

（1）团队针对康复机器人同步控制要求高且参数调整困难等问题，研究机器人协调控制关键技术，形成成套人—机交互智能控制解决方案，满足患者主动、被动、助动及抗阻等多模态康复训练需求。人机智能同步控制器如图2所示。

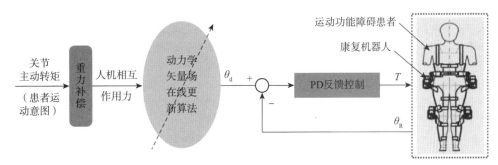

θ_R：关节实际位移　　θ_d：关节期望位移　　T：关节驱动转矩

图2　人机智能同步控制器

（2）团队针对康复机器人运动意图识别准确率低、实时性差等缺陷，研究表面肌电特征实时提取方法以及多源感知的主动运动意图识别关键技术，保证患者肌电特征的实时采集和运动轨迹的精准识别。力—肌电共融预知的运动意图识别系统原理如图3所示。

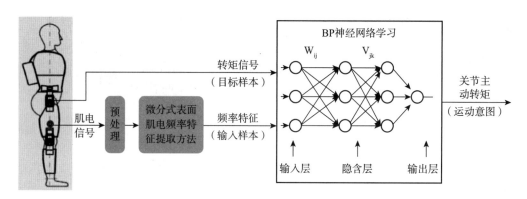

图3 力—肌电共融预知的运动意图识别系统原理

（3）研究模块化康复机器人本体机构，从本质上提高患者穿戴的柔顺性和安全性，满足个性化康复训练需求。

（4）研究3D康复机器人虚拟场景系统，满足患者不同阶段的康复需求，并提高主观能动性。3D康复机器人虚拟场景训练原理如图4所示。

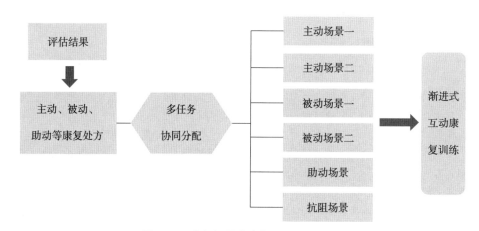

图4 3D康复机器人虚拟场景训练原理

创新成果被重庆市产学研合作促进会评价结论为：总体技术达到国际先进水平，其中动力学矢量场在线更新技术国内领先。

3.校企合作育人才，产教融合谋发展

智慧健康学院智能医疗装备技术、康复辅助器具技术、智能机器人等医工结合专业，人才培养链与产业链紧密契合。在科学研究、人才培养方案的调研、课程标准的制定、教材的开发、实训的开设、就业岗位的规划等人才培养的所有环节与企业产业高度融合。依托"重电—钱璟智慧健康产业学院"建立的"智能康复机器人产线""重电—开立生物医疗设备售后维修培训中心""重电智能健康干预中心""重电—兴创视光康复干预中心""重电—欧特斯ND数字化打印医疗器械中心"等，创新全领域新型现代学徒制人才培养模式，企业将真实生产项目或典型生产案例引入校园，创设真实职业环境，与行业企业共同实施启发式、合作式、项目式教学模式；建成集生产性实训基地、创业孵化基地、技术研发中心、协同创新中心等一体的产学研合作平台，实现人才供给、技术技能培训、技术研发与推广、结构化团队构建、基地互设等的良性循环。

常州市钱璟康复股份有限公司顺应国家"十四五"规划关于健康中国的全面发展要求，进一步秉承"普及专业康复理念满足大众康复需求，让需求者的生活变得更有质量，让全社会的资源得到更有效的利用"的理念，20多年来始终致力于儿童康复、康复训练、康复理疗等。该企业近年来已设计及承建了各类康复辅助器具20余项，在全国康复辅助器具行业享有较高的声誉。下肢康复训练效果及恢复时间成本尤其受到重视。常州市钱璟康复股份有限公司负责人了解到谢光辉教授"智能柔顺康复训练机器人关键技术及应用"项目的发明专利"一种下肢外骨骼助力装置及控制方法"，提出了一种助力装置，特别涉及一种下肢外骨骼助力装置，立即向谢教授询问相关技术并协商成果转化，重庆电子工程职业学院技术转移中心的技转人员及时跟进了解项目进度，为洽谈双方提供技术转化服务。经多次交流，双方达成了合作意向，向学校技术转移中心递交了转让申请。

三、成果成效

1.科研成果斐然

2021—2023年，智慧健康学院教师在公开刊物上发表论文上百篇，其中SCI/EI收录12篇；申报专利授权56

项，其中发明专利 18 项；学院在纵、横向项目及科技成果转移转化方面取得丰硕成绩，总计达成 48 个项目立项，涉及总合同金额 734.931 万元。其中，纵向项目 33 个，合同金额 327.3 万元；横向项目签订 15 个；科技成果转移转化共计 175 万元。牵头获得重庆市科技进步奖二等奖 1 项、三等奖 2 项，重庆市首届专利奖 1 项，主编与参编出版教材 6 本。

2. 教学成果突出

通过建设，形成了由学校、合作企业构成的"1+N"产教融合新模式，为人才培养提供坚实保障，获第八届恰佩克·中国高校产教融合 50 强。先后培养教师获得国家级教学成果奖二等奖、重庆市教学成果奖一等奖、黄炎培职业教育奖杰出教师奖、重庆市中青年骨干教师、重庆市教书育人楷模、巴渝青年技能之星、重庆市青年岗位能手、重庆英才创新创业领军人才、巴渝特级技师等，指导学生参加各类技能竞赛获得国家奖多项，成功申报教育部首批教师实践流动站、教育部机器人协同创新中心、重庆市黄大年式教师团队（主动健康与老龄化科技应对）、重庆市机器人创新创业示范团队、重庆市机器人创客创新基地、重庆市机器人科普基地、重庆市残联康复辅具专技人员规范化培训基地、重庆市机械电气技能大师工作室等。

3. 科普志愿服务，主动承担社会责任

2021—2023 年，智慧健康学院开展科普讲座和科普展示、互动体验活动共计 21 场，在 10 多所学校开展科普培训活动，在 3 所学校开展课后延时服务活动，参加系列竞赛 10 多次，普及人数超 5 万人次。

智慧健康学院组织专业团队，前往渝北区童乐特教学校、高新区第一实验小学校，开展青少年儿童足脊健康校园筛查调研活动；针对重庆电子科技职业大学全体学生，开展"爱护护眼，关注眼健康"的视力筛查和防护近视的宣传教育活动；面向高新区老年人，开展健康教育义诊暨健康咨询活动；面向广大求职者，开展康复辅助技术咨询师初级培训和工业机器人系统运维员培训。

4. 社会声誉好，对外交流多

2022 年 1 月，根据重庆市残疾人联合会下发的文件，重庆电子科技职业大学在辅助器具类方面成功入选第一批重庆市残联系统康复专业技术人员市级规范化培训基地，填补了相关培训领域空白。智慧健康学院将立足成渝双城经济圈，充分利用该基地，整合资源，稳步推进，着力打造智慧社区康复专技人才培训港，逐步形成区域式社区康复专技人员培训港口和桥头堡，进一步提升重庆电子科技职业大学影响力。2022 年 3 月，智慧健康学院在成为重庆市科普基地、国家级机器人技术应用协同创新中心、国家级机器人技术应用生产性实训基地的基础上，又被重庆市科学技术协会命名为第二批科普重庆共建基地。

四、推广应用

项目成果面向运动功能障碍患者群体，针对性地攻克了人体运动意图精准识别、人—机协调机器人本体柔顺化设计等关键技术难题，研制成功人—机智能同步控制器、力—肌电融预知运动意图识别系统、模块化柔顺机器人本体及 3D 康复机器人虚拟场景软件，形成了一套运动功能障碍患者康复训练解决方案，全面提升了康复机器人在精准、人机协调控制及机器人本体柔顺化等方面的性能，推动了技术进步，满足了患者不同阶段康复训练需求，既能有效恢复患者生活能力，又可缓解家庭及社会经济压力。在重庆、四川、贵州等地区开展公益活动，近 3 年康复受益者达 33.6 万人次，社会公益效应明显。项目产品的推广应用极大地提升了整个康复产业的产品技术水平，对提升我国智能康复设备水平和国际竞争力、有效应对老龄化社会康复医疗服务需求大爆发的挑战具有重大战略意义。

〔撰稿人：重庆电子科技职业大学谢光辉、杨仁强、李梦、孙文成〕

党建引领人才共育　项目驱动科创融合
——校企合力推动工业机器人技术专业人才培养

随着科技的发展，工业机器人在制造业中的应用越来越广泛，对相关专业人才的需求也越来越大。本案例依托四川省第二批产教融合示范项目与宜宾普什集团深入开展产教融合，从党建共建，提高师生综合素质；人才共育，提高人才培养质量；科技共研，提高师生科研能力三个方面的做法，在党建引领、产教融合、科教融汇方面取得成效，并提炼总结经验，为其他专业、院系、企业、行业在校企合作提高人才培养质量方面提供借鉴经验。

一、实施背景

随着科技的发展，工业机器人在制造业中的应用越来越广泛，对相关专业人才的需求也越来越大。然而，目前高校在培养该方面的专业人才时，往往存在理论与实践脱节的问题，导致学生毕业后难以适应企业的实际需求。为了解决该问题，许多高校开始与企业进行合作，通过校企合作的方式，推动工业机器人专业人才培养质量的提升。

校企合作是推动工业机器人专业人才培养质量提升的重要方式。通过校企合作，可以将企业的实际需求和最新技术引入课堂，使学生在学习过程中能够接触到最新的技术和设备，提高其实践能力和就业竞争力。同时，企业也可以通过校企合作方式，培养出符合自身需求的高素质人才，实现双赢。

二、主要做法

1. 党建共建，校企合作提高师生综合素质

（1）基层党组织共建，实现党建引领。一是统一交流学习，加强党建联系。每年与宜宾普什集团基层党组织联合举行一次全体党员参观学习制度，每年同上一堂联合党课；建立党员联系群，明确专人为联络员。二是树立先锋典型，带动组织发展。联合表彰一部分优秀党员，通过树立典型，深化主题实践活动，切实增强党员的荣誉感和使命感，激励党员当先锋、做表率，从而带动整个党组织发展。三是开展文化交流，促进渗透融合。围绕专业学术、技术改造、党建知识等方面开展系列活动，吸引广大党员职工积极投身创先争优活动中，有效提升党建工作活力。宜宾职业技术学院与宜宾普什集团通过党组织合作开展拓展训练，增强党员的团队意识，铸造团队精神，塑造出一支优秀的党员团队。

（2）校企开展主题活动，推进产教深度融合。牢牢把握"学思想、强党性、重实践、建新功"总要求，全面贯彻落实党的教育方针。宜宾职业技术学院与宜宾普什联动科技有限公司、宜宾普宇机械设备有限公司分别开展联合支部主题党日活动。学生们实地参观了普什集团和南溪普宇公司的生产线，了解了先进生产工艺和技术，亲身感受了企业的工作环境和文化氛围。通过活动，学生们对未来的职业发展有了更清晰的认识和规划；通过活动，校企共同探索产教融合的新模式和新路径。

（3）强化师德师风建设，校企合作建强课程思政教学团队。四川省优秀共产党员领衔，带动团队整体参与课程思政教学改革，营造人人参与课程思政教学改革的氛围；省级名师垂范，为团队开展课程思政教学改革提供经验借鉴，提升团队整体课程思政教学改革能力；专业教师、思政教师、辅导员和产业导师四方协同共建课程思政教学团队，在课程思政教学改革中发挥各自优势，相互支撑补位，落实立德树人根本任务。同时聘请企业优秀党员、先锋示范岗、道德模范、技能能手等员工做专业兼职教师，发挥其先锋模范作用，增强教师的职业道德意识和责任感。四方协同的课程思政教学团队如图1所示。

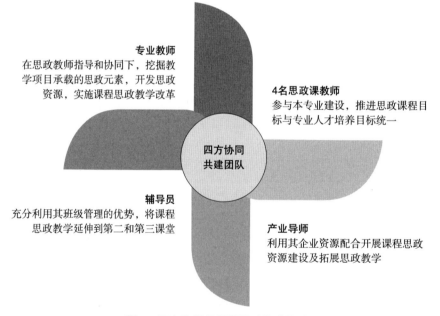

图1 四方协同的课程思政教学团队

2. 人才共育，校企合作提高人才培养质量

（1）共建专业委员会，指导人才培养方案修订。聘请宜宾普什集团一线专家与宜职院专业教师共同组建专业指导委员会，以岗位技术技能需求为导向，指导工业机器人技术专业人才培养方案修订。根据企业需求和行业标准，设计课程体系，确保课程内容与行业需求对接，并增加实践教学环节，如实习、实训、项目合作等，提升学生的实际操作能力。一是通过调查市场需求，了解行业动态和企业对人才的具体要求。根据行业对人才的需求，确定人才培养的目标，如技能型人才、管理型人才、创新型人才等。二是与企业沟通，明确企业在专业技能、岗位需求、职业素养等方面的具体要求。根据岗位要求，明确人才的知识、能力、素质要求。三是持续跟踪毕业生的就业情况和职业发展，了解市场变化。根据反馈和调研结果，动态调整和优化人才培养方案，确保其始终符合行业和企业的需求。工业机器人技术专业人才培养方案研讨如图2所示。

图2　工业机器人技术专业人才培养方案研讨

（2）以典型工作岗位为载体，共建生产性实习基地。校企共建生产性实习基地是现代职业教育和企业合作的重要形式之一，旨在通过校企合作，将学生的理论学习与实际操作相结合，提高学生的实践能力和就业竞争力。以宜宾普翼汽车科技有限公司点焊工作站典型工作岗位为载体，建立"生产＋实习"的工业机器人学生实习基地。一是校企双主体完成课程设计。企业提供详细的岗位需求，包括岗位职责、技能要求、工作内容等。学校根据企业提供的岗位需求，调整和优化课程设置，确保学生在校期间能够掌握相关技能。二是校企双导师指导学生实习。企业安排有经验的技术人员作为实习导师，指导学生的日常工作和技术操作。学校也派遣教师到企业，协助实习指导工作，确保实习过程中的教学质量。三是校企双评估保证实习质量。采用企业评价和学校评价相结合的方式，对学生的实习效果进行综合评估。企业导师和学校教师共同参与评估，给予学生实习成绩和反馈意见。根据评估结果，调整和优化实习基地的管理模式和教学内容，不断提升校企共建实习基地的质量和效果。

（3）融入岗位标准案例，共建教学资源。通过融入企业岗位标准进行校企共建教学资源，不仅可以提高教育质量和学生就业率，还可以实现企业和学校的双赢。一是

岗位标准导入课程设计。企业提供岗位标准，包括技能要求、工作流程和质量标准。学校根据这些要求，重新设计相关专业的课程内容。二是实践教学资源共建。企业提供实习基地，学校定期组织学生到企业进行实习和顶岗实习，直接参与实际生产过程。三是毕业设计与企业项目结合。学生的毕业设计直接来源于企业的实际项目需求，企业提供技术支持和项目管理指导。学生在完成毕业设计的同时，也为企业解决了实际问题，实现了双赢。

3.科技共研，校企合作提高师生科研能力

（1）互建校企工作室，组建技术攻关团队。建设校企工作室和组建技术攻关团队是促进高校与企业合作、推动技术创新的重要举措。一是明确研究方向。根据企业和学校的优势领域，如人工智能、新材料、机械工程等，确定研究方向，进行前沿技术研究、解决企业实际问题。二是建立工作室和团队。从学校选拔高学历、高职称的老师及优秀的学生，从企业选派技术专家和工程师，组成多学科交叉的团队。并且由校企双方人员成立联合管理委员会，负责工作室的日常管理和协调工作。三是提供必要的硬件和软件支持：如实验室设备、计算机、开发工具等。校企共建工业机器人系统集成专家工作室如图3所示。

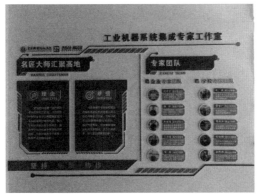

图3　校企共建工业机器人系统集成专家工作室

（2）承担企业攻关项目，提高师生科研能力。承担企业攻关项目是提高师生科研能力的重要途径之一。通过与企业的合作，学校不仅可以解决企业的实际问题，还能提升师生的科研素养和创新能力。根据企业需求和团队研究

方向，确定人工点焊升级自动化点焊项目、仪表横梁总成自动化焊接升级改造项目、地板柔性自动化焊接生产线升级改造项目等研究项目，解决了企业生产中的实际问题。比如在人工点焊升级自动化点焊项目中，团队成员通过升

级改造夹具设计以适应夹具底座；调试自动化程序，解决了人工悬焊中人工使用量大、员工劳动强度高的问题。

（3）协同推进科研成果转化。学校与企业通过合作，共同促进科研成果的实际应用和市场化，有助于充分利用学校的科研资源和企业的市场优势，实现科技创新与经济发展的有机结合。一是建立合作平台。建设校企工作室，组建技术攻关团队，并通过工作室承担企业攻关项目、联合申报项目、推动成果转化。二是推动人才交流。通过互派科研人员和技术人员进行交流，促进知识和技术的双向流动。学校派遣科研人员到企业进行实践，而企业也派出技术专家到高校讲学或合作研究。三是举办科技交流活动：定期举办科技展览、技术研讨会和项目对接会等活动，促进高校和企业的互动交流。校企共同开展技术攻关如图4所示。

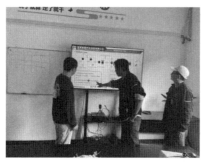

图4　校企共同开展技术攻关

三、成果成效

1. 党建引领，形成党政齐抓共管的课程思政工作业态

贯彻党的教育方针，引导教师坚守为制造强国育才的使命，以德立身、以德立学、以德立教。通过与宜宾普什集团共同开展党建工作，充分发挥党支部的战斗堡垒作用，6人次获省级以上表彰，工业机器人技术专业获批四川省党建工作样板支部、四川省课程思政示范专业。

2. 产教融合，学生培养成效显著，成果丰硕

与宜宾普什集团共建课程教学资源，公开出版教材5本，转化企业生产案例13个，共同修订课程标准8门；与宜宾普翼汽车科技有限公司共建焊接工作站校外实习基地1个，学生技术技能得到显著提升；校企联合指导学生技能竞赛，获职业技能大赛国家级奖2项，四川省级奖43项，徐荣川入选欧阳明高院士工作站人才发展基金2023年支持计划，是唯一入选高职学生；学生初次就业率95.95%，稳定率83.27%，对口率89.8%，企业满意度99.76%。

3. 科教融汇，科研成果及专利转化成效显著

与宜宾普翼汽车科技有限公司共建工业机器人系统集成专家工作室1个，共同开展企业生产技术攻关项目5项，实现汽车焊接站点自动化转型，产能提升50%，不良率降低75%；学院教师实现专利转化成果11项；推进科研项目转化双创类教学实践项目12项，获双创类国家级、四川省级奖20项，立项四川省双创项目29项、专利4项。

四、推广应用

"党建共建，人才共育，科技共研，校企合作"的模式在提高工业机器人专业人才培养质量方面有着重要的推动作用。该模式融合了政治建设、人才培养、科技创新和产业需求，是实现高质量人才培养的有效途径之一。校企合作是党建共建、人才共育、科技共研的具体实践载体，通过建立校企合作机制，促进学校与企业的深度融合，共同培养适应社会需求的高素质人才。在校企合作中，学校可以根据企业需求调整专业设置和课程设置，为学生提供更符合市场需求的培养方案；企业可以参与教学实践、科研项目，为学生提供实践机会和就业岗位。通过校企合作，可以实现人才培养的全方位、多层次、全过程发展，提高人才培养质量，促进产学研深度融合，推动区域经济社会发展。可以为其他专业、院系在人才培养方面提供借鉴经验，也可以为工业机器人企业、行业在校企合作方面提供借鉴经验。

〔撰稿人：宜宾职业技术学院沈涛、串俊刚〕

产教融合　育训并举

——"泰职—蓝思"智能制造人才培养案例

一、实施背景

随着制造业的转型升级，工业机器人的应用越来越广泛，特别是在智能制造和工业制造业的兴起中，对工业机器人的需求显著增加。然而，与这种需求增长相比，目前市场上的工业机器人专业人才供给明显不足。据统计，我国工业机器人领域的专业人才缺口高达数百万，这已成为

制约行业发展的关键因素之一。根据不同来源的数据，工业机器人领域的人才缺口有所不同。有数据显示，我国工业机器人系统操作员的缺口可能高达数十万，而整个机器人领域的人才缺口可能超过 500 万。特别是在长江三角洲地区，使用工业机器人的企业众多，人才缺口达数十万人。

工业机器人领域对人才的需求呈现多层次、多样化的特点。企业不仅需要具备基础操作和维护能力的技术员工，还需要掌握工业机器人应用技术的调试工程师、系统设计与集成应用工程师等高层次人才，这些人才需要具备较强的动手能力、专业实操训练和解决问题的能力。

蓝思精密（泰州）有限公司（简称"蓝思"）是江苏省产教融合型企业，从事一体化新型合金材料的研发及高精密机构件制品的生产，高度整合上下游关键技术与制程，是最具代表性的智能制造领域的龙头领军企业，公司拥有泰州地区数量最多、精度最高、机型最新的工业机器人与 CNC 数控机台，蓝思四个厂区合计拥有工业机器人 1 万余台（套），对工业机器人架设、调试、集成应用、操作、维护等的技术人才需求迫切。

二、主要做法

（一）引入企业资源，校企共建智能制造产业学院

1. 共建市级产业学院

泰州职业技术学院（简称"泰职"与蓝思）整合校企双方的优质资源，充分发挥校企双方的优势，以产业学院为载体，创新人才培养模式，带动机电一体化技术（智能制造）专业群建设，推动传统机电类工科专业向"新工科"转型，为企业培养更多高素质技术技能人才，同时也为学生实习、实训、就业提供更大空间。2022 年，产业学院获批泰州市智能制造产业学院。校企共建智能制造产业学院如图 1 所示。

图 1 校企共建智能制造产业学院

2. 捐赠工业机器人等设备，共建工业机器人开放式公共实训基地

校企共建工业机器人开放式公共实训基地，实训基地涵盖了工业机器人认知与展示、工业机器人基础操作、工业机器人多工艺应用、工业机器人产线集成、数字孪生与虚拟调试技术应用、机器视觉等实训室，建成在区域具有示范引领作用的集产学研培创赛一体的工业机器人开放式公共实训基地。学生在工业机器人开放式公共实训基地项目化实训如图 2 所示。

图 2 学生在工业机器人开放式公共实训基地项目化实训

蓝思捐赠 ABB 工业机器人 20 台、加工中心 40 台，设备总值 1 040 万元，校企共建机器视觉实训室、数控实训车间。蓝思工程师全程参与实训车间加工中心设备调试、技术交流及师生指导，全程参与机器视觉实训室的规划、设计与建设，使实训设备紧贴生产实际，实训案例来自企业实践，得到良好的教学实施效果。蓝思捐赠机器人、蓝思工程师参与建设的机器视觉实训室如图 3 所示。

图 3   蓝思捐赠机器人、蓝思工程师参与建设的机器视觉实训室

（二）校企共同实施"雏鹰计划"，蓝思智能制造学徒培养

深化校企合作，积极推动实施现代学徒制人才培养。2020年，蓝思与泰职共同启动了"雏鹰计划"，由校企共同实施工学一体化、专业技能、实习实训等课程，学生在企业实习训练的主要岗位有：工业机器人架设、工业机器人操作与运维、品管等。

实施"四段培养、工学交替、协同育人"现代学徒制人才培养，通过实施学徒准备期、准学徒期、学徒期、企业准员工四阶段培养，学校、企业双主体教学。第1、2学期，公共素质及专业群平台课程，辅以企业见习实习；第3、4学期，专业技术课程（学校课程及校企课程）由校内教师及企业技术人员（师傅）在校内理实一体化实训室完成教学和考核评价，并安排一定数量的企业现场教学；第5学期，在企业进行师带徒轮岗实习，并在企业培训部完成部分专业技术课程（企业课程）的学习，经校企共同考核，晋升技术员；第6学期，结束学徒，成为企业准员工，经企业考核，晋升助理工程师。

蓝思每年划拨专项经费用于智能制造班学徒的培养，设立奖学金奖励优秀学员，设立奖教金奖励优秀工程师（师傅），有计划地安排"雏鹰"们的工作与学习，并将日常的考核和学习状况纳入考核中，通过定期考核，让优秀学员逐步晋级技术员、助理工程师，并奖励结对指导师傅，有效激发了师傅及学员的工作热情。

通过层层选拔，第一期23名学生、第二期37名学生、第三期45名学生、第四期100名学生入选"雏鹰计划"蓝思智能制造班，"雏鹰"以企业储备干部的身份参与学徒培养项目，"雏鹰"的培养通道日渐完善。

（三）参与教育教学改革

1.校企共同制定人才培养方案

通过调研研讨，结合蓝思生产实际及学生未来职业生涯发展，校企共同制定"雏鹰计划"蓝思智能制造班人才培养方案，培养具备现代电子制造业企业自动化设备安装与维修职业岗位群（如工业机器人架设、工业机器人操作应用与维护、设备点检员、质量检验员、车间管理员等）的基本职业能力，能够进行自动化设备作业与维护、机器人生产线安装与调试、CNC加工程序编写与调试、自动化设备故障诊断与处理、PLC控制系统编程与调试、自动化装置开发的高素质技术技能人才。学院专业教学与企业岗位要求精准结合，有效促进了学校专业建设和课程改革。

2.校企共同进行课程建设、教材编写

根据岗位及职业能力的要求，校企共同探讨"雏鹰班"人才培养课程体系，制定相关课程标准，在苹果公司的牵头下，校企教学团队共同参与赵志群教授的工学结合一体化课程的实施培训，通过几年的教学实施，结合企业实际案例，校企共同开发活页式教材，校企共编教材的工作正在进行中。

3.校企共建混编教学团队

蓝思每年为工业机器人技术、机电一体化技术、智能控制技术、数控技术等专业教师提供访问工程师岗位，每年有20名以上的工程师参与"雏鹰"学徒的指导及产业学院专业课程的教学，同时产业学院对企业工程师进行职业教育培训，提升工程师职业教学能力，有效促进了混编教学团队教学水平的提高和教学效果的提升。通过师资团队的优化和培养，团队在教学改革等方面取得较多标志性成果，提升了专业的综合实力。企业工程师及培训师为学生培训如图4所示。

图 4   企业工程师及培训师为学生培训

（四）助推企业员工技能提升

依托校企共建的工业机器人开放式公共实训基地及泰州市智能制造产业学院，产业学院为蓝思一线员工开展工业机器人运维、工业机器人系统操作等专项技能培训及技能证书考核，产业学院教师及企业工程师对员工进行共同培训指导，理论课程在企业，实践课程在学院，产业学院老师部分理论课程送教入企，得到较好的培训效果。近两年，培训蓝思员工3 370人次，员工考核通过率80%以上。2023年全年为蓝思完成1 000名员工的工业机器人运维、工业机器人系统操作高级工的培训。

三、推广应用

1. 全面促进专业建设

建成省级青蓝工程优秀教学团队、省智改数转双师型大师工作室、入选"十四五"规划教材2门，获省教学成果奖2项、市教学成果奖1项，完成省级教改项目8项，建设省产教融合实训基地1项，主办泰州市淬火行动工业机器人产业工人培训、泰州市未来工匠工业机器人编程与操作培训及竞赛、智能制造领域企业员工各类专项培训，年培训产业工人1万余人。

2. 助推企业工业机器人后备技术人才的储备

通过"雏鹰计划"蓝思智能制造班的学徒培养，助推了企业后备技术人才的储备，第一期、第二期及第三期共有73名学生在学徒期晋升企业助理工程师。每期学徒一年留任率都在70%以上，不少"雏鹰"毕业后留企迅速成为公司骨干技术人员。部分离开蓝思的"雏鹰"，也能迅速成为新企业的技术骨干，展现大企业为社会培养技术人才的担当。

3. 政府与行业肯定

"泰职—蓝思"智能制造人才培养模式多次得到泰州市相关政府部门的高度认可，泰州电视台进行专题报道，越来越多的泰州本地企业借鉴"泰职—蓝思"智能制造人才培养模式，进行现代学徒人才培养的探索。

4. 提高培养质量

学生的培养质量得到社会的广泛认可，85%以上的学生毕业时通过工业机器人系统操作高级工等职业技能鉴定，毕业生就业满意度高，学生刚毕业的就业率超93%以上。

〔撰稿人：泰州职业技术学院张斌〕

技工院校人工智能技术应用专业校企共建模式初探

随着技工教育的快速发展和产业升级的不断推进，技工院校与企业之间的校企合作已经成为推动技能人才培养质量提升的重要途径。本文主要结合广州市轻工技师学院与深圳市优必选科技股份有限公司（简称"优必选"）校企合作的具体案例，详细介绍一线工程师进校园上课、学生到企业实践、工学一体化教学资源开发、人工智能技术科普活动组织、精品课程共建等具体实践及其成效，展示了校企双方如何发挥各自优势，实现资源共享、优势互补。

一、校企合作背景与意义

在人工智能和机器人技术迅速发展的背景下，人工智能技术的推动作用日益显著。各行各业对于掌握相关技能的人才需求不断上升，特别是在人工智能技术的应用领域，企业迫切需要一批既具备扎实的理论基础又拥有实践能力的专业人才，以推动技术创新和产业升级。面对这一新形势，技工院校的教育教学工作面临着新的挑战。为此，有必要进一步强化技工院校的专业建设和精品课程开发，培养出更多高素质的技能型人才，为经济的高质量发展提供强有力的技能人才支持。

广州市轻工技师学院积极响应社会对高技能人才培养的需求，于2018年开设人工智能技术应用专业，经过几年的精心建设与发展，2022年该专业通过评审，被确立为广州市技工院校特色专业，并成功申报广东省重点建设专业，同年广州市轻工技师学院牵头开发人工智能技术应用专业国家技能人才工学一体化课程标准和课程设置方案，并在2023年成功申报人工智能技术应用专业全国技工院校工学一体化的第二阶段建设。而优必选作为一家在人工智能和人形机器人研制造领域具有领先地位的企业，其技术和市场资源优势明显，为了进一步深化产教融合、加强校企合作，广州市轻工技师学院与优必选建立了紧密的合作关系，旨在探讨新时代人工智能技术应用专业共建模式，为学生提供更加贴近行业需求的教学内容和实训环境。

二、校企合作专业共建途径

1. 达成校企合作关系

广州市轻工技师学院经过与优必选的长期讨论交流，双方于2023年达成合作意向，并共同制定了校企合作协议，明确了双方的合作内容、方式和目标。校企战略合作协议如图1所示。

图 1　校企战略合作协议

2.校企合作内容

（1）一线工程师走入校园开展授课活动。优必选派遣经验丰富的工程师团队进驻校园课堂，为学生进行服务机器人操作与维护相关知识的讲授。工程师们一方面带来了前沿的机器人技术知识，另一方面分享了丰富的实践经验和行业案例，从而使学生能够更为良好地理解并掌握服务机器人技术。企业工程师走入校园开展授课活动如图2所示。

（2）学生到企业进行实践。为了让学生更好地了解服务机器人的实际应用和市场需求，广州市轻工技师学院还组织了学生前往优必选进行实践学习。在实践过程中，学生不仅能够接触到真实的机器人产品和生产线，还能够参与到产品研发、生产和维护等各个环节中，提升自己的实践能力和综合素质。学生赴企业学习如图3所示。

图 2　企业工程师走入校园开展授课活动

图 3　学生赴企业学习

（3）工学一体化教学新模式共探。广州市轻工技师学院充分利用校企合作的优势资源，实施工学一体化教学模式。在该模式下，广州市轻工技师学院注重理论与实践相结合，通过项目式学习、实践操作等方式让学生在实践中学习、在学习中实践。同时，广州市轻工技师学院还鼓励学生积极参与科研创新活动，培养其创新能力和团队协作精神。工学一体化模式课程如图4所示。

图 4 工学一体化模式课程

（4）人工智能技术科普活动组织。为了推广和普及人工智能技术，广州市轻工技师学院利用优必选的智能机器人走进了中小学校园。通过举办讲座、展览、互动体验等形式多样的科普活动，人工智能技术应用专业学生向中小学生介绍了人工智能技术的原理和应用场景，激发了他们对科学的兴趣和热爱。人工智能科普进校园如图 5 所示。

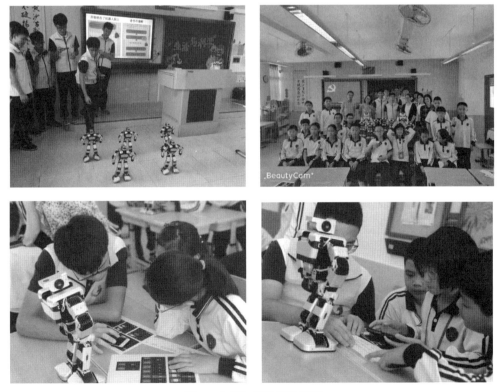

图 5 人工智能科普进校园

（5）精品课程共建。通过双方的合作，广州市轻工技师学院成功建设了"服务机器人操作与维护"这一省级精品课程，旨在培养具备服务机器人操作与维护能力的高素质人才。精品课程是指教学理念先进、教学内容科学、教学方法和手段适当、教学效果显著的示范性课程。技工院校精品课程建设是技工教育教学改革的研究成果，直接决定技工院校培养的技能人才的素质。

三、成效与反思

通过校企合作和工学一体化教学模式的实施，学生的服务机器人操作与维护能力得到了显著提升。学生不仅能够熟练掌握机器人的基本操作技能，还能够进行简单的故障排除和维修。

广州市轻工技师学院与优必选的校企合作模式以及工学一体化教学模式得到了广泛认可和好评。这些模式不仅

提高了学生的学习兴趣和参与度，还促进了学生的全面发展。同时，这些模式也为其他高校和企业提供了有益的借鉴和参考。

通过人工智能技术科普活动的开展，广州市轻工技师学院成功地将服务机器人技术引入中小学校园中。这些活动不仅提高了学生的科技素养和创新能力，还激发了他们对科学的热爱和兴趣。同时，这些活动也扩大了学校的社会影响力，为学校的品牌建设做出了积极贡献。

广州市轻工技师学院与优必选的校企合作成果丰硕。通过合作，广州市轻工技师学院与企业共同开发了一系列教学资源和实践项目，为学生提供了更多的学习机会和实践平台。同时，还建立了稳定的实习和就业基地，为学生提供了更多的就业机会和发展空间。校企共同研讨实践项目如图6所示。

图6　校企共同研讨实践项目

〔撰稿人：广州市轻工技师学院曹建斌、王思琪、陈文昀〕

中国
机器人
工业
年鉴
2024

企业篇

记录机器人行业主要骨干企业、分会优秀会员单位发展情况

中国
机器人
工业
年鉴
2024

企业篇

2023 年机器人上市公司运行概况

上市公司的运行情况是行业发展态势的一个风向标，对分析所在行业的运行与发展具有重要意义。为此，中国机械工业联合会机器人分会重点监测了部分机器人题材上市公司（主要是工业机器人本体、系统集成和服务机器人公司，根据 2023 年年报情况，共计 84 家企业机器人相关营业收入占公司营业收入的 10% 以上），分析相关企业的财报数据，从一个侧面展现行业的运行状态，丰富对机器人产业的分析与研究。

一、总体情况

2023 年，中国机械工业联合会机器人分会重点监测的 84 家企业包括 20 家沪深主板 A 股上市企业、16 家创业板、22 家科创板、24 家新三板企业及 2 家北交所 A 股上市企业。按照证监会所属行业划分，44 家为通用设备制造业，29 家为专用设备制造业，4 家为铁路、船舶、航空航天和其他运输设备制造业，另有少部分归属于仪器仪表制造业，计算机、通信和其他电子设备制造业，废弃资源综合利用业，以及电气机械和器材制造业。

二、经营情况

1. 资产负债情况

2023 年年报显示，84 家机器人上市公司资产总计 3 820.9 亿元，与 2022 年相比增长 9.0%。2020 年、2021 年、2022 年同比增速分别为 21.1%、21.9% 和 18.8%，近五年年均增长 17.6%。对比表明，机器人上市公司资产总计增速在放缓。

从公司层面看，资产总计增长的企业由 2022 年的 65 家下降至 54 家，10.7% 的重点监测企业（9 家）资产总计增速由负转正，32.1% 的企业（27 家）增速放缓，25.0% 的企业（21 家）增速加快。另有 35.7% 的企业资产总计同比下降：23.8% 的企业（20 家）由正增长变为负增长，6.0% 的企业（5 家）负增长且降幅加深，6.0% 的企业（5 家）降幅收窄。2019—2023 年 84 家机器人上市公司资产总计变化情况如图 1 所示。

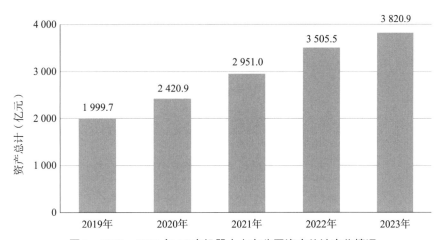

图 1　2019—2023 年 84 家机器人上市公司资产总计变化情况

注：数据来源于上市公司财务报告，中国机械工业联合会机器人分会整理。

从负债情况看，84 家机器人上市公司负债合计 1 928.0 亿元，同比增长 11.6%，2020—2022 年负债增速连续 3 年处于 20% 水平，近五年年均增长 21.2%。资产负债率由 2019 年的 44.7% 逐年提升至 2023 年的 50.5%，与 2022 年相比上升了 1.2 个百分点。2019—2023 年 84 家机器人上市公司负债合计变化情况如图 2 所示。

从公司层面看，负债合计增长的企业由 2022 年的 61 家减少至 51 家：16.7% 的企业（14 家）负债合计由负转正，29.8% 的企业（25 家）增速放缓，14.3% 的企业（12 家）增速加快。有 33 家企业负债下降：28.6% 的企业（24 家）由正增长变为负增长，6.0% 的企业（5 家）负增长且降幅加深，4.8% 的企业（4 家）降幅收窄。

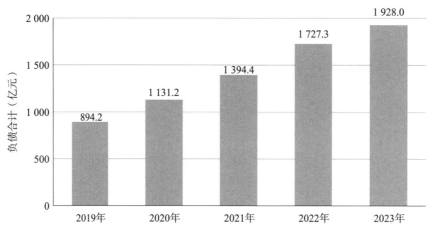

图 2　2019—2023 年 84 家机器人上市公司负债合计变化情况

注：1. 数据来源于上市公司财务报告，中国机械工业联合会机器人分会整理。

　　2. 新挂牌、上市公司只公布近三年数据，2019 年和 2020 年数据缺失。

从分布情况来看，有 36.9% 的企业资产负债率超过 60%，41.7% 的企业资产负债率介于 40%～60% 之间，21.4% 的企业资产负债率低于 40%。与 2022 年相比，资产负债率低于 40% 的企业数量减少，多数企业在合理区间内充分利用负债，但部分企业资产负债率超过 100%，需要重点关注。2022 年和 2023 年年报企业资产负债率分布对比如图 3 所示。

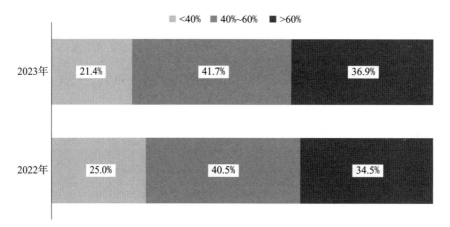

图 3　2022 年和 2023 年年报企业资产负债率分布对比

注：数据来源于上市公司财务报告，中国机械工业联合会机器人分会整理。

2. 营业收入情况

2023 年，84 家机器人上市公司共完成营业收入 1 897.4 亿元，同比增长 8.1%。从近五年情况来看，营业收入增幅略低于资产，2020—2022 年增速分别为 21.3%、26.5% 和 12.4%，2023 年营业收入约是 2019 年的 1.86 倍，年均增长 16.9%。在连续多年的高速增长下，2023 年机器人上市公司营业收入仍保持增长，显示行业强大的经营能力。

从公司层面看，营业收入实现增长的企业由 2022 年的 65 家下降至 54 家，增长面缩小：14.3% 的企业（12 家）营业收入增速由负转正，33.3% 的企业（28 家）增速放缓，16.7% 的企业（14 家）增速加快。有 35.7% 的企业营业收入同比下降：27.4% 的企业（23 家）由正增长变为负增长，1.2% 的企业（1 家）负增长且降幅加深，7.1% 的企业（6 家）降幅收窄。2019—2023 年 84 家机器人上市公司营业收入变化情况如图 4 所示。

3. 利润情况

从实现收益看，2023 年机器人上市公司累计实现利润总额 119.2 亿元，同比下降 3.8%；实现净利润 111.3 亿元，同比下降 0.5%，与 2022 年相比增速均表现为降幅大幅收窄。近五年来，自 2021 年利润总额达到高点以来，利润总额逐年下降，2023 年约是 2019 年的 2.3 倍，年均增长 23.3%。2019—2023 年 84 家机器人上市公司利润总额变化情况如图 5 所示。

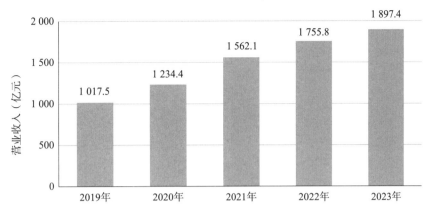

图4 2019—2023年84家机器人上市公司营业收入变化情况

注：1. 数据来源于上市公司财务报告，中国机械工业联合会机器人分会整理。

2. 新挂牌、上市公司只公布近三年数据，2019年和2020年数据缺失。

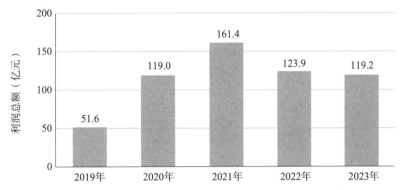

图5 2019—2023年84家机器人上市公司利润总额变化情况

注：1. 数据来源于上市公司财务报告，中国机械工业联合会机器人分会整理。

2. 新挂牌、上市公司只公布近三年数据，2019年和2020年数据缺失。

从公司层面看，利润总额实现增长的企业由2022年的45家下降至41家。其中，25.0%的企业（21家）由2022年负增长转为正增长，9.5%的企业（8家）保持增长但增幅放缓，14.3%的企业（12家）保持正增长且增幅加快。51.2%的企业利润总额同比下降，29.8%的企业（25家）由2022年正增长转为负增长，14.3%的企业（12家）降幅加深，7.1%的企业（6家）利润降幅收窄。

上述公司销售净利率（销售净利率＝净利润／销售收入）为5.9%，同比继续下降0.5个百分点。从企业分布情况看，32.1%的上市公司（27家）净利润为负数，因此销售净利率小于0，负值比重较2022年提高3.6个百分点；46.4%的上市公司（39家）销售净利率介于0～10%之间，比重与2022年持平；21.5%的企业销售净利率高于10%，比重较2022年下降。2022年和2023年企业销售净利率分布对比如图6所示。

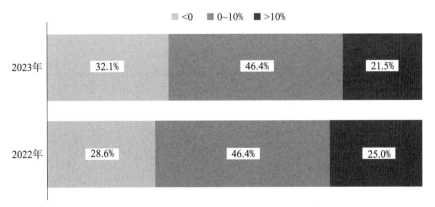

图6 2022年和2023年企业销售净利率分布对比

注：数据来源于上市公司财务报告，中国机械工业联合会机器人分会整理。

2023 年年报主要经济指标增速较 2022 年放缓，企业经营情况不及 2022 年，营业收入、利润总额及资产总计同比下降的企业占比均较 2022 年提高。2022 年和 2023 年企业营业收入、利润总额、资产总计增速分布对比如图 7 所示。

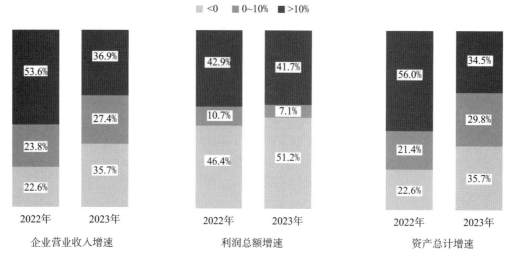

图 7　2022 年和 2023 年企业营业收入、利润总额、资产总计增速分布对比

注：数据来源于上市公司财务报告、中国机械工业联合会机器人分会整理。

根据财报数据计算，84 家机器人上市公司净资产收益率为 5.7%，同比继续回落 0.5 个百分点。有 31% 的企业净资产收益率为负值，负值比重较 2022 年提高 2.4 个百分点；50% 的企业的净资产收益率在 0～10% 之间，比重较 2022 年提高 6 个百分点；其余 19% 的企业净资产收益率在 10% 以上，比重较 2022 年下降 8.4 个百分点。与上年同期相比，有 43% 的企业的净资产收益率有所提高。2022 年和 2023 年企业净资产收益率分布对比如图 8 所示。

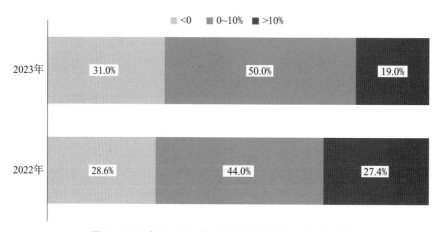

图 8　2022 年和 2023 年企业净资产收益率分布对比

注：数据来源于上市公司财务报告，中国机械工业联合会机器人分会整理。

4. 现金流情况

从现金流量来看，经营活动流入现金包括销售商品、提供劳务收到的现金，收到的税收返还及收到其他与经营活动有关的现金；经营活动流出现金包括购买商品、接受劳务支付的现金，支付给职工及为职工支付的现金，支付的各项税费，支付其他与经营活动有关的现金。2023 年相关机器人上市公司中 60.7% 的企业经营活动现金流入高于流出，净流入企业占比较 2022 年提高 10.7 个百分点。合计经营活动产生的现金流量净额为 126.9 亿元，同比增长 48.1%，流量净额约是 2019 年的 1.3 倍，年均增长 6.9%。现金流量率为 6.7%，比 2022 年增加 1.8 个百分点，目前高于销售净利率，行业发展较好。2019—2023 年 84 家机器人上市公司现金流量率和销售净利率对比如图 9 所示。

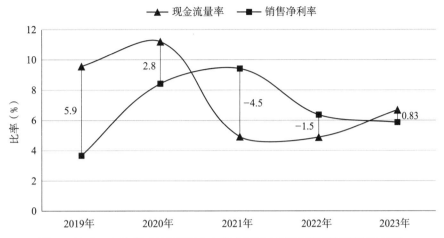

图 9　2019—2023 年 84 家机器人上市公司现金流量率和销售净利率对比

注：数据来源于上市公司财务报告，中国机械工业联合会机器人分会整理。

从投资情况看，投资活动活跃。投资活动产生的现金包括收回投资收到的现金，取得投资收益收到的现金，处置固定资产、无形资产和其他长期资产收回的现金净额，处置子公司及其他营业单位收到的现金和收到的其他与投资活动有关的现金；投资活动现金流出包括购建固定资产、无形资产和其他长期资产支付的现金，投资支付的现金，支付其他与投资活动有关的现金。2023 年相关机器人上市公司中 75% 的企业投资活动现金流出量高于流入，表现为投资活动净流出。投资活动产生的现金流量净额为 -81.6 亿元，净流出量同比下降 51.9%。

从筹资情况看，筹资活动产生的现金流入包括吸收投资收到的现金，取得借款收到的现金和收到的其他与筹资活动有关的现金；筹资活动现金流出包括偿还债务所支付的现金，分配股利、利润或偿付利息支付的现金和支付的其他与筹资活动有关的现金。2023 年，53.6% 的企业筹资活动表现为净流入，净流入企业占比较 2022 年减少 6 个百分点。从行业合计角度，筹资活动产生的现金流量净额为 20.4 亿元，同比下降 90.2%。

三、区域分布情况

从注册地分布来看，84 家企业分布于 18 个省（市、自治区），其中江苏省数量最多，共计 18 家企业，占比 21.4%；其次是广东省 16 家企业，占比 19.0%；浙江省 8 家，占比 9.5%；湖北省 7 家，占比 8.3%；上海市和北京市（6 家）的企业数也在 5 家以上。另外，山东省 4 家，安徽省、辽宁省和四川省各有 3 家，黑龙江省和福建省各 2 家，云南省、山西省、吉林省、河南省、宁夏回族自治区和天津市各有 1 家。

营业收入分布不仅与企业个数有关，更与公司规模及经营状况有关，广东和江苏数量上有绝对优势，营业收入占比相对较高，分别占总体的 31.0% 和 23.7%，浙江省 8 家上市公司营业收入共计 236.4 亿元，占总体的 12.5%，其余省份营业收入占比在 10% 以下。

考虑营业收入增速，山西、宁夏、福建、四川、浙江、河南 6 个省区机器人上市公司营业收入实现增长，山东（31.1%）和宁夏（26.7%）营业收入实现的高速增长；其余 12 个省市营业收入有所下降。企业数量按省、市、自治区分布如图 10 所示。营业收入按省、市、自治区分布如图 11 所示。

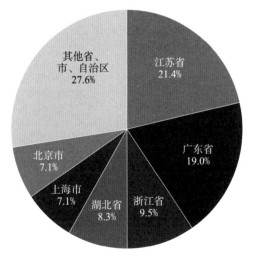

图 10　企业数量按省、市、自治区分布

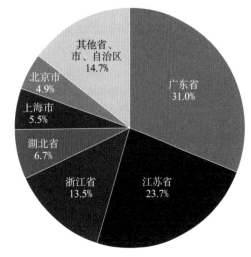

图 11　营业收入按省、市、自治区分布

注：数据来源于上市公司财务报告，中国机械工业联合会机器人分会整理。

机器人相关上市公司名单见表1。

表1 机器人相关上市公司名单

序号	证券代码	公司名称	板块
1	000584	江苏哈工智能机器人股份有限公司	深交所主板A股
2	000821	湖北京山轻工机械股份有限公司	深交所主板A股
3	000967	盈峰环境科技集团股份有限公司	深交所主板A股
4	002008	大族激光科技产业集团股份有限公司	深交所主板A股
5	002009	天奇自动化工程股份有限公司	深交所主板A股
6	002389	航天彩虹无人机股份有限公司	深交所主板A股
7	002527	上海新时达电气股份有限公司	深交所主板A股
8	002698	哈尔滨博实自动化股份有限公司	深交所主板A股
9	002747	南京埃斯顿自动化股份有限公司	深交所主板A股
10	002829	北京星网宇达科技股份有限公司	深交所主板A股
11	002957	深圳科瑞技术股份有限公司	深交所主板A股
12	300024	沈阳新松机器人自动化股份有限公司	深交所创业板A股
13	300124	深圳市汇川技术股份有限公司	深交所创业板A股
14	300161	武汉华中数控股份有限公司	深交所创业板A股
15	300173	福能东方装备科技股份有限公司	深交所创业板A股
16	300222	科大智能科技股份有限公司	深交所创业板A股
17	300276	三丰智能装备集团股份有限公司	深交所创业板A股
18	300278	华昌达智能装备集团股份有限公司	深交所创业板A股
19	300466	赛摩智能科技集团股份有限公司	深交所创业板A股
20	300486	东杰智能科技集团股份有限公司	深交所创业板A股
21	300607	广东拓斯达科技股份有限公司	深交所创业板A股
22	300836	昆山佰奥智能装备股份有限公司	深交所创业板A股
23	300853	杭州申昊科技股份有限公司	深交所创业板A股
24	301013	深圳市利和兴股份有限公司	深交所创业板A股
25	301112	广州信邦智能装备股份有限公司	深交所创业板A股
26	301199	迈赫机器人自动化股份有限公司	深交所创业板A股
27	301311	昆船智能技术股份有限公司	深交所创业板A股
28	430031	北京林克曼数控技术股份有限公司	新三板
29	600215	派斯林数字科技股份有限公司	上交所主板A股
30	603203	快克智能装备股份有限公司	上交所主板A股
31	603416	无锡信捷电气股份有限公司	上交所主板A股
32	603486	科沃斯机器人股份有限公司	上交所主板A股
33	603638	烟台艾迪精密机械股份有限公司	上交所主板A股
34	603666	亿嘉和科技股份有限公司	上交所主板A股
35	603895	上海天永智能装备股份有限公司	上交所主板A股
36	603901	杭州永创智能设备股份有限公司	上交所主板A股
37	603960	上海克来机电自动化工程股份有限公司	上交所主板A股
38	688003	苏州天准科技股份有限公司	上交所科创板A股
39	688022	苏州瀚川智能科技股份有限公司	上交所科创板A股

（续）

序号	证券代码	公司名称	板块
40	688070	成都纵横自动化技术股份有限公司	上交所科创板A股
41	688084	北京晶品特装科技股份有限公司	上交所科创板A股
42	688090	广州瑞松智能科技股份有限公司	上交所科创板A股
43	688097	博众精工科技股份有限公司	上交所科创板A股
44	688128	中国电器科学研究院股份有限公司	上交所科创板A股
45	688155	上海先惠自动化技术股份有限公司	上交所科创板A股
46	688162	安徽巨一科技股份有限公司	上交所科创板A股
47	688165	埃夫特智能装备股份有限公司	上交所科创板A股
48	688169	北京石头世纪科技股份有限公司	上交所科创板A股
49	688211	中科微至科技股份有限公司	上交所科创板A股
50	688218	江苏北人智能制造科技股份有限公司	上交所科创板A股
51	688251	合肥井松智能科技股份有限公司	上交所科创板A股
52	688255	杭州凯尔达焊接机器人股份有限公司	上交所科创板A股
53	688277	北京天智航医疗科技股份有限公司	上交所科创板A股
54	688290	杭州景业智能科技股份有限公司	上交所科创板A股
55	688297	中航（成都）无人机系统股份有限公司	上交所科创板A股
56	688306	宁波均普智能制造股份有限公司	上交所科创板A股
57	688360	德马科技集团股份有限公司	上交所科创板A股
58	688455	科捷智能科技股份有限公司	上交所科创板A股
59	688557	兰剑智能科技股份有限公司	上交所科创板A股
60	830843	上海沃迪智能装备股份有限公司	新三板
61	830849	河南平原智能装备股份有限公司	新三板
62	831670	捷福装备（武汉）股份有限公司	新三板
63	832075	四川东方水利智能装备工程股份有限公司	新三板
64	832239	广东恒鑫智能装备股份有限公司	新三板
65	833444	昆山华恒焊接股份有限公司	新三板
66	833999	昆山艾博机器人股份有限公司	新三板
67	834426	黑龙江省发现者机器人股份有限公司	新三板
68	834863	苏州佳顺智能机器人股份有限公司	新三板
69	834871	广东上川智能装备股份有限公司	新三板
70	835532	厦门航天思尔特机器人系统股份公司	新三板
71	835579	机科发展科技股份有限公司	北京证券交易所A股
72	836316	广州松兴电气股份有限公司	新三板
73	836378	常州创盛智能装备股份有限公司	新三板
74	836603	广东统一机器人智能股份有限公司	新三板
75	836786	福建明鑫智能科技股份有限公司	新三板
76	837345	湖北汉唐智能科技股份有限公司	新三板
77	837961	湖北国瑞智能装备股份有限公司	新三板
78	838363	广东思为客科技股份有限公司	新三板
79	839258	广东汇兴精工智造股份有限公司	新三板
80	871478	宁夏巨能机器人股份有限公司	北京证券交易所A股

（续）

序号	证券代码	公司名称	板块
81	872099	大连蒂艾斯科技发展股份有限公司	新三板
82	872831	天津市美瑞克智能装备股份有限公司	新三板
83	873314	广州中设机器人智能装备股份有限公司	新三板
84	873402	大连优联智能装备股份有限公司	新三板

〔撰稿人：中国机械工业联合会符玲〕

第五批国家级专精特新"小巨人"企业中机器人相关企业名单

习近平总书记高度重视中小企业发展，明确指出"希望专精特新中小企业聚焦主业，精耕细作，在提升产业链供应链稳定性、推动经济社会发展中发挥更加重要的作用"。近年来，工业和信息化部持续开展专精特新"小巨人"企业培育工作，2023 年发布第五批专精特新"小巨人"企业（简称"小巨人"企业）名单，共 3 654 家企业上榜，有效期为 2023 年 7 月 1 日至 2026 年 6 月 30 日。其中，机器人相关企业为 155 家，涵盖机器人产业链的各个环节。

从区域分布来看，这 155 家企业遍布在 16 个省份。机器人相关"小巨人"企业数量排名前三的广东省、江苏省和浙江省均位于东南沿海地区，其中广东省以 40 家企业名列前茅，紧随其后的是江苏省的 38 家和浙江省的 16 家。这三个省份的机器人相关"小巨人"企业总数已经占到了全国的 60.65%，反映出机器人相关"小巨人"企业在地域分布上呈现"东强西弱"的特征。聚焦到具体的城市，表现最亮眼的是深圳市，其数量达到 19 家，位居第 3 的广州市同样来自广东，其数量达到 9 家，这两个城市占广东全省第五批机器人相关"小巨人"企业数量的近七成。位居第 2 的则是来自江苏省的苏州，数量达到 18 家。

从成立年限来看，155 家机器人相关"小巨人"企业的平均成立年限为 12 年，最长年限为 33 年，最短年限为 4 年，其中，近三成企业成立年限超过 15 年。从注册资本来看，155 家机器人相关"小巨人"企业的注册资本均超过了 100 万元，企业的整体实力较强。其中，注册资本达到 1 亿元及以上的有 32 家，占比 20.65%；不到 1 亿元但达到 5 000 万元及以上的占比 30.32%；介于 1 000 万元至 5 000 万元之间的企业占比最高，达到了 40.65%；不足 1 000 万元的企业较少，仅占到 8.39%。第五批机器人相关"小巨人"企业成立年限分布如图 1 所示。第五批机器人相关"小巨人"企业注册资本分布如图 2 所示。

■ 成立年限<10年　■ 10年≤成立年限<20年　■ 成立年限≥20年

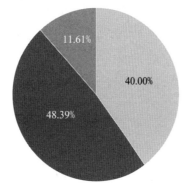

图 1　第五批机器人相关"小巨人"企业成立年限分布

■ 注册资本<1 000万元　　　■ 1 000万元≤注册资本<5 000万元
■ 5 000万元≤注册资本<1亿元　■ 注册资本≥1亿元

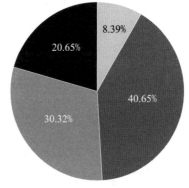

图 2　第五批机器人相关"小巨人"企业注册资本分布

注：因四舍五入，总和可能略有偏差。

从创新角度来看，这155家机器人相关"小巨人"企业均为国家级高新技术企业，其中有47家获得省级企业技术中心，占比30.32%。此外，155家企业共持有授权专利18 383项，平均每家企业持有119项，其中发明专利占比31.18%、实用新型专利占比55.49%、外观设计专利占比13.33%。入选第五批国家专精特新"小巨人"企业的机器人相关企业名单见表1。

表1　入选第五批国家专精特新"小巨人"企业的机器人相关企业名单

序号	企业名称	所属地区	成立时间	相关产品
1	安徽淘云科技股份有限公司	安徽省	2009	教育陪伴机器人
2	合肥哈工库讯智能科技有限公司	安徽省	2014	移动机器人、智慧仓储解决方案
3	安徽双骏智能科技有限公司	安徽省	2017	柔性焊接系统
4	安徽新境界自动化技术有限公司	安徽省	2014	机器人打磨系统
5	北京晶品特装科技股份有限公司	北京市	2009	特种机器人
6	中船重工信息科技有限公司	北京市	2004	工业机器人、智能产线
7	北京微链道爱科技有限公司	北京市	2018	3D 相机
8	北京卓翼智能科技有限公司	北京市	2015	无人机
9	北京一径科技有限公司	北京市	2017	激光雷达全套解决方案
10	北京光年无限科技有限公司	北京市	2010	AI 机器人
11	北京智同精密传动科技有限责任公司	北京市	2015	工业机器人用高精密摆线减速机
12	北京炎凌嘉业机电设备有限公司	北京市	2012	工业机器人
13	广东三姆森科技股份有限公司	广东省	2008	智能检测解决方案
14	东莞市冠佳电子设备有限公司	广东省	2006	智能制造解决方案
15	东莞市智赢智能装备有限公司	广东省	2013	晶圆搬运机器人
16	广东瑞辉智能科技有限公司	广东省	2008	金属成形智能化解决方案
17	广东冠能电力科技发展有限公司	广东省	2006	带电作业机器人
18	广东科伺智能科技有限公司	广东省	2011	运动控制类产品、SCARA 机器人、并联机器人、六轴关节机器人
19	广东圣特斯数控设备有限公司	广东省	2006	金属切削加工解决方案
20	广东伊之密精密橡塑装备科技有限公司	广东省	2009	机器人自动化集成系统
21	云从科技集团股份有限公司	广东省	2015	机器人语言、视觉大模型
22	广州中科云图智能科技有限公司	广东省	2017	无人机综合应用服务
23	广州吉欧电子科技有限公司	广东省	2011	无人机定位产品
24	广州极飞科技股份有限公司	广东省	2012	无人机
25	博创智能装备股份有限公司	广东省	2002	注射成型装备
26	慧眼自动化科技（广州）有限公司	广东省	2004	智能柔性生产线
27	广州德恒汽车装备科技有限公司	广东省	2012	工业机器人智能生产线
28	明通装备科技集团股份有限公司	广东省	2007	新能源智能制造产线
29	广东炬森智能装备有限公司	广东省	2019	机器人系统
30	惠州市多科达科技有限公司	广东省	2013	智能制造解决方案
31	斯坦德机器人（深圳）有限公司	广东省	2016	工业移动机器人、智能无人叉车
32	深圳市正运动技术有限公司	广东省	2013	运动控制产品
33	深圳市中驱电机有限公司	广东省	2016	高速电动机产品
34	深圳市朗驰欣创科技股份有限公司	广东省	2005	巡检机器人
35	深圳市金奥博科技股份有限公司	广东省	1994	并联机器人、六轴机器人、SCARA 机器人、移动机器人、运动控制器
36	深圳市阿拉丁无人机有限公司	广东省	2015	无人机

（续）

序号	企业名称	所属地区	成立时间	相关产品
37	深圳精智机器有限公司	广东省	2012	充换电机器人
38	广东容祺智能科技有限公司	广东省	2008	无人机
39	深圳优艾智合机器人科技有限公司	广东省	2018	移动机器人、软件系统
40	深圳市神州云海智能科技有限公司	广东省	2015	无人机、智慧清洁解决方案
41	深圳市东盈讯达电子有限公司	广东省	2009	智能制造解决方案
42	深圳市普渡科技有限公司	广东省	2016	配送机器人、清洁机器人
43	深圳市大族思特科技有限公司	广东省	2017	振镜
44	深圳市朗宇芯科技有限公司	广东省	2013	工业控制系统、机器人示教器
45	深圳潜行创新科技有限公司	广东省	2016	水下机器人、清洁机器人
46	奥比中光科技集团股份有限公司	广东省	2013	3D 视觉传感器、机器人与 AI 视觉方案
47	固高科技股份有限公司	广东省	1999	运动控制器、驱控系统、机器视觉、软件平台
48	深圳追一科技有限公司	广东省	2016	智能服务机器人
49	深圳市鲸仓科技有限公司	广东省	2014	仓储机器人、智能仓储系统
50	广东创智智能装备有限公司	广东省	2005	数字化涂装智能装备系统
51	珠海创智科技有限公司	广东省	2013	智能物流解决方案、AGV
52	广东泰坦智能动力有限公司	广东省	2016	AGV 智能充电机
53	唐山松下产业机器有限公司	河北省	1994	工业机器人
54	东风专用设备科技有限公司	湖北省	2015	移动机器人、智能装备生产线
55	湖北汉唐智能科技股份有限公司	湖北省	2004	工业机器人系统集成
56	武汉中海庭数据技术有限公司	湖北省	2016	高精度地图
57	武汉三江中电科技有限责任公司	湖北省	2011	无人机集成
58	武汉中元华电科技股份有限公司	湖北省	2001	巡检机器人
59	湖北三江航天涂装设备工程有限公司	湖北省	2006	喷砂机器人
60	武汉中观自动化科技有限公司	湖北省	2014	智能在线检测系统
61	湖北三江航天红林探控有限公司	湖北省	1990	特殊作业机器人
62	湖南沁峰机器人有限公司	湖南省	2018	冲压机器人
63	湖南军成科技有限公司	湖南省	2011	智能制造生产线
64	湖南国天电子科技有限公司	湖南省	2013	水下机器人
65	湖南视比特机器人有限公司	湖南省	2018	智能机器人工作站、智能制造产线、智能检测系统
66	湖南驰众机器人有限公司	湖南省	2016	工业移动机器人
67	湖南超能机器人技术有限公司	湖南省	2016	陪伴机器人、消防机器人、巡逻机器人
68	湖南同心模具制造有限公司	湖南省	2005	工业机器人
69	湖南智融科技有限公司	湖南省	2019	服务消费机器人、特殊作业机器人
70	湖南山河科技股份有限公司	湖南省	2008	无人机
71	江苏兴锻智能装备科技有限公司	江苏省	2011	机器人搬运系统
72	常州华数锦明智能装备技术研究院有限公司	江苏省	2017	智能制造解决方案
73	中国机械总院集团江苏分院有限公司	江苏省	2012	柔性制造系统
74	常州纳捷机电科技有限公司	江苏省	2007	智能裁切解决方案
75	中科摩通（常州）智能制造股份有限公司	江苏省	2019	智能制造解决方案
76	南京景曜智能科技有限公司	江苏省	2013	3D 机器视觉、复合机器人
77	江苏烁石焊接科技有限公司	江苏省	2013	机器人智能制造系统

（续）

序号	企业名称	所属地区	成立时间	相关产品
78	南京苏美达智能技术有限公司	江苏省	2004	服务消费机器人
79	南京芯传汇电子科技有限公司	江苏省	2010	无人机
80	江苏泰治科技股份有限公司	江苏省	2016	智慧工厂解决方案
81	南京蓝昊智能科技有限公司	江苏省	2018	智能柔性折弯中心
82	南京悠阔电气科技有限公司	江苏省	2013	巡检机器人、无人机
83	南京音飞储存设备（集团）股份有限公司	江苏省	2002	智能储存解决方案、AGV
84	江苏六维智能物流装备股份有限公司	江苏省	2002	智能仓储整体解决方案
85	南通通机股份有限公司	江苏省	1997	机器人码垛系统
86	江苏智库智能科技有限公司	江苏省	2017	托盘仓储机器人
87	苏州佳顺智能机器人股份有限公司	江苏省	2007	移动机器人
88	昆山鸿仕达智能科技股份有限公司	江苏省	2011	智能制造解决方案
89	昆山明创电子科技有限公司	江苏省	2003	工业机器人
90	苏州玖钧智能装备有限公司	江苏省	2016	直角坐标机器人
91	吴江市金澜机械制造有限公司	江苏省	2007	汽车零部件智能解决方案
92	苏州市朗电机器人有限公司	江苏省	2015	智能制造解决方案
93	苏州博思特装配自动化科技有限公司	江苏省	2008	工业机器人、服务机器人、智能制造解决方案
94	苏州玖物智能科技股份有限公司	江苏省	2017	移动机器人、激光雷达
95	江苏特创科技有限公司	江苏省	2009	智能制造解决方案
96	江苏西顿科技有限公司	江苏省	2009	智能制造解决方案
97	苏州极目机器人科技有限公司	江苏省	2016	无人机
98	江苏元泰智能科技股份有限公司	江苏省	2009	智能制造解决方案、智能物流系统
99	江苏盖亚环境科技股份有限公司	江苏省	2012	农业机器人
100	苏州桑泰海洋仪器研发有限责任公司	江苏省	2009	水下机器人
101	苏州卓兆点胶股份有限公司	江苏省	2015	点胶机器人
102	科瑞工业自动化系统（苏州）有限公司	江苏省	2014	传感器、运动控制产品
103	苏州慧桥自动化设备有限公司	江苏省	2010	液晶面板、半导体自动化解决方案
104	无锡华联科技集团有限公司	江苏省	2002	机器人焊接工作站
105	徐州江煤科技有限公司	江苏省	2002	救援机器人
106	江苏景中景工业涂装设备有限公司	江苏省	2007	涂装生产线
107	扬州曙光光电自控有限责任公司	江苏省	2002	工业机器人
108	镇江同舟螺旋桨有限公司	江苏省	2005	消防机器人
109	南昌三瑞智能科技有限公司	江西省	2009	无人机动力系统
110	大连誉洋工业智能有限公司	辽宁省	2014	智能制造解决方案
111	沈阳邦粹科技有限公司	辽宁省	2007	工业无线产品
112	一工机器人银川有限公司	宁夏回族自治区	2015	智能制造自动化整体解决方案
113	山东凯斯锐智能装备有限公司	山东省	2012	钢结构智能工厂解决方案
114	山东金博利达精密机械有限公司	山东省	2010	智能工厂整体解决方案
115	济南中正金码科技有限公司	山东省	2003	智能制造解决方案
116	山东深蓝机器股份有限公司	山东省	2006	智能包装及自动化物流解决方案
117	山东中科先进技术有限公司	山东省	2019	智能制造解决方案、无人机
118	山东德晟机器人股份有限公司	山东省	2018	工业机器人
119	青岛镭测创芯科技有限公司	山东省	2018	激光雷达

（续）

序号	企业名称	所属地区	成立时间	相关产品
120	青岛恒林工业集团股份有限公司	山东省	2006	打磨机器人工作站
121	青岛森科特智能仪器有限公司	山东省	2015	网衣清洗机器人、巡检机器人
122	科捷智能科技股份有限公司	山东省	2015	智能物流、智能制造系统解决方案
123	山东浩睿智能科技有限公司	山东省	2013	智能扫路机器人
124	科曼智能科技有限公司	山东省	2018	巡检机器人、电力机器人、服务机器人、机器人自动化生产流水线
125	爱孚迪（上海）制造系统工程有限公司	上海市	2004	智能制造解决方案
126	星猿哲科技（上海）有限公司	上海市	2018	3D 视觉系统、拣选机器人
127	上海原能细胞生物低温设备有限公司	上海市	2017	自动化生物样本库解决方案
128	上海君屹工业自动化股份有限公司	上海市	2009	智能工厂解决方案
129	成都天创精密工业有限公司	四川省	2006	智能制造解决方案
130	成都立航科技股份有限公司	四川省	2003	航空领域数字化智能制造解决方案
131	四川国软科技集团有限公司	四川省	2006	工业机器人
132	成都联星技术股份有限公司	四川省	2005	狭窄空间制孔机器人、飞行定位标定系统、大气压力模拟设备
133	成都优艾维智能科技有限责任公司	四川省	2014	无人机
134	玛斯特轻量化科技（天津）有限公司	天津市	2014	机器人焊接生产线、机器人点焊、弧焊自动化焊接系统及装备
135	辰星（天津）自动化设备有限公司	天津市	2013	工业机器人、驱控一体机
136	一飞智控（天津）科技有限公司	天津市	2015	无人机
137	杭州士腾科技有限公司	浙江省	2003	关节驱动器、工业机器人、AGV 控制系统
138	杭州泰尚智能装备股份有限公司	浙江省	2016	工业自动化方案
139	浙江百应科技有限公司	浙江省	2016	服务机器人
140	杭州高品自动化设备有限公司	浙江省	2013	智能制造解决方案
141	浙江厚达智能科技股份有限公司	浙江省	2010	智能化计量检定 / 检测系统
142	杭州中为光电技术有限公司	浙江省	2005	智能搬运 AGV
143	浙江立镖机器人有限公司	浙江省	2016	分拣机器人、智能分拣解决方案
144	浙江世仓智能仓储设备有限公司	浙江省	2017	移动机器人、密集存储解决方案
145	宁波利安科技股份有限公司	浙江省	2006	注塑机
146	宁波韦尔德斯凯勒智能科技有限公司	浙江省	2012	工业机器人、服务消费机器人、特种机器人
147	宁波中亿智能股份有限公司	浙江省	2014	智能装配检测生产线解决方案
148	智昌科技集团股份有限公司	浙江省	2016	机器人控制器、工业机器人、机器视觉系统
149	和利时卡优倍科技有限公司	浙江省	2018	智能工厂整体解决方案
150	杭州蕙勒智能科技股份有限公司	浙江省	2015	机床单元固定机器人、机床协作机器人
151	浙江鑫升新能源科技有限公司	浙江省	2012	工业机器人
152	浙江万丰科技开发股份有限公司	浙江省	1992	工业机器人、自动化系统集成
153	重庆山朕科技发展有限公司	重庆市	2011	机器人（点、弧焊）系统集成
154	重庆泓宝科技股份有限公司	重庆市	1998	无人机巡检解决方案
155	埃克斯工业有限公司	重庆市	2017	智能生产计划调度与优化系统

注：1. 根据工业和信息化部网站信息整理。

2. 名单按企业注册地排序，不分先后。

夯实产品实力，打造产业新生态

——遨博（北京）智能科技股份有限公司

遨博（北京）智能科技股份有限公司（简称"遨博智能"）创立于2015年，是一家专注于协作机器人研发、生产和销售的国家高新技术企业，荣获工业和信息化部与中国工业经济联合会联合颁发的"制造业单项冠军示范企业（协作机器人）"、国家级专精特新"小巨人"企业等荣誉。

遨博智能开发了具有全部知识产权的协作机器人产品，实现核心部件全部国产化，实现了国产化替代。自成立以来，遨博智能推出 iS 系列、iH 系列、C 系列、S 系列、E 系列协作机器人，海纳系列复合机器人，以及码垛工作站，产品负载覆盖 3～35kg，丰富的负载和工作半径选择，在满足大部分应用场景需求的同时，可以为客户提供更多产品选型和更精准的成本控制，实现效益最大化。

遨博智能的产品先后通过 EN ISO13849-1:2015（PL=d，CAT 3）、欧盟 CE 认证、北美国家认可实验室（NRTL）认证、韩国 KCs 认证、中国机器人（CR）认证、SEMI S2 认证、洁净度 Class5 级等认证。作为国产协作机器人的优质品牌，在助推国内各行业发展的同时，遨博智能也不断走向国际。近年来，遨博智能在海外项目开发中积累了丰富经验，锻炼出一支专业高效的团队，在欧洲、美洲、日韩、东南亚等重点市场设立服务中心，并拥有众多高价值客户，储备了大量优质项目，销售和技术支持网络逐渐覆盖全球。

一、新产品辈出，广受市场欢迎

2023 年，遨博智能推出多款新品协作机器人，针对不同行业的应用场景，它们各具优势，受到了企业及客户的好评。遨博智能协作机器人产品如图 1 所示。

图 1 遨博智能协作机器人产品

1. iH 系列协作机器人

iH 系列协作机器人具有 3～16kg 不同负载能力，末端可自主搭配不同配件，在精度、速度、稳定性方面都有较好表现，可覆盖各行业差异性应用，更好地满足客户与市场需求。其重复定位精度、上电定位精度进一步优化，最大碰撞力数值降低，毫秒级系统响应速度确保定位精度、作业轨迹更平稳；工作速度提升 10%～20%，6 自由度机械臂高效运转，大幅提升工作效率；开放的系统平台，末端集成 RS485 通信，增加末端拖拽示教功能，支持大电流供电，可与更多种类的末端治具、视觉、移动等外围设备直接建立通信，更灵活、更便捷；产品通过多项专业认证，稳定可靠，碰撞检测灵敏度提高，无须安全防护，人机协作更安全。

2. C 系列协作机器人

C 系列是基于服务、新零售等行业应用特点而开发的协作机器人，产品具有 3～5kg 不同负载能力，可满足服务、新零售等领域需求，投资回报率高。C 系列协作机器人占地面积小，可快速部署，适应狭小空间安装；简易的工作流图形界面，丰富友好的脚本编程，让技术人员快速熟练操作；一体化关节模块设计、便捷拆装，维护效率更高；标准化的智能接口，开放性的编程语言，可扩展性高；能够自主搭配不同配件，实现丰富多样的功能；对周边环境改动小，可实现高效低成本运作，平均 3～9 个月收回投资成本。

3. iS 系列高性能协作机器人

iS 系列高性能协作机器人，共有 iS7、iS10、iS20、iS35 四款产品，分别可负载 7kg、10kg、20kg、35kg。采用一体化模块化设计，可实现快速更换，维修保养更便捷；机械臂运行速度更快，本体质量减小，核心零部件优化，搭载新控制算法；重复定位精度、绝对精度、轨迹精度都有全面提升，防护等级最高可达 IP68；示教器质量仅有 1.1kg，屏幕尺寸更小；控制柜占地面积仅为原先的 1/2，体积减小约 40%。iS 系列可广泛应用于全行业场景，更适用于精密制造、喷涂、严苛敏感环境等特殊场景，安全便捷。

二、自主研发 ARCS 系统，引领技术创新

ARCS 协作机器人控制系统是遨博智能开发的新一代机器人控制软件平台，旨在搭建遨博智能自有的软件技术体系，包含 AUBO STUDIO 无线示教软件、AUBO SCOPE 机器人示教器软件、ARCS SDK 接口和 ARCS 技术支持包等部分，具有模块化程度高、扩展性强、安全性高和兼容性强等特点，在软件功能和开发运维效率方面有了重大提升，为客户机器人应用集成开发提供有力支持，也为机器人控制系统国产化再次做出新的示范。

ARCS 协作机器人控制系统是遨博智能自主研发的基础软件平台，可支持遨博智能全系列协作机器人产品及后续研发的新产品，在此基础上的技术迭代与软件更新也将更方便、更快捷。ARCS 新系统拥有 150+ 生态伙伴，配备豪华的生态配件，从安全卫士、智能感知、全新 UI 体验、

全面生态开发、无线示教、多臂协控等方面助力生态发展，赋能柔性协作未来，共创国产化软件平台新时代。

三、应用场景丰富，覆盖行业广泛

随着数年的成长，遨博智能产品应用覆盖的行业已经非常广泛，应用场景丰富，在汽车、3C、新能源、半导体、机械加工、五金家电、厨卫洁具、医疗健康、餐饮、新零售等行业的涂胶、码垛、焊接、上下料、充电、搬运、清洁、理疗、煮面、奶茶制作等场景，都有非常成功的应用案例，帮助终端行业构建产业新生态。

在汽车及零部件装配领域，遨博智能向比亚迪汽车及零部件厂交付了近千台螺丝锁付机器人，产品在客户工厂稳定运行了 1 年以上，大幅降低了劳动强度，提高了作业质量，为客户节约 40% 以上的成本。

在机加工领域，遨博智能帮助客户进行产线改造，协作机器人替代人工完成上下料、搬运等重复性高的工作，大大减少了一线工人的工作量，且可 24h 连续工作，为企业节约了一半以上的运营成本。

在复合机器人方面，通过智能一体化机器人和智能调度物流管控系统，助力工厂实现智能化无人生产车间。复合机器人基于激光自然导航的混合定位与自然导航技术，无须环境改造，无尘环境作业达标的同时实现室内 ±5mm 的重复定位精度；搭载 360° 扫描的双安全激光雷达，智能识别障碍并主动规避，保证安全高速平稳运行。

在新零售领域，遨博智能双臂拉花咖啡机器人广受市场欢迎，75s 便可完成取杯、萃取、研磨、打奶泡、拉花等制作流程，能够完成树叶、郁金香、天鹅等多种图案拉花，观众只需在随机搭载的平板电脑上完成点餐后，咖啡机器人就能带来一杯精致的拉花咖啡。

在健康领域，遨博智能与中国女篮赞助商成都市秀域健康科技有限公司（简称"秀域"）合作，研发点阵波理疗机器人、超 V 理疗机器人，目前在秀域的 1 000 多家连锁店投入使用，已销售超过 5 000 台，连续稳定使用三年以上。

在农业领域，遨博智能研发的农业采摘、巡检、喷雾、运输、分选线等 20 多台机器人产品在上海浦东新区张江镇孙桥溢佳产业园区实现了设施农业产业转型升级的应用，该项目入选《2023 上海智能机器人标杆企业与应用场景推荐目录》。

在教育领域，遨博智能的教育协作机器人被广泛应用于学校和培训机构中，用于辅助教学和培训。它们可以根据学生的需求提供个性化的学习辅助，并与学生进行互动和交流，不仅可以提高学生的学习效果和兴趣，更能让学生在接触科技化、智能化的产品过程中全面发展。

〔供稿单位：遨博（北京）智能科技股份有限公司〕

聚力自主研发，以核心芯片驱动机器人产业发展

——珠海一微半导体股份有限公司

珠海一微半导体股份有限公司（以下简称"一微半导体"）于 2014 年在横琴成立，是一家以机器人技术及大规模高集成度数模混合芯片设计为主的国家高新技术企业，专注于算法芯片化、硬件加速化、芯片多核化、设计敏捷化的机器人芯片以及算法的关键技术研究，为移动机器人提供高集成、高智能、高可靠、高算力、低功耗、实时性强的专用芯片及方便快捷的开发平台，是移动机器人专用芯片领域的领航者。2022 年，一微半导体成功入选第四批国家级专精特新"小巨人"企业。

一、以核心芯片驱动机器人产业发展

一微半导体拥有行业领先的机器人运动控制和同步定位导航（SLAM）专用 SoC 芯片设计能力，产品主要应用在个人 / 家庭机器人、专业服务机器人等领域，目前在家用与商用清洁领域已累计实现了千万级（台 / 套）大规模商业化应用，产品已广泛应用在小米、海尔、美的、科沃斯、Anker、Philip、SEB、Bissell、SoftBank 及 ihome 等诸多国内外知名终端厂商，得到了客户的高度认可。

一微半导体在发展过程中高度重视技术研发及知识产权的积累，截至目前已累计申请知识产权超过 1 800 项，其中专利合作条约（PCT）及国外专利申请超过 230 项，专利申请量在清洁机器人技术与芯片领域位居全球前列，先后被评为"广东省知识产权示范企业"及"国家知识产权优势企业"，2022 年被评为"国家知识产权示范企业"。

二、深化琴澳交流合作，促进科研成果转化

一微半导体积极践行琴澳交流合作，先后牵头联合澳门大学共同承担了国家重点研发计划"智能机器人"重点项目、粤港澳科技合作专题项目及珠海市产业核心攻关项目，均顺利通过项目验收。同时，一微半导体联合珠海澳大科技研究院，成功申请设立了"广东省移动机器人专用芯片工程技术研究中心"，通过了广东省科技厅的认定；此外，双方还共同成立了联合实验室，共同围绕移动机器人芯片及机器人关键技术，开展科研攻关，促进澳科研成果转化。目前，一微半导体已在澳门成立了全资子公司，对澳交流合作持续深入。

三、发展成果获认可，备受资本市场青睐

一微半导体自成立以来取得高速发展，先后荣获中国智能科学技术最高奖"吴文俊人工智能科学技术奖"第七届企业创新工程项目及第十届芯片专项奖、广东省科技

进步奖二等奖、第三届全国机器人专利创新创业大赛一等奖、首届"创新中国"硬科技新锐企业100强、第二届横琴科技创业大赛二等奖以及珠海市科技进步奖二等奖等荣誉，同时被评为国家级专精特新"小巨人"企业、"广东省机器人骨干企业""广东省专精特新中小企业"及"珠海市独角兽潜力企业"，入选了中国机械工业联合会"2023机器人行业TOP企业遴选培育名单"。此外，一微半导体还荣获了第十六届"中国芯"优秀市场表现产品奖、第十八届"中国芯"优秀技术创新产品奖、2022中国IC风云榜年度技术突破奖及2023中国IC风云榜年度优秀创新产品奖，同时成功入选2021年、2022年珠海市高新技术企业"创新综合实力100强"及"成长100强"。

一微半导体的发展成果不仅得到了行业及市场的高度认可，同时也得到了资本市场的青睐，目前已获得了包括横琴金投、达泰资本、小米产投、盛世投资、源星资本、招商局资本、温氏投资、中金资本及武岳峰科创投等多家知名机构的投资。其中，通过深化对澳交流合作，成功引入澳门资本，获得澳门腾创科技投资有限公司1亿元投资，通过引资实现"引智""引才"及"引市"，进而推进公司更好地依托澳门作为葡语系国家商贸合作服务平台的优势，不断拓展海外市场，实现"走出去"的战略。

四、积极开展产学研合作，科技创新能力持续提升

一微半导体牵头联合哈尔滨工业大学、华中科技大学、珠海澳大科技研究院、立得空间信息技术股份有限公司等9家单位共同承担的2019年度国家重点研发计划"智能机器人"重点专项《机器人环境建模与导航定位专

用芯片及软硬件模组》，是"十三五"机器人重点专项中唯一的芯片项目。该项目完成了三大场景（室内家居、室内商超、室外园区）、六大类机器人（家用清洁机器人、商用清洁机器人、娱乐陪伴机器人、导引导览机器人、室外巡逻机器人、户外割草机器人）的应用示范，填补了机器人建图及定位导航专用芯片领域的空白；2023年11月项目顺利通过科技部高技术研究发展中心验收。

五、聚焦"AI+机器人"战略

未来，一微半导体将致力于"AI+机器人"战略的实施，加大在AI芯片、机器人关键技术领域的研发及市场应用研究，围绕移动机器人专用芯片构建机器人产业生态链，实现主营业务收入的快速增长；一微半导体还将进一步深化对澳交流合作，加强与澳门及国际先进科研机构的合作，不断提升技术创新能力；同时，以澳门子公司为支点，促进资金要素、人才要素在琴澳之间的流动，让专用芯片及机器人产品在澳门及海外市场实现更加广泛的应用。一微半导体一方面将依托联合实验室及省工程技术研究中心的合作基础，继续牵头联合澳门大学、哈尔滨工业大学等境内外高校，申请承担国家"十四五"的"智能机器人"专项，聚焦移动服务机器人算控一体的专用芯片及模组；另一方面，通过深入推进澳门子公司的运营，积极构建产学研示范基地、筹建离岸创新中心，努力通过产业链资源整合，在澳门建立智能机器人体验中心。

〔供稿单位：珠海一微半导体股份有限公司〕

永葆"中国速度"，永创"中国水平"
——沈阳新松机器人自动化股份有限公司

沈阳新松机器人自动化股份有限公司（简称"新松公司"）成立于2000年，是一家以机器人和智能制造为主营业务的高科技上市公司。作为机器人国家工程研究中心、国家"863"计划智能机器人主题产业化基地、中国机器人标准化总体组组长单位、中国机器人产业联盟理事长单位，新松公司以科技强国、产业报国为己任，创造了我国机器人发展史上百余项行业"第一"，主导和参与制定国家及行业标准80余项，填补了我国机器人"只有进口，没有出口"的历史空白，形成了集核心技术、核心零部件、核心产品与行业系统解决方案为一体的全产业价值链，获中国科学院科技进步奖特等奖、国家工程研究中心杰出贡献奖、国家科学技术进步奖二等奖、中国专利优秀奖等荣誉。新松公司被科技部、国家发展改革委、工业和信息化部等部委认定为国家高技术研究发展计划成果产业化基地、国家高技术产业化示范工程、国家技术创新示范

企业，推动我国机器人产业屹立世界之林，摘取"制造业皇冠顶端的明珠"。

一、坚定自主创新之路，关键核心技术自立自强

为推动我国机器人从实验室走向产业化应用，2000年4月30日，我国第一家以机器人技术为核心，以创新为驱动力的机器人企业——新松公司，承载民族使命应运而生。公司以中国工程院已故院士、中国机器人事业奠基人蒋新松的名字命名，彰显了创业团队科技强国、产业报国的强大决心。新松公司自成立以来，坚持走自主创新之路，重点围绕自主知识产权的工业机器人、移动机器人、特种机器人三大类核心产品开展技术攻关，不断打破国外垄断，推动国产机器人关键核心技术自立自强。

在工业机器人领域，新松公司是国内最早开始工业机器人本体研究与应用的企业，2000年左右，新松工业机器人便已批量应用于工程机械、摩托车制造等领域，并逐步

实现焊接、搬运、装配、喷涂、研磨等全工艺环节覆盖。新松公司以"中国红"作为工业机器人的主体颜色，彰显了产业报国的强大决心。如今，新松工业机器人已拥有3~500kg负载的多种型号产品，自主攻克了包括力感知、离线编程、工艺专家系统、免示教作业系统等行业核心技术，产品广泛应用于包括汽车及零部件、工程机械、轨道交通、船舶、航空航天、新能源、医疗、烟草等在内的国民经济重点领域，在众多国家重大工程中，都能看到新松工业机器人的身影。

在移动机器人领域，新松公司核心研发团队在20世纪80年代就开始了对移动机器人的系统性研究。新松移动机器人从控制系统、导航技术到核心零部件全部自主可控，成功改写了中国机器人"只有进口，没有出口"的历史，技术水平和客户口碑享誉海内外！如今，新松公司已自主研发了包括合装型、重载型、辅助装配型、叉式、高精度型、户外型、工业清扫等在内的全系列移动机器人产品，自主攻克了包括移动机器人混合供电技术、多导航整合技术、可云端部署的超大规模智能群控调度技术、高精度货物定位技术等在内的众多行业核心技术。目前新松公司的移动机器人产品已服务于多家世界500强企业，多次代表国家科技形象，亮相韩国平昌冬奥会等国际舞台。

在特种机器人领域，为满足国民经济各重点领域特殊需求，新松公司高度重视特种机器人技术开发，加快开拓应用市场。如今，新松公司已拥有包括重载机器人、蛇形臂机器人、野外移动机器人、核用机器人、直角坐标机器人等在内的各类型特种机器人产品，自主攻克了机器人电液伺服系统协调运动高精度控制技术、超冗余度机器人运动控制技术、高精度柔索驱动技术、强辐射场下辐照加固技术等行业核心技术，产品广泛应用于核工业、新能源汽车电子、特种加工、有色金属、油田开采等领域。

二、服务国民经济重点领域，国产机器人跨入高端应用行列

汽车制造业是国民经济的支柱产业，也是衡量工业机器人技术水平的重要应用领域。在汽车制造领域，新松公司率先完成我国新型点焊、弧焊工业机器人技术开发，攻克和优化设计机器人免示教焊接、焊缝智能跟踪等关键技术，实现了国产工业机器人在汽车焊接领域的大批量应用，让我国汽车生产线上第一次大面积出现"中国红"。新松工业机器人打破了国外厂商在汽车焊装领域的技术垄断，与国际品牌机器人同台竞技，不断实现国产替代。在汽车底盘合装移动机器人领域，新松公司无论技术实力还是市场占有率都位于世界领先行列，被全球多家知名汽车厂商、新能源汽车厂商批量采购。

半导体产业是国民经济和社会发展的战略性、基础性和先导性产业。在半导体行业，新松公司打造了具有完全自主知识产权的晶圆传输自动化核心系列产品，替代人类在洁净环境下完成物料自动传输，在有效降低环境污染的

同时，进一步提升生产率，满足产品微型化、精密化、高纯度发展需求。其中真空机械手广泛应用于等离子刻蚀机、薄膜、离子注入机等集成电路整机装备中，该产品曾长期被国外公司垄断，新松公司经过多年持续攻关，彻底攻克这一"卡脖子"技术，成为国产直驱真空机械手的唯一品牌。

基建工程是"国之重器"，工业机器人中厚板焊接技术是现代化基建工程的关键工艺环节，焊接对象通常是体积大、质量大、结构复杂且一致性较差的大型工件，我国这一领域曾长期被国外机器人厂商垄断。新松团队在国内率先攻克机器人中厚板智能焊接技术，一举打破国外垄断。新松公司在深中通道沉管钢壳焊接项目竞标中成功战胜国际强手，实现组焊作业的无人化、智能化，为深中通道沉管钢壳工程开启了智能制造的第一扇大门，向全世界彰显了中国机器人的发展新高度。

当前，全球新能源汽车销量和渗透率均呈现加速发展态势，也带动了新能源电池的产需。新松公司凭借在机器人和智能制造领域行业领先的技术实力和多年沉淀的丰富经验，在锂离子电池市场全面爆发之前已深入行业，为用户打通生产物流堵点，在国内率先针对锂离子电池行业研发移动机器人全产品矩阵。目前，新松公司已为行业多家用户提供从原材料/极卷库、前段极片制造、中段电芯合成、化成分容到后段电池组装的锂电行业智能制造和智能物流整体解决方案。

三、坚持国际化发展战略，助力国内国际双循环

立足中国，服务世界！新松公司坚持国际化发展战略，在新加坡、泰国、马来西亚、德国、墨西哥、日本等多地设立海外分子公司及区域中心。在海外拥有专业的项目工程团队和先进的研发生产基地，实现海外项目本地化实施及服务。产品已累计出口全球40多个国家和地区，为4000余家国际企业提供产业升级服务，与多家世界500强企业建立深度合作关系，规模化客户群体占比高达2/3。

在欧洲，新松公司率先实现了中国移动机器人整系统通过欧盟CE认证，合装型移动机器人批量出口至欧洲豪华汽车品牌总部工厂，标志着新松移动机器人在产品性能国际领先的同时，也完全具备了国际一流的安全标准，为后续进一步开拓欧美乃至全球市场奠定了坚实基础。

在北美洲，新松公司为某全球头部电动汽车及能源公司的北美新能源电池工厂提供了多台移动机器人设备，助力用户锂离子电池生产各工艺流程间物料转运的柔性化、智能化。这也是新松公司继该用户中国区域批量提供移动机器人设备后，再度成为其北美区域供应商，具有里程碑意义。

在东南亚知名汽车零部件供应商SFT产业园区内，新松公司与全球领先的5G技术供应商强强联合、共同建设的东南亚第一座5G智能工厂正式投入运营。在全新的5G智能工厂内，来自新松公司的机器人设备与智能物流系统正在工厂"大脑"的统一调度下，协同有序、高效稳定

地完成各项工作，真正实现了智能生产、智能物流与智能管理。

在全球电子产品制造领域世界 500 强企业中欧工厂，由新松团队设计打造的新能源车载充电器大型生产线项目通过用户欧、亚两大区域专家团队的现场终验收。这是新松公司为该用户打造的第 4 条车载充电器大型生产线，持续刷新该领域超大规模生产线跨国交付的行业效率新纪录，再次彰显"中国速度"。

在全球最大中转枢纽港，新松公司港口移动机器人大批量走出国门，结合全球首创智能集装箱堆高机，打造最前沿的港口智能物流解决方案，助力全球物流行业智慧升级，持续推动新技术、新产品在海港、空港及更多特殊领域垂范落地。

四、布局"机器人 +AI"，探索世界前沿科技

新松公司积极布局"机器人 +AI"前沿领域，秉承开放合作的态度，围绕 AI 大模型、智能视觉感知、数字孪生、结构仿生等技术领域进行深入探索，培育孵化产业新方向。

在新松人工智能研究院，新松公司将机器人接入 AI 大模型后，训练机器人在自然语言的引导下执行更为复杂的任务，只需要通过语音指令告诉机器人任务是什么，例如抓取什么颜色的物品、完成什么样的动作，它可以自己拆分任务动作，生成控制指令，甚至对行动细节进行实时修正，真正实现"手、眼、耳、脑"的高效协同，未来应用前景广阔。

当前，机器人在各类前沿技术加持下，发展成为改变人类生产生活的智能化"劳动者"，站在了培育发展新质生产力的前沿风口。新松公司将充分释放机器人作为智能制造核心支撑装备的增量器作用，改造升级传统产业、培育壮大新兴领域、布局建设未来产业，以全链条价值贡献逐"新"提"质"，为我国推进现代化产业体系建设，培育发展新质生产力构建持久动力！

〔供稿单位：沈阳新松机器人自动化股份有限公司〕

以智能协作机器人为核心单元　推动全球生产模式重构

——节卡机器人股份有限公司

节卡机器人股份有限公司（简称"节卡机器人"）始创于 2014 年，是一家聚焦于新一代协作机器人本体与智慧工厂创新研发的高新技术企业。节卡机器人研发中心设在上海，生产基地在江苏常州，还在深圳、中国香港、日本名古屋、德国纽伦堡等地设有分支机构。节卡机器人以"解放人类双手，点亮智慧火花"为使命，致力于将机器人由"专业装备"变为简单易用的"工具"，进而"普及到世界的每一个角落"。

随着全球产业走向高质量发展转型之路，新质生产力成为赋能产业深度转型升级的新引擎。节卡机器人自创立以来始终秉承创新精神，以长期主义的思维、定力和耐力，打通"研发 + 生产 + 服务"全链路，从产品技术、战略管理、企业文化等多维度提升综合实力，构建企业长期竞争优势和持续增长能力，持续以创新成果与技术赋能各行各业优化生产要素配置结构，提升创新能力和全要素生产效率。目前，节卡机器人的产品已覆盖欧洲、北美、日韩、东南亚等全球多个国家和地区。这些产品灵活高效地服务于汽车、电子、半导体、新能源等全球知名品牌的生产线。同时，节卡机器人也在众多商业新消费领域中承担着与消费者直接接触的服务工作。节卡机器人上海展厅如图 1 所示。

图 1　节卡机器人上海展厅

一、创新研发，永葆卓越的原动力

节卡机器人搭建模块化自研平台，通过机器人本体算法、应用算法和空间下载技术（OTA）云端系统，实现感知、决策的软硬件技术研发和产品的快速迭代。在协作机器人核心技术领域，节卡机器人已形成包括无线示教、图形化编程、视觉安全防护等方面的核心技术，以及路径规划、轨迹平滑、末端抖动抑制等方面的核心算法，构建企业长期竞争优势和持续增长能力。

节卡机器人拥多条产品线，包括 JAKA Zu 系列、JAKA

A 系列、JAKA S 系列、节卡 All-in-one 共融系列、节卡 C 系列、节卡 Pro 系列、节卡 Mini 系列协作机器人，以及 JAKA K-1 人形双臂机器人、JAKA Lens 系列视觉产品及负载达 40kg 的 JAKA MAX，这些产品均具有良好的通用性与柔性特点，可轻松应用于不同行业领域，并满足不同场景应用需求。节卡机器人产品矩阵如图 2 所示。

图 2　节卡机器人产品矩阵

节卡机器人充分发挥产学研资源优势，打造行业高水平培训学院——节卡学院。通过产学研用深度融合，在工业设计、产品研发、技术研究和智能制造等方面持续创新，为节卡机器人的产品提供高品质、强有力的技术支撑，全面助推产业升级，加速制造业服务化进程。节卡机器人海外员工培训如图 3 所示。

图 3　节卡机器人海外员工培训

二、精益管理生产制造全流程，打造品质标杆

提升生产质量、效率是新质生产力的落脚点，也是为客户创造长期价值的出发点。随着客户对产品质量和可靠性要求的不断提高，节卡机器人在产品制造的各个环节严格控制产品品质，实行精益制造。同时，节卡机器人零部件加工车间和机器人装配车间引入协作机器人，通过"机器人生产机器人"的方式，不断优化产品良率和性能。

（1）产品设计端。采用寿命短板降额设计，选择比功能要求规格更高的减速器；整体进行深层次系统化正向设计，不断优化电动机、线束、控制柜等部件之间的设计配合。

（2）生产管理端。从人、机、料、法、环等方面全方位入手，抓好生产管控的每一个环节。同时，使用严苛的老化标准，在机器人出厂前激发出其潜在缺陷，完成初期磨合，使其潜在缺陷不会对客户的使用造成影响。

（3）供应链端。只用有品质保障的优质物料，为打造

高可靠性机器人产品打好基础。

节卡机器人已通过了平均无故障运行时间（MTBF）80 000h、SEMI S2、CE 等多项权威认证，先后荣获国家级专精特新"小巨人"及重点"小巨人"企业称号、国家知识产权优势企业、中国专利优秀奖、上海科技进步奖一等奖、工博会大奖、上海市重点服务独角兽企业、工业和信息化部智能制造新模式、上海市重点产品质量攻关成果奖一等奖、日本优良设计奖等荣誉。

节卡机器人在精密制造行业的应用如图 4 所示。

图 4　节卡机器人在精密制造行业的应用

三、全场景创新应用，客户价值最大化

节卡机器人在早些年经历了技术产品化、产品场景化、市场化和规模化的高速发展。基于行业及应用场景"know-how"的用户思维，节卡机器人建立了从产品、应用到市场的闭环循环，完成了机器人上下料、锁付、取放、搬运、码垛、打磨、焊接等数百个应用场景落地实践，为客户解决机器人应用"最后一公里"。节卡机器人以新质生产力赋能客户高效生产，同时也成就了自己的高速发展。

在全球汽车产业链，节卡机器人经过多年深耕，与全球汽车头部企业建立了合作关系。数百台节卡机器人被部署在丰田产业链汽车零部件制造工厂的多条生产线上，执行三销轴研磨、内星轮研磨、小件生加工等零件上下料、锁螺丝、检测、装配等工作。节卡机器人已成为丰田提升产线竞争优势的重要助力。

节卡机器人在汽车行业的应用如图 5 所示。

图 5　节卡机器人在汽车行业的应用

在 3C 电子行业，由于其具有产品种类多、迭代速度快等特性，更适合使用小巧轻便、轻量易部署的协作机器人实现柔性生产。节卡机器人图形化编程、拖拽示教等功能，大幅降低了使用机器人的门槛；开放性的生态、通用的控制接口，能够快速对接上下游自动化设备，帮助用户实现更多场景应用。目前，节卡机器人已为 3C 电子行业相关企业提供了装配、打磨、上下料、涂胶、搬运、检测等典型应用解决方案。

在航空航天领域，国家重点研发计划"智能机器人"重点专项"重大科学基础设施 FAST 运行维护作业机器人系统"项目在 2023 年通过验收，项目中的"反射面激光靶标维护机器人"采用了节卡协作机器人，实现在大坡度、人工难以到达的反射面上，执行"中国天眼"（FAST）的运营维护工作。

在人工智能领域，基于 5G 网络，集成 AGV+ 节卡协作机器人 + 产线终端接口解决方案，实现 3C 电子表面组装技术（SMT）车间的生产原料自动配送，形成安全可靠柔性的生产物流供应系统，推动人工智能为协作机器人研发设计、生产制造、服务等场景赋能。

在面向工业绿色低碳转型的时代背景下，节卡机器人以实际行动响应"双碳"目标号召，践行可持续发展理念，在绿色工业赛道上提速竞跑。节卡机器人研发团队通过不断优化产品机械结构、提高负载自重比，让机器人在狭小的壳体空间内实现零部件高度集成，实现高能效、低能耗。同时，节卡机器人为锂离子电池、新能源汽车、光伏等行业的头部企业提供技术与解决方案，护航新能源行业发展"不断电"，为人类低碳出行未来"续航"。

新能源汽车充电应用如图 6 所示。

在智能无人咖啡机、智慧人工智能（AI）食堂、中医AI 智能按摩理疗等与消费者直接接触的场景中，也有节卡机器人的身影。节卡机器人正在不断以创新成果与技术，赋能各行各业优化生产要素配置结构、提升创新能力和全要素生产率。

为更好地服务全行业客户，节卡机器人打造了快速响应、解决方案、客户赋能（JAKA S³）专业创新服务体系，持续为全球数千家客户创造价值。

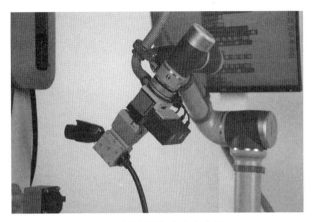

图 6　新能源汽车充电应用

四、以新质生产力为翼，助推全球生产力变革和生产模式重构

以新一轮科技革命和产业变革为主要特征的新工业革命，充分利用信息通信技术和网络空间虚拟系统，建立起更高级的生产力、生产方式和经济形态，新质生产力将成为助推各产业高质量发展的强大"引擎"。

在新质生产力驱动的时代，未来生产正从标准化、批量化、规模化的大企业模式向个性化、小批量、多频次的模式发展。机器人将作为最小工作单元，嵌入全生产环节，实现小场景、小闭环、批量复制、集群智能。

节卡机器人能够集成多样感知设备与信息设备，帮助企业实现数据智慧共享，驱动企业数字化转型。通过在本体 + 感知 + 执行三维融合、通信接口、软件功能包等方面实现技术全球化，节卡机器人产品可与众多国际品牌快速适配，形成独特的产业生态。

节卡机器人立足于产业链的可持续发展，打造了开放共融、互利共赢的"JAKA+"产业生态圈，为终端客户提供更好的解决方案，助力产业升级。"JAKA+"平台基于节卡机器人配套产业链优质产品，包括末端执行器、附件及软件，自定义机器人应用，通过优化合作者和各类资源的组合来服务产业创新应用。

〔供稿单位：节卡机器人股份有限公司〕

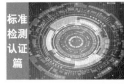

中国
机器人
工业
年鉴
2024

应用篇

以案例的形式介绍机器人在典型行业、典型领域的应用情况

中国
机器人
工业
年鉴
2024

应用篇

巡检机器人在石油化工行业中的应用

一、应用背景

石油化工行业是一个高度专业化和技术密集型的行业，涉及众多复杂的化学反应和工艺过程，对技术水平和设备要求极高。石油化工生产过程中涉及易燃易爆、有毒有害的物质，因此对安全要求也很高，需要严格的安全管理措施和定期的安全巡检。

石油化工生产过程中潜藏着许多安全隐患，如设备泄漏、异常噪声或振动等，这些都需要通过巡检及时发现并处理。巡检人员需要具备相应的专业知识和技能，能够熟练操作巡检设备和工具，认真查看设备的各项指标和数据，如温度、压力、流量等，以及仔细观察设备的运行情况，如发现异常情况应及时上报处理。随着科技的发展，石油化工巡检正逐步迈向智能化、自动化的新时代。巡检机器人的应用，不仅能够提升巡检工作的安全性和效率，还能有效降低人工成本，并提高对潜在危险的预警能力。

七腾机器人有限公司（简称"七腾机器人"）已开发出防爆四足机器人、防爆化工轮式巡检机器人、防爆化工轮式巡检机器人高性能版、防爆挂轨巡检机器人等系列产品，通过产品空间应用结合，形成立体式巡检矩阵，能够对厂区形成全面的巡检覆盖，已服务中国石油天然气集团有限公司、中国石油化工集团有限公司、中国海洋石油集团有限公司、中国中化集团有限公司等海内外知名企业2 000余家，为石油、化工、电力、氯碱、消防等行业提供解决方案超4 000例。

二、应用案例

1. 山东石油项目案例

该项目主要巡检区域为采出水处理区、油储罐区、外输区、卸油区等，该项目区域内存在大量储油罐、管道及设备装置，需对各区域设备进行跑冒滴漏检测、罐体温度、表计识别等情况进行实时监控，保障设备正常运行，并在出现异常状态及时进行预警。

（1）痛点问题。包括红外液位监测、跑冒滴漏检测和表计识别读取。

（2）解决方案。具体为：①通过红外液位算法、红外热成像技术对罐体表面进行热量采集，再通过温度矩阵算法精确描述水蒸气、油及水的分层态势；②通过跑冒滴漏算法和AI识别技术对工作设备进行跑冒滴漏检测，能够精准定位泄漏点，对焦拍照发送到后端平台，同时显示液体、气体等泄漏的位置坐标并预警；③通过表计识别算法、预处理算法、修正算法和人工智能（AI）识别技术可

以准确识别现场各类表计设备状态和数据记录，采集到的数据超过阈值则产生预警。

2. 福建石化项目案例

该项目是针对10万t/年EVA装置区进行智能化巡检建设，其主要危险源包括乙烯、醋酸乙烯、正丁烷、异丁烯和引发剂等多种可燃性气体及聚合区高压装置。目前人工巡检无法准确判断可燃气体泄漏情况，而聚合区高压设备大多处于超高压区域，人工抵近巡检危险性较大，人工巡检无法充分满足安全生产需求。

（1）痛点问题。包括环境气体监测和设备运行状态监测。

（2）解决方案。具体为：①通过气体泄漏算法和扩散式危险气体检测模块，将数据实时传输到控制中心，为操控人员提供现场环境信息，当监测到有害气体超标时，系统将进行报警，以提示运维人员及时处理；②通过噪声分贝算法对现场设备声音进行采集，监测现场设备的噪声分贝数据并产生设备异常的预警信息；③通过红外测温算法对设备表面温度进行采集，对重点温度观察设备进行精确测温，对设备温度异常进行预警；④通过抖动识别技术、声纹振动监测技术获取设备声纹数据、振动的振动位移以及振动速度数据，将声纹和振动信号转换为语谱图和图像，通过深度学习技术提取图像特征，判断图像对应的声纹和振动信号是否为异常。

三、效益分析

1. 经济效益

机器人能够替代人工开展高危巡检作业。每台机器人每天能够替代2～3个班次的人工巡检工作，而每个班次是由3～5人组成的联合巡检团队负责。依据一般的人工巡检费用标准进行核算，每人每年的费用支出为8万～13万元。因此，单台机器人每年能够节约80万～130万元的人力运维费用支出。若以机器人10年的使用寿命来计算，那么在10年的时间里总体可节省800万～1 300万元的人力运维费用。

2. 巡检效益

传统人工巡检存在值守难度大、成本高、效率低的问题，巡检结果过于依赖巡检人员的经验和素质情况。同时，特殊的作业环境、偏远的厂区位置使得工作人员作业条件艰苦，存在招工难的现实情况。机器人能够替代人工进行24h巡检工作，其配备行业先进的算法及技术，能够精准有效地识别和记录巡检数据，并能够合理安全地存储调用，极大程度地提升巡检效率。

3. 管理效益

相较于人工可能存在不服从安排、不执行任务及产生消极情绪等状况，机器人更易于实施合理且高效的统一管理与管控。它能够切实规范操作流程，强化安全管理，显著提升操作与检修的快速反应能力，有效节省设备全寿命周期的投入以及维护成本。

4. 安全效益

截至 2023 年年底，七腾机器人在过滤工厂测试数据后，云端平台记录项目预警总数共计 1.5 万余起，累计安全生产超过 150 万 h，有效排除安全隐患事故超 300 件，平均减少 98% 的安全事故发生率，估算免除事故直接经济损失近千亿元，取得了显著的安全生产效益。

5. 社会效益

巡检机器人的应用能够有效保障周围环境安全，同时有效带动相关产业与技术发展、提升企业社会形象。通过机器人替人，实现石油化工行业数字化转型，助力产业数字化安全化发展。

目前，石油化工行业诸多知名企业选择应用巡检机器人后，有效提高生产安全水平，同时展示了企业对安全生产的重视和投入，彰显了企业的现代化管理水平和技术实力，进一步提升区位经济贡献和对企业数字化转型的带动作用。

〔供稿单位：七腾机器人有限公司〕

高端装备自主化：焊接机器人在汽车行业中的应用

一、应用背景

在我国汽车产业迈向绿色转型与高质量发展，以及积极响应国家"碳中和"与"碳达峰"的战略目标的大背景下，汽车行业正经历着前所未有的变革。随着新能源汽车市场的快速崛起和消费者对汽车品质要求的日益提升，汽车零部件电气化、智能化、数字化、自动化、轻量化"新五化"加速落地，汽车制造过程中的节能减排、高效生产及质量控制成为行业关注的焦点。

面对"碳中和"目标，焊接作为核心工艺，其效率与质量成为焦点。新能源汽车崛起及品质要求的提升，促使焊接自动化、智能化需求激增。机器人技术凭借高精度、高效率、高稳定性的优势，在焊接领域大放异彩，成为提高生产率、保障焊接质量的关键。通过集成先进技术，焊接机器人精准作业，提高生产率与安全性，降低人工成本。同时，机器人具备的数据分析能力能够助力企业精细化管理。在新材料焊接领域，焊接机器人更展现出强大潜力，推动汽车产业向智能化、绿色化迈进。未来，焊接机器人将在汽车制造中发挥更广泛作用，促进产业高质量发展，为全球汽车产业可持续发展贡献力量。

1. 汽车焊接工艺概述

在汽车制造业，车身点焊、弧焊是汽车焊接工艺的核心环节。点焊采用精密电阻焊技术，通过高电流短时间作用于金属零件，实现车身板件间的高效连接，确保结构强度的同时减轻对薄板件的热影响并降低生产成本。而弧焊则运用熔化极气体保护焊（如 MIG/MAG 焊）或手工电弧焊，对承载力要求高的车架部件进行连续焊接，形成稳固的骨架结构。这两项工艺均要求极高的设备精度与工艺的稳定性，任何细微的偏差都可能影响焊接质量，进而影响车辆的整体质量甚至安全性能。

2. 应用痛点和项目挑战

（1）汽车点焊生产线。汽车点焊生产线存在的痛点包括：①节拍及焊点质量要求高，需要保证生产一致性；②人工点焊工位劳动强度大，同时存在人机工程的痛点；③产线高柔性，部分场景需要对多种产品具备兼容性。

（2）汽车弧焊生产线。汽车弧焊生产线存在的痛点包括：①产品质量稳定性要求高，焊缝表面成形、熔深质量高；②间隙不一致、焊接参数难以适应；③油污明显，起弧失败率高，易损件更换频繁。

二、实施情况

1. 汽车点焊工作站

该解决方案选用了南京埃斯顿自动化股份有限公司（简称"埃斯顿"）的 UNO220-2700 点焊机器人，可满足高效、高稳定、高智能化的白车身点焊场景需求。汽车点焊机器人工作站如图 1 所示。

图1 汽车点焊机器人工作站

汽车点焊工作站的关键技术包括：①负载在线辨识、自学习振动抑制、场景适配调试，保证机器人最佳性能。精准压力控制，压力误差可控制在±2%。②焊钳开合方式自由选择、高性能的动力学模型，提高点焊效率。③专用点焊工艺软件，提高调试效率，适配多品牌焊接控制器，支持工具切换，可实现多工艺应用。

2.汽车弧焊工作站

该解决方案选用了埃斯顿的 QWAS Eco 系列和 EWAS 系列焊接机器人，搭配 StarT 356 超低飞溅焊接电源，可满足高效、高稳定、高智能化的薄板与超薄板的弧焊应用场景需求。

汽车弧焊工作站的关键技术包括：①超低飞溅精密焊接，减少飞溅量 60%以上，减少打磨工作量；②Root Weld 工艺，解决车身冲压件焊缝间隙过大无法焊接的难题；③三维激光识别焊缝间隙匹配焊接参数，解决间隙不一致的焊接难题；④高刚性本体配合抖动抑制技术，提升高节拍起弧成功率；⑤丰富的现场总线和高安全设计，满足白车身产线集成需求；⑥专业超薄板 motion 焊接电源，提升超薄板大间隙焊接质量。汽车弧焊机器人如图 2 所示。

图 2　汽车弧焊机器人

三、项目效果

1.应用效果

（1）汽车点焊工作站。汽车点焊工作站应用效果：①高节拍、低故障率提升产能；②简单易用，降低操作人员使用门槛；③提高焊接质量和焊点一致性；④电极帽自动修磨，自动补偿。

（2）汽车弧焊工作站。汽车弧焊工作站应用效果：①助力客户产品合格率从 90%提升至 95%；②高节拍、低故障率提升产能；③简单易用，降低操作人员使用门槛；④大间隙自适应，提升焊缝一致性和可靠性；⑤超低飞溅焊接电源，减少清理工序。

2.案例效果和创新点

（1）汽车点焊工作站方面，UNO 系列机器人采用高刚性本体＋高性能电动机＋全动力学模型的速度提升算法，实现节拍提升。自主研发焊枪伺服电动机及核心电控，与埃斯顿附加轴驱动器完美匹配，无须现场调试，可直接使用。相比通用电动机而言，其长度缩短了 30%，最高转速达到 5 000r/min 以上，最大过载能力超过 300%。同时，匹配焊钳压力最大可达 11 000N，满足钢、铝点焊应用。

（2）汽车弧焊工作站方面，其具有精度高、性能好、振动抑制能力强的特点。其灵活中空手腕和高柔性焊枪，适用于狭小空间多姿态变化工况。同时，具备极强的镀锌板焊接能力，低热输出可减小锌层挥发和气孔概率。

〔撰稿人：南京埃斯顿自动化股份有限公司崔鹏、孙闵〕

焊接机器人在薄板焊接领域的应用

一、应用背景

随着现代制造业的快速发展，工业机器人作为集机械、电子、控制、计算机、传感器、人工智能等多学科先进技术于一体的自动化装备，已成为推动产业升级、提升制造业核心竞争力的关键力量。

薄板焊接作为一种将厚度较薄的板材材料通过精密焊接工艺加工和连接的技术，广泛应用于多个关键行业，包括但不限于汽车制造、船舶建造、家电生产、航空航天、建筑、医疗器械及电子等领域。这些行业对产品的轻量化、结构强度、外观美观性及耐用性有着极高的要求，而薄板焊接技术正是满足这些需求的重要手段。因此，对焊接机器人的要求越来越高，以期满足更加复杂多变的薄板焊接需求。

二、实施情况

成都卡诺普机器人技术股份有限公司（简称"卡诺普"）依靠机器人核心技术优势与研发创新积累，以全自主研发"机器人＋焊接电源"成套焊接方案的策略，快速响应薄板焊接的高需求，提供从标准机器人到一体化成套焊接制造解决方案，服务制造企业，为用户带来价值。卡诺普研发的"Nynhan"系列一体化焊接机器人，集机器人驱动、控制及焊接电源控制于一体，可满足高性能、高要求市场应用。本文以卡诺普机器人薄板焊接解决方案为例，介绍一体化焊接机器人赋能薄板焊接。"Nynhan"系列一体化焊接机器人薄板焊接应用场景如图1所示。

图1 "Nynhan"系列一体化焊接机器人薄板焊接应用场景

1.项目痛点

薄板焊接应用范围广，但由于板材厚度较薄，焊接时极易产生热变形，影响焊接质量及产品的整体性能，并且还要满足焊接接头的强度、密封性、耐蚀性等关键指标设计要求，对焊接工艺的控制提出了极高的挑战。基于薄板的焊接特性，薄板焊接技术一直是焊接机器人性能优劣的重要应用参考指标，当前薄板焊接具有以下技术难点：

（1）焊接变形。由于薄板板材厚度小，对热输入精确控制要求高，控制不当容易导致焊接区域产生变形或压曲，影响焊接质量，甚至定位尺寸被破坏导致部件整体报废。

（2）烧穿问题。因薄板散热难，焊接电流和热量控制不当导致热量聚集而熔透了母材所引起的缺陷。

（3）虚焊问题。因参数设置不当或参数编程不当、焊接过程中发生短路等原因造成两个零件没有充分融合到一起，融合面太小或没有融合，进而产生虚焊。

（4）焊接质量控制难度大。薄板焊接对工艺质量的要求较高，由于薄板材料特性及焊接过程中多种因素的影响，焊接质量控制难度较大。

2.解决方案

针对行业用户痛点，卡诺普创新使用一体化参数化编程和低飞溅冷弧焊接技术，构建卡诺普薄板焊接解决方案，用户仅需要通过机器人示教器即可完成对机器人控制及焊接电源的参数设置，实现参数自适应的调整，简化设置要求。参数化编程界面如图2所示。

该应用方案具备如下优势：

（1）精细调控。与使用传统第三方焊接电源相比，通过自主研发焊接电源实现与工业机器人系统融合控制，针对不同薄板的焊接应用和操作需求可选择专业编程或简易编程模式，提供更专业的焊接参数调控，解决薄板焊接易变形、烧穿、气孔和编程难等问题。

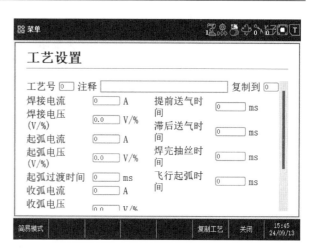

图2 参数化编程界面

（2）灵活操作。薄板焊接过程中应用"Nynhan"系列一体化焊接机器人解决方案，可在同一个薄板工件或同一条焊缝上使用不同的焊接模式，如直流、脉冲和鱼鳞焊等，也可使用不同的波形参数来适应不同的焊缝形式的灵活切换。传统焊接机器人搭配第三方焊接电源无法实现不同焊接模式的切换操作。

三、项目效果

1.亮点和创新点

在卡诺普提供的解决方案中，机器人与焊接电源同平台开发，掌握焊接电源核心控制技术。基于与机器人控制系统同平台的技术架构设计，实现更精细的焊接工艺控制，优化编程控制逻辑，以及提供简易编程实现参数自动化设置，大幅提升焊接效率和精细电弧控制能力。

（1）产品创新。突破传统焊接机器人在面对多场景、高要求、精细控制的典型薄板焊接场景应用难题，提出深层次系统优化控制的产品创新设计理念；率先将机器人与焊接电源实现全数字化通信控制，研制"Nynhan"系列一体化焊接机器人，在应对和解决多场景、复杂场景的焊接需求时，提供高效的强解决方案，特别是解决了0.4mm级超薄碳素钢板这一行业焊接难题。该系列焊接机器人极大地发挥出最佳焊接效率及焊接效果，速度快且稳定，成品鱼鳞纹路清晰，外观质量高。

（2）技术创新。

1）专业编程：相比传统焊接工艺控制，该套解决方案可通过机器人示教器对焊接参数调整控制，在参数类型选择、精细控制范围等编程都显著优于传统焊接电源，参数控制广度和深度都得到进一步提升，实现精细多维度专业控制目的。

2）简易编程：针对参数调整控制要求高的特点，通过简易参数设置，系统依托内置专家数据库可实现对薄板焊接各项参数的自适应调整，大幅提高编程效率，降低技术人员操控难度及操作门槛。"Nynhan"系列一体化焊接机器人如图3所示。焊接成品展示图如图4所示。

高速运动
快速编程
一体设计
超低飞溅

20% 机器人运动性能
30% 编程效率
100kHz 焊接电源频率
200A 焊接工况

图3 "Nynhan"系列一体化焊接机器人

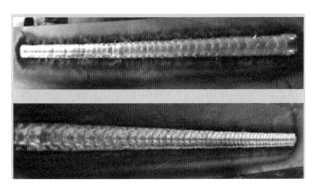

图4 焊接成品展示图

2.经济效益

该解决方案已被国内光伏、汽车零部件、家电等领域的生产企业使用，焊接机器人的工作效率、稳定性、投入成本都能满足企业薄板焊接需求。

3.社会效益

该解决方案在薄板焊接领域的卓越应用，可有效促进行业上下游产业链的紧密联动与协同发展，形成良性的产业集群效应，为整个焊接机器人应用解决方案的发展注入强劲动力。

〔撰稿人：成都卡诺普机器人技术股份有限公司杨重江〕

机器人在燃气表无人检定智能实验室的应用

一、应用背景

从2005年开始，城市燃气的普及率逐年提高。根据《全国城镇燃气发展"十二五"规划》，到"十二五"末，我国城市燃气普及率达到94%以上，县城及小城镇的燃气普及率达到65%以上，用气家庭数达到2亿户。2012—2015年，我国膜式燃气表的市场规模分别达到2074万台、2488万台、2986万台和3583万台，年复合增长率达20%，直到2022年国内燃气表市场需求量达到5627.7万台。同时，对于旧表更换，按照国家《膜式燃气表检定规程》JJG 577—2012管理规定，燃气表的使用年限规定：人工煤气一般不超过6年，天然气不超过10年。燃气表作为一种计量工具，投放市场使用之前，必须经过权威部门检测检定，一般由当地计量局强检中心来完成，由于需要全检，检测检定工作量巨大。

广州是一个国际化大都市，经济活跃，人口密集。每年都有大量新的燃气表投放市场及旧燃气表更换。据相关统计，2018年广州仅家用燃气表新投入量就达到40多万台，且每年以10%左右的速度增长。目前燃气表密封性、功能性及流量检测，包括燃气表转运、拆封箱储存、燃气表设备上下料装夹、数据匹配录入、存档及出证书等工作全部由人工完成，人员劳动密集，工作量巨大。广州能源检测研究院原有人工检测方式面临巨大压力，因此在家用燃气表领域率先提出全自动检测检定构想，并于2019年年初委托广州数控设备有限公司机器人工程团队规划设计整体方案。

二、实施情况

广州数控设备有限公司机器人工程团队积极参与该项目整体规划，联合广州能源检测研究院强检中心团队、海盐美捷测试仪器有限公司检定设备团队进行包括上游生产工艺、检测检定工艺、供应商设备、下游客户使用要求等为期 3 年的调研工作，设计出一条燃气表无人检定智能生产线。其中，机器人处理系统实现拆码垛、标记包装箱原二维码作废、去打包带、包装箱内上垫取放、包装箱取表和装表、燃气表外观检测、开电池仓盖及上电、取放防尘盖、贴标机取放料、检定系统取放料功能。燃气表无人检定智能应用现场如图 1 所示。

图 1 燃气表无人检定智能应用现场

1. 项目要求

（1）实现多规格燃气表的全流程自动化检定。

（2）基于视觉技术实现燃气表外观缺陷和信息数据在线识别。

（3）基于"互联网 +"技术自动生成检定证书，实现燃气表生命周期跟踪。

（4）机器人燃气表智慧检定系统不确定度优于 0.5%。

（5）机器人燃气表智慧检定系统不合格产品发现率不低于 99.99%。

（6）动态图像识别功能正确率不低于 99.99%。

（7）机器人"取帽盖帽"功能正确率不低于 99.99%。

2. 解决方案

机器人燃气表智能检定系统集机械设计与制造、图像处理及分析、智能控制、物流管理等先进技术于一体，围绕燃气表检定系统的信息化、智能化、无人化需求采用的做法如下：

（1）基于机器视觉技术——取代燃气表计量检定中的人工判断工作，自动采集燃气表铭牌或表体上的制造商名称（商标）、制造计量器许可证标志和编号等品牌资质，产品名称、型号规格、出厂编号、制造年月等产品信息，以及准确度等级、流量范围、最大工作压力、回转体积、适用环境温度范围、气体流向箭头或文字等技术指标，并判断机械封印是否完整、指示装置是否合规（计数器末位数码体积、累积流量等）、附加装置是否齐全，实现燃气

表外观质量与测量特性分析评价。

（2）基于智能控制技术——实现燃气表的多规格、多工位智能调度，进行外观、密封性、压力损失、示值误差、附加装置功能检测 5 项检测项目。相比于传统的人工调度方式，该系统具有易于管理、生产率高、安全可靠且经济效益显著等特点，可以在高危环境下实现全天候作业。

（3）基于物流管理技术——针对运输整垛物料、运输整箱物料、开箱封箱、打码贴标过程实行智能化管理，实现物流过程中运输、存储、包装、装卸等环节的一体化和智能物流系统的层次化。如采用音速喷嘴标准流量计配套智能物流系统进行燃气表检定。依据有关的国家检定规程，该检定系统可对 G1.6、G2.5 和 G4 的民用膜式燃气表进行首次检定和周期检定。机器人燃气表智能检定系统方案布局如图 2 所示。

图 2 机器人燃气表智能检定系统方案布局

三、项目效果

1. 经济效益

（1）该系统应用后可实现 7×24 h 全天候作业，效率是传统方式的 12 倍，可以完全解决每年 40 万只燃气表的检测检定。按照原来每个燃气表 38 元的检定效益计算，预计每年能为企业创造约 1 520 万元的检定收入。

（2）系统通过互联网把检定数据同步到证书系统的数据库中，实现原始记录和检定证书电子化，免除打印纸质版记录。按每份报告 2 页纸，每张纸重 100g，则每年可减少 80t 纸的消耗量。

（3）该系统投入使用后，缩减了 15 名作业人员，每年节约 330 万元人工成本。

2. 所获奖励及知识产权

（1）获奖："燃气表计量强检设备智能化集成技术研究与应用"获 2023 年度广东省测量控制与仪器仪表科学技术奖二等奖。

（2）专利：①发明专利 ZL 2021 1 0048574.6 基于机器视觉和激光传感的膜式燃气表读数方法及装置；②发明专利 ZL 2022 1 0791242.1 基于投影分割法的膜式燃气表读数识别方法及装置；③发明专利 ZL 2023 1 0613205.6 一种流水线式燃气表无人检定系统；④发明专利 ZL 2022 1 0418876.2 一种适用于自动检定线上的膜式燃气表固定装置及方法；⑤实用新型专利 ZL 2020 2 2242562.0 一种基于图像识别的膜式燃气表自动检定系统；⑥实用新型专利 ZL 2019 2 1340453.3 燃气表计量检定装置。

（3）标准：①地方标准 DB44/T 2425—2023《燃气计量失准气量退补规范》；②团体标准 T/GERS 0023—2023《燃气表智能化检定无人实验室设计规范》；③团体标准 T/GERS 0024—2023《燃气表智能化检定无人实验室建设规范》；④团体标准 T/GERS 0025—2023《燃气表智能化检定无人实验室验收规范》；⑤团体标准 T/GERS 0026—2023《燃气表智能化检定无人实验室运行规范》；⑥团体标准 T/GERS 0027—2023《燃气表智能化检定无人实验室维护保养规范》。

〔撰稿人：广州数控设备有限公司江文明〕

集成烟机全自动化生产线应用

一、应用背景

油烟机在厨房电器中占据很重要的地位，可以净化厨房的空气环境。在国民生活水平不断提高的背景下，人们的安全意识大幅提升，对生活品质的追求越来越高，油烟机的市场渗透率也越来越高。根据中研普华产业研究院的数据，我国油烟机市场规模不断扩大，2023 年油烟机零售量达到 1 885 万台，同比增长 2.7%，零售额达到 315 亿元，同比增长 6.5%。在巨大市场需求的推动下，提高生产率、抢占市场红利，成为油烟机生产商的目标。

1. 油烟机生产中面临的困难

（1）传统的油烟机厂商采用人工生产，而人工成本越来越高，并且难以招到工人。

（2）采用人工生产生产率低，并且产品质量不稳定，良品率低，影响市场销售。

2. 油烟机生产中的需求

（1）提高产品品质，减小客户投诉的发生率。

（2）提高生产率和产能。

（3）降低用人成本，减小人员需求压力。

（4）兼容多个产品。

（5）打造行业首套示范线，提高企业实力。

二、实施情况

通过引入机器人助力油烟机行业生产。生产线名称为烟机集烟罩铆接贴标自动化产线。烟机集烟罩铆接贴标线全长 13m，配有 3 台六轴机器人，4 台四轴 SCARA 机器人，以及 3D 视觉无序抓取技术，实现了集烟罩铆接装配主要工序全自动化完成。

该自动化产线包含集烟罩（T 塔型）与集烟罩后板铆接、油杯挂角铆接、锁六角螺母、激光打标、能效标签铭牌剥标、能效标签铭牌粘贴等工序。该生产线采用传输带输送＋机械机构定位＋机器人，实现自动化铆接及贴标，集成前期烟机车间全自动化 PUR 黏胶工序，实现集烟罩、集烟罩后板、油杯挂角、六角螺母全自动上料、传输、全自动化铆接及贴标、激光打标作业。整体系统包含传输及定位机构、机器人、集烟罩后板上料及定位夹具、自动剥标机、自动贴标机、自动激光打标机、自动铆接设备以及集成控制系统等一系列机构。集成烟机全自动化生产线现场如图 1 所示。

图 1　集成烟机全自动化生产线现场

三、项目效果

烟机集烟罩铆接贴标自动化产线相比人工线，人员从 8 人缩减至 1 人，节拍从 55s 加快至 25s，极大地减少了烟罩搬运过程中出现的刮花划伤情况，良品率超过 98%。

〔供稿单位：佛山华数机器人有限公司〕

机器人在光伏电池片插片上的应用

一、应用背景

随着全球对环境保护越来越重视，光伏发电的应用也越来越广泛。根据联合国气候变化框架公约，光伏行业每年可产生约 7 万亿 W 的电力，这些电力可以满足全球约 70% 的家庭、企业和政府的需求。光伏行业的快速发展推动了光伏技术和材料的进步，而其所带来的环境和经济效益问题也逐渐凸显。如今，光伏行业已成为全球能源领域中增长最快、最具潜力和最具成本效益的领域之一。

光伏电池片看似简单，实则是复杂的多层结构。要完成从最基础的硅材料到最终的光伏电池组件的蜕变大致要经过工业硅、多晶硅、硅片、电池片、组件等主要工艺流程，上百道工序加工制成。高昂的制造成本一度成为光伏发电推广缓慢的主要原因。下游应用的困境推动上游的光伏电池及设备生产企业不断改善工艺，提高生产率和良品率从而降低生产成本。

二、实施情况

等离子体增强化学气相沉积（PECVD）镀膜是光伏电池片加工的核心工艺。在光伏电池片的制造现场，硅片存储在石墨舟中通过输送轨道进入 PECVD 设备端口，机器人在收到石墨舟到位的传感器信号之后，使用特殊的气动夹具准确地在石墨舟和进料机构之间取出、插入硅片。机器人在电池片插 / 取操作过程中直接触碰硅片，稍有差池就会前功尽弃，这对插片机器人的工作节拍、稳定性和精度提出了较高的要求。

要达成更高的生产率，这个看似简单的"上下料"动作就要在最短循环时间内完成并确保已完成大部分工艺的昂贵硅片完好无损，这面临诸多挑战：①生产线布局紧凑、设备内部运动空间受限，需要更灵活的姿态；②硅片薄而脆，极易碎裂，需要更精准的定位精度和平稳性；③高洁净工作环境对设备的防护等级有更高的要求。

高防护性是 PECVD 镀膜工艺环境下对机器人的基本要求。埃夫特智能装备股份有限公司（简称"埃夫特"）的 ER15 机器人产品在外形上采用全封闭式设计，关节采用独特的双密封技术，腕部分达到 IP67 的防护等级，这些措施既能有效避免内部润滑剂的泄漏造成污染损失，又能避免机台运行过程中酸化液对机器人的使用寿命影响。同时，ER15-1400 可以灵活安装，除了传统的地面安装方式还可以集成在设备的顶部和两侧，可以完全实现两个石墨舟和设备之间硅片的搬运作业，结合埃夫特时间最优轨迹规划控制算法（TMOVE）技术，能够稳定且高效地保证产能。埃夫特 ER15-1400 机器人在光伏电池插片应用现场如图 1 所示。

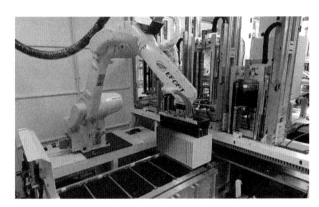

图 1　埃夫特 ER15-1400 机器人在光伏电池插片应用现场

"准和稳"是机器人插片工作中非常重要的技术要求，石墨舟内硅片与卡槽之间的间隙细如"发丝"，考虑到夹具工装误差，需要保证机器人的轨迹重复性至少在 0.15mm 以内。埃夫特 ER15 机器人具有高刚性本体设计和先进的机器人运动控制算法，可以确保无论是水平还是竖直方向，机器人在起、停以及高速运行等各个运行过程中各关节和大小臂保持良好且平稳的运行姿态。夹具能精准平滑地插入硅片之间的缝隙而不会产生任何细微抖动，硅片插入石墨舟狭窄的卡槽时不会发生刮擦，从而确保精准而稳定的插片工作。

三、项目效果

1. 应用成果

（1）项目投产后产能达到 8 200 件 /h。

（2）平均碎片率 <0.04%，达到国际同类产品先进水平。

2. 技术成果和意义

（1）ER15-1400 通过平均无故障工作时间（MTBF）80 000h 认证。

（2）独特的双密封技术保障无漏油，不污染电池片。

（3）通过技术创新解决了 PECVD 工艺环节机器人国产化替代的难题。

（4）使我国光伏企业拥有更可靠的国产机器人供应链

保障，解决设备购置和维护成本痛点。

〔撰稿人：埃夫特智能装备股份有限公司朱俊〕

SHPR 系列高精密减速器在工业机器人上的应用

一、应用背景

随着工业机器人的应用领域逐步拓展，其工业生产综合使用性价比优势日益凸显，促进其在过去几年获得快速发展。在光伏、汽车整车、工程机械、船舶及建材等从业人员数量大、劳动强度大、有一定危险系数的作业场景，对于工业机器人的应用需求潜力巨大。而减速器作为工业机器人的核心部件之一，其需求也在不断扩大。

截至 2023 年，我国已然连续多年雄踞全球最大工业机器人市场之位。然而，我国自主品牌在不同负载能力机型的市场占比却呈现严重的"偏科"现象。在 50kg 及以下中小负载机器人机型出货量方面，已有自主品牌的应用量能够跻身前三位。但在 130kg 及以上负载机型领域，仍旧是外资品牌占据主导地位。追根溯源，问题主要出在关键核心零部件的供应、市场应用及技术积累等方面。高精密减速器作为核心零部件之一，未能发挥良好的支撑作用，主要体现在减速器厂商的自主开发能力、重载机型产业链的完善程度及减速器的批量化生产能力等方面。

二、实施情况

1. 从全自主开发到批量化生产

2013 年年初，彼时的中国工业机器人刚刚走过萌芽期，而此时浙江环动机器人关节科技股份有限公司（简称"环动科技"）开始了在这一领域的布局，对工业机器人 RV 减速器的研发进行立项，并在年内完成了 RV-C、RV-E 两大系列多种型号减速器的设计工作和台架测试。彼时，国内机器人用高精密减速器完全被国外垄断，国产品牌应用占比几乎可以忽略不计。自 2015 年起，环动科技产品首次批量面市后，环动科技始终秉承突破高精密传动领域的"卡脖子"核心技术，打破国外垄断的理念，不断探索高精密减速器的研发与批量生产应用。

当前，环动科技围绕攻克我国在机器人高精密传动领域的"卡脖子"核心技术，建立了完善的 RV 减速器设计、制造、装配、检测到市场应用的全闭环体系。环动科技机器人高精密减速器核心技术如图 1 所示。

☐ 系列化优化设计体系
➤ 集成设计方法
➤ 轮齿修形优化
➤ 动态特性研究
➤ 精度寿命预估

☐ 精度寿命保持技术
➤ 高性能材料优选
➤ 热处理表面强化
➤ 失效机理及规律
➤ 润滑与抗磨减摩

机器人高精密
减速器产业化
成套技术

☐ 批量化制造检测技术
➤ 高效高精度制造工艺与装备
➤ 零件与整机批量高精度快检
➤ 智能选配与人机协同装配线
➤ 基于QFD质量管控体系

☐ 规模化应用与定制化
➤ 工程应用数据库
➤ 性能跟踪反馈优化
➤ 性能在线检测诊断
➤ 客户定制化开发

图 1 环动科技机器人高精密减速器核心技术

2.应用案例

随着我国工业机器人关节核心零部件国产化进程的不断推进，搭载环动科技自主研发的 SHPR-E、SHPR-C、SHPR-H、SHPR-XB 等系列共计 60 多个品种减速器的工业机器人，批量应用于汽车、光伏、锂离子电池、工程机械、船舶及建材等行业（搬运、焊接、喷涂、折弯、装配等）。至 2023 年年底，环动科技 SHPR 系列高精密减速器已实现 30 余万套的市场批量应用，最长应用年限超 8 年，

为工业机器人核心零部件的国产化替代贡献了力量。

（1）中小负载应用案例。2023 年，依据行业统计数据显示，进口品牌减速器在我国机器人行业的应用率，已从原来的绝对垄断地位，滑落至市场占有率不足 50%。这一转变主要得益于中小负载机器人国产化应用比率的持续提升。SHPR 系列高精密减速器在中小负载机器人上的应用如图 2 所示。

a）减速器在中小负载机器人应用现场　　　　　　　b）焊接领域应用现场

图 2　SHPR 系列高精密减速器在中小负载机器人上的应用

（2）大负载应用案例。在 130kg 及以上负载机型领域，目前依旧是外资品牌占据主导地位。现阶段，环动科技自主研发的 SHPR-500H、SHPR-700H、SHPR-500C 及以下牌号减速器产品，已实现批量应用于 500kg 及更低负载机器人。而随着 SHPR-900H、SHPR-900C、

SHPR-1200C、SHPR-1500E 等重载机型稳定供应能力的逐步建成，将为 500～1 000kg 负载段机器人实现规模化大批量配套。SHPR 系列高精密减速器在大负载机器人上的应用如图 3 所示。

图 3　SHPR 系列高精密减速器在大负载机器人上的应用

三、所获奖项及知识产权

环动科技 SHPR 系列高精密减速器获得机械工业科技进步奖一等奖、中国通用机械工业协会科技进步奖特等

奖，获国家重点科技研发计划支持，累计获得授权发明专利 20 项，制定国家标准 4 项。

〔供稿单位：浙江环动机器人关节科技股份有限公司〕

中国
机器人
工业
年鉴
2024

政 策 篇

国家和地区出台的与机器人行业发展相关的政策

综述篇

大事记

产业篇

地区篇

园区篇

标准检测认证篇

产教融合篇

企业篇

应用篇

政策篇

国际篇

统计资料

附录

中国
机器人
工业
年鉴
2024

政策篇

《"机器人 +"应用行动实施方案》及相关举措
《人形机器人创新发展指导意见》及相关举措
2023 年部分重点地区出台的机器人行业相关政策

《"机器人 +"应用行动实施方案》及相关举措

当前,机器人产业蓬勃发展,正极大地改变着人类生产和生活方式,为经济社会发展注入强劲动能。按照《中华人民共和国国民经济和社会发展第十四个五年规划和2035年远景目标纲要》总体部署,落实《"十四五"机器人产业发展规划》重点任务,加快推进机器人应用拓展,工业和信息化部联合教育部、公安部、民政部、财政部、交通运输部、农业农村部等十六个部门共同印发了《"机器人 +"应用行动实施方案》,旨在推动机器人技术在各个领域的广泛应用。为落实《"机器人 +"应用行动实施方案》重点任务,提升机器人应用的数字化、网络化、智能化水平,形成良好的示范效应,2023年政府相关部门联合开展矿山机器人与农业机器人典型应用场景征集工作。上海、浙江、河南等地也积极出台相关政策,面向社会民生改善和经济发展需求,探索形成以应用牵引推动机器人产业高质量发展的新路径。

一、《"机器人 +"应用行动实施方案》

(一)主要目标

到2025年,制造业机器人密度较2020年实现翻番,服务机器人、特种机器人行业应用深度和广度显著提升,机器人促进经济社会高质量发展的能力明显增强。聚焦10大应用重点领域,突破100种以上机器人创新应用技术及解决方案,推广200个以上具有较高技术水平、创新应用模式和显著应用成效的机器人典型应用场景,打造一批"机器人 +"应用标杆企业,建设一批应用体验中心和试验验证中心。推动各行业、各地方结合行业发展阶段和区域发展特色,开展"机器人 +"应用创新实践。搭建国际国内交流平台,形成全面推进机器人应用的浓厚氛围。

(二)深化重点领域"机器人 +"应用

1.经济发展领域

(1)制造业。研制焊接、装配、喷涂、搬运、磨抛等机器人新产品。推动机器人在汽车、电子、机械、轻工、纺织、建材、医药等已形成较大规模应用的行业,卫浴、陶瓷、光伏、冶炼、铸造、钣金、五金、家具等细分领域,喷釉、修胚、抛光、打磨、焊接、喷涂、搬运、码垛等关键环节应用。推进智能制造示范工厂建设,打造工业机器人典型应用场景。

(2)农业。研制耕整地、育种育苗、播种、灌溉、植保、采摘收获、分选、巡检、挤奶等作业机器人,以及畜禽水产养殖的喂料、清污、消毒、疫病防治、环境控制、畜产品采集等机器人产品。开发专用操控系统、自主智能移动平台及作业部件。打造丘陵山区、大田、设施园艺、畜牧水产、贮运加工等农业机器人应用场景。

(3)建筑。研制测量、材料配送、钢筋加工、混凝土浇筑、楼面墙面装饰装修、构部件安装和焊接、机电安装等机器人产品。推动机器人在混凝土预制构件制作、钢构件下料焊接、隔墙板和集成厨卫加工等建筑部品部件生产环节,以及建筑安全监测、安防巡检、高层建筑清洁等运维环节的创新应用。

(4)能源。研制能源基础设施建设、巡检、操作、维护、应急处置等机器人产品。推动企业突破高空、狭窄空间、强电磁场等复杂环境下的运动、感知、作业关键技术。推广机器人在风电场、光伏电站、水电站、核电站、油气管网、枢纽变电站、重要换流站、主干电网、重要输电通道等能源基础设施场景应用。

(5)商贸物流。研制自动导引车、自主移动机器人、配送机器人、自动码垛机、智能分拣机、物流无人机等产品。支持传统物流设施智能化改造,提升仓储、装卸、搬运、分拣、包装、配送等环节的工作效率和管理水平。鼓励机器人企业开发末端配送整体解决方案,促进机器人配送、智能信包箱(智能快件箱)等多式联动的即时配送场景普及推广。

2.社会民生领域

(1)医疗健康。研制咨询服务、手术、辅助检查、辅助巡诊、重症护理、急救、生命支持、康复、检验采样、消毒清洁等医疗机器人产品。开发用于损伤康复的辅助机器人产品。推动机器人在医院康复、远程医疗、卫生防疫等场景应用。鼓励有条件有需求的医院使用机器人实施精准微创手术,建设机器人应用标准化手术室,研究手术机器人临床应用标准规范。

(2)养老服务。研制残障辅助、助浴、二便护理、康复训练、家务、情感陪护、娱乐休闲、安防监控等助老助残机器人产品。积极推动外骨骼机器人、养老护理机器人等在养老服务场景的应用验证。鼓励养老领域相关实验基地把机器人应用作为实验示范重要内容,研发推广科技助老新技术新产品新模式。

(3)教育。研制交互、教学、竞赛等教育机器人产品及编程系统,分类建设机器人服务平台。加大机器人教育引导,完善各级院校机器人教学内容和实践环境,针对教学、实训、竞赛等场景开发更多功能和配套课程内容。强化机器人工程相关专业建设,提升实验机器人产品及平台水平,加强规范管理。积极培育机器人校园服务新模式和新形态,深化机器人在教学科研、技能培训、校园安全等场景应用。

（4）商业社区服务。研制餐饮、配送、迎宾、导览、咨询、清洁、代步等商用机器人，以及烹饪、清洗、监护、陪伴等家用机器人，增强机器人服务价值。积极推动机器人融入酒店、餐厅、商超、社区、家庭等服务场景，满足商业及社区消费体验升级需求，提升商业服务与生活服务的智慧化水平。

（5）安全应急和极限环境应用。研制矿山、民爆、社会安全、应急救援、极限环境等领域机器人产品。推进智能采掘、灾害防治等矿山场景应用。推进危险化学品生产装置和储存设施现场巡检等安全生产场景应用。推广炸药装药、生产制备等民爆行业场景应用。推动安保巡逻、缉私安检等社会安全场景应用。加强防爆排爆、消防巡检等危险环境应用。推动空间、水下、深地等极限环境场景应用。

（三）增强"机器人+"应用基础支撑能力

1.构建机器人产用协同创新体系

鼓励产用共建机器人应用领域创新联合体、创新中心等创新机构。支持用户单位参与机器人产业链核心技术攻关。开展"一条龙"应用创新。鼓励产用共同参与特种机器人产业链"揭榜"推进活动。完善机器人技术支撑服务。

2.建设"机器人+"应用体验和试验验证中心

建设家用、商业、教育、医疗、养老等场景化应用体验中心和具备机器人应用技术标准试验验证、质量检测、创新孵化等能力的试验验证中心。

3.加快机器人应用标准研制与推广

依托有关标准化技术组织，建立跨行业机器人标准化工作合作机制。针对特定行业准入要求，加强机器人特殊安全要求和检测方法标准研究。研究制定机器人伦理相关标准规范，推动机器人应用标准国际化合作。

4.开展行业和区域"机器人+"应用创新实践

鼓励行业主管部门开展各行业机器人产品创新和应用示范推广。指导和支持有条件、有需求的地区围绕特色优势产业，开展本地区"机器人+"应用行动。依托龙头企业和产业集群，开发开放机器人成熟、新兴和潜在应用场景，开展"机器人+"应用创新实践。

5.搭建"机器人+"应用供需对接平台

建设"机器人+"应用供需对接平台。在成熟应用领域，遴选一批标杆企业和典型场景。在新兴应用和潜在需求领域，探索采用"揭榜挂帅"等方式征集机器人应用解决方案。发布机器人重点技术和产品推广目录，推广线上应用展示样板间。

（四）强化"机器人+"应用组织保障

1.强化组织领导

建立多部门协同、央地联动的工作机制，成立协同推进方阵，分行业、分领域成立由主管部门、行业组织、骨干企业、科研院所以及重点地区政府共同组成的联合工作组。

2.完善政策支持

统筹政策、资金、资源予以支持，加大对机器人创新应用的投入力度。引导机器人企业加大研发投入，加强知识产权保护。鼓励央企、国企开放机器人应用场景，建立容错机制，支持企业首购首用。

3.深化宣传交流

各地方、有关企业和行业组织要及时跟踪、总结、评估应用行动过程中的新情况、新问题和新经验，总结有效做法，宣传应用好典型经验。依托各行业相关大会展会，加强机器人应用成果交流与展示。充分利用多双边合作机制，推进不同领域机器人产品和解决方案"走出去"，实现合作共赢。

4.加强人才培养

培养引进机器人应用高端研发人才和标准化人才，加强人才国际交流，打造领军人才和创新团队。鼓励机器人企业、用户单位与普通高等院校、科研院所、职业院校等合作，共建人才实习实训基地，联合开展机器人应用人才培养。组织细分行业机器人应用技能竞赛，发现和培养更多机器人高素质技术技能人才。

二、2023年度应用场景征集工作

1.矿山领域典型应用场景征集

2023年11月，为推动机器人产业更好地服务矿山安全高质量发展，国家矿山安全监察局、工业和信息化部联合开展2023年度矿山机器人典型应用场景征集工作。围绕煤矿（井工、露天）、非煤矿山等方向11个应用环节，聚焦矿山机器人技术创新与应用，征集遴选一批技术先进、成效显著、能复制推广、应用前景广阔的机器人典型应用场景，推动先进适用矿山机器人迭代优化和规模化应用。

2.农业领域典型应用场景征集

2023年12月，为推动机器人产业更好地服务于保障国家粮食和重要农产品稳定安全供给、推动农机装备产业高质量发展，农业农村部农业机械化管理司、工业和信息化部装备工业一司联合开展第二批农业机器人典型应用场景征集遴选工作。围绕种植、养殖、农产品初加工3个关键应用方向12个环节，聚焦农业机器人技术创新与应用，征集遴选一批技术先进、成效显著、能复制推广、应用前景广阔的机器人典型应用场景，并加强推广应用，引导机器人企业与农业经营主体等加强合作，带动先进适用农业机器人产业链协同创新、试验验证、迭代优化和规模化应用。

三、地方跟进情况

1.上海市

为强化智能机器人终端带动、赋能百业的应用优势，上海市发布了《关于征集2023年度上海市智能机器人标杆企业与应用场景推荐目录的通知》，面向社会民生改善和经济发展需求，推动工业机器人进工厂、服务机器人进生活，遴选有一定基础、应用覆盖面广、辐射带动作用强的重点领域，形成一批可复制可借鉴的成果并推广应用，促进机器人产业成果更好地赋能制造业、农业、建筑、能源、商贸物流、医疗健康、养老服务等各领域。经广泛征集、各区推荐、评审择优、入围公示，形成《2023 年度上海市智能机器人标杆企业与应用场景推荐目录》入选名单。2023 年上海市智能机器人标杆企业与应用场景推荐目录拟入选名单见表 1。

表 1 2023 年上海市智能机器人标杆企业与应用场景推荐目录拟入选名单

应用行业	企业名称	应用场景
制造业	节卡机器人股份有限公司	节卡复合机器人在数控加工领域柔性生产
制造业	上海飒智智能科技有限公司	面向 3C 半导体行业核心模块智能制造场景的智能保密押运机器人
制造业	上海 ABB 工程有限公司	支持多产品机器人智能柔性自动化产线
制造业	上海发那科机器人有限公司	水性漆静电旋杯车身内表面喷涂机器人系统解决方案
制造业	库卡机器人制造（上海）有限公司	汽车行业智能物流机器人
制造业	上海新时达机器人有限公司	橡胶轮胎智能机器人激光刻字工作站
制造业	星猿哲科技（上海）有限公司	汽车行业视觉引导无序抓取机器人
制造业	中科新松有限公司	协作机器人在焊接场景的应用
制造业	梅卡曼德（上海）机器人科技有限公司	新能源汽车电池模组上线装配项目
制造业	上海致景信息科技有限公司	坏布疵点 AI 智能检测
制造业	上海威士顿信息技术股份有限公司	威士顿智能分拣机器人在卷烟制丝生产过程的杂物剔除应用
制造业	上海捷勃特机器人有限公司	高速自规划表面视觉检测系统
制造业	工博士机器人技术有限公司	某飞机复合材料打磨应用
制造业	上海赛摩物流科技有限公司	智能立体仓库
制造业	上海广川科技有限公司	应用于半导体 CMP 设备的防水机器人
制造业	鲸朵（上海）智能科技有限公司	软包电池外观检测机器人
制造业	视比特（上海）机器人有限公司	重工业钢板切割智能下料分拣产线
制造业	上海优复博智能科技有限公司	面向船舶、核电、钢结构等柔性焊接场景的优复博人工智能焊接系统
农业	上海国兴农智能科技股份有限公司	苗床绿叶菜智能化生产流水线应用场景
农业	上海夏数智能科技有限公司	一日龄雏鸡性别鉴别
农业	上海博田自动化技术有限公司	张江镇农业机器人示范基地建设项目
能源	上海柔克智能科技有限公司	抽水蓄能电站智能巡检机器人
能源	上海赟匠智能科技有限公司	配电房挂轨式智能巡检机器人
能源	联想（上海）信息技术有限公司	220kV 换流站四足机器人智能巡检以及机械臂应急操作
能源	星逻人工智能技术（上海）有限公司	光伏清洁机器人在光伏场站的应用
能源	上海织光智能科技有限公司	工商业屋顶光伏电站智能清扫及巡检机器人
安全应急和极限环境应用	上海钧工机器人有限公司	可疑爆炸物处置
安全应急和极限环境应用	上海易咖智车科技有限公司	数字化智慧城市建设无人安防巡逻机器人
安全应急和极限环境应用	上海柔克智能科技有限公司	高速公路隧道机器人
安全应急和极限环境应用	上海朗驰佰特智能技术有限公司	地下管廊巡检机器人系统
安全应急和极限环境应用	中电科机器人有限公司	四足巡检机器人电缆隧道自主督查
安全应急和极限环境应用	上海方酋机器人有限公司	煤矿智能采样机器人
养老	上海傲鲨智能科技有限公司	养老服务
养老	亿慈（上海）智能科技有限公司	社区居家智慧康养解决方案
医疗	上海卓昕医疗科技有限公司	术中三维透视一体化骨科机器人应用于脊柱微创手术
医疗	上海精劢医疗科技有限公司	电磁导航经皮穿刺定位肺结节
医疗	上海奔曜科技有限公司	实验室桌面智能自动化

（续）

应用行业	企业名称	应用场景
医疗	上海擎朗智能科技有限公司	医院全场景数智化物流机器人
医疗	上海国民集团健康科技有限公司	中医院便捷就医服务数字化转型
医疗	上海上智优卓机器人科技有限公司	光学导航经皮穿刺机器人
教育	上海创屹科技有限公司	智能乒乓球教练
教育	上海鲸鱼机器人科技有限公司	面向青少年科技竞赛的教育机器人
教育	上海擎朗智能科技有限公司	面向人工智能与机器人教育领域产教融合的机器人
教育	中科新松有限公司	新松机器人学院实训基地建设项目
教育	上海艾利特机器人有限公司	科研教育行业产教融合应用
教育	软银机器人（上海）有限公司	人形机器人从教育领域到不同领域的多重应用
建筑	涂强（上海）智能科技有限公司	建筑外墙喷漆机器人
商业社区服务	上元立交（上海）科技有限公司	停车机器人缓解停车难
商业社区服务	上海有个机器人有限公司	商业综合体
商业社区服务	上海智元新创技术有限公司	商业社区服务 - 交互服务
商业社区服务	上海易咖智车科技有限公司	应用于半封闭 / 公开场所的无人环卫清扫机器人
商业社区服务	上海訾萨智能科技有限公司	室外无人驾驶环卫清扫场景
商业社区服务	上海越凡享递机器人科技有限公司	写字楼商务配送
商业社区服务	上海思岚科技有限公司	智能巡检机器人
商贸物流	隆链智能科技（上海）有限公司	生鲜行业冷链立库仓储物流搬运机器人
商贸物流	星猿哲科技（上海）有限公司	智能仓储视觉引导拆码垛机器人
商贸物流	上海傲鲨智能科技有限公司	机场行李中转运输
商贸物流	赛那德科技有限公司	大型物流中心自主装卸机器人

2.浙江省

2023 年 5 月，浙江省发布《关于组织召开机器人典型应用场景和"机器人+"应用标杆企业评审会的通知》，重点支持机器人在工业、服务业（医疗、康复、家政等重点方向）、特种三大领域的应用，鼓励运用 5G、AI、大数据、云计算等新技术，提升机器人应用的数字化、网络化、智能化水平，形成良好的示范效应。经各地推荐、专家评审，拟确定 2023 年度浙江省机器人典型应用场景 16 项和"机器人+"应用标杆企业 12 家。2023 年浙江省机器人典型应用场景见表 2。2023 年浙江省"机器人+"应用标杆企业见表 3。

表 2　2023 年浙江省机器人典型应用场景

序号	地市	地区	申报单位	场景名称
1	杭州市	滨江区	杭州海康机器人股份有限公司	汽车行业转向系统工厂全流程多车型智能搬运解决方案
2	杭州市	余杭区	杭州申昊科技股份有限公司	轨道交通机器人智能运维解决方案
3	杭州市	临安区	浙江杭叉智能科技有限公司	未来工厂自动化配送及仓储解决方案
4	杭州市	滨江区	浙江国自机器人技术股份有限公司	基于联合巡视平台的多模式巡检场景
5	杭州市	余杭区	杭州程天科技发展有限公司	面向中枢神经病变导致的下肢步行功能障碍的康复外骨骼典型应用场景
6	台州市	温岭市	瀚维（台州）智能医疗科技股份有限公司	面向群体性乳腺癌筛查的超声机器人应用
7	台州市	温岭市	浙江钱江机器人有限公司	面向大型钢结构件的激光寻位焊接解决方案
8	宁波市	余姚市	宁波江丰生物信息技术有限公司	基于人工智能的宫颈细胞扫描分析系统
9	宁波市	余姚市	智昌科技集团股份有限公司	面向整车制造的"眼脑手脚一体化"搬运机器人应用
10	杭州市	滨江区	浙江华睿科技股份有限公司	基于 5G+ 的园区物流机器人应用

（续）

序号	地市	地区	申报单位	场景名称
11	杭州市	余杭区	杭州蓝芯科技有限公司	锂电池工厂智能产线物流解决方案
12	宁波市	余姚市	浙江瑞华康源科技有限公司	面向医院综合物流的5G服务机器人（AGV）应用示范
13	宁波市	余姚市	宁波伟立机器人科技股份有限公司	机器人在DFMS数字化柔性制造系统的应用示范
14	湖州市	德清县	浙江华嘉驰智能科技有限公司	面向印染行业的低成本AGV和印染订单流程管理系统
15	杭州市	萧山区	浙江沐森机器人科技有限公司	面向水泵搬运码垛的机器人应用示范
16	杭州市	临平区	银都餐饮设备股份有限公司	面向国际连锁店的智能食物炸制机器人应用

表3　2023年浙江省"机器人+"应用标杆企业

序号	地市	地区	申报单位	项目名称
1	宁波市	鄞州区	奥克斯空调股份有限公司	面向空调生产全流程机器人应用示范
2	杭州市	临平区	杭州蕙勒智能科技股份有限公司	面向磁轭机加工的机器人应用示范
3	宁波市	北仑区	宁波中集物流装备有限公司	面向集装箱生产的机器人应用示范
4	湖州市	长兴县	长兴吉利汽车部件有限公司	面向汽车生产的智能全自动机器人应用示范
5	湖州市	长兴县	诺力智能装备股份有限公司	自动化产线及物料精准配送应用示范
6	温州市	瑞安市	瑞立集团瑞安汽车零部件有限公司	多类型机器人协同的无人化机加工车间
7	舟山市	普陀区	舟山中远海运重工有限公司	船舶外板超高压水除锈大臂车机器人应用
8	宁波市	江北区	宁波威兹马特电子有限公司	自动装配机产线机器人的应用
9	杭州市	桐庐县	杭州象限科技有限公司	磁性材料自动化装配机器人应用示范
10	台州市	台州湾新区	浙江台通制冷设备有限公司	面向制冷阀体生产的机器人应用示范
11	杭州市	临安区	杭州谱育科技发展有限公司	智能化在线监测机器人应用示范
12	湖州市	长兴县	浙江优全护理用品科技股份有限公司	湿巾产线"机器人+"应用示范

3.河南省

为深入贯彻《"十四五"机器人产业发展规划》和《"机器人+"应用行动实施方案》，全面落实2023年河南省政府工作报告装备重点工作任务，河南省以产品创新和场景推广为着力点，推动机器人产业发展，组织开展了2023年度机器人创新产品和典型应用场景征集遴选工作。面向制造业、农业、建筑、能源、商贸物流、医疗健康、养老服务、教育、商业社区服务、安全应急和极限环境应用等领域需求，征集一批工业机器人、服务机器人、特种机器人和关键基础件等创新产品，推广一批具有较高技术水平、创新应用模式和显著应用成效的机器人典型应用场景，形成良好示范效应，不断推动机器人产品高端化智能化发展，营造全面推进机器人应用的浓厚氛围。经各地工业和信息化主管部门审核推荐、专家评审，分别确定中信重工机械股份有限公司"智能预警处置一体化系统"等10家企业产品为2023年机器人创新产品，河南矿山起重机有限公司"智能焊接机器人在起重机主梁制作场景的典型应用"等10家企业应用场景为2023年机器人典型应用场景，并予以公示。2023年河南省机器人创新产品公示名单见表4。2023年河南省机器人典型应用场景公示名单见表5。

表4　2023年河南省机器人创新产品公示名单

序号	地市	企业名称	产品名称
1	洛阳市	中信重工机械股份有限公司	智能预警处置一体化系统
2	洛阳市	洛阳鸿元轴承科技有限公司	工业机器人精密减速器轴承
3	长垣市	卫华集团有限公司	重载AGV
4	郑州市	郑州金谷粮食机械工程设备有限公司	全自动智能化散料打包机器人
5	郑州市	中原动力智能机器人有限公司	智能代步车
6	郑州市	河南英高能源科技有限公司	智慧机器人加油机

（续）

序号	地市	企业名称	产品名称
7	郑州市	郑州德力自动化物流设备制造有限公司	智能穿梭机器人
8	新乡市	河南威猛振动设备股份有限公司	自行走全场景大件焊接机器人
9	郑州市	河南埃尔森智能科技有限公司	机器人 3D 视觉定位系统
10	洛阳市	中国航空工业集团公司洛阳电光设备研究所	智能防爆机器人

表 5　2023 年河南省机器人典型应用场景公示名单

序号	地市	申报单位	场景名称
1	长垣市	河南矿山起重机有限公司	智能焊接机器人在起重机主梁制作场景的典型应用
2	洛阳市	洛阳开远智能精机有限公司	大型深沟球轴承智能装备线
3	郑州市	河南机械设计研究院有限公司	机器人码砖监测系统
4	郑州市	正星科技股份有限公司	机器人加油系统在加油站应用
5	郑州市	郑州科慧科技股份有限公司	工业机器人及智能制造培训
6	郑州市	郑州慧业智能科技有限公司	车间镁碳砖智能化生产线
7	郑州市	格力电气（郑州）有限公司	空调外机轴流风叶螺母锁付项目
8	许昌市	河南森源电气股份有限公司	开关设备柔性智能制造
9	新乡市	豫北转向系统（新乡）股份有限公司	汽车零部件行业搬运机器人应用场景
10	洛阳市	中信重工机械股份有限公司	智能预警处置一体化系统在特高压变电站应用

4.河北省

为加快推动新技术、新材料、新工艺、新解决方案等的示范应用，促进产业转型升级，围绕机器人等优势产业及地方主导产业创新需求，河北省积极开展打造和开放创新应用场景工作。面向冶金、装备制造、建筑、矿山、物流、农业、医疗护理等重点领域，以推动人工替代、效率提升、安全生产等为目标，广泛征集机器人创新应用场景。2023 年 7 月 23 日，河北省科学技术厅举办河北省机器人创新应用场景发布会，发布首批 6 个机器人领域创新应用场景内容及需求，包括：矿山勘探与应急巡查场景、矿山管道检测场景、高陡岩壁生态修复场景、高 / 差压铸造铝合金制品飞边打磨场景、全脑动脉造影手术场景以及膝、髋关节置换手术场景。为进一步以场景创新推动科技成果转化，河北省科学技术厅、河北省国资委策划打造了一批国资委监管企业创新应用场景，并于 2023 年 8 月 30 日发布，其中包括建筑施工智能机器人场景、港口干散货船舶智能机器人接卸清舱场景、智能化煤仓清仓机器人场景 3 个机器人领域创新应用场景。2023 年河北省机器人领域创新应用场景发布清单见表 6。

表 6　2023 年河北省机器人领域创新应用场景发布清单

序号	场景名称	场景业主方	场景描述	场景需求
1	矿山勘探与应急巡查场景	河北省地质矿产勘查开发局第八地质大队	在矿产资源勘探和矿山灾害巡查引入四足机器人，利用光纤传感与感知技术，确保足式机器人的地下信号通讯与协同巡查监测；通过搭载无人机，航拍未知区域地形并回传图像，帮助四足机器人快速识别最优路线，结合机器人足关节的感知功能，使机器人自主避障、选择落点，完成矿山多地形行走、跨越、爬行、跳跃、涉水等动作，实现指定地点的矿产资源勘探和近距离灾害巡查；通过搭载机械臂、小型取样设备、背包架、岩石识别相机，替代勘探者完成勘探取样与样品背负任务	野外山体爬行坡度 ≥ 35°，跨越高度 ≥ 30cm，能够完成障碍跳跃高度 ≥ 50cm，最高行进速度 ≥ 5m/s，最大负载能力 ≥ 80kg，勘探点定位与机械臂取样点定位误差 ≤ 2cm 野外续航时间 > 6h，通过太阳能皮肤可实现连续续航 可实现茂密深林、戈壁滩无人区、地下通信连接，通讯距离 ≥ 100m 机器人搭载无人机、关节电动机、机械臂、小型取样设备、背包架、岩石识别相机、感知相机

（续）

序号	场景名称	场景业主方	场景描述	场景需求
2	矿山管道检测场景	河钢集团矿业公司	在金属矿山尾矿库排洪管引入矿山管道检测机器人，可完全替代人工方式完成检测任务，提高安全作业系数，避免环境中存在的有害气体对人员造成危害，提升工作效率和准确度。利用机器人的三维场景重建功能，对金属矿山尾矿库排洪、选厂污水管等管道内场景进行 SLAM 建模，生成精确场景模型，实现与以往记录的模型进行高精度的对比分析，精确定位形变严重的位置，提早预防可能出现的坍塌、渗漏、堵塞等情况。以遥控的方式实现机器人在管道内自主行进，携带的各项传感器可实时分析空气中一氧化碳、氧气、甲烷等气体的含量，搭载的机械臂排除一定程度的障碍、杂物，完成就地取样等工作	机器人本体最大爬坡角度≥40°，最高行进速度≥1m/s 最长管道作业距离≥2km，最大续航≥4km 三维场景重建误差≤1cm 机器人需具备防水防尘设计 机器人搭载环境参数检测传感器，能够实时检测环境参数，包括一氧化碳、氧气、甲烷 搭载机械臂，载重质量≥2kg
3	高陡岩壁生态修复场景	河北地矿建设工程集团有限责任公司	高陡岩壁生态修复引入攀爬钻孔机器人，机器人自身一边钻孔一边利用已有钻孔自岩壁下部向上部依次完成岩壁上所有种植孔的空气潜孔锤钻孔、填土、种植；攀爬钻孔机器人可在高陡岩壁攀爬，变换孔位快捷，定位牢固可靠，可稳定进行作业；攀爬钻孔机器人带有可视系统，可采用遥控操作；突破性解决高陡岩壁的绿化难题，提升矿山生态修复效果	钻孔直径≥200mm，钻孔深度≥1.5m 钻孔间距可在800~2 000mm范围内调整，钻孔与水平面夹角15°~45° 满足矿山高陡岩壁植生孔施工，山体攀爬坡度≥75°，跨越高度≥30cm，能够完成高度障碍跳跃高度≥100cm，载重质量≥1 000kg
4	高/差压铸造铝合金制品飞边打磨场景	秦皇岛戴卡兴龙轮毂有限公司	在高/差压铸造铝合金制品飞边打磨引入工业机器人，利用机器人的视觉感知能力，快速识别飞边空间曲线，增加刀具架、电主轴、气动浮动打磨工具、防护罩、铝屑回收装置，以及夹爪、电磁铁、气缸等机器人末端执行器，与工业机器人自动控制算法相结合，不断优化机器人打磨工艺和程序，实现机器人自动抓取高/差压铝铸件，完成打磨、放件的加工过程	机器人载重质量≥20kg，轴数量≥6，定位误差≤0.5mm 增加新产品时机器人编程时间≤120min，视觉引导误差≤0.4mm，打磨后效果满足产品质量要求 上料装置用工装支具重复定位误差≤0.5mm 打磨机器人系统物理隔离，系统外噪声≤80db，降低职业危害 加装视觉相机、光源、显示器和工控机 增加执行器，如夹爪、电磁铁、气缸等工具 增加刀具架、电主轴、气动浮动打磨工具 增加防护罩、增加铝屑回收装置
5	全脑动脉造影手术场景	河北医科大学第一医院	在全脑动脉造影手术中引入机器人，利用机器人高稳定性、多数据感知的能力，精准控制导管导丝在血管内穿行的速度和力，同时通过科学的手术流程设计，固定并规范全脑动脉造影手术操作流程，明显提高全脑动脉造影手术效果的一致性。应用机器人隔室操作的优势，代替医生完成复杂的导管导丝推进操作，将医生从长期暴露在X射线的环境中解脱出来，优化了医生的工作环境，进一步提高造影手术稳定性和安全性	机器人递送直线定位误差≤±1mm 机器人递送旋转定位误差≤旋转行程的10% 机器人递送直线重复定位误差≤±1mm 机器人递送行程≥600mm 机器人递送运动延时≤250ms
6	膝、髋关节置换手术场景	河北医科大学第三医院	在全膝、全髋关节置换手术中引入关节置换手术辅助机器人，在术前根据三维术前规划软件、AI智能精准测量对CT数据进行重建，智能预估最佳的假体型号及安放位置，制定手术方案，并通过机器人的快速注册能力，帮助医生快速完成注册，自动跟踪手术步骤，以及通过间隙平衡图辅助医生获得理想平衡间隙。在术中实时显示骨骼的相对位置，推荐最佳假体规格型号、同步显示假体放置位置，跟踪截骨平面及髋臼锉工具位姿，从三维空间上指导术者进行截骨，精准控制截骨厚度和角度，实现假体位置的精准植入、良好软组织平衡及下肢力线	固定跟踪阵列和注册时间耗时≤3min 探测范围：工作距离≥800mm、水平方向≥400mm、垂直方向≥200mm 定位精度≤1mm，角度精度≤1° 假体安放位置与规划理想值相比，误差≤1°（1mm） 支持无须触摸显示器的快速注册 搭载三维术前规划软件、AI智能精准测量算法

（续）

序号	场景名称	场景业主方	场景描述	场景需求
7	建筑施工智能机器人场景	河北建工集团有限责任公司	面向喷涂、打磨、抹灰、建材安装等建筑机器人的共性问题，基于建筑数字孪生平台的多机器人协同作业方法，构建基于BIM等智能建造数字孪生平台，实现建筑机器人自主安装作业	构建建筑机器人多因素耦合建模 开发复杂施工场景下的环境感知与三维重建技术 开发高适应性、高补偿性和强鲁棒性的多机器人协同控制技术
8	港口干散货船舶智能机器人接卸清舱场景	河北港口集团有限公司	聚焦集团港口干散货船舶清舱作业面临的环境恶劣、安全隐患高、作业时间长、自动化程度低等痛点，以实现智能清舱为目标，设计高效清舱机器人机械结构，利用先进的控制技术完成对清舱机器人的智能作业控制，从而有效替代人员操作机械清舱作业模式	高效清舱机器人主体结构设计 开发清舱机器人自主作业智能控制技术 向特殊应用机器人开放应用实验
9	智能化煤仓清仓机器人场景	开滦（集团）有限责任公司	面向传统的人工入仓作业存在着作业环境恶劣，作业效率低的问题，且容易发生坍塌事故，严重威胁作业人员生命安全的状况，开发用于清仓的机器人机构，全面提升我国煤矿智能化水平，提升煤矿安全生产水平，保障煤炭稳定供应	清仓机器人本体结构创新设计与分析优化 清仓工艺研究 控制系统开发

〔撰稿人：机械工业信息中心冯莉〕

《人形机器人创新发展指导意见》及相关举措

人形机器人是集人工智能、高端制造、新材料等先进技术，有望成为继计算机、智能手机、新能源汽车后的颠覆性产品，将深刻变革人类生产生活方式，重塑全球产业发展格局。当前，人形机器人技术加速演进，已成为科技竞争的新高地、未来产业的新赛道、经济发展的新引擎，发展潜力大、应用前景广。为推动人形机器人产业高质量发展，培育形成新质生产力，高水平赋能新型工业化，有力支撑现代化产业体系建设，2023年10月工业和信息化部印发《人形机器人创新发展指导意见》，并按照谋划三年、展望五年的时间安排，对人形机器人创新发展作了战略部署。北京、上海、深圳等地贯彻落实国家战略发展要求，积极出台相关政策，推动人形机器人产业发展。

一、《人形机器人创新发展指导意见》

1. 发展目标

到2025年，人形机器人创新体系初步建立，"大脑""小脑""肢体"等一批关键技术取得突破，确保核心部组件安全有效供给。整机产品达到国际先进水平，并实现批量生产，在特种、制造、民生服务等场景得到示范应用，探索形成有效的治理机制和手段。培育2～3家有全球影响力的生态型企业和一批专精特新中小企业，打造2～3个产业发展集聚区，孕育开拓一批新业务、新模式、新业态。

到2027年，人形机器人技术创新能力显著提升，形成安全可靠的产业链供应链体系，构建具有国际竞争力的产业生态，综合实力达到世界先进水平。产业加速实现规模化发展，应用场景更加丰富，相关产品深度融入实体经济，成为重要的经济增长新引擎。

2. 突破关键技术

打造人形机器人"大脑"和"小脑"，突破"肢体"关键技术，健全技术创新体系。

（1）机器人"大脑"关键技术群。围绕动态开放环境下人形机器人感知与控制，突破感知—决策—控制一体化的端到端通用大模型、大规模数据集管理、云边端一体计算架构、多模态感知与环境建模等技术，提高人形机器人的人—机—环境共融交互能力，支撑全场景落地应用。

（2）机器人"小脑"关键技术群。面向人形机器人复杂地形通过、全身协同精细作业等任务需求，开展高保真系统建模与仿真、多体动力学建模与在线行为控制、典型仿生运动行为表征、全身协同运动自主学习等关键技术研究，提升人形机器人非结构化环境下全身协调鲁棒移动、灵巧操作及人机交互能力。机器肢关键技术群。面向人形机器人高动态、高爆发和高精度等运动性能需求，研究人体力学特征及运动机理、人形机器人动力学模型及控制等基础理论，突破刚柔耦合仿生传动机构、高紧凑机器人四肢结构与灵巧手设计等关键技术，为人形机器人灵活运动夯实硬件基础。

（3）机器体关键技术群。面向人形机器人本体高强度和高紧凑结构需求，研究人工智能驱动的骨架结构拓扑优化、高强度轻量化新材料、复杂身体结构增材制造、能源—结构—感知一体化设计以及恶劣环境防护等关键技术，打造具有高安全、高可靠、高环境适应性的人形机器人本体结构。

3. 培育重点产品

打造整机产品，夯实基础部组件，推动软件创新。

（1）基础版整机。面向类人外观、双腿行走和双臂双手灵巧操作的基本形态功能，建立人形机器人基础软硬件架构，打造"公版"通用平台，支持不同场景需求下的结构改造、算法优化以及特定能力强化。

（2）功能型整机。开发低成本交互型人形机器人，强化人类生活环境适应能力、多模态人机交互能力。开发高精度型人形机器人，强化双臂双手精细操作、工件鲁棒识别、轨迹智能规划等上肢作业能力。开发高可靠型人形机器人，强化恶劣环境生存、复杂地形适应、外力冲击防护等能力。

（3）传感器。面向复杂环境感知需求，开发集成高精度仿生眼与类脑处理算法的视觉传感器，推出宽频响、高灵敏的仿生听觉传感器，开发高分辨率和具有多点接触检测能力的仿人电子皮肤，推出高灵敏检测多种气体的仿生嗅觉传感器，形成人形机器人专用传感器产品谱系。

（4）执行器。面向人形机器人高爆发移动需求，突破高功率密度液压伺服执行器，打造高紧凑液压马达、缸、泵、阀及一体化单元系列产品。突破高力矩密度减速器、高功率密度电动机、伺服驱动器等融合的高精度电驱动执行器，打造电驱动旋转关节、电推杆产品。

（5）控制器。面向高实时协调运动控制需求，研发具有高动态运动驱动、高速通信等功能的专用芯片，研制"感—算—控"一体化的高性能运动控制器。面向人形机器人认知与决策需求，研发具有多模态空间感知、行为规划建模与自主学习等能力的智能芯片，提升人形机器人协调控制能力。

（6）动力能源。面向人形机器人高动态、长续航能量需求，突破高能量密度电池、智能电源管理、电池组优化匹配等关键技术，开发高能效、高紧凑动力能源总成产品，提升人形机器人的续航与环境适应能力。

4. 拓展场景应用

服务特种领域需求，打造制造业典型场景，加快民生及重点行业推广。

（1）开展试点示范。组织人形机器人创新任务揭榜挂帅，探索赋能制造业的路径和模式，遴选优秀成果开展试点应用，定期评估评价。以行业特色场景为牵引，培育一批优质解决方案，遴选行业标杆应用，推动人形机器人新技术新产品落地应用。

（2）加强供需对接。打造人形机器人赋能供需对接平台，引导传统制造企业、工业园区释放需求，组织人形机器人企业精准服务对接。加强产业链上下游协同，强化全国统一大市场下的标准互认、产品配套、研发协同，加速市场共建、资源共享、利益共赢。

（3）加速成果转化。建设人形机器人创新成果产业化服务平台，建设一批人形机器人成果孵化创新中心，加快共性技术转移和推广应用，提高人形机器人工程化效率，促进成熟产品和解决方案规模化落地。举办赋能成果展，促进产学研用交流合作。

（4）完善应用机制。加大特定场景的深度挖掘和共性场景的规模化推广，定期遴选发布典型应用场景清单和推荐目录。鼓励重点行业和地区主动探索开放应用场景，开拓新模式、新服务、新业态。鼓励企业探索面向应用场景的技术创新研发模式，加强技术与场景深度融合。

5. 营造产业生态

（1）培育优质企业。强化企业创新主体地位，培育具有生态主导力和全球竞争力的人形机器人"链主"企业。加大对优质企业的培育力度，激发涌现一批专精特新"小巨人"企业、制造业单项冠军企业和独角兽企业。促进大中小企业融通协同发展，打造安全可靠的产业生态。

（2）完善创新载体和开源环境。支持建设人形机器人重点实验室、制造业创新中心，提升关键共性技术供给能力。成立人形机器人百人会等行业组织，促进技术交流、供需对接、国际合作，深化创新链产业链资金链人才链融合。建设人形机器人开源社区，推进开源基金会能力建设，汇聚全球开发者协同创新。

（3）推动产业集聚发展。引导人形机器人创新要素向基础好、潜力大的地区汇聚，立足各地特色和产业优势建设孵化器和产业园等，推动产业链上下游集聚发展。构建产业协同生态，推动机器人、人工智能、新材料等企业跨领域合作，开展技术应用联合攻关，增强软硬协同适配能力，提升产业链供应链韧性。

6. 强化支撑能力

（1）健全产业标准体系。开展人形机器人标准化路线图研究，全面梳理产业链标准化需求，建立健全人形机器人产业标准体系，分级分类推动标准制定。围绕基础共性、系统评测、安全可信、行业应用等重点方向，加快国家标准、行业标准和团体标准的研制。深入开展标准宣贯推广，促进标准落地实施。大力推动我国标准"走出去"，积极参与国际标准制定。

（2）提升检验检测和中试验证能力。制定人形机器人产品检验检测方法，建立智能化、可靠性、安全性等关键指标体系，构建可实施、可度量、可扩展的评测基准。打造权威检验检测机构，完善评测配套工具，满足企业和用户的检测认证需求。支持企业联合高校院所等建设人形机器人中试验证平台，加强软硬耦合适配，提供中试熟化、工程开发、工艺改进等服务，加速相关技术成果的工程化落地和产业化应用，推动产品质量提升。

（3）加强安全治理能力。提升人形机器人功能安全性能，确保相关技术产品对人和环境友好。强化网络安全防护，提高信息获取、数据交互、数据安全等技术保障能力。强化整机、关键部组件、核心软件等重点环节安全风险评估，促进安全能力提升。深化科技伦理风险研判，加快推进相关伦理标准规范研究制定。

7. 保障措施

（1）加强统筹协同。加强部门协同，统筹推进技术攻关、产业发展、融合应用等工作，促进人形机器人与人工智能等领域融合发展。深化央地协作，优化产业布局，鼓励地方结合实际制定针对性、可操作的政策措施，因地制宜推动人形机器人技术创新和产业发展。

（2）完善产业政策。推动实施人形机器人创新工程，围绕专用软件、核心部组件、整机及应用示范等重点任务加大投入。发挥制造业转型升级基金等带动作用，引导产业资本与金融资本积极参与。用好国家产融合作平台，支持领军企业上市融资，推动形成"科技—产业—金融"良性循环。组织人形机器人大赛、展会等活动，激发各界创新活力。

（3）加快人才引育。加强人形机器人相关学科专业人才培养，鼓励人形机器人企业与高等院校、科研院所等合作，创新产学研合作培养模式。加强职业教育、技术再培训等，大力培育产业应用型人才。加强高端人才海外交流引进，健全人才服务体系，确保人才引得来、留得住。

（4）深化交流合作。拓展人形机器人国际合作空间，鼓励国外企业和机构在国内设立研发中心和制造基地等，推动产业国际化发展。鼓励国内企业走出去，推动新技术、新产品迈向国际市场，拓展跨国业务。深度参与国际规则和标准制定，为全球人形机器人产业发展贡献中国智慧。

二、相关举措

2023 年 8 月，工业和信息化部组织开展 2023 年未来产业创新任务揭榜挂帅工作，面向人形机器人、脑机接口等 4 个重点方向，聚焦核心基础、重点产品、公共支撑、示范应用等创新任务，发掘培育一批掌握关键核心技术、具备较强创新能力的优势单位，突破一批标志性技术产品，加速新技术、新产品落地应用。其中，人形机器人揭榜挂帅任务榜单包含：全身动力学控制算法、电动机驱动器等 5 项核心基础，旋转型电驱动关节、直线型电驱动关节等 5 项重点产品，人形机器人的端到端仿真开发平台等 3 项公共支撑，面向工业制造、灾害救援等 6 项典型应用。人形机器人揭榜挂帅任务榜单见表 1。

表 1　人形机器人揭榜挂帅任务榜单

环节	任务名称	揭榜任务	预期目标
核心基础	全身动力学控制算法	面向人形机器人高动态行走的全身控制问题，突破人形机器人多体动力学实时模型、基于全身力矩的模型预测控制、长距离离线身体姿态和落足点规划、在线步态规划与实时姿态跟踪、面向仿人机器人高爆发关节伺服阻抗控制等关键技术。形成人形机器人高动态行走控制方法，在人形机器人实物平台上进行实验验证	到 2025 年，建立人形机器人高动态行走控制算法，可支持具有双足、双臂、腰、髋、膝、踝等不少于 28 个自由度的人形仿生机构。支撑人形机器人实现平地、斜坡、台阶、非平整路面、松软路面等环境的高动态行走，平地最大行走速度 ≥4km/h，最大奔跑速度 ≥9km/h
	电动机驱动器	面向人形机器人快速、灵活的伺服驱动需求，突破高性能伺服驱动设计、制造与测试等技术。研发小体积、高爆发、高效率的高功率密度电动机伺服驱动器。提升电动机伺服驱动器自主研发水平，推动高性能伺服驱动器的产业化应用	到 2025 年，完成系列化的高功率密度电动机伺服驱动器，支持多种行业标准化码盘和通信接口。最高效率不低于 95%，质量小于 210g（含散热片），尺寸小于 170cm³，最大连续功率达到 6kW，拥有智能伺服控制算法，可实现高速柔性伺服驱动控制
	力传感器	面向人形机器人准确获取驱动关节和肢体末端触感力学信号的需求，突破稳定可靠的力传感器结构设计与制造、智能化信号处理与分析、多信息智能识别与模型分析等关键技术；研制系列化、高性能、低成本、智能化的新型力传感器；发展低成本、规模化的传感器生产制造方法，推动新型力传感器在人形机器人上的产业化应用	到 2025 年，完成人形机器人系列化力传感器的设计与制造，满足驱动关节、手指、足底等肢体末端力测量需要，并在人形机器人上开展实际应用。传感器采用低成本、高性能的设计，精度达到 0.5%，响应时间优于 0.03s，具有智能信息采集与处理能力，提升力传感器的智能化水平
	MEMS 姿态传感器	面向人形机器人姿态控制对高性能、小型化姿态传感器的需求，突破传感器小型化结构设计、陀螺仪高精度加工工艺、智能响应姿态解算等关键技术；研制基于 MEMS 惯性器件的高性能姿态传感器；研究减小传感系统体积质量，降低功耗，提升传感器抗振动、抖动能力以及传输性能的方法；发展低成本、规模化传感器生产制造方法，推动新型 MEMS 姿态传感器在人形机器人上的产业化应用	到 2025 年，完成高性能、低成本的 MEMS 姿态传感器研制，具有较强的抗振动和抖动性能，俯仰角和横滚角静态精度为 0.1°，零偏稳定性不低于 0.3°/h，MEMS 姿态传感器具有强的鲁棒性和智能稳定算法

（续）

环节	任务名称	揭榜任务	预期目标
核心基础	触觉传感器	围绕人形机器人灵巧手使用工具、操作设备、分拣物品、高精度装配等能力，在灵巧手掌内配置触觉传感器，以感知操作目标的位姿、硬度、肌理等特征，提高灵巧手的智能化操作能力。研发小体积、高可靠性、高稳定性的人形机器人手部触觉传感器，满足人形机器人灵巧手感知、操作、交互等需求，提升新型触觉传感器自主设计与研发水平，推动触觉传感器的产业化应	到2025年，完成小体积高可靠性高稳定性的手部触觉传感器研制，实现指尖、指腹和掌面部位传感器阵列密度 1mm×1mm（厚度≤0.3mm）；力检测范围 0.1N/cm²～240N/cm²（10g/cm²～24kg/cm²）±5%；最小检测力 10g
重点产品	旋转型电驱动关节	面向人形机器人高爆发、高功率密度的旋转关节性能需要，研究融合驱动、传动、力感知、伺服控制、热控的关节设计方法，研发高响应、轻量化、变刚度、高精度、模块化的电动机驱动力控关节，提升电动机驱动关节的自主研发水平和人形机器人高动态运动能力，推动高性能力控关节的应用	到2025年，研制系列化的人形机器人一体化旋转电驱动关节，集成减速器、电动机、驱动器等，满足腰、髋、膝、肘等关节伺服驱动需要，峰值输出功率密度优于600W/kg，峰值力矩密度优于100N·m/kg，在人形机器人上实现应用验证
	直线型电驱动关节	面向人形机器人对高推力密度、高动态响应线性致动器的迫切需求，研究高速高功率密度永磁伺服电动机设计、高动态响应伺服驱动、基于动力学匹配的驱动—传动一体化集成、基于全状态反馈的电动线性致动器柔顺运动控制等关键技术；研制高推力密度、高动态响应线性电驱动关节，并在人形机器人上开展应用验证	到2025年，研制系列化人形机器人直线型电驱动关节，满足臀关节、膝关节、踝关节等应用需求，采用规模化、低成本、高性能的智能一体化设计，实现双向驱动伺服线性致动，推力覆盖500～10 000N，推力密度不低于1 500N/kg，在人形机器人或足式机器人上实现应用验证
	机械臂与灵巧手	研发高功率密度的集成肩关节、肘关节、腕关节与灵巧手的人形机械臂及灵巧手，实现人形机械臂及灵巧手的运动与操作功能，提升人形机器人关键部件的自主研发水平，推动人形机械臂及灵巧手的产业化应用	到2025年，关节自由度数量满足运动与操作要求，臂手一起工作时，手指末端负载能力≥3kg，灵巧手集成位置、力、触觉等传感器，臂体质量≤9kg（其中灵巧手≤900g）；支持多种行业标准化通信接口
	高算力主控制器	研发用于人形机器人运动规划与感知决策的高算力主控制器，在硬件通信、实时计算和能量消耗等关键技术上实现突破；研究复杂工况下的系统实时性和可靠性，满足人形机器人信息采集、智能计算、通信交互等需求；构建具备人形机器人基本功能的控制器软件系统，研究开放性控制器软件，实现先进算法的模块化可拓展	到2025年，研制高算力主控制器，满足人形机器人的智能控制算法需求，单台主控制器工作功耗不高于60W，算力不低于200TOPS，硬件可支持高带宽总线通信方式，具有多种常用传感器的通信接口
	高能量密度电池	研制高能量密度、轻量化、高可靠、可高倍放电、快速充电的电池组，具备过充过放保护、防爆阻燃和高频振动工况下的安全可靠性能，满足人形机器人长时间续航、高倍率放电需求。实现电池组小型化、轻量化设计，同时满足人形机器人瞬时功率大、连续工作时间长的需求	到2025年，人形机器人电池满足便捷插拔替换、外部充电标准配置的要求。具备过充、过放保护、防爆阻燃和高频振动工况下的工作能力。输出电压48～100V，电池组的能量密度不低于220W·h/kg
公共支撑	人形机器人的端到端仿真开发平台	面向人形机器人对端到端智能控制软件平台的迫切需求，突破机器人多智能体与复杂环境建模技术，面向机器人自主学习与技能发育的通用强化学习算法库，研发域随机化及GPU并行计算的训练与演进技术；研制新一代人形机器人端到端仿真开发平台，鼓励开源开放的新方法和新机制，并在人形机器人上开展应用验证	到2025年，研制新一代人形机器人端到端仿真开发平台，具有友好的开发界面。支持动态环境的推理、技能强化和具身安全演进，支持大规模并行GPU机器学习训练，同一场景下并行开展训练的机器数量不低于1 000个
	人形机器人的标准、测试与评估	搭建并完善人形机器人整机系统集成标准，完成软硬件模块通用接口的标准定义、撰写、试点应用；形成评估人形机器人关键共性能力的综合测评标准和关键核心部件的性能测评标准；建立人形机器人综合测试评估和实验平台，重点建立自主运动能力、复杂环境适应能力、平衡与抗扰能力、灵巧操作能力、人机交互能力的量化评估体系；研究电液驱动部件、一体化力控关节、环境感知模块、力觉感知模块等关键核心部件的性能测评方法，建立测试和实验平台	到2025年，实现软硬件模块通用接口的标准定义和标准撰写，编写各子模块的行业标准与规范，完成整机系统集成标准定义和标准撰写；制定关键共性能力的综合测评标准，建立实验平台。综合测评标准包含行走、作业、智能、交互等模块标准；实验平台可以测试机器人自主行走、双臂作业、任务决策与规划等功能，测试人形机器人行走能力、续航能力、载重能力等关键性能，同时可以测试核心零部件的关键性能

（续）

环节	任务名称	揭榜任务	预期目标
公共支撑	人形机器人的机器脑智能控制技术	开发基于人工智能大模型的"大脑"模型，实现人形机器人的环境感知、行为控制、人机交互能力。开发控制人形机器人的"小脑"模型，搭建运动控制算法库，建立网络控制系统架构。面向特定应用场景，构建人形机器人仿真系统和训练环境，支撑快速低成本的技术创新。支持人形机器人算力设施建设部署，强化机器人具身智能，加速大模型训练迭代和相关产品落地应用	到2025年，构建特定场景的人形机器人多模态环境感知—自然语言—运动规划数据集，具有感知能力、语音识别能力、自然语言处理能力、任务决策与规划能力，建立不低于100亿的典型任务参数集，自动化处理任务的类型不低于100种，并能够在人形机器人上实现应用
典型应用	面向工业制造的典型应用	围绕"工业4.0"自动化、数字化、信息化、智能化要求，针对智能制造场景中复杂设备操作、复合工具使用、人机协同作业等任务需求，研制环境适应性强、具备稳定行走能力、可自主操作工具与决策、融入智能制造数字化信息体系的面向工业制造的人形机器人	到2025年，人形机器人在制造业领域实现应用突破，实现制造业环境中稳定行走速度不低于3km/h，可以操作不低于10种设备或工具，综合工况续航不低于4h。整机通电后准备时间小于5min
	面向灾害救援的典型应用	面向人形机器人在灾害救援中复杂地形机动和环境高适应性要求，突破复杂地形的运动控制技术、危险环境的感知与理解技术、对抗条件下的智能决策与规划技术、人机协作救援技术等关键技术，实现人形机器人在复杂环境中执行多种任务，如搜救、搬运物资	到2025年，人形机器人在灾害救援领域实现应用突破，实现高温、耐冲击、防尘防水、防爆等能力，能够自主进入极端环境实施救援任务，地形攀爬能力不低于50cm，移动速度不低于5km/h，综合续航不低于4h
	面向危险作业的典型应用	围绕核辐射操作、空间站维修、有毒气体环境作业、月球表面钻探等应用场景，研发在高危行业代替人力进行维修、操作任务的人形机器人，突破人形机器人智能化作业、特殊环境下稳定行走、无监督环境下自治规划与决策等关键技术，推动人形机器人在危险环境中人机隔离、机器换人、黑灯工厂的应用	到2025年，研制的人形机器人能够满足危险作业环境的抗辐射、低重力、高低温等环境适应性要求，可以使用工具开展焊接、切割、整理等作业任务，准确率达到95%以上；实现与人协作式的共融作业，能够操作50种以上的工具；可以完成安装、拆卸、旋拧、插拔等多类精细操作
	面向智慧物流的典型应用	围绕物流仓储与运输、货物搬运的场景需求，研制具有自主移动、货物清点搬运、装卸码垛、分拣、配送的仓储物流人形机器人，突破整机轻量化、力感知和柔顺控制、高鲁棒性全身运动控制、多模态融合感知、视觉增强、自主决策与运动规划技术，实现人形机器人在室内结构化环境中的智能协同工作，提升各环节的综合作业效率	到2025年，研制面向智慧物流的人形机器人整机，实现自主移动速度≥4km/h；双臂负载能力≥10kg；单次工作时长≥3h。整机通电后准备时间小于5min，并在典型物流场景完成应用验证
	面向安防巡逻的典型应用	面向社区、工厂、边境等大范围区域巡逻检查需求，研究人形机器人在道路、草地、台阶、坡、沟等地形环境下行走技术，突破长距离运动、拟人化交互、巡逻监控、目标物跟踪、数据远程回传等关键技术，研制安防巡逻人形机器人，推动人形机器人在室内外环境的安防应用	到2025年，完成安防巡逻人形机器人整机研制，单次运动里程不小于6km，单次工作时长不少于3h，负重不小于5kg，实现在居民社区、工厂或哨所等场景下的示范应用
	面向服务娱乐的典型应用	面向公共服务与创新娱乐场景应用的需求，研制采用多模态大模型和云端大脑驱动人形机器人整机，并在固定岗位引导、特定内容问询、老人陪护和陪伴、商业娱乐表演等典型场景开展应用示范	到2025年，面向服务与娱乐等场景应用的通用人形机器人能够与人类进行比较流畅的沟通，能通过手势、自然语言进行沟通，基础动作单元不少于15种，落地应用场景不少于10个

三、地方跟进情况

2023年5月，深圳市发布《深圳市加快推动人工智能高质量发展高水平应用行动方案（2023—2024）》，提出要加快组建广东省人形机器人制造业创新中心，支持创新产品研发，并强调发挥粤港澳大湾区制造业优势，开展人形机器人规模化应用。

2023年6月，北京市发布《北京市机器人产业创新发展行动方案（2023—2025年）》，明确提出加紧布局人形机器人，以人形机器人小批量生产和应用为目标，突破人形机器人通用原型机和通用人工智能大模型等关键技术。面

向3C电子制造、新能源汽车生产等典型应用场景，推动人形机器人工程化和产业化。11月，由深圳市优必选科技股份有限公司作为牵头单位和总经理单位，联合小米机器人、北京京城机电控股有限责任公司等行业领军企业和机构共同成立了北京人形机器人创新中心，面向未来，将打造全球首个通用人形机器人"硬件母平台"和首个大模型＋开源运控系统"软件母平台"。同时，围绕行业亟待解决的关键共性问题，开展通用人形机器人本体原型、人形机器人通用大模型、运控系统、工具链、开源操作系统及开发者社区等5项重点任务攻关，促进人形机器人产业创新发

展。该中心聚集了人形机器人行业的顶级专家和技术研发人员，具有极强的技术研究、产品开发和应用推广能力，为整个行业打造出共性技术平台、公共服务平台以及规范人形机器人相关标准等。

2023年10月，上海市印发《上海市促进智能机器人产业高质量创新发展行动方案（2023—2025）》，提出到2025年打造具有全球影响力的机器人产业创新高地，建设包括人形机器人制造业创新中心在内的三个公共服务平台等。

〔撰稿人：机械工业信息中心冯莉〕

2023 年部分重点地区出台的机器人行业相关政策

在人工智能、大模型、机器学习、人机交互等关键技术的不断发展进步下，机器人技术正逐步实现创新突破，成为引领各行各业实现数字化、智能化转型升级的重要驱动力。在国家机器人产业发展战略的宏观指导下，各地区积极响应，紧抓机器人产业发展机遇，结合自身产业基础和市场需求，制定出台了一系列政策措施，从产业前瞻布局、技术创新驱动、高端整机培育、应用场景拓展等方面综合布局，为机器人产业的高效高质量发展提供政策支持和保障。

部分重点地区出台的与机器人行业相关的政策措施见表1。

表1 部分重点地区出台的与机器人行业相关的政策措施

地区	发布时间	政策名称	主要内容
北京市	2023年3月	《北京市智能建造试点城市工作方案》	发展数字设计、智能生产、智能施工、智慧运维、建筑机器人等新产业，优化营商环境，在通州区、丰台区等重点示范区域内，推动智能建造产业园区建设，形成智能建造产业集群。推动机器人在混凝土预制构件制作、钢构件下料焊接、隔墙板和集成厨卫加工等环节的创新应用，拓展建筑机器人应用场景
	2023年5月	《北京市促进通用人工智能创新发展的若干措施》	推动具身智能系统研究及应用，突破机器人在开放环境、泛化场景、连续任务等复杂条件下的感知、认知、决策技术
	2023年6月	《北京市机器人产业创新发展行动方案（2023—2025年）》	加紧布局人形机器人，带动医疗健康、协作、特种、物流四类优势机器人产品跃升发展。聚焦机器人产业链关键环节，增强人工智能大模型、产业关键核心技术、关键零部件等基础支撑能力，推动机器人产业稳链、补链和强链。面向医疗、制造、建筑、商贸物流等领域重点需求，开展一批"机器人+"应用示范
	2023年6月	《北京市推动智能建造与新型建筑工业化协同发展的实施方案》	加快推动新一代信息技术与新型建筑工业化技术协同发展，鼓励应用建筑机器人、工业机器人，保障工人健康安全。鼓励企业探索应用建筑机器人等智能装备，提升工程施工智能化水平。推动机器人在混凝土预制构件制作、钢构件下料焊接、隔墙板和集成厨卫加工等环节的创新应用
	2023年8月	《北京市促进机器人产业创新发展的若干措施》	加快机器人技术体系创新突破，实施机器人产业筑基工程，发布产业关键技术清单，建设开放共享的机器人产业科技创新体系，支持建设机器人产品中试验证平台等；推动机器人产业集聚发展，加强机器人工业用地开发和供给，加大机器人领域专精特新企业培育力度，支持建设一批机器人产业化项目；加快"机器人+"场景创新应用，组织机器人场景供需对接，实施百项机器人新品工程等
	2023年8月	《关于进一步推动首都高质量发展取得新突破的行动方案（2023—2025年）》	推动机器人产业创新发展。加紧布局人形机器人整机，组建北京市人形机器人产业创新中心，分类推进医疗健康、协作、特种、物流机器人，组织实施"百种应用场景示范工程"，推动机器人创新产品应用示范和系统集成模式推广
	2023年9月	《北京市促进未来产业创新发展实施方案》	面向未来制造高端化、智能化、绿色化和融合化需求，在石景山、房山、顺义、昌平、经开区等区域，重点发展类人机器人等细分产业

（续）

地区	发布时间	政策名称	主要内容
北京市	2023 年 11 月	《北京市关于贯彻落实〈制造业可靠性提升实施意见〉的实施方案》	围绕机器人等重点行业全生命周期、全产业链条可靠性工程技术需求，开展工程技术研发，突破一批制造业可靠性工程领域的"卡脖子"技术难题。重点提升工业机器人用精密减速器等关键核心基础零部件的可靠性水平
	2023 年 12 月	《关于做好第二批农业机器人典型应用场景遴选工作的通知》	围绕种植、养殖、农产品初加工 3 个关键应用方向 12 个环节，聚焦农业机器人技术创新与应用，征集遴选一批技术先进、成效显著、能复制推广、应用前景广阔的机器人典型应用场景，并加强技术推广应用，引导机器人企业与农业经营主体等加强合作，带动先进适用农业机器人产业链协同创新、试验验证、迭代优化和规模化应用
上海市	2023 年 10 月	《上海市促进医疗机器人产业发展行动方案（2023—2025 年）》	瞄准医疗机器人微型化、智能化、仿生化发展趋势，以促进医疗机器人产业集群发展为重点，主动谋划医疗机器人未来科技和产业变革的新产品、新模式、新业态，促进产学研医协同创新，强化场景应用示范，形成产医融合、数智驱动和开放领先的创新体系。聚焦医疗机器人现代工程技术和关键共性技术，推进产业链、创新链与人才链深度融合，加快核心技术自主研发。强化品牌塑造推广，发挥医疗机器人龙头企业的带动力、顶尖团队的创造力和重磅产品的影响力，打造一批国内领先乃至国际先进的创新医疗机器人产品
	2023 年 10 月	《上海市促进智能机器人产业高质量创新发展行动方案（2023—2025 年）》	推动工业机器人规模化，促进服务机器人场景化，加快通用机器人工程化；重点攻关具身智能等先进技术，加大机器人核心部件攻关，推动系统集成部署能力提升；推动工业机器人进工厂，服务机器人进生活等
江苏省	2023 年 11 月	《关于促进全省建筑业高质量发展的意见》	支持企业研发和推广应用建筑机器人及智能装备、部品部件智能生产、智能施工管理等智能建造关键技术
	2023 年 11 月	《关于加快培育发展未来产业的指导意见》	谋划布局类人机器人等一批前沿性未来产业，初步形成"10 ＋ X"未来产业体系。瞄准类人机器人等前沿领域，多方向、多路径开展不确定性未来技术预研，积极应对人口老龄化、气候变化、能源危机等挑战，培育一批未来产业新增长点
	2023 年 12 月	《关于推动战略性新兴产业融合集群发展实施方案的通知》	重点发展机器人等产业，聚焦高效、精密、可靠性和精度保持等性能，加强关键材料、基础零部件和技术装备研发，提升基础智能装备和仪器设备自主化水平，畅通战略产品研制、示范应用推广、产业提质升级链条
浙江省	2023 年 1 月	《浙江省"415X"先进制造业集群建设行动方案（2023—2027 年）》	实施千亿技术改造投资工程。加快企业设备更新改造，每年实施重点技术改造项目 5 000 个以上、新增应用工业机器人 15 000 台以上
	2023 年 2 月	《浙江省人民政府办公厅关于培育发展未来产业的指导意见》	开展仿生感知认知、生机电融合、人工智能、视觉导航等技术研究突破与系统集成，强化商用场景和个人、家庭应用场景探索
广东省	2023 年 12 月	《广东省培育智能机器人战略性新兴产业集群行动计划（2023—2025 年）》	聚焦技术创新、优化产业布局、培育优势企业、深入示范推广、强化支撑体系等重点任务，实施机器人减速器工程、机器人控制器工程、机器人伺服系统工程、机器人集成应用工程、无人机工程、无人船工程、服务机器人工程、智能提升工程等重点工程，提出到 2025 年智能机器人产业营业收入达到 800 亿元的工作目标
山东省	2023 年 9 月	《山东省人民政府关于印发山东省康养健康产业发展规划（2023—2027 年）的通知》	积极开展 AI 影像、医疗机器人等远程物联智能化医疗设备的研发和产业化。推进医学人工智能数据及推理运算场景、智慧医疗图脑、医疗可穿戴等推广应用，积极开展临床决策支持系统、医学影像辅助诊断、医用机器人等项目
	2023 年 12 月	《山东省人民政府关于加快实施"十大工程"推动新一代信息技术产业高质量发展的指导意见》	抢抓新能源汽车机遇，推动终端制造企业与整车企业深度合作，开拓车载终端市场。支持淄博、济宁、日照等市大力发展机器人核心部件，加快工业机器人、服务机器人等研发应用
	2023 年 12 月	《关于做好第二批农业机器人典型应用场景遴选工作的通知》	围绕种植、养殖、农产品初加工 3 个关键应用方向 12 个环节，聚焦农业机器人技术创新与应用，征集遴选一批技术先进、成效显著、能复制推广、应用前景广阔的机器人典型应用场景，并加强推广应用，引导机器人企业与农业经营主体等加强合作，带动先进适用农业机器人产业链协同创新、试验验证、迭代优化和规模化应用

（续）

地区	发布时间	政策名称	主要内容
河北省	2023 年 3 月	《河北省支持机器人产业发展若干措施》	聚焦市场拓展场景推广，深入实施"机器人＋"应用行动，创建机器人典型应用场景推广中心和体验中心，打造机器人应用推广"样板间"。培育机器人"领跑者"企业，壮大特色产业集群，依托唐山市高新区在焊接机器人、巡检机器人和特种机器人等优势，延链补链推动产品迭代升级和应用领域拓展，将唐山市打造成具有全国影响力的特种机器人研发总部基地、机器人应用创新高地。围绕机器人产业提档升级需求，在结构学与机器人设计、环境感知与控制、人机协作与群体智能等方面新建一批重点实验室、技术创新中心、工程研究中心、企业技术中心等创新平台
	2023 年 4 月	《加快河北省战略性新兴产业融合集群发展行动方案（2023—2027 年）》	以唐山市丰润区、高新区为核心承载区，辐射唐山市曹妃甸区、丰南区、玉田县等区域，发展机器人等产业链，布局特种机器人等产业，建成具有全国行业领先地位的高端装备制造产业聚集地
	2023 年 9 月	《河北省人民政府办公厅关于促进电子信息产业高质量发展的意见》	发展智能清洗机器人、智能巡检无人机等产品，提升具有光伏电站运行监测数据采集、监控功能的光伏发电监控系统智能化水平
湖北省	2023 年 4 月	《关于支持建筑业企业稳发展促转型的若干措施》	鼓励国有资金投资项目采用"BIM（建筑信息模型）＋"数字一体化设计、建筑机器人及智能装备、部品部件智能化生产、智能施工管理等智能建造技术，可在招标文件中提出相关技术标准要求
	2023 年 5 月	《湖北省数字经济高质量发展若干政策措施》	支持数字经济企业技术攻关。鼓励省内企业联合科研院所面向未来产业，开展6G、量子科技、人形机器人、元宇宙、人工智能等领域原创性研发，对相关企业享受研发费用加计扣除超出上一年度的增量部分给予补助，单家企业补助额最高可达 100万元
吉林省	2023 年 12 月	《关于打造吉林省生物医药与高端医疗器械产业新赛道的实施方案》	重点开发 AI 导航超高清 3D 内窥镜、智能高清多通道椎间孔镜及配套设备、AI 胸腹腔微创手术机器人以及智能骨折复位机器人，打破国外产品垄断。重点开发数字化、便捷化、精细化、智能化康复训练和生活辅助康复机器人，数据云端化、诊断远程化的智能可穿戴式设备
辽宁省	2023 年 7 月	《辽宁省质量强省建设纲要》	支持机器人等辽宁优势产业，加强创新技术研发，开展先进标准研制，推广卓越质量管理实践，培育产业链贯通发展的质量卓越产业集群。扩大智能家电、智慧家居、服务机器人等新型消费品优质供给。推动开展智能家电、机器人等高端品质认证，拓宽健康、教育、金融等领域服务认证
陕西省	2023 年 5 月	《陕西省关于贯彻落实〈质量强国建设纲要〉的实施意见》	围绕新兴产业发展需求，不断推进机器人、无人机、智能家电等产品高端品质认证，以创新供给引领消费需求
内蒙古自治区	2023 年 10 月	《内蒙古自治区推动数字经济高质量发展工作方案（2023—2025 年）》	拓宽绿色算力应用，发展容灾备份、融合算力、大模型训练等业务，布局无人机、无人驾驶等大数据试验场，推动北斗、区块链、人工智能等数字技术产业创新发展，建设全国大数据服务输出基地。包头市加快智慧矿山、网络协同制造、机器人车间等试点示范项目建设，重点推动互联网、大数据、人工智能等数字技术与制造业深度融合，推动装备制造业提档升级，建设自治区智能制造业基地
宁夏回族自治区	2023 年 4 月	《关于深入推进新型工业强区五年计划的实施意见》	鼓励企业依托新技术、新业态、新模式，在数字经济、工业母机、智能机器人、氢能、新型储能等产业领域前瞻性布局，积极抢占新赛道。到2027 年，力争实施产业创新重点技术攻关任务 100 个以上，形成技术成果 200 项以上，培育一批"单项冠军"企业
	2023 年 7 月	《加快"互联网＋医疗健康"高质量发展实施方案》	促进医疗机器人等智能化装备在基层应用，提升基层医疗服务能力。探索推广融合大数据、人工智能等新技术的个人智能健康设备、智能健康机器人、康复装备等规模化应用
广西壮族自治区	2023 年 2 月	《关于深入推进计量发展的实施方案》	围绕交通、康养、医疗、农业等领域机器人产业发展需求，开展机器人机械系统、控制系统、驱动系统等关键计量测试技术研究
	2023 年 10 月	《深入推进"壮美广西·长寿福地"康养产业发展三年行动方案（2023—2025 年）》	支持柳州、玉林等市发展老年用品用具、智能护理设备、智能穿戴设备制造产业，支持柳州市康复辅助器具产业园和康养机器人产业园区、防城港市高端医疗装备应用示范基地等产业集聚区建设

（续）

地区	发布时间	政策名称	主要内容
江西省	2023 年 1 月	《江西省未来产业发展中长期规划（2023—2035 年）》	以推广应用工业机器人为抓手，强化服务机器人和智能医疗机器人领域布局，加快突破关键零部件核心技术和关键共性技术，推动机器人整机、零部件与系统集成协同发展
	2023 年 7 月	《江西省制造业重点产业链现代化建设"1269"行动计划（2023—2026 年）》	鼓励各地依托产业基础和龙头企业，培育数控机床、机器人等智能装备产业链
	2023 年 7 月	《关于征集 2023 年（第一批）智能建造典型案例的通知》	征集一批建筑机器人等智能工程设备。包括部品部件生产机器人、建筑施工机器人、智能运输机器人、建筑维保机器人、建筑破拆机器人以及智能塔吊、智能混凝土泵送设备等智能工程设备

注：根据各地政府网站信息整理。

〔撰稿人：机械工业信息中心冯莉〕

（续）

中国
机器人
工业
年鉴
2024

国
际
篇

介绍 2023 年主要国家机器人行业发展情况

综述篇

大事记

产业篇

地区篇

园区篇

标准检测认证篇

产教融合篇

企业篇

应用篇

政策篇

国际篇

统计资料

附录

中国
机器人
工业
年鉴
2024

国际篇

2023 年美国机器人行业发展情况

一、基本概况

北美地区（美国、加拿大和墨西哥）是世界上仅次于我国的第二大工业机器人市场，拥有全球 12% 的机器人在役存量。2022 年，美国机器人安装量达到 39 576 台，位列全球第四位，仅次于我国、日本和韩国。得益于 2010

年以来机器人市场的蓬勃发展，三个北美国家的机器人密度都大幅增加，尤其是在汽车行业。2022 年，美国机器人密度达到 1 493 台／万人，排名全球第六位。2012—2022 年美国工业机器人年安装量如图 1 所示。

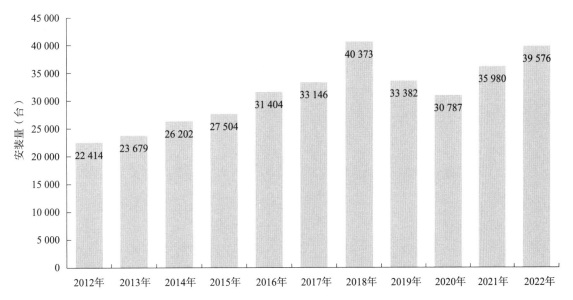

图 1　2012—2022 年美国工业机器人年安装量

注：数据来源于国际机器人联合会（IFR）。

在美国，大多数机器人都是从日本、韩国和欧洲进口的，美国本土只有少数北美机器人制造商。但美国有许多重量级的机器人系统集成商，提供机器人自动化解决方案的能力也居世界前列。尽管一般行业的市场份额不断上升，但目前汽车行业仍是机器人最大的客户。据世界汽车组织（OICA）2022 年统计，美国轿车和轻型汽车的产量位居全球第二位，仅次于我国。

二、市场特点

1. 搬运／上下料仍是美国第一大应用领域

2022 年，美国用于搬运／上下料的工业机器人数量同比增长 20%，达到 22 897 台，首次突破 2 万台。搬运／

上下料仍是美国第一大应用领域，在总量中的占比达到一半以上。其中，物料搬运机器人是应用最广的细分行业，2022 年安装量为 11 293 台，继续保持增长趋势，同比增长 55%，首次突破 1 万台；包装、拣放机器人安装量为 4 295 台，同比下降 14%。

焊接和钎焊仍是仅次于搬运／上下料的第二大应用领域，2022 年安装量略有下降，为 6 978 台，在安装总量中的占比逐年下降，2022 年只有 17%。

2017—2022 年美国工业机器人安装情况（按应用领域划分）见表 1。

表 1　2017—2022 年美国工业机器人安装情况（按应用领域划分）

IFR 编码	应用领域	2017 年安装量（台）	2018 年安装量（台）	2019 年安装量（台）	2020 年安装量（台）	2021 年安装量（台）	2022 年安装量（台）	2022 年安装量同比增长（%）	2017—2022 年年均复合增长率（%）
110	搬运／上下料	15 278	16 549	15 009	14 223	19 136	22 897	20	8

（续）

IFR 编码	应用领域	2017年安装量（台）	2018年安装量（台）	2019年安装量（台）	2020年安装量（台）	2021年安装量（台）	2022年安装量（台）	2022年安装量同比增长（%）	2017—2022年年均复合增长率（%）
111	用于金属铸造的搬运与上下料		165			151	139	-8	
112	用于塑料成型的搬运与上下料	1 624	1 626	1 349	1 307	2 021	1 931	-4	4
113	用于冲压、锻造、钣金搬运与上下料	139	95	94	236	184	141	-23	0
114	机床加工中的搬运与上下料	1 379	1 653	1 377	659	1 019	1 066	5	-5
115	其他机械加工的上下料	1 420	1 512	1 514	1 402	1 605	2 307	44	10
116	用于检测、检验、测试的搬运与上下料	217	225	318	300	413	358	-13	11
117	用于码垛的搬运与上下料	618	792	805	861	1 479	1 300	-12	16
118	用于包装、拣放的搬运与上下料	3 290	931	3 321	3 522	4 996	4 295	-14	5
119	材料的搬运与上下料	6 591	6 550	6 231	5 936	7 268	11 293	55	11
120	未列明的搬运和上下料						67		
160	焊接和钎焊	8 519	10 632	7 518	6 124	7 269	6 918	-5	-4
161	弧焊	2 402	3 127	2 839	2 097	3 181	4 039	27	11
162	点焊	5 892	7 334	4 564	3 967	3 910	2 760	-29	-14
163	激光焊	19	14	60		16	26	63	6
164	其他焊接	206	157	50		48	36	-25	-29
165	钎焊			5	39	114	57	-50	
166	未列明的焊接和钎焊				21				
170	涂层与胶封	1 040	819	1 111	1 164	985	1 082	10	1
171	喷涂、上釉	967	635	901	1 044	817	918	12	-1
172	粘胶剂、密封材料或类似材料的应用	73	167	210	120	143	116	-19	10
179	其他点胶或喷涂		17			25	48	92	
190	加工	371	411	484	331	512	428	-16	3
191	激光切割		9	4	21	21			
192	水刀切割	54	89			33	56	70	1
193	机械切割、磨削、去毛刺、铣削、抛光	232	168	429	120	302	155	-49	-8
198	其他加工	85	145		90	156	183	17	17
199	未列明的加工			51	100		34		
200	装配及拆卸	1 818	2 852	2 253	1 243	1 237	1 430	16	-5
201	装配	1 818	2 852	2 253	1 243	1 237	1 430	16	-5
900	其他	4 287	3 985	2 974	3 642	3 124	2 486	-20	-10
901	平面显示器用洁净室	189	39	40			46		-25
902	半导体用洁净室	3 672	3 911	2 321	3 266	2 694	1 902	-29	-12
903	其他洁净室				201	18	48	167	
905	其他	426	35	613	175	412	490	19	3
999	未列明	1 833	5 125	4 033	4 060	3 717	4 335	17	19
	合计	33 146	40 373	33 382	30 787	35 980	39 576	10	4

注：数据来源于国际机器人联合会（IFR）。

2.汽车行业安装量飙升,是最重要的应用行业

2022年,美国的机器人安装量同比增长10%,达到39 576台,接近2018年40 373台的最高纪录。美国机器人市场增长的主要动力来自于汽车制造业,2022年安装量激增,达到14 472台,同比增长47%。五年来,美国汽车制造业的需求一直在持续下降,2021年更是下降至1万辆以下,汽车制造业应用机器人在机器人总量中的占比从2016年的52%下降到2021年的27%,2022年又回升到37%,但相比十年前占比仍是减少的。

2022年,金属加工行业的机器人安装量同比下降7%,降至3 900台。电子电气行业的安装量同比增长26%,达

到3 732台。2016年和2017年,美国工业机器人中有20%应用在电子电气行业。2021年占比下降至10%以下,2022年略有上升,也仅为9%。2022年,塑料和化学制品行业新装3 065台机器人,同比下降16%,其主要细分市场中,化学制品、医药制造业和化妆品的安装量为1 363台,同比下降21%,橡胶和塑料制品(不含汽车零部件)的安装量为1 667台,同比下降10%,下降幅度均达到两位数。继2021年达到3 443台的历史最高点后,2022年食品和饮料行业的机器人安装量下降了29%,为2 442台。2017—2022年美国工业机器人安装情况(按应用行业划分)见表2。

表2 2017—2022年美国工业机器人安装情况(按应用行业划分)

IFR编码	应用行业	2017年安装量(台)	2018年安装量(台)	2019年安装量(台)	2020年安装量(台)	2021年安装量(台)	2022年安装量(台)	2022年安装量同比增长(%)	2017—2022年年均复合增长率(%)
A–B	农业、捕猎业、林业和渔业		23			59	28	-53	
D	制造业	30 673	33 227	27 783	24 022	28 191	31 982	13	1
10—12	食品制品和饮料、烟草制品	1 598	2 753	2 224	2 715	3 443	2 442	-29	9
13—15	纺织业、皮革和服装		32		42	36	40	11	
16	木材与木材制品(包括家具)	61	55	62	29	85	84	-1	7
17—18	造纸和纸制品业、出版与印刷	49	52	79	42	44	50	14	0
19—22	塑料和化学制品	2 281	2 837	2 491	2 661	3 631	3 065	-16	6
19	化学制品、医药制造业和化妆品	681	1 158	937	1 317	1 736	1 363	-21	15
20—21	未列明的化学品和石油制品	10	16	15	21	33	35	6	28
22	橡胶和塑料制品(不含汽车零部件)	1 590	1 663	1 539	1 323	1 862	1 667	-10	1
23	玻璃、陶瓷、石材、矿产品(不含汽车零部件)	131	297	182	125	289			
24—28	金属	2 603	3 180	3 785	2 294	4 193	3 900	-7	8
24	基本金属(钢、铁、铝、铜、铬)	1 392	1 640	1 402	1 600	2 584	1 617	-37	3
25	金属制品(不含汽车零部件),机械设备除外	967	1 177	1 298	385	955	1 386	45	7
28	工业用机械设备	234	363	1 085	309	654	730	12	26
289	未列明的金属	10					167		76
26-27	电子电气	6 576	5 284	3 460	3 710	2 963	3 732	26	-11
275	家用电器		48	189	134	73	102	40	
271	电气机械和器材(不含汽车零部件)	316	645	500	487	619	870	41	22
260	电子元件/设备	618	3 352	1 834	2 342	1 387	1 944	40	26
261	半导体、液晶显示屏和发光二极管(包括太阳能电池和太阳能集热器)	3 725		120	124	247	204	-17	-44
262	计算机和周边设备	33	262	50	168	58	43	-26	5

（续）

IFR 编码	应用行业	2017 年安装量（台）	2018 年安装量（台）	2019 年安装量（台）	2020 年安装量（台）	2021 年安装量（台）	2022 年安装量（台）	2022 年安装量同比增长（%）	2017—2022 年年均复合增长率（%）
263	家用和专业信息通信设备（不含汽车零部件）	84	493	473	182	105	154	47	13
265	医疗、精密和光学仪器	530	484	294	273	474	415	-12	-5
279	未列明的电气机械设备	1 270							
29	汽车制造业	15 397	15 246	12 960	10 494	9 854	14 472	47	-1
291	汽车整车、汽车用发动机制造	6 206	4 719	5 403	5 366	4 136	6 586	59	1
293	汽车零部件及配件制造	9 129	10 527	7 557	5 128	5 718	7 886	38	-3
2931	金属制品	1 934	1 786	1 484	912	1 068	646	-40	-20
2932	橡胶和塑料制品	707	576	444	335	535	447	-16	-9
2933	电子电气	544	650	609	493	386	444	15	-4
2934	玻璃制品	165	102	98	64	60	126	110	-5
2939	其他	5 779	6 875	4 560	3 234	3 366	5 680	69	0
2999	未列明的汽车零部件及配件		538	362	90	303	543	79	
299	未列明的汽车制造	62							
30	其他运输设备制造业	84	188	215	82	231	291	26	28
91	所有其他制造业分支	1 893	3 303	2 325	1 828	3 422	3 906	14	16
E	电力、燃气和供水	29	33		5		33		3
F	建筑业	9	125	19	87	70	69	-1	50
P	教育和研发	123	217	337	163	561	574	2	36
90	所有其他非制造业分支	93	126	272	215	509	722	42	51
99	未列明	2 219	6 622	4 971	6 295	6 590	6 168	-6	23
	合计	33 146	40 373	33 382	30 787	35 980	39 576	10	4

注：数据来源于国际机器人联合会（IFR）。

3. 多关节机器人遥遥领先，SCARA 市场回暖

2022 年，美国多关节机器人安装量为 28 504 台，同比增长 12%，在机器人安装总量中的占比高达 72%，长期稳居榜首。排名第二的 SCARA 机器人安装量为 6 443 台，同比增长 30%，涨幅比较明显。其次为坐标机器人，2022 年延续了增长态势，安装量为 3 401 台，同比增长 2%。2017—2022 年美国工业机器人安装量（按结构类型划分）见表 3。

表 3 2017—2022 年美国工业机器人安装量（按结构类型划分）

结构类型	2017 年安装量（台）	2018 年安装量（台）	2019 年安装量（台）	2020 年安装量（台）	2021 年安装量（台）	2022 年安装量（台）	2022 年安装量同比增长（%）	2017—2022 年年均复合增长率（%）
多关节机器人	23 955	30 143	25 180	21 448	25 477	28 504	12	4
直角坐标机器人	3 112	3 067	1 860	2 291	3 320	3 401	2	2
并联机器人	626	726	619	712	681	617	-9	0
SCARA 机器人	4 499	4 990	4 691	5 375	4 957	6 443	30	7
其他	954	1 447	1 028	961	1 545	611	-60	-9
合计	33 146	40 373	33 378	30 787	35 980	39 576	10	4

注：数据来源于国际机器人联合会（IFR）。

〔撰稿人：中国机械工业联合会孙媛媛〕

2023 年日本机器人行业发展情况

一、行业概况和技术动态

日本是世界上主要的机器人制造国之一，在全球机器人产量中的占比约为46%。据国际机器人联合会（IFR）发布的《2023年世界机器人报告》，2022年全球工业机器人的销量达到了 553 052 台，连续第二年超过了 50 万台，创下了历史新高。在这一全球趋势中，日本工业机器人市场的表现尤为突出，其销量在 2022 年达到了 50 413 台，位居世界第二位，仅次于我国。

日本在工业机器人领域不仅市场规模居全球领先地位，而且在核心技术方面亦展现出全球领先优势。该国在减速器、电动机和控制器这三大关键技术领域，通过不断的技术创新和研发，引领着全球机器人行业的发展趋势。

1.重载搬运机器人市场需求不断增长

日本发那科（Fanuc）是全球机器人四大家族之首，拥有丰富的产品线，并且已经实现了全部关键零部件的自制化生产，在全球范围内拥有优秀的重型负载工业机器人技术和产品。2023年东京机器人展会上，发那科展示的整车搬运机器人垂直臂展可达 6 206mm，最大负重 1 700kg，是当今世界上搬运能力最大的机器人。搬运一直是工业机器人最主要的应用领域，并且汽车行业也是最主要的用户行业之一，随着新能源汽车产业的不断发展壮大，锂电池生产、汽车制造等对重载工业机器人的市场需求将进一步增加。

2.协作机器人炙手可热

人机协作已成为解决劳动力不足的理想解决方案。当前，制造业普遍面临着劳动力成本增加和产品交付时间缩短等难题，而协作机器人具有轻量化、灵活性高、安全可靠、简单易用等特点，可以与人在同一场景中共同完成装配、搬运、检测、贴标等工作，能够减少工人的重复性手工作业，同时提高生产率。因此，许多公司，甚至是中小企业都已开始采用协作机器人，人机协作将成为企业解决劳动力短缺问题的理想解决方案。在日本，中小型企业占比超过90%，日本政府为了提升中小型企业员工制造水平大力扶持、鼓励中小企业导入机器人，进而提高生产力和生产率。未来，低代码和无代码自动化将成为更多企业关注的重点，并且，随着市场需求的不断变化以及传统工业机器人与新兴协作机器人边界的逐步模糊，协作机器人有望扩展至大型重载应用场景中。

3.人工智能技术赋能机器人，助力机器人产业升级

人工智能（AI）在机器人技术方面具有巨大潜力，可为制造业带来一系列好处。在机器人技术中使用AI的主要目的，是更好地实时或离线管理外部环境中的可变性和不可预测性，这使得支持AI的机器学习在软件产品中发挥越来越大的作用，例如优化流程、预测性维护或基于视觉的抓取。在 2023 日本国际机器展上，各种融合了人工智能（AI）技术的机器人通过自主学习、自主判断，甚至互相协作来完成任务，从而在更多场景中实现更智能化的操作。例如，安川电机公司新发布的机器人 MOTOMAN NEXT 系列与以往重复指定动作的机器人大不相同，这个系列的机器人能根据周边的情况自主判断、制定计划并执行，机器人还能自动查验作业情况，以最合适的方法完成作业。该公司现场展示的 4 台新型机器人分别演示了收拾餐具中的残羹剩饭、将土豆和胡萝卜装箱、取出托盘中的医疗器具装筐并送入灭菌设备等作业。日本早稻田大学展示了往衣架上挂衣服的机器人。挂衣服对机器人来说很难，因为当机器人抓住衣服的一部分时，无法知道下一个瞬间衣服会变成怎样的形状。借助深度预测学习技术，他们解决了这个难题。深度预测学习以预测模型的不完全性为前提，采用使现场状况和模型之间的预测误差最小化的算法，使机器人能持续实时调整动作，以实现遇到未曾学习的状况也能灵活应对的目标。

二、市场特点

1.工业机器人产销量继续攀升，产量再创历史新高

根据国际机器人联合会统计数据，2022年，日本工业机器人产量达到 256 807 台，同比增长 11%，较 2021 年 33% 的增幅有所下降，但产量再创日本历史新高。2022年，日本工业机器人产值为 6 640 亿日元，同比增长 16%。早在 2017 年和 2018 年，日本工业机器人产量就已超过 20 万台，但新冠疫情期间产量大幅下降，2021 年产量回升，创历史最高值，2022 年再创历史新高。2017—2022年，日本机器人产量年均增长 4%（这一统计数据仅指国内生产，并不包括海外的生产基地）。

与国际上其他机器人供应商一样，对于我国市场，日本供应商直接通过其在我国的工厂来供货。同时，日本也在其他国家建立了海外生产基地。由于日本海外生产基地的生产不包括在统计数据内，日本机器人产量在全球占比在过去十五年来大幅下降，2006 年曾高达 71%，2022 年降至 46%。此外，欧洲、美国、韩国和我国供应商的竞争和挑战也造成了这一比例的下滑。但事实证明，在我国设厂给日本厂带来了极大的便利和优势，尤其是在 2020 年新冠疫情导致全球供应链中断期间，日本机器人供应商全面受益于从 2020 年第二季度开始的"中国后疫情时代的

复苏"。

日本是仅次于我国的全球第二大工业机器人消费市场，2022年销量同比增长9%，达到50 413台，超过2019年的49 908台，但是与2018年的最高值55 240台还有一定的差距。2013年以前，日本机器人年安装总量全球最高，后被我国超越，2015年和2016年曾跌至第三位，位居我国和韩国之后。2017—2022年，日本工业机器人销量年均复合增长率为2%。2022年，日本工业机器人销售额达到1 750亿日元，同比增长5%。

2022年，日本工业机器人保有量达到414 281台，同比增长5%。2017—2022年，日本工业机器人保有量实现年均增长7%。2017—2022年日本工业机器人生产和市场情况见表1。

表1　2017—2022年日本工业机器人生产和市场情况

年份	生产量 （台）	进口数量 （台）	进口额 （百万日元）	出口数量 （台）	出口额 （百万日元）	销量 （台）	销售额 （百万日元）
2017	211 463	677	5 385	166 493	413 976	45 647	181 417
2018	217 397	767	4 830	162 924	384 081	55 240	194 958
2019	175 326	696	6 512	126 114	307 442	49 908	185 485
2020	173 946	778	3 964	136 069	311 060	38 655	153 438
2021	231 441	1 063	5 391	186 102	410 005	46 402	165 705
2022	256 807	1 343	6 762	207 737	496 029	50 413	174 591

注：数据来源于国际机器人联合会（IFR）。

2.产品以外销为主，出口量和出口额创历史新高

日本工业机器人以外销为主，自2017年以来，出口量年均复合增长率为5%。随着2018年和2019年全球机器人安装总量下降，日本机器人出口也连续两年下降；2020年，日本机器人出口开始回升，达到136 069台，同比增长8%；2022年，日本工业机器人出口量达到207 737台，在2021年峰值的基础上增长12%，创历史最高纪录；2022年出口率增加了1个百分点，达到81%；出口总额增长21%，达到4 960亿日元，创历史新高。日本工业机器人进口量一直非常低，2022年进口总量为1 343台，同比增长26%，占年安装总量的3%。

2022年，日本国内工业机器人销售均价为350万日元，同比下降3%，在2021年下调均价的基础上进一步下降。2010—2016年，日本机器人销售均价在400万～480万日元之间浮动，2017年首次下降到400万日元以下。2010年以前，单价极高，并且每年浮动较大。

2022年，日本机器人出口均价上升至240万日元，同比增长8%。自2011年以来，出口价格一直在270万～290万日元之间浮动，但近年来出口价格有所下降，自2017年以来平均每年价格下降1%。2022年，日本进口机器人均价略有下降，为503万日元，同比下降1%。此前，日本进口机器人均价极高，表明这些进口产品可能是特殊用途机器人，这些进口机器人并不在本国机器人制造商产品范围内。需要注意的是，这里的平均单价并未考虑机器人质量、结构类型、负载量等因素；事实上，机器人按以上维度来看价格差异很大。这里平均价格的变化通常是机器人销售结构的差异造成的。价格角度的机器人销量增加就可能导致平均价格的下降，而实际上机器人的单位价格并没有发生变化。

3.搬运是日本工业机器人最主要应用领域，洁净室位居其次

搬运、洁净室、装配是日本工业机器人最主要的三大应用领域，三者工业机器人销量之和约占日本工业机器人市场总销量的78%，占比与2021年同期相比增长2个百分点。

搬运依然是日本工业机器人最主要的应用领域。2022年，用于搬运领域的工业机器人销量为16 174台，同比增长1%，在工业机器人市场总销量中的占比达32%。这一销量与2017年基本持平。在搬运领域，用于物料搬运的机器人最多，2022年达到7 665台，同比增长1%，在日本机器人总销量中的占比达15%，距离2019年10 351台的销量峰值还有一定的差距；注塑机器人销量位居第二，达到3 325台，同比下降5%；位居第三的是机床领域的搬运机器人，达到2 492台，同比增长24%，2020年该领域机器人销量曾被码垛机器人赶超；码垛机器人销量位居第四，2022年达到1 403台，同比下降20%。

洁净室是日本工业机器人第二大应用领域，2022年该领域机器人销量为15 734台，同比增长25%，在总销量中的占比为31%。95%的洁净室机器人（14 879台）用于半导体生产，在2021年增长27%的基础上再次增长20%。近年来，日本政府大力支持半导体产业发展，一是确保半导体的稳定供应，保障日本产业链安全和人民生活；二是通过半导体的技术创新可以实现绿色转型和低碳发展；三是因为半导体产业是一个极具发展潜力的产业，全球半导体市场规模将在未来10年内从50万亿日元翻倍至100万亿日元，而随着人工智能的发展，甚至将成长为一个接近150万亿日元的超大规模市场，对日本经济发展意义重大。作为机器人的重要应用领域，日本半导体产业的快速发展

带动了日本工业机器人的销量增长。

2020年开始，日本装配领域的机器人销量开始超过焊接，成为第三大应用领域。2022年，装配机器人销量为7 537台，同比下降3%，在日本总销量中的占比达15%，远低于2005年9 700台的最高销量。

2022年，用于焊接领域的日本工业机器人为6 780台，同比增长5%，但与2005年12 941台的最高纪录相差甚远。尽管2021年实现了两位数的增长，但是自2017年以来年均复合增长率仍下降3%。弧焊和点焊是焊接的两大应用领域，2022年，日本弧焊机器人销量远远超过点焊，其中弧焊达到4 167台，同比增长21%，几乎回到了2018年和2019年的水平；而点焊机器人销量为2 527台，同比下降14%，销量仅为2018年的一半左右。2020—2022年日本工业机器人销量（按应用领域划分）如图1所示。

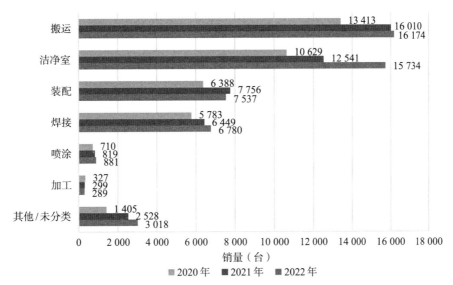

图1　2020—2022年日本工业机器人销量（按应用领域划分）

注：数据来源于国际机器人联合会（IFR）。

4. 电子行业是日本机器人最大的用户行业，汽车行业位居其次

日本工业机器人主要应用在制造业领域。根据国际机器人联合会统计，受新冠疫情影响，日本机器人销量在2019年和2020年连续两年下降，自2021年开始，日本制造业对工业机器人的需求大幅提升，需求最旺的仍然是电子和汽车两大行业。

从销量看，汽车和电子行业是日本工业机器人最大的两大用户行业，2022年，这两大领域机器人销量之和在总销量中的占比为62%。2016年和2019年，日本工业机器人在汽车行业的销量最高，2017年、2018年以及2020年以来，电子行业成为最大用户行业。2021年，日本电子行业对工业机器人的需求暴增，达到16 179台，同比增长21%；2022年，电子行业需求量进一步增长13%，达到18 359台，在日本总销量中的占比达36%。2018年以前，该领域机器人销量呈现出周期性上升的趋势，2019年和2020年有所下降，2017—2022年年均复合增长率为2%。这些机器人中，70%以上用来生产电子元器件和设备，2022年达到12 900台，同比增长24%。2022年，汽车是日本工业机器人的第二大应用行业，销量为12 719台，同比增长3%，占总销量的25%。2018年，汽车领域的机器人销量达到17 346台的峰值，2019年仍然保持了17 016的较高销量，但是2020年销量大幅下跌，尽管2021年和2022年实现了缓慢提升，但是2017年至2022年销量仍为

负增长，年均复合增长率为-2%。在汽车行业，机器人主要用于汽车零部件生产，2022年达到8 283台，同比下降4%；其次是汽车整车制造，机器人安装量为4 304台，同比增长14%。

除电子和汽车外，2022年，日本其他行业领域安装机器人14 095台，在机器人安装总量中的占比为28%；2017—2022年年均复合增长率为-1%。在这些通用行业领域，金属与机械加工行业是最大的用户行业，2022年安装总量为8 186台，同比增长20%，在安装总量中的占比为16%。其次是塑料与化学制品行业，安装量为1 424台，同比下降42%；橡胶和塑料制品行业是其最主要细分应用领域，年安装量从2021年的2 052台下降至1 006台，导致塑料和化学制品行业整体安装总量下降。安装量排名第三的是食品和饮料行业，该行业在2018年安装量达到1 208台的峰值，之后连续三年下降，2022年基本与2021年持平，达到了2016年的水平，为870台。

5. 多关节机器人产销量最大，SCARA位居第二

日本是多关节机器人的主要生产国，2022年，全球45%的多关节机器人由日本生产，但仍低于2016年56%的比例。2022年，日本多关节机器人产量为164 563台，达到历史新高，同比增长13%；国内销量为23 261台，同比增长8%；出口量高于往年，达到142 521台，同比增长14%。

SCARA是日本第二大类型的机器人，2022年，日本SCARA机器人产量首次达到56 676台，同比增长5%，创

历史新高。2016 年，该类型机器人产量仅为 29 490 台，2017 年为 43 518 台，开始突破 4 万台，2017 年到 2022 年实现 5% 的年均复合增长。该类型机器人主要出口国外，2022 年出口量为 42 705 台，同比增长 3%，但是依然未能扭转在全球市场份额中的下降趋势，2016 年日本 SCARA 在全球占比为 89%，2022 年降至 51%。2022 年，国内销量上涨 14%，达到 14 048 台。

坐标机器人是日本各类型工业机器人中唯一产量下降的机器人类型。2022 年，日本坐标机器人产量为 18 165 台，同比下降 7%，在全球市场占 34%；出口量为 11 329 台，同比下降 4%；国内销量为 6 842 台，下降幅度更大，达到 10%。

此外，日本还是圆柱坐标机器人的全球领先制造商。在日本，几乎所有"其他"类型的机器人都属于圆柱坐标机器人。2022 年产量为 16 017 台，同比增长 37%；出口量实现突破性增长，高达 10 090 台，同比增长 44%；国内销量为 5 927 台，同比增长 27%。2017—2022 年日本工业机器人产销量（按结构类型划分）见表 2。

表 2　2017—2022 年日本工业机器人产销量（按结构类型划分）

类型	项目	2017 年	2018 年	2019 年	2020 年	2021 年	2022 年
多关节机器人	生产量（台）	134 225	130 645	106 288	107 328	145 177	164 563
	出口量（台）	111 160	102 494	80 094	89 002	124 641	142 521
	国内销量（台）	23 656	28 767	26 782	18 967	22 242	23 261
坐标机器人	生产量（台）	18 385	18 159	14 847	12 085	19 439	18 165
	出口量（台）	11 967	9 950	7 182	7 589	11 858	11 329
	国内销量（台）	6 418	8 209	7 666	4 498	7 582	6 842
并联机器人	生产量（台）	1 533	1 528	1 326	1 053	1 206	1 386
	出口量（台）	971	972	809	764	913	1 092
	国内销量（台）	600	638	608	353	354	335
SCARA	生产量（台）	43 518	51 855	41 345	41 385	53 914	56 676
	出口量（台）	34 053	40 846	31 628	31 792	41 656	42 705
	国内销量（台）	9 513	11 079	9 733	9 662	12 333	14 048
圆柱坐标机器人及其他机器人	生产量（台）	13 802	15 210	11 520	12 095	11 652	16 017
	出口量（台）	8 342	8 662	6 401	6 922	7 004	10 090
	国内销量（台）	5 460	6 547	5 119	5 173	4 671	5 927

注：数据来源于国际机器人联合会（IFR）。

三、预测与展望

经济分析人士指出，日元的贬值正对日本经济产生双重影响。一方面，贬值导致进口商品成本上升和原材料价格攀升，给国内经济带来压力。另一方面，由于美国和中国作为日本的主要出口市场，需求不足进一步加剧了这一挑战。经济合作与发展组织（OECD）预测，2024 年日本的国内生产总值（GDP）增长率可能仅为 1.1%。

然而，在这一背景下，对日本机器人产业的发展前景仍可持乐观态度。日元对美元的贬值虽然增加了进口成本，但同时也降低了日本出口产品的价格，这可能为日本机器人的海外市场拓展带来积极影响。因此，尽管面临经济逆风，日本机器人产业有望通过出口优势实现增长。

日本政府采取了一系列积极措施，以增强国内经济对国际贸易中断的抵御能力。2022 年 5 月，时任日本首相岸田文雄推动的《经济安全保障推进法案》正式生效。该法案的核心内容包括加强供应链的韧性和推动尖端技术的研发，特别针对半导体、电动汽车电池和可再生能源等关键行业，通过财政激励措施促进供应链的本地化和生产能力的提升。

电子和汽车产业作为日本机器人产业的两大主要用户领域，已经宣布了庞大的投资计划。目前，日本汽车行业正处于转型升级的关键时期，多数制造商计划加大对电池和燃料电池电动汽车的投资。同时，日本制造商也在积极探索氢燃料内燃机的开发。这些行业的快速发展预计将显著增加对机器人的需求，进而推动日本机器人产业的进一步增长。

从长远来看，日本人口结构变化将导致更多领域对机器人需求的大量增加，一方面，人口老龄化促使日本加速发展医疗和护理机器人；另一方面，老龄化造成的劳动力短缺要求更多行业和经济部门加速采用自动化技术，从而推动机器人的应用和发展。

考虑到日本在技术创新、产业链完善、政府支持以及应对人口老龄化的自动化需求等诸多因素，可以预见日本机器人产业的增长潜力。2023 年，日本机器人市场趋势将相对平稳，但从 2024 年开始，对机器人的需求预计将加速增长，达到接近两位数甚至小两位数的增长率。

〔撰稿人：中国机械工业联合会王丽丽〕

2023年德国机器人行业发展情况

一、基本概况

目前，德国是欧洲最大的机器人市场。2022年，德国工业机器人安装量为25 636台，同比下降1%，在欧洲工业机器人安装总量中的占比为30%。机器人在役保有量方面，德国工业机器人在役保有量在欧洲机器人在役保有总量中的占比达36%。全球范围内，德国的工业机器人在役保有量和安装量均排名第五位，位于我国、日本、韩国和美国之后。2009年以前，德国一直是全球前三大机器人市场，2010年排名下降至第五位并延续至今。但德国的机器人密度仍保持高位，2022年德国机器人密度超过日本，仅次于韩国和新加坡，位列全球第三。

2022年，德国工业机器人安装量达到有史以来第三高位，最高纪录仍是2018年的26 723台，主要原因是由于当时汽车行业的大规模投资。而近几年工业机器人市场增长的动力主要来自低成本机器人的蓬勃发展。2017—2022年，德国工业机器人年均复合增长率保持4%的小幅正增长。2012—2022年德国工业机器人安装量如图1所示。

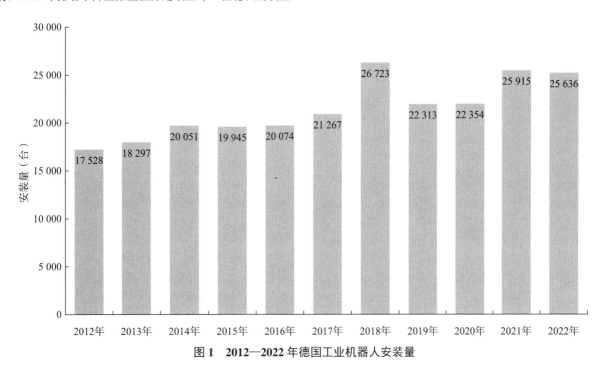

图1 2012—2022年德国工业机器人安装量

注：数据来源于国际机器人联合会（IFR）。

新兴的低成本机器人赋予了德国市场新动力，带动了安装量的增长。传统的工业机器人的特长在于精度高、载重大，并且非常耐用。有时这些高性能机器人对于许多应用场景和客户来说过于高端，使得应用工业机器人并不具备成本优势。低成本机器人完满解决了这些问题，从而开拓了一个前所未有的细分市场。如今，各种类型的机器人都可以提供低成本版本。自2020年以来，这一新兴细分市场的销售额一直在飙升。2020年新冠疫情期间，许多新客户开始尝试应用机器人解决方案来应对新冠疫情带来的挑战。顾名思义，低成本机器人的单位成本远低于传统的高性能机器人，每台机器人产生的营业额也要低得多，这会导致统计数据中单位计数与货币计数出现偏差。这种机器人通常在网络上进行销售，配备易于使用的编程界面，让客户可以自行安装和设置机器人。所以机器人供应商通常对所售出机器人的应用领域和用户行业不清楚，统计数据中也无法体现。

2017—2022年，德国一般行业的机器人密度平均每年增长6%，2022年达到256台/万人，居全球第七位。汽车行业的机器人密度为1 513台/万人，世界排名第五位。2022年，德国的在役机器人保有量达到259 636台，2017—2022年保有量的年均复合增长率为5%。

二、市场特点

1.产量和出口大幅增长

德国机器人自动化产业（包括机器视觉）企业数量达500多家。其中，少数为大型企业和中等规模企业，绝大部分是专注于某一特定细分领域的小企业。据德国机械设备制造业联合会机器人自动化分会（VDMA R&A）统计，2022年，德国机器人自动化全行业继续保持增长，总营业额为143亿欧元，同比增长15%。但仍没有达到新冠疫情前的最高纪录（147亿欧元）。其中机器人行业（包括机器人、系统和周边设备）2022年营业额为35亿欧元，与2021年基本持平；集成解决方案的营业额为87亿欧元，同比增长5%，而机器视觉同比增长11%，达到34亿欧元。供应链短缺是导致产业链下游项目延误的主要原因，影响了集成解决方案和机器人的营

业额。2023年这一情况会有所好转，保证项目可以顺利完工。

近期，德国工业机器人产业呈现复苏态势。2022年，德国工业机器人产量为35 616台，同比增长20%，在全球机器人安装总量中的占比达到了6%，创下历史新高。尽管德国机器人制造商正逐步将生产基地转移到全球最大的机器人应用市场——中国，但自2017年至2022年，德国工业机器人的年均产量增长率仍保持在6%左右。此外，随着新供应商的不断涌入，德国市场正在为新的细分领域提供服务，本土产品系列也得到了相应的扩充。

2022年，德国工业机器人出口量大幅增长，达到30 241台，同比增长20%，创历史新纪录。同期从海外制造商进口工业机器人20 261台，同比下降5%。2017—2022年德国工业机器人市场情况见表1。

表1 2017—2022年德国工业机器人市场情况

年份	生产量（台）	进口数量（台）	出口数量（台）	销量（台）	销售额（亿欧元）	平均价格（欧元）
2017	26 902	18 145	23 780	21 267	7.83	36 803
2018	23 669	24 011	20 957	26 723	9.55	35 732
2019	23 401	16 357	17 445	22 313	9.21	41 272
2020	21 713	16 834	16 193	22 354	7.38	32 998
2021	29 700	21 327	25 112	25 915	8.41	32 447
2022	35 616	20 261	30 241	25 636	8.03	31 341

数据来源：国际机器人联合会（IFR）。

2.搬运／上下料机器人仍是最重要的应用领域

2022年，搬运／上下料机器人安装量为11 659台，同比下降11%。其中，材料的搬运和上下料机器人安装量为5 797台，同比下降21%，但仍是德国工业机器人最大的应用领域，23%的机器人应用在该领域；用于机床加工中的搬运与上下料机器人是第二大应用领域，2022年安装量为1 512台，同比增长19%；排名第三的是包装、拣放的搬运与上下料机器人，安装量为1 090台，同比增长1%。塑料成型机器人安装了1 085台，同比下降6%。

排名第二的是焊接机器人，市场持续走弱，安装量为2 055台，同比下降30%，降幅非常明显，其在机器人安装总量中的占比继续收缩至8%，焊接机器人市场也很不稳定，近两年更是急剧萎缩，安装量减少近一半。但其中弧焊机器人表现还不错，2022年安装量为1 030台，同比增长27%；而点焊机器人仅为809台，同比下降58%。

装配机器人市场表现也不尽如人意，2022年安装量为841台，同比下降20%。涂层与胶封机器人小幅下降5%，为535台。仍远低于2018和2019年的历史水平，当时年均安装量都超过了千台。

由于统计的机器人数据中有很大一部分没有特定的应用领域类别，因此按应用领域分析可能存在偏差。这些机器人被归入IFR编码999"未列明"中。2018年，德国这一类别机器人的份额仅占总数的5%，而2022年这一份额飙升至37%。这意味着，几乎每10个新安装的机器人中就有4个没有关于应用领域的信息。部分是由于新兴的销售渠道通常很难跟踪应用领域信息，而且目前机器人安装的用户可配置系统，让销售的机器人并没有预先设置特定的应用领域，这些因素都导致越来越多的机器人无法统计其具体的应用领域。2017—2022年德国工业机器人安装量（按应用领域划分）见表2。

表2 2017—2022年德国工业机器人安装量（按应用领域划分）

IFR编码	应用领域	2017年安装量（台）	2018年安装量（台）	2019年安装量（台）	2020年安装量（台）	2021年安装量（台）	2022年安装量（台）	2022年安装量同比增长（%）	2017—2022年年均复合增长率（%）
110	搬运／上下料	11 374	15 753	13 576	11 486	13 171	11 659	-11	0
111	用于金属铸造的搬运与上下料	303	403	284	134	178	171	-4	-11

（续）

IFR 编码	应用领域	2017年安装量（台）	2018年安装量（台）	2019年安装量（台）	2020年安装量（台）	2021年安装量（台）	2022年安装量（台）	2022年安装量同比增长（%）	2017—2022年年均复合增长率（%）
112	用于塑料成型的搬运与上下料	1 543	1 854	1 499	816	1 149	1 085	−6	−7
113	用于冲压、锻造、钣金搬运与上下料	397	332	165	123	121	178	47	−15
114	机床加工中的搬运与上下料	1 019	659	772	814	1 275	1 512	19	8
115	其他机械加工的上下料	44	900	782	703	696	275	−60	44
116	用于检测、检验、测试的搬运与上下料	438	359	287	428	551	568	3	5
117	用于码垛的搬运与上下料	505	675	432	372	421	529	26	1
118	用于包装、拣放的搬运与上下料	905	1 161	1 019	817	1 075	1 090	1	4
119	材料的搬运与上下料	6 220	9 410	8 336	7 279	7 367	5 797	−21	−1
120	未列明的搬运和上下料					338	454	34	
160	焊接和钎焊	2 650	4 408	2 966	3 957	2 918	2 055	−30	−5
161	弧焊	1 036	1 684	1 114	962	809	1 030	27	0
162	点焊	1 318	2 564	1 683	2 821	1 936	809	−58	−9
163	激光焊	93	75	61	48	41	27	−34	−22
164	其他焊接	203	85	108	126	132	30	−77	−32
166	未列明的焊接和钎焊						159		
170	涂层与胶封	919	1 383	1 060	530	564	535	−5	−10
171	喷涂、上釉	540	942	401	201	240	152	−37	−22
172	粘胶剂、密封材料或类似材料的应用	340	399	552	264	259	207	−20	−9
179	其他点胶或喷涂	39	42	107	65	65	176	171	35
190	加工	717	672	642	331	475	422	−11	−10
191	激光切割	54		22		130	30	−77	−11
192	水刀切割		34	27					
193	机械切割、磨削、去毛刺、铣削、抛光	314	109	361	173	204	238	17	−5
198	其他加工	349	469	232	101		130		−18
199	未列明的加工		60		57	141	24	−83	
200	装配及拆卸	2 414	1 150	921	847	1 046	841	−20	−19
201	装配	2 414	1 150	921	847	583	551	−5	−26
209	未列明的装配及拆卸					463	290	−37	
900	其他	488	1 965	700	852	458	713		
902	半导体用洁净室	139	170	106	115	144			
903	其他洁净室						62		
905	其他	349	1 795	594	737	314	651	107	13
999	未列明	2 705	1 392	2 448	4 351	7 283	9 411	29	28
	合计	21 267	26 723	22 313	22 354	25 915	25 636	−1	4

注：数据来源于国际机器人联合会（IFR）。

（续）

3.汽车行业仍是第一大应用行业

从应用行业看，汽车行业一直是德国工业机器人最重要的应用行业，历年在安装总量的占比均在40%以上。然而，2022年，新增机器人中只有26%应用在汽车行业，总数为6 676台，同比下降27%。时至今日，汽车行业机器人年度安装量的最高纪录仍保持在2018年的15 673台。2022年，汽车制造商安装了3 880台工业机器人，同比下降37%，汽车零部件供应商安装了2 610台，同比下降8%。汽车行业的转型升级仍在进行中，德国国内电池产能的扩张刺激了机器人的市场需求。但电子零部件的短缺迫使几家汽车制造商在2022年短期停产，也使汽车行业对投资的热度有所下降。

在一般行业中，机器人的主要客户是金属行业，2022年安装量为4 187台，同比增长19%，创下历史新高。塑料

和化工行业的安装量与上一年基本持平，安装了2 049台。橡胶和塑料行业的安装量恢复到新冠疫情前的水平，即1 500~2 000台之间，2022年达到1 573台，同比增长4%。制药和化妆品行业的需求比上一年下降14%，安装了444台工业机器人。

电子电气行业的需求同比下降4%，安装了1 325台，占德国工业机器人安装总量的5%。电子电气行业在2017年已超过1 000台大关，但之后几年，该行业的需求一直在大幅下滑。值得注意的是，2022年总共有36%的机器人没有明确应用行业，新型销售渠道使机器人供应商很难确定客户的行业。这些机器人很大可能是用于一般工业或者非制造业。2017—2022年德国工业机器人安装量（按应用行业划分）见表3。

表3　2017—2022年德国工业机器人安装量（按应用行业划分）

IFR 编码	应用行业	2017 年安装量（台）	2018 年安装量（台）	2019 年安装量（台）	2020 年安装量（台）	2021 年安装量（台）	2022 年安装量（台）	2022 年安装量同比增长（%）	2017—2022 年年均复合增长率（%）
A–B	农业、捕猎业、林业和渔业			29					
D	制造业	16 855	24 928	19 076	15 941	18 121	15 831	−13	−1
10—12	食品制品和饮料、烟草制品	527	568	509	424	568	412	−27	−5
13—15	纺织业、皮革和服装	32	82			23			
16	木材与木材制品（包括家具）	145	81	89	54	101	84	−17	−10
17—18	造纸和纸制品业、出版与印刷	42	86	57	67	65	55	−15	6
19—22	塑料和化学制品	2 064	2 217	1 998	1 419	2 035	2 049	1	0
19	化学制品、医药制造业和化妆品	251	576	450	422	516	444	−14	12
22	橡胶和塑料制品（不含汽车零部件）	1 813	1 641	1 548	997	1 519	1 573	4	−3
229	未列明的化学制品						32		
23	玻璃、陶瓷、石材、矿产品（不含汽车零部件）	142	168	165	102	204	227	11	10
24—28	金属	3 287	3 661	3 683	2 538	3 522	4 187	19	5
24	基本金属（钢、铁、铝、铜、铬）	180	185	142	127	183	139	−24	−5
25	金属制品（不含汽车零部件），机械设备除外	1 860	2 088	2 072	1 137	1 351	1 553	15	−4
28	工业用机械设备	1 247	1 388	1 469	1 274	1 988	2 267	14	13
289	未列明的金属						228		
26—27	电子电气	1 105	1 479	1 250	1 053	1 377	1 325	−4	4
275	家用电器	90	130	93	66	91	36	−60	−17
271	电气机械和器材（不含汽车零部件）	216	429	205	104	186	223	20	1
260	电子元件/设备	341	323	381	460	337	213	−37	−9
261	半导体、液晶显示屏和发光二极管（包括太阳能电池和太阳能集热器）	195	192	124	100	102			

（续）

IFR 编码	应用行业	2017年安装量（台）	2018年安装量（台）	2019年安装量（台）	2020年安装量（台）	2021年安装量（台）	2022年安装量（台）	2022年安装量同比增长（%）	2017—2022年年均复合增长率（%）
262	计算机和周边设备				23				
263	家用和专业信息通信设备（不含汽车零部件）		137	207	88	157			
265	医疗、精密和光学仪器	169	268	240	212	376	471	25	23
279	未列明的电气机械设备	94				128	382	198	32
29	汽车制造业	9 069	15 673	10 226	9 670	9 167	6 676	−27	−6
291	汽车整车、汽车用发动机制造	4 685	10 114	6 507	6 672	6 206	3 880	−37	−4
293	汽车零部件及配件制造	4 377	5 559	3 719	2 998	2 823	2 610	−8	−10
2 931	金属制品	2 636	3 409	2 272	1 616	1 401	1 557	11	−10
2 932	橡胶和塑料制品	976	1 143	710	574	618	523	−15	−12
2 933	电子电气	281	474	353	440	525	345	−34	4
2 934	玻璃制品	15							
2 939	其他	469	533	384	368	196			
2 999	未列明的零部件及配件制造					83	185	123	
299	未列明的汽车制造	7				138	186	35	93
30	其他运输设备制造业	55	172	69	20	36	31	−14	−11
91	所有其他制造业分支	387	741	1 030	594	1 023	785	−23	15
F	建筑业			24	31	92	67	−27	
P	教育和研发	188	200	222	145	363	369	2	14
90	所有其他非制造业分支	64	157	131	162	215	265	23	33
99	未列明	4 160	1 438	2 816	6 075	7 124	9 104	28	17
	合计	21 267	26 723	22 298	22 354	25 915	25 636	−1	4

注：数据来源于国际机器人联合会（IFR）。

4.多关节机器人略有下降，坐标机器人增幅明显

2022年，德国多关节机器人的安装量保持下降趋势，同比下降8%，达到17 290台。依旧是德国工业机器人市场的第一名，占比高达67%。直角坐标机器人的安装量为4 697台，同比大幅增长61%。主要的市场需求来自低成本机器人的市场扩张，同时非制造业领域也有了大量应用。

SCARA机器人在2022年共安装了1 833台，比上一年的最高值下降14%。同时，其他类型机器人如圆柱机器人同样受益于低成本机器人的市场增长，2022年安装量虽然比上一年的峰值下降34%，仍保持相对高位，达到952台。2017—2022年德国工业机器人安装量（按结构类型划分）见表4。

表4　2017—2022年德国工业机器人安装量（按结构类型划分）

年份	2017年安装量（台）	2018年安装量（台）	2019年安装量（台）	2020年安装量（台）	2021年安装量（台）	2022年安装量（台）	2022年安装量同比增长（%）	2017—2022年年均复合增长率（%）
多关节机器人	16 930	22 472	17 383	17 001	18 747	17 290	−8	0
直角坐标机器人	2 171	1 683	2 722	3 359	2 925	4 697	61	17
并联机器人	272	378	409	540	679	864	27	26
SCARA机器人	1 755	2 056	1 680	1 343	2 124	1 833	−14	1
其他	139	134	104	111	1 440	952	−34	47
合计	21 267	26 723	22 298	22 354	25 915	25 636	−1	4

注：数据来源于国际机器人联合会（IFR）。

〔撰稿人：中国机械工业联合会孙媛媛〕

2023 年韩国机器人行业发展情况

一、行业概况

韩国机器人产业起步较晚。韩国在 20 世纪 90 年代初步建立了工业机器人产业体系，2003 年，将机器人选定为"促进经济增长"的十大关键技术之一和十大带动经济增长产业之一。直到 2004 年，启动了"无所不在的机器人伙伴"项目后机器人产业才开始步入快速发展期。

韩国机器人产业的快速发展得益于韩国政府的高度重视、产业规划的制定和对机器人相关产业投资的大力扶持。2008 年，韩国将服务机器人列为未来战略性产业，制定了《智能机器人促进法》，并于 2009 年发布了《服务机器人产业发展战略》。2012 年，负责机器人产业政策的韩国知识经济部发布了一项为期 10 年的中长期战略《机器人未来战略 2022》，计划投资 3 500 亿韩元，将当时 2 万亿韩元规模的机器人产业扩展 10 倍，主要通过推动机器人与各个领域的融合应用，将机器人打造成支柱性产业，计划到 2022 年实现 25 万亿韩元的规模和"机器人遍及社会各角落（All-Robot 时代）"的愿景。2013 年，韩国知识经济部以该战略为基础，制定了《第二次智能机器人行动计划（2014—2018 年）》，明确提出，2018 年韩国机器人国内生产总值达 20 万亿韩元，出口额达 70 亿美元，占据全球 20% 的市场份额，挺进"世界机器人三大强国行列"。韩国机器人密度在 2018 年被新加坡反超后，韩国政府于 2019 年发布机器人制造业发展蓝图，又于 2020 年出台规划，修改在产业、商业、医疗、公共 4 个应用领域与机器人相关的规章制度，以进一步推动机器人产业发展。2022 年 3 月，韩国产业通商资源部审议通过了《2022 年智能机器人实行计划》，持续对工业和服务机器人进行投资和支持，并放宽限制打造促进机器人产业发展的环境。据此，韩政府将于 2022 年投入 2 440 亿韩元开展工业及服务机器人研发和普及，投入费用较 2021 年增长 10%。据韩联社报道，2023 年 12 月，韩国政府发布了机器人产业发展战略，擘画有关行业中长期发展蓝图。根据战略，政府和企业计划到 2030 年投资 3 万亿韩元以上，将机器人市场规模从 2021 年的 5.6 万亿韩元增至 2030 年的 20 万亿韩元以上。政府预测，同期机器人出口也将从 1.1 万亿韩元增至 5 万亿韩元。政府还提出在产业、社会等领域推广使用百万台机器人的目标。产业领域，政府计划推广普及 68 万台，其中餐饮业为 30 万台；社会领域，将推广使用 32 万台，其中国防安全 2 万台，看护医疗 30 万台。

此外，韩国具备推动机器人产业快速发展的产业结构优势和技术前提。韩国央行分析称，近年来韩国工业机器人普

及速度如此之快，一方面是因为全球机器人价格下降了 30% 以上，促进了机器人的推广和应用；另一方面，电气、电子、化学、运输装备等机器人利用率较高的行业在韩国产业结构中的占比较大。同时，韩国具有较强的制造能力和软件领域的竞争力，在机器人领域发展潜力巨大。随着半导体、电池、机械、传感器和软件等机器人相关零部件制造和技术能力的快速发展，企业在加速推动机器人商用。

据国际机器人联合会（IFR）发布的《2023 年全球机器人报告》，2022 年工业机器人安装量快速增长，全球在役机器人保有量创下 390 万台的新纪录。全球平均机器人密度创历史新高，达到 151 台 / 万人，是六年前的两倍多。从地区来看，亚洲制造业机器人密度为 168 台 / 万人。韩国、新加坡、日本、我国都跻身全球范围内自动化程度最高的前十之列。欧盟机器人密度为 208 台 / 万人，德国、瑞典和瑞士位列全球前十。北美洲的机器人密度为 188 台 / 万人，其中美国是制造业自动化程度最高的十个国家之一。按机器人密度衡量，自动化程度最高的国家依次是：韩国（1 012 台 / 万人）、新加坡（730 台 / 万人）和德国（415 台 / 万人）。从 2010 年开始，韩国连续 8 年占据工业机器人密度第一的位置，2018 年被新加坡赶超，2021 年再次位于全球之首，2022 年仍然保持全球第一。

二、市场特点

根据国际机器人联合会（IFR）统计数据，2022 年，韩国工业机器人产量为 25 188 台，同比增长 3%，在全球总产量中的占比达 5%；国内生产总值为 6 206 亿韩元，同比增长 7%；保有量自 2017 年以来始终位居世界第三位，仅次于日本和我国，2022 年保有量达到 37.5 万台，同比增长 3%，自 2017 年起韩国机器人保有量年均增长 7%；综合各种类型的机器人来看，韩国机器人均价上涨 4%，达到 2 464 万韩元。

2022 年，韩国机器人销量全球排名第四位，仅次于我国、日本和美国，达到 31 716 台，同比增长 1%。2016 年，韩国机器人实现 41 373 台的最高年销量，此后连续 4 年下降，2021 年开始实现增长，2022 年尽管增长幅度不大，但仍然保持增长。2017—2022 年，韩国机器人年均销量下降 4%。

从进出口情况来看，2022 年，韩国工业机器人进口量为 12 833 台，同比下降 1%；进口额达到 4 379 亿韩元，同比增长 4%；进口机器人单价为 3 412 万韩元，同比增长 5%；出口量为 6 305 台，同比增长 4%；出口额为 1 662 亿韩元，同比增长 8%；出口机器人单价为 2 636 万韩元，与 2021 年相比增长 4%。2017—2022 年韩国工业机器人生产和市场情况见表 1。

表 1   2017—2022 年韩国工业机器人生产和市场情况

年份	生产量（台）	进口数量（台）	进口额（百万韩元）	出口数量（台）	出口额（百万韩元）	销量（台）	销售额（百万韩元）
2017	31 245	13 122	780 337	6 560	122 345	37 807	1 262 140
2018	27 614	11 636	537 445	6 350	158 995	32 900	1 060 525
2019	25 878	10 256	427 619	5 628	155 154	30 506	878 243
2020	27 614	11 636	346 065	6 350	139 346	32 900	802 262
2021	24 507	12 636	419 008	6 060	153 318	31 083	827 640
2022	25 188	12 833	437 850	6 305	166 197	31 716	892 295

注：数据来源于国际机器人联合会（IFR）。

1.电子与汽车行业是韩国工业机器人最主要的应用行业

电子行业是韩国工业机器人最主要的应用行业，2022年，韩国电子行业机器人销量在工业机器人市场总销量中的占比达46%。2016年，韩国电子领域机器人销量达到29 282台的峰值，此后连续5年销量持续下降。直到2022年，韩国用于电子行业领域的工业机器人为14 539台，同比增长3%，这是连续5年销量下降后首次出现回升，但距离2016年的峰值仍有很大差距。2017—2022年年均复合增长率为-10%，与全球发展趋势出现了鲜明的对比。在电子领域，机器人大部分被用来生产电子元件及装置，2022年，用于生产电子元件及装置的机器人安装量达到5 974台，实现了前所未有的增长，从2021年669台增长到5 974台，涨幅高达793%，在韩国机器人需求总量中的占比达19%。其次，在电子领域，半导体行业对机器人的需求量位居第二，在需求总量中的占比达16%，2022年安装总量为4 910台，同比下降32%。一直以来，半导体行业是电子领域对机器人需求最大的行业，但是2022年被电子元件及装置所赶超。家用电器行业对机器人的需求量位居第三，但2022年销量大幅下跌，从2021年的4 325台降至811台，同比下降81%。2019年起，新冠疫情席卷全球，许多国家的人们都被困在家中，因而对家用电器的需求大幅增加，因此相关供应商也随之扩大了产能，所以

2020年和2021年家用电器领域机器人销量大幅增加，然而到2022年，这一投资周期基本结束。

汽车行业是韩国工业机器人第二大用户行业。2022年，韩国汽车行业机器人安装总量达到5 424台，同比下降5%，在韩国工业机器人安装总量中的占比为17%。与2017年和2018年11 000多台的数量相比，韩国汽车行业机器人安装量已经连续四年大幅减少。这一下降趋势主要源自于韩国汽车这一下游行业对机器人需求的持续低迷。2021年和2022年，韩国汽车整车制造商对工业机器人的需求量仅为2 101台和2 207台，尽管2022年同比增长5%，但与2017年的6 000台和2018年的7 000台仍相差甚远。2022年，韩国汽车零部件供应商对机器人的需求为3 162台，同比下降10%，但是仍处于前些年的2 600台至4 100台的区间内。

金属与机械加工行业是韩国机器人第三大应用行业。2019年，金属与机械加工行业对机器人的需求量达到了2 400台的峰值，但是自2020年起跌至2 000台以下，2020年机器人安装总量为1 882台，2021年为1 005台，2022年为1 708台，同比增长70%，2022年涨幅较大主要是由于2021年销量出现大幅度滑坡。2017—2022年，年安装总量增长28%。

2020—2022年韩国工业机器人安装量（按应用行业划分）如图1所示。

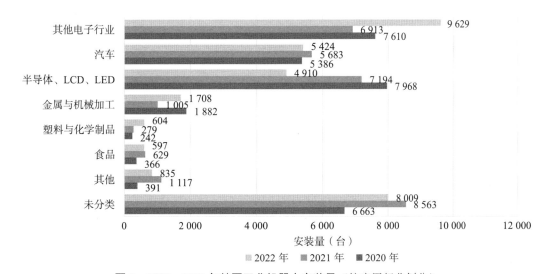

图 1   2020—2022 年韩国工业机器人安装量（按应用行业划分）

注：数据来源于国际机器人联合会（IFR）。

2. 搬运、焊接应用领域占比下降，喷涂领域应用大幅增加

搬运、洁净室、焊接是韩国工业机器人最主要的三大应用领域，2021 年，三者工业机器人销量之和在韩国工业机器人市场总销量中的占比为 80%；2022 年，这三大应用领域的机器人占比之和下降至 76%。2022 年，用于喷涂领域的韩国工业机器人数量实现大幅度骤增，达到 2 139 台，是 2021 年应用数量（489 台）的 4.4 倍。

搬运领域依然是韩国工业机器人最主要的应用领域，2022 年用于搬运领域的工业机器人销量为 14 587 台，同比下降 6%，在韩国工业机器人市场总销量中的占比为 46%，与 2021 年相比下降 3 个百分点。在搬运领域，用来做打包、拣选和运放工作的机器人最多，达到了 8 488 台，同比下降 12%，在总销量中的占比达 27%。

洁净室是韩国工业机器人第二大应用领域，2022 年，该领域机器人销量为 6 642 台，同比下降 12%，在总销量中的占比为 21%。其中，有 3 013 台用于平板显示器的生产，同比增长 7%，用于半导体生产的机器人销量继续大幅增加，达到 3 629 台，同比增长 20%。

焊接是韩国工业机器人的第三大应用领域，2022 年销量为 2 999 台，与 2021 年相比下降幅度较大，同比下降 23%，在总销量中的占比为 9%。其中，点焊机器人需求量为 1 400 台，同比下降 33%；弧焊机器人销量为 1 599 台，同比下降 10%。

3. 坐标机器人销量持续下跌，多关节机器人占市场最大份额

多关节机器人、坐标机器人和 SCARA 机器人是韩国最主要的三大机器人类型。2022 年，韩国坐标机器人在其国内总产量中的占比为 52%，多关节机器人占比为 26%，SCARA 机器人占比为 10%。

韩国多关节机器人销量在 2021 年超越坐标机器人，成为韩国最主要的机器人类型，2022 年仍然占据最大市场份额，销量达到 13 181 台，同比增长 1%，在韩国机器人总销量中的占比为 42%。

韩国是坐标机器人的主要生产国，也是坐标机器人主要的应用市场。机器人制造商生产坐标机器人主要满足人们对简单易用的机器人的需求，这类机器人虽然应用场景有限，生命周期短，但是价格低，可以用于简单的装配等领域，例如电子领域。电子产业一直是韩国的经济支柱产业之一，电子行业是韩国工业机器人最主要的应用行业，因而也带动了韩国坐标机器人的生产和销售。韩国坐标机器人自 2018 年以来销量持续下降，2022 年销量为 11 785 台，同比减少 9 个百分点，在韩国机器人总销量中的占比为 37%。2021 年，韩国坐标机器人销量被多关节机器人超越，2022 年，坐标机器人仍是韩国第二大机器人消费类型。

SCARA 机器人是韩国第三大机器人消费类型，自 2018 年以来销量持续攀升，2021 年实现跨越式增长，达到 3 058 台，同比增长 65%；2022 年继续保持较大的增长幅度，达到 4 502 台，同比增长 47%，在韩国机器人总销量中的占比为 14%。SCARA 机器人主要用于电子行业，总体来看，韩国 SCARA 机器人销量不断增长，但是相对于机器人在电子行业的整体市场份额来看，SCARA 机器人销量依然相对偏低，占比不大。2017—2022 年韩国工业机器人销量（按机器人结构类型划分）见表 2。

表 2　2017—2022 年韩国工业机器人销量（按机器人结构类型划分）

结构类型	2017 年安装量（台）	2018 年安装量（台）	2019 年安装量（台）	2020 年安装量（台）	2021 年安装量（台）	2022 年安装量（台）	2022 年安装量同比增长（%）	2017—2022 年年均复合增长率（%）
多关节机器人	18 439	15 369	10 997	10 791	13 079	13 181	1	-6
坐标机器人	17 701	18 174	17 603	14 616	12 924	11 785	-9	-8
并联机器人	431	397	413	444	454	452	0	1
SCARA 机器人	1 918	1 459	1 666	1 852	3 058	4 502	47	19
其他	1 288	2 408	2 221	2 805	1 868	1 796	-4	7
合计	39 777	37 807	32 900	30 508	31 383	31 716	1	-4

注：数据来源于国际机器人联合会（IFR）。

三、预测与展望

据韩国银行发布的数据，2023 年，韩国经济增长进一步放缓，扣除价格因素后，全年实际国内生产总值（GDP）增长 1.4%，增幅较上年放缓 1.2 个百分点，五年平均增长 1.95%。2023 年韩国的出口总额为 6 326.9 亿美元，同比下降 7.4%，进口额为 6 426.7 亿美元，同比减少 12.1%。贸易收支出现了近 100 亿美元的逆差，也标志着韩国连续两年陷入贸易赤字的困境。近年来，韩国制造业的关键部门，包括汽车、造船、化工、电子等，遭遇了前所未有的压力。持续扩大的贸易逆差不断推动经济下行，韩国 GDP 在 2022 年跌出了全球前十，目前已退至第十三位。韩国过去的成功主要得益于不断向高附加值产品转型、深耕技术研发、提高生产率，以及在全球市场中坚守制造业、不断增强竞争力。2023 年，韩国依然能达到 6 326.9 亿美元出口额，这其中半导体出口尤其是对华出口扮演了核心角色。据韩国银行《经济展望更新报告》预

测,2024 年韩国 GDP 将增长 2.1%,虽然消费和投资复苏势头缓慢,但半导体行业好转推动出口增势,使得 2024 年韩国经济增长总体预期较上一年更为乐观。

电子和汽车是韩国工业机器人的两大用户行业,但是目前这两大行业对机器人的需求却截然相反。韩国电子行业在亚太地区将实现 15% 的大幅收缩,但汽车行业却已经出现了许多新的投资,主要是在电池和电动汽车领域。来自韩国机床领域的订单报告也反映了同样的情况,来自电子行业的订单减少了一半,而来自汽车行业的订单增长了 50%。然而,预计电子行业在 2024 年将重回增长轨道,这也将进一步带动对机器人产业的投资。当然,这些投资是否落地韩国本土,还是韩国企业为提高国际竞争力而在海外生产基地进行投资不得而知。基于以上情况,2024 年,韩国对工业机器人的需求将与 2023 年度基本持平,之后一直到 2026 年将保持较低的增长速度。

从长远来看,人口结构变化对韩国的影响日益凸显。韩国制造业的发展受到了低生育率和人口老龄化的严重困扰。韩国是全球人口老龄化最快的国家之一,2020 年首次出现人口负增长,由此引发的企业运营成本增加、创新能力下降和企业结构被动调整等,都成为制约韩国经济发展的重要因素。当前的社会人口结构下,韩国也正在加速人工智能机器人的开发,来最大程度应对社会人口的变化。不仅是企业,韩国政府也着眼于机器人的使用。韩国政府将其命名为"K 机器人经济(K-Robot Economy)",积极振兴相关产业,称"不仅是汽车等传统制造业,还将应用于国防、航天和服务业,将使机器人成为新的增长引擎"。

〔撰稿人:中国机械工业联合会王丽丽〕

2023 年俄罗斯机器人行业发展情况

一、行业概况

总体来看,俄罗斯机器人产业规模不大,机器人技术与全球机器人领先国家相比仍有一定差距,但是,俄罗斯具有机器人发展的工业基础以及巨大的市场需求和发展潜力,俄罗斯的机器人产业正在国家战略的推动下逐步发展。

1. 俄罗斯工业机器人市场需求量潜力巨大

据国际机器人联合会(IFR)统计,2022 年,全球制造业领域的机器人平均密度为 151 台 / 万名工人。其中,自动化程度最高的韩国为 1 012 台 / 万名工人,而俄罗斯仅为 8 台 / 万名工人,工业自动化水平有待提升。俄罗斯拥有庞大且不断增长的消费品市场,对生产设施的更新换代需求很高,相关投资也随之增多,催生了对机器人等自动化设备的需求。

俄罗斯工业机器人在很大程度上依赖进口。在俄罗斯,95% 的机器人本体是国外生产的,主要来自发那科(FANUC)、川崎(Kawasaki)、库卡(KUKA)、ABB 以及奥地利的 IGM。俄罗斯专业生产工业机器人的公司屈指可数,也很少出产系列产品。2022 年起,欧美企业开始对俄罗斯实施经济制裁,逐渐退出俄罗斯市场,俄罗斯对工业机器人的进口需求急剧增加,从我国进口的机器人数量随之增多。

2. 俄罗斯具备机器人产业发展的工业基础

俄罗斯矿产资源丰富,铁矿资源储量在全球中的占比约为 1/3,位居世界第三;煤炭储量在全球中的占比为 15%,位居世界第二;油气资源储量也位居全球前三,这为俄罗斯的工业发展打下了坚实的基础。同时,作为工业大国,俄罗斯在能源、钢铁、机械、航空航天和军工等领域有深厚的产业基础。

2014 年以来,俄罗斯工业整体保持增长态势,工业在国民经济中的占比不断增加。但从工业结构上看,能源、原材料化趋势仍在继续。自 1991 年以后,俄罗斯的机器制造业等高技术部门的占比逐渐缩小,高科技产业逐渐萎靡,技术密集型产业产值占比下降。世界银行《2020 年世界发展报告》显示,俄罗斯能源及原材料工业的占比从 1991 年的 47.5% 上升到 2018 年的 67.5%;机器制造等技术密集型产业产值占比从 28.2% 下降到 11.6%,而我国及七大工业国组织(简称 G7,包括美国、英国、法国、德国、日本、意大利和加拿大七个发达国家)的技术密集型产业产值占比普遍在 50% 左右。在此情况下,俄罗斯积极调整发展战略,有针对性地布局高科技产业,其中包括机器自动化行业。

3. 俄罗斯从国家战略层面积极推动机器人产业发展

近年来,俄罗斯积极出台产业政策和法律规范等战略性文件,加大政策支持及投资力度,大力推动机器人产业发展。早在 2012 年,俄罗斯就颁布了促进工业机器人技术和产业发展的国家计划,旨在加快工业机器人在制造业中的应用,并且鼓励外商在俄投资发展机器人制造业。2019 年,俄罗斯联邦工业和贸易部对外宣布了"至 2030 年俄罗斯电子工业发展战略规划"内容。该规划分三期实施,其中第三期为"2025—2030 年将聚焦机器人技术、人工智能、各类无人交通、神经技术和量子计算等尖端领域"。2020 年 8 月,俄罗斯总理签署《2024 年前俄罗斯人工智能和机器人技术领域监管发展构想》,这是俄罗斯第一份构成人工智能和机器人技术监管法规基础的文件。该文件旨在确定俄罗斯监管体系转型的基本方法,以保障在尊重公民权利、确保个人、社会和国家安全的同时,在经济各领域开发、应用人工智能和机器人技术。2023 年 11 月,在莫斯科举行的 2023 年人工智能之旅国际会议上,俄罗斯总统宣布了一项新的人工智能发展国家战略计划:俄罗斯将更新人工智能发展战略,并将其纳入新的国家项目——"数字经济"之中,以抗衡西方在人工智能领域的垄断和技术偏见。新版本的国家战略强调在生成式人工智能和大型语言模型领域的基础和应用研究。

4. 俄罗斯加强教育和科研投入,推动机器人技术发展和成果转化

为推动机器人产业发展,俄罗斯加强了在相关教育和科研领域的投入。俄罗斯在高等教育机构开发了百余个与人工智能相关的高等教育课程,提高了 3 万多名教师在人工智能领域的教学能力,并为 4 万多名学生提供了基础培训。此外,俄罗斯在其国内顶尖科研院校建立了 6 个人工智能研究中心,科学家们定期在世界级科学会议上发表其工作成果。据俄罗斯卫星通讯社报道,在机器人技术研发方面,俄罗斯投入了大量资金。例如,2022 年,俄罗斯在"发展高技术工业产品生产"计划框架内拨款 3 500 万美元支持机器人的开发和生产。同时,俄罗斯政府大力支持并推动人工智能创新解决方案的开发,1 000 余家俄罗斯国内组织参与其中,800 多个项目获得国家资助,促进了机器人技术成果转化和产业化发展。

二、市场特点

1. 工业机器人销量大幅下降,市场来源渠道受限

根据国际机器人联合会(IFR)统计数据,2022 年,俄罗斯工业机器人市场销量为 536 台,在全球排名第 36 位。2021 年,俄罗斯工业机器人销量实现大幅增长,超过新冠疫情前的水平,创历史新高。2022 年,受国际局势影响,俄罗斯工业机器人销量骤减,同比下降 63%。2022 年,欧盟和大多数其他机器人生产国对俄罗斯实施重大经济制裁,其中包括机器人行业,他们将不再向俄罗斯交付机器人。俄罗斯绝大多数机器人进口渠道被切断,进口主要来源为我国。此外,在俄罗斯国内,虽然企业被限制进口重要产品,但仍有一小部分机器人企业比较活跃。截至 2022 年,俄罗斯工业机器人保有量为 8 439 台(套),同比增长 4%,全球排名第 31 位,2017—2022 年年均复合增长率为 16%。2017—2022 年俄罗斯工业机器人市场销量及保有量见表 1。

表 1　2017—2022 年俄罗斯工业机器人市场销量及保有量

指标名称	2017 年（台）	2018 年（台）	2019 年（台）	2020 年（台）	2021 年（台）	2022 年（台）	2022 年同比增长（%）	2017—2022 年年均复合增长率（%）
销量	711	1 007	1 410	943	1 440	536	-63	-5
保有量	4 028	4 994	6 185	6 963	8 135	8 439	4	16

注:数据来源于国际机器人联合会(IFR)。

2. 各类型机器人销量全部下降,多关节机器人仍占市场主导

从机器人的机械结构来看,2022 年,俄罗斯各种类型的工业机器人销量全部下降,市场上销售的仅有三种类型。多关节机器人依旧占据市场主导地位,销量为 417 台,同比下降 65%;其次是坐标机器人,销量为 117 台,同比下降 41%;SCARA 机器人仅售 2 台,降幅最大,为 -94%;并联机器人的销量甚至为 0。从 2017—2022 年年均复合增长率来看,只有坐标机器人实现了正增长,为 30%;其余各类型增速均为负数。2017—2022 年俄罗斯工业机器人市场销量(按机械结构划分)见表 2。

表 2　2017—2022 年俄罗斯工业机器人市场销量（按机械结构划分）

产品类型	2017 年（台）	2018 年（台）	2019 年（台）	2020 年（台）	2021 年（台）	2022 年（台）	2022 年同比增长（%）	2017—2022 年年均复合增长率（%）
多关节机器人	664	839	1 174	773	1 197	417	-65	-9
坐标机器人	32	151	206	130	198	117	-41	30
并联机器人	11	12	9	13	10	0		
SCARA 机器人	4	5	8	27	35	2	-94	-13
其他	0	0	13	0	0	0		
合计	711	1 007	1 410	943	1 440	536	-63	-5

注:数据来源于国际机器人联合会(IFR)。

3. 焊接和搬运是最主要的应用领域

从应用领域来看，2022 年，焊接和搬运依然是俄罗斯工业机器人最主要的两大应用领域。焊接领域应用的工业机器人最多，为 142 台，同比下降 71%，在俄罗斯工业机器人市场总销量中的占比达 26%。搬运是俄罗斯工业机器人第二大应用领域，销量为 137 台，同比下降 68%，在

总销量中的占比为 25%。从保有量来看，截至 2022 年年底，搬运和焊接领域机器人保有量分别为 2 876 台和 2 732 台，在俄罗斯工业机器人保有总量中的占比为 34% 和 33%。2017—2022 年俄罗斯工业机器人市场销量（按应用领域划分）见表 3。

表 3 2017—2022 年俄罗斯工业机器人市场销量（按应用领域划分）

应用领域	2017 年（台）	2018 年（台）	2019 年（台）	2020 年（台）	2021 年（台）	2022 年（台）	2022 年同比增长（%）	2017—2022 年年均复合增长率（%）
搬运	233	402	529	354	422	137	-68	-10
焊接	245	242	420	241	487	142	-71	-10
喷涂	22	19	30	20	37	5	-86	-26
加工	37	38	40	46	49	4	-92	-36
其他					13	4		
未分类	174	306	391	282	445	244	-45	7
合计	711	1 007	1 410	943	1 440	536	-63	-5

注：数据来源于国际机器人联合会（IFR）。

4. 金属加工是最主要的应用行业，汽车行业机器人安装几乎停滞

金属加工是俄罗斯工业机器人最主要的应用行业。2022 年，俄罗斯金属加工行业的机器人销量最高，为 104 台，同比下降 79%，在总销量中的占比达 19%。汽车行业曾经是第二大用户行业，2021 年汽车领域机器人安装量几乎增长了 1 倍，但在 2022 年，由于国外公司纷纷放弃了在俄罗斯的汽车生产基地，导致俄罗斯汽车行业的机器人安装几乎完全停滞，安装量仅为 13 台，同比下降 93%。然而，未分类行业的机器人市场份额有所增加，从 2021 年

的 1/3 增加到 2022 年的一半以上。

截至 2022 年年底，俄罗斯机器人保有总量达到 8 439 台，同比增长 4%。从 2017 年到 2022 年，保有量增长了 1 倍以上，2017—2022 年的年均复合增长率为 16%。一直以来，俄罗斯汽车行业机器人保有量最大，占比最高，曾经高达 40%，但自 2019 年以来，这一份额一直在下降，2022 年仅为 29%，保有量为 2 445 台。相反，金属加工行业机器人保有量份额有所增加，2022 年该行业机器人保有量达到 1 959 台，同比增长 4%，在保有总量中的占比为 23%。2017—2022 年俄罗斯工业机器人市场销量（按应用行业划分）见表 4。

表 4 2017—2022 年俄罗斯工业机器人市场销量（按应用行业划分）

IFR 编码	应用行业	2017 年（台）	2018 年（台）	2019 年（台）	2020 年（台）	2021 年（台）	2022 年（台）	2022 年同比增长（%）	2017—2022 年年均复合增长率（%）
D	制造业	558	650	1 025	574	895	246	-73	-15
10—12	食品饮料与烟草		36	95	70	59			
19—22	塑料、化工	40	17	83	76	62	23	-63	-10
24—28	金属加工	160	161	401	229	506	104	-79	-8
26—27	电子、电器	11			23	13			
29	汽车	262	390	360	88	174	13	-93	-45
91	其他制造业分支	85	46	86	88	81	106	31	5
P	教育与研发		23	50	58	40			
90	其他非制造业分支	112	7	30	30	22	11	-50	-37
99	未列明	41	327	305	281	483	279	-42	47
	总计	711	1 007	1 410	943	1 440	536	-63	-5

注：数据来源于国际机器人联合会（IFR）。

三、预测与展望

当前，全球机器人产业正处于快速发展时期，新一轮科技革命和产业变革突飞猛进，机器人产业作为其中的关键通用技术，预计将保持快速增长势头。技术创新使得机器人与数字技术，如移动互联网、大数据和人工智能等深度融合，促进机器人向智能化和协同化发展。从市场方面来看，产业数字化和"工业4.0"要求各行各业采用更先进的自动化解决方案来提高生产率，推动了各行业自动化发展进程，从而也带动了对机器人需求量的增加。此外，应用场景的拓展让机器人不仅在工业领域发挥作用，还渗透到服务和特种机器人领域，如家庭、医疗、深海和太空探索等。从商业模式来看，"机器人即服务"等新型服务模式为用户提供了更加灵活的解决方案，进一步推动了机器人的普及与应用。总体来看，全球机器人产业发展前景广阔。同各国一样，在俄罗斯，技术创新和市场多元化为机器人行业发展提供了广阔的空间，同时，政府的政策支持又为机器人产业发展注入了强劲的动力。

当前，对于俄罗斯而言，与战争相关的经济制裁仍在执行，结束的日期尚不明朗，将极大地阻碍俄罗斯机器人市场销量的增长。尽管俄罗斯扩大了自我国机器人产品的进口，但来自我国的供货无法完全弥补西方、日本和韩国制造商供货的缺失。

面对严峻的国际形势，俄罗斯加强了对人工智能和机器人技术在军事领域的应用，特别是在情报搜集、无人作战平台等方面的应用；同时也加强了国家对人工智能发展的领导和集中化管理，俄罗斯成立了专门部门来管理人工智能技术，在一定程度上将加速俄罗斯国内机器人的发展。严峻的国际形势对俄罗斯机器人产业的发展产生了深远的影响，既包括对技术创新和军事应用的推动，也包括经济制裁和国际合作限制带来的挑战。俄罗斯需要在这些复杂因素中寻找平衡，以促进机器人产业的稳定和持续发展。

〔撰稿人：中国机械工业联合会王丽丽〕

2023年中国机器人行业国际合作情况

机器人产业已成为衡量一个国家科技创新能力和高端制造业水平的重要标志。在过去十年中，我国一直是全球最大的机器人消费市场和生产中心，特别是在工业机器人领域占据领先地位。我国机器人产业正在成为蓬勃发展的新质生产力，核心技术不断创新，高端制造加速发展，应用场景持续扩展，不仅支撑各行各业数字化转型、智能化升级，也协助我们改善和创造美好的生活。不断推进我国机器人产业的国际经贸合作，对打造机器人产业高质量发展新优势，加快我国制造强国建设步伐，具有重要意义。

一、我国机器人进出口贸易情况

海关总署统计数据显示，2023年我国机器人产品进出口总额为31.05亿美元，同比增长19.1%。其中，进口额为23.12亿美元，同比增长15.6%；出口额为7.93亿美元，同比增长30.6%。通过对2023年我国机器人产品对10个重点国家（地区）的进出口贸易数据分析，日本继续保持我国机器人行业最大贸易伙伴地位，进出口贸易额达12.8亿美元，同比增长3.83%，在我国机器人产品贸易总额中的占比达41.24%。其中，自日本进口额12.46亿美元，同比增长4%；对日本出口额3 464.20万美元，同比下降2.22%，贸易逆差12.11亿美元。美国是我国机器人产品的第二大贸易伙伴，2023年，我国对美国进出口贸易出现较大幅度的增长，贸易额为28 324.94万美元，同比增长168.62%。我国与俄罗斯机器人产品贸易继续保持高速增长态势，贸易额为28 299.08万美元，同比增长121.88%。我国对俄罗斯保持净出口，顺差为6 335.88万美元。日本、美国、德国是我国排名前三位的进口来源国；越南、俄罗斯、韩国是我国机器人产品排名前三位的出口输往国。

从海关产品分类角度，2023年，其他多功能工业机器人、工业机器人和未列名工业机器人是我国机器人产业出口排名前三位的商品种类。其中，韩国、德国、越南是我国其他多功能工业机器人的前三出口输往国；越南、新加坡、德国是我国工业机器人的前三出口输往国；俄罗斯、越南、韩国是我国未列名工业机器人排名前三的出口输往国。其他多功能工业机器人、集成电路工厂专用的自动搬运机器人、手术机器人是我国2023年机器人产品进口排名前三的商品种类。其中，日本、德国、韩国是我国其他多功能工业机器人前三进口来源国；日本、新加坡、韩国是我国集成电路工厂专用的自动搬运机器人前三进口来源国；美国、以色列、德国是我国手术机器人的主要进口来源国。

二、我国机器人企业海外发展情况

1. 新松公司海外市场开拓取得新进展

（1）参与建设全球最大的中转枢纽港。2023年12月，沈阳新松机器人自动化股份有限公司（简称"新松公司"）研制的50余台港口移动机器人，正式向世界知名港务集团首次批量交付。此次交付的产品为新松公司新一代港口移动机器人，其额定载重达 65t，定位精度为 ±5cm，最大运行速度可达 7m/s，制动距离 <13m，实现了对高载荷与高精度的"两手抓"。早在 2017 年，新松公司就与全球知名港务集团达成合作，在极短的时间内完成港口移动机器人的研发设计，并经过行业头部客户严格的性能测试与审查，推动我国室外重载型移动机器人正式步入国际先进水平。

（2）完成欧洲新能源车载充电器大型生产线项目最终验收。2023 年 12 月，由新松公司为中欧工厂设计打造的新能源车载充电器大型生产线项目通过用户专家团队的验收。这是新松公司为该用户打造的第 4 条车载充电器大型生产线，从项目签约，到欧洲现场安装调试直至终验收，全程历时仅 14 个月，再次彰显"中国速度"。新松公司在新能源领域的国际化探索，将为我国新能源汽车产业链建设提供重要的示范和带动作用。

（3）新松公司与松下（中国）签署战略合作协议。为进一步深化在"绿智造"领域的交流合作，形成优势互补、互利共赢、共同发展的新格局，2023 年 11 月，新松公司与松下电器（中国）有限公司在第六届中国国际进口博览会现场，共同签署战略合作框架协议。通过签订战略合作框架协议，双方希望进一步发挥各自的优势资源，在原有新能源汽车智能制造解决方案合作的基础上，围绕松下的"绿智造"理念，深化和拓展在自动化、移动机器人、立体仓库等领域的项目合作。同时通过定期派员互访、学习和交流等多种有效途径，加强互联互通，加深彼此认同。

2. 新时达机器人通过获取国际认证打开北美市场

2023 年 6 月，上海新时达电气股份有限公司（简称"新时达"）旗下子公司"众为兴"，通过取得国际权威认证机构 Intertek 颁发的 Electrical Testing Laboratories（ETL）认证，获得打开北美市场的准入资格。新时达作为我国 SCARA 机器人头部企业，不仅在国内做到国产化替代，而且开始扬帆出海，积极拓展海外市场，逐步成长为国际品牌。截至目前，新时达机器人还通过了欧盟 CE 认证、中国机器人（CR）认证、ISO9000 认证等质量体系认证，已经向东南亚、欧洲、南美洲的 63 个国家和地区出口产品，包括六轴机器人、SCARA 机器人等产品。

3. 极智嘉成功开拓海外仓储市场

（1）为沃尔玛提供解决方案。近年来，北京极智嘉科技股份有限公司（简称"极智嘉"）仓储机器人不断加快出海发展步伐，通过稳定可靠的产品方案，保持与全球客户及合作伙伴的紧密合作，持续收获客户和合作伙伴的认可。2023 年 12 月，沃尔玛（智利）借助极智嘉货架到人标准方案和智能分拣方案迎战海外销售旺季，迎来阶段性的订单洪峰。

（2）成为英国屈臣氏集团技术伙伴。2023 年 12 月，极智嘉正式成为屈臣氏集团官方技术合作伙伴。屈臣氏集团自 2017 年建立技术合作伙伴计划。被选中的企业，不仅是因为它们是各自技术专场领域的先驱者，并且它们还

提供以客户为导向的解决方案，合作打造线上线下的生态系统。

（3）与英国 Logistex 达成合作。2023 年 12 月，极智嘉宣布与英国仓储自动化解决方案提供商 Logistex 达成合作伙伴关系。Logistex 是一家提供仓储自动化物料搬运和软件解决方案的公司，专注于存取、订单转运、机器人技术、拣选和分拣系统等领域，在仓储自动化方面经验丰富。极智嘉物流机器人与 Logistex 合作，共同为英国客户提供综合的仓储自动化方案，简化订单履行并最大化生产力。

（4）与荷兰珠宝零售商 My Jewellery 合作。2023 年，极智嘉与荷兰知名的珠宝零售商 My Jewellery 达成合作，为其全新智能仓提供货箱到人解决方案，最大化利用仓储空间，并且同时支持其 B2B 及 B2C 业务，高效处理业务订单。为了实现这一目标，极智嘉部署 22 台 RS 货箱机器人和 66 台 P40 拣选机器人，最大限度地利用仓库空间，从而改善员工的工作环境和降低劳动强度。

4. 海柔创新开拓海外仓储机器人市场

（1）与 Harvey Norman 合作。2023 年 7 月，深圳市海柔创新科技有限公司（简称"海柔创新"）的箱式仓储自动化解决方案正式上线澳大利亚综合产品零售商巨头 Harvey Norman 在悉尼西南部的仓库。海柔创新研发的箱式仓储机器人作为这个自动化改造项目的关键组成部分，大幅度提升了 Harvey Norman 公司旗下仓库的运营能力，尤其提高了其大吞吐量订单处理的效率。在超过 18 000m² 的仓库中，10 台 Automated Case-handling Mobile Robot（ACR）机器人与 HaiPort 自动卸料机正式上线，促使 Harvey Norman 公司的订单可以实现当日下单当日拣货，货品拣选与打包可在 90min 内完成。

（2）与英国零售巨头 John Lewis 合作。2023 年 6 月，海柔创新与英国仓储自动化软件系统 Logistex 达成合作意向，海柔创新与 Logistex 联合提供货到人自动化解决方案，共同服务于英国零售巨头 John Lewis 电商物流中心，通过 HaiPick 系统实现货到人的高效订单履约。同时部署海柔创新可升高至 10m 的 ACR 机器人，大幅提升仓库的垂直利用空间。

5. 埃斯顿与西门子开展战略合作

南京埃斯顿自动化股份有限公司（简称"埃斯顿"）围绕数字化产品价值链，提供全生命周期数字化完整解决方案。为了更有效地满足智能制造领域机电设计与调试交付的进度与质量要求，埃斯顿强化了虚拟调试和数字孪生技术。为此，埃斯顿与西门子建立了战略合作伙伴关系，埃斯顿将西门子 Process Simulate 数字化工厂虚拟建模功能，同埃斯顿 E-Noesis 平台贯通融合，实现动态展示生产工艺，及时记录工艺流程，保证现场调试部署的准确性，完成数字孪生工厂的实时监控和智能分析，提高工厂生产率和质量。通过在自动化设备设计和实施过程中利用虚拟与仿真，埃斯顿将产线现场调试时间缩短了 30%，综合调试成本降低 20%，有效帮助客户降低成本、缩短工期、提

高效率。

三、2023 世界机器人大会

2023 世界机器人大会于 2023 年 8 月 16—22 日在北京亦庄举行。大会以"开放创新 聚享未来"为主题，设置论坛、展览、大赛三大板块，聚焦机器人技术与产业前沿趋势交流学术观点，结合重点场景展示机器人创新应用赋能千行百业，围绕脑机接口、人机协作等内容开展高水平竞赛比拼。大会呈现出以下几方面的亮点：一是聚焦科技前沿风向，为推动机器人前沿技术创新和产业应用落地添薪续力；二是展示产业最新成就，场景应用新、产品技术新、参展企业新；三是厚植人才培育沃土，竞赛体系更加完善、内容设置更加丰富、赛事规模更加宏阔；四是传播智能时代声音，力求全方位展示成效。

大会同期举办了 2023 世界机器人博览会，首次全馆打造"机器人+"制造业、农业、商贸物流、医疗健康、商业社区服务、安全应急和极限环境应用等 10 大应用场景板块。同时，集结了 30 余家减速器、控制器、四足系统、传感器及末端执行器等核心零部件生产企业，展示其最新攻关成果，突出展现中国机器人产业强链补链实力和关键核心技术创新力。

四、政策建议

我国机器人企业凭借已经成熟的产品及方案，正在朝着海外市场阔步前行，面对复杂多变的国际形势，如何把握良机、直面挑战成为必须考量的问题。

1. 研判形势，建立预警机制进行防范

当前，国际形势日趋复杂严峻，不稳定、不确定性因素增多。在国内国际双循环新发展格局下，必须密切跟踪监测国外经济形势、重大事件等，科学研判国际发展形势及趋势。支持鼓励行业协会、研究机构等加强国内外重要信息收集、调查研究和跟踪研判，若遇重大影响事件及时做出预测预警，帮助企业调整海外布局策略。

2. 唱响中国品牌和树立良好的国际形象

引导企业在海外市场良性竞争，在竞争中以质量取胜，不打价格战，避免把行业"内卷"现象带出国门。在海外市场，我国机器人企业要站稳脚跟、不断提升中国品牌国际形象，这就需要以"过硬"的产品和高质量的服务作保证。推动中国标准化"走出去"，与金砖国家和"一带一路"沿线国家等建立智能制造标准化合作机制，开展智能制造技术研究、标准研制、示范应用、检测认证、人才培养等多层次合作。

3. 多措并举为企业"走出去"保驾护航

为支持机器人行业企业开拓海外市场和健康"走出去"，建议加大《区域全面经济伙伴关系协定》（RCEP）规则宣传培训力度，指导企业全面掌握并运用协定规则和各项政策红利，扩大与区域国家的经贸合作。引导企业重视 ESG 系统建设，不断提升产业国际竞争力。建议相关政府部门在企业合法权益受到侵害时，敢于挺身保护。

〔撰稿人：中国机械工业联合会高立红〕

中国
机器人
工业
年鉴
2024

统 计 资 料

公布我国工业机器人产量及产品进出口数据

综述篇

大事记

产业篇

地区篇

园区篇

标准检测认证篇

产教融合篇

企业篇

应用篇

政策篇

国际篇

统计资料

附录

中国
机器人
工业
年鉴
2024

统计资料

2023 年中国工业机器人月度产量情况

月份	累计销量 （套）	同比增长 （%）	当月销量 （套）	同比增长 （%）
1—2	62 036	-19.2		
3	103 691	-3.0	43 883	-5.7
4	142 160	-4.4	38 083	-7.4
5	182 161	5.3	40 175	3.8
6	222 091	5.4	39 974	-12.1
7	256 260	3.8	34 274	-13.3
8	281 515	2.3	33 193	-18.6
9	320 478	0.4	36 096	-14.3
10	352 912	-3.7	33 074	-17.7
11	387 605	-2.8	36 352	-12.6
12	429 534	-2.2	41 980	3.4

注：数据来源于国家统计局月度快报数据。

2015—2023 年中国工业机器人年度产量完成情况

年份	工业机器人产量 （万台／套）	同比增长 （%）
2015	3.3	21.7
2016	7.2	30.4
2017		
2018	14.8	6.4
2019	17.7	-3.1
2020	21.1	20.7
2021	36.6	67.9
2022	44.3	21.0
2023	43.0	-2.2

注：1. 数据来源于国家统计局年度统计公报。

2. 2017 年国家统计局年度统计公报未公布工业机器人年产量，故表中数据缺失。

3. 年度统计公报数据与月度统计快报数据存在差异由统计口径不同导致。

2023 年中国服务机器人月度产量情况

月份	累计销量 （套）	同比增长 （%）	当月销量 （套）	同比增长 （%）
1—2	755 968	-28.7		
3	1 450 428	-20.6	700 272	-1.7
4	2 178 790	-2.3	706 001	47.6
5	2 867 635	4.5	697 262	34.3
6	3 530 430	9.6	662 658	40.0
7	4 037 615	9.8	581 935	28.7
8	4 744 751	16.2	707 141	73.7
9	6 647 748	39.3	1 083 887	63.1
10	6 435 567	21.7	825 836	59.1
11	7 097 602	21.3	726 289	33.3
12	7 833 259	23.3	738 284	46.3

注：数据来源于国家统计局月度快报数据。

2023 年机器人产品进口情况 －1

月份	喷涂机器人		工业机器人 （税则号：84289040）		协作机器人		其他多功能机器人		其他未列明机器人	
	数量 （台）	金额 （万美元）	数量 （台）	金额 （万美元）	数量 （台）	金额 （万美元）	数量 （台）	金额 （万美元）	数量 （台）	金额 （万美元）
1—2	401	4 101.98	742	541.41	92	241.44	15 354	24 476.7	355	512.31
1—3	681	7 075.68	1 534	1 157.56	172	488.63	23 511	37 010.71	425	1 114.21
1—4	918	8 768.4	2 233	1 754.43	229	625.74	30 867	48 667.66	995	1 469.79
1—5	1 180	10 549.7	3 114	2 143.97	383	940.09	37 290	58 161.83	1 080	1 772.91
1—6	1 236	10 978.51	4 171	3 255.44	554	1 208.6	45 840	70 955.25	1 165	2 091.63
1—7	1 445	12 700.01	4 716	4 731.79	894	1 708.82	51 647	80 027.65	1 203	2 708.85
1—8	1 646	15 037.11	5 479	5 496.88	1 069	1 893.13	57 332	89 631.24	1 696	3 455.09
1—9	1 871	16 721.96	6 384	6 279.44	1 215	2 130.9	63 001	98 474.11	1 794	3 784.44
1—10	2 038	18 056.2	7 184	6 643.84	1 313	2 278.4	67 815	105 103.57	1 972	3 982.68
1—11	2 152	18 922.58	8 276	7 771.22	1 526	2 558.48	73 001	111 529.52	2 034	4 307.87
1—12	2 307	20 306.42	10 040	8 271.35	1 923	3 140.47	78 366	117 464.37	2 179	4 494.15

注：数据来源于海关总署。

2023 年机器人产品进口情况 −2

月份	集成电路工厂专用的自动搬运机器人		电阻焊接机器人		电弧焊接机器人		激光焊接机器人		手术机器人	
	数量（台）	金额（万美元）	数量（台）	金额（万美元）	数量（台）	金额（万美元）	数量（台）	金额（万美元）	数量（台）	金额（万美元）
1—2	1 925	9 324.87	0	0	17	57.22	2	52.62	76 548	5 438.02
1—3	2 993	13 892.65	0	0	19	86.9	2	52.62	150 404	8 068.98
1—4	3 883	18 293.21	3	31.66	21	90.98	3	58.45	226 619	9 960.67
1—5	4 852	22 679.66	3	31.66	31	227.84	4	58.73	300 801	11 997.31
1—6	5 385	25 841.42	3	31.66	33	257.81	4	58.73	346 787	13 410.84
1—7	6 216	29 086.35	19	86.69	34	266.54	3	40.4	408 720	15 535.31
1—8	7 016	32 074.96	24	102.47	34	266.54	4	174.8	468 389	17 128.89
1—9	8 065	36 602.35	50	214.44	35	292.88	6	223.1	535 090	20 353.31
1—10	9 008	41 675.24	51	220.43	35	292.88	10	307.55	573 139	22 600.1
1—11	9 828	45 225.36	51	220.43	39	610.47	11	348.66	634 618	24 631.23
1—12	10 412	49 625.96	64	268.43	39	610.47	12	350.56	704 345	26 604.24

注：数据来源于海关总署。

2023 年机器人产品出口情况 −1

月份	喷涂机器人		工业机器人（税则号：84289040）		协作机器人		其他多功能机器人		其他未列明机器人	
	数量（台）	金额（万美元）	数量（台）	金额（万美元）	数量（台）	金额（万美元）	数量（台）	金额（万美元）	数量（台）	金额（万美元）
1—2	3 932	400.72	7 941	2 485.07	980	838.48	2 803	3 729.09	36 385	2 969.24
1—3	6 133	777.34	11 622	4 415.62	1 472	1 351.08	4 479	5 942.72	53 622	4 347.56
1—4	6 290	1 353.44	15 188	6 146.01	2 112	1 791.72	6 437	8 788.52	71 760	4 707.28
1—5	6 416	1 805.73	20 604	8 724.46	2 493	2 172.58	7 927	10 761.6	80 268	5 830.7
1—6	6 525	2 100	25 115	10 659	2 993	2 539	9 240	12 394	73 306	6 586
1—7	6 750	2 665.35	28 283	12 606.81	3 736	3 109.38	10 416	13 848.34	76 519	7 709.81
1—8	6 887	3 006.54	30 780	14 473.4	4 386	3 503.37	11 505	15 172.48	81 049	8 651.35

（续）

月份	喷涂机器人		工业机器人（税则号：84289040）		协作机器人		其他多功能机器人		其他未列明机器人	
	数量（台）	金额（万美元）	数量（台）	金额（万美元）	数量（台）	金额（万美元）	数量（台）	金额（万美元）	数量（台）	金额（万美元）
1—9	7 043	3 159.08	34 759	16 231.07	4 726	3 784.07	12 756	16 981.29	91 259	10 557.72
1—10	7 134	3 714.3	37 013	17 432.33	5 212	4 232.25	14 043	18 735.88	92 925	13 400
1—11	12 185	4 052.23	39 836	18 745.49	5 784	4 667.81	15 721	21 594.58	96 439	14 928.3
1—12	12 409	4 576.11	43 059	20 993.2	7 390	5 499.88	16 684	22 852.83	101 838	16 776.58

注：数据来源于海关总署。

2023 年机器人产品出口情况 －2

月份	集成电路工厂专用的自动搬运机器人		电阻焊接机器人		电弧焊接机器人		激光焊接机器人		手术机器人	
	数量（台）	金额（万美元）	数量（台）	金额（万美元）	数量（台）	金额（万美元）	数量（台）	金额（万美元）	数量（台）	金额（万美元）
1—2	6 992	166.02	3 337	67.15	2 732	523.94	3 116	88.25	80 023	2.65
1—3	20 428	369.55	7 492	140.98	7 932	1 139.99	6 341	178.48	773 376	28.72
1—4	20 440	401.22	7 516	206.07	8 108	1 897.33	6 672	210.2	853 583	42.39
1—5	20 699	539.13	7 564	252.56	8 255	2 503.32	6 692	327.4	853 903	55.34
1—6	15 030	533	4 488	239	4 705	2 987	6 759	345	854 525	75
1—7	30 546	706.41	4 603	809.8	4 844	3 226.21	6 805	394.97	1 348 938	117.15
1—8	22 675	1 139.36	4 617	882.45	4 973	3 446.9	6 843	418.9	1 581 333	140.09
1—9	22 707	1 221.5	4 653	902.79	5 248	3 894.62	6 855	436.35	1 819 003	169.39
1—10	22 727	1 284.05	4 662	982.16	5 404	4 391.09	7 069	477.67	1 819 190	193.51
1—11	22 761	1 368.84	4 673	1 021.57	5 522	4 653.24	7 089	527.35	2 254 123	218.15
1—12	22 497	1 463.33	4 721	1 071.6	5 711	5 095.58	7 095	779.74	2 563 684	460.64

注：数据来源于海关总署。

中国
机器人
工业
年鉴
2024

附 录

公布机器人相关行业组织、中国机械工业联合会机器人分会会员单位名录，对中国机器人工业主要行业组织进行简要介绍

综述篇

大事记

产业篇

地区篇

园区篇

标准检测认证篇

产教融合篇

企业篇

应用篇

政策篇

国际篇

统计资料

附录

综述篇
大事记
产业篇
地区篇
园区篇
标准检测认证篇
产教融合篇
企业篇
应用篇
政策篇
国际篇
统计资料
附录

机器人相关行业组织名录
中国机械工业联合会机器人分会会员单位名录
中国工业机器人主要行业组织简介

中国
机器人
工业
年鉴
2024

附录

机器人相关行业组织名录

单位名称：中国机械工业联合会机器人分会
地　　址：北京市东城区东四西大街 46 号
邮　　编：100711
电　　话：010-85677807
传　　真：010-85153208
网　　址：http://cria.mei.net.cn/
E-mail：cria@cmif.org.cn

单位名称：北京智能机器人产业技术创新联盟
地　　址：北京市海淀区北三环中路 31 号生产力大楼 B
　　　　　座 3 层 305 室
邮　　编：100088
电　　话：010-82003642
传　　真：010-82003293
E-mail：zhouhuibjpc@126.com

单位名称：天津市机器人产业协会
地　　址：天津市西青区天津理工大学机械工程学院 403 室
邮　　编：300382
电　　话：17720078219
E-mail：tjapip@163.com

单位名称：天津市智能制造产业技术创新战略联盟
地　　址：天津市河西区体院北环湖中道 9 号
邮　　编：300060
电　　话：022-23015618
网　　址：http://www.tabletdriller.com/
E-mail：automanager@188.com

单位名称：江苏省机器人专业委员会
地　　址：江苏省南京市中山北路 49 号机械大厦 29 层
邮　　编：210008
电　　话：025-86630029
传　　真：025-86630029
网　　址：http://www.jssjxgyw.com/

单位名称：浙江省机器人产业发展协会
地　　址：浙江省杭州市余杭区科创大道之江实验室南湖
　　　　　总部
邮　　编：311121
电　　话：0571-58005075
传　　真：0571-58005074

网　　址：http://www.zria.org.cn/
E-mail：zria@zria.org.cn

单位名称：湖北省机器人产业创新战略联盟
地　　址：湖北省武汉市东湖新技术开发区流芳园横路 16
　　　　　号奋进智能产业园
邮　　编：430212
电　　话：13018008462
传　　真：027-86699359
E-mail：1041697458@qq.com

单位名称：广东省机器人协会
地　　址：广东省广州市黄埔区开泰大道 38 号 5 层西侧
邮　　编：510535
电　　话：020-39344209
传　　真：020-39387677
网　　址：http://www.gdsjqr.com/
E-mail：gdsjqr@126.com

单位名称：安徽省机器人产业技术创新战略联盟
地　　址：中国（安徽）自由贸易试验区芜湖片区神舟路
　　　　　17 号 1202 室
邮　　编：241000
电　　话：13965169763
E-mail：13965169763@163.com

单位名称：湖南省智能制造协会
地　　址：湖南省长沙市长沙县科技新城 C7 栋 3 层智能
　　　　　制造协会秘书处
邮　　编：410100
电　　话：16670165925
E-mail：zhizaoxiehui@163.com

单位名称：深圳市机器人协会
地　　址：广东省深圳市南山区西丽深圳大学城学苑大道
　　　　　1068 号
邮　　编：518055
电　　话：0755-86392542
传　　真：0755-86392299
网　　址：http://www.szrobot.org.cn/
E-mail：szrobot@siat.ac.cn

单位名称：广州工业机器人制造和应用产业联盟
地　　址：广州市黄埔区新瑞路 2 号主楼 2 层
邮　　编：510000
电　　话：020-32385332
传　　真：020-82496513
网　　址：http://www.gzrobots.com/
E－m a i l：gzrobots@126.com

单位名称：重庆市机器人与智能装备产业联合会
地　　址：中国（重庆）自由贸易试验区两江互联网产业
　　　　　园二期 6 号楼 4 层
邮　　编：401332
电　　话：023-65326065
网　　址：http://www.ccria.org/
E－m a i l：ccria@ccria.org

单位名称：成都市机器人产业技术创新联盟
地　　址：四川省成都市体育场路 2 号西星大厦
邮　　编：610015
电　　话：028-86740619
传　　真：028-86740619
E－m a i l：357684082@qq.com

单位名称：青岛市机器人产业协会
地　　址：山东省青岛市高新技术产业开发区新悦路 67 号
邮　　编：266114
电　　话：18605322273
网　　址：http://qdria.com/
E－m a i l：qdjqrxh@163.com

单位名称：东莞市机器人产业协会
地　　址：广东省东莞市松山湖高新技术产业开发区研发
　　　　　五路 1 号林润智谷 5 栋 306 室
邮　　编：523808
电　　话：0769-22231985
传　　真：0769-22231985
网　　址：http://www.dgria.cn
E－m a i l：dg_robotic@163.com

单位名称：苏州市机器人产业协会
地　　址：江苏省苏州市吴中区吴中大道 1368 号吴中机
　　　　　器人产业园 3 幢综合楼 1213 室
邮　　编：215128
电　　话：0512-65839131
E－m a i l：szrobot2019@163com

单位名称：济南市机器人与高端装备产业协会
地　　址：山东省济南市经十路舜泰广场 10 号楼 3 层
邮　　编：250101
电　　话：0531-88257086
网　　址：http://www.jnsjqrcyxh.com/
E－m a i l：GDZBXH@163.COM

单位名称：常州市工业机器人产业协会
地　　址：江苏省常州市武进区众创服务中心 120 室
邮　　编：213100
电　　话：15251917079
E－m a i l：czjqrxh@163.com

单位名称：长三角机器人产业平台创新联盟
地　　址：上海市普陀区曹杨路 800 号 18 号楼
邮　　编：200333
电　　话：021-62574990
E－m a i l：sri8002020@163.com

单位名称：佛山市机器人产业创新协会
地　　址：广东省佛山市南海区狮山镇中国（广东）机器
　　　　　人集成创新中心 A 区办公楼 201 室
邮　　编：528225
电　　话：15902067349
E－m a i l：44041558@qq.com

单位名称：无锡市机器人与智能制造协会
地　　址：江苏省无锡市五湖大道 11 号 1213、1215 号
邮　　编：214000
电　　话：13585002122
E－m a i l：2538132560@qq.com

中国机械工业联合会机器人分会会员单位名录

理事长单位

单位名称：沈阳新松机器人自动化股份有限公司
地　　址：辽宁省沈阳市浑南区全运路 33 号
电　　话：4008008666
网　　址：www.siasun.com
E－m a i l：market@siasun.com

执行理事长单位

单位名称：中国机械工业联合会
地　　址：北京市东城区东四西大街 46 号
电　　话：010-65173303
网　　址：www.cmif.org.cn
E－m a i l：renshi@cmif.org.cn

副理事长单位

单位名称：库卡机器人（上海）有限公司
地　　址：上海市松江区小昆山镇昆港公路 889 号
电　　话：021-57072663
网　　址：www.kuka.com
E－m a i l：eva.shi@kuka.com

单位名称：上海 ABB 工程有限公司
地　　址：上海市浦东新区康新公路 4528 号
电　　话：021-61056666
网　　址：www.abb.com
E－m a i l：contact.center@cn.abb.com

单位名称：埃夫特智能装备股份有限公司
地　　址：安徽省芜湖市鸠江经济开发区万春东路 96 号
电　　话：4000528877
网　　址：www.efort.com.cn
传　　真：0553-5635270

单位名称：安川电机（中国）有限公司
地　　址：上海市黄浦区湖滨路 222 号领展企业广场一座 22 层
电　　话：4008213680
网　　址：yaskawa.com.cn
E－m a i l：customer@yaskawa.com.cn

单位名称：固高科技股份有限公司
地　　址：广东省深圳市南山区科技园南区高新南七道深港产学研基地西座 2 层 W211 室
电　　话：0755-26970839
网　　址：www.googoltech.com.cn
E－m a i l：googol@googoltech.com

单位名称：广州瑞松智能科技股份有限公司
地　　址：广东省广州市黄埔区瑞祥路 188 号
电　　话：020-66309188
网　　址：www.risongtc.com
E－m a i l：marketing@risongtc.com

单位名称：广州数控设备有限公司
地　　址：广东省广州市萝岗区观达路 22 号
电　　话：4000512028
网　　址：www.gsk.com.cn
E－m a i l：gsk001@126.com

单位名称：国机智能科技有限公司
地　　址：广东省广州市科学城新瑞路 2 号
电　　话：020-32389823
网　　址：www.sinomach-it.com
E-mail：gmeri@gmeri.com

单位名称：哈尔滨博实自动化股份有限公司
地　　址：黑龙江省哈尔滨市开发区迎宾路集中区东湖街
　　　　　9 号
电　　话：0451-87617799
网　　址：www.boshi.cn
E-mail：bsggyx@boshi.cn

单位名称：严格集团股份有限公司
地　　址：黑龙江省哈尔滨经济技术开发区哈平路集中区
　　　　　大连北路与兴凯路交叉口
电　　话：0451-51051503
网　　址：www.hrgrobotics.com
E-mail：hrg@hitrobotgroup.com

单位名称：湖南中南智能装备有限公司
地　　址：湖南省长沙市雨花区振华路机器人聚集区智庭
　　　　　园 2 栋
电　　话：0731-85666090
网　　址：www.zeqp.net
E-mail：market@zeqp.net

单位名称：江苏汇博机器人技术股份有限公司
地　　址：江苏省苏州市方洲路 128 号
电　　话：4001141377
网　　址：www.huiborobot.com
E-mail：market@huiborobot.com

单位名称：南京埃斯顿机器人工程有限公司
地　　址：江苏省南京市江宁经济开发区燕湖路 178 号
电　　话：4000253336
网　　址：www.estun.com

单位名称：南京熊猫电子装备有限公司
地　　址：江苏省南京市栖霞区经天路 7 号 B211 室
电　　话：025-84236736
网　　址：www.panda-fa.com

单位名称：欧德神思软件系统（北京）有限公司
地　　址：北京市朝阳区光华路 8 号和乔大厦 B 座 7 层
　　　　　7116 室
电　　话：010-85888936
网　　址：www.codesys.cn
E-mail：info@codesys.cn

单位名称：青岛曼尼科智能科技有限公司
地　　址：山东省青岛市黄岛区云台山路 1000 号质检院 c 区
电　　话：0531-83156123
网　　址：www.haier.net/cn
E-mail：robotics@haier.com

单位名称：三菱电机自动化（中国）有限公司
地　　址：上海市长宁区虹桥路 1386 号三菱电机自动化
　　　　　中心
电　　话：021-23223030
网　　址：www.mitsubishielectric-fa.cn

单位名称：上海发那科机器人有限公司
地　　址：上海市宝山区富联路 1500 号
电　　话：021-50327700
网　　址：www.shanghai-fanuc.com.cn

单位名称：上海新时达机器人有限公司
地　　址：上海市嘉定区思义路 1560 号
电　　话：4009200275
网　　址：www.steprobots.com
E-mail：info@xinshida.com

单位名称：苏州汇川技术有限公司
地　　址：江苏省苏州市吴中区越溪友翔路 16 号
电　　话：0512-66376666
网　　址：www.inovance.cn
E-mail：guozhaokai@inovance.com

单位名称：唐山开元电器集团有限公司
地　　址：河北省唐山市高新技术产业开发区高新西道
　　　　　168 号
电　　话：0315-6710177
网　　址：www.kaiyuan-group.com

单位名称：威腾斯坦（杭州）实业有限公司
地　　址：浙江省杭州市天目山西路 355 号
电　　话：0571-88695852
网　　址：www.wittenstein.cn
E-mail：info@wittenstein.cn

单位名称：西安航天精密机电研究所
地　　址：陕西省西安市长安区航天西路 108 号
电　　话：029-85618898
网　　址：www.casc16.com
E-mail：casc16@163.com

单位名称：中国科学院深圳先进技术研究院
地　　址：广东省深圳市南山区西丽大学城学苑大道 1068 号

电　话：0755-86392288
网　址：www.siat.ac.cn
E-mail：info@siat.ac.cn

单位名称：杭州凯尔达焊接机器人股份有限公司
地　址：浙江省杭州市萧山区萧山经济技术开发区长鸣路 778 号
电　话：0571-82765555
网　址：www.robotweld.cn

单位名称：上海电器科学研究所（集团）有限公司
地　址：上海市普陀区武宁路 505 号
电　话：021-62574990
网　址：www.seari.com.cn

单位名称：秦川机床工具集团股份公司
地　址：陕西省宝鸡市渭滨区姜谭路 22 号
电　话：0917-3670665
网　址：www.qinchuan.com
E-mail：qinchuan@qinchuan.com

理　事　单　位

单位名称：爱普生（中国）有限公司
地　址：北京市朝阳区建国路 81 号华贸中心 1 号楼 4 层
电　话：010-85221199
网　址：www.epson.com.cn/robots
E-mail：li.yun@ecc.epson.com.cn

单位名称：安徽巨一科技股份有限公司
地　址：安徽省合肥市包河区繁华大道 5821 号
电　话：0551-62249983
网　址：www.jee-cn.com
E-mail：zongcaiban@jee-cn.com

单位名称：配天机器人技术有限公司
地　址：北京市海淀区东北旺西路 8 号院 10 号楼三区配天技术（软件园三区）
电　话：010-57809555
网　址：robot.peitian.com

单位名称：安徽省微云机器人有限公司
地　址：安徽省芜湖市鸠江区电子产业园 F 座 6 层
电　话：0553-5880388
E-mail：hr@weiyun.ai

单位名称：遨博（北京）智能科技股份有限公司
地　址：北京市海淀区农科院西路 6 号海青大厦 10 层
电　话：010-88595859
网　址：www.aubo-robotics.cn
E-mail：info@aubo-robotics.cn

单位名称：宝鸡中集高科置业有限责任公司
地　址：陕西省宝鸡市陈仓区西虢大道 27 号
电　话：0917-6268886

单位名称：北京航空航天大学
地　址：北京市海淀区学院路 37 号
电　话：010-82317114
网　址：www.buaa.edu.cn

单位名称：北京和利时控制技术有限公司
地　址：北京市经济技术开发区地盛中路 2 号院
电　话：010-58981000
网　址：www.hollysys.com

单位名称：北京机械工业自动化研究所有限公司
地　址：北京市西城区德胜门外教场口 1 号
电　话：010-82285665
网　址：www.riamb.ac.cn
E-mail：mkt@riamb.ac.cn

单位名称：北京精密机电控制设备研究所
地　址：北京市丰台区南大红门路 1 号
电　话：010-88520124
E-mail：www-2001@163.com

单位名称：北京石油化工学院
地　址：北京市大兴区清源北路 19 号
电　话：010-81292242
网　址：www.bipt.edu.cn
E-mail：wangdianjun@bipt.edu.cn

单位名称：北京天智航医疗科技股份有限公司
地　址：北京市海淀区永泰庄 1 号中关村东升国际创业园 7 号楼 2 层
电　话：010-82156660
网　址：cn.tinavi.com
E-mail：wangbaohui@tinavi.com

单位名称：北京新松融通机器人科技有限公司
地　　址：北京市丰台区丰台科技园汉威广场四区三号楼
　　　　　2 层
电　　话：010-83686110
E－m a i l：wanghaichao@siasunrt.com

单位名称：北京梆梆安全科技有限公司
地　　址：北京市海淀区学院路 30 号科大天工大厦 A 座
　　　　　20 层 1 至 3 室
电　　话：4008881881
网　　址：www.bangcle.com
E－m a i l：service@bangcle.com

单位名称：北京中技克美谐波传动股份有限公司
地　　址：北京市顺义区天竺空港工业区 B 区裕华路甲 21 号
电　　话：010-80492902
网　　址：www.ctkmhd.com
E－m a i l：service@ctkmhd.com

单位名称：大连机床集团有限责任公司
地　　址：辽宁省大连市开发区双 D 港辽河东路 100 号
电　　话：0411-87549888
网　　址：www.dmtg.com
E－m a i l：dmtjszx8@163.com

单位名称：电装（中国）投资有限公司
地　　址：北京市朝阳区东三环北路 5 号 1 幢 518 室
电　　话：010-65908337
网　　址：www.denso.com.cn
E－m a i l：nianjian@cn.denso.com

单位名称：东莞市尔必地机器人有限公司
地　　址：广东省东莞市塘厦镇林村社区博建街 4 号
电　　话：0769-82960238
网　　址：www.lbdrobot.com
E－m a i l：qingmaorong@lbdrobot.com

单位名称：东莞市李群自动化技术有限公司
地　　址：广东省东莞市松山湖高新技术产业开发区新竹
　　　　　路 4 号总部壹号 17 栋 A 座
电　　话：0769-27231381
网　　址：www.qkmtech.com
E－m a i l：business@qkmtech.com

单位名称：菲尼克斯（中国）投资有限公司
地　　址：江苏省南京市江宁区经济技术开发区菲尼克斯
　　　　　路 36 号
电　　话：025-52121888
网　　址：www.phoenixcontact.com

单位名称：福迪威西特传感工业控制（天津）有限公司
地　　址：天津市经济技术开发区微电子工业区微五路 28 号
电　　话：022-23900700
网　　址：www.kollmorgen.cn
E－m a i l：mirror.chen@kollmorgen.com

单位名称：广东博智林机器人有限公司
地　　址：广东省佛山市顺德区北滘镇碧桂园社区泮浦路
　　　　　1 号 A1 栋 2 楼 A2-05 室
电　　话：4009882007
网　　址：www.bzlrobot.com
E－m a i l：bzlbranding@countrygarden.com.cn

单位名称：广东产品质量监督检验研究院
地　　址：广东省广州市黄埔区科学大道 10 号
电　　话：020-89232806
网　　址：gqi.org.cn
E－m a i l：gqi@gqi.org.cn

单位名称：广东嘉腾机器人自动化有限公司
地　　址：广东省佛山市顺德区杏坛镇德进路 2 号
电　　话：4008301028
网　　址：jtrobots.com
E－m a i l：marketing@jtrobots.com

单位名称：广东科捷龙机器人有限公司
地　　址：广东省中山市石岐区民营科技园民盈路 8 号
电　　话：0760-88780533
网　　址：www.kjlrobot.com
E－m a i l：karelrobot@kjlrobot.com

单位名称：广东省机械工程学会
地　　址：广东省广州市天河北路 663 号华南理工大学 29
　　　　　号楼 311 室
电　　话：13660733192
网　　址：www.gdmes.org
E－m a i l：merobot@scut.edu.cn

单位名称：广东拓斯达科技股份有限公司
地　　址：广东省东莞市大岭山镇大塘朗创新路 2 号
电　　话：0769-83050999
网　　址：www.topstarltd.com
E－m a i l：fwu@topstarltd.com

单位名称：广东鑫泰科技集团有限公司
地　　址：广东省广州市番禺区钟村街谢村村谢石公路狮
　　　　　江工业区
电　　话：020-62257588
E－m a i l：407171927@qq.com

单位名称：广州市昊志机电股份有限公司
地　　址：广东省广州市经济技术开发区永和经济区江东
　　　　　街 6 号
电　　话：020-62257588
网　　址：www.haozhihs.com
E－mail：wuzhixuan@haozhihs.com

单位名称：国工信（沧州）机器人有限公司
地　　址：河北省沧州市运河区高新技术产业开发区运河
　　　　　园区内渤海路南侧车间 4 层
电　　话：18024083045
E－mail：ZJCAO@Nll.cn

单位名称：国机智能技术研究院有限公司
地　　址：北京市朝阳区北沙滩 1 号院 37 号
电　　话：010-82890817
网　　址：www.sinomiti.com
E－mail：admin@sinomiti.com

单位名称：海安经济技术开发区管理委员会
地　　址：江苏省南通市海安市迎宾路 199 号

单位名称：哈尔滨工业大学科学与工业技术研究院
地　　址：黑龙江省哈尔滨市南岗区一匡街 2 号哈工大科
　　　　　学园 C1 栋
电　　话：0451-86414422
网　　址：robot.hit.edu.cn
E－mail：liujiao406@126.com

单位名称：哈默纳科（上海）商贸有限公司
地　　址：中国（上海）自由贸易试验区泰谷路 88 号 5
　　　　　层 501 室
电　　话：021-62375656
网　　址：www.harmonicdrive.net.cn
E－mail：yiwen.xu@hds.co.jp

单位名称：海航量子智能（深圳）投资有限公司
地　　址：广东省深圳市南山区南山街道科园路 1001 号
　　　　　深圳湾创业投资大厦 3901 室
电　　话：15986830650
E－mail：wfei@hnair.com

单位名称：杭州得润宝油脂股份有限公司
地　　址：浙江省杭州市临安区青山湖街道天柱街 80 号
电　　话：4008262380
网　　址：www.derunbao.com
E－mail：market@derunbao.com

单位名称：杭州高博智能机器有限公司
地　　址：浙江省杭州市经济技术开发区 6 号大街 452 号
　　　　　2 幢 22 层 B 区
电　　话：0571-85046811
网　　址：www.golbint.com
E－mail：jhw@golbint.com

单位名称：杭州晟泉智能控制有限公司
地　　址：浙江省杭州市滨江区长河街道江虹路 768 号 5
　　　　　号楼 416 室
电　　话：0571-56265245
网　　址：www.hzsqsmart.com
E－mail：hzsq9999@126.com

单位名称：杭州娃哈哈集团有限公司研究院
地　　址：浙江省杭州市清泰街 160 号
电　　话：0571-86032866
网　　址：www.wahaha.com.cn
E－mail：whh@wahaha.com.cn

单位名称：杭州新剑机电传动股份有限公司
地　　址：浙江省临安市昌化工业园区（昌化镇双塔村）
电　　话：0571-63666610
网　　址：www.seenpin.com
E－mail：ceo@seenpin.com

单位名称：合肥泰禾智能科技集团股份有限公司
地　　址：安徽省合肥市经济技术开发区桃花工业园玉兰
　　　　　大道与方兴大道交叉口
电　　话：0551-68588881
网　　址：www.chinataiho.com
E－mail：thsorter@chinataiho.com

单位名称：河南森源电气股份有限公司
地　　址：河南省长葛市魏武路南段西侧
电　　话：0374-6108328
网　　址：www.hnsyec.com
E－mail：hnsyzqb@163.com

单位名称：湖北泓润智能系统有限公司
地　　址：湖北省荆门市东宝区工业园泉水大道与新台东
　　　　　路交汇处
电　　话：0724-6505330
网　　址：www.hongrunrobot.com
E－mail：hbhr@chl.com.cn

单位名称：华夏幸福（北京）股权投资管理有限公司
地　　址：北京市朝阳区东三环北路霞光里 18 号佳程广
　　　　　场 A 座 22 层

电　　话：18810955065

E-mail：cuijindan@cfldcn.com

单位名称：黄石市科威自控有限公司

地　　址：湖北省武汉市东湖高新技术开发区光谷大道 303 号

电　　话：027-65523899

网　　址：www.kwzk.com

E-mail：kwplc@163.com

单位名称：机科发展科技股份有限公司

地　　址：北京市海淀区首体南路 2 号

电　　话：13720000536

网　　址：www.mtd.com.cn

E-mail：zhangsheng@mtd.com.cn

单位名称：机械工业仪器仪表综合技术经济研究所

地　　址：北京市西城区广安门外大街甲 397 号

电　　话：010-63261819

网　　址：www.itei.cn

单位名称：江苏北人智能制造科技股份有限公司

地　　址：江苏省苏州市苏州工业园区淞北路 18 号

电　　话：15365376089

网　　址：www.br-robot.com

E-mail：jing.guo@beiren-tech.com

单位名称：江苏德罗智能科技有限公司

地　　址：江苏省盐城市射阳经济开发区阳光大道 168 号科技大厦 17 层

电　　话：0515-89211188

网　　址：www.idero.cn

E-mail：yuliuyu@idero.cn

单位名称：江苏金猫机器人科技有限公司

地　　址：江苏省邳州市炮车街道墩集村滨湖大道 018 号

电　　话：0516-69869997

E-mail：372370130@qq.com

单位名称：江苏锦明工业机器人自动化有限公司

地　　址：江苏省江阴市南闸街道观山村东盟工业园区观山路 2 号

电　　话：0510-86838993

网　　址：www.jinmingglass.com

E-mail：hx@jm-robot.com

单位名称：江阴纳尔捷机器人有限公司

地　　址：江苏省江阴市徐霞客镇峭璜路 9 号

电　　话：0510-86578168

E-mail：475838767@qq.com

单位名称：金子电线电讯（苏州）有限公司

地　　址：江苏省苏州市吴中区甪直镇吴淞路 11 号

电　　话：0512-65046135

网　　址：www.kaneko-cord.cn

E-mail：knkcw@126.com

单位名称：巨轮智能装备股份有限公司

地　　址：广东省揭阳市揭东经济开发区龙港路中段

电　　话：0663-3269366

网　　址：www.greatoo.com

E-mail：greatoo@greatoo.com

单位名称：快克智能装备股份有限公司

地　　址：江苏省常州市武进高新技术产业开发区凤翔路 11 号

电　　话：4007897899

网　　址：www.quick-global.com

E-mail：info@quick-global.com

单位名称：昆山华恒焊接股份有限公司

地　　址：江苏省昆山市博士路 1588 号

电　　话：0512-57328118

网　　址：www.huahengweld.com

E-mail：info@huahengweld.com

单位名称：莱恩精机（深圳）有限公司

地　　址：广东省深圳市龙岗区宝龙社区宝荷大道 76 号智慧家园 B 座 406 单元

电　　话：0755-28968867

E-mail：len_ron@163.com

单位名称：雷虎机器人工业有限责任公司

地　　址：浙江省余姚市经济开发区滨海新城兴滨路 28 号

电　　话：15910601997

E-mail：yangchen@zzinv.com

单位名称：伦茨（上海）传动系统有限公司

地　　址：中国（上海）自由贸易试验区临港新片区临港新城江山路 2989 号

电　　话：021-38280200

网　　址：www.lenze.com

E-mail：lenze@lenze.cn

单位名称：ATI 工业自动化

地　　址：北京市朝阳区望京 SOHO 塔 2C 座 809 室

电　　话：010-84798766

网　　址：www.ati-ia.com

E-mail：china@ati-ia.com

单位名称：不二越（中国）有限公司
地　　址：上海市青浦区诸光路 1988 号国家会展中心 A
座 5 层
电　　话：021-69152200
网　　址：www.nachi.com.cn
E－m a i l：shuangshuang.zhao.fa@nachi.com

单位名称：南京市计量监督检测院
地　　址：江苏省南京市栖霞区马群大道 10 号三宝科
技园
电　　话：025-85410283
网　　址：www.njsjly.com

单位名称：南通振康焊接机电有限公司
地　　址：江苏省南通市海门区正余镇工业园区
电　　话：0513-82674767
网　　址：www.zhenkang.com
E－m a i l：ntzk@zhenkang.com

单位名称：宁波海天驱动有限公司
地　　址：浙江省宁波市北仑区小港小浃江中路 518 号
电　　话：0574-86181693
网　　址：www.haitiandrive.com

单位名称：宁波中大力德智能传动股份有限公司
地　　址：浙江省宁波市慈溪市新兴产业园区新兴一路
185 号
电　　话：4009002896
网　　址：www.zd-motor.com
E－m a i l：china@zd-motor.com

单位名称：宁国市裕华电器有限公司
地　　址：安徽省宁国市振宁路 31 号
电　　话：0563-4183767
网　　址：www.ngyh.com
E－m a i l：czy@ngyh.com

单位名称：欧地希机电（上海）有限公司
地　　址：上海市长宁区福泉北路 388 号东方国信商务广
场 B 座 6 楼
电　　话：021-58828633
网　　址：www.otc-china.com
E－m a i l：mao@otcsh.com.cn

单位名称：青岛宝佳智能装备股份有限公司
地　　址：山东省青岛市高新区新悦路 67 号
电　　话：4001676768
网　　址：www.qdbaojia.com
E－m a i l：sale@qdbaojia.com

单位名称：青岛科捷机器人有限公司
地　　址：山东省青岛市高新区锦荣路 321 号科捷机器人
产业园
电　　话：0532-84854183
网　　址：www.kingerobot.com
E－m a i l：Market@kingerobot.com

单位名称：青岛诺力达智能科技有限公司
地　　址：山东省青岛市高新区广贤路 81 号
电　　话：0532-68683600
网　　址：www.nuolida.com
E－m a i l：hr@nuolida.com

单位名称：青岛欧开智能系统有限公司
地　　址：山东省青岛市胶州经济技术开发区长江路 208 号
电　　话：0532-58966816
网　　址：www.oakechina.com
E－m a i l：sales.as@oakechina.com

单位名称：清能德创电气技术（北京）有限公司
地　　址：北京市丰台区海鹰路 6 号院 3 号楼
电　　话：010-83682922
网　　址：www.tsino-dynatron.com
E－m a i l：marketing@tsino-dynatron.com

单位名称：三一集团有限公司
地　　址：湖南省长沙市经济技术开发区三一路三一工业
城三一行政中心 3 层
电　　话：0731-84031888
网　　址：www.sanygroup.com
E－m a i l：hudl7@sany.com.cn

单位名称：厦门荷银集团
地　　址：福建省厦门市火炬高技术产业开发区软件园科
讯楼 1F-A 及裙楼 1 层
电　　话：0592-5118061
网　　址：www.jafbank.com
E－m a i l：851741822@qq.com

单位名称：厦门至慧机器人有限公司
地　　址：福建省厦门市翔安区马巷镇后许路 200 号 -2
铭佳科技园
电　　话：13950120038
网　　址：www.smtrobot.com
E－m a i l：howard.huo@smtrobot.com

单位名称：科曼智能科技有限公司
地　　址：山东省烟台市魏山路 59 号
电　　话：0535-6371286

网　　址：www.comarvel.com
E-mail：15615089270@163.com

单位名称：陕西诺贝特自动化科技有限公司
地　　址：陕西省西安市高新区上林苑三路 16 号
电　　话：029-88450091
网　　址：www.obotr.com
E-mail：obot@obotr.com

单位名称：上海电气集团股份有限公司中央研究院
地　　址：上海市黄浦区蒙自路 360 号
电　　话：021-26027700
网　　址：www.shanghai-electric.com/cn/pages/default.aspx
E-mail：g-030-001@shanghai-electric.com

单位名称：上海高威科电气技术有限公司
地　　址：上海市闸北区市北工业园区江场三路 173 号 6 楼
电　　话：021-66300101
网　　址：www.go-well.cn
E-mail：gowell001@163.com

单位名称：上海工程技术大学
地　　址：上海市松江区龙腾路 333 号
电　　话：19878672187
网　　址：www.sues.edu.cn
E-mail：xqh_2019@yeah.net

单位名称：上海国缆检测股份有限公司
地　　址：上海市宝山区真陈路 888 号
电　　话：021-65493333
网　　址：www.ticw.com.cn
E-mail：ewec@ticw.com.cn

单位名称：上海荷福人工智能科技（集团）有限公司上海
　　　　　荷福人工智能集团公司
地　　址：上海市长宁区威宁路 369 号
电　　话：021-63907288
网　　址：www.hefujituan.com
E-mail：shhfjt@sina.cn

单位名称：上海迦凤汽车零部件有限公司
地　　址：上海市嘉定区汇发路 515 号
电　　话：18621748160
网　　址：www.jaof.com
E-mail：shiner.xu@jaf-harness.com

单位名称：上海交通大学
地　　址：上海市闵行区东川路 800 号
电　　话：021-54740000

网　　址：www.sjtu.edu.cn
E-mail：xjsheng@sjtu.edu.cn

单位名称：上海科姆特自动化控制技术有限公司
地　　址：上海市黄浦区打浦路 15 号中港汇黄浦 2701、
　　　　　2702 室
电　　话：021-63900088
网　　址：www.shkmt.com.cn/jj/index_16.aspx
E-mail：information@shkmt.com.cn

单位名称：上海纳博特斯克传动设备有限公司
地　　址：中国（上海）自由贸易试验区福山路 388 号 17
　　　　　层 1706 室
电　　话：021-33632200
网　　址：www.nabtesco-motion.cn
E-mail：public@nabtesco-motion.cn

单位名称：上海沃迪智能装备股份有限公司
地　　址：上海市金山区亭卫公路 5899 号
电　　话：021-37901188
网　　址：www.triowin.com
E-mail：info@triowin.com

单位名称：上海禹昌信息科技有限公司
地　　址：上海市闵行区元江路 5500 号第 1 幢 5827 室
电　　话：13524363451
E-mail：shenlala@innovatech.net.cn

单位名称：上汽通用汽车有限公司
地　　址：中国（上海）自由贸易试验区申江路 1500 号
电　　话：021-28902890
网　　址：www.saic-gm.com
E-mail：lan_pan@saic-gm.com

单位名称：深圳市安泽智能机器人有限公司
地　　址：广东省深圳市南山区中山园路 1001 号，TCL
　　　　　国际 E 城 F2 栋 6 层
电　　话：0755-86638383
E-mail：linshan@anzer.com.cn

单位名称：深圳市博科系统科技有限公司
地　　址：广东省深圳市南山区西丽百旺信高科技工业园
　　　　　二区 5 栋 4 层
电　　话：0755-82805236
E-mail：bkxitong@163.com

单位名称：深圳市鼎泰智能装备股份有限公司
地　　址：广东省深圳市宝安区燕罗街道广田路 90 号新
　　　　　中泰物流园 A 区办公楼 3 层办公室

电　　话：0755-27269884

网　　址：www.dingtai-cnc.com

E - m a i l：dingtaisale@163.com

单位名称：深圳市福士工业科技有限公司

地　　址：广东省深圳市龙岗区坪地街道坪西社区东兴路2号

电　　话：0755-33287799

网　　址：www.fujisan.com.cn

E - m a i l：Market@contmp.com

单位名称：深圳市佳士科技股份有限公司

地　　址：广东省深圳市坪山区青兰一路3号

电　　话：0755-29651666

网　　址：www.jasic.com.cn

E - m a i l：jasicmarket@jasic.com.cn

单位名称：深圳市金大精密制造有限公司

地　　址：广东省深圳市宝安区沙井街道壆岗工业区环镇路12号C栋

电　　话：18680474857

网　　址：www.kimdaipm.com

E - m a i l：hazel.hu@kimdaipm.com

单位名称：深圳市智流形机器人技术有限公司

地　　址：广东省深圳市宝安区华丰国际机器人产业园二期B栋4层

电　　话：0755-27208296

网　　址：www.imanifoldtech.com

E - m a i l：tu.zhuoying@imanifold.cn

单位名称：沈阳金刚工业自动化有限公司

地　　址：辽宁省沈阳市经济技术开发区中德大街1号

电　　话：18609835003

E - m a i l：Kingkong-robot@vip.163.com

单位名称：沈阳远大智能高科机器人有限公司

地　　址：辽宁省沈阳市经济技术开发区开发大路27号-9

电　　话：024-25163002

E - m a i l：cnyd.caohui@163.com

单位名称：山东时代新纪元机器人有限公司

地　　址：山东省济南市长清区时代路219号

电　　话：4006172316

网　　址：www.timecnbot.com

E - m a i l：3264286482@qq.com

单位名称：史陶比尔（杭州）精密机械电子有限公司

地　　址：浙江省杭州市经济技术开发区围垦街123号

（翔龙路口）

电　　话：0571-86912161

网　　址：www.staubli.com.cn

E - m a i l：yh.wu@staubli.com

单位名称：四川成焊宝玛焊接装备工程有限公司

地　　址：四川省成都市成华区龙潭工业园成致路15号

电　　话：028-84216033

网　　址：www.cbwee.com

E - m a i l：market@cbwee.com

单位名称：四川国软科技集团有限公司

地　　址：四川省成都市金凤凰大道666号中铁轨道交通高科技产业园66号楼

电　　话：028-87625889

网　　址：grsofter.com

E - m a i l：scgr123@163.com

单位名称：四川嘉逸聚信自动化技术有限公司

地　　址：四川省广安市邻水县鼎屏镇渝邻大道123号

电　　话：15892395570

网　　址：www.grandroyalgroup.com

E - m a i l：1872571742@qq.com

单位名称：苏州工业园区工业技术学校

地　　址：江苏省苏州市苏州工业园区独墅湖科教创新区松涛街208号

电　　话：0512-69178088

网　　址：www.sipits.cn

E - m a i l：lyj@sipits.cn

单位名称：苏州科宝光电科技有限公司

地　　址：江苏省常熟市唐市镇常昆工业园南新路7号

电　　话：13773073283

E - m a i l：acc@cableplus-sz.com

单位名称：苏州罗伯特木牛流马物流技术有限公司

地　　址：江苏省苏州市苏州工业园区金田路2号东景工业坊20栋

电　　话：0512-62798247

网　　址：www.i-cow.cn

E - m a i l：info@i-cow.com

单位名称：苏州绿的谐波传动科技股份有限公司

地　　址：江苏省苏州市吴中区木渎镇尧峰西路68号

电　　话：0512-66566009

网　　址：www.leaderdrive.com

E - m a i l：sales@leaderdrive.com

单位名称：苏州双金实业有限公司
地　　址：江苏省苏州市国家高新技术产业开发区嵩山路
　　　　　478 号
电　　话：0512-65354503
网　　址：www.szshuangjin.com
E－m a i l：1611834089@qq.com

单位名称：苏州天准科技股份有限公司
地　　址：江苏省苏州市高新区浔阳江路 70 号
电　　话：0512-62396413
网　　址：www.tztek.com
E－m a i l：angela.zou@tztek.com

单位名称：唐山市拓又达科技有限公司
地　　址：河北省唐山市高新技术产业开发区庆丰道 122 号
电　　话：0315-5772226
网　　址：www.toyoda-net.com
E－m a i l：info@toyoda-net.com

单位名称：天津工业自动化仪表研究所有限公司
地　　址：天津市河西区体院北环湖中道 9 号
电　　话：022-23015683
网　　址：www.tabletdriller.com
E－m a i l：automanager@188.com

单位名称：天津犀灵智联机器人技术有限公司
地　　址：天津市经济技术开发区第四大街 80 号天大科
　　　　　技园 B4 栋 2 层
电　　话：022-25321390
E－m a i l：chenggang@lxgeek.com

单位名称：网之易信息技术（北京）有限公司
地　　址：北京市海淀区西北旺东路 10 号院中关村软件
　　　　　园二期西区 7 号网易北京研发中心
电　　话：010-82558163
E－m a i l：bjlouxiao@corp.netease.com

单位名称：潍坊天颐机器人联合研究院有限公司
地　　址：山东省潍坊市潍城区长松路以西、胶济铁路以
　　　　　南潍坊天颐智能制造产业园
电　　话：18206381008
E－m a i l：1739379431@qq.com

单位名称：无锡鑫宏业线缆科技股份有限公司
地　　址：江苏省无锡市锡山经济技术开发区合心路 17 号
电　　话：0510-68780888
网　　址：www.xhycable.com
E－m a i l：sales@xhycable.com

单位名称：武汉奋进智能机器有限公司
地　　址：湖北省武汉市东湖高新技术开发区流芳园横路
　　　　　16 号奋进智能产业园
电　　话：027-87611055
网　　址：www.fenjin.cn
E－m a i l：robot@fenjin.cn

单位名称：武汉工控工业技术研究院有限公司
地　　址：湖北省武汉市江岸区江大路 26 号 1-4 层
电　　话：027-62437787
E－m a i l：8020538@qq.com

单位名称：武进国家高新技术产业开发区
地　　址：江苏省常州市武进区海湖路特 1 号
电　　话：0519-86220177

单位名称：西门子（中国）有限公司
地　　址：北京市朝阳区望京中环南路 7 号
电　　话：15210660246
网　　址：www.siemens.com/cn/zh/home.html
E－m a i l：lw-leiwang@siemens.com

单位名称：现代重工（中国）投资有限公司
地　　址：中国（上海）自由贸易试验区浦明路 898 号海
　　　　　航大厦 8 楼 A 单元
电　　话：021-20332000
网　　址：www.hhichina.com
E－m a i l：chenpeiling@hhichina.com

单位名称：新昌县海纳人和轴承有限公司
地　　址：浙江省绍兴市新昌县羽林街道羽林路 39 号
电　　话：0575-86160908
E－m a i l：hyrrf@163.com

单位名称：新乡经开东发发展有限公司
地　　址：河南省新乡市新长北线 1 号
电　　话：0373-3686302
网　　址：www.xxjkq.gov.cn
E－m a i l：xxjkgdzb@163.com

单位名称：雄克精密机械贸易（上海）有限公司
地　　址：上海市闵行区春东路 420 号 1 号楼 1 楼和 2 楼西区
电　　话：021-54420007
网　　址：www.cn.schunk.com
E－m a i l：info@schunk.cn.com

单位名称：研扬科技（苏州）有限公司
地　　址：江苏省苏州市苏州工业园区星汉街 5 号腾飞新
　　　　　苏工业坊 B 幢 2 层

电　　话：0512-67625700

网　　址：www.aaeon.com

E-mail：lucyfang@aaeon.com.cn

单位名称：亿嘉和科技股份有限公司

地　　址：江苏省南京市雨花台区安德门大街 57 号 5 幢

网　　址：www.yijiahe.com

E-mail：yijiahe@yijiahe.com

单位名称：长安徕斯（重庆）机器人智能装备有限公司

地　　址：重庆市北碚区水土高新园云汉大道 69 号

电　　话：023-63171666

E-mail：liuwei@cr-robotics.com

单位名称：长春禹衡光学有限公司

地　　址：吉林省长春市高新技术开发区飞跃东路 333 号

电　　话：0431-85543737

E-mail：s-mao@yu-heng.cn

单位名称：长沙雨花经济开发区管理委员会

地　　址：湖南省长沙市雨花区万家丽南路二段 18 号

电　　话：0731-85079666

网　　址：www.hnhky.gov.cn

E-mail：mowei@vip.163.com

单位名称：浙江瓴达科技有限公司

地　　址：浙江省杭州市滨江区长河街道南环路 1568 号
　　　　　寰诺大厦 9 楼

电　　话：0571-28801808

网　　址：www.buddharobot.com

单位名称：浙江钱江机器人有限公司

地　　址：浙江省温岭市东部新区产业聚集区第五街 2 号

电　　话：4001008551

网　　址：www.qj-robot.com

E-mail：sales@qj-robot.com

单位名称：浙江万丰科技开发股份有限公司

地　　址：浙江省绍兴市嵊州市三江街道官河南路 999 号

电　　话：0575-86939566

网　　址：www.wfauto.com.cn

E-mail：jinlan.lv@wfjyjt.com

单位名称：浙江万马集团特种电子电缆有限公司

地　　址：浙江省杭州市临安区太湖源镇金岫村

电　　话：0571-63786395

网　　址：www.wanmacable.com

E-mail：john.wang@wanmagroup.com

单位名称：智通机器人系统有限公司

地　　址：天津市武清区京滨工业园 B1 楼

电　　话：13463636906

网　　址：www.inter-smart.com

E-mail：qilizhe@inter-smart.com

单位名称：中兵容和（北京）科技有限公司

地　　址：北京市海淀区复兴路 20 号 44 号楼 428 室

电　　话：010-52970869

网　　址：www.sdkbj.cn

E-mail：sdk@sdkbj.cn

单位名称：中国电器科学研究院股份有限公司

地　　址：广东省广州市新港西路 204 号 2 号楼 2104 室

电　　话：020-89050888

网　　址：www.cei1958.com

E-mail：cei@cei1958.com

单位名称：上海微电机研究所（中国电子科技集团公司第
　　　　　二十一研究所）

地　　址：上海市徐汇区虹漕路 30 号

电　　话：021-64367300

网　　址：www.sh-motor.com

E-mail：zhang_dongning@163.com

单位名称：中国机械进出口（集团）有限公司

地　　址：北京市西城区阜成门外大街一号

电　　话：010-68991695

E-mail：duanxiao@cmc.genertec.com.cn

单位名称：中国科学院沈阳自动化研究所

地　　址：辽宁省沈阳市沈河区南塔街 114 号

电　　话：024-23970039

网　　址：www.sia.cn

E-mail：chenliyong@sia.cn

单位名称：中国石化润滑油有限公司北京研究院

地　　址：北京市海淀区安宁庄西路 6 号 44 幢

电　　话：010-82817994

E-mail：mengzy.lube@sinopec.com

单位名称：中建材凯盛机器人（上海）有限公司

地　　址：上海市松江区泗泾镇泗博路 66 号

电　　话：021-51987988

网　　址：www.shemt.com

E-mail：service@shemt.com

单位名称：中信重工开诚智能装备有限公司

地　　址：河北省唐山市国家高新技术产业开发区学院北路 1686 号

电　　话：4000135666

网　　址：www.ekaicheng.com

E－mail：service@ekaicheng.com

单位名称：重庆凯瑞机器人技术有限公司

地　　址：重庆市北碚区云汉大道 101 号

电　　话：023-68315886

网　　址：www.crri.com.cn

E－mail：dexinrobot@163.com

单位名称：重庆机器人有限公司

地　　址：重庆市江北区港桥支路 5 号港城科创园 2 幢 3 层

电　　话：023-63076830

E－mail：cra@cqrobotics.com

单位名称：珠海格力智能装备有限公司

地　　址：广东省珠海市香洲区九州大道 2323 号

电　　话：0756-3195318

网　　址：www.gree-ie.com

E－mail：gree_aem@cn.gree.com

单位名称：3M 中国有限公司

地　　址：上海市徐汇区田林路 222 号

电　　话：021-62753535

网　　址：www.3m.com.cn

E－mail：jrzhu@mmm.com

单位名称：深圳市优必选科技股份有限公司

地　　址：广东省深圳市南山区学苑大道 1001 号南山智园 C1 栋 16 层、22 层

电　　话：0755-83474428

网　　址：www.ubtrobot.com

E－mail：avery.lu@ubtrobot.com

单位名称：上海羿弓精密科技有限公司

地　　址：上海市徐汇区龙兰路 277 号东航滨江中心 T1 栋 7 层

电　　话：021-50701029

网　　址：www.wingbow.com.cn

E－mail：info@wingbow.com.cn

单位名称：广州市精谷智能科技有限公司

地　　址：广东省广州市番禺区石楼镇市莲路石楼路段 6 号 1 号楼 1 层

电　　话：020-84656848

网　　址：www.accuglen.com

E－mail：accuglen@accuglen.com，aiq727@163.com

单位名称：烟台艾迪艾创机器人科技有限公司

地　　址：中国（山东）自由贸易试验区烟台片区福州路 2 号

电　　话：18663883597

E－mail：lifan@cceddie.com

单位名称：山东德晟机器人股份有限公司

地　　址：山东省济南市天桥区新材料产业园区新工艺示范园 7 号厂房

电　　话：0531-88076027

网　　址：www.sddsrobot.com

E－mail：desheng@sddsrobot.com

单位名称：成都卡诺普机器人技术股份有限公司

地　　址：四川省成都市成华区华月路 188 号

电　　话：028-84203568

网　　址：www.crprobot.com

E－mail：info@crp-robot.ru

单位名称：江苏泰隆减速机股份有限公司

地　　址：江苏省泰兴市文昌东路 188 号

电　　话：4000004728

网　　址：www.tailong.com

E－mail：87662416@163.com

单位名称：杭州景业智能科技股份有限公司

地　　址：浙江省杭州市滨江区信诚路 857 号悦江商业中心 35 层

电　　话：0571-86655912

网　　址：www.boomy.cn

E－mail：service@boomy.cn

单位名称：武汉职业技术学院

地　　址：湖北省武汉市洪山区关山大道 463 号

电　　话：027-87766615

网　　址：www.wtc.edu.cn

E－mail：263204083@qq.com

单位名称：特斯联科技集团有限公司

地　　址：北京市朝阳区新源南路 8 号启皓北京西塔 11 层

电　　话：010-85240200

网　　址：www.tslsmart.com

E－mail：communication@tslsmart.com

单位名称：福斯润滑油（中国）有限公司

地　　址：上海市嘉定区南翔高科技园区嘉绣路 888 号

电　　话：021-39122000

网　　址：www.fuchs.com.cn

E-mail：zeng.qinglong@fuchs.com.cn

单位名称：吉林省机器人协会

地　　址：吉林省长春市绿园区西新工业集中区集智路 888 号

电　　话：0431-82003278

E-mail：lin.ding@snl-rob.com

单位名称：中国联合网络通信有限公司智能城市研究院

地　　址：北京市海淀区主语国际 3 号楼

电　　话：010-66258152

网　　址：www.chinaunicom.com.cn

E-mail：duzy17@chinaunicom.cn

单位名称：智昌科技集团股份有限公司

地　　址：浙江省宁波市余姚市安山路

电　　话：4001040788

网　　址：www.emergen.cn

E-mail：xuyy@emergen.cn

单位名称：中汽研汽车检验中心（常州）有限公司

地　　址：江苏省常州市武进高新区海湖路 97 号

电　　话：0519-86227287

网　　址：www.catarc.ac.cn

E-mail：zhangzhipeng@catarc.ac.cn

单位名称：安徽工布智造工业科技有限公司

地　　址：安徽省合肥市巢湖市旗麓路 2 号安徽居巢经济开发区中科先进制造创新产业园

电　　话：18751076880

E-mail：18751076880@163.com

单位名称：佛山职业技术学院

地　　址：广东省佛山市三水区乐平镇职教路 3 号

电　　话：18928599175

网　　址：www.fspt.net

E-mail：20698641@qq.com

单位名称：中国信息通信研究院

地　　址：北京市海淀区花园北路 52 号

电　　话：18809319878

网　　址：www.caict.ac.cn

E-mail：zhangjingya@caict.ac.cn

单位名称：七腾机器人有限公司

地　　址：重庆市两江新区互联网产业园二期 7 号楼

电　　话：4008765700

网　　址：www.sevnce.com/service.html

E-mail：sr@sevnce.com

单位名称：北京华航唯实机器人科技股份有限公司

地　　址：北京市海淀区农科院西路 6 号海青大厦 8 层

电　　话：010-89755166

网　　址：www.chlrob.com

E-mail：sales@chlrob.com

单位名称：江苏国茂减速机股份有限公司

地　　址：江苏省常州市武进区湖塘镇龙潜路 98 号

电　　话：18806111171

网　　址：www.czgmjsj.com

E-mail：donglei.wang@guomaoreducer.com

单位名称：宁波友谊铜业有限公司

地　　址：浙江省宁波市慈溪市逍林镇逍林大道 268 号

电　　话：0574-63509999

网　　址：www.nbfriendship.com

E-mail：sales808@nbfriendship.com

单位名称：奥创动力传动（深圳）有限公司

地　　址：广东省深圳市宝安区沙井镇环镇路 18 号

电　　话：4008860365

网　　址：www.altraptchina.com

E-mail：neil.li@regalrexnord.com

单位名称：华为技术有限公司

地　　址：广东省深圳市龙岗区坂田华为基地

电　　话：0755-28780808

网　　址：www.huawei.com

E-mail：changxinmiao@huawei.com

单位名称：烟台南山学院

地　　址：山东省烟台龙口市东海旅游度假区大学路 12 号

电　　话：0535-8590701

网　　址：www.nanshan.edu.cn

E-mail：316937605@qq.com

单位名称：哈尔滨国铁科技集团股份有限公司

地　　址：黑龙江省哈尔滨市松北区橙泽路 2599 号

电　　话：0451-86426813

网　　址：www.cr-tc.cn

E-mail：sunxiaofei@htkrail.com

单位名称：青岛工发智能科技有限公司

地　　址：山东省青岛市城阳区城阳街道祥阳路 106 号 4 号楼 2 层西侧

电　　话：13583261949
E－m a i l：zyx@zyxmcu.com

单位名称：盐城市金洲机械制造有限公司
地　　址：江苏省盐城市盐都区张庄工业园区建业路 9 号
电　　话：0515-81897808
网　　址：www.jinzhouzz.com
E－m a i l：Tim_wang@jinzhouzz.com

单位名称：深圳优艾智合机器人科技有限公司
地　　址：广东省深圳市龙岗区吉华街道甘坑社区甘李二路 9 号金苹果创新园厂房 C101 室
电　　话：18948163921
网　　址：www.youibot.com
E－m a i l：amber@youibot.com

单位名称：北京史河科技有限公司
地　　址：北京市房山区窦店镇弘安路 87 号中关村前沿技术研究院 3 号楼 2 层
电　　话：4000150909
网　　址：www.robotplusplus.com
E－m a i l：sales@robotplusplus.cn

单位名称：杭州云深处科技有限公司
地　　址：浙江省杭州市西湖区紫金梦想广场 3 幢
电　　话：4000559095
网　　址：www.deeprobotics.cn
E－m a i l：support@deeprobotics.cn

单位名称：天翼数字生活科技有限公司
地　　址：上海市浦东新区世纪大道 211 号
电　　话：18918588917
网　　址：dlife.cn
E－m a i l：xulongjie.sh@chinatelecom.cn

单位名称：杜尔涂装系统工程（上海）有限公司
地　　址：上海市青浦区白鹤镇鹤泰路 198 号
电　　话：021-39791000
网　　址：www.durr.com.cn
E－m a i l：general@durr.com.cn

单位名称：上海非夕机器人科技有限公司
地　　址：上海市闵行区紫星路 588 号 1 号楼
电　　话：4008888105
网　　址：www.flexiv.cn/cn
E－m a i l：business@flexiv.com

单位名称：广东省机器人协会
地　　址：广东省广州市黄埔区开泰大道 38 号 5 层西侧

电　　话：020-39344209
网　　址：www.gdsjqr.com
E－m a i l：gdsjqr@126.com

单位名称：武汉职业技术学院
地　　址：湖北省武汉市洪山区关山大道 463 号
电　　话：027-87766615
网　　址：www.wtc.edu.cn
E－m a i l：263204083@qq.com

单位名称：九众九机器人有限公司
地　　址：江苏省无锡市滨湖区胡埭工业园银杏路 6 号
电　　话：13382215818
网　　址：www.jzjrt.com
E－m a i l：jzj@jzjrobot.com

单位名称：珞石（北京）科技有限公司
地　　址：北京市海淀区农科院西路海青大厦 7 层
电　　话：4000108700
网　　址：www.rokae.com
E－m a i l：sales@rokae.com

单位名称：联通物联网有限责任公司
地　　址：江苏省南京市秦淮区凤游寺路 52 号门西产业园 17 栋
电　　话：15651803528
E－m a i l：yinx36@chinaunicom.cn

单位名称：北京博清科技有限公司
地　　址：北京市经济技术开发区荣华中路 19 号院 1 号楼 B 座 19 层 1908
电　　话：010-87227628
网　　址：www.botsing.net
E－m a i l：bqmarketing@botsing.net

单位名称：南通跃通数控设备股份有限公司
地　　址：江苏省海安市城东镇通榆南路 77 号
电　　话：4007801199
网　　址：www.yuetong.com.cn
E－m a i l：bangongshi1@yuetong.com.cn

单位名称：东莞拓高传动机械有限公司
地　　址：广东省东莞市中堂镇北王西路 239 号华迅科技园 2 栋
电　　话：0769-85889341
网　　址：www.tocomotion.com
E－m a i l：ceo@toco.tw

单位名称：苏州博思特装配自动化科技有限公司
地　　址：江苏省苏州市吴中经济开发区天鹅荡路 2011
　　　　　号 8 幢
电　　话：0512-68288508
网　　址：www.besttechgroup.com
E－m a i l：sales@besttechgroup.com

单位名称：安徽永牧机械集团有限公司
地　　址：安徽省蚌埠市固镇县磨盘张乡铜陵现代产业园
　　　　　十号路与八号路交叉口
电　　话：13930148011

单位名称：北京益和木文化发展有限公司
地　　址：北京市海淀区清河中街 68 号华润五彩城购物
　　　　　中心二期 L464B 号
电　　话：0512-68288508
网　　址：www.yihemu.com.cn
E－m a i l：gaozhiwei@yihemu.com.cn

单位名称：北京得超科技有限公司
地　　址：北京市朝阳区霄云路 40 号国航世纪大厦 3 层
电　　话：13366612003
E－m a i l：gaozhiwei@yihemu.com.cn

单位名称：工业和信息化部计算机与微电子发展研究中心
　　　　　（中国软件评测中心）
地　　址：北京市海淀区紫竹院路 66 号赛迪大厦
电　　话：010-88558457
网　　址：www.cstc.org.cn
E－m a i l：wangyu@cstc.org.cn

单位名称：广东利迅达机器人系统股份有限公司
地　　址：广东省佛山市顺德区陈村镇广隆工业区兴隆十
　　　　　路 6-7 号
电　　话：13924810267
E－m a i l：wendy.luo@lxdrobotics.com

单位名称：江苏省海安市市场监督管理局
地　　址：江苏省海安市长江中路 128 号市场监督管理局
电　　话：18012280619
网　　址：www.haiankfq.gov.cn
E－m a i l：645546461@qq.com

单位名称：机械工业哈尔滨焊接技术培训中心
地　　址：黑龙江省哈尔滨市香坊区进乡街 7 号
电　　话：0451-82689382
网　　址：www.wtiharbin.com/wti
E－m a i l：liudawei@wtiharbin.com

单位名称：机械工业苏州高级技工学校
地　　址：中国（山东）自由贸易试验区烟台片区开发区
　　　　　长江路 77 号内 802 号
电　　话：0512-66558308
网　　址：www.szjg.cn
E－m a i l：13706216461@139.com

单位名称：山东师范大学历山学院
地　　址：山东省青州市云门山南路 9888 号
电　　话：18905367072
网　　址：www.lishanu.edu.cn
E－m a i l：lee_8117@126.com

单位名称：长春融成智能设备制造股份有限公司
地　　址：吉林省长春市北湖科技开发区中盛路 3088 号
电　　话：18843153320
网　　址：www.bfgz.net
E－m a i l：87315357@qq.com

单位名称：重庆欧倄智能控制系统有限公司
地　　址：重庆市两江新区大竹林街道高新园木星科技发
　　　　　展中心（木星）2-2 区 1 层 3-2 室
电　　话：15123008624
网　　址：www.oraw.cn
E－m a i l：740032553@qq.com

单位名称：洛阳机器人及智能装备产业协会
地　　址：河南省洛阳市工业和信息化局装备科 105 室
电　　话：18638483907
E－m a i l：15137906233@163.com

单位名称：浙江如川谐波传动科技有限公司
地　　址：浙江省台州市玉环市坎门永清路 62 号
电　　话：13656864247
网　　址：www.rddriver.com
E－m a i l：153881415@qq.com

单位名称：临沂临工智能信息科技有限公司
地　　址：山东省临沂市经济技术开发区华夏路与昆明路
　　　　　交汇处
电　　话：18306558267
网　　址：www.lgmgim.cn
E－m a i l：shuangsheng.luo@lgmgim.cn

单位名称：苏州市机器人产业协会
地　　址：江苏省苏州市吴中区吴中大道 1368 号吴中机
　　　　　器人产业园 3 幢综合楼 12 楼 1203 室
电　　话：0512-65839131

网　　址：www.robotsz.org.cn
E-mail：10269093@qq.com

单位名称：北京东方昊为工业装备有限公司
地　　址：北京市顺义区马坡镇姚店村幸福西街 6 号
电　　话：010-84720281
网　　址：www.dfhw.cn
E-mail：llp@dfhw.cn

单位名称：苏州瑞得恩光能科技有限公司
地　　址：江苏省苏州市吴中区胥口镇子胥路 636 号
电　　话：0512-66572916
网　　址：www.radiantpv.com
E-mail：sales@radiantpv.com

单位名称：上海亿为科技有限公司
地　　址：上海市浦东新区世博大道 1859 号
电　　话：4006000607
网　　址：www.yw-auto.cn
E-mail：sunmeng@yw-auto.cn

单位名称：北京旭阳数字科技有限公司
地　　址：北京市丰台区旭阳科技大厦 1 号楼 8 层
电　　话：13931594451
网　　址：www.risuncloud.com
E-mail：zhaoc@risun.com

单位名称：北京捷杰西石油设备有限公司
地　　址：北京市经济技术开发区荣华南路 15 号院 5 号
　　　　　楼 11 层 1101 室
电　　话：010-67866409
网　　址：www.jjcpe.com
E-mail：xinrui.cui@jjcpe.com

单位名称：奥比中光科技集团股份有限公司
地　　址：上海市浦东新区世博大道 1859 号
电　　话：0755-86329228
网　　址：www.orbbec.com.cn
E-mail：business@orbbec.com

单位名称：北京炎凌嘉业机电设备有限公司
地　　址：北京市通州区潞苑南大街甲 560 号 B 区 204-A1

电　　话：13488759160
网　　址：www.yljy-auto.com
E-mail：liu_zhy@yljy-auto.com

单位名称：苏州穿山甲机器人股份有限公司
地　　址：江苏省苏州市苏州工业园区苏州国际科技园
　　　　　123 单元
电　　话：0512-57476881
网　　址：www.csjbot.com
E-mail：xuan.yu@csjbot.com

单位名称：河北香河经济开发区管理委员会
地　　址：河北省廊坊市香河县康宁路 64-4 号
电　　话：4006000607
E-mail：xhkfqjzj@163.com

单位名称：东莞市腾飞五金模具有限公司
地　　址：广东省东莞市长安镇锦厦河南工业区东南朗路
　　　　　10 号
电　　话：0769-82926211
网　　址：www.nailitspring.com
E-mail：Sales@nailitspring.com

单位名称：上海赛威德机器人有限公司
地　　址：上海市闵行区剑川路飞马旅 H 栋 202 室
电　　话：021-62211209
网　　址：www.saiwider.com
E-mail：info@saiwider.com

单位名称：冀凯河北机电科技有限公司
地　　址：河北省石家庄市高新区湘江道 418 号
电　　话：0311-85326666
网　　址：www.jikaitech.com
E-mail：jk@jikaitech.com

单位名称：苏州方石科技有限公司
地　　址：江苏省苏州市相城区高铁新城青龙港路 286 号
　　　　　长三角国际研发社区启动区 11 栋 2 层
电　　话：17366019900
网　　址：www.fangshitech.com
E-mail：sales@fangshitech.com

成　员　单　位

单位名称：埃莫运动控制技术（上海）有限公司
地　　址：上海市徐汇区桂平路 391 号 2 号楼 1706 室
电　　话：021-61210395
网　　址：www.elmomc.cn
E-mail：irisw@elmomc.com

单位名称：安徽鸿森智能装备股份有限公司
地　　址：安徽省滁州市苏滁现代工业坊 14 号标准厂房
电　　话：0550-3959555
网　　址：hongsenzhineng.cnpowder.com.cn
E-mail：sclon@ihongs.com

单位名称：安徽南斗星仿真机器人科技有限公司
地　　址：安徽省芜湖市繁昌县经济开发区
电　　话：18555031218
E-mail：857979584@qq.com

单位名称：安徽三众智能装备有限公司
地　　址：安徽省合肥市高新区玉兰大道 3 号中航工业园综合服务楼 4 层
电　　话：0551-62555588
E-mail：zll@tse-cn.com

单位名称：安徽协同轴承股份有限公司
地　　址：安徽省黄山市歙县经济技术开发区紫金路 5 号
电　　话：0559-6527100
网　　址：www.co-cb.com
E-mail：xietong@co-cb.com

单位名称：奥林特电缆科技股份有限公司
地　　址：江苏省仪征市经济开发区沿江大道科研 2 路 2 号
电　　话：0514-83635988
网　　址：www.onitl.com
E-mail：office@onitl.com

单位名称：北京博创兴盛科技有限公司
地　　址：北京市海淀区知春路 56 号中国天利大厦 5 层
电　　话：010-82131388
E-mail：464304376@qq.com

单位名称：北京大呈机器人科技有限公司
地　　址：北京市经济技术开发区荣昌东街 6 号亦创机器人创新园 7 层
电　　话：010-87164394

网　　址：www.unimate.vip
E-mail：7762950752@qq.com

单位名称：北京钢铁侠科技有限公司
地　　址：北京市丰台区汉威国际广场 4 区 8 号楼 3 层
电　　话：010-56221717
网　　址：www.artrobot.com
E-mail：bd@artrobot.com

单位名称：北京华见机器人技术有限公司
地　　址：北京市朝阳区朝阳门外大街昆泰写字楼 4 层
电　　话：18224458973
E-mail：yuqin.cai@veniibot.com

单位名称：北京惠众智通机器人科技股份有限公司
地　　址：北京市经济技术开发区凉水河二街 8 号院 15 号楼 601 室
电　　话：010-53582800
E-mail：xuwz@pr-casic.com

单位名称：北京诺信泰伺服科技有限公司
地　　址：北京市通州区环科中路 17 号 11B
电　　话：010-56298855
网　　址：www.nortiontech.com
E-mail：motec885@163.com

单位名称：北京石头世纪科技股份有限公司
地　　址：北京市海淀区黑泉路康健宝盛广场 C 座 6003 室
电　　话：13810150939
网　　址：www.roborock.com
E-mail：tianliping@roborock.com

单位名称：北京新联铁集团股份有限公司
地　　址：北京市海淀区高梁桥斜街 59 号院 2 号楼 305-18 室
电　　话：010-62142100
网　　址：www.sheenline.com
E-mail：bjxlt@shenzhou-gaotie.com

单位名称：北京宣爱智能模拟技术股份有限公司
地　　址：北京市海淀区上地信息产业基地三街 1 号楼 23 层 2304 室
电　　话：010-62964508
E-mail：diaohongyan@bjxa.com

单位名称：北京研华兴业电子科技有限公司
地　　址：北京市海淀区上地信息产业基地上地六街 7 号
电　　话：010-62984346
网　　址：www.advantech.com.cn
E-mail：che.hui@advantech.com.cn

单位名称：北京翼辉信息技术有限公司
地　　址：北京市海淀区高里掌路 1 号院中关村翠湖科技园 12 号楼
电　　话：010-56082456
网　　址：www.acoinfo.com
E-mail：acoinfo@acoinfo.com

单位名称：北京云迹科技有限公司
地　　址：北京市海淀区中关村大街 1 号海龙大厦 5 层
电　　话：4001681151
网　　址：www.yunjichina.com.cn
E-mail：bd@yunji.ai

单位名称：北京智同精密传动科技有限责任公司
地　　址：北京市通州区经海五路 1 号院北工大科技园 28 号及 29 号楼 11 层
电　　话：010-87227704
网　　址：www.chietom.com
E-mail：info@chietom.com

单位名称：北京中航诚达科技有限公司
地　　址：北京市丰台区刘庄子 119 号 14 号楼 221 室
电　　话：13911439071
E-mail：12345678910@139.com

单位名称：北京中兴北斗应用技术股份有限公司
地　　址：北京市海淀区清河小营（雄师机械厂）2 幢 032 号
电　　话：010-56351492
E-mail：714163943@qq.com

单位名称：不莱梅贝克（上海）工业自动化技术有限公司
地　　址：上海市嘉定区南翔镇银翔路 515 号 508 室
电　　话：021-64345701
网　　址：www.blumenbecker.com
E-mail：Binyan.Chang@blumenbecker.com

单位名称：常州光洋轴承股份有限公司
地　　址：江苏省常州市新北区汉江路 52 号
电　　话：0519-86808888
E-mail：Liming.zou@nrb.com.cn

单位名称：常州吉泽智能科技有限公司
地　　址：江苏省常州市新北区创业西路 22 号
电　　话：18921075775
网　　址：www.jizekeji.com
E-mail：603134394@qq.com

单位名称：常州铭赛机器人科技股份有限公司
地　　址：江苏省常州市常武中路 18 号科教城铭赛科技大厦
电　　话：4000519665
网　　址：www.mingseal.com
E-mail：market@mingseal.com

单位名称：辰星（天津）自动化设备有限公司
地　　址：天津市滨海新区南海路 156 号泰达智能无人装备产业园 29 号
电　　话：4006537789
网　　址：www.tjchenxing.com
E-mail：zhangxiaonan@tjchenxing.com

单位名称：成都四威科技股份有限公司
地　　址：四川省成都市高新区（西区）新航路 18 号
电　　话：028-87877000
网　　址：www.cdc.com.cn
E-mail：cdc@cdc.com.cn

单位名称：成都市机器人产业技术创新联盟
地　　址：四川省成都市青羊区体育场路 2 号西星大厦 7-8 层
电　　话：028-86740676
E-mail：357684082@qq.com

单位名称：楚天科技股份有限公司
地　　址：湖南省长沙市国家级宁乡经济开发区楚天科技工业园
电　　话：0731-87938288
网　　址：truking.com
E-mail：truking@truking.com

单位名称：大金氟化工（中国）有限公司上海分公司
地　　址：上海市静安区南京西路 1468 号中欣大厦 303 室
电　　话：021-22139700
网　　址：www.daikinchem.com.cn

单位名称：大连德昌线缆有限公司
地　　址：辽宁省大连市经济技术开发区淮河中三路 3 号
电　　话：0411-87310018
网　　址：www.techtroncable.com
E-mail：luquan@techtroncable.com

单位名称：大连光洋科技集团有限公司
地　址：辽宁省大连市经济技术开发区天府街 1-2-2 号
　　　　1 层
电　话：0411-82179333
网　址：www.dlgona.com
E-mail：1310101842@qq.com

单位名称：大连佳林设备制造有限公司
地　址：辽宁省大连市金普新区拥政街道夏金线 67 号
电　话：0411-87677491
网　址：www.dljialin.com
E-mail：ybl@dljialin.com

单位名称：大族环球科技股份有限公司
地　址：北京市经济技术开发区凉水河二街 8 号
电　话：010-67897699
网　址：www.enterprisebay.cn
E-mail：yangguangyu@hanslaser.com

单位名称：莱茵检测认证服务（中国）有限公司
地　址：北京市经济技术开发区荣华南路 15 号院 4 号
　　　　楼 3 层 301 室、12 层 1203 室
电　话：010-85242222
网　址：www.tuv.com/greater-china/cn

单位名称：德凯质量认证（上海）有限公司
地　址：上海市静安区江场三路 250 号 3 层 301 室
电　话：021-60567666
网　址：www.dekra.com
E-mail：lillian.chen@dekra.com

单位名称：德州走四方高级技工学校
地　址：山东省德州市经济开发区尚德六路 1088 号
　　　　（尚德六路与崇德五大道交叉口东行）
电　话：0534-2648515
网　址：www.dzzsfjgxx.com

单位名称：东莞富强电子有限公司
地　址：广东省东莞市东坑镇东坑科技路 136 号 1 号楼
　　　　101 室
电　话：0769-83882225
E-mail：quincy88@foxlink.com

单位名称：广东安拓普聚合物科技有限公司
地　址：广东省东莞市同沙科技园广汇工业区 2 号楼 B2
　　　　区、D 区、E2 区
电　话：0769-38802055
网　址：www.atpchem.com
E-mail：info@atpchem.com

单位名称：东莞市机器人产业协会
地　址：广东省东莞市松山湖研发五路 1 号林润智谷 5
　　　　号楼 306 室
电　话：0769-22231985
网　址：www.dgria.cn
E-mail：dg_robotic@163.com

单位名称：沃德检测（广东）有限公司
地　址：广东省东莞市松山湖园区工业北路 6 号 6 栋
　　　　102 室、201 室
电　话：0769-22891258
网　址：www.worldtest.cn
E-mail：service.vip@worldtest.cn

单位名称：恩斯克投资有限公司
地　址：江苏省昆山市花桥镇恩斯克路 8 号
电　话：0512-57963000
网　址：www.nsk.com.cn
E-mail：zhu-qiu@nsk.com

单位名称：福建帝傲数码科技有限公司
地　址：福建省福州市鼓楼区铜盘路软件大道 89 号福
　　　　州软件园 D 区 39 号楼 A 栋
电　话：13599036502
E-mail：zhongpai.li@fjdiao.cn

单位名称：冈本工机（常州）有限公司
地　址：江苏省常州市钟楼开发区星港路 65-9 号
电　话：0519-83903053
网　址：www.okamoto-kouki.com.cn
E-mail：huang@okamoto-china.com

单位名称：工启机器人（深圳）有限公司
地　址：广东省深圳市龙岗区南湾街道丹竹头社区恋珠
　　　　东一巷 9 号 B 栋 501 室
电　话：13480363399
E-mail：534481881@qq.com

单位名称：工业和信息化部电子第五研究所（中国赛宝实
　　　　验室）
地　址：广东省广州市天河区东莞庄路 110 号
电　话：4008004412
网　址：www.ceprei-cal.com

单位名称：广东艾可里宁机器人智能装备有限公司
地　址：广东省广州市番禺区石碁镇大龙街新桥村段市
　　　　莲路 240 号百众创意园 2 栋 501 室
电　话：18027356522
E-mail：fuxiaorui@iclean.cc

单位名称：广东加华美认证有限公司上海分公司
地　　址：上海市徐汇区宜山路 889 号 4 号楼 1 楼 C 单元
电　　话：021-33688282
网　　址：www.csagroup.org
E－m a i l：csa.sh@csagroup.org

单位名称：广东科杰技术股份有限公司
地　　址：广东省江门市蓬江区永盛路 61 号
电　　话：0750-3500201
网　　址：www.kejiegroup.com
E－m a i l：info@kejiegroup.com

单位名称：广东天机智能系统有限公司
地　　址：广东省东莞市松山湖园区工业西三路 6 号 3 栋
电　　话：0769-22892095
网　　址：www.tianjizn.com
E－m a i l：sales@tianjizn.com

单位名称：广东威灵电机制造有限公司
地　　址：广东省佛山市顺德区北滘镇北滘工业园兴业路
　　　　　27 号
电　　话：0757-22605940
E－m a i l：jianyu.wu@welling.com.cn

单位名称：中车戚墅堰机车车辆工艺研究所有限公司
地　　址：江苏省常州市武进区五一路 258 号
电　　话：0519-89808888
E－m a i l：zjb@csrqsyri.com.cn

单位名称：广濑（中国）企业管理有限公司
地　　址：上海市静安区共和路 209 号嘉里不夜城企业中
　　　　　心二座 18 层
电　　话：021-63913355
网　　址：www.hirose.com
E－m a i l：toni_cao@hirose-gl.com

单位名称：广西智拓科技有限公司
地　　址：广西壮族自治区柳州市柳北区杨柳路 7 号沙塘
　　　　　工业园北部生态新区办公楼 6 楼 611 室
电　　话：13707724760
E－m a i l：zt-robot@liugong.com

单位名称：广州达意隆包装机械股份有限公司
地　　址：广东省广州市黄埔区云埔一路 23 号
电　　话：020-62956888
网　　址：www.tech-long.com
E－m a i l：xie@tech-long.com

单位名称：广州工业机器人制造和应用产业联盟
地　　址：广东省广州市黄埔区科学城新瑞路 2 号 209 室
电　　话：020-32385332
网　　址：www.gzrobots.com
E－m a i l：gzrobots@126.com

单位名称：广州广电计量检测股份有限公司
地　　址：广东省广州市天河区黄埔大道西平云路 163 号
电　　话：4006020999
网　　址：www.grgtest.com
E－m a i l：grgtest@grgtest.com

单位名称：广州明珞装备股份有限公司
地　　址：广东省广州市黄埔区开源大道 11 号 C3 栋 2F 室
电　　话：020-66356688
网　　址：www.minotech.cn
E－m a i l：marketing@minotech.cn

单位名称：广州市西克传感器有限公司
地　　址：广东省广州市天河区珠江西路 15 号 18 层 01-
　　　　　05、08 单元
电　　话：020-28823600
网　　址：www.sickcn.com
E－m a i l：info@sick.com

单位名称：广州市万世德智能装备科技有限公司
地　　址：广东省广州市花都区新华镇华兴工业区
电　　话：020-66809333
网　　址：www.vanta.cn
E－m a i l：lyq@vanta.cn

单位名称：广州致远电子有限公司
地　　址：广东省广州市天河区思成路 43 号 ZLG 立功科
　　　　　技大厦
电　　话：020-28015657
网　　址：www.zlg.cn
E－m a i l：info@zlg.cn

单位名称：国人机器人（天津）有限公司
地　　址：天津市宝坻区口东工业园区广仓道 19A 号
电　　话：022-22567896
E－m a i l：635746544@qq.com

单位名称：汉高股份有限公司
地　　址：上海市浦东新区祝桥镇果园公路 189 号
电　　话：021-28915698
网　　址：www.henkel.cn/index.htm
E－m a i l：xinshi.wang@henkel.com

单位名称：杭州安脉盛智能技术有限公司

地　　址：浙江省杭州市滨江区阡陌路 482 号智慧 e 谷 B 座 16-18 层

电　　话：0571-81990800

网　　址：www.aimsphm.com

E-mail：marketing@aimsphm.com

单位名称：杭州非白三维科技有限公司

地　　址：浙江省杭州市余杭区文一西路 1818-2 号 8 号楼 502 室

电　　话：0571-28956099

网　　址：www.blackboxcv.cn

E-mail：yunxuan@blackboxcv.com

单位名称：杭州匠龙机器人科技有限公司

地　　址：浙江省杭州市钱塘新区临江街道经六路 2977 号

电　　话：0571-87979839

E-mail：gansong6666@163.com

单位名称：杭州原动科技有限公司

地　　址：浙江省杭州市经济开发区 6 号大街 452 号 2 号楼 C1913-1914 层

电　　话：0571-87656267

E-mail：Annie0171@163.com

单位名称：航天新长征大道科技有限公司

地　　址：辽宁省大连市甘井子区信达街 31 号航天大厦 1602 房间

电　　话：010-50952530

E-mail：zhuj@htdadao.net

单位名称：合肥磐石智能科技股份有限公司

地　　址：安徽省合肥市肥西经开区云湖路与集贤路交口西南侧

电　　话：0551-68899913

网　　址：www.hfpanshikj.com

E-mail：xufl@hfpanshikj.com

E-mail：hfxykj@163.com

单位名称：河南龙昌机械制造有限公司

地　　址：河南省焦作市修武县东周大道周庄段路西

电　　话：0371-89910659

网　　址：www.lcmj.com

E-mail：lcmj@lcmj.com

单位名称：郑州市轩明职业培训学校有限公司

地　　址：河南省郑州市黄河路 124 号河南广播电视大学（郑州信息科技职业学院）老校区

电　　话：4009968020

网　　址：www.xuanmingedu.com.cn

E-mail：hnxmpxxy@126.com

单位名称：湖南镭目科技有限公司

地　　址：湖南省长沙市经济技术开发区泉塘街道枫树路 349 号

电　　话：0731-88702159

网　　址：www.ramon.com.cn

E-mail：hncw@ramon.com.cn

单位名称：长高电新科技股份公司

地　　址：湖南省长沙市望城区金星北路三段 393 号

电　　话：0731-88585095

网　　址：www.changgaogroup.com

E-mail：309355442@qq.com

单位名称：华测检测认证集团股份有限公司

地　　址：广东省深圳市宝安区新安街道兴东社区华测检测大楼

电　　话：0755-33683666

网　　址：www.cti-cert.com

E-mail：info@cti-cert.com

单位名称：华夏芯（北京）通用处理器技术有限公司

地　　址：北京市海淀区苏州街 3 号大恒科技大厦北座 705 室

电　　话：010-82449456

网　　址：www.hxgpt.com

E-mail：info@hxgpt.com

单位名称：济南大学

地　　址：山东省济南市南辛庄西路 336 号济南大学机械工程学院

电　　话：0531-89736314

网　　址：www.ujn.edu.cn

E-mail：me_liyj@ujn.edu.cn

单位名称：嘉兴市工业领域生产性服务业促进中心

地　　址：浙江省嘉兴市凌公塘路百盛花园 4-1601 室

电　　话：13857383255

E-mail：26257642@qq.com

单位名称：江苏丰尚智能科技有限公司

地　　址：江苏省扬州市高新技术产业开发区华声路 1 号

电　　话：0514-85828888

网　　址：www.famsungroup.com

E-mail：1005146666@qq.com

单位名称：江苏亨通线缆科技有限公司
地　　址：江苏省苏州市吴江区七都镇亨通大道 88 号
电　　话：0512-63802613
网　　址：www.htgd.com.cn
E－mail：htxl@htgd.com.cn

单位名称：江苏华途数控科技有限公司
地　　址：江苏省句容市句容开发区福地西路 98 号联东U 谷 9 号楼 9-2 室
电　　话：0511-80770565
网　　址：www.hauto-mpg.com
E－mail：3078136717@qq.com

单位名称：江苏三棱智慧物联发展股份有限公司
地　　址：江苏省南京市江宁区秣周东路 12 号
电　　话：025-87159600
网　　址：www.slicity.com
E－mail：markets@slicity.com

单位名称：泰兴市产品质量综合检验检测中心（泰兴市食品安全检验检测中心、江苏省减速机产品质量监督检验中心）
地　　址：江苏省泰兴市泰兴镇阳江路中段
电　　话：0523-82363302
E－mail：jsrtc2009@163.com

单位名称：江苏中科智能科学技术应用研究院
地　　址：江苏省常州市常州科教城三一路智能苑
电　　话：0519-86339802
网　　址：www.arist.ac.cn
E－mail：arist@arist.ac.cn

单位名称：江苏准信自动化科技股份有限公司
地　　址：江苏省南通市高新区金桥西路 270 号
电　　话：0513-82590100
网　　址：www.zunsion.com
E－mail：sales@zunsion.com

单位名称：江西合力泰科技有限公司
地　　址：江西省吉安市泰和县工业园区
电　　话：0796-8979666
网　　址：www.holitech.net
E－mail：bangongshi@holitech.net

单位名称：杰克科技股份有限公司
地　　址：浙江省台州市椒江区三甲东海大道东段 1008 号
电　　话：0576-88177757
网　　址：www.chinajack.com
E－mail：IR@chinajack.com

单位名称：京瓷（中国）商贸有限公司
地　　址：天津市天津经济技术开发区翠园别墅 3 号
电　　话：022-28459388
网　　址：www.kyocera.com.cn
E－mail：jing_lan@kyocera.com.cn

单位名称：康力电梯股份有限公司
地　　址：江苏省苏州市吴江汾湖高新技术产业开发区康力大道 888 号
电　　话：4001882367
网　　址：www.canny-elevator.com
E－mail：sales@canny-elevator.com

单位名称：柯马（上海）工程有限公司
地　　址：上海市松江区泗泾工业园区九干路 1353 号
电　　话：021-57073133
网　　址：www.comau.com
E－mail：jing.li@comau.com

单位名称：科沃斯商用机器人有限公司
地　　址：江苏省苏州市吴中区友翔路 18 号
电　　话：4008078999
网　　址：www.ecovacs-c.com
E－mail：crbu@ecovacs.com

单位名称：昆山西诺巴精密模具有限公司
地　　址：江苏省昆山市周市镇长江北路 928 号 10 号厂房
电　　话：18915750709
网　　址：www.china-okamoto.com
E－mail：kavin@china-aloi.com

单位名称：昆山信昌电线电缆有限公司
地　　址：江苏省昆山市花桥镇新生路 528 号
电　　话：0512-57699517
E－mail：tong_chen@hwatek.com

单位名称：凌云光技术股份有限公司
地　　址：北京市海淀区翠湖南环路 13 号院 7 号楼知识理性大厦
电　　话：4008291996
网　　址：www.lusterinc.com
E－mail：marketing@lusterinc.com

单位名称：鲁班嫡系机器人（深圳）有限公司
地　　址：广东省深圳市龙岗区横岗街道六约金塘工业区勤富路 28 号 A 栋 5 层
电　　话：0755-28319521
E－mail：huang_qian@robotics-robotics.com

单位名称：洛阳维斯格轴承有限公司
地　　址：中国（河南）自由贸易试验区洛阳片区高新区
　　　　　金鑫路 2 号
电　　话：0379-63082859
E－m a i l：sales@lyvsg.com

单位名称：洛阳沃德福机器人科技有限公司
地　　址：河南省洛阳市西工区红山工业园区纬六路 6 号
电　　话：0379-64911371
E－m a i l：779114980@qq.com

单位名称：马鞍山雨山经济开发区
地　　址：安徽省马鞍山市雨山区九华西路 1500 号
电　　话：0555-7117755
E－m a i l：949784913@qq.com

单位名称：南京固华智能科技有限公司
地　　址：江苏省南京市六合区雄州街道西陈村陈吕路 16 号
电　　话：025-57500569
E－m a i l：lisa.chen@njguhua.com

单位名称：南京理工大学
地　　址：江苏省南京市玄武区孝陵卫街道孝陵卫街 200 号
电　　话：025-84303051
网　　址：www.njust.edu.cn

单位名称：南通慧幸智能科技有限公司
地　　址：江苏省南通市永兴大道 388 号 6 幢
电　　话：0513-89089121
网　　址：www.wissing.cc
E－m a i l：sharon@wissing.cn

单位名称：宁波容合电线有限公司
地　　址：浙江省宁波市余姚市泗门镇易津新能源产业园
　　　　　4 栋
电　　话：0574-62178899
网　　址：www.rohecable.com
E－m a i l：sales@rohecable.com

单位名称：宁波伟立机器人科技股份有限公司
地　　址：浙江省余姚市朗霞街道巷桥路 48 号
电　　话：4001021323
网　　址：www.welllih.com
E－m a i l：sales@welllih.com

单位名称：宁乡经济技术开发区
地　　址：湖南省长沙市宁乡县金洲大道创业大楼 1214 室
电　　话：0734-88981799
E－m a i l：srh58@163.com

单位名称：欧姆龙自动化（中国）有限公司
地　　址：上海市浦东新区银城中路 200 号中银大厦 2211 室
电　　话：021-60230333
网　　址：www.fa.omron.com.cn
E－m a i l：wyyao@gc.omron.com

单位名称：齐鲁工业大学
地　　址：山东省济南市长清区大学路 3501 号
电　　话：0531-89631131
网　　址：www.qlu.edu.cn
E－m a i l：sonntag@126.com

单位名称：秦皇岛丰泰自动化设备制造有限公司
地　　址：河北省秦皇岛市经济技术开发区巫山路 7 号
电　　话：0335-8569188
E－m a i l：fengtai@fengtaigs.com

单位名称：青岛北洋天青数联智能股份有限公司
地　　址：山东省青岛市高新区凤锦路 77 号
电　　话：0532-87012167
网　　址：www.qdbytq.com
E－m a i l：bytq@qdbytq.com

单位名称：青岛高新技术产业开发区管理委员会高端智能
　　　　　制造事业部
地　　址：山东省青岛市青岛高新区智力岛路 1 号创业
　　　　　大厦
电　　话：18562860520
网　　址：www.qdhitech.gov.cn
E－m a i l：znzzyxcl@163.com

单位名称：人本股份有限公司
地　　址：浙江省温州市经济技术开发区滨海五道 515 号
电　　话：0577-86556100
网　　址：www.cugroup.com
E－m a i l：service@cugroup.com

单位名称：日静减速机制造（常州）有限公司
地　　址：江苏省常州市武进高新技术产业开发区凤栖路
　　　　　28 号
电　　话：0519-81663637
E－m a i l：zhengken@nissei-gtr.co.jp

单位名称：瑞博泰克数字科技（苏州）有限公司
地　　址：江苏省昆山市千灯镇玉溪路 38 号
电　　话：18018182088
网　　址：www.robotec-co.com
E－m a i l：jenny_zhang@funwick.com

单位名称：瑞孚化工（上海）有限公司
地　　址：中国（上海）自由贸易试验区加太路 39 号 1
　　　　　幢楼六层 66 室
电　　话：021-63598216
E－m a i l：info.cn@shrieve.com

单位名称：睿翱工业自动化贸易（上海）有限公司
地　　址：中国（上海）自由贸易试验区新金桥路 1088
　　　　　号 2608-2609 室
电　　话：021-61005018
网　　址：www.reer.it
E－m a i l：lzhang@reerchina.com

单位名称：厦门星原融资租赁有限公司
地　　址：福建省厦门市思明区环岛东路 1699 号建发国
　　　　　际大厦 21 层
电　　话：0592-2263484
网　　址：www.xmlease.com
E－m a i l：public@xmlease.com

单位名称：山东布洛尔智能科技有限公司
地　　址：山东省济南市章丘区明水经济技术开发区城东
　　　　　工业园丰年大道 666 号
电　　话：0531-83322088
E－m a i l：2339434823@qq.com

单位名称：山东国兴智能科技股份有限公司
地　　址：山东省烟台市开发区香港路 18 号
电　　话：0535-6958705
网　　址：www.sdgxzn.com
E－m a i l：zyy6621@163.com

单位名称：山东帅克机械制造股份有限公司
地　　址：山东省潍坊市坊子区兴国路以东双羊街以南
电　　话：0536-7523366
E－m a i l：shkjx@163.com

单位名称：山东泰开机器人有限公司
地　　址：山东省泰安市经济开发区
电　　话：0538-5088201
网　　址：www.tk-robot.cn
E－m a i l：tkrobot@163.com

单位名称：山东中煤工矿物资集团有限公司
地　　址：山东省济宁市高新区开源路北 11 号
电　　话：0537-2395689
网　　址：www.zhongmeigk.com
E－m a i l：zhongmeigk@163.com

单位名称：陕西渭河工模具有限公司
地　　址：陕西省宝鸡市蔡家坡经济技术开发区
电　　话：0917-8583501
网　　址：www.weihetools.com.cn
E－m a i l：weihe702bgs@163.com

单位名称：上海宾通智能科技有限公司
地　　址：上海市闵行区剑川路 888 号 16 号楼
电　　话：4006667610
网　　址：www.bitorobotics.com
E－m a i l：market@bitorobotics.ltd

单位名称：上海波创电气有限公司
地　　址：上海市浦东新区金桥路 1295 号聚鑫金桥园 2
　　　　　号楼 6 层
电　　话：021-50312147
网　　址：www.botrong.com
E－m a i l：info@botrong.com

单位名称：上海枫丹柏合投资管理有限公司
地　　址：上海市静安区北京西路 1399 号信达大厦 21 楼
　　　　　E1 室
电　　话：021-62893186
网　　址：www.fontainburg.com
E－m a i l：Enquiry@fontainburg.com

单位名称：上海华虹集成电路有限责任公司
地　　址：上海市浦东新区中科路 1867 号 A 座 6 层
电　　话：021-38804880
网　　址：www.shhic.com
E－m a i l：zhangcan@shhic.com

单位名称：节卡机器人股份有限公司
地　　址：上海市闵行区剑川路 610 号 33-35 号楼（总部）
电　　话：4000062665
网　　址：www.jaka.com
E－m a i l：marketing@jaka.com

单位名称：上海力克精密机械有限公司
地　　址：上海市金山区张堰镇振凯路 288 号 D 区
电　　话：021-57220903

单位名称：上海洛倍智能科技有限公司
地　　址：上海市普陀区武宁路 505 号 3 号楼 4 楼（上海
　　　　　电器科学研究院内）
电　　话：021-69981678
网　　址：www.robabc.com
E－m a i l：liangyanan@zhangmi.cn

单位名称：上海三竹机电设备有限公司
地　　址：上海市松江区小昆山镇崇南公路 435 弄 90 号
　　　　　房 K 座
电　　话：13817502151
网　　址：www.sunchu.com.cn
E－mail：info@sunchu.com.cn

单位名称：上海天祥质量技术服务有限公司
地　　址：中国（上海）自由贸易试验区张杨路 707 号二
　　　　　层西区
电　　话：021-53397600
网　　址：www.intertek.com
E－mail：jim.mai@intertek.com

单位名称：上海英格尔认证有限公司
地　　址：上海市徐汇区中山西路 2368 号 801 室
电　　话：021-51114700
网　　址：www.icasiso.com
E－mail：songshuhua@icasiso.com

单位名称：深圳果力智能科技有限公司
地　　址：广东省深圳市南山区学苑大道 1001 号南山智
　　　　　园 A5 栋 15 层
电　　话：0755-26918115
网　　址：www.glitech.com
E－mail：contact@glitech.com

单位名称：深圳华南数控系统有限公司
地　　址：广东省深圳市南山区科技中一路创业印章大厦
电　　话：13556868135
E－mail：nikeyang@huanancnc.com

单位名称：深圳诺铂智造技术有限公司
地　　址：广东省深圳市宝安区福海街道展城社区建安路
　　　　　23 号正昌达科技园 A 栋 3 楼
电　　话：4006680502
网　　址：www.nobleai.cn
E－mail：service@nobleai.cn

单位名称：深圳市北测检测技术有限公司
地　　址：广东省深圳市宝安区西乡奋达科技创意园 C、
　　　　　D、E 栋
电　　话：0755-23218191
网　　址：www.ntek.org.cn
E－mail：ntek@ntek.org.cn

单位名称：深圳市华科天信科技有限公司
地　　址：广东省深圳市坪山区坑梓梓横西路 49 号
电　　话：0755-86323375

网　　址：www.szhtt.com.cn
E－mail：sales@szhtt.com.cn

单位名称：苏州佳顺智能机器人股份有限公司
地　　址：江苏省常熟市古里镇淼泉工业园区 1 幢
电　　话：4007006846
网　　址：www.casun.cn
E－mail：vip@casun99.com

单位名称：深圳市踢踢电子有限公司
地　　址：广东省深圳市宝安区石岩街道石龙社区汇龙达
　　　　　工业园 C 栋 4 层
电　　话：0755-82501271
网　　址：www.ttmotor.com.cn

单位名称：深圳市正德智控股份有限公司
地　　址：广东省深圳市龙岗区坪地街道康明路 8 号正德
　　　　　科技园
电　　话：0755-84712226
网　　址：www.maintexpt.com
E－mail：sd01@maintexpt.com

单位名称：深圳威洛博机器人有限公司
地　　址：广东省深圳市光明新区凤凰街道南太云创谷 D
　　　　　栋 1702 室
电　　话：0755-33953121
网　　址：www.w-robot.com
E－mail：2851613790@qq.com

单位名称：史丹利百得精密制造（深圳）有限公司
地　　址：广东省深圳市宝安区石岩水田社区捷和工业城
网　　址：www.stanleyblackanddecker.com
E－mail：caroline.tao@sbdinc.com

单位名称：四川阿泰因机器人智能装备有限公司
地　　址：四川省成都市高新区天府三街 199 号太平洋保
　　　　　险金融大厦 D 区 15 楼
电　　话：028-85033296
网　　址：www.artigent.cn
E－mail：zongjingban@artigent.cn

单位名称：四川福德机器人股份有限公司
地　　址：四川省绵阳市高新区火炬西街南段 10 号
电　　话：0816-2120023
网　　址：www.fdrobot.com
E－mail：wujian@fdrobot.com

单位名称：四川省机械研究设计院（集团）有限公司
地　　址：四川省成都市锦江区墨香路 48 号

电　　话：028-85925000
网　　址：www.ccjys.com
E-mail：sccjys@126.com

单位名称：苏州 UL 美华认证有限公司
地　　址：江苏省苏州市苏州工业园区澄湾路 2 号
电　　话：0512-68086400
E-mail：eric.lu@ul.com

单位名称：博众精工科技股份有限公司
地　　址：江苏省苏州市吴江经济技术开发区湖心西路
　　　　　666 号
电　　话：0512-63414949
网　　址：www.bozhon.com
E-mail：boozhong@bozhon.com

单位名称：苏州工业园区东茂工业设备有限公司
地　　址：江苏省苏州市苏州工业园区东环路 1408 号 1
　　　　　幢 1605 室
电　　话：0512-67240129
网　　址：www.dongmao-drive.com
E-mail：info@arcsecondrobo.com

单位名称：苏州巨佳电子科技有限公司
地　　址：江苏省苏州市苏州工业园区星湖街 218 号生物
　　　　　纳米园 A4 楼 520 室
电　　话：0512-62861566
网　　址：www.gfocustech.com
E-mail：contact@gfocustech.com

单位名称：苏州朗高电机有限公司
地　　址：江苏省苏州市吴中区胥口镇繁丰路 608 号
电　　话：0512-66931568
网　　址：www.lego-motors.com
E-mail：yaotang@leog-motors.com

单位名称：新代科技（苏州）有限公司
地　　址：江苏省苏州市苏州工业园区春辉路 9 号新时代
　　　　　科技园 B 栋
电　　话：0512-69008860
网　　址：www.syntecclub.com.tw
E-mail：service@syntecclub.com.cn

单位名称：太阳电线（苏州）有限公司
地　　址：江苏省苏州市苏州工业园区唯新路 93 号
电　　话：0512-62891228
网　　址：www.taiyocablecn.com
E-mail：aiping.chen@cn.tcapgroup.com

单位名称：太原市申海机械设备股份有限公司
地　　址：山西省太原市新建北路 188 号鑫磊大厦 1119 室
电　　话：0351-5245650
网　　址：www.tyshenhai.com
E-mail：luo32888@126.com

单位名称：唐山英莱科技有限公司
地　　址：河北省唐山市高新技术产业开发区大庆道南侧
　　　　　卫国路西侧（唐山科技中心）21 层
电　　话：0315-5915695
网　　址：www.intelligentlaser.cn
E-mail：support@intelligengtlaser.cn

单位名称：唐山智能电子有限公司
地　　址：河北省唐山市开平区现代装备制造工业区电瓷
　　　　　道 7 号
电　　话：0315-3175636
网　　址：www.tszn.com
E-mail：3253187102@qq.com

单位名称：天津彼洋机器人系统工程有限公司
地　　址：天津市海河科技园津南区双桥河镇欣欣中路 2 号
电　　话：022-58015712
网　　址：www.beyond-automation.com
E-mail：by_auto@163.com

单位名称：天津海之星水下机器人有限公司
地　　址：天津滨海高新区塘沽海洋科技园海缘路 199 号
　　　　　海洋科技商务园东 4-8 号楼 7 层
电　　话：022-66877807
网　　址：www.oceaneerstar.cn
E-mail：ostar@sina.cn

单位名称：深之蓝海洋科技股份有限公司
地　　址：天津市经济技术开发区睦宁路 45 号泰达高科
　　　　　技工业园 7 号楼
电　　话：4008062688
网　　址：www.deepinfar.com
E-mail：info@deepinfar.com

单位名称：天津市机器人产业协会
地　　址：天津市西青区宾水西道 391 号天津理工大学机
　　　　　械工程学院 403 室
电　　话：17720078219
E-mail：tjapip@163.com

单位名称：天津远为创业投资合伙企业（有限合伙）
地　　址：天津市滨海高新区华苑产业区开华道 20 号南
　　　　　开科技大厦主楼 306-4 室

电　　话：13801968566

E-mail：joanzhaocpa@163.com

单位名称：魏德米勒电联接（上海）有限公司

地　　址：上海市静安区裕通路 100 号宝矿洲际商务中心 25 层

电　　话：021-22195008

网　　址：www.weidmueller.com.cn

E-mail：Julie.fang@weidmueller.com.cn

单位名称：浙江珂斯顿机器人科技有限公司

地　　址：浙江省瑞安市经济开发区开发大道 2699 号

电　　话：13958836805

网　　址：www.ksats.com

E-mail：csh@yaacoo.com

单位名称：无锡信捷电气股份有限公司

地　　址：江苏省无锡市滨湖区建筑西路 816 号

电　　话：0510-85134136

网　　址：www.xinje.com

E-mail：xinje@xinje.com

单位名称：芜湖哈特机器人产业技术研究院有限公司

地　　址：安徽省芜湖市鸠江区电子产业园 E 座 1 层

电　　话：0553-5621999

网　　址：www.hitrobot.com.cn

E-mail：hit-hr@hitrobot.com.cn

单位名称：芜湖赛宝机器人产业技术研究院有限公司

地　　址：中国（安徽）自由贸易试验区芜湖片区神舟路 17 号

电　　话：0553-5775202

E-mail：2462481917@qq.com

单位名称：武汉华中数控股份有限公司

地　　址：湖北省武汉市东湖高新技术开发区庙山小区华中科技大学科技园

电　　话：027-87180025

网　　址：www.huazhongcnc.com

E-mail：market@hzncc.com

单位名称：武汉金石兴机器人自动化工程有限公司

地　　址：湖北省武汉市东湖高新技术开发区东一产业园高新四路 25 号 1 栋 1-4 层 301-306 室

电　　话：18627190301

网　　址：www.jqrxy.com

E-mail：272076816@qq.com

单位名称：武汉市精华减速机制造有限公司

地　　址：湖北省武汉市江汉区西北湖路特 1 号世纪华庭 D301 室

电　　话：027-85356087

E-mail：aiq727@wh-jinghua.com

单位名称：西安星球通智能装备技术有限公司

地　　址：陕西省西安市高新区科技路 8 号

电　　话：029-81884819

E-mail：xqt@xqtai.com

单位名称：襄阳市招商局

地　　址：湖北省襄阳市樊城区七里河路 2 号

电　　话：0710-3718215

网　　址：www.xfip.gov.cn

E-mail：xfzsbgs@163.com

单位名称：新亚电子股份有限公司

地　　址：浙江省乐清市北白象镇温州大桥工业园区长江路 2 号

电　　话：0577-62866889

网　　址：www.xinya-cn.com

E-mail：xinya@xinya-cn.com

单位名称：研祥智能科技股份有限公司

地　　址：广东省深圳市南山区高新中四道 31 号研祥科技大厦 18 层

电　　话：0731-82891225

网　　址：www.evoc.cn

E-mail：gnzhan@evoc.cn

单位名称：扬州鸿睿电缆科技有限公司

地　　址：江苏省扬州市北郊菱塘工业集中区

电　　话：0514-85856488

网　　址：www.hrrobotcable.com

E-mail：info@hrrobotcable.com

单位名称：一飞智控（天津）科技有限公司

地　　址：天津市经济技术开发区南海路 156 号通厂 24 号

电　　话：13821658818

网　　址：www.efyi.show

E-mail：marketing@efy-tech.com

单位名称：元启工业技术有限公司

地　　址：山东省青岛市高新技术产业开发区盘谷创客空间

电　　话：0532-88036767

网　　址：www.yuanqitec.com

E-mail：robot@yuanqitec.com

单位名称：八环科技集团股份有限公司
地　址：浙江省台州市路桥区峰江街道园区北路 39 号
电　话：0576-82415676
网　址：www.bahuan.com
E-mail：bahuan@bahuan.com

单位名称：恒丰泰精密机械股份有限公司
地　址：浙江省温州市经济技术开发区滨海一道 1489 号
电　话：0577-86111989
网　址：www.cnhtr.com
E-mail：manager@cnhtr.com

单位名称：浙江卡迪夫电缆有限公司
地　址：浙江省平湖市新仓镇金沙路 599 号
电　话：17757392582
E-mail：yxx@cardiffcable.cn

单位名称：浙江来福谐波传动股份有限公司
地　址：浙江省嵊州市甘霖镇工业园区
电　话：0575-83272888
网　址：www.zjlaifual.com
E-mail：sales@laifual.com

单位名称：浙江联宜电机有限公司
地　址：浙江省东阳市横店影视城工业大道 196 号
电　话：0579-86622113
网　址：www.linix.com.cn
E-mail：001@linix.com.cn

单位名称：浙江环动机器人关节科技有限公司
地　址：浙江省玉环市玉城街道机电工业园区
电　话：0576-87239826
网　址：www.finemotion.com.cn
E-mail：aipingwu@gearsnet.com

单位名称：浙江硕实机械有限公司
地　址：浙江省绍兴市柯桥区滨海工业区思源路 876 号
电　话：0575-81198007
网　址：www.zjshuoshi.com
E-mail：zjss_lqf@163.com

单位名称：浙江兆龙互连科技股份有限公司
地　址：浙江省湖州市德清县新市镇士林工业区
电　话：4008877125
网　址：www.zhaolong.com.cn
E-mail：info@zhaolong.com.cn

单位名称：镇江经济技术开发区
地　址：江苏省镇江市镇江大港金港大道 98 号

电　话：0511-83375206
E-mail：zolo.chen@126.com

单位名称：中国表面工程协会
地　址：北京市西城区黄寺大街 23 号北广大厦 1203 室
电　话：010-82231831-8008
网　址：www.csea1991.org
E-mail：csea@csea1991.org

单位名称：中国船舶重工集团公司第七一六研究所（江苏杰瑞科技集团有限责任公司）
地　址：江苏省连云港市圣湖路 18 号
电　话：0518-85981716
网　址：www.jari.cn

单位名称：中国大恒（集团）有限公司北京图像视觉技术分公司
地　址：北京市海淀区苏州街 3 号大恒科技大厦北座 12 层
电　话：010-82828878
网　址：www.daheng-image.com
E-mail：sales@daheng-imaging.com

单位名称：中国航空综合技术研究所
地　址：北京市朝阳区京顺路 7 号
电　话：010-84142067
E-mail：fzqzswbj@163.com

单位名称：中国科学院电工研究所
地　址：北京市海淀区中关村北二条 6 号
电　话：010-82547001
网　址：www.iee.ac.cn
E-mail：office@mail.iee.ac.cn

单位名称：中国石化润滑油有限公司润滑脂分公司
地　址：天津市滨海新区汉沽化工街 5 号
电　话：022-67905486
E-mail：liuych.lube@sinopec.com

单位名称：中航光电科技股份有限公司
地　址：中国（河南）自由贸易试验区洛阳片区周山路 10 号
电　话：0379-64323017
网　址：www.jonhon.cn
E-mail：jonhon@jonhon.cn

单位名称：中新融创资本管理有限公司
地　址：北京市东城区建国门内大街 8 号中粮广场 A 座 2 层
电　话：010-85003355

网　　址：www.zxrc.com.cn
E-mail：zxrc@zxrc.com.cn

单位名称：重庆贝烁科技有限公司
地　　址：重庆市九龙坡区科园三路 1 号南方星空 21-6 室
电　　话：023-86122950
E-mail：b-source@163.com

单位名称：重庆帝勒金驰通用机械股份有限公司
地　　址：重庆市巴南区花溪康超路 1 号 1 幢
电　　话：023-89090620
E-mail：d_weigen@163.com

单位名称：重庆海浦洛自动化科技有限公司
地　　址：重庆市北碚区云顶路 182 号
电　　话：023-63221216
网　　址：www.hyprogroup.com
E-mail：liuy@hyprogroup.com

单位名称：重庆两江机器人融资租赁有限公司
地　　址：重庆市北碚区水土高新园云汉大道 117 号两江
　　　　　国际云计算中心 F 栋北 4 层
电　　话：023-63171575
E-mail：hongjiangwan@126.com

单位名称：重庆门罗机器人科技有限公司
地　　址：重庆市渝北区黄山大道中段 55 号附 2 号麒麟
　　　　　D 座 13-2 室
电　　话：13608347045
E-mail：yxy@lx167.com

单位名称：重庆市巴南区经济园区开发建设管理委员会
地　　址：重庆市巴南区界石镇富成路 88 号
电　　话：023-66215613
网　　址：www.bnjjyq.com
E-mail：liaojunjie@bnjjyq.com

单位名称：珠海市钧兴机电有限公司
地　　址：广东省珠海市斗门区乾务镇珠峰大道南 6 号
电　　话：0756-3971888
网　　址：www.khgears.com
E-mail：marketing@khgears.com

单位名称：住友重机械减速机（中国）有限公司
地　　址：上海市松江区书崖路 301 号 2 栋
电　　话：021-57748866
网　　址：www.smcyclo.com.cn
E-mail：xianglin.yuan@shi-g.com

单位名称：北京万创兴达科技有限公司
地　　址：北京市石景山区金融街长安中心 26 号院 4 号
　　　　　楼 801 室
电　　话：17710764775
E-mail：Dujianwei@autrone.com

单位名称：上海海美投资控股有限公司
地　　址：上海市静安区大田路 129 号嘉发大厦 A 栋 31
　　　　　楼 A-B 座
电　　话：021-52160140
网　　址：www.haimeigroup.com
E-mail：invest@haimeigroup.com

单位名称：北京慧闻科技（集团）有限公司
地　　址：北京市朝阳区西大望路 17 号阿尔萨园区
电　　话：4009968777
网　　址：www.ibenrobot.com
E-mail：sales@ibenrobot.cn

单位名称：宝视纳视觉技术（北京）有限公司
地　　址：北京市海淀区永泰庄北路 1 号东升国际科学园
　　　　　5 号楼 2 层
电　　话：010-62952828
网　　址：www.baslerweb.com/cn
E-mail：sales.china@baslerweb.cn

单位名称：重庆杰者服饰工贸有限公司
地　　址：重庆市九龙坡区金科五金机电城 C 区
电　　话：023-68492802
网　　址：www.cnziwei.com
E-mail：1375536495@qq.com

单位名称：乐金电子（中国）有限公司
地　　址：北京市朝阳区西大望路 1 号 1 号楼 11 层 1201 室
电　　话：010-65631016
网　　址：www.lg.com

单位名称：唐山松下产业机器有限公司
地　　址：河北省唐山市高新技术开发区庆南道 9 号
电　　话：4006125816
网　　址：www.tsmi.com.cn
E-mail：sales@tsmi.cn

单位名称：菲洛博迪机器人技术有限公司（FERROBOTICS）
地　　址：广东省佛山市顺德区大良新城区水悦城邦 1 栋
　　　　　1517 室
电　　话：13924810267
网　　址：www.ferrobotics.com
E-mail：office@ferrobotics.at

单位名称：湖南乐迈思智能科技有限公司
地　　址：湖南省长沙市望城区白箬铺镇金峙村金峰片付
　　　　　家坡组 142 号
电　　话：15973161765
E-mail：215889898@qq.com

单位名称：海宁哈工现代机器人有限公司
地　　址：浙江省海宁市海宁经济开发区高新路 51 号
电　　话：0573-87222601
网　　址：www.hgxd.cn
E-mail：hgxd@hgxd.cn

单位名称：佛山市诺迪精密模具有限公司
地　　址：广东省佛山市顺德区伦教常教旧广珠路（A）
　　　　　S12 号
电　　话：0757-27723988
网　　址：www.fsnuodi.com
E-mail：Sales7@fsnuodi.com

单位名称：江苏航鼎智能装备有限公司
地　　址：江苏省南京市江宁区吉印大道 1888 号
电　　话：0255-2115993
网　　址：www.aero-apex.com
E-mail：daijialong@aero-apex.com

单位名称：广东省机器人创新中心有限公司
地　　址：广东省广州市黄埔区开泰大道 38 号 2 层、5 层
　　　　　西侧
电　　话：020-89859483
网　　址：www.gric.org.cn
E-mail：info@gric.org.cn

单位名称：通标标准技术服务（上海）有限公司
地　　址：上海市徐汇区宜山路 889 号
电　　话：021-61402666
网　　址：www.sgsgroup.com.cn
E-mail：Lola.Xu@sgs.com

单位名称：北京仁合智德新能源技术有限公司
地　　址：北京市顺义区南法信镇金关北二街 3 号院 1 号
　　　　　楼 303 室
电　　话：13011002751
网　　址：www.rhbjzd.com
E-mail：renhezhide@163.com

单位名称：甘肃电气装备集团工业机器人有限公司
地　　址：甘肃省天水市秦州区长开路 6 号
电　　话：0938-8371058
E-mail：287988994@qq.com

单位名称：梧桐树资本管理有限公司
地　　址：北京市朝阳区建外大街齐家园外交公寓 7-3-
　　　　　203 室
电　　话：010-85323874
网　　址：www.ptpcapital.cn
E-mail：bp@ptpcapital.com

单位名称：成都瑞迪智驱科技股份有限公司
地　　址：四川省成都市双流区西航港大道中四段 909 号
电　　话：4000907210
网　　址：www.reachgroup.cn
E-mail：info@reachmachinery.com

单位名称：上海马桥人工智能创新试验区建设发展有限
　　　　　公司
地　　址：上海市闵行区元江路 5500 号第 1 幢
电　　话：021-54292703
E-mail：mqrgzn@shmh.gov.cn

单位名称：沈阳埃克斯邦科技有限公司
地　　址：辽宁省沈阳市和平区南京南街 1 甲号
电　　话：13080764310
网　　址：www.xbangs.com
E-mail：296091958@qq.com

单位名称：深圳市如本科技有限公司
地　　址：广东省深圳市南山区南头街道关口二路智恒产
　　　　　业园 27 栋 1 层
电　　话：4000419900
网　　址：rvbust.com
E-mail：sales@rvbust.com

单位名称：深圳市大族机器人有限公司
地　　址：广东省深圳市宝安区大族激光全球智能制造产
　　　　　业基地 3 栋 6 层
电　　话：4008529898
网　　址：www.hansrobot.com
E-mail：hansrobot@hanslaser.com

单位名称：宁波兴茂电子科技有限公司
地　　址：浙江省宁波市北仑区黄山西路 189 号 P5 栋
电　　话：0574-86800681
网　　址：www.nbtse.com
E-mail：TSE_Sales@nbtse.com

单位名称：云鲸智能科技（东莞）有限公司
地　　址：广东省东莞市松山湖园区兴业路 4 号 10 栋 B
　　　　　区 5 层
电　　话：0769-22893169

网　　址：www.narwal.com

E-m a i l：yichuan.xu@narwal.com

单位名称：北京光普森科科技有限公司

地　　址：北京市丰台区郭公庄北京方向 B 座 6 层

电　　话：010-51260087

网　　址：www.gpthink.com

E-m a i l：Jenny@gpthink.com

单位名称：宝时得科技（中国）有限公司

地　　址：江苏省苏州市苏州工业园区东旺路 18 号

电　　话：0512-65152888

网　　址：www.positecgroup.com

E-m a i l：email@positecgroup.com

单位名称：成都菁蓉联创科技有限公司

地　　址：中国（四川）自由贸易试验区成都市高新区天
　　　　　华一路 99 号 6 栋 6 层

电　　话：028-85111241

网　　址：dilikj.com

E-m a i l：jrlc@cdjrlc.com

单位名称：中车戚墅堰机车车辆工艺研究所有限公司

地　　址：江苏省常州市五一路 258 号

电　　话：0519-89808888

网　　址：www.crrcgc.cc/qsys

E-m a i l：zjb@csrqsyri.com.cn

单位名称：江苏中科院智能科学技术应用研究院

地　　址：江苏省常州市常州科教城三一路

电　　话：0519-86339805

E-m a i l：wpl_1982@163.com

单位名称：南通滨海园区管委会

地　　址：江苏省南通市南通滨海园区通州湾商务大厦

电　　话：18862906000

网　　址：www.ntbh.gov.cn

E-m a i l：Scy115@126.com

单位名称：南通慧幸智能科技有限公司

地　　址：江苏省南通市崇川路 58 号 3 号楼 402 室

电　　话：18001437750

E-m a i l：807297336@qq.com

单位名称：宁波容合电线有限公司

地　　址：浙江省宁波市余姚市泗门镇易津新能源产业园 4 栋

电　　话：0574-62178899

网　　址：www.rohecable.com

E-m a i l：sales@rohecable.com

单位名称：山东新一代信息产业技术研究院有限公司

地　　址：山东省济南市高新区港兴三路北段未来创业广
　　　　　场 3 号楼 11-12 层

电　　话：17801023613

E-m a i l：zhangdandan02@inspur.com

单位名称：锐渥芙（香港）有限公司

地　　址：上海市浦东新区拱极路 2381 弄东城花苑二村
　　　　　53 号 302 室

电　　话：13918327262

网　　址：revovle-capital.com

E-m a i l：Dante@revovle-capital.com

单位名称：WEPALL LTD.

地　　址：香港特别行政区新界沙田香港科学园第三期
　　　　　16W 大楼 2 层 233 室

电　　话：0852-67354505

网　　址：wepall.com/zh-hans

E-m a i l：asia@wepall.com

单位名称：深圳市大族机器人有限公司

地　　址：广东省深圳市宝安区大族激光全球智能制造产
　　　　　业基地 3 栋 6 层

电　　话：4008529898

网　　址：www.hansrobot.com

E-m a i l：hansrobot@hanslaser.com

单位名称：沈阳中科超硬磨具磨削研究所

地　　址：辽宁省沈阳市浑南区世纪路 25 号

电　　话：13700020587

E-m a i l：zkmj-hxg@163.com

单位名称：南德认证检测（中国）有限公司北京分公司

地　　址：北京市朝阳区望京中环南路 7 号 M 楼

电　　话：010-64550065

网　　址：www.tuvsud.cn/zh-cn

E-m a i l：hongmei.sun@tuvsud.com

单位名称：麦格雷博电子（深圳）有限公司

地　　址：广东省深圳市龙华新区大浪街道华宁路 117 号
　　　　　（中安科技中心）A 栋 11 楼 &B 栋 1 层

电　　话：0755-26584313

网　　址：www.szmglb.com

E-m a i l：sale@szmglb.com

单位名称：上海恒生聚源数据服务有限公司

地　　址：中国（上海）自由贸易试验区峨山路 91 弄 61
　　　　　号 7 楼西单元

电　　话：021-60897810

网　　址：www.gildata.com
E-mail：caosy@gildata.com

单位名称：浙江海德曼智能装备股份有限公司
地　　址：浙江省台州市玉环市大麦屿街道北山头
电　　话：13967624592
网　　址：www.headman.cn
E-mail：sxb@headman.cn

单位名称：北京中安吉泰科技有限公司
地　　址：北京市海淀区上地创业路 8 号群英科技园 3 号
　　　　　楼 3 层 301 室
电　　话：18612336815
网　　址：www.3h-technology.com
E-mail：puhong@3h-tech.cn

单位名称：跨维（深圳）智能数字科技有限公司
地　　址：广东省深圳市南山区软件产业基地 4B 栋 5 层
　　　　　12 号房
电　　话：0755-86727102
网　　址：www.3h-technology.com
E-mail：www.dexforce.com

单位名称：凯联资本
地　　址：北京市朝阳区望京街道望京 SOHO T3 39 层
电　　话：15120035655
网　　址：www.capitallink.cn
E-mail：jingjing.zhang@capitallink.cn

单位名称：四川城市职业学院
地　　址：四川省成都市龙泉驿区洪河大道中路 351 号
电　　话：13032873887
网　　址：www.scuvc.edu.cn
E-mail：2141867223@qq.com

单位名称：宁夏巨能机器人股份有限公司
地　　址：宁夏回族自治区银川市经济技术开发区
电　　话：0951-5195400
网　　址：www.jnrs.com.cn
E-mail：mahui@jnrs.com.cn

单位名称：湖北荣屹昊机器人科技有限公司
地　　址：湖北省武汉市东湖高新技术开发区茅店山中路
　　　　　5 号东湖网谷 A 栋 403 室
电　　话：15527772770
网　　址：www.ryhrobot.com
E-mail：howie08@163.com

单位名称：重庆工程学院
地　　址：重庆市双桥经济开发区龙水湖西湖大道 76 号
电　　话：023-62846626
网　　址：www.cqie.edu.cn

单位名称：北京微链道爱科技有限公司
地　　址：北京市大兴区经济开发区盛坊路 2 号 C 座 1 层
电　　话：4006990222
网　　址：www.welinkirt.com
E-mail：sale@welinkirt.com

单位名称：重庆市永川工业园区凤凰湖管理委员会机关工
　　　　　会委员会
地　　址：重庆市永川区凤凰湖工业园凤凰大道 777 号
电　　话：023-49588667

单位名称：珠海飞马传动机械有限公司
地　　址：广东省珠海市南屏科技工业园屏北一路 16 号
电　　话：0756-8933269
网　　址：www.zhsima.com
E-mail：technical@zhsima.com

单位名称：珠海格力智能装备有限公司
地　　址：广东省珠海市香洲区九州大道 2323 号
电　　话：0756-3195318
网　　址：www.gree-ie.com
E-mail：gree_aem@cn.gree.com

单位名称：淄博纽氏达特行星减速机有限公司
地　　址：山东省淄博市高新区尊贤路 5888 号
电　　话：0533-6288333
网　　址：http:/www.newstart.cn

单位名称：江苏哈工联合精密传动有限公司
地　　址：江苏省扬州市邗江区科技园路 8 号 10 栋（江
　　　　　阳工业园）
电　　话：0514-87309777
E-mail：wangjianhglhjm@hitrobotgroup.com

单位名称：聚和（天津）智能制造有限公司
地　　址：天津市宝坻区九园工业园区北环路 6 号
电　　话：18602289056
E-mail：644797043@qq.com

单位名称：江西奥基德信精密制造有限公司
地　　址：江苏省苏州市相城区太平街道蠡太路 88 号
电　　话：13379072061
E-mail：oggirobot@126.com

单位名称：湖北斯微特传动有限公司

地　　址：湖北省武汉市东湖高新技术开发区金融港一路
7 号光谷智慧园 1 号楼 602 室

电　　话：027-61721407

网　　址：www.swtdrive.com

单位名称：苏州赛腾精密电子股份有限公司

地　　址：江苏省苏州市吴中经济开发区东吴南路 4 号

电　　话：0512-65627778

网　　址：www.secote.com

E-mail：even_guo@secote.com

单位名称：创泽智能机器人集团股份有限公司

地　　址：山东省日照市经济开发区太原路 71 号

电　　话：4006935088

网　　址：www.chuangze.cn

单位名称：松诺盟科技有限公司

地　　址：湖南省浏阳市经济技术开发区湘台路 18 号长
沙 E 中心 A5 栋

电　　话：4000021378

网　　址：www.chnsnm.com

E-mail：business@chnsnm.com@chnsnm.com

中国工业机器人主要行业组织简介

中国机械工业联合会机器人分会

中国机械工业联合会机器人分会成立于 2021 年 6 月，分会的前身是成立于 2013 年 4 月 21 日的中国机器人产业联盟。分会依托中国机械工业联合会成熟的工作体系，是我国机器人产业全国性产、学、研、用行业协同工作平台，目前已有会员单位 500 余家。

分会的宗旨是以国家产业政策为指导，以市场为导向，以企业为主体，搭建政、产、学、研、用平台，提升行业和企业的研究开发、生产制造、集成应用和维修服务水平，完善我国机器人产业链，提升机器人在各个领域的应用水平，促进我国机器人产业的健康发展，助力我国经济高质量发展。

分会的主要任务是贯彻落实国家的产业政策，深入研究产业发展态势，为政府部门制订政策措施、指导行业发展做好参谋助手；推进产业链及产学研用合作，促进协同创新、协同发展，加快产业链技术进步；开展行业自律，营造良好的产业发展生态；了解反映企业诉求，发挥桥梁纽带作用；大力推动机器人技术与产品在各领域的普及应用，助力制造业和服务业智能化发展；搭建机器人产业信息交流、技术交流、应用推广、教育培训、展览展示、国际合作等平台，促进跨领域交流合作，共同推动我国机器人产业发展。

联 系 人：牟金平

联系电话：010-85677807

电子邮箱：cria@cmif.org.cn

地　　址：北京市东城区东四西大街 46 号

邮　　编：100711

北京智能机器人产业技术创新联盟

2014 年 9 月 25 日，北京智能机器人产业技术创新联盟在北京市科学技术委员会指导下，由机科发展科技股份有限公司、中国科学院自动化研究所、北京机械工业自动化研究所、清华大学、北京航空航天大学、北京理工大学等北京地区智能机器人领域骨干企业、高校科研院所发起，是具有独立社会团体法人资格的创新型产学研相结合的合作组织。联盟秘书处设在北京生产力促进中心。

联盟以产业技术创新需求为基础，突破产业发展的关键技术，搭建共性技术平台，引导和推动产业链构建，凝聚和培育创新人才，进行技术成果推广和产业化应用；研究区域内智能机器人行业状况，针对影响行业发展的问题和需求制定发展战略；营造取长补短、合作共赢、协同进步的发展环境；为成员搭建一个国内外信息交流、技术合作、资源共享的服务平台；组织成员进行技术标准、基础技术和共性技术的研究开发；在成员中推广设计理念、制定技术标准、进行新技术的应用及具有典型意义和广泛影响的示范工程，打造北京智能机器人的联盟品牌。通过对智能机器人领域基础和共性技术的协作创新，推动自主知识产权成果转化，提升行业自主创新能力，提升行业市场竞争力，推动北京地区智能机器人领域全产业链创新发展，推动技术成果辐射全国。

联 系 人：李　丽
联系电话：13810908340
传　　真：010-82003293
电子邮箱：lilibjpc@126.com
地　　址：北京市海淀区北三环中路 31 号生产力大楼 B 座 3 层 305 室
邮　　编：100088

天津市机器人产业协会

天津市机器人产业协会是经天津市科学技术局批准，于 2015 年 10 月 10 日在天津市民政局登记成立的非营利性的专业性社团组织。天津市机器人产业协会目前拥有单位会员 121 家，协会会员主要由天津市内高校、科研院所、事业单位、机器人企业以及机器人产业服务机构组成，现任会长单位为天津新松机器人自动化有限公司。协会产业布局涉及机器人本体、机器人零部件及机器人集成等领域。协会设有理事会、专家委员会，下设秘书处，由秘书长、兼职以及专职人员 14 人组成，通过前期调研建立天津市机器人产业协会公共服务平台为天津市机器人产业提升提供优质的服务，让会员单位在产学研合作、上下游企业对接、资源信息共享等方面获得帮助。

协会也是政府和企业之间沟通的桥梁，近年来协会参与天津市工信局机器人与智能制造政策的制定与咨询，天津市科技局智能制造专项的组织，以及行业"十四五"规划编制等工作。

联 系 人：孙向征
联系电话：17720078219
电子邮箱：tjapip@163.com
地　　址：天津市西青区天津理工大学机械工程学院 403 室
邮　　编：300382

天津市智能制造产业技术创新战略联盟

天津市智能制造产业技术创新战略联盟于 2013 年 5 月 7 日成立，是由从事智能制造产业研究开发、生产制造、应用服务的企事业单位、大专院校、科研机构及其他相关机构自愿组成的非营利性社会团体。

联盟设有理事会、专家委员会，聘请中国科学院姚建铨院士担任专家委员会主任。

联盟坚持以国家相关政策为指导，以市场为导向，以企业为主题，通过"产、学、研、用"相结合的方式，整合及协调产业资源，提升联盟内智能制造企业的研发、生产制造、维修服务水平，促进智能制造产业链快速健康发展。收集、统计产业信息，掌握智能制造产业发展情况，研究存在的问题，并向政府有关部门提出政策建议，搭建企业与政府间的沟通桥梁；促进联盟成员间的资源共享，组织重大共性技术的研究，促进智能制造产业链上下游的密切合作；加快天津市智能制造产业相关标准的制定和修订工作；搭建天津市智能制造产业信息交流、教育培训、展览展示等平台。

联 系 人：陈　颖
联系电话：13682011967
电子邮箱：10136047@qq.com
传　　真：022-23015625
地　　址：天津市河西区环湖中道 9 号
邮　　编：300060

上海市机器人行业协会

2013 年 9 月，上海市机器人行业协会获业务主管部门上海市经济和信息化委员会《关于同意筹建上海市机器人行业协会的批复》，10 月 30 日又获上海市社会团体管理局《准予筹备社会团体决定书》的批复，于 2013 年 11 月 5 日召开第一次会员大会，2013 年 11 月 6 日正式揭牌成立，2014 年 1 月注册。

上海市机器人行业协会以"搭建平台、服务会员、增进合作、推动发展"为宗旨，致力于推动机器人产业上下游间的合作，加速机器人技术与产品在各行业中的普及应用，向政府提出促进产业发展的建设性意见，为政府制定相关产业政策提供依据，争取政府项目资金，反映协会成员的意愿和要求，支持协会成员发展，打造政、产、学、研、资多赢的品牌产业综合服务平台。

联系人：钟　航
电　话：021-52202817
地　址：上海市光复路 757 号
邮　编：200070

江苏省机器人专业委员会

江苏省机器人专业委员会是江苏省境内从事机器人研发、生产、服务等活动的产业链企业及相关单位自愿组成的行业非营利性社团组织，专业委员会接受省工信厅的业务指导，受江苏省机械行业专委会的领导和监督管理。

江苏省机器人专业委员会以服务会员企业、促进会员发展、维护会员合法权益为宗旨，按照市场化途径运作，实现会员自我管理、自我完善、权利平等、资源共享。通过整合、集聚国内外创新资源，构建产业链合作体系，加

快突破核心技术，联合培养人才，壮大骨干企业集群，提升专委会成员在机器人相关领域的研究、开发、制造和服务水平，促进行业协调、持续和健康发展。

联系人：王　琼
联系电话：025-58328539
电子邮箱：wangqiong@estun.com
地　址：南京市中山北路 49 号机械大厦
邮　编：210000

浙江省机器人产业发展协会

浙江省机器人产业发展协会（ZRIA）成立于 2015 年 9 月，会员涵盖了浙江省 11 个地区、200 多家机器人相关科研机构与企业，是唯一一家由浙江省民政厅认定的省级机器人行业协会。协会会长单位为之江实验室，ZRIA 秘书处工作由之江实验室智能机器人研究中心承担，ZRIA 充分发挥之江实验室平台优势，整合机器人全产业链资源，致力于促进浙江省机器人产业技术交流与产业

发展。

联系人：潘静涵
联系电话：0571-58005075
地　址：杭州市余杭区科创大道之江实验室南湖总部
邮　编：311121

湖北省机器人产业创新战略联盟

湖北省机器人产业创新战略联盟是由积极投身机器人事业，从事机器人产品研发、生产制造、应用服务的企事业、院校、科研机构及相关机构自愿组成的非营利性社会团体。联盟成立于 2015 年 9 月 20 日，目前已有成员单位 80 多家，秘书处设立在武汉奋进智能产业园，秘书处所在地即联盟所在地。

联盟的宗旨是以产业政策为指导，践行社会主义核心价值观，遵纪守法，以市场需求为牵引，以创新驱动发展为主线，以合作共赢为目标，有效整合及协调政、产、学、研、用资源，充分发挥各自优势，通过对机器人核心技术的研究及自主创新，形成具有自主知识产权的产业标准、专利技术，加快创新成果转化，带动重大应用示范，提升机器人技术在各个领域的应用水平，完善湖北机器人产业链，促进湖北机器人产业的持续健康发展。同时，通过协

同合作，降低风险和成本，提高竞争实力，实现共赢共荣。

联盟的主要任务是贯彻落实产业政策，促进联盟成员在技术、市场、知识产权等领域的合作交流，开展行业自律，避免重复建设，搭建机器人产业信息交流、应用推广、技术创新、教育培训、合作服务平台，促进资源有效利用；推动湖北机器人产业与其他产业的合作，加速机器人技术与产品的推广应用。

联系人：魏绍炎
联系电话：13018008462
传　真：027-86699359
电子邮箱：1041697458@qq.com
地　址：武汉市东湖新技术开发区流芳园横路 16 号奋进智能产业园
邮　编：430212

广东省机器人协会

广东省机器人协会于 2015 年 5 月 16 日成立，是广东省人工智能与机器人领域的第一公共服务平台，由华南理工大学、广东工业大学、广东省科学院、广州瑞松智能科技股份有限公司、巨轮（广州）机器人与智能制造有限公司、广州数控设备有限公司、广州视源电子科技股份有限公司、珠海格力智能装备有限公司、科大讯飞股份有限公司等省内从事人工智能与机器人相关理论研究、设备设计、制造、应用的大专院校、科研机构和生产、销售的企事业单位，以及从事相同性质经济活动的经济组织等自愿发起组建的全省性、专业性、非营利性并具有独立法人资格的社会团体。

发展目标是打造政（政府）、产（企业）、学（学校）、研（科研机构）、贸（商贸）、融（金融）、媒（媒体）"七位一体"的生态发展平台。

愿　　景：智造美好生活 引领未来世界。
使　　命：汇聚产业力量 成就世界级产业集群。
价 值 观：服务 共享 共成长。
联 系 人：任玉桐
联系电话：020-39344209
传　　真：020-39387677
电子邮箱：gdsjqr@126.com
地　　址：广州市黄埔区开泰大道 38 号 5 楼西侧

重庆市机器人与智能装备产业联合会

重庆市机器人与智能装备产业联合会前身是重庆市机器人与智能装备产业联盟，由重庆市经济与信息化委员会于 2013 年 5 月发起成立，是全国第一家省级机器人行业协会组织。中国科学院重庆绿色智能技术研究院、重庆长安工业（集团）有限责任公司、重庆大江美利信压铸有限责任公司任联合会轮值会长单位。2016 年 4 月 28 日，联合会在重庆市民政局完成正式备案注册。

联合会致力于通过整合机器人与智能装备产业领域的优质资源，为政府、产业园区、科研机构和产业内企业提供产业发展、政策研究、市场调研、供需对接、规划咨询、产业延伸、招商引资、人才培养、项目申报、成果转换、科技孵化、国际交流、宣传推广、商务合作、企业融资及教育培训等集"孵、产、学、研、用及金融"为一体的全产业链服务，从而促进机器人与智能装备产业在重庆地区的快速发展。

联 系 人：寇 双
联系电话：18996224365、023-65326065
传　　真：023-65326065
电子邮箱：ccria@ccria.org
地　　址：重庆市自贸区两江互联网产业园二期 6 号楼 4 层
邮　　编：401332

湖南省智能制造协会

湖南省智能制造协会由湖南省民政厅社会组织管理局批准成立，接受湖南省工业和信息化厅指导，以整合相关要素和各方资源为目标，致力于推动湖南省政、产、学、研、用、金等各类主体协同发展。协会旨在以技术研发、行业升级、链式改造、集群培育、基础构建、生态完善等为导向，为政府决策提供支撑，为企业发展提供服务，为会员交流提供平台。推动湖南省先进制造业创新体系的完善，强化供需深度对接，服务智能制造产业链上下游企业，构建智能制造研发和产业化协同创新发展环境，搭建

具有国际影响力的智能制造产业服务平台，将湖南打造成全国智能制造发展示范引领区和具有国际竞争力的智能制造产业集聚区。

联 系 人：高先生
电　　话：16670165925（小智）
地　　址：湖南省长沙市长沙县科技新城 C7 栋 3 层智能制造协会秘书处
邮　　编：410100

安徽省机器人产业技术创新战略联盟

安徽省机器人产业技术创新战略联盟成立于2013年年底，是由从事机器人产业研究开发、生产制造、集成应用服务的企事业单位、院校、科研机构、用户单位及其他相关机构自愿组成的非营利性社会团体。联盟打造"产、学、研、用"相结合的新机制、新模式，通过技术合作、公共技术平台、联合培养人才等形式整合及协调产业资源，促进安徽省机器人产业链快速健康发展。2015年，国家芜湖机器人产业集聚区专家委员会正式成立，委员会成员包括蔡鹤皋、李泽湘等20名国内外专家学者。专家委员会为联盟的发展战略决策、技术发展方向、重点项目提供咨询意见和建议。截至目前，联盟共有43家成员单位，涉及机器人产业上下游各个环节。未来，联盟将进一步扩容，继续引入有潜力的企业和科研机构，为安徽省机器人产业的发展提供支持。

联 系 人：吴先生
电　　话：13965169763
地　　址：中国（安徽）自由贸易试验区芜湖片区神舟路 17 号 1202 室
邮　　编：241000

苏州市机器人产业协会

苏州市机器人产业协会于 2019 年 11 月揭牌成立，是经苏州市民政局批准注册，受苏州市工业和信息化局等职能部门业务指导，由苏州市从事机器人产业的研发、制造、销售、检测、认证及教育、咨询和培训的单位自愿组成的社会团体法人组织。截至 2022 年，协会共有成员单位 134 家，其中上市公司 7 家，专精特新企业 11 家，独角兽企业 2 家。

自成立以来，协会秉承"服务企业，赋能产业"的理念，积极宣传贯彻国家有关行业政策和法律法规，广泛开展行业交流活动，组织科技攻关，编制产业发展报告，推动产业链上下游的资源链接与协同创新，为苏州市机器人产业创新集群高质量发展发挥重要支撑作用。

联 系 人：薛　芮
联系电话：13472870305
地　　址：江苏省苏州市吴中区吴中大道 1368 号吴中机器人产业园 3 幢综合楼 1213 室
邮　　编：215128

常州市工业机器人产业协会

常州市工业机器人产业协会（CIRA）是在常州市工业和信息化局业务指导下，由常州机电职业技术学院联合发起组建，是促进常州市制造业与机器人产业融合的专业社会组织。

常州市工业机器人产业协会采用"1+10"服务模式，"1"就是为工业企业提供智能化改造（机器换人），"10"就是围绕机器换人建立的企业发展投资与上市委员会、项目申报与专利辅导委员会、债务处置与法务委员会、人才服务委员会、人才培育委员会、企业用工保障委员会、人才交友委员会、会计师分会、HR 分会、企业数字化公共服务平台（企业供应链职工福利商城）。

核心业务：开展工业企业机器换人，提升企业数字化、智能化、自动化、信息化发展水平。

根本目的：有效解决企业用工矛盾，降低用工成本，提升企业核心竞争力。

联 系 人：张女士
电　　话：15251917079
地　　址：江苏省常州市武进区众创服务中心 120 室
邮　　编：213100

无锡市机器人与智能制造协会

无锡市机器人与智能制造协会成立于 2016 年 1 月，是江苏省首个相关行业协会，协会从成立初期的 140 多家会员单位，到目前已达到超 200 家会员，基本囊括了无锡智能制造行业知名企业，包括系统类企业、装备类企业和生产类企业。协会成立多年来为无锡市智能制造企业和有技改需求的工业企业搭建桥梁，组织会员单位与智能制造发达城市、科研院所、尖端企业进行交流，提升无锡智能制造产业环境和行业认知，助力无锡市企业从传统制造向智能制造转型升级。

联 系 人：郑　玲
电　　话：13585002122
地　　址：江苏省无锡市五湖大道 11 号 1213 室、1215 室
邮　　编：214000

广州工业机器人制造和应用产业联盟

广州工业机器人制造和应用产业联盟是在广州市工业和信息化局的指导下，于 2013 年由广汽集团、广州数控、广州机械院、广州智能装备、中国电器院等 12 家单位共同发起成立的广州首家在民政局注册的联盟类社会团体。联盟集"产、学、研、用、金"为一体，现有会员单位 178 家，会员主要覆盖广州地区及珠三角地区机器人的整个产业链，包括上游关键零部件，中游机器人本体、智能专用设备和系统集成，下游机器人应用企业，以及科研院所、高等院校、金融机构、行业服务机构等。

联盟的主要任务是建设合作平台，促进会员单位之间多方面的合作，如联合申报项目、科技奖、成果转化、共建实验室、开展技术攻关、申请知识产权、制定标准、培养人才等，推广工业机器人普及应用。调研广州地区机器人及智能装备产业情况，向政府有关部门反映工业机器人及智能装备制造和应用产业的发展状况、存在的困难和问题。通过规范和约束行业有序发展，依法维护行业内及各联盟成员的合法权益。在行业内形成示范带动作用。

联盟下设专家委员会，聘请蔡鹤皋院士担任专家委员会主任，目前已有专家近 342 位。至今已为政府部门和联盟内企业开展了多项评审、咨询及论证等服务。

联 系 人：陈文燕（秘书）
联系电话：020-32385332
传　　真：020-82496513
电子邮箱：gzrobots@126.com
地　　址：广州市黄埔区新瑞路 2 号主楼 2 层
邮　　编：510000

深圳市机器人协会

深圳市机器人协会（SRA）由中科院深圳先进技术研究院于 2009 年 9 月发起成立，是国内最早成立的机器人行业协会。协会是由在深圳市从事机器人行业的企业、研发机构及产业链上下游相关单位自愿组成的非营利行业性社团法人。深圳市机器人协会伴随着深圳机器人产业的发展和机器人企业的壮大而成长，会员包括工业机器人、服务机器人、教育机器人、特种机器人等领域的企业超过 700 家，会员产值近 1 500 亿元，是机器人领域会员个数和产值规模最大的地方性协会。协会依托中科院深圳先进技术研究院的科研资源，下设人工智能专家委员会和青年专家委员会，常年为政府、企业和第三方机构提供技术支持、产业对接等咨询服务。

联 系 人：周　军
联系电话：0755-86392542
传　　真：0755-86392299
电子邮箱：xb.yang@siat.ac.cn
地　　址：深圳市南山区西丽深圳大学城学苑大道 1068 号
邮　　编：518055

东莞市机器人产业协会

东莞市机器人产业协会成立于2014年10月，由东莞市30多家从事机器人及其相关研究机构、企业单位和专业人士发起，是一个自主自愿组成的地方性、专业性机器人产业的非营利性社会团体。

协会成立初期会员企业主要来自于松山湖高新技术产业开发区及周边镇区，经过5年多的经营发展已有180余家行业知名企业加入，会员企业遍及珠三角地区，包括固高科技、长盈精密、李群自动化、大族粤铭激光、艾尔发

自动化等拥有自主知识产权企业。会员当中既有从事编码器、控制器等机器人核心零部件研发的创新型企业，又有致力于系统集成的应用型企业，也有从事机器人批发销售代理等市场对接型企业，贯穿机器人产业链上下游。

联系电话：0769-22231985
地　　址：东莞市松山湖高新技术产业开发区研发五路1号林润智谷5栋306室
邮　　编：523808

佛山市机器人产业创新协会

佛山市机器人产业创新协会是由佛山市南海区广工大数控装备协同创新研究院、广东汇博机器人技术有限公司、佛山华数机器人有限公司、佛山市利迅达机器人系统有限公司等企业于2015年发起成立。截至2023年年底，有会员企业180余家，成员遍布佛山市五区及广州、深圳、上海、苏州等地，涵盖机器人关键零部件、机器人本体、系统集成及应用、教育培训、科研、智能装备、产业园区、产业服务商等，初步构建起了"政、产、学、研、资"多赢的产业综合服务长效机制和平台。

协会以"搭建平台、服务产业、增进合作、协同发展"为发展宗旨，围绕"机器人产业发展研究与调研、机

器人应用需求与对接、机器人产业园建设与运营、行业会议与活动"4大板块面向产业、面向企业、面向政府开展工作，构建起了丰富的发展生态，为企业提供"政策、市场、技术、人才、品牌、金融、场地"7大服务，并与广东省机器人协会、深圳市机器人协会、上海市机器人行业协会等保持良好的工作关系。

联 系 人：高先生
联系电话：15902067349
地　　址：广东省佛山市南海区狮山镇中国（广东）机器人集成创新中心A区办公楼201室
邮　　编：528225

成都市机器人产业技术创新联盟

成都市机器人产业技术创新联盟（Chengdu Robot Industry Technology Innovation Alliance，简称CRITIA）成立于2014年8月，是由成都市科学技术局授牌，由牵头单位成都市科学技术推广中心（原成都科学技术服务中心）、成都自动化研究会汇同成都地区从事机器人产业研究开发、生产制造、应用服务的众多产学研机构联合发起成立的产业技术创新联盟，秘书处设在成都市科学技术推广中心。

CRITIA已有会员单位70余家。CRITIA致力于探究机器人产业前沿技术，对接市场需求，聚集产业链技术创新要素，打造机器人产业生态圈，加快将成都建成国内重

要的机器人研发基地。CRITIA汇集了成都最优秀的产业资源，充分发挥产、学、研、金、介、用的创新服务链机制，围绕标准研制与推广、区域合作、成果对接、项目咨询、新技术新产品推广、国际化、人才、培训等多方面开展服务。

联 系 人：陈老师
联系电话：028-86740619，18227686788
电子邮箱：357684082@qq.com
地　　址：成都市体育场路2号西星大厦
邮　　编：610015

济南市机器人与高端装备产业协会

济南市机器人与高端装备产业协会是 2019 年 1 月为迎接工业和信息化部、人力资源和社会保障部等五部委举办的第三届全国工业机器人大赛成立的，2020 年扩展为济南市机器人与高端装备产业协会，2021 年 1 月组建中国（国际）机器人与高端装备产业联盟，目前已成为国内机器人与高端装备产业社团组织，是中国机械工业科技进步奖推荐资格单位。

协会成员包括德国 CODESYS、德国 SEW 传动、西门子软件（上海）公司、法国蓝格赛（中国）公司、美国罗克韦尔（中国）、法国达索美 AD1 自动化公司及卡内基培训公司等 25 家外资企业，涵盖京、津、沪、粤、苏、浙、晋、冀、黑、吉、辽、川、皖、豫、鲁等 18 个省市的 280 多家机器人与高端装备成员单位。

联 系 人：岳双荣
联系电话：0531-88257086
地　　址：济南市经十路舜泰广场 10 号楼三层
邮　　编：250101

青岛市机器人产业协会

青岛市机器人产业协会成立于 2020 年 9 月 28 日，是在青岛市工业和信息化局指导下，由青岛宝佳自动化设备有限公司、青岛海尔机器人有限公司、青岛新松机器人自动化有限公司、青岛星华智能装备有限公司、青岛科捷机器人有限公司、青岛丰光精密机械股份有限公司 6 家机器人相关企业共同发起成立，集聚了青岛市机器人上下游企业 80 余家。

青岛市机器人产业协会是青岛机器人行业的自律性行业组织，其宗旨是：在青岛市工业和信息化局的直接领导下，以合作发展为宗旨，以培育挖掘市场需求为纽带，以优势互补、资源整合为手段，积极有效整合产、学、研、用、政、金各方力量，充分发挥政府引导、市场主导、技术支撑、企业主体、金融杠杆的多方叠加效应。努力推进青岛市机器人产业的集聚和深化发展，使青岛市成为全国机器人产业与技术的重要基地，并立足青岛、面向山东、走向全国。

联 系 人：管　宁
联系电话：18605322273
电子邮箱：qdjqrxh@163.com
地　　址：青岛市高新区新悦路 67 号
邮　　编：266113

长三角机器人产业平台创新联盟

在长三角经济一体化的背景推动下，上海电器科学研究所（集团）有限公司、上海机器人产业技术研究院作为上海市机器人研发与转化功能型平台，于 2021 年 1 月 8 日正式成立"长三角机器人产业平台创新联盟"。

长三角机器人产业平台创新联盟将推动长三角地区机器人与人工智能的技术进步、产业提升，带动区域经济快速发展，成为政府、创新平台、资本、园区、企业间的纽带。联合开展共性关键技术和产品攻关，支撑重大产品研发，支持机器人领域创新创业，为产业链各环节提供政策咨询、资本对接、产业技术、学术研究等服务。

目前已有 100 多家企业加入联盟，着力将长三角地区建设成我国机器人产业发展强劲活跃的增长极，形成具有全球竞争力的机器人产业创新高地。

联 系 人：林玲英
联系电话：021-62574990
地　　址：上海市普陀区曹杨路 800 号 18 号楼
邮　　编：200333

中关村智友研究院

中关村智友研究院是 2018 年 8 月经北京市中关村管委会、中关村科学城管委会批准，由中关村创新合伙人、北航机器人研究所名誉所长王田苗教授牵头，联合海淀园创业服务中心、北航天汇孵化器和雅瑞资本等机构共同发起设立的中关村民办非企业法人单位。

研究院作为高科技智库和早期硬科技创投服务平台，以科学家为核心开展高科技成果转化、硬科技项目孵化以及早期投资（科学家基金），深度聚焦医疗科技、高端制造、智能服务、新能源汽车及芯片等赛道，为硬科技"卡脖子"和中国新时代科技转型升级提供强有力的支持，是"十三五"国家科技创新规划下发展成的创新型科技孵化平台。

研究院始终坚持打造高质量创新创业生态，汇聚科学家、硕博科创精英，同时链接高校院所、投资机构、上市公司、产业园区及产业赋能平台，深度链接科创产业链上下游资源，打造"科学家资源＋科创生态，项目孵化＋基金加持"的完整生态链路，并建立"科学家智库＋项目孵化加速＋产业研究＋市场活动"的多维立体服务架构。

截至目前，王田苗教授及研究院已累计孵化投资早期创新创业团队 60 余家。其中九号机器人、天智航与埃夫特 3 家企业已经上市。另有专精特新中小企业 20 余家，国家级高新技术企业 30 余家。

联 系 人：英语霏

联系电话：18610027022

电子邮箱：helen@zgc-ir.com

地　　址：北京市海淀区知春路 7 号北航致真大厦 A座 901 室

邮　　编：100191

智能装备与机器人监测与运维中心
(ROBOT120)

第九届"创

智能机器人中小企

主办单位：工业和信息化部网络安全产业发展中心（工业和信息化部信息中心）
江苏省中小企业发展中心
中国机械工业联合会

企业组决赛获奖名单

序号	项目名称	企业名称	获奖名次	项目区域	备注
1	AI 驱动生物自动化智造解决方案	上海玄刃科技有限公司	一等奖	上海	全国 50 强
2	AI 触觉传感芯片及应用解决方案	北京他山科技有限公司	一等奖	北京	全国 50 强
3	智能机器人 + 军工主战装备生产数字化转型	南京尚景智造科技有限公司	一等奖	江苏	全国 500 强
4	以机器人打造匠心工艺 - 从"石材"和"粒子采集"看业内新一代的全自动标准	派特纳（上海）机器人科技有限公司	二等奖	上海	全国 500 强
5	面向失能 / 半失能人群的智能护理机器人	深圳作为科技有限公司	二等奖	广东	全国 500 强
6	基于爬壁技术的立面爬壁维护作业特种机器人	彼合彼方机器人（天津）有限公司	二等奖	天津	全国 500 强
7	拓攻智能无人机	拓攻（南京）机器人有限公司	二等奖	江苏	全国 500 强
8	强磁高温电解铝槽巡检机器人	中煤科工机器人科技有限公司	二等奖	广东	全国 500 强
9	端侧低功耗 AI 大模型产品及研发产业化	猎居网络科技（上海）有限公司	二等奖	上海	全国 500 强
10	SPSM 膜类智造融合技术助力世界五百强企业提质增效	上海智能制造功能平台有限公司	二等奖	上海	全国 500 强
11	半导体晶圆自动物料传送机器人 - 道达"麒麟"OHT 天车	江苏道达智能科技有限公司	二等奖	江苏	全国 500 强
12	基于视觉主动安全的辅助出行智能机器人	上海邦邦机器人有限公司	三等奖	上海	
13	交互机器人	江苏次元机器人有限公司	三等奖	江苏	
14	靶机飞行控制系统及整机产业化	常州丰飞智控科技有限公司	三等奖	江苏	
15	基于多场景多用途的工业机器人研究开发与产业应用	芜湖摩卡机器人科技有限公司	三等奖	安徽	
16	商用清洁及类似场景用复合机器人项目	海博（苏州）机器人科技有限公司	三等奖	江苏	
17	INDEMIND 机器人 FSD	北京盈迪曼德科技有限公司	三等奖	北京	
18	基于 AI 技术的船舶海工"超级工厂"部件装焊智能机器人产线	芜湖行健智能机器人有限公司	三等奖	安徽	
19	大型复杂工件多维度检测系统	湖州诺博科技有限公司	三等奖	浙江	
20	基于绳驱技术的智能上肢康复机器人系统	埃斯顿（南京）医疗科技有限公司	三等奖	江苏	
21	Orca Studio 物理精确模拟器和机器人虚拟训练道场	北京松应科技有限公司	三等奖	北京	
22	智慧港口 IGV 无人驾驶	深圳一清创新科技有限公司	三等奖	广东	
23	低齿槽转矩高转矩密度的无框力矩电机及一体化关节模组	苏州卓誉电气技术有限公司	三等奖	江苏	
24	全体表机器人电子皮肤与触觉智能	哈普泰克（上海）机器人科技有限公司	优胜奖	上海	
25	智慧餐饮及机器人数字化解决方案	享刻智能技术（北京）有限公司	优胜奖	北京	